Soutenir

Soutenir

Cynthia Fleury
SCAU

Ville, architecture et soin

Pavillon de l'Arsenal

Ce qui nous construit

Alexandre Labasse
Directeur général du Pavillon de l'Arsenal

Le surgissement d'un virion infectieux d'environ 0,125 micron a brutalement rappelé le fragile destin commun des êtres, des choses et de leurs milieux. Dans un mouvement simultané, l'humanité s'est figée et les villes vidées. Comme dans l'Antiquité, le remède se nomme CLT : « *Cito, longe, tarde* ». Attribué à Hippocrate ou, parfois, à son contemporain Claude Galien, médecin philosophe et fils d'architecte, la locution invite à partir au plus vite, au plus loin et le plus longtemps possible. En Île-de-France, plus d'un million de personnes[1] choisissent début 2020 l'éloignement pour mesure sanitaire. La pandémie et l'exode urbain qui l'accompagne posent alors au moins trois questions : pourquoi les disciplines urbaines et architecturales sont-elles toujours aussi démunies face aux épidémies ? La cité rend-elle malade ? Comment panser la ville pour la rendre mieux habitable ?

Presque aussi ancien que la cathédrale qu'il jouxte, et au centre de la cité, l'Hôtel-Dieu, administré par les autorités religieuses, matérialise les ambitions humanistes et sanitaires de la communauté. Si l'esprit de charité a alors davantage de portée que les traitements médicaux prodigués, l'institution préfigure les desseins d'un urbanisme de l'assistance et de l'hospitalité. À la suite de l'incendie de l'édifice en 1772, et sous l'impulsion de médecins réformateurs, l'immatériel et les nécessités médicales dessinent la forme de la reconstruction, charge aux architectes Émile Gilbert puis Arthur-Stanislas Diet d'en suivre les prescriptions. Les pièces sont ainsi définies par la capacité d'air nécessaire aux patients. La symétrie des plans traduit les enjeux d'aération, la morphologie en peigne le meilleur apport solaire possible. Et, afin d'éviter l'irruption d'un éventuel foyer infectieux majeur, l'Hôtel-Dieu aurait même été abaissé d'un niveau.

Avec l'évolution spectaculaire, à partir du XIXe siècle, des connaissances sur le corps et de la pharmacopée, puis le développement de la science du diagnostic, de la chirurgie et de la chimie, conjugués à la révolution des techniques constructives et des technologies permettant la maîtrise des ambiances, l'architecture hospitalière s'affranchit progressivement de ses géométries thérapeutiques et prophylactiques. Les établissements deviennent des machines complexes et autonomes qui adoptent les visages de la modernité : barre, tour et même usine. Leur implantation dissociée du corps urbain reflète les politiques d'aménagement qui accompagnent la géographie mouvante des métropoles. Si les principes de gestion par le flux qui président au développement métropolitain définissent aussi les principes de médecine ambulatoire contemporains, les disciplines semblent désormais suivre des trajectoires plus parallèles que collaboratives.

Ainsi, à l'aube du XXIe siècle, malgré l'évolution des savoirs médicaux, la normalisation de la construction et la standardisation des usages, le sentiment que la ville et sa fabrication puissent rendre malade persiste, voire s'accentue. Alors que les citadins sont désormais plus nombreux que les habitants des zones rurales, des chantiers meurtrissent, des réseaux infectent, des matériaux contaminent, des émissions gazeuses tuent, des bruits stressent, des ondes perturbent, l'agitation angoisse, la désillusion affole… et la densité aggraverait chacun de ces maux. La grande *mutation*[2] de notre condition humaine en condition urbaine semble buter sur les promesses originelles de santé et d'hospitalité.

À bas bruit, la vraie révolution a pourtant déjà commencé. En 1990, Joan C. Tronto et Berenice Fischer redéfinissent le soin, la sollicitude dans une vision holistique, sous le terme *care*. « Une activité générique qui comprend tout ce que nous faisons pour maintenir, perpétuer et réparer notre ‹ monde ›, en sorte que nous puissions y vivre aussi bien que possible. Ce monde comprend nos corps, nous-mêmes et notre environnement, tous éléments que nous cherchons à relier en un réseau complexe, en soutien à la vie[3]. » À l'échelle urbaine, les champs d'action paraissent multiples. Ils s'appliquent tant aux rues, aux places, aux immeubles qu'aux territoires et se fondent tant sur les attentes communes que sur l'attention aux besoins des plus vulnérables.

L'une de ses plus spectaculaires transcriptions architecturales et urbaines pourrait être le projet des architectes Anne Lacaton & Jean-Philippe Vassal pour la rénovation de la place Léon-Aucoc à Bordeaux, en 1996. Invités à intervenir dans le cadre d'un programme d'embellissement de plusieurs espaces publics de la ville, ils proposent « de ne rien faire d'autre que des travaux d'entretien, simples et immédiats : refaire la grave du sol, nettoyer plus souvent, traiter les tilleuls, modifier légèrement la circulation, de nature à améliorer l'usage de la place et à satisfaire les habitants[4] ». Leur réponse, nourrie de l'étude attentive et bienveillante du site, de sa géométrie, de sa végétation et des habitudes de celles et ceux qui le pratiquent, évacue l'acte de destruction, longtemps préambule à la fabrication d'un monde meilleur, pour celui d'entretien.

L'attention conjugue la valeur des savoir-faire et celle du partage. Car l'entretien c'est le dialogue et le dialogue le début de la ville en commun. C'est tout l'enjeu pour le Pavillon de l'Arsenal, au travers de l'ouvrage *Soutenir,* conçu sous la direction conjointe de la philosophe Cynthia Fleury et de l'agence SCAU, que de mettre, presque deux ans jour pour jour après le premier confinement lié à la Covid-19, le soin au centre du projet urbain de demain.

Bene valete.

---

1 Selon les données collectées par les opérateurs de téléphonie, plus d'un million de Franciliens auraient quitté la métropole en quelques jours.

2 L'exposition « Mutations » de Rem Koolhaas, scénographiée par Jean Nouvel, à Arc en Rêve à Bordeaux (2000-2001), analysait les phénomènes d'urbanisation galopante à l'œuvre sur la planète.

3 Berenice Fischer et Joan Tronto, « Towards a Feminist Theory of Caring », in Emily K. Abel et Margaret K. Nelson (dir.), *Circles of Care. Work and Identity in Women's Lives*, Albany (NY), State University of New York Press, 1990.

4 Anne Lacaton & Jean-Philippe Vassal, présentation du projet, 1996.

Avant-propos

Cynthia Fleury
philosophe et psychanalyste, professeur
au Conservatoire national des Arts et Métiers.

Éric de Thoisy
docteur en architecture, directeur de la recherche
du collectif d'architectes SCAU.

L'histoire du soin, et l'histoire des lieux du soin qui l'accompagne, est une histoire de soutien ; l'histoire des lieux et des architectures qui nous tiennent[1] et nous soutiennent, plutôt qu'ils nous détiennent ou nous contiennent – même si l'histoire de ces lieux-là, ceux contenant plutôt que tenant, est à raconter en même temps, puisque c'est souvent la même. Plusieurs exemples présents dans ce livre illustrent cette ambivalence, à l'image d'un bucolique sanatorium construit dans la forêt du Vexin au début des années 1930 et transformé quelques années plus tard en camp d'internement.

La question est essentielle, car les sujets de santé publique sont nombreux et constitutifs de ce que peut être le monde demain : explosion des pathologies chroniques, vieillissement de la population, exposition grandissante à des pollutions issues de siècles d'activités humaines, fatigue généralisée des individus et des collectifs, augmentation des troubles mentaux, particulièrement chez les plus jeunes, impacts des bouleversements climatiques, écologiques et, désormais, anthropocéniques, etc. Remarquons à ce propos que la parution de cet ouvrage coïncide avec deux événements : l'anniversaire de la publication du « Rapport Meadows[2] » qui, il y a cinquante ans, alertait quant aux catastrophes à venir mais ne fut pas entendu, et la sortie, début mars 2022, d'un nouveau rapport du GIEC[3], constatant que plus de la moitié de la population humaine est désormais « très vulnérable » aux effets du réchauffement climatique.

Face à cet état des lieux, il y a les décisions politiques, l'évolution du système de soin y compris dans ses dimensions territoriales et architecturales, notamment avec la transformation des pratiques hospitalières et la question liée de l'accessibilité aux équipements dans les territoires métropolitains et ruraux. Il y a aussi les difficultés connues par la médecine de ville, ou encore le traitement qui est réservé, nous le savons maintenant, à une partie de la population âgée « résidant » dans des établissements privés. La crise pandémique, qui aura marqué (au moins) les années 2020 à 2022, a confirmé l'importance de tous ces sujets et remis au centre du débat un questionnement transversal : quelle place la cité accorde-t-elle à l'acte du soin et à l'ensemble de ses acteurs – le soigné, le soignant, et les autres ? Il s'agit, en mettant cette question au cœur de la réflexion urbaine et architecturale, de penser et de construire l'avenir des villes et, plus globalement, l'avenir des espaces habités et non habités. Voire de penser l'habitabilité même du monde, puisqu'il s'agit désormais de cela.

Dans le contexte de ce chantier à engager en commun, ce livre propose la contribution suivante : rapporter, en sept temps complémentaires, sept dimensions de l'histoire des relations entre soin, ville et architecture. Il est question de distances d'abord, entre la santé et la maladie, et entre la ville et ses lieux de soin ; puis d'éléments, c'est-à-dire des territoires qui sont soignants (ou non soignants) avant de devenir architecture ; de formes ensuite, à savoir celles que prend l'hôpital et, plus généralement, l'institution du soin ; et de frontières, celles traçant tant bien que mal les limites des gestes et des lieux du soin, du plus intime au plus public ; il s'agit en suivant de nécropoles, pour parler du soin que nous portons aux morts ; d'hétérotopies, ces architectures alternatives dans lesquelles (et grâce auxquelles) s'inventent d'autres formes de soin ; d'inhabitables enfin, c'est-à-dire de ces territoires malades dans lesquels l'architecte doit se résoudre à « prendre en réparation le monde, par fragments, comme il lui vient[4] », pour paraphraser Francis Ponge. Mais, comme chez le poète, il est possible que cette réparation n'ait rien d'un renoncement, qu'elle soit au contraire une action de reconstitution de la possibilité d'habiter le monde.

Chacun des chapitres s'appuie par ailleurs sur deux contributions d'auteurs invités, spécialistes issus de différents champs disciplinaires, dont les textes s'insèrent dans le fil pour approfondir un point particulier. Cet ensemble est complété par le portrait de neuf lieux franciliens, qui sont des productions archétypales du soin (et du non-soin) en tant que principe architectural et urbain ; neuf lieux préalablement mentionnés dans les sept chapitres, mais qui méritent d'être racontés un peu plus en détail tant ils incarnent avec force toute la complexité de l'histoire.

Les pages qui suivent décrivent une situation dont on sait déjà qu'elle est complexe, et assez sombre forcément ; néanmoins, nous y trouvons également d'autres voix et d'autres lieux auxquels, à notre tour, nous (nous) tenons. Il y a les voix de certaines figures majeures de l'humanisation de la psychiatrie, comme Jean Oury, Lucien Bonnafé ou Frantz Fanon, dont l'héritage traverse aujourd'hui de nombreuses luttes contemporaines, ainsi que celles des soignants et des patients du centre de jour « L'Adamant » qui, parmi d'autres, résistent aux risques d'une rationalisation excessive des pratiques hospitalières. Sans oublier ce que peut faire l'institution lorsqu'elle croit à la capacité du milieu à soigner, et dont il résulte des endroits hors du temps, à Berck ou à Ivry-sur-Seine ; il y a le *cottage* de Derek Jarman, qui a lutté contre la maladie tout en créant un jardin extraordinaire, et les territoires quasi merveilleux dessinés par les trajets d'enfants autistes, suivis par Fernand Deligny ; il y a le lieu rêvé par l'architecte Junya Ishigami pour accueillir une communauté d'anciens, et les aires de jeux bien réelles que Toyo Ito aménage sur les terres contaminées de Fukushima, offrant un écho troublant à celles conçues par Aldo van Eyck dans une ville d'Amsterdam également traumatisée ; et, encore, il y a les gestes pionniers de Mierle Laderman Ukeles qui, il y a plus de cinquante ans, faisait déjà du *care*[5] une manière d'habiter la ville.

1 Contribuer à l'écriture de cette histoire du soin du point de vue de ses lieux, c'est donc compléter les interrogations posées par Frédéric Worms, *à quoi tenons-nous ?* (2010), et Émilie Hache, *ce à quoi nous tenons* (2011), par l'analyse des « lieux-tenant », ces lieux du soin qui nous accueillent autant qu'ils nous structurent, nous délivrent autant qu'ils nous disciplinent.

2 Dennis Meadows, Donella Meadows, Jørgen Randers, *The Limits to Growth* [*Les Limites à la croissance*], Rapport au Club de Rome, 1972 ; éd. franç. : *Les Limites à la croissance (dans un monde fini). Le rapport Meadows, 30 ans après*, Paris, Rue de l'Échiquier, 2012.

3 « Climate Change 2022. Impacts, Adaptation and Vulnerability », 6e rapport du Groupe d'experts intergouvernemental sur l'évolution du climat (GIEC), 2e volet, 28 février 2022.

4 Francis Ponge, *Méthodes*, in *Œuvres complètes*, t. 1, Bernard Beugnot (éd.), Paris, Gallimard, 1999, p. 627-628.

5 L'ouvrage propose une exploration architecturale de la philosophie du *care*, en s'appuyant sur la polysémie de cette notion : concept issu de la psychologie du développement, comme de la philosophie morale et politique, le *care* fait notamment référence à l'approche holistique de la santé, celle qui prend en considération la personne et son milieu de vie, institutionnel ou naturel.

Sommaire

La butée architecturale

Cynthia Fleury et Éric de Thoisy

Dans la leçon V de son séminaire, « L'objet de la psychanalyse », Jacques Lacan avance la notion de « butée », notion que nous pourrions déplacer pour en produire une autre et dire ce que nous cherchons à penser en interrogeant la dimension spatiale du soin, ou encore ce que nous pouvons nommer une fonction soignante de l'architecture et, plus généralement, de l'espace. « [...] contrairement à ce qu'on dit, ce n'est pas l'expérience qui fait progresser le savoir. Ce sont les impasses où le sujet est mis d'être déterminé par la mâchoire, dirais-je du signifiant. Si la proportion, la mesure, nous la saisissons, au point de croire et sans doute à juste titre que cette notion de mesurer c'est l'homme même : l'homme s'est fait, dit le présocratique, le monde est fait à la mesure de l'homme[1]. »

Dans cette leçon, Lacan pose le « moi fonction de méconnaissance », et non pas comme « fonction du réel » ; il établit le « tore », le trou, et ce qui se joue au « bord », comme s'il voulait donner à voir, à saisir de façon sensible et pourtant mathématique ce qui se joue entre le sujet, le désir, l'inconscient, le réel, la névrose, ce qui se joue comme psychanalyse et comme connaissance. Les trous, les impasses, les apories, les points de butée – notion que Lacan a bâtie à partir de la notion de perspective, indispensable à la peinture et à l'architecture – sont définis ici en tant que matérialité même de la connaissance. Alors on pourrait se saisir de cette notion pour l'ouvrir vers celle de « lieux-de-butée » ou encore d'« espaces-de-butée », afin de pouvoir penser ce qui fait défaut, ce qui échappe à la synthèse, précisément ce réel, mais il faut bien, malgré tout, l'appréhender, tenter de le rendre habitable ce réel, même s'il ne le sera jamais définitivement. Donc, poser l'architecture comme une pensée qui progresse à partir des espaces-de-butée, de ces lieux dans lesquels se constitueront ou non des formes, des dispositifs, des bâtis, des maisons, des hôpitaux, ou des friches, dans ces lieux où le vulnérable fait levier parce qu'il fait impasse, dans ces lieux où le vulnérable est un point de butée, permettant précisément de faire advenir une pensée du soin qui *ne se la raconte pas*, comme aurait pu l'écrire Lacan.

Il fallait donc chercher ces lieux-tores, ces lieux-trous, soit ces lieux de butée sur la surface du globe. Il y avait aussi cette autre inspiration, plus onusienne, faussement pragmatique et néanmoins efficace, qui consistait à poser sur la surface du globe des *hotspots* de la biodiversité, censés être régulateurs pour préserver les services écosystémiques universels. Là aussi, le pas de côté était simple, assez intuitif : il était certainement possible d'établir une carte des *hotspots* de la vulnérabilité, qui n'aurait pas la même exhaustivité que celle des Nations unies mais qui pourrait donner à penser, à voir, à « architecturer » un monde différent de celui qui nous est proposé et que la plupart d'entre nous jugent trop inégalitaire, trop « dépossédant ». En établissant cette carte des *hotspots* de la vulnérabilité, il serait peut-être possible de modéliser plus intelligemment, avec plus de complexité et de sensibilité à la singularité des situations, des formules d'habitabilité, des manières d'habiter le monde, qui prennent appui sur les connaissances dévoilées au bord de ces lieux de butée. En prenant soin de ces lieux, en comprenant ce qui s'y joue comme manque, comme déficit, comme névrose du monde, il serait peut-être possible de faire évoluer le niveau d'intelligence et d'efficacité de la gouvernance mondiale, qui avait – pour l'instant – cette compétence quasi parfaite à manquer ses objectifs. Peut-être après tout ne voulait-elle que les manquer. Alors il y avait une possibilité de la prendre à son jeu, d'user de ses outils pour les rendre plus poétiques et néanmoins opérationnels. S'il fallait commencer à dresser cette carte, il y aurait à coup sûr les différents cercles de Fukushima, tant ils nous enseignent l'intersectionnalité de l'industrialisme et de la dérégulation du climat, à moins qu'elle ne soit la même. Un lieu anthropocénique par excellence, qui délivrerait à l'avenir bien des messages et des protocoles pour nous sortir de cette impasse désormais irréversible. Il y aurait aussi une mine de terres rares, un espace de butée exemplaire pour obliger la science architecturale dans sa diversité à produire de l'habitable. Il y aurait, dans une histoire plus occidentalo-centrée et plus en résonance avec le sujet qui nous anime ici, les lieux de butée où s'est édifiée une démarche institutionnelle de soin. Les lieux de psychiatrie ont porté assez haut cette exigence de la « clinique du lieu ».

Avant d'énoncer ces différents lieux assez symptomatiques des transformations de la vision de la santé et notamment de la santé mentale, revenons également sur cette « enveloppe » première, cette enceinte plus primaire qui est celle du corps et de l'enveloppe psychique. Il semblait improbable d'interroger la dialectique entre l'architecture et le soin sans convoquer les questionnements relatifs aux concepts et fonctions de « contenance[2] », d'« enveloppe », ou encore d'espace au sens thymique[3], de moi-peau[4], d'enveloppe institutionnelle[5]. À l'instar de Didier Houzel, il est possible de considérer un « lieu », notamment un lieu de soin, comme « un processus de stabilisation de mouvances pulsionnelles et émotionnelles qui permet la création de formes psychiques douées de stabilité structurelle[6] ».

Travailler à la stabilisation, stabiliser un monde inhabitable car instable, c'est ce que l'on retient aussi d'autres voix entendues dans les années 1970, ces années qui ont constitué un « moment[7] », un moment du soin et, conjointement, solidairement même, de l'architecture : ce sont les voix de Kenneth Frampton[8], d'Henri Lefebvre côté français[9], puis de David Harvey[10], ceux qui ont déplacé l'arsenal marxiste pour donner à voir les mécanismes de l'espace en tant que « production ». L'espace capitaliste, nous ont-ils appris, avance et subsiste en déstabilisant ce

1 Jacques Lacan, « L'objet de la psychanalyse » (1965-1966), séance du 5 janvier 1966, en ligne (https://ecole-lacanienne.net/wp-content/uploads/2016/04/1966.01.05.pdf).

2 René Kaës (dir.), *Crise, rupture et dépassement*, avec des textes d'A. Missenard, R. Kaspi, D. Anzieu, J. Guillaumin, J. Bleger, E. Jacques, Paris, Dunod, coll. « Inconscient et culture », 1979.

3 Voir Ludwig Binswanger, *Le Problème de l'espace en psychopathologie*, trad. C. Gros-Azorin, Toulouse, Presses universitaires du Mirail, 1998, chap. 2 : « L'espace thymique ».

4 Voir Didier Anzieu, *Le Penser. Du Moi-peau au Moi-pensant*, Paris, Dunod, 1993 ; et D. Anzieu, Le Moi-peau, Paris, Dunod, 1985.

5 Voir Didier Houzel, « Enveloppe familiale et fonction contenante », in D. Anzieu (dir.), *Émergences et troubles de la pensée*, Paris, Dunod, 1994, p. 27-40.

6 *Ibid.*, p. 31.

7 Voir Frédéric Worms, *Le Moment du soin. À quoi tenons-nous ?*, Paris, PUF, coll. « Éthique et philosophie morale », 2010.

8 Kenneth Frampton, « Towards a Critical Regionalism. Six Points for an Architecture of Resistance », in Hal Foster (éd.), *The Anti-Aesthetic. Essays on Postmodern Culture*, Port Townsend (Washington), Bay Press, 1983.

9 Henri Lefebvre, *La Production de l'espace*, Paris, Anthropos, 1974.

10 David Harvey, *Spaces of Capital. Towards a Critical Geography*, Londres, Routledge, 2001.

qu'il trouve sur son passage, en effaçant tout bord et tout relief pour laisser le champ libre à la « circulation » des flux[11], au ruissellement non entravé des liquidités. De cela résulte un espace homogénéisé, neutralisé, habité par nous autres réduits à des points sans dimension et encouragés à un mouvement permanent, éreintant, douloureux – « accidentellement, nous rampons[12] ». Alexander Mitscherlich, observateur alerte et pionnier des relations entre « psychanalyse et urbanisme[13] », en 1965, mettait justement en garde contre les ravages de l'homogénéité anonymisante des villes sur la santé des individus comme sur celle du « corps social » ; et, juste avant, l'architecte Claude Parent et le philosophe Paul Virilio[14] balayaient cette orthonormalité et dessinaient un monde de pentes, habitable par le « poids », le « potentiel », mais aussi par la « fatigue » : un monde redessiné « à la mesure de l'homme », mais de l'homme contemporain, fatigué.

Pour Frampton également (qui procède en mariant efficacement Karl Marx et Martin Heidegger[15]), il faut résister, il le faut en rebordant sans cesse, en bâtissant des digues même rapidement submergées, en posant des limites aux sens grec et heideggérien (la limite comme *peras*, c'est-à-dire la permission de « commencer » quelque chose, un soin, une cure, par exemple) ; border comme on creuse un sillon fondateur, comme on *in-augure* la cité[16]. Et, pour Lefebvre, il s'agit par ailleurs, en faisant cela, de solliciter une qualité féminine, « utérine », de l'espace – et l'on revient ainsi à l'enveloppe du corps, cette fois celle de la mère, de l'enceinte. Arrivés là, il y a deux voies. La première : on pense aux surréalistes, à André Breton, Tristan Tzara ou Roberto Matta Echaurren, dont on connaît les contributions sur la question de la psychiatrie (notamment après le passage de Paul Eluard à Saint-Alban[17]), et qui furent aussi les premiers à sentir les ravages du modernisme, décrit dans *Le Minotaure* dès 1933 comme la « négation de l'image de la demeure[18] ». Eux aussi préféraient la première architecture, celle de « nos mères », préféraient le *womb* au *tomb* – cette architecture du ventre, lieu d'un repos enfin possible, la « cavité parfaite[19] » que Gaston Bachelard voyait également comme l'image profonde, inconsciente, que l'architecture ne se contenterait ensuite que de reproduire, de répéter, au sens mythologique du terme. Et la seconde voie : on pense plutôt aux lectures importantes et renversantes de Nicole Loraux[20], qui a montré avec quelles précisions quasi démoniaques la conception d'une architecture « féminine » et « maternelle » s'était construite au prix d'une condamnation à mort de la femme, de la citoyenne ; la métaphore, pour être convaincante, devait faire oublier son premier modèle, qu'elle remplace et qu'elle enterre (littéralement, dans les fondations du bâti). L'apport ici de Loraux, et celui plus généralement des grilles de relecture féministes, est essentiel, comme il l'est dans les pensées contemporaines du soin et du *care*. Dans notre cas, disons que si l'architecture est soignante, si elle l'est comme et parce que la mère l'est, alors autant tirer profit du rapprochement en disant que ce soin-là devrait être *good enough*[21] : que l'architecture sache border, quand il le faut, et qu'elle sache aussi laisser partir, laisser filer, comme la maison bachelardienne est tenue en équilibre vertical entre sa cave, première et racinaire, et son grenier, « frondaison[22] » et plateforme d'envol.

On tombe, en fait, sur le paradoxe bien connu et inhérent à tout soin, celui qui tend ses fils entre « vulnérabilité » et « autonomie[23] », et on remarque que, bien sûr, ce paradoxe a des conséquences ou des équivalents architecturaux ; au fil de l'histoire, innombrables sont ces lieux de soin qui hésitent ou rebroussent chemin entre éloignement (pour le bien toujours, mais le bien de qui ?) et rapatriement, entre ouverture sur la ville (au risque d'une normalisation contre-productive) et ré-édification des bords, qui nous manquent dès lors qu'ils tombent. Les lieux des institutions du soin sont là particulièrement concernés. Dans ces mêmes années 1970, qui voyaient le modernisme s'effriter, l'un des opposants les plus formalistes à l'architecture « abstraite » et « mécanisée », Bertrand Goldberg, choisit justement l'hôpital comme terrain de réponse[24]. Des espaces faits de « coquilles » (*shell*, *egg*, ou *womb* encore) et de « points focaux », couvant les alités, défient par le style le monde sans centre ni bord situé en dessous, celui du soin comme acte purement technique. En voyant cet enchevêtrement vertical d'un *flatland* ambulatoire et de grappes de nids perchés dans les hauteurs, et en nous référant à des grilles de lecture archaïques et jamais démenties, on peut d'abord croire à une redite de la dialectique fondatrice de l'habiter humain, telle qu'elle est par exemple prise en charge par les divinités sans âge : entre la « fixité » du foyer (le nombril de la déesse, Hestia) et l'« indéfiniment mobile » du voyageur, Hermès[25]. Mais, bien davantage, il faut observer que c'est la première des modalités qui cette fois-ci a droit à un traitement de faveur, et il fallait probablement le recul dont on dispose aujourd'hui pour saisir la véritable portée du geste de l'architecte américain, à Chicago et ailleurs : après vingt ans d'un « virage ambulatoire » qui a déjà largement modifié le fonctionnement et la forme de l'hôpital, il est troublant de retomber sur les productions d'une époque qui donnait la plus grande et la plus belle des places à ses patients en rémission, à ses convalescents. Et puis l'architecte pose une autre question, difficile, et essentielle pour nous : s'il existe de « nouvelles » architectures du soin dont on pressent, intuitivement, les qualités (*human scale*, lumière, air, vues…), des qualités présentes, notamment, dans les très réussis Maggie's Centers construits à partir des années 1990, ces architectures passeront-elles, et comment, l'épreuve d'une nécessaire mise à l'échelle (à l'échelle de l'institution, de la cité) ? Goldberg, lui, croyait en cette possibilité d'un « humanisme industrialisé »…

Ces éléments font assez facilement écho, si l'on revient à des réflexions propres à la question psychique, aux différentes fonctions de réassurance, ou de soutènement[26], ou encore de

11 Voir *ibid.* ; et D. Harvey, *Géographie de la domination*, Paris, Les Prairies ordinaires, 2008.
12 Edmund Husserl, *L'Arche-originaire Terre ne se meut pas*, 1934, in E. Husserl, *La Terre ne se meut pas*, Paris, Éditions de Minuit, 1989.
13 Alexander Mitscherlich, *Psychanalyse et urbanisme. Réponse aux planificateurs*, Paris, Gallimard, 1965.
14 Paul Virilio et Claude Parent, « La fonction oblique, 1965-1967 », en ligne (www.frac-centre.fr/collection-art-architecture/architecture-principe/la-fonction-oblique-64.html?authID=10&ensembleID=30).
15 K. Frampton, « On Reading Heidegger », in *Oppositions*, n° 4, MIT Press, 1974.
16 Voir Ivan Illich, *H2O. Les eaux de l'oubli* [1988], trad. M. Sissung, Saint-Mandé, éditions Terre Urbaine, coll. « L'Esprit des Villes », 2020.
17 Voir notamment Paul Eluard, *Souvenirs de la maison des fous*, Paris, Gallimard, 1945.
18 Tristan Tzara, « D'un certain automatisme du goût », *Le Minotaure*, n° 3-4, 1933.
19 Gaston Bachelard, *La Terre et les rêveries du repos* [1948], Paris, José Corti, coll. « Les Massicotés », 2010 (2e édition).
20 Nicole Loraux, *Les Enfants d'Athéna. Idées athéniennes sur la citoyenneté et la division des sexes* [1981], Paris, Seuil, coll. « Points Essais », 2007.
21 Comme l'est la « *good-enough mother* » chez Donald Winnicott (« The Good-Enough Mother », 1953).
22 Gaston Bachelard, *La Terre et les rêveries du repos*, *op. cit.*
23 Voir Paul Ricœur, « Autonomie et vulnérabilité », in Anne-Marie Dillens (dir.), *La Philosophie dans la cité*, Bruxelles, Presses de l'Université Saint-Louis, 1997.
24 Les termes, de Goldberg, sont rapportés par Michel Ragon, Goldberg. *Dans la ville/On the City*, Paris, Paris Art Center, 1985.
25 Jean-Pierre Vernant, « Hestia-Hermès. Sur l'expression religieuse de l'espace et du mouvement chez les Grecs », *L'Homme. Revue française d'anthropologie*, t. 3, n° 3, septembre-décembre 1963.
26 Hermann Broch, *Théorie de la folie des masses* [1955], trad. P. Rusch et D. Renault, Paris, Éditions de l'éclat, 2008.
27 Voir Donald Winnicott, *L'Enfant et le monde extérieur* [1957], Paris, Payot, 1972.

holding, handling[27], ou « d'élaboration imaginative », ou de « fonction alpha[28] », autrement dit ces jeux envisageables entre fonctions phorique, sémaphorique, métaphorique[29]. Ces interactions possibles entre enveloppe extérieure et enveloppe psychique sont extrêmement bien définies par les courants de la psychothérapie institutionnelle (François Tosquelles, Jean Oury, Félix Guattari[30]), ainsi que par des travaux d'éco-phénoménalité[31], qui reprennent la notion traditionnelle de l'ambiance[32]. Nul ne peut nier que les choix architecturaux produisent une « ambiance », elle-même responsable d'une asepsie, elle-même protectrice d'un certain bien-être des acteurs du lieu. Un « lieu » peut revêtir la fonction vectorielle de l'objet transférentiel, ou celle plus contenante de l'objet[33], alors même qu'elle dépasse la notion d'objet. Pour autant, un lieu fait « bord », et rend possible une dialectique entre « clinique du lieu » et « clinique du bord[34] ». Qu'est-ce qu'une institution qui prend soin de ? Comment celle-ci peut-elle être capacitaire pour le sujet, notamment vulnérable, et opérer telle une fonction symbolisante[35] ?

L'éthique médicale et la philosophie nous enseignent que la naissance de la clinique est inséparable d'une autre pensée de l'architecture, et de son ouverture, de sa possibilité d'accompagner le mouvement des corps, d'être des lieux-tenant et pas simplement des contenants-enfermants. L'avènement du soin et la reconnaissance de la santé comme droit, dans son approche holistique, ont été indissociables d'une autre manière de concevoir la ville et les lieux de soin, de ne plus les réduire à des dispositifs d'enfermement et de marginalisation, dans la mesure où l'enfermement ne peut précisément pas produire une clinique décente. Dès lors, une ville s'édifie, se constitue en tant que cité-providence, par le fait même de mettre en œuvre une certaine philosophie de l'architecture des lieux institutionnels du soin : si celle-ci s'est d'abord constituée comme « dispositif technique », la rationalité scientifique étant l'outil par excellence de la première industrialisation et émergence de la question sociale, elle s'est par la suite structurée autour de l'ouverture, de la déstigmatisation, de l'insertion sociale, et de l'humanisation des rapports organisationnels et des lieux. Selon les époques historiques, l'architecture des lieux de soin a donné à « voir » plus ou moins, à rendre visibles ou invisibles les corps, selon qu'ils témoignent de ce qui était historiquement posé comme « norme » et « pathologie[36] ».

Les années 1970, on l'a vu déjà, ont été essentielles dans cette philosophie du soin, cette philosophie clinique, en proposant une transformation de la clinique psychiatrique inséparable de la transformation architecturale. Des « lieux » tenant les sujets se sont alors édifiés, profondément exemplaires de cette démarche phénoménologique, psychodynamique et sociothérapeutique, issue de la psychiatrie désaliéniste[37]. Le modèle de la « machine à guérir[38] » est devenu celui de la « personne à guérir » ou encore des équipes soignantes à guérir, ou encore de la « fonction soignante en partage[39] » à prendre en considération dans sa pluralité et sa plasticité : Saint-Alban avec Tosquelles, La Borde (Cour-Cheverny) avec Oury et Guattari, Le Vinatier (Lyon), La Chesnaie (clinique de Chailles). Aujourd'hui, quantité de lieux sont les héritiers, déclarés ou non, de ces mouvements humanisant la psychiatrie et déstigmatisant la santé mentale. Ce sont par ailleurs des lieux expérimentant des dispositifs architecturaux parce qu'ils considèrent que le souci de la dimension spatiale du soin est irréductible : on pense à L'Adamant (Paris), à Soteria (Berlin), à Ballerup (Danemark), aux structures de Sou Fujimoto à Hokkaido (Japon), à la clinique Caradoc (Bayonne), au Brain and Mind Research Institute à Sydney (Australie), ou encore, dans un registre assez différent, au village Alzheimer (Dax, France). Des hôpitaux-villages (extra-muros) au retour des hôpitaux urbains (intra-muros), qui peuvent réhabiliter des anciens bâtiments industriels ou faire fonction de tiers lieux pour certains de leurs équipements, la tendance architecturale a été, ces dernières années, d'hybrider les dispositifs, de convoquer l'éthique du *care*, de la plus psychopathologique (Donald Winnicott[40]) à celle, plus politisée (Joan Tronto[41]), d'incorporer l'énergie et les méthodologies des *makers* et des Fab Labs, tout en prenant en considération les apports de la géographie de la santé[42], avec la notion de « paysage thérapeutique » et les indicateurs liés à la place des éléments naturels (lumière, soleil, silence, qualité de l'air, accès aux jardins, aux espaces de biodiversité ordinaire ou remarquable, etc.) dans la résilience de la santé. Les architectes Giovanna Borasi et Mirko Zardini[43] ont d'ailleurs défini la nature comme une « peau végétale » censée revêtir tant les espaces extérieurs que les bâtiments.

L'appréhension des paysages thérapeutiques et des éléments naturels en tant que premier soin a été déterminante dans l'histoire de la santé, notamment celle des maladies infectieuses et respiratoires, le sanatorium d'Alvar Aalto à Paimio constituant une figure archétypale de cette tendance. Conniventes sont les réflexions de Le Corbusier et de Charlotte Perriand, qui considéraient l'architecture comme « biologique », se nourrissant prioritairement du soleil, des vues, du vide, et du silence, autrement dit une architecture se posant d'emblée tel un « milieu de vie » sain, au service de la santé de l'homme, un milieu capacitaire. Aujourd'hui, quantité de tiers lieux et de *commons* – la notion pouvant s'ouvrir à celle de *care commons* – tentent de rénover cette culture alternative du milieu, au sens où elle s'émancipe des normalisations institutionnelles. Au cœur de cette démarche, il y a autant les travaux d'Anne Lacaton et Jean-Philippe Vassal que ceux s'appuyant sur la participation active des habitants dans l'édification des choix architecturaux, ou encore ceux de Patrick Bouchain, avec « La Preuve par 7 », en référence aux sept échelles (le village,

28 Wilfred R. Bion, *Aux sources de l'expérience* [1962], Paris, PUF, 1979.
29 Voir Pierre Delion, *Fonction phorique, holding et institution*, Toulouse, Érès, 2018 ; et P. Delion (dir.), *La Pratique du packing avec les enfants autistes et psychotiques en pédopsychiatrie*, Toulouse, Érès, 2007.
30 À ce propos, voir par exemple Jean Oury et Patrick Faugeras, *Préalables à toute clinique des psychoses*, Toulouse, Érès, 2013.
31 Bruce Bégout, *Le Concept d'ambiance*, Paris, Seuil, 2020.
32 Ces travaux s'appuient largement sur ceux de l'Allemand Hermann Simon, auteur d'*Une thérapeutique plus active à l'hôpital psychiatrique*, Berlin, Walter de Gruyter, 1929 ; ce texte a été traduit en français à l'hôpital de Saint-Alban.
33 Voir Ester Bick, « L'expérience de la peau dans les relations objectales précoces » (1967), in Meg Harris Williams (dir.), *Les Écrits de Martha Harris et d'Esther Bick*, Larmor-Plage, Éditions du Hublot, 1998.
34 Howard Buten, *Quand j'avais cinq ans, je m'ai tué* [1981], Paris, Seuil, coll. « Points », 2001.
35 Voir René Roussillon, « La fonction symbolisante de l'objet », *Revue française de psychanalyse*, vol. 61, n° 2, PUF, 1997.
36 Georges Canguilhem, *Le Normal et le pathologique* [1966], Paris, PUF, coll. « Quadrige », 2013.
37 Voir Lucien Bonnafé, *Désaliéner ? Folie(s) et société(s)*, Toulouse, Presses universitaires du Mirail, 1992.
38 Michel Foucault, Blandine Barret Kriegel, Anne Thalamy et *al.*, *Les Machines à guérir : aux origines de l'hôpital moderne*, Liège, Mardaga, 1979.
39 La formule est de Jean Oury, médecin, directeur de la clinique de La Borde ; voir notamment son intervention intitulée « L'analyse institutionnelle », à Tours, en 2008, lors d'une journée de l'Association des psychologues de la région Centre (Aprec), en ligne (http://bibliothequeopa.blogspot.com/2009/07/jean-oury-lanalyse-institutionnelle.html).
40 Voir Donald Winnicott, « Cure » (1970), in Claire Marin et Frédéric Worms (dir.), *À quel soin se fier ? Conversations avec Winnicott*, Paris, PUF, 2015, p. 19-38.
41 Joan Tronto, *Un monde vulnérable. Pour une politique du care* [1993], Paris, La Découverte, 2009.
42 Robin A. Kearns, Wilbert M. Gesler (éd.), *Putting Health into Place. Landscape, Identity and Well-Being*, Syracuse (New York), Syracuse University Press, 1998.
43 Giovanna Borasi et Mirko Zardini (dir.), *En imparfaite santé : la médicalisation de l'architecture*, Montréal, Centre canadien d'architecture/Baden, Lars Müller Publishers, 2012.

le bourg, la ville, la commune de banlieue, la métropole régionale, le bâtiment public désaffecté, l'outre-mer) qui peuvent être sollicitées sur les terrains d'expérimentation légitimés par l'article 88 de la loi du 7 juillet 2016 relative à la liberté de la création, à l'architecture et au patrimoine.

L'essor de ces pratiques montre qu'une mise en relation entre architecture et soin implique un travail de fond, et de long terme, quant aux rôles et aux méthodologies de l'architecte. Et il n'est pas étonnant d'observer que c'est dans le Japon post-Fukushima que la profession, emmenée en particulier par Toyô Itô, a voulu poser les fondements d'une « architecture du jour d'après[44] ». *Mea culpa* de toute une discipline, car l'architecture pratiquée dans les années 2000 à coups d'évanescence et de transparence avait clairement manqué son coup, avait failli, en négligeant sa fonction première, prothétique, enveloppante, murale : tenir debout, et tenir avec elle ceux qui occupent les lieux. Le temps est donc venu de remettre de l'épaisseur, de pocher à nouveau les murs, de refaire abri, de descendre « des cimes imaginaires de la pensée abstraite[45] » pour refaire de l'architecture dans « ce monde-ci », pas dans celui de la *cosa mentale* de l'architecte mais dans celui que nous foulons de nos pieds, quand cela est encore possible du moins. Car des morceaux entiers de ce monde-ci, Fukushima par exemple, sont inhabitables et le resteront longtemps, mais c'est aussi sur ces terres brutalisées que d'autres formes d'habitabilité s'inventeront : il faut en effet, en suivant Achille Mbembe, croire en la « puissance de réserve »/la « réserve de puissance » contenue dans les géographies traumatisées[46].

Le moment des années 1970 contenait, encore une fois, certains des germes de ce que l'on voit se généraliser aujourd'hui. En 1969, paraissait le célèbre et toujours apprécié *Architecture Without Architects* de Bernard Rudofsky[47] : derrière l'éloge du vernaculaire et de l'expertise locale, toute l'architecture était implicitement visée, car elle avait oublié l'habitant, et la figure de « l'anti-architecte » qui, en réaction, émergeait. Bâtir mais le faire dans « un geste profondément antiarchitectural, geste non pas constructif, mais qui mine et ruine au contraire tout ce qui vit de prétentions édifiantes[48] », c'était d'ailleurs également le projet, littéraire (ou antilittéraire), de Georges Bataille, celui qui dénonçait la « chiourme architecturale » et les risques d'une culture du monument, rabaissant l'espèce humaine à « une étape intermédiaire entre les singes et les grands édifices[49] ». Et on peut rappeler aussi l'héritage d'un autre « moment » des relations entre architecture et soin, deux siècles plus tôt. Des années qui ont suivi l'incendie de l'Hôtel-Dieu de Paris, en 1772, il faut retenir, à côté de la consécration du modèle technique et hors sol de l'hôpital-machine, une évolution décisive et conjointe qui a eu lieu sur le terrain des méthodes, des procédures, du « jeu d'acteurs » : élargi à cette occasion à des experts, comités, consultants[50], autant de voix aux intérêts divergents qui participeront désormais à la conception de l'architecture. Et c'est sur ce terrain-là qu'il nous faut aujourd'hui revenir également, en suivant Ito mais aussi Tronto, pour parler à notre tour d'élargissements du projet mais dans d'autres directions. Le *care*, pour l'architecture entre autres si on veut l'envisager comme *caregiver*, n'est pas tant une affaire de sensibilité, ce serait trop facile, mais de responsabilité. Responsabilités vis-à-vis des matières que l'architecte déplace, vis-à-vis des artisans et des ouvriers qui bâtiront le projet, vis-à-vis des individus et des groupes qui l'habiteront, vis-à-vis d'un site, de son histoire et des formes de vie qui l'occupent. Rappelons à ce propos que le traumatisme du séisme de Lisbonne, en 1755, avait auguré un virage dans l'histoire des arts, d'une tradition anthropocentrique vers un lent processus de « décentrement » dans la représentation du monde et de ses composants[51] ; de la même manière, les catastrophes contemporaines nous enjoignent de rallier enfin un « *non-human turn*[52] » déjà bien engagé par beaucoup dans les sciences sociales. Il reste encore, pour l'essentiel, à explorer les formes possibles d'une architecture dont on reprendrait les bases dans une logique de relationnalités.

De nos jours, les recherches aux confins de l'architecture et de la philosophie du soin deviennent plus interdisciplinaires, en s'ouvrant à des problématiques plus complexes, et intersectionnelles. Les travaux d'Elsa Dorlin[53] et d'Helen Zahavi[54] sur le « *care* négatif » (*dirty care*) sont également pertinents pour prendre à rebrousse-poil les éthiques du *care* qui ne déconstruisent pas assez les structures patriarcales et la violence de genre qui se jouent dans ces morales. En déplaçant ces approches critiques dans le registre architectural, il devient nécessaire de montrer comment l'architecture pense trop peu les partis pris de la domination derrière les présupposés architecturaux, comment elle interroge insuffisamment les conduites d'évitement du soin en tant que praxis de résistance et productrices d'une autre forme de soin, celui de l'émancipation, ou encore, comment chez Frantz Fanon[55], la décolonisation de l'être, véritable objectif du soin, se trouve prise au piège de l'institution médicale coloniale ; autrement dit, il s'agit d'éviter les deux écueils suivants : se soucier des dominants, est-ce encore du soin ? Et comment se soigner à l'intérieur d'une structure de domination ? En saisissant ces problématiques, l'enjeu est également de restaurer, voire de refonder, la confiance dans les institutions de soin, en démontrant qu'elles ne font pas exclusivement le jeu du pouvoir. Comment créer un espace qui ne soit pas voué à « l'architectonique du pouvoir » mais à l'architectonique du soin, sachant qu'il n'y a jamais de pureté de l'une ou de l'autre, mais des rapports de force plus ou moins équitables entre ces deux dynamiques ?

Quelle peut être cette architectonique du soin dans le cas des pathologies psychiatriques ? Oury parlait lui aussi de « l'ambiance » dans le processus psychothérapeutique, de l'importance de « définir l'ambiance, ce que j'ai appelé ‹ les entours ›[56] ». Définir les entours, les enveloppes, les bords à nouveau, comme si cette fois il fallait que l'architecture cherche délibérément à buter par endroits, qu'elle crée ces surfaces de butée et que l'individu puisse les frôler, s'y raccrocher, s'y fondre même. C'est ce que révèlent les lignes d'erre, traçant les trajets des patients cévenols que Fernand Deligny a suivis pendant dix ans, pour capturer l'invisible : ces pratiques de l'espace qui procèdent comme par tangence, mais qui, aussi, se révèlent organisées autour de « coïncidences ou chevêtres (lignes d'erre qui se recoupent en un point précis, signalant qu'un repère ou du commun se sont instaurés)[57] ».

44 Toyô Itô, *L'Architecture du jour d'après*, Bruxelles, Les Impressions nouvelles, 2014.

45 Tim Ingold, *Marcher avec les dragons*, Bruxelles, Zones sensibles, 2013.

46 Achille Mbembe, *Brutalisme*, Paris, La Découverte, 2020.

47 Bernard Rudofsky, *Architecture Without Architects : A Short Introduction to Non-Pedigreed Architecture*, New York, Doubleday & Company, 1964.

48 Denis Hollier, *La Prise de la Concorde* [1974], Paris, Gallimard, 1993.

49 Georges Bataille, « Architecture », *Documents*, nº 2, mai 1929.

50 Voir Blandine Kriegel, « L'hôpital comme équipement », in M. Foucault, B. Barret Kriegel, A. Thalamy *et al.*, *Les Machines à guérir [...]*, *op. cit.*

51 Voir Thomas Schlesser, *L'Univers sans l'homme*, Paris, Hazan, 2016.

52 Richard Grusin, *The Non-Human Turn*, Minneapolis, University of Minnesota Press, 2015.

53 Elsa Dorlin, *Se défendre. Une philosophie de la violence*, Paris, La Découverte, coll. « Zones », 2017.

54 Helen Zahavi, *Dirty Week-end*, Paris, Presses Pocket, 1992.

55 Voir Alice Cherki, *Frantz Fanon, portrait*, Paris, Seuil, 2000.

56 Jean Oury, « Transfert, multiréférentialité et vie quotidienne dans l'approche thérapeutique de la psychose », *Cahiers de psychologie clinique*, 2003/2, nº 21.

57 Gisèle Durand et Jacques Lin (dir.), *Cartes et lignes d'erre/Maps and Wander Lines. Traces du réseau de Fernand Deligny, 1969-1979*, Paris, L'Arachnéen, 2013.

On sait par ailleurs que chez ces patients mutiques de Deligny, la quête d'une butée spatiale a à voir avec un langage qui a également buté, buté sur la formation des mots, sur la production d'un son destiné à un autre[58]. Pour ceux-là, sans parole, d'autres méthodes de subjectivation sont à enclencher (le « bonhomme n'y est pas », observent Deligny et Guattari dans d'autres dessins faits par les patients eux-mêmes; le sujet n'y est pas). Que peut l'espace ici? Le « milieu » a un rôle à jouer bien sûr, soutenait Deligny et, poursuivait-il, c'est d'ailleurs ce milieu qu'il faut « éduquer », non l'enfant. Et on peut croire que, dans ce contexte, c'est l'architecture elle-même qui se retrouve, d'un même coup, percutée dans sa propre relation au langage, dans sa traditionnelle fonction sémantique ou sémiologique, dans son rôle de prothèse symbolique conditionnant et augmentant la capacité de symbolisation propre à chacun.

Il est difficile alors de ne pas voir que le moment 1970 (encore, une dernière fois) a été celui, aussi et précisément, d'une crise de l'architecture en tant que « signifiant » (Charles Jencks, Umberto Eco, Joseph Rykwert[59]...), une crise du modèle de la métaphore devenu trop assommant et trop lourd à assumer, ou devenu obsolète dans un monde ne voulant plus assujettir l'individu à des significations spatiales prédéterminées. Quant à l'autre moment mentionné, celui des années 1770 et de sa profusion de machines architecturales imaginées pour remplacer l'Hôtel-Dieu, il avait déjà été l'occasion d'un trouble similaire: l'architecture, un « savoir de nature largement linguistique », a soudainement été sommée de revoir sa méthodologie en s'appuyant sur « les questionnaires, les tables de population et les taux de mortalité[60] ». La quête d'efficacité, en particulier dans le cas d'une architecture hospitalière et plus généralement sanitaire, est évidemment légitime, et même non négociable. Mais cela doit se faire sans diminuer la capacité de l'espace à produire du signe, c'est-à-dire du « repère » ou du « commun » au sens de Deligny. Ludger Schwarte, dans son dernier ouvrage[61], prend la suite de ces discussions et défend une autre idée: l'architecture, en fait, « précède » le langage, elle est juste avant, elle est « à la limite du langage[62] » (une architecture archéologique – foucaldienne?); le moment signifiant – la mâchoire de Lacan – glisse, partiellement au moins, de l'architecture vers l'habitation, de l'objet habité vers le sujet habitant. Comme un soin précède, prépare et se prépare à laisser partir (quitte à laisser revenir, même juste après, et même chroniquement).

Une autre grande question traverse depuis longtemps l'architecture: quelle place laisser à la trace traumatique dans l'édifice? Où l'inscrire? Comment la restituer pour éviter une dénégation d'un traumatisme, individuel et collectif? Qu'en faire pour que le lieu devienne un tiers résilient? Cette question n'est pas étrangère à tout travail thérapeutique qui cherche à définir les justes distance (par rapport au) et reconnaissance du traumatisme: comment dire l'inscription du temps, de l'histoire, de la mémoire, de l'imprescriptible parfois, d'un point d'irréversibilité au sens où il s'est joué un deuil, dans l'espace? Comment spatialement donner à comprendre et à dépasser ce qui ne peut pas simplement se dire, ce qui voudrait s'oublier mais qui ne le peut pas, soit pour des raisons pathologiques, soit pour des devoirs de responsabilité? Comment, précisément par l'inscription dans un bâti, une étendue, tenter l'aventure de la non-répétition de l'événement tragique? Dans le contexte de la reconstruction post-traumatique des villes allemandes, Mitscherlich pressentait justement ces conséquences d'une architecture qui ferait « comme si aucune catastrophe ne s'était produite », faisant dès lors barrage à la « guérison psychique » de la société. Pour la cité comme pour l'individu, on sait qu'il y a la même impossibilité d'un retour en arrière psychique, on sait qu'il y a une « irréversibilité[63] », et que les espaces architecturés doivent accumuler, archiver, encaisser. Nous voilà donc sommés de reparler ici de l'une des fonctions constitutives de l'architecture, celle d'être un *art of memory*[64], un « gigantesque appareil orthopédique[65] » et donc, et aussi, mnémotechnique. Mais il semble que nous pouvons maintenant en parler dans des termes nouveaux. Car il existe, depuis le *care* – avec Joan Tronto, Martha Nussbaum[66]... – et avant (avec Günther Anders[67], par exemple), un postulat assez largement partagé: faire du soin un fondement des organisations passe par l'acceptation préalable d'une « vulnérabilité » irréductible et commune, quoique toujours différenciée, à chacun des individus. Ainsi, « l'obsolescence de l'homme » ne devrait plus lui faire « honte » (Anders) et, s'il y aura toujours un « malaise », il faudrait que ce malaise, propre au fond à tout ce qui est périssable, soit aussi reconnu comme une « singularité » que rien ne pourra concurrencer, surtout pas le pouvoir toujours défaillant des artefacts supposément immortels. Or l'architecture est l'un, si ce n'est le premier, de ces moyens sollicités par l'humain pour compenser son « retard » existentiel, pour transcender sa vulnérabilité, pour bâtir ce « grand et reposant déni[68] » qu'est la cité. Cette partie-là de l'histoire est-elle donc à reprendre, que l'architecture continue à jouer son rôle d'archive, essentiel à la résilience du projet humain, mais que cette archive soit finalement et véritablement habitable? Au-delà de l'esthétique, c'est une question qui touche à ce qui fait histoire: comment, collectivement et individuellement, chacun participe à une fabrique civilisationnelle, s'inscrit dans un paysage mental qui viendra valider tel ou tel possible. Ludger Schwarte définit l'enjeu architectural comme celui d'être capable de dessiner « un monde qui a de l'avance sur nous[69] », de faire avec les formes, les bâtiments ce que d'autres font avec le langage.

Quel est ce monde qui a de l'avance sur nous? Chacun connaît la trinité vitruvienne: la solidité (ce qui tient et soutient), l'utilité (ce qui sert et permet) et la beauté (ce qui inspire et nourrit). Elle reste indépassable, même si l'horizon nouveau invite à la réinterprétation et à la refondation des principes architecturaux. L'architecture se trouve face à un défi de taille, sans doute le plus sensible, et le plus immédiatement expérimentable, celui d'aménager le monde pour qu'il nous permette d'« atterrir », selon l'expression latourienne[70]. Atterrir, s'ancrer, demeurer, sans perdre toute velléité d'élan, percevoir précisément par l'horizontal de la matière l'immanente verticalité, parfois matérielle, toujours intelligible.

58 Voir Nicolas Brémaud, « Autisme: de bords à corps », *L'Information psychiatrique*, vol. 87, nº 8, 2011.
59 Citons entre autres donc: George Baird, Charles Jencks, *Meaning in Architecture*, Londres, Barrie & Rockliff, The Cresset Press, 1969; Joseph Rykwert, « Meaning and Building », *Zodiac*, nº 6, 1960; Umberto Eco, « Function and Sign: the Semiotics of Architecture », in James Bryan Rolf Sauer (éd.), *Structures Implicit and Explicit*, Philadelphie, University of Pennsylvania, 1973.
60 Bruno Fortier, « Le camp et la forteresse inversée », in M. Foucault, B. Barret Kriegel, A. Thalamy *et al.*, *Les Machines à guérir [...]*, *op. cit.*
61 Ludger Schwarte, *Philosophie de l'architecture*, Paris, La Découverte, 2019.
62 M. Foucault, *L'Archéologie du savoir* [1969], Gallimard, coll. « Tel », 2015.
63 Voir Catherine Malabou, *Les Nouveaux Blessés*, Paris, PUF, coll. « Quadrige », 2007.
64 Frances A. Yates, *L'Art de la mémoire* [1966], Paris, Gallimard, 1987.
65 José Ortega y Gasset, à Darmstadt, en 1951, lors d'une conférence restée surtout célèbre pour l'intervention de Heidegger; voir J. Ortega y Gasset, *Le Mythe de l'homme derrière la technique*, Paris, Allia, 2016.
66 Martha Nussbaum, *La Fragilité du bien* [1986], Paris, Éditions de l'éclat, 2016.
67 Günther Anders, *L'Obsolescence de l'homme* [1956], Paris, Éditions de l'Encyclopédie des Nuisances, 2002.
68 Layla Raïd, « Care et politique chez Joan Tronto », in Pascale Molinier, Sandra Laugier, Patricia Paperman (dir.), *Qu'est-ce que le care?*, Paris, Payot, 2009.
69 Ludger Schwarte, *Philosophie de l'architecture*, *op. cit.*
70 Bruno Latour, *Où atterrir? Comment s'orienter en politique*, Paris, La Découverte, 2017.

1 L'Hôpital franco-musulman, commune de Bobigny, Roger Henrard photographe, 1952

Distances

Quelles place et visibilité de l'acte de soin dans et hors de la ville, entre centralité et mise à l'écart?

Depuis la centralité urbaine des premiers hospices, jusqu'aux épisodes de mise à la périphérie (léproseries, lazarets, asiles…), l'acte du soin et ses acteurs – malades, soignants, accompagnants – ont été progressivement écartés de la cité. Cette distanciation spatiale accompagne et met en acte l'installation d'une autre distance, celle entre le normal et le pathologique, entre la « bonne santé » et la « maladie ».

Centralité

« L'Hôtel-Dieu est situé au meilleur de la Ville, comme le meilleur au cœur de l'homme » (assemblée du Parlement de Paris, 1548). Depuis sa fondation au VIIe siècle, l'Hôtel-Dieu prend différentes formes et fonctions : les architectures se succèdent, mais l'emplacement demeure au cœur de la ville. Le « palais des pauvres » (ainsi surnommé par Napoléon III) traverse les époques, incarnant dans la cité un soin inconditionnel porté aux plus vulnérables, et la centralité de l'acte du soin et de tous ses acteurs dans l'organisation de la société. Le soin au kilomètre zéro, le soin comme soutènement de la ville.

2

3

Accolé à la cathédrale Notre-Dame, au plus proche de la Seine et enjambant le fleuve à différents moments de l'histoire, l'Hôtel-Dieu de Paris est au centre de la cité depuis l'époque médiévale.

2 Extrait du *Plan de Paris*, Olivier Truschet dessinateur, Germain Hoyau graveur, vers 1552.
3 L'île de la Cité, Paris, 2017.

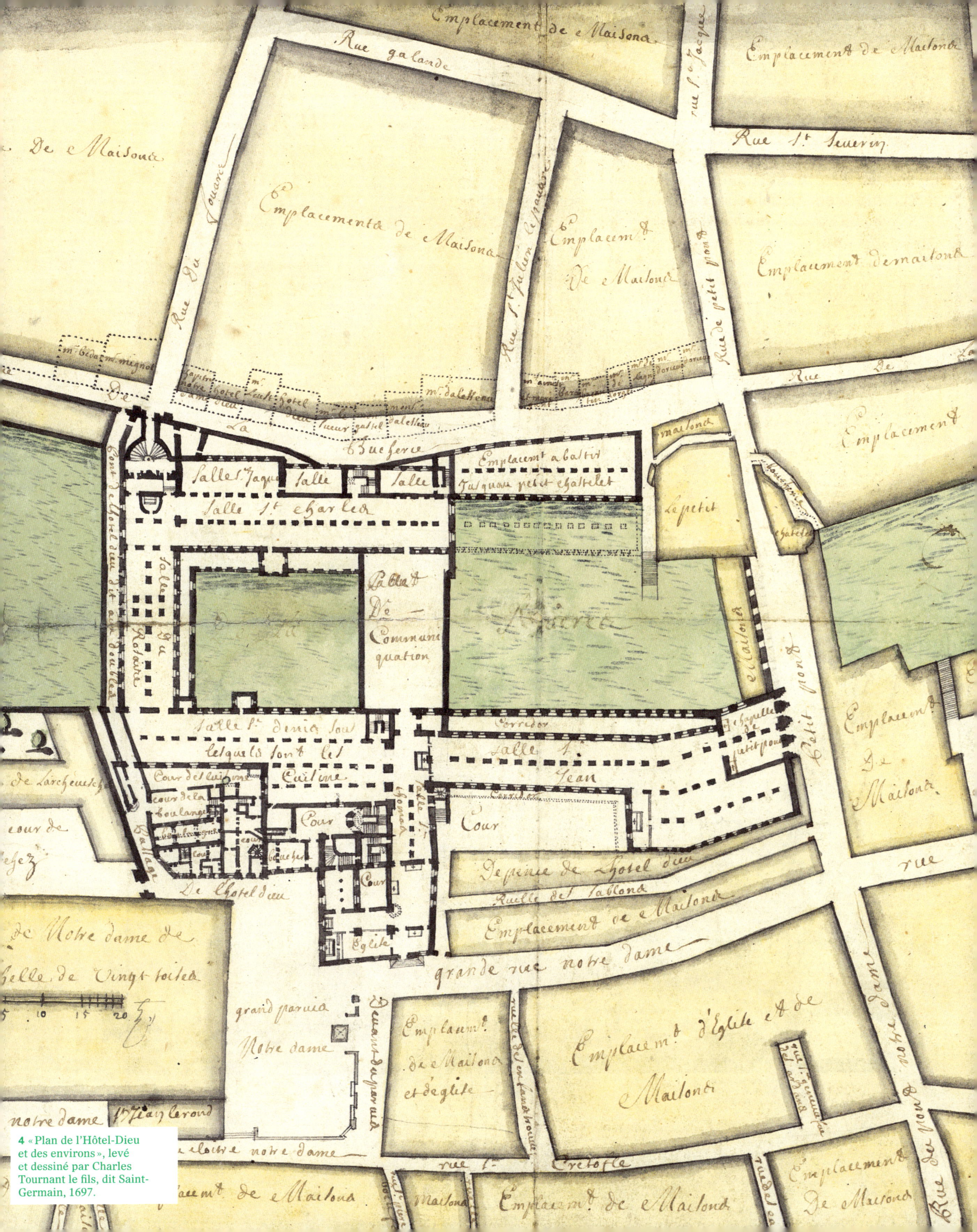

4 « Plan de l'Hôtel-Dieu et des environs », levé et dessiné par Charles Tournant le fils, dit Saint-Germain, 1697.

Dans de nombreuses autres villes, on trouve des traces similaires de cette centralité première du soin ; les Hôtels-Dieu de Tonnerre, d'Orléans ou de Lyon ont été, par exemple, des bâtiments essentiels dans la genèse et la constitution de ces agglomérations. L'importance du lieu hospitalier dans la ville correspond à la première conception du « soin » dans les organisations occidentales, indissociable de ses institutions religieuses : le soin comme charité, comme hospitalité (au sein de l'*hospital*), s'adressant sans conditions à une population précaire élargie, dépassant largement les limites du groupe de ceux que l'on appelle aujourd'hui « les malades ».

5

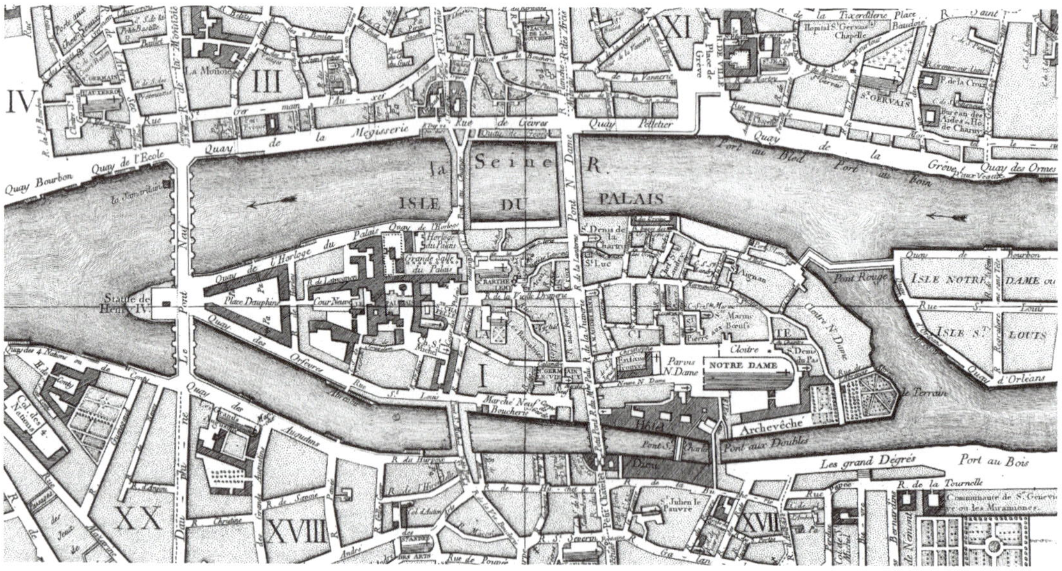

6

Jusqu'à la fin du XIXe siècle, l'Hôtel-Dieu occupe une partie de l'actuel parvis de Notre-Dame.
5 « Hôtel-Dieu, hospice des enfants trouvés », photographie Charles Marville, vers 1865.
6 *Plan de la ville et fauxbourgs de Paris*, Debarme topographe, Perrin graveur, 1763.

Sous l'impulsion de l'administration haussmannienne, l'hôpital parisien est détruit à la fin du XIXe siècle, pour lutter contre son insalubrité et libérer le parvis de la cathédrale. Un îlot entier de l'île de la Cité est démoli pour faire place au « nouvel » Hôtel-Dieu, tel qu'il existe encore aujourd'hui.
7 « Panorama de Paris pris de la tour Saint-Jacques », photographie Charles Soulier, vers 1865.
8 « L'île de la Cité en travaux, panorama pris de la tour Saint-Jacques », photographe anonyme, entre 1865 et 1872.

7

8

9

10

« Pourquoi la ville d'Orléans a-t-elle démoli son ancien Hôtel-Dieu, l'un des plus beaux édifices de la Renaissance ? Combien de villes se sont ainsi, sans raison sérieuse, dépouillées des monuments qui constataient leur ancienneté, qui leur donnaient un intérêt particulier et qui retenaient des étrangers dans leurs murs ! »

Eugène Viollet-le-Duc, *Dictionnaire raisonné de l'architecture*, Paris, Bance et Morel, 1854-1868

Certaines villes font le choix de se débarrasser de leurs premiers hospices. Ainsi, la démolition de l'Hôtel-Dieu d'Orléans, en 1845, scandalise Eugène Viollet-le-Duc.
9 *Vue générale de l'ancien Hôtel-Dieu*, dessin de Charles Pensée, lithographie de Lemercier, extrait d'*Histoire architecturale d'Orléans*, Orléans, Gatineau et Darnault-Morand, 1849.

Au cœur de la ville, l'hôpital est lui-même une ville. Jusqu'au tournant des années 1970, l'Assistance publique dispose de ses propres équipements et services permettant à l'hôpital de fonctionner en autonomie : cave, boulangerie, boucherie.

10 « Manutention sur la chaîne de conditionnement des casiers à bouteilles », entre 1920 et 1930. « Approvisionnement. Agents du personnel au déchargement des emballages », mai 1952. « Boulangerie. Sortie du pain des fours et mise en panière », s.d.

L'HÔTEL-DIEU, À L'ABRI DES REGARDS ?

Lucie Taïeb
Écrivaine

1 Alors les gens ont applaudi, et je ne sais pas exactement à qui nous pensions. Aux malades, à ceux qui mouraient, à ceux qui soignaient. À ceux qui pouvaient sortir, à ceux qui le devaient, à ceux qui ne voulaient pas, ceux qui ne pouvaient plus.

Ce que je sais en revanche, c'est que nous n'avons rien vécu d'inédit, mais seulement une expérience que nous avions collectivement oubliée. Sans doute, notre mémoire collective avait stocké – *en quel lieu ?* – les souvenirs liés à ces expériences très anciennes d'épidémie, de mort, de peur : peur de respirer l'air dans le sillage d'un autre, peur de l'ennemi invisible et minuscule, peur de la faux qui expose son tribut, désormais, sous forme de courbes ascendantes et descendantes.

En quel lieu, ces souvenirs, sinon ici même ?

Dans nos villes, nos rues, nos hôpitaux.

2 L'Hôtel-Dieu est le plus ancien hôpital parisien. C'est là qu'Ambroise Paré, maître barbier chirurgien à Paris, invente ce qui sera la chirurgie moderne, conduit ses expériences sur les blessés, appliquant aux uns « cautères, et autres remèdes forts et douloureux », aux autres « médicaments doux et

lénitifs. Et le lendemain les revisitant tous, trouve que ceux qui avaient été pansés par médicament doux se portaient trop mieux que les autres[1]. »

Les transformations successives de l'Hôtel-Dieu, au gré de ses destructions, déménagements, réaménagements, témoignent d'une évolution du concept d'hôpital : asile pour vagabonds, malades, errants, tous ensemble mêlés et exposés à la mort, devenu au cours du temps lieu de soin des seuls malades, qu'il s'agit de guérir, pas seulement d'isoler. L'organisme dont la santé doit être préservée n'est pas le corps d'un seul, mais celui de la ville même. À une telle échelle, il ne peut être question de douceur. Seulement de gestion des flux.

C'est ce que nous apprennent les textes de « Machines à guérir », qui s'attachent à ce moment clé, dans l'histoire de la médecine et celle de l'architecture : à la fin du XVIIIe siècle, l'Hôtel-Dieu, dévasté par deux incendies, doit être reconstruit. Or, cette reconstruction coïncide avec l'émergence, en France et en Europe, de la doctrine hygiéniste. Il faudra repenser l'hôpital pour que l'air y circule, un air pur et frais, non chargé de miasmes. Il faudra repenser la ville, également, car l'hôpital n'est pas étanche, ni dans un sens, ni dans l'autre : « Retenons qu'un seul principe de circulation de l'air peut difficilement être pensé dans les seules limites internes de l'hôpital. Si l'air doit s'enrubanner autour des lits, des salles, des pavillons, c'est qu'aussi bien, il forme guirlande autour des rues, des carrefours, qu'il ouate la ville entière d'un tampon vif ou morbide, bénéfique ou délétère. [...] C'est que, derrière l'exigence de la guérison et d'un équipement qui fonctionne à cette fin, se fait jour l'idée d'un contrôle de la circulation des *flux*. Flux d'air, d'eaux, de malades et de bien-portants[2]. »

3 Je suis entrée pour la première fois dans l'Hôtel-Dieu au printemps 2021. Non comme patiente ni comme visiteuse, mais pour pouvoir écrire à son sujet.

J'y suis venue à pied et masquée, traversant le jardin de l'Observatoire, longeant le Luxembourg, arrivant aux abords de Notre-Dame où je vis un étrange rassemblement. Des camions de pompiers à l'arrêt, des policiers décontractés, bouche découverte, discutant nonchalamment, et toute une petite foule mouvementée, autour, dont l'agitation m'intriguait, jusqu'à ce que j'entende, parmi les badauds qui s'étonnaient comme moi de la scène, les mots « film » et « tournage », une fiction, donc, et les policiers, des figurants, engagés sur le plateau pour rejouer l'épisode récent et dramatique de l'incendie de Notre-Dame.

À l'intérieur de l'hôpital, dans la cour silencieuse où je m'asseyais, contemplant les arcades, l'escalier, je comprenais qu'ici, à deux pas du Palais de justice, on recevait les victimes d'agressions, on relevait les preuves, à même leur corps, de la violence subie.

Une femme, parlant fort dans son téléphone, entra elle aussi dans la cour, où résonnait sa conversation véhémente. Il apparut d'emblée qu'elle n'était pas médecin. Elle travaillait sur le plateau du tournage voisin, qui avait pu installer dans l'hôpital même une partie de ses équipes.

4 L'hôpital n'est pas un lieu, c'est une odeur – que l'on connaît et que l'on redoute d'avoir à respirer, de nouveau. L'hôpital n'est pas un lieu, c'est un numéro de chambre que l'on retient, que l'on prononce à l'accueil, et des couloirs où l'on détourne les yeux pour ne pas voir ; parfois des portes sont entrouvertes et il vaut mieux ne pas voir, on regarde seulement où il le faut, les panneaux et les flèches pour ne pas se perdre, et on respire prudemment, à cause de l'odeur, on ne sait même plus si elle est vraiment là, cette fois-ci, ou si c'est seulement un souvenir, si une fois de plus on se sera dit : je redoutais l'odeur mais elle n'était pas là.

L'hôpital ce sont deux verbes, essentiellement, pour ceux du dehors : garder ou renvoyer. « Ils le gardent encore un jour » ou « elle est autonome, ils la renvoient ». Des chambres que l'on doit libérer, comme à l'hôtel. « Ils la renvoient parce qu'elle doit libérer la chambre, et elle est autonome, alors ça va. » On ne sait pas exactement de quoi l'on doit se réjouir. D'être gardé ou renvoyé. Renvoyé parce que ça va ou gardé parce que ça ne va pas encore.

Je revois, ici, le regard de panique de cette femme, apprenant au téléphone qu'ils ne pouvaient pas garder sa mère, à la suite d'une opération du poignet, vivant à l'autre bout de la France, naturellement très âgée, pas autonome, et il fallait « trouver une solution », comme il faut trouver des solutions lorsque nos parents défaillent, parce que « c'est ingérable », il faut trouver des lieux, et des gens dans ces lieux. Et toujours les amis à qui l'on raconte nos peines nous demandent, lorsque nous avons trouvé un lieu : « et c'est bien ? » Et toujours nous répondons que cela *a l'air* bien, parce que nous ne pouvons pas avouer qu'en réalité, on ne sait pas.

En réalité on ne sait pas, on pressent seulement ce qui se passe, une journée, une semaine, un mois à l'hôpital, en établissement, les infirmières et les docteurs, celles que l'on aime, celles qui vous parlent comme à un enfant, ceux qui vous expliquent et vous rassurent, ceux qui vous humilient en vous soignant, sans même le vouloir, car dans la relation joue autre chose, qui dépasse tout le monde, l'hôpital est acteur lui aussi de la relation, à la fois comme lieu et comme structure, mais il n'est pas toujours un acteur bienveillant.

5 Lorsque nous habitions aux environs de l'hôpital Lariboisière, nous disions qu'il y avait là « une faune », ou « toute une faune ». J'essaie de rassembler mes souvenirs, mais celui qui reste le plus précis, c'est mon propre itinéraire : une volte pour ne pas longer l'hôpital et prendre plutôt le trottoir d'en face.

Toute cette *faune*, nous ne savions pas exactement où elle commençait. Derrière la gare du Nord, devant la gare de l'Est, dans la rue des Deux-Gares ? Qu'avait-elle de spécifique, et pourquoi ce mot de faune ? Je ne revois aucun visage. Je me rappelle vaguement les personnes qui criaient étrangement, qui hurlaient, je crois, je me souviens de mon propre malaise.

Je ne sais pas exactement dans quel sens allait le mouvement, si c'était comme un surplus de l'hôpital qui aurait débordé de ses portes, ou plutôt toute la misère alentour qui venait là, marée montante.

L'hôpital Lariboisière n'est pas une institution étanche.

C'est un hôpital ouvert sur son environnement immédiat.

La misère comme fluide qui s'infiltre et suinte et ruisselle.

Ce qui ruisselle, aux abords de Lariboisière : urine, sang, vomissures.

Junkies hébétés, zombies urbains, rixes, disputes incompréhensibles, violence.

Une faune. Mais nous sommes du même côté des grilles, puisque nous partageons semble-t-il le même espace, à l'extérieur de l'hôpital, pourtant : en alerte, évitant soigneusement les corps chaotiques et les cris, créant autour de nous, de par les itinéraires choisis de nos déplacements, des périmètres de sécurité.

1 Ambroise Paré, *La Manière de traiter les plaies* [1551], Paris, PUF, coll. « Sources », 2007.
2 Blandine Barret Kriegel, « L'hôpital comme équipement », in Michel Foucault, Blandine Barret Kriegel, Anne Thalamy, François Beguin, Bruno Fortier, *Les Machines à guérir*, Paris, Institut de l'environnement, 1976, p. 33.

6 Dans *Les Cahiers de Malte Laurids Brigge*, Rainer Maria Rilke raconte, à la première personne, l'histoire de ce jeune homme, aristocrate danois (Malte Laurids Brigge), qui, venu à Paris, apprend à voir. Il fréquente des rues, des lieux familiers à bien des jeunes gens qui, dans le Quartier latin, le lisent pour la première fois.

Au sortir de la bibliothèque Sainte-Geneviève, prendre la rue Soufflot, tourner à droite dans le boulevard Saint-Michel, puis descendre tout droit. Vous ne manquerez pas Notre-Dame, mais l'Hôtel-Dieu, si vous ne savez pas exactement où il se trouve, n'attirera peut-être pas tout de suite votre regard. Malte observe les voitures qui se succèdent, entrent dans l'Hôtel pour que chacun, chaque malade, y trouve la mort, sa mort propre, dit-il. Malte voit les malades, la misère, la pauvreté, il n'en croit pas ses yeux, il se laisse habiter, hanter par ces existences défaites, dépouillées. Son apprentissage du regard est un apprentissage de la porosité.

Rilke, lui, voit plus loin encore : l'entrée dans l'ère industrielle, la vie des masses laborieuses, dépossédées non seulement de leur force de travail, mais surtout d'une existence propre et d'une mort qui fut vraiment « la leur ».

Avant l'on mourait chez soi.

Avant l'on vieillissait chez soi.

Avant, la mort avait le temps d'être longue et majestueuse. Est-ce que cet « avant » a jamais existé, sinon dans l'esprit nostalgique du jeune homme de bonne famille, né à Prague, ami de Rondin, poète sensible, inquiet ?

La pauvreté, la misère ne sont pas inventées au XIXe siècle, mais elles sont laides et désormais terribles parce qu'impersonnelles, et la mort quant à elle : honteuse, expéditive, administrée, standardisée.

Loin des regards les corps souffrants, les corps malades dépérissent.

Les murs qui séparent mourants et vivants aident les uns à vivre en paix, tandis que les autres meurent à l'abri des regards. Mais « à l'abri des regards » dit, précisément, le contraire de ce dont il est question ici, puisqu'en réalité, ce sont les regards que l'on protège.

7 L'enquête réalisée en 1785 par l'Académie royale des sciences souligne les manques qu'un nouvel Hôtel-Dieu se devrait de palier, dont le trop grand nombre de malades pour un trop faible nombre de lits, si bien que les malades, entassés à quatre ou à six, ne peuvent pas dormir, souffrent de la chaleur des corps, ne peuvent fléchir ni tendre comme ils le voudraient leurs membres endoloris. Le problème crucial : le manque de place, l'agencement des salles, qui empêche une bonne circulation de l'air. Il faut trouver un autre site, pour pouvoir construire plus grand. Dans le même temps, l'Église, gênée de l'emplacement de l'Hôtel à proximité de Notre-Dame, encourage sa « translation » vers l'île aux Cygnes, telle que Bernard Poyet la propose dans l'un des nombreux projets déposés au XVIIIe siècle pour le nouvel Hôtel-Dieu.

Et lorsque l'on lit Rilke, près d'un siècle plus tard, Rilke errant aux abords du nouvel Hôtel-Dieu, il semble que rien n'ait changé, vraiment, du moins depuis l'extérieur : la misère aux abords, la mort dedans.

Ainsi, à l'image qu'emploie Rilke, celle des chariots menant les mourants pour entrer dans l'Hôtel, se superpose cette gravure montrant les barques chargées des corps évacués par la Seine, à l'arrière de l'hôpital, et la Seine un instant devient un autre fleuve, mythique, infernal, et l'on cherche en vain sur la barque la silhouette du nocher qui fait passer les défunts d'un monde à l'autre.

8 Déplacer l'Hôtel-Dieu sur l'île aux Cygnes, ancienne triperie, ancienne déchetterie, chargée d'une histoire déjà ancienne de relégation de l'impur, du contaminant, que l'on ne dit pas encore « toxique », c'est également ce qu'envisage Petit, dont le plan ressemble assez à celui de Poyet : l'hôpital se compose d'un cercle clos divisé en quartiers de taille égale. Néanmoins, là où Poyet place, au centre de son bâtiment, ce qui m'apparaît comme une gloriette, Antoine Petit, lui, érige une véritable tour. La voici à l'œuvre, la pensée hygiéniste, voici l'hôpital panoptique, où chacun pourra être vu, où chaque malade sera soumis à la surveillance – et au soupçon. J'imagine que, depuis cette tour, on voit tout et au-delà, on voit à l'intérieur des chambres, on scrute le recoin des âmes, on perçoit avant même qu'elles ne soient manifestes les déviances, les imprudences, les indocilités. Nul n'est à l'abri des regards.

9 Quel souvenir, conscient ou inconscient, les projets actuels, ceux des architectes aujourd'hui au travail, gardent-ils, d'une part, de l'histoire même des lieux à reconstruire et, d'autre part, de tous les projets qui n'ont, eux, jamais vu le jour ? Comment travaille-t-on avec la mémoire des lieux, avec les idéologies successives, parfois contradictoires, dont ils résultent, avec les strates nombreuses inscrites dans les murs, escaliers, couloirs, chambres et passages ?

L'époque est à l'ouverture. Un hôpital ouvert, on pourrait se demander ce que cela signifie. En ce qui concerne l'Hôtel-Dieu, un premier constat s'impose : l'ouverture se fait au prix d'une perte d'espace. Ou, si on le formule autrement, plus clairement peut-être : puisqu'une partie de la superficie aujourd'hui dédiée au soin sera cédée à des entreprises privées, la ligne de séparation entre l'hôpital et la ville se retrouve, désormais, à l'intérieur de la construction. Penser l'existence de lieux (une cafétéria, par exemple) qui ne seraient pas uniquement réservés aux patients et à leurs visiteurs, mais accessibles à d'autres personnes, imaginer une transition douce entre le dehors et le dedans, et devoir, comme ici, composer avec la mixité d'un bâtiment qui ne sera plus seulement un hôpital ne relève naturellement pas du même mouvement.

Ne pourrait-on y voir l'aboutissement d'une logique de dépossession, celle dont Rilke constate la mise en branle à la fin du XIXe siècle et qui voudrait que les lieux mêmes où nous serons soignés n'appartiennent plus en propre à la main qui soigne ? Ainsi, ces espaces intérieurs seront traversés de nouvelles frontières, contraignant les patients à de nouvelles promiscuités : non plus à quatre dans le même lit, mais partageant cette cour, qui pourrait être un havre, avec les flâneurs, les badauds, les curieux, la petite foule vivace des acheteurs, des boutiquiers.

S'il ne fallait composer avec le réel, ses exigences, ses contraintes, on pourrait imaginer une architecture, au cœur de la ville, qui, pour prendre soin des patients, des malades, inventerait des murs qui les entourent et les protègent, des murs comme une membrane douce, accueillante, où l'on peut n'être vu de personne, mais qui laisseraient entrer la lumière et permettraient que l'on s'échappe, par le regard, d'un corps qui souffre, ou simplement de l'inquiétude qui, souvent, à l'hôpital, tiraille les patients et leurs proches.

Le tout n'est pas d'ouvrir, ni de rendre visible, mais de savoir à quel regard on expose les uns, à quel spectacle on invite les autres.

Mises à distance

Les épidémies de lèpre, au début du deuxième millénaire, amorcent un changement radical. Des individus sont sortis du corps social, urbain, tandis que des lieux de « soin », également lieux de relégation, sont créés hors des limites de la cité. « Ce fut dans le XIIe siècle que l'on commença à avoir une attention plus singulière de séparer les lépreux d'avec le reste du peuple », afin de protéger la cité, observe Eugène Viollet-le-Duc. Dans les villes méridionales, la figure extraterritoriale de l'île est naturellement choisie pour isoler les malades : c'est le modèle canonique du lazaret. La maladie devient *géographie*, une « autre contrée », « un territoire auquel il coûte cher d'appartenir[1] », une *geography of blame* pour reprendre les termes de Paul Farmer[2].

1 Susan Sontag, *La Maladie comme métaphore* [1978], Paris, Seuil, 1979.
2 Paul Farmer, *Aids & Accusation. Haiti and the Geography of Blame*, Oakland, University of California Press, 1992.

1

[La maladie est une] « autre contrée, la zone d'ombre de la vie, un territoire auquel il coûte cher d'appartenir. »
Susan Sontag, *La Maladie comme métaphore*, 1978 (Paris, Christian Bourgois, 1979)

Par leur topographie et leur éloignement géographique, les territoires extra-métropolitains (Antilles, Guyane, Nouvelle-Calédonie, etc.) constituent des lieux de relégation des malades.
1 *L'île aux Lépreux*, Nouvelle-Calédonie, carte postale, s.d.

2

3

4

5

6

Dans de nombreuses villes, le lazaret, bâtiment prévu pour la mise en quarantaine des populations jugées à risque, est souvent installé sur une île, à l'écart.
2 L'île Lazzaretto Vecchio, Venise (Italie).
3 Le lazaret Molc Vanvitelliana, Ancône (Italie).
4 Le lazaret de Spinalonga (Grèce).

L'île en tant que territoire d'éloignement, de mise à l'écart de sujets considérés comme « malades » et menaçants, est également déclinée au cinéma : *Shutter Island* (2010) de Martin Scorsese, ou le lazaret canin de Wes Anderson dans *L'Île aux chiens* (2018).
5 Affiche du film *Shutter Island*, Martin Scorsese, 2010.
6 Le lazaret de *L'Île aux chiens*, Wes Anderson, 2018.

Situées en périphérie des villes, les « léproseries », parfois nommées « maladreries », disposent souvent d'un vaste terrain à cultiver pour mettre les lépreux au travail. À Paris, non loin de la rue de Paradis, la léproserie de Saint-Lazare – devenue par la suite prison, puis hôpital et de nos jours médiathèque – témoigne d'une institutionnalisation de ces pratiques de mise à l'écart. En Île-de-France, deux quartiers sont encore nommés « maladreries », d'après ces anciens hospices créés au tournant de l'an 1000 : un quartier d'habitat collectif dessiné par Renée Gailhoustet près du fort d'Aubervilliers, et un hameau à Poissy.

La maladrerie de Poissy date du XIIe siècle, et sa chapelle est encore là. Ironie de l'histoire, son site va se trouver encerclé par le centre d'entraînement du PSG, en projet, faisant voisiner deux dimensions du soin : celui des corps lépreux et celui des corps performants.

C. L. C. — Paris. Série II.
VIEUX PARIS. — L'Église et les Bâtiments Saint-Lazare en 1632. —
Servaient d'hôpital aux lépreux au XIVe siècle. — En 1660, saint Vincent de Paul y mourut à l'âge de 84 ans.

7

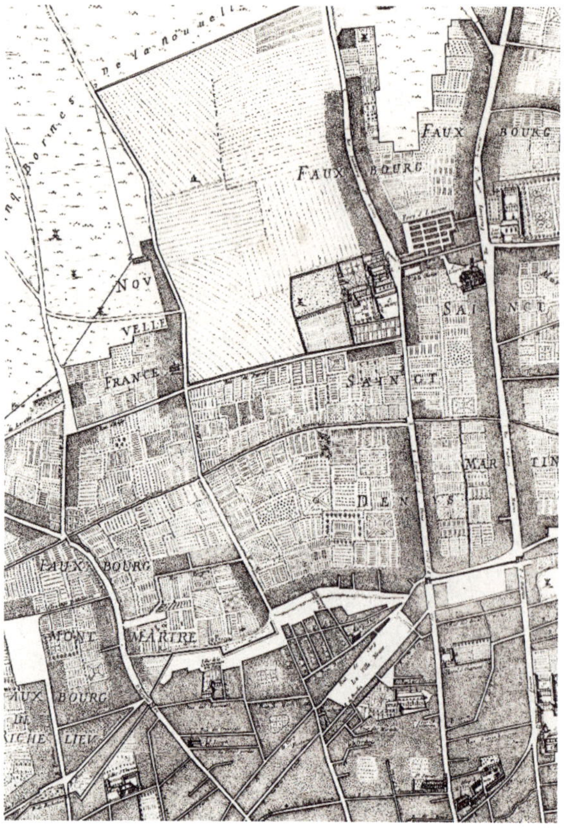

8

9

Indiquée sur le plan d'Albert Jouvin de Rochefort en 1672, la léproserie de Saint-Lazare est la plus célèbre des maladreries parisiennes. Tenue par des congrégations religieuses, elle prend à partir du XVIIIe siècle d'autres fonctions, dont celle de prison pour femmes jusqu'en 1927 – la célèbre espionne Mata Hari y fut notamment enfermée. Les bâtiments constituant la troisième cour ont été conservés et abritent aujourd'hui la médiathèque Françoise-Sagan.

7 *Vieux Paris – L'église et les bâtiments Saint-Lazare en 1632*, carte postale.
8 « La léproserie de Saint-Lazare », extrait de *Paris en 1672*, plan d'Albert Jouvin de Rochefort, cartographe, fac-similé, 1870.
9 *Maison d'arrêt pour femmes de Saint-Lazare, deuxième cour*, photographie agence Meurisse, carte postale, 1912.

Enquête de la petite classe.

La Maladrerie de Poissy fut créée vers l'an 1000 pour isoler les lépreux.
Les Dominicaines avaient une pêcherie au pont de Poissy et payaient une rente à l'hôpital de la maladrerie ; elles la versaient tous les ans, à la Toussaint
Il ne reste maintenant de la maladrerie que la chapelle ; la chapelle sert de grange.
Avant la guerre de 1939 il y avait au mois de Septembre une fête foraine champêtre ; la fête de la Saint Lazare.

L'histoire nous dit....

Quand un habitant était soupçonné d'être atteint de la lèpre, il était aussitôt dénoncé.
S'il était reconnu lépreux on le conduisait à l'église, où, en présence des fidèles, le malade était exposé, le visage voilé. Le prêtre célébrait la messe des trépassés. Puis le lépreux était conduit à la porte de l'église. Le prête prenait une pincée de la terre du cimetière et la posait sur la tête du lépreux en disant : « Mon fils reconnaissez par ce signe que vous êtes mort au monde. »

Puis, précédé de la croix et de l'eau bénite, le prêtre conduisait le lépreux à la maladrerie d'où il ne sortirait plus, même mort. C'était l'enterrement d'un vivant.

Les maladreries n'avaient pas pour but de soigner les malades, mais de les isoler. Ceux qui s'en échappaient risquaient la peine de mort.
Grâce à ces mesures très strictes le fléau disparaîtra et les maladreries deviendront inutiles.

10

Sous les Tilleuls
LA MALADRERIE
La vieille chapelle de l'ancienne maladrerie
Lino de Serge Clément, 12 ans
École de la Maladrerie de POISSY (S - O)
Numéro spécial

10 *Sous les tilleuls. La Maladrerie*, par les élèves de l'École de la Maladrerie de Poissy, 1949.

Au XVIIe siècle, les épidémies de peste incitent les villes à accentuer le mouvement d'exil des corps malades. À Paris, on construit l'hôpital Saint-Louis : aujourd'hui situé au cœur d'un quartier particulièrement dense, il était initialement pensé pour être, à l'inverse, éloigné de tout contact avec la ville. « Médicaliser un individu signifiait alors le séparer et, de cette manière, purifier les autres[3]. » Quelques décennies plus tard, en 1656, une opération semblable est décidée par Louis XVI : la construction d'un hôpital à l'emplacement dit de la « Salpêtrière », aujourd'hui dans le 13e arrondissement de Paris ; Libéral Bruand en est l'architecte principal. La Salpêtrière est alors le plus important des établissements composant « l'Hôpital général », institution destinée en premier lieu à la détention des pauvres et des mendiants.

Au XXe siècle, en 1938, l'hôpital de Blida-Joinville est le premier hôpital psychiatrique inauguré en Algérie, alors colonie française. Dirigé par Antoine Porot, fondateur de l'École psychiatrique d'Alger, Blida-Joinville est connu pour sa pratique dite « primitiviste » de la psychiatrie, que Frantz Fanon dénoncera en y arrivant comme médecin en 1953.

Sur le territoire métropolitain, l'Hôpital franco-musulman (rebaptisé hôpital Avicenne en 1978) ouvert à Bobigny en 1935 est d'abord réservé aux patients musulmans. Cet établissement à l'architecture néomauresque, construit par l'un des architectes de la mosquée de Paris, abrite aujourd'hui la Permanence d'accès aux soins de santé (Pass) de Seine-Saint-Denis, premier accès au soin pour de nombreux migrants arrivant en France.

3 Michel Foucault, *Naissance de la clinique*, Paris, PUF, 1963.

11

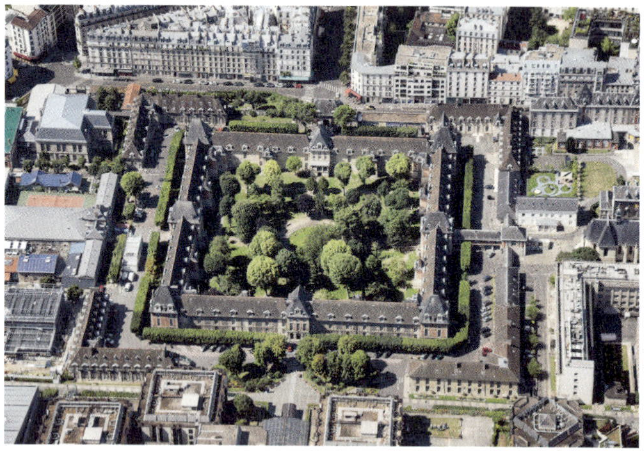

12

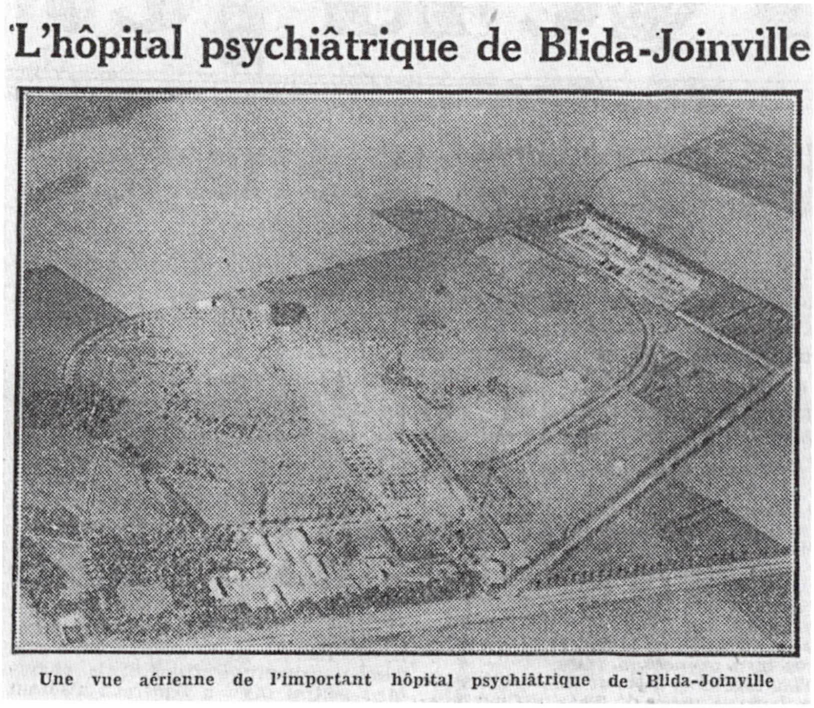

13

Conséquence de l'urbanisation du Bassin parisien, les établissements hier à l'écart sont rattrapés par la ville. Ainsi, l'hôpital Saint-Louis était encore loin de Paris au XVIIe siècle.
11 *Le remarquable et magnifique bastimant de l'hospital Saint Louis*, Claude Chastillon graveur, 1608.
12 L'hôpital Saint-Louis, 2021.

Destiné aux malades psychiatriques en Algérie, jusqu'alors envoyés en métropole, l'hôpital de Blida-Joinville, à Blida, accueille ses premiers patients en 1933 et est officiellement inauguré en 1938. À l'indépendance, l'hôpital est renommé Frantz-Fanon de Blida.
13 « L'Hôpital psychiatrique de Blida-Joinville », in *L'Écho d'Alger*, 2 décembre 1933.

14

15

16

17

En 1935, est inauguré à Bobigny l'Hôpital franco-musulman, construit par Maurice Mantout et Léon Azéma, et destiné à la population nord-africaine habitant le territoire parisien. Son style néomauresque s'inspire directement des hospices, dispensaires, infirmeries coloniales, et de la porte de Bab el-Mansour à Meknès, dont Mantout participe à la rénovation.
14 *Hôpital franco-musulman de Bobigny*, Maurice Mantout et Léon Azéma architectes, 1935, carte postale.
15 *Mazagan, hôpital régional*, carte postale, s.d.
16 *Bab el Mansour, la porte du rénégat victorieux, Meknès*, carte postale, 1921-1922.

La Permanence d'accès aux soins de santé (Pass) de l'hôpital Avicenne est filmée par la cinéaste et sociologue Alice Diop. Le documentaire, en plans fixes sans aucun commentaire, montre la consultation hebdomadaire de médecine générale des primo-arrivants.
17 Photogramme de *La Permanence* (2016), d'Alice Diop.

Des aires et déserts du soin

La longue histoire de cette distanciation, s'adaptant de surcroît à l'extension sans fin de la ville elle-même, produit un territoire hospitalier complexe, éclaté dans l'espace métropolitain et extra-métropolitain.

Depuis la création des CHU (Centres hospitaliers universitaires, regroupant en de mêmes lieux les activités de l'hôpital et celles de l'enseignement) par l'ordonnance Debré de 1958 jusqu'à celle des GHT (Groupements hospitaliers de territoire) en 2016, la géographie hospitalière française est régulièrement réorganisée au cours des dernières décennies, selon un objectif récurrent de « rationalisation » de l'espace du soin. L'une des dernières itérations en date de cette logique illustrant le regroupement des fonctions et des lieux est la création par l'AP-HP du « Campus hospitalo-universitaire Saint-Ouen Grand Paris Nord » (Renzo Piano Building Workshop et Brunet Saunier Architectes), qui devrait notamment rassembler en 2028, sur un site unique à Saint-Ouen-sur-Seine, les activités médico-chirurgicales des hôpitaux Bichat et Beaujon.

En 2022, le territoire du soin reste largement inégalitaire, au sein de la métropole parisienne mais aussi (et surtout) hors de la métropole, dans les espaces périurbains et ruraux, où la « désertification » médicale est une conséquence des stratégies de regroupement des équipements dans les villes.

« – et l'hôpital général, où est-il situé ?
– Nous n'avons plus d'hôpital général, plus de Bicêtre, de maisons de force, ou plutôt de rage […].
Je n'ai pas besoin de dire que l'hôtel-dieu n'étoit plus enfermé au centre de la cité. […]
Nous avons partagé cet hôtel-Dieu en vingt maisons particulières, situées aux différentes extrémités de la ville… »

Louis-Sébastien Mercier, *L'An 2440*, 1771

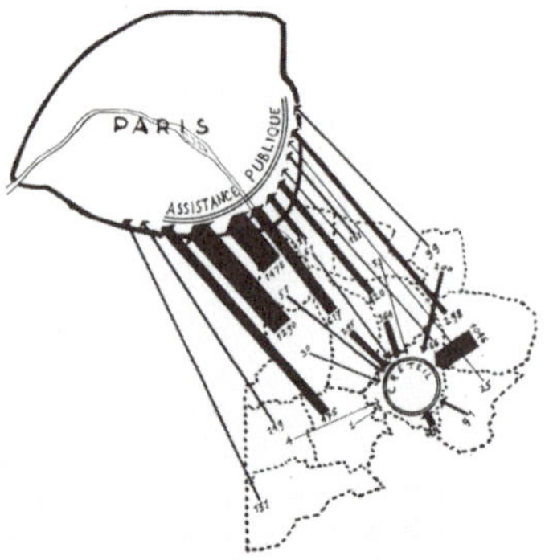

Fig. 30. — Distribution des malades du sud-ouest de la Seine entre les hôpitaux de l'Assistance publique et celui de Créteil, pour la chirurgie. La largeur des flèches est proportionnelle au nombre d'hospitalisés annuels. Echelle : cent malades = 0,5 mm.

1

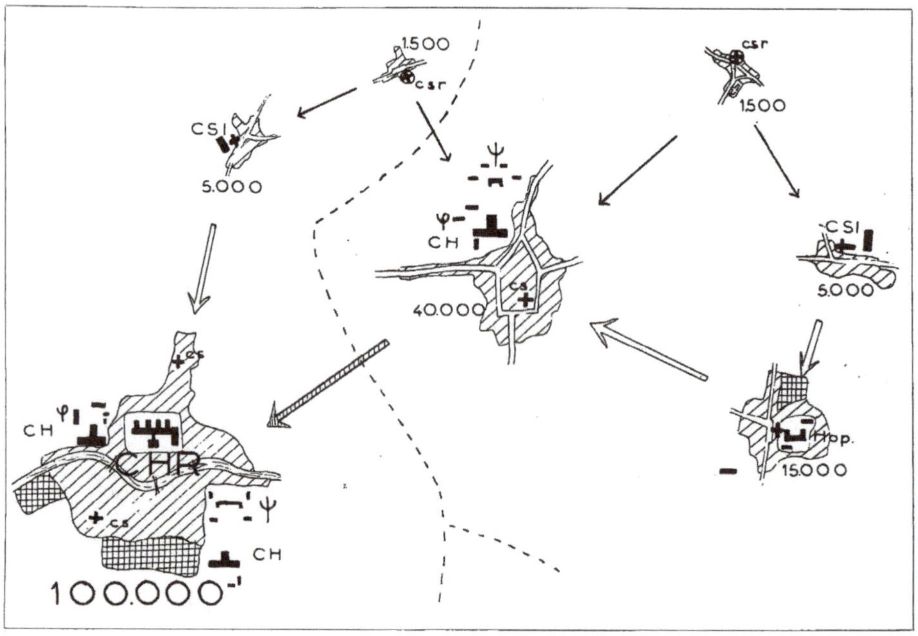

SIGNES EMPLOYÉS

CHR — Centre Hospitalier Régional avec sa Faculté et ses consultations externes.

CH — Centre hospitalier : hôpital standard de la ville moyenne et établissement complémentaire du centre hospitalier régional.

Hop — Hôpital de la petite ville.

cs — Centre de Santé de quartier en relation avec l'hôpital ou le Centre hospitalier.

CSI — Centre de Santé intercommunal avec sa maternité et son hospice.

csr — Centre de Santé rural sans hospitalisation au chef-lieu de canton.

φ — Hôpital de tuberculeux, formation annexe et indépendante du Centre hospitalier.

ψ — Hôpital psychiâtrique qui peut être contigu au Centre hospitalier.

Zônes résidentielles et des affaires.

Zônes industrielles.

LÉGENDE

Ce schéma reproduit l'organisation hospitalière proposée.

I. — On a représenté une grande ville, chef-lieu d'une région naturelle, économique et culturelle.

Cette ville groupe toutes les formations hospitalières nécessaires :

a) Au centre, le Centre hospitalier régional C. H. R. avec ses consultations externes et la Faculté ou Ecole de Médecine.

b) A la périphérie, deux Centres hospitaliers C. H. comprenant des annexes pour le traitement des tuberculeux et l'hospitalisation des convalescents et chroniques. L'hôpital psychiâtrique est situé en dehors de la ville à proximité cependant de l'un des hôpitaux généraux (voir l'article du Dr Bonafé dans le n° 8 de « Techniques Hospitalières » intitulé : Vers une conception urbaniste de l'architecture médicale).

c) Chacun de ces Centres comprend l'organisation d'un centre de Santé, il faut cependant prévoir dans la banlieue et près de la zone industrielle des centres de santé de quartier C. S.

II. — Dans la limite départementale on a tracé le plan schématique d'une ville moyenne. Elle possède un Centre hospitalier complet C. H., semblable à ceux que nous venons de voir à la région, mais autonome. A proximité, l'hôpital psychiâtrique départemental et des services annexes. Dans la ville même un centre de santé de quartier.

III. — En relation directe avec la ville moyenne, une petite ville voisine de 15.000 habitants possède le troisième élément de la structure hospitalière : l'hôpital auquel est adjoint une maternité, un pavillon de contagieux et un Centre de santé. Sa position paracentrale permet de concentrer les services.

IV. — Un bourg de 5.000 habitants représentant le point d'appel d'un groupe de cantons totalisant une population de 30.000 habitants possède un Centre de Santé intercantonnal C. S I. formé d'un dispensaire polyvalent, de cellules médicales et d'une maternité de 15 à 30 lits. Le tout est installé par transformation partielle de l'hospice de vieillards. Cette installation est reliée suivant les distances soit à l'hôpital voisin, soit au centre hospitalier de la grande ville ainsi qu'il est prévu en haut et à gauche de la figure. Ceci pour montrer la souplesse nécessaire du dispositif.

V. — Au chef-lieu de canton, agglomération rurale drainant environ 6.000 habitants et dont 1.500 sont agglomérés, existe un centre de santé rural C. S. R. sans hospitalisation, simple réunion d'un dispensaire de médecine préventive et d'un groupe de cabinets médicaux.

2

Au sortir de la Seconde Guerre mondiale, le territoire hospitalier français connaît une réorganisation, qui passe notamment par une logique de regroupement géographique des établissements. Robert F. Bridgman, qui publie *L'Hôpital et la cité* en 1963, en est l'un des initiateurs : « C'est le processus d'urbanisation qui est générateur d'établissements hospitaliers. Là où la ville se développe, apparaissent les hôpitaux. »

1 « Distribution des malades du sud-ouest de la Seine entre les hôpitaux de l'Assistance publique et celui de Créteil, pour la chirurgie », in Dr Robert F. Bridgman, *L'Hôpital et la cité*, Paris, Éditions du Cosmos, 1963.

2 Schéma publié dans Dr Robert F. Bridgman, « Un plan français de réorganisation hospitalière », in *Techniques hospitalières*, nº 10-11, 1946.

À chaque moment de l'histoire, le déploiement du territoire hospitalier révèle son ambivalence : ainsi, l'hôpital Saint-Louis, construit hors des limites parisiennes au début du XVIe siècle, est déjà largement rattrapé par la croissance urbaine ; dans le même temps, l'Assistance publique continue à ouvrir des établissements à l'écart de la ville, tel l'asile Lambrechts inauguré en 1845 à Courbevoie.

3 « Plan de Paris : les établissements hospitaliers en 1900 » in Administration générale de l'assistance publique, *L'Assistance publique en 1900*, Paris, 1900.

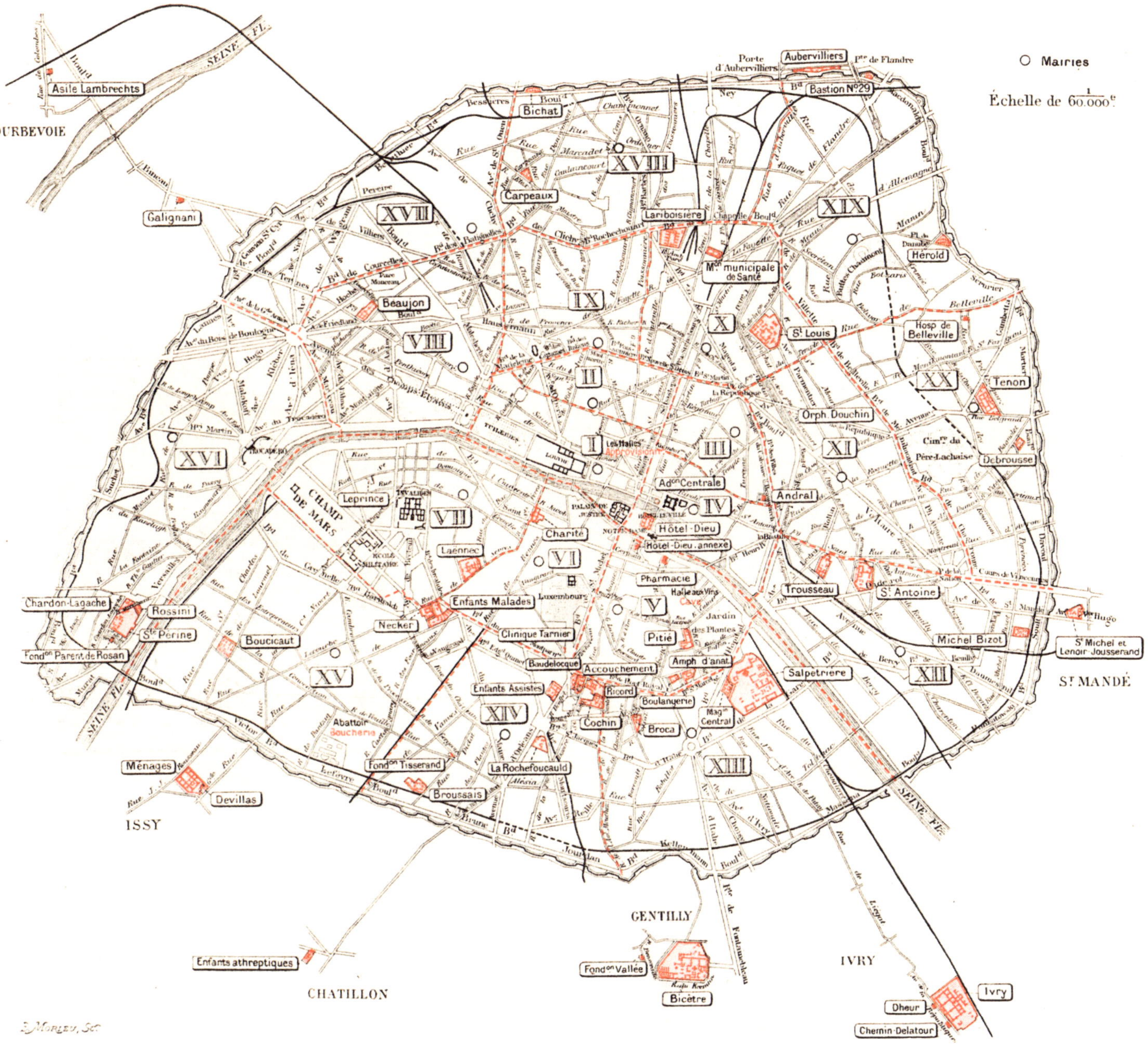

LE TERRITOIRE CONTRE LE LOCAL

Pourquoi l'aménagement du territoire est bon pour la santé

Frédéric Pierru
Chercheur en sciences sociales et politiques,
CNRS-Arènes

Santé et territoires semblent depuis plus de vingt ans des notions indissolublement liées dans le débat public et politique. Les « déserts médicaux » sont une obsession des gouvernants, interpellés qu'ils ont été par la disparition de médecins généralistes et spécialistes dans certaines portions de la France, mais aussi par la fermeture ou la reconversion des hôpitaux et des maternités de proximité. D'ailleurs, la « santé », en fait l'accès aux soins, figurait en haut de l'agenda des « gilets jaunes », alors que l'offre de soins symbolisait la rétractation des services publics dans la « France périphérique », due à la concentration du maillage des écoles du premier degré, à la disparition des sous-préfectures, à la diminution des trésoreries et des services et des impôts, à la refonte de la carte judiciaire. La puissante dynamique de « métropolisation » voit les grandes agglomérations concentrer richesse et CSP+ (catégories socioprofessionnelles les plus favorisées), leur gentrification chassant les catégories populaires vers la périphérie des villes, voire en milieux ruraux : « La métropolisation de notre espace a été une révolution silencieuse qui, en quarante ans, a conduit à la désindustrialisation et à la mutation de notre économie, à des transferts massifs de populations au sein et en direction de notre territoire, et à un phénomène de concentration et d'homogénéisation des activités et des territoires selon des logiques de partition sociale[1]. » La polarisation sociologique de la société française a connu une traduction spatiale : aux grandes métropoles des « bobos », des « *anywhere* » connectés aux flux de la mondialisation répond, en symétrie, une France en voie de déclin, celle des « *somewhere* ». La sociologie électorale enregistre cette tectonique des plaques : dans les grands centres urbains, on vote LREM ou EELV, dans la « France périphérique » on s'abstient ou on vote RN[2].

Le sociologue Alexis Spire, qui a mené une enquête auprès de 2700 contribuables, a souligné, à la suite d'économistes[3], que le mouvement des « gilets jaunes » n'était en aucune façon une jacquerie fiscale : « Donc il ne faut pas se méprendre sur le sens de cette contestation du système fiscal : il ne s'agit pas de revendiquer moins d'État. En cela le mouvement actuel diffère du Tea Party apparu en 2008 et 2010 aux États-Unis. Alors que le Tea Party était un mouvement libertarien, contre toute intervention de l'État fédéral, les Français sont encore très attachés aux services publics et au modèle de protection sociale[4]. » Il ne faut pas oublier que c'est l'État français qui a construit la Nation française, *via* le déploiement des services publics sur l'ensemble du territoire. Leur rétractation est, qu'on le veuille ou non, un coup de canif dans le pacte national.

DES ÉLUS LOCAUX DÉSEMPARÉS

De nombreux maires sont interpellés par leurs administrés, inquiets de voir qui la maternité fermer, qui le médecin généraliste dévisser sa plaque, qui attendre des mois pour avoir un rendez-vous avec un ophtalmologue… Très récemment, l'Association des maires ruraux de France a publié un état des lieux alarmiste, intitulé de façon édifiante : « Accès aux soins en milieu rural. La bombe à retardement ? » et qui vaut la peine d'être cité : « La question de l'accès aux soins est devenue l'une des premières préoccupations des habitants des territoires ruraux, tant la situation en matière de démographie médicale s'est dégradée ces dernières années. Cette dégradation cristallise le sentiment d'abandon de la ruralité […]. Mais, malgré les alertes relayées par les élus et les nombreux drames, peu a été fait en matière d'accès aux soins […][5]. »

Les maires n'ont en effet que très peu de leviers d'action puisque, nous allons y revenir, la santé est devenue une compétence d'État. Tout au plus peuvent-ils construire des immeubles et tenter de démarcher des médecins, parfois étrangers, pour venir y exercer. Car les décisions les plus structurantes sont prises au niveau national et, au niveau régional, par les Agences régionales de santé, qui n'ont pas la main sur la médecine de premier recours. En effet, c'est la Caisse nationale d'assurance maladie qui négocie la convention avec les syndicats de médecins libéraux, ceux-ci demeurant attachés au paiement à l'acte et, surtout, à la liberté d'installation. Or, comme le géographe Emmanuel Vigneron l'a montré, les jeunes diplômés tendent à s'installer dans le département du centre hospitalier universitaire (CHU) qui les a formés. L'implantation des médecins obéit à un schéma centre-périphérie[6]. La politique des incitations financières est un cuisant échec. En effet, les jeunes médecins, souvent des femmes mariées à des cadres, rechignent à ouvrir leur cabinet dans une zone où la désertification en matière de services publics est à l'œuvre. En fait, la « grande métropolisation » s'est accompagnée de l'abandon de la politique gaullienne d'aménagement du territoire et de la planification dans la fabrique de l'action publique. Une douzaine de métropoles côtoient le « désert français », où se concentrent chômage, pauvreté, insécurité. Il faut avoir la foi médicale chevillée au corps pour aller exercer dans des zones rurales, et ce d'autant plus que le corps médical n'a cessé de s'embourgeoiser, rendant plus problématique la relation thérapeutique entre deux individus qui ne partagent pas le même univers social.

LE ROCHER DE SISYPHE DES RESTRUCTURATIONS HOSPITALIÈRES

De même, c'est l'État, soumis à « l'ordre de la dette », qui tente de restructurer le parc hospitalier en promouvant la gradation des établissements en fonction de la technicité des soins. En effet, l'État hospitalier a hérité du « Far West » hospitalier des années 1950-1970[7]. Les hôpitaux se sont multipliés partout sur le territoire, chaque édile voulant « son » hôpital, argument électoral de premier plan. Depuis les années 1990, malgré les mobilisations locales et les mécontentements des élus locaux, les pouvoirs publics s'efforcent de « rationaliser » le parc hospitalier, notamment avec les « groupements hospitaliers de territoires ». Reprenant les choses en main, l'État central devient l'objet de toutes les récriminations. De fait, il navigue à vue, selon les obstacles qu'il rencontre. Rationaliser, rapprocher, coordonner la complémentarité entre les structures hospitalières dans le cadre de territoires est le graal de l'État, qui ne date pas d'hier : nous pourrions faire remonter cette politique à l'édit de Rochefort du 26 février 1546[8] !

Notons au passage qu'au début des années 1980 a été envisagé le scénario de la « décentralisation du système de santé » au sein du Commissariat général au Plan. Mais, dans ce jeu de mistigri entre Sécurité sociale, État et élus locaux, chacun se renvoyait la balle des décisions difficiles à prendre. Ainsi, les élus locaux qui, aujourd'hui, s'indignent de la « désertification médicale » ont rejeté ce scénario car, pour eux, « décentraliser la santé, c'est décentraliser les emmerdes » et que, « sur la santé, il n'y a que des coups à prendre[9] » (*sic*). Toute l'ambivalence du jeu politico-administratif local est contenue dans ces deux sentences. Plutôt que d'assumer les choix, les élus locaux ont préféré le jeu opaque de ce que les politistes nomment la « régulation croisée » : l'on fait pression sur le préfet pour obtenir des dérogations aux politiques impulsées par les administrations déconcentrées, quitte à en appeler, pour les députés-maires présidents des conseils d'administration des hôpitaux, au cabinet du ministre, et ainsi court-circuiter l'administration centrale et déconcentrée. De ces jeux d'influence il est ressorti un paysage hospitalier irrationnel et, surtout, inégalitaire. En résumé, la santé, entendue au sens d'offre de soins, a toujours été profondément localiste, à charge pour l'État d'essayer de remettre de l'ordre dans ce legs chaotique de l'histoire.

1 Pierre Vermeren, *L'Impasse de la métropolisation*, Paris, Gallimard, 2021, p. 17.
2 LREM = La République en marche ; EELV = Europe Écologie Les Verts ; RN = Rassemblement national.
3 Yann Algan *et al.*, *Les Origines du populisme. Enquête sur un schisme politique et social*, Paris, Seuil, 2019.
4 Alexis Spire, « Gilets jaunes : ‹ Il n'est pas surprenant que le mouvement ait pris dans les zones rurales ou les villes moyennes › », *Le Monde*, 16 novembre 2018.
5 Association des maires ruraux de France, « Accès aux soins en milieu rural. La bombe à retardement », 2021.
6 Emmanuel Vigneron, « Existe-t-il une préférence française pour les inégalités sociales et territoriales de santé », dans André Grimaldi, Frédéric Pierru, *Santé : Urgence*, Paris, Odile Jacob, 2020.
7 Christian Maillard, *Histoire de l'hôpital de 1940 à nos jours*, Paris, Dunod, 1986.
8 Emmanuel Vigneron, « Histoire et Préhistoire de la coopération hospitalière et des groupements hospitaliers de territoire (GHT) », *Bulletin de l'Académie nationale de médecine*, vol. 202, nº 8-9, 4 décembre 2018.
9 Entretiens réalisés par l'auteur avec des députés et sénateurs.

Avec le renforcement de la contrainte budgétaire, les politiques publiques de santé connaissent un usage inflationniste de la notion de « territoire » : Emmanuel Vigneron a fait ironiquement remarquer que l'usage du mot « territoire » est devenu un lieu commun dans la rhétorique publique. Ainsi, la loi du 21 juillet 2009 « portant réforme de l'hôpital et relative aux patients, à la santé et aux territoires » emploie 61 fois le mot en 87 pages. Dans la loi du 26 janvier 2016 de « modernisation du système de santé », il est usité 106 fois en 111 pages. La dernière loi, du 26 avril 2021, n'est pas en reste : elle y fait référence 110 fois en 94 pages ! Pour paraphraser Karl Marx, un spectre hante la santé en France : le territoire !

LE TERRITOIRE, PRODUIT DES « ESPRITS D'ÉTAT » CONTRE LE LOCALISME

Précisions d'importance : le « territoire » s'oppose au *local*[10]. En effet, c'est au moment où s'est imposé l'objectif de rationalisation de l'offre de soins qu'est apparue la notion de « territoire », dans une optique d'aménagement du territoire. Le « territoire » est une création des « esprits d'État », pour reprendre l'expression de Pierre Bourdieu, afin de contrecarrer la tendance localiste et, il faut le dire, anarchique, de l'offre de soins, avec à la clé, des déséquilibres territoriaux préoccupants. Le « territoire » est l'espace construit par l'administration sanitaire – il peut prendre plusieurs formes : carte sanitaire, schémas régionaux d'organisation des soins, groupements hospitaliers de territoire – pour mettre en cohérence offre de soins ambulatoires et hospitaliers. Autrement dit, les échanges acerbes entre élus locaux et décideurs politiques reposent sur un malentendu : là où les seconds entendent « local », voire « localisme », les premiers parlent de « mise en cohérence territoriale ».

Si l'on s'en tient aux chiffres officiels, ces « déserts médicaux », bien réels, sont d'ampleur limitée : 8 % de la population résident dans une commune sous-dense en médecins généralistes, au sens d'une accessibilité inférieure à 2,5 consultations par an et par habitant. Entre 2012 et 2015, ce chiffre a légèrement augmenté. Donnons encore un chiffre : si l'on prend les trois points d'entrée du système de santé, à savoir les médecins généralistes, les pharmaciens et les services d'urgence, environ 0,5 % de la population cumule des difficultés aux trois[11]. Enfin, précisons que la situation risque de se dégrader dans les années à venir, avec de plus en plus de médecins généralistes arrivant à la retraite, les jeunes médecins tendant au surplus à réduire leur temps de travail. De plus, de nombreux spécialistes connaissent des délais d'attente élevés, et pratiquent des dépassements d'honoraires qui peuvent ériger des barrières financières d'accès aux soins. Bref, la situation est préoccupante, mais, pour le moment du moins, pas dramatique. Pour autant, l'embolisation des urgences, liée aussi au délitement de la psychiatrie publique de secteur, à la sous-médicalisation des établissements d'hébergement pour personnes âgées dépendantes (Ehpad) et à la prise en charge de la grande pauvreté, montre que l'égalité d'accès aux soins est un objectif encore à atteindre.

La France paie ici une stratégie aberrante de régulation de la démographie des professions de santé. Il est pour le moins affligeant que les décideurs n'aient pas anticipé les besoins croissants liés au vieillissement, à la prévalence des maladies chroniques, à la médicalisation continue de la société française. La politique de santé a été surdéterminée par des objectifs budgétaires. Au ministère des Finances, les budgétaires se sont dit : « moins de médecins, moins de prescripteurs, moins de dépenses », syllogisme qui ne pouvait que ravir les principaux syndicats de médecins libéraux, pour lesquels il signifie : « moins de médecins, moins de concurrents, plus de revenus ». En effet, on oublie que la profession médicale, tout à sa défense de la charte de la médecine libérale de 1927, a été obnubilée par la « pléthore », ce qui l'a conduite à des heures peu glorieuses, comme la radiation des médecins juifs pendant la Seconde Guerre mondiale.

LA SANITARISATION DES DÉBATS POLITIQUES

Comment dès lors expliquer un tel décalage entre les perceptions communes et la réalité des chiffres, contestables, comme tous les chiffres ? Plusieurs explications peuvent être avancées. Le baromètre de la Direction de la recherche, des études, de l'évaluation et des statistiques (Drees) montre avec une belle constance que les inégalités d'accès aux soins sont, parmi toutes les inégalités (revenus, logements, etc.), les plus mal tolérées par le corps social. Autrement dit, le droit à la santé est au cœur du pacte républicain. L'hôpital public est le symbole de ce dernier. Dans un contexte de rétractation des services publics dans les territoires les plus en difficulté, la fermeture ou la reconversion d'un établissement hospitalier ou le départ d'un médecin généraliste symbolisent et amplifient ce sentiment d'abandon.

En ce début du XXIe siècle, la France découvre donc ses inégalités sociales et territoriales en matière d'accès aux soins. On l'a vu, bien que réelles, elles sont, du moins pour le moment, d'ampleur limitée dès lors qu'elles sont considérées *in abstracto*. Mais elles sont plus préoccupantes si on les relie aux inégalités sociales et territoriales de santé, c'est-à-dire aux indicateurs de santé. En effet, du fait de la puissance de la profession médicale française, les Français sont persuadés de l'équation santé = médecine. Autrement dit, une politique de santé serait une politique d'accès aux soins. Or, la santé publique et l'épidémiologie ont montré que les soins médicaux ne comptent qu'entre 11 et 15 % dans l'état de santé d'une population. Le « reste » (un gros reste !), soit 85 %, renvoie aux déterminants sociaux de la santé : conditions de travail, de logement, qualité d'alimentation, qualité du lien social, niveau des inégalités socioéconomiques, etc. Le grand sociologue Marcel Mauss, neveu d'Émile Durkheim, aurait dit que la santé est un « fait social total » : les indicateurs de santé dépendent de variables multiples qui dépassent de loin le seul système de soins.

Deux chercheurs en économie de la santé font le constat : « Une amélioration générale de l'espérance de vie depuis 1970 mais des disparités locales de plus en plus fortes[12]. » Leur constat est particulièrement pessimiste. Une illustration éclatante en a été fournie par la pandémie de Covid-19.

Les sociologues Audrey Mariette et Laure Pitti ont étudié l'impact de la pandémie sur le département de Seine-Saint-Denis[13], un territoire particulièrement fragile du point de vue des indicateurs de santé. En effet, les inégalités sociales

10 Frédéric Pierru, « ARS : mission impossible », *Revue française d'administration publique*, n° 174.

11 Les dossiers de la Drees : « Déserts médicaux : comment les définir ? Comment les mesurer ? », n° 17, 2017.

12 Julien Mousquès, Véronique Lucas-Gabrielli, « Santé et territoires », *Esculape*, 2021 ; voir aussi Guillaume Chevillard, Véronique Lucas-Gabrielli, Julien Mousques, « ‹ Déserts médicaux › en France : état des lieux et perspectives de recherche », *L'Espace géographique*, t. 47, n° 4, 2018.

13 Audrey Mariette, Laure Pitti, « Covid-19 en Seine-Saint-Denis : quand l'épidémie aggrave les inégalités sociales de santé », *Métropolitiques*, 6 juillet 2020, et, des mêmes auteures, « Covid-19 en Seine-Saint-Denis : comment le système de santé accroît les inégalités », *Métropolitiques*, 10 juillet 2020 (https://metropolitiques.eu/).

face à la maladie et à la mort y sont particulièrement accentuées au regard des moyennes nationales : la prévalence du diabète y est forte, tout comme celle des maladies respiratoires et de l'hypertension artérielle, mais aussi des cancers professionnels, autant de pathologies qui rendent les habitants particulièrement vulnérables au coronavirus. Au surplus, les conditions de logement y sont dégradées, notamment en termes de suroccupation (propice aux *clusters*). Dans ce contexte sanitaire altéré, les habitants sont en outre confrontés à un désert médical urbain. À l'échelle nationale, en termes de ressources et d'équipements sanitaires, la Seine-Saint-Denis est classée au bas de l'échelle, derrière la Moselle : 94e sur 100 départements pour le nombre de lits en hôpital public pour 100 000 habitants ; 91e en termes de lits médicalisés pour les plus de 75 ans ; 89e concernant le nombre de généralistes pour 100 000 habitants. Bref : moins de médecins généralistes et spécialistes, moins de lits d'hôpitaux pour une population qui cumule les problèmes sociaux et de santé. Les infrastructures de soins sont dès lors surchargées.

Face à ce terrible constat, l'on pourrait en déduire qu'il conviendrait de « mettre le paquet » sur l'offre de soins dans ce type de départements. Cela serait indéniablement utile. Mais il ne saurait être question de s'en satisfaire ! En réalité, la santé, « fait social total », questionne toutes les politiques publiques qui aboutissent à créer des « ghettos » où se cumulent les inégalités. Il faudrait « une approche globale des problèmes de santé publique, ce qui nécessite d'associer l'ensemble des acteurs et de décloisonner les secteurs sanitaires, sociaux, économiques, culturels, environnementaux ou de l'éducation[14] ». Ces inégalités de santé montrent que la « métropolisation » est une impasse, car elle partitionne le pays, non seulement d'un point de vue sanitaire, mais aussi, et peut-être surtout, social, électoral, économique. La crispation française sur les « déserts médicaux » est avant tout le nom de deux France qui sont en train de faire sécession : sécession des élites des métropoles et sécession des catégories populaires. Comme l'a dit un ministre de l'Intérieur, pour l'instant, elles vivent côte à côte mais, de plus en plus, elles sont face à face, ainsi que l'a montré la séquence des « gilets jaunes[15] ».

14 Béatrice Giblin, « Santé publique et territoires », *Hérodote*, nº 143, 2011.
15 Romain Caron, « Santé, immigration, avenir : comment les territoires influencent l'opinion des Français », *Études et résultats*, nº 1106, Drees, 2019.

À l'occasion de la reconstruction de l'Hôtel-Dieu de Paris, à la fin du XVIIIe siècle – l'un des épisodes les plus marquants de l'histoire de la relation entre architecture et soin –, le projet de Bernard Poyet est le plus célèbre de tous ceux proposés. Son architecture panoptique, colonisant l'île aux Cygnes, reprend celle proposée peu auparavant par Jeremy Bentham pour les lieux de détention. Par ailleurs, l'île aux Cygnes a, au fil du temps, abrité un cimetière, une déchetterie, une triperie, assumant ainsi une même fonction d'invisibilisation appliquée à différentes activités de la cité, dont le « soin ».
1 *Projet du nouvel Hôtel-Dieu proposé par le sieur Poyet, architecte* et *Plan de l'Hôtel-Dieu actuel et des environs*, vers 1785.

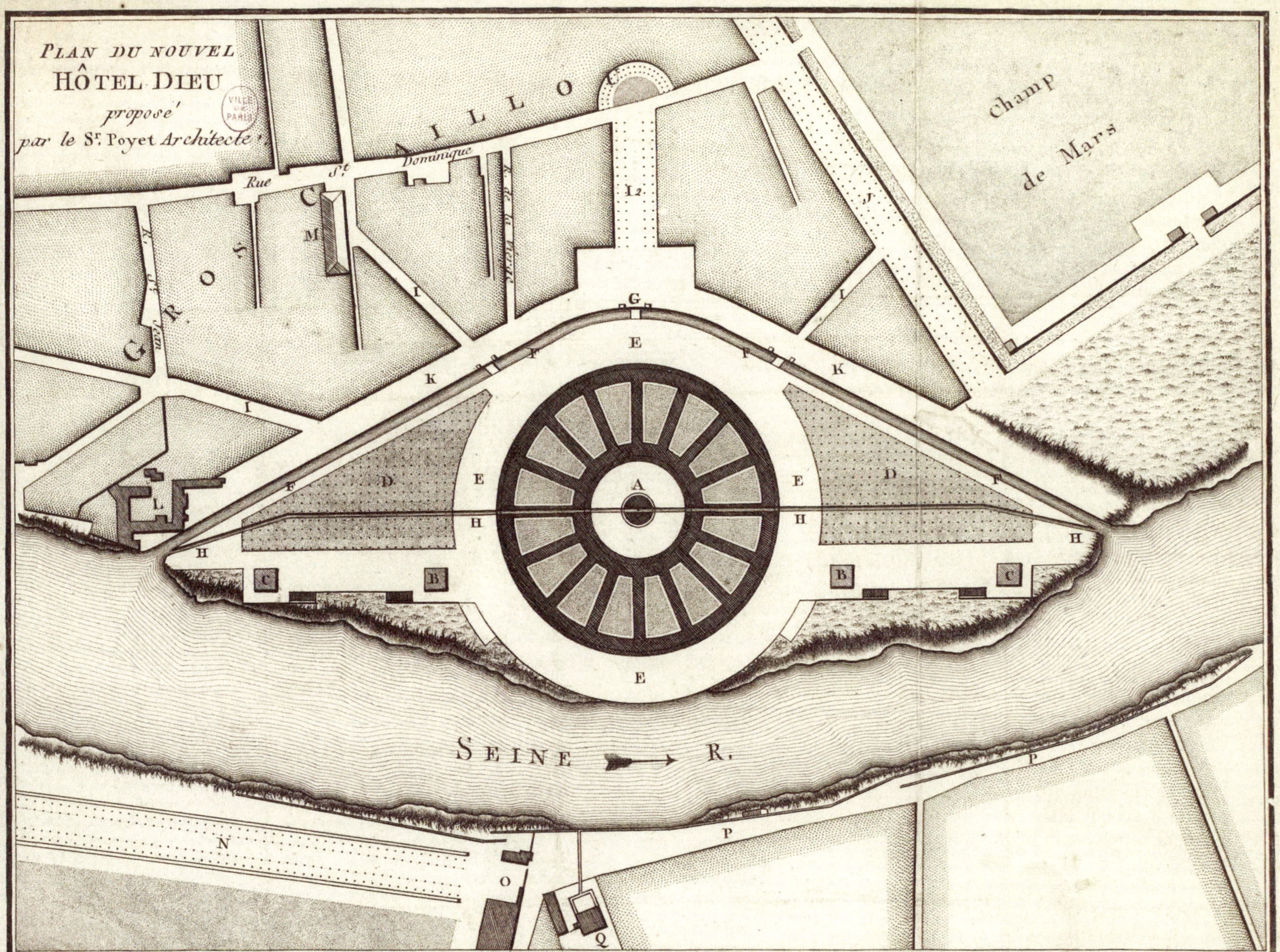

Renvois du Plan du Projet

A *Nouvel Hôtel-Dieu.*

BB *Pavillons simétriques destinés à recevoir des pompes pour le service de la Maison.*

CC *Pavillons semblables dont on pourra faire des lazarets pour des maladies contagieuses.*

DD *Plantations en quinconces pour promener les convalescens.*

E *Espace vuide de 20 toises de large isolant le bâtiment de toutes parts, et formant Quai du côté de la riviere.*

F *Canal à creuser pour isoler l'emplacement du nouvel Hôtel-Dieu.*

GG *Ponteaux sur ce canal pour arriver à l'Hôtel-Dieu.*

H *Aqueduc souterrein continuellement lavé par une eau courante servant d'égout sous le bâtiment, et débouchant plus de 300 toises au dessous de la Pompe à feu.*

II *Rues nouvelles projettées*

12 *Avenue projettée en face de la principale entrée*

J *Avenues de l'Ecole R.ale Militaire.*

K *Quai sur le nouveau Canal.*

L *Triperie.*

M *Paroisse du Gros Caillou.*

N *Cours la Reine.*

O *Barriere de la Conférence.*

P *Route de Versailles.*

Q *Pompe à feu.*

PLAN DE L'HÔTEL-DIEU ACTUEL
ET DES ENVIRONS

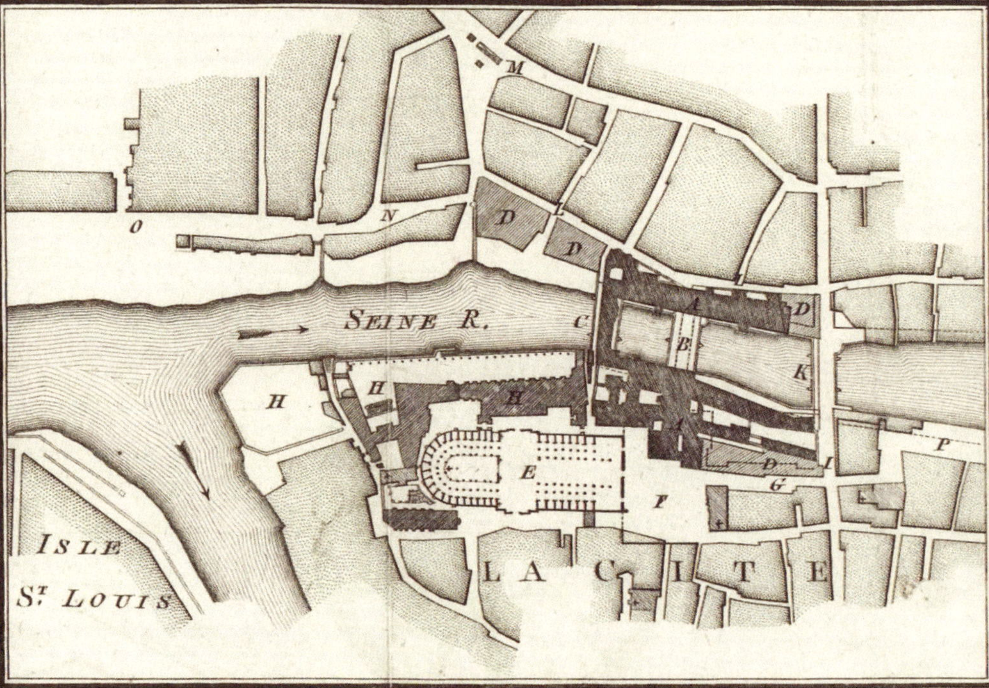

Echelle commune aux deux Plans

10 20 30 40 50 60 70 80 90 100 200 300

Renvois du Plan de l'Hôtel-Dieu actuel.

A *Hôtel-Dieu actuel.*

B *Pont S. Charles.*

C *Pont aux Doubles couvert de bâtimens.*

DD *Parties voisines que l'on destine à l'agrandissement de l'Hôtel-Dieu et qui toutes ensemble n'ont que la moitié de son étendue actuelle.*

E *Eglise de Notre Dame.*

F *Parvis.*

G *Rue Neuve Notre Dame.*

H *Archevêché.*

I *Rue du Marché Palu.*

K *Petit Pont.*

L *Rue de la Bucherie.*

M *Place Maubert.*

N *Rue des Grands Degrés*

O *Quai des Miramiones et Port St. Bernard.*

P *Marché Neuf.*

Nota.

Les lignes ponctuées sur ce Plan, indiquent les alignemens à prendre sur le terrein de l'Hôtel Dieu actuel et de ses environs, tant pour achever le projet de la Place et de la rue Neuve Notre-Dame que pour celui de dégager les Ponts et les Quais de Paris.

Observation.

Les rues dans ces deux plans ont leur largeur éxacte d'après l'Echelle qui leur est commune. Cette observation rend plus sensibles les vices de l'emplacement actuel, et les avantages de celui que nous proposons.

Contention

Plus tôt dans l'histoire, un épisode parisien montre les mécanismes de « relégation » du malade à une autre échelle, davantage architecturale qu'urbaine. C'est l'incendie de l'Hôtel-Dieu, en 1772, qui suscite de nombreux projets de reconstruction, participant à un moment essentiel de réflexion collective sur le territoire hospitalier. Jacques Tenon rédige alors son *Mémoire sur les hôpitaux de Paris*, recommandant de ne pas « nuire au public par le voisinage et la situation d'hôpitaux d'où se répandraient des maux contagieux : car en accordant des secours suffisants aux pauvres, on doit en même temps veiller à la conservation de leurs bienfaiteurs ». Parmi les projets proposés, celui de l'architecte Bernard Poyet (1785) sur l'île aux Cygnes, alors située à l'extérieur des limites de la cité, est le plus emblématique.

L'hôpital, qui compte plus de cinq mille lits, se fait insulaire (un lazaret parisien), et son plan reproduit de surcroît celui, carcéral, du panoptique imaginé par Jeremy Bentham quelques années plus tôt, en 1780 : illustration on ne peut plus claire des similitudes, y compris architecturales, entre (lieu de) soin et (lieu de) détention / contention.

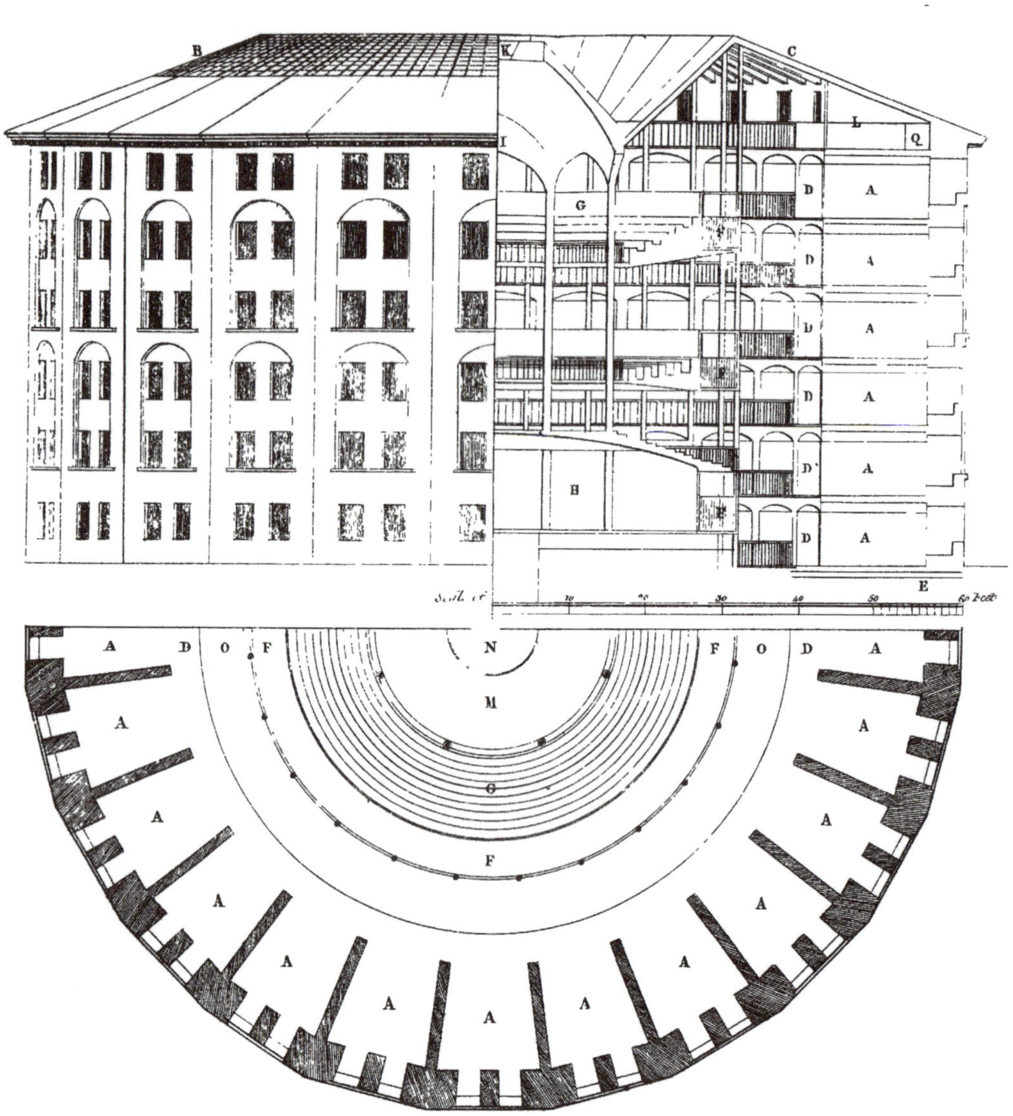

2

« Dans ce pays, si un homme tombe malade ou contracte une maladie quelconque [...], il comparaît devant un jury composé de ses concitoyens, et s'il est reconnu coupable il est noté d'infamie et condamné plus ou moins sévèrement selon les cas.

Mais si un homme contrefait un chèque ou met volontairement le feu à sa maison, ou s'il vole avec effraction, ou s'il commet toute autre action qui est considérée comment un crime chez nous, dans tous ces cas, ou bien il est mis à l'hôpital et très bien soigné aux frais du public [...] »

Samuel Butler, *Erewhon, ou de l'autre côté des montagnes*, 1872

2 *Le Panoptique* de Jeremy Bentham, 1791.

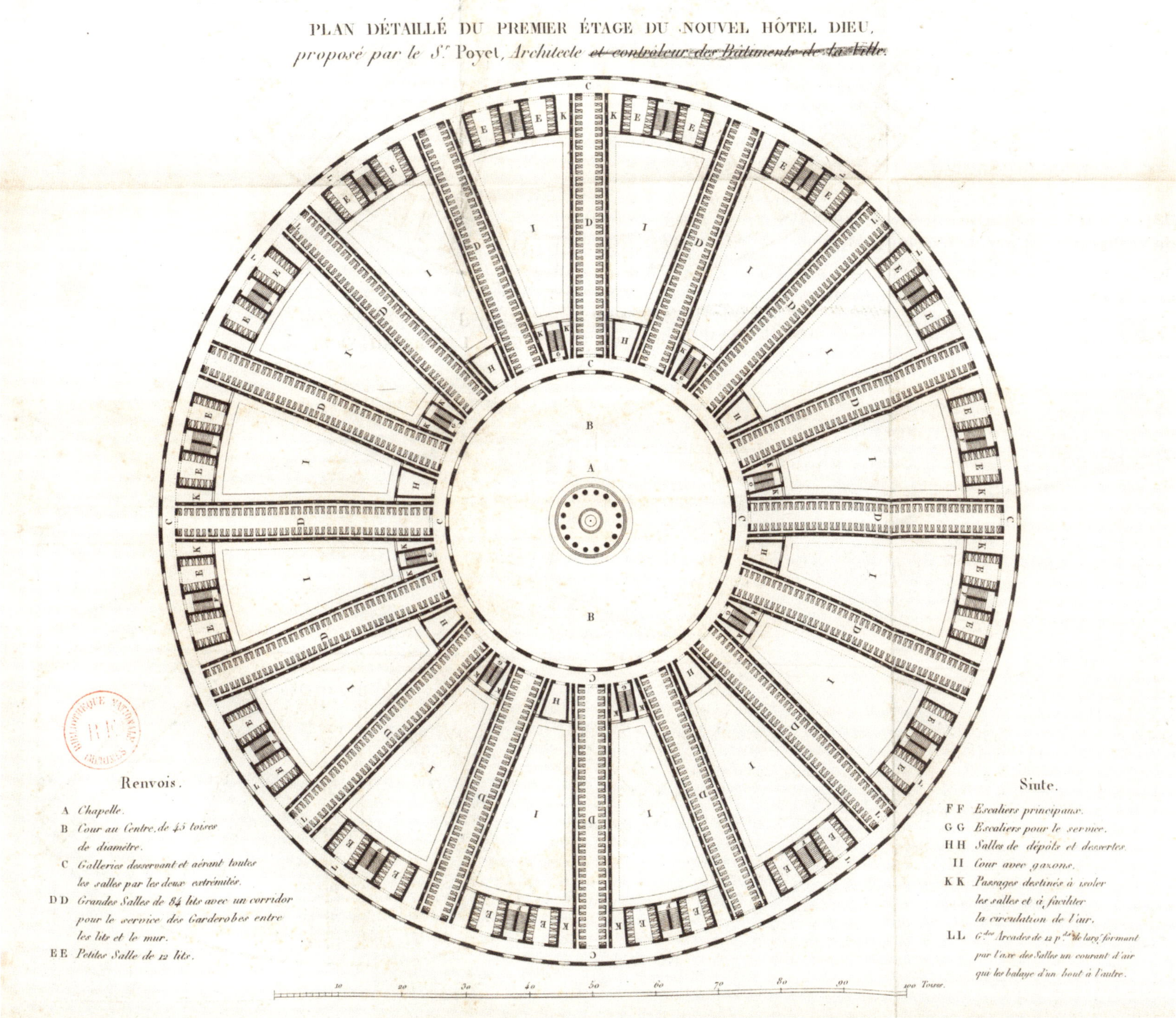

3

3 Plan du premier étage, projet du nouvel Hôtel-Dieu, vers 1785, Bernard Poyet, architecte, in *Renouvellement du projet de transférer l'Hôtel-Dieu de Paris à l'île des Cygnes*, 1824.

Distances normatives

Les différents choix d'inclusion et de distanciation faits par une société dans son histoire traduisent la manière dont y sont considérées la maladie, la vulnérabilité. La distance spatiale est une représentation et une mise en acte d'une distance d'abord normative entre le « normal » et le « pathologique ». Et la mise à l'écart de l'autre – le malade, le fragile, le fou, le difforme – est une mise à l'écart de l'« anormalité » comme possibilité de vie pour chacun d'entre nous : la présence du malade menacerait l'intégrité de la cité. En 2022, la difficulté à trouver un emplacement pour des salles de consommation à moindre risque (lieux d'un soin des plus complexes, le soin aux toxicomanes) à Paris, ou la construction récente d'un mur entre la capitale et une partie de sa banlieue pour immobiliser les mêmes toxicomanes, illustrent d'une autre manière la complexité persistante du sujet.

1

2

« On juge du degré de civilisation d'une société à la façon dont elle traite ses fous. »

Lucien Bonnafé (psychiatre), *Désaliéner ? Folie(s) et société(s)*, PU du Mirail, 1992

En 1973, le médecin Franco Basaglia organise dans les rues de Trieste, en Italie, une « Parade des fous », accompagnés d'un cheval bleu en carton-pâte qui devient le symbole de la « libération » des malades mentaux. L'événement festif marque le « retour » des patients dans la ville après la fermeture de l'hôpital psychiatrique. Basaglia croit en l'importance des relations sociales dans un processus de soin des pathologies mentales. En 1978, il fait abolir le modèle de l'asile et l'internement psychiatrique dans tout le pays.

1 « La libertà è terapeutica », ancien hôpital psychiatrique de Trieste, s.d.
2 Défilé du cheval bleu dénommé Marco Cavallo, Trieste, le 25 février 1973.

SANTE

Les fous s'arrêtent encore aux portes de Paris

En rupture avec la pratique vieille de 150 ans consistant à reléguer les malades mentaux hors de la capitale, un projet de création de lits intra-muros était en préparation. Mais la Ville recule.

Les fous à la porte? Vont-ils, encore et toujours, être tenus à l'écart du centre-ville? En tout cas, leur retour est compromis. Le plus prometteur des projets de psychiatrie de Paris, le plus novateur également, est en train de s'échouer, discrètement. La raison invoquée est toujours la même. *«Il y a toujours d'autres priorités que les malades mentaux. Là, ce sont les personnes âgées; ailleurs, les logements sociaux pour le personnel»*, constate le docteur Pascale Beau. *«Les prétextes pour exiler les fous, il y en aura toujours.»*

Pourtant, on était à deux doigts de l'ouverture des travaux, le concours d'architecture devant se lancer. Depuis plus de dix ans, plusieurs personnes avaient travaillé minutieusement sur ce projet pour ouvrir 100 lits de psychiatrie, créés de toutes pièces dans l'ancien hôpital Bretonneau, dans le XVIIIe arrondissement de Paris. Et en échange, près de 400 lits allaient fermer dans les hôpitaux psychiatriques de Maison-Blanche et de Perray-Vaucluse, tous les deux situés dans la très grande banlieue parisienne.

adeusz Paczula

3

4

5

La « sectorisation » de la psychiatrie parisienne est lancée dans les années 1970, avec l'objectif de rapprocher les services de soin et la population. Un mouvement de rapatriement *intra-muros* des établissements construits à l'extérieur de la ville, notamment celui de Maison-Blanche, est engagé, mais il fait face à de nombreuses résistances.

3 « Les fous s'arrêtent encore aux portes de Paris », *Libération*, 23 septembre 1993.

Fin septembre 2021, un mur rapidement surnommé « mur de la honte » est construit porte de la Villette, entre Paris et Pantin, pour isoler la population des toxicomanes.

4 Mur entre Pantin et Paris, 2021.

La Suisse est le premier pays à avoir autorisé l'ouverture d'une salle d'injection supervisée, à Berne, en 1986. À Genève, la plus connue, baptisée « Quai 9 », peut accueillir une douzaine de consommateurs en même temps. Ces « salles de consommation à moindre risque » déclenchent parfois les protestations de riverains.

5 Salle de shoot « Quai 9 » à Genève, 2001.

6

L'architecture moderne n'était-elle destinée qu'à des corps jeunes et en bonne santé? Reprenant des photomontages cultes de Superstudio, créés en 1971, et montrant des habitants qui ont vieilli mais sont toujours là, les artistes Berdaguer & Péjus, en 2001, révèlent l'impasse des rêves architecturaux des années 1960 et 1970.

6 « Vita : L'accampamento », in *Gli Atti Fondamentali : Vita, Educazione, Cerimonia, Amore, Morte*, Superstudio, 21 mars 1971-20 mars 1973.
7 *Le Monument continu, Superstudio 1971*, série *After…*, 2001, Berdaguer & Péjus, coll. Frac Centre.

«La grille de la liberté, censée être neutre et naturelle, la spontanéité invérifiable des hommes supposés être tous en bonne forme et indépendants […].»

Colin Rowe et Fred Koetter à propos de Superstudio, in *Collage City*, 1978

7

Derrière la question des espaces de (non-) soin, il y a une histoire de l'architecture – de toute architecture – qui, progressivement, s'est formalisée comme un outil médical et normatif, s'adressant à un corps « sain » et excluant les autres ; en témoignent les nombreuses représentations de corps normés, à différentes époques. Aujourd'hui encore, beaucoup de grandes villes en France et à travers le monde restent très largement inaccessibles à beaucoup, aux populations handicapées et âgées entre autres, dans les espaces tant privés que publics. Plus de cinquante-cinq ans après l'appel de Georges Canguilhem[1] à dépasser l'opposition entre « le normal et le pathologique », et à inclure l'ensemble des formes de vulnérabilité comme des possibilités d'existence, tout reste à faire pour rendre la ville habitable par chacun.

1 Georges Canguilhem, *Le normal et le pathologique*, PUF, Paris, 1966

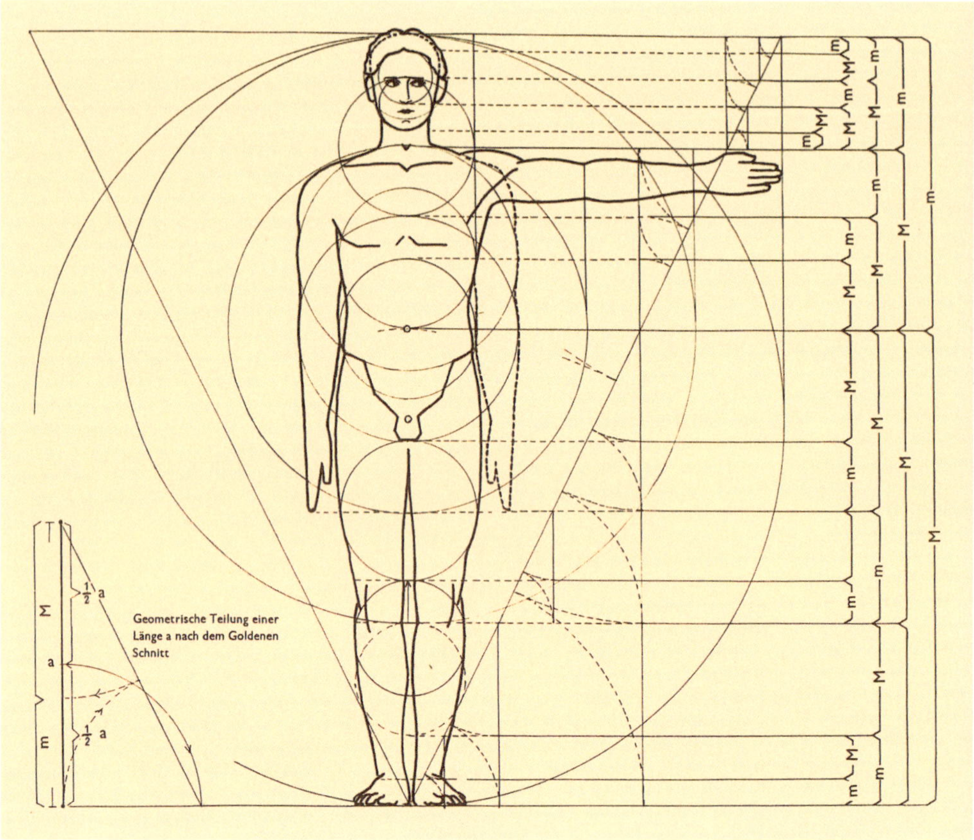

8

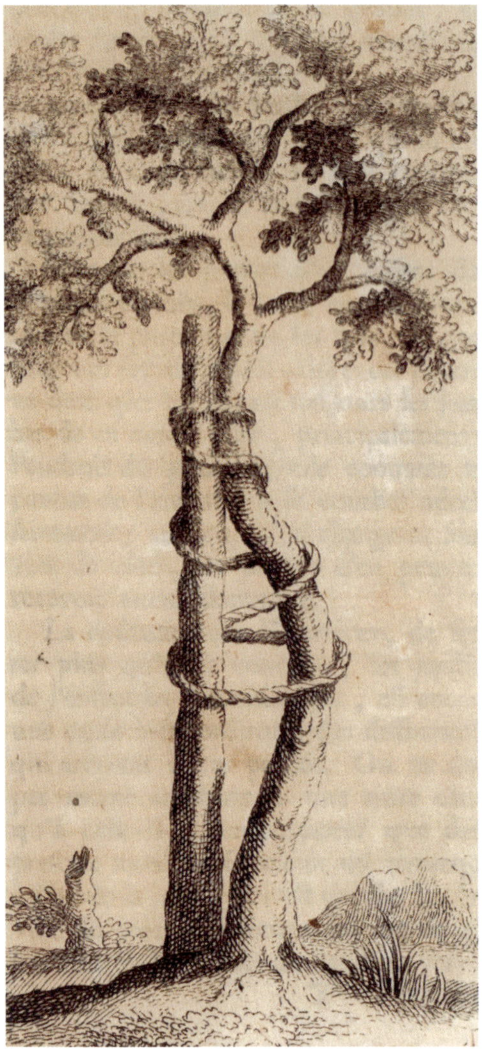

9

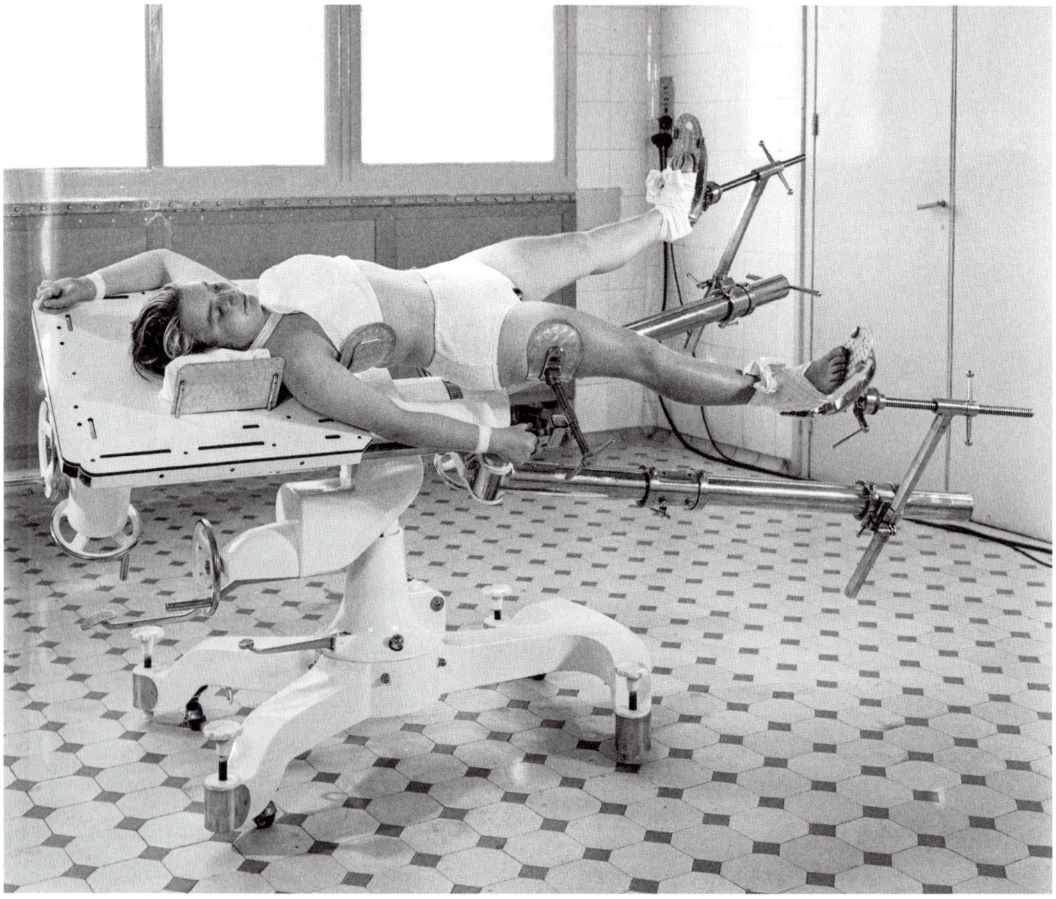

10

9 Dessin extrait de Nicolas Andry de Boisregard, *L'Orthopédie ou l'art de prévenir ou corriger chez les enfants les difformités du corps*, 1743, repris par Michel Foucault dans *Surveiller et punir* (1975).
10 Rééducation à l'hôpital maritime de Berck, 1953

Publié en 1936, l'ouvrage surnommé « Neufert », d'après le nom de son auteur, l'architecte allemand Ernst Neufert, énonce un grand nombre de dimensions auxquelles l'architecture devrait se conformer. Les normes spatiales définies y sont calibrées en fonction du corps idéal d'un habitant jugé « normal ». L'ouvrage est encore régulièrement réédité, y compris en français, sous le titre *Les Éléments des projets de construction.*

8 « Der Mensch. Das Mass aller Dinge », planche extraite d'Ernst Neufert, *Bauentwurfslehre*, 1936.

11 « Menschen. Abmessungen und Platzbedarf », planche extraite d'Ernst Neufert, *Bauentwurfslehre*, 1936.

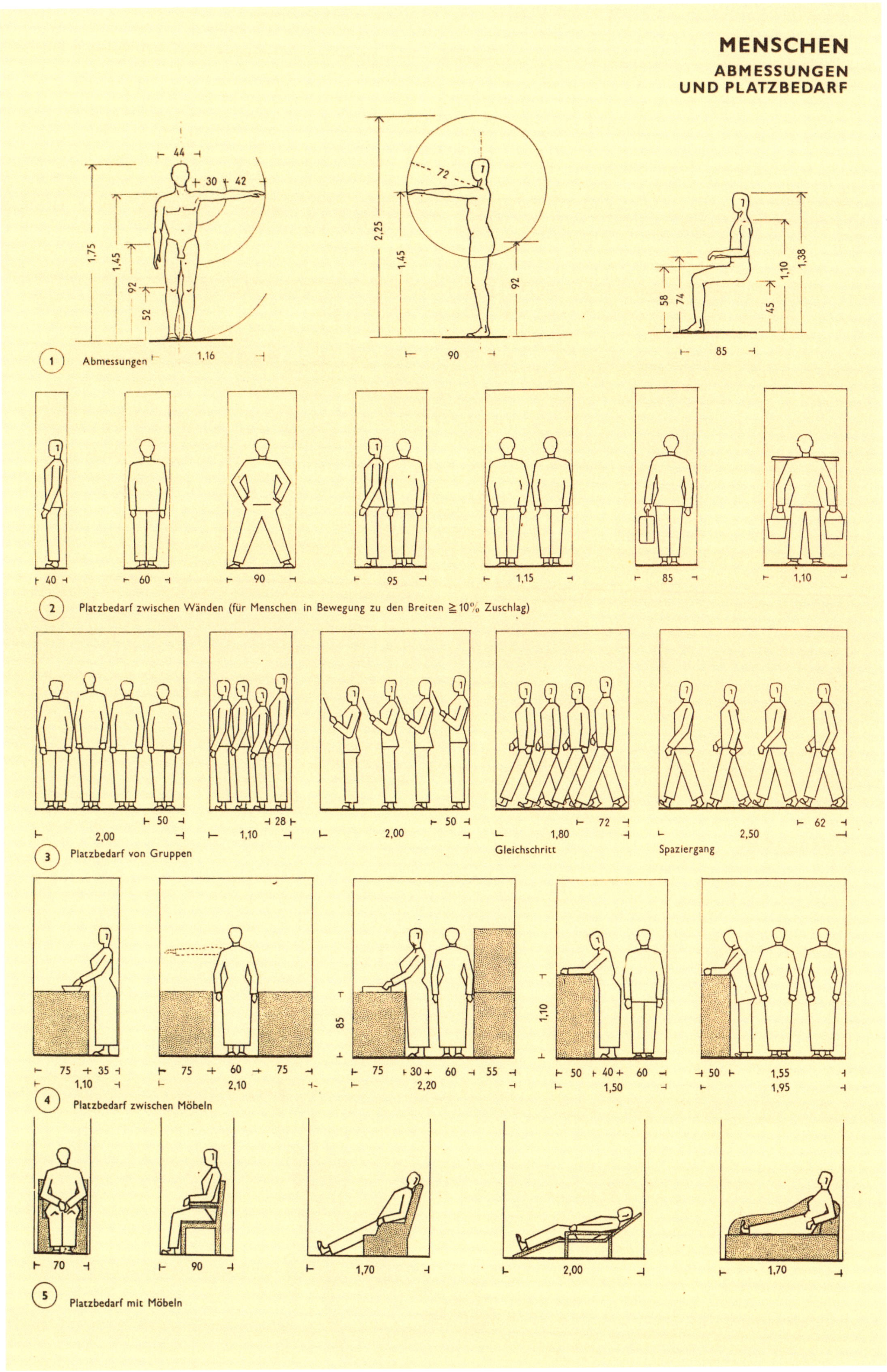

11

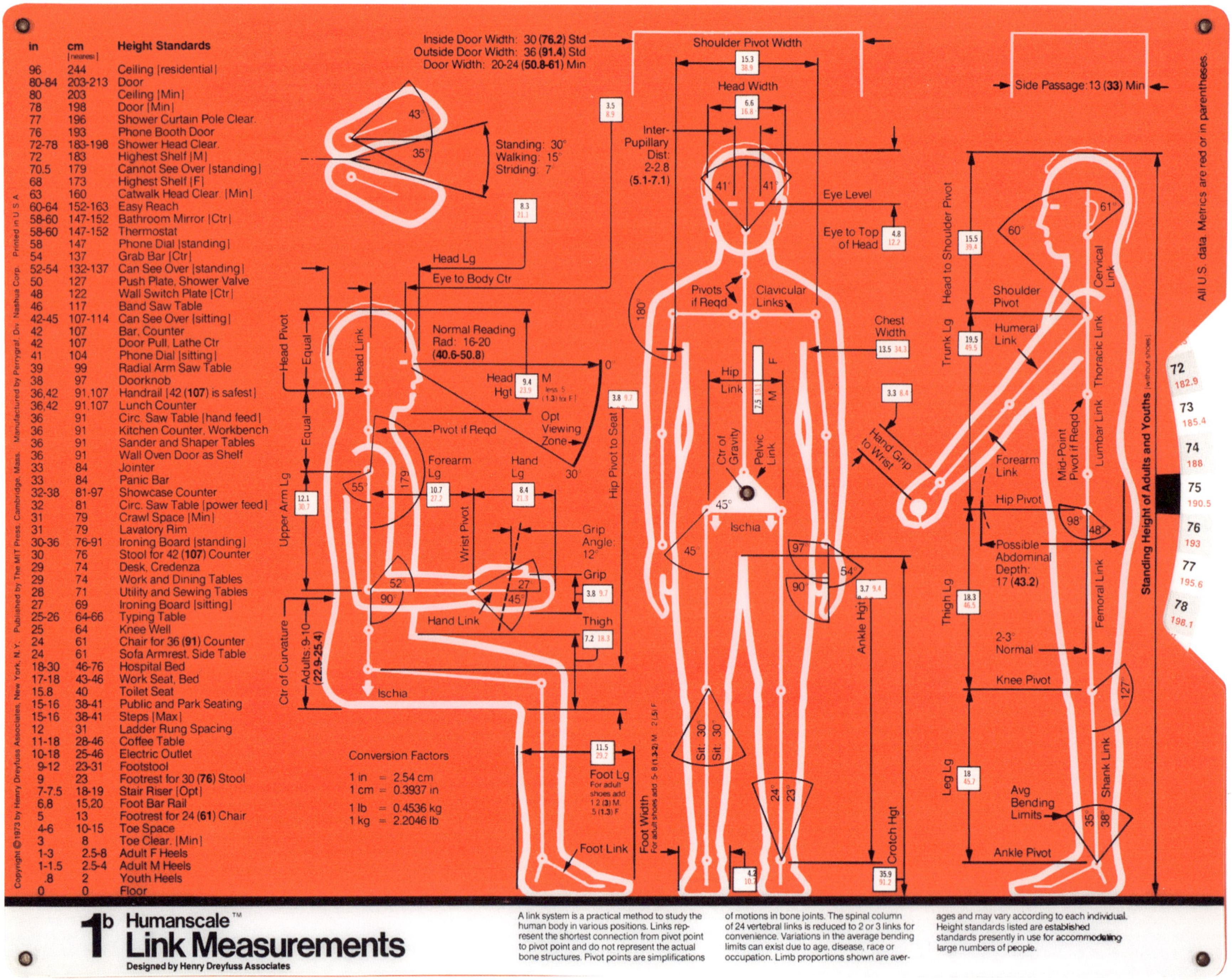

12

Inventé par Le Corbusier en 1945, le « Modulor » – contraction de « module » et de « nombre d'or » – correspond pour l'architecte aux dimensions standardisées du corps d'un habitant type. L'architecte s'y réfère pour concevoir plusieurs de ses projets, dont ses unités d'habitation. L'homme – mais quel homme ? – devient la mesure de l'architecture moderne. En 2011, l'architecte français Thomas Carpentier, à l'occasion de son diplôme de fin d'études, conteste la vision normative de l'architecture incarnée entre autres par le Modulor de Le Corbusier, en lui opposant d'autres corps, d'autres normes.

13 Le Corbusier, *Le Modulor*, 1945.

12 et 14 Planches extraites de Henry Dreyfuss Associates, Niels Diffrient, Alvin R. Tilley et Joan C. Bardagjy, *Humanscale 1/2/3. A Portfolio of Information*, Cambridge, The MIT Press, 1974.

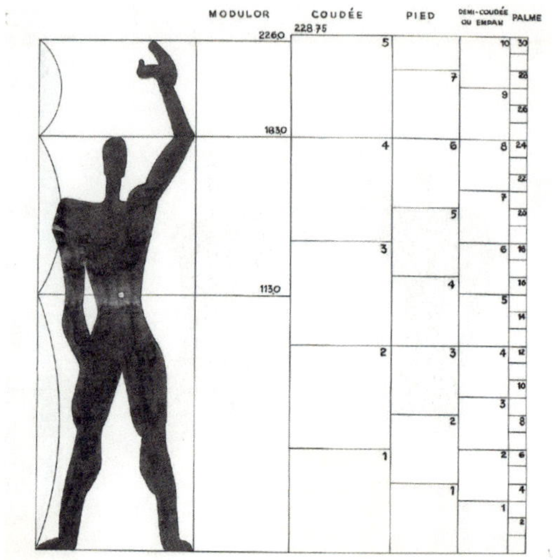

13

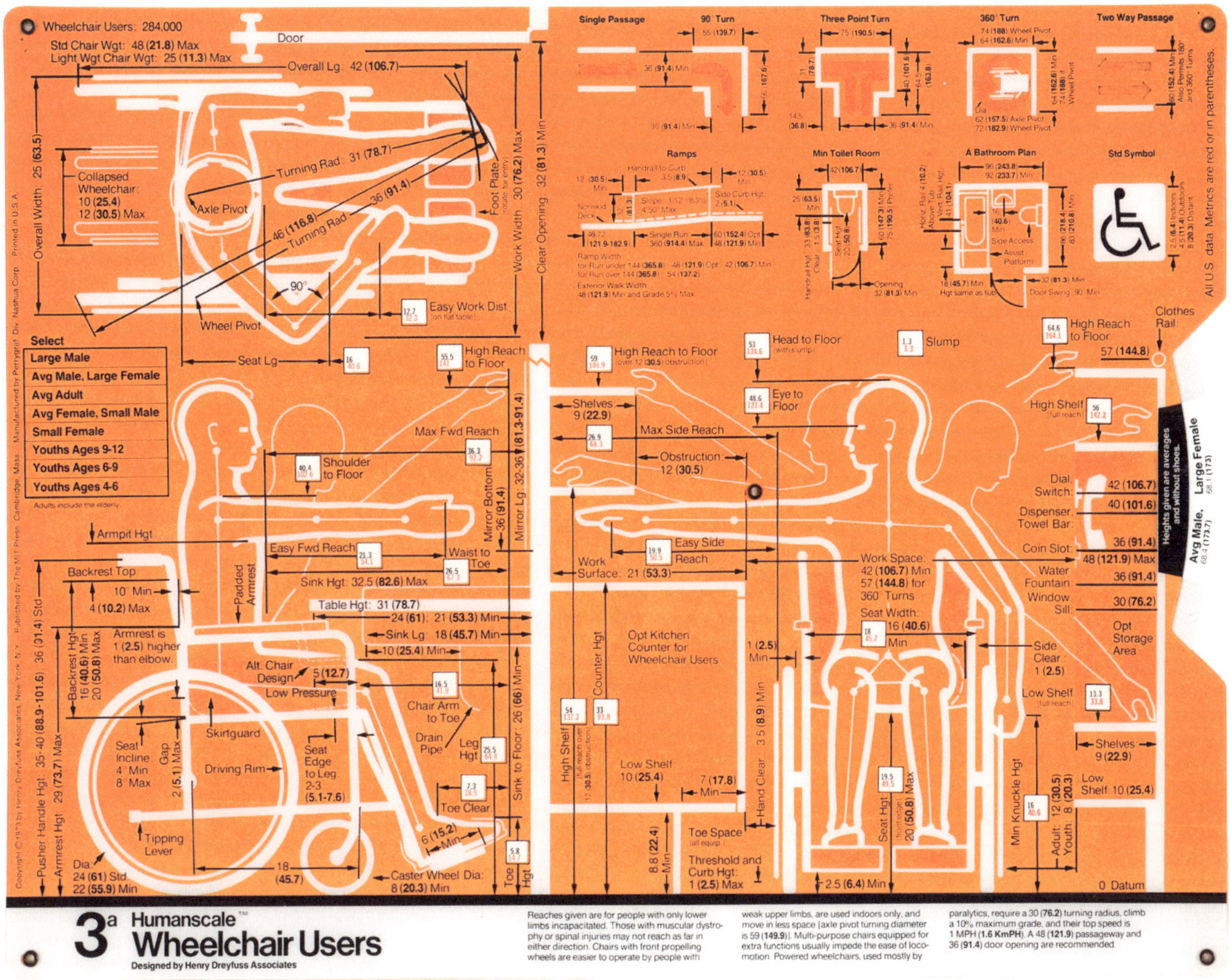

14

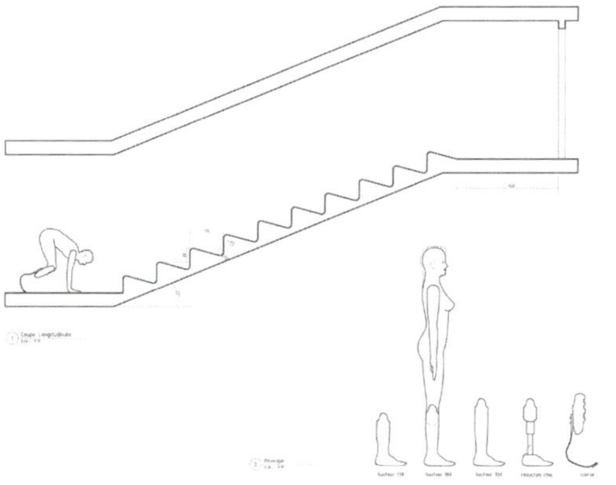

15

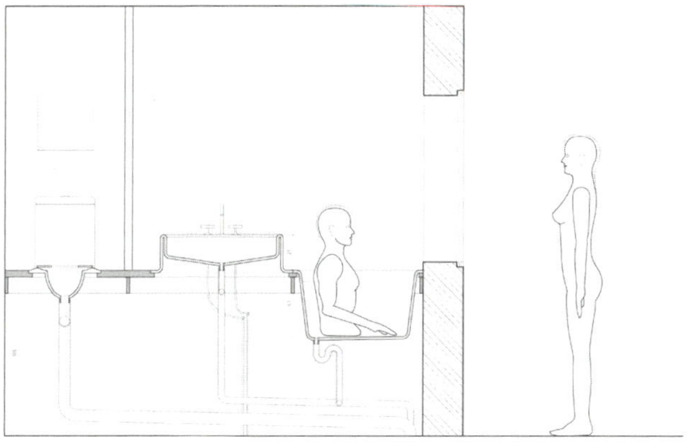

16

17

Plusieurs projets prospectifs de Thomas Carpentier cherchent à renverser la dimension « validiste » de l'architecture, conçue pour un corps normalisé à l'exclusion de tous les autres. Parmi eux, des principes d'aménagement de logements conçus à la mesure d'usagers hors normes.

15–17 Thomas Carpentier, *Measure(s) of Man*, 2011.

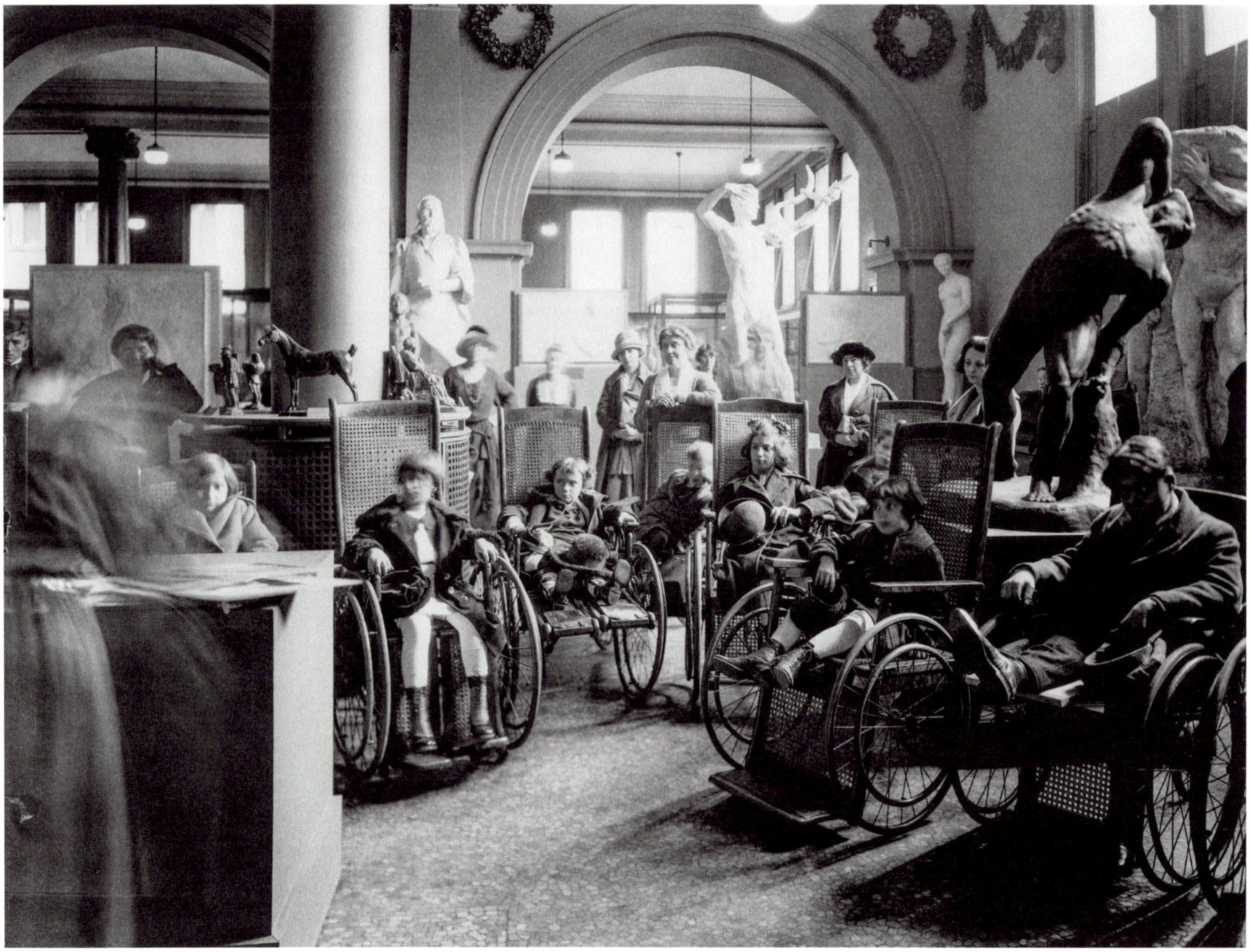

18

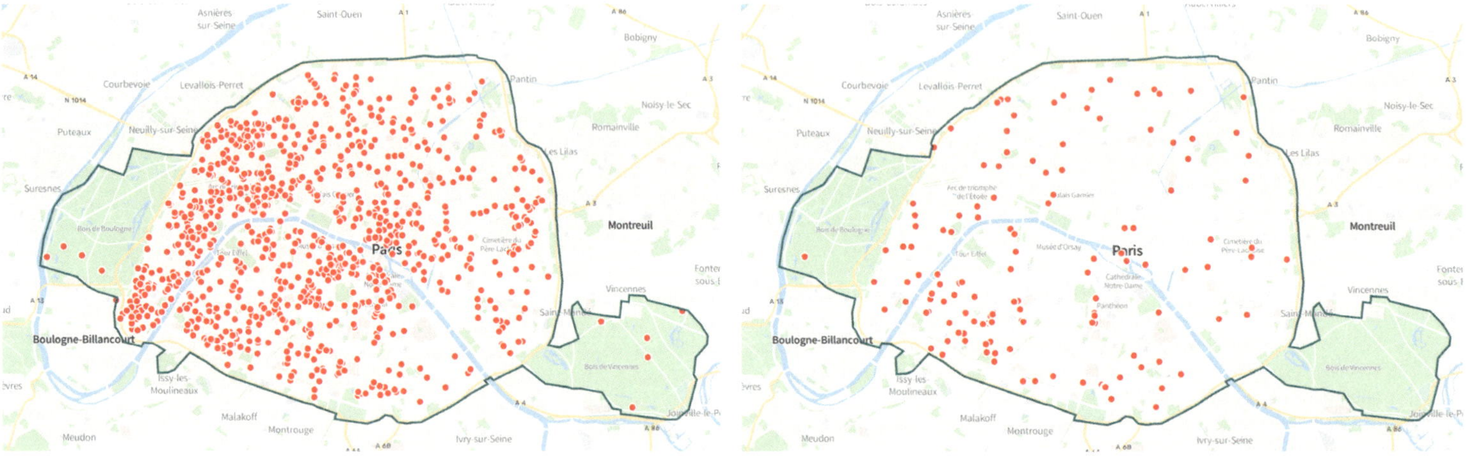

Commodités

- [ ] Parking ouvert
- [ ] Box
- [ ] Parquet
- [ ] Dernier étage
- [ ] Placard
- [x] Accès handicapé
- [ ] Alarme

19

19 Une recherche de logements à louer sur le site Internet seloger.com, le 4 mars 2022, donne les résultats suivants : 10 902 logements sont disponibles à Paris ; l'offre est réduite à 157 logements si l'on choisit « accès handicapé » dans les critères de sélection. On note par ailleurs que le critère « accès handicapé » est à trouver dans les options « commodités », aux côtés de « box », « placard » ou encore « parking ».

18 Visite de jeunes enfants handicapés au Metropolitan Museum of Art, à New York, le 23 novembre 1922.

20

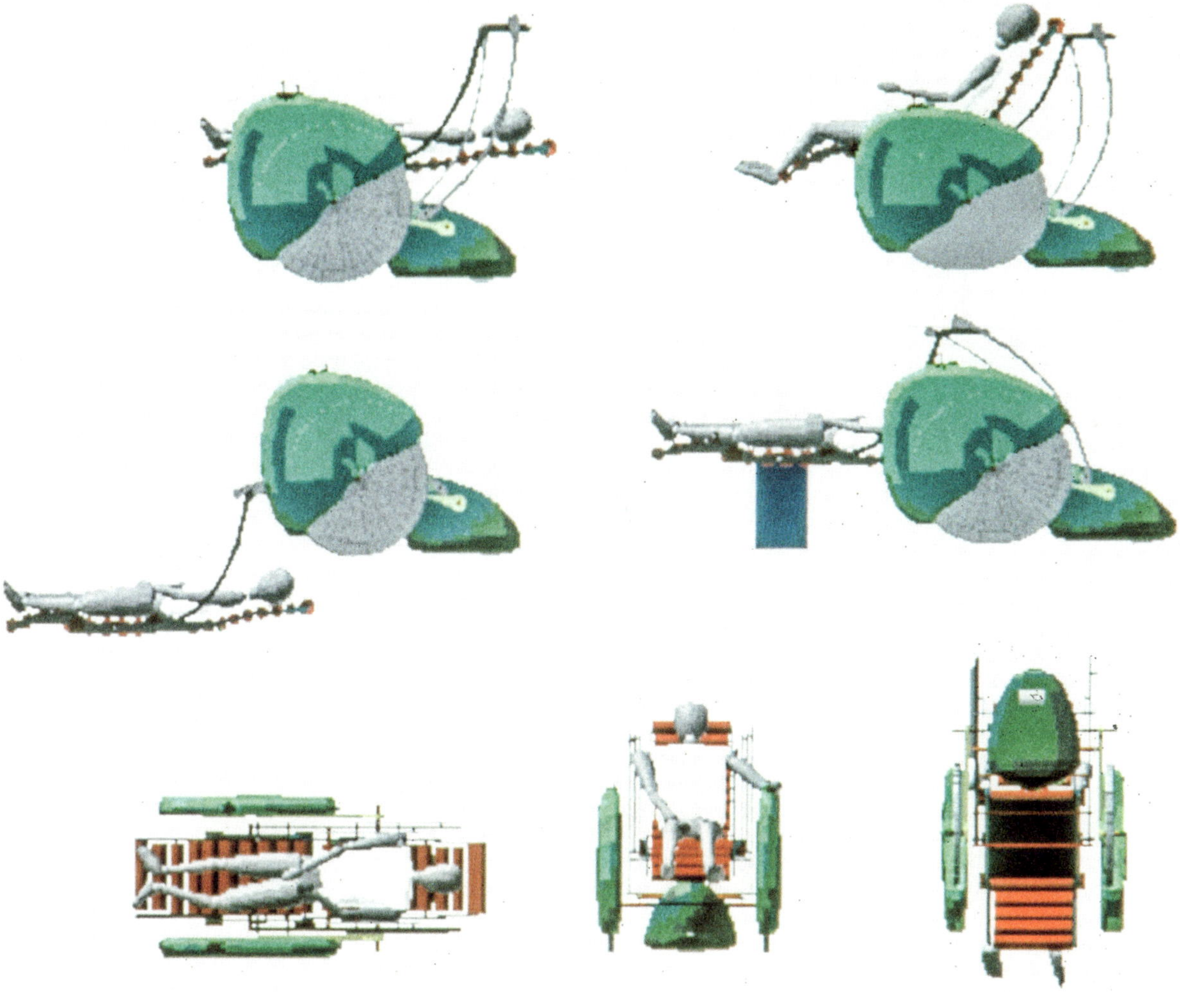

21

Afin de rendre la ville largement accessible aux populations en situation de handicap moteur, les architectes Philippe Blanc-Beauregard et Stéphane Chenevoy imaginent *Vraoum*, un « véhicule roulant pour personnes dépendantes ».

20 et 21 Philippe Blanc-Beauregard et Stéphane Chenevoy, *Vraoum*, vers 1990, in *Paris d'hospitalité*, Paris, Pavillon de l'Arsenal et Picard éditeur, 1990.

1 Course de natation dans la Seine, départ du 400 mètres intermagasins, 15 août 1922, agence Rol.

Éléments

Quels espaces non architecturaux sont à l'origine de la relation entre ville, maladie et « soin » ?

Dès les premières cités et leurs traités fondateurs, des « territoires » non architecturés – l'eau, l'air, la lumière – structurent une approche sanitaire de la ville. Il est question ici d'assainissement, un soin qui s'applique solidairement au corps urbain et au corps biologique : la ville est devenue un organisme à soigner, et l'architecture une discipline médicale. Mais cette histoire a une autre conséquence, dont nous prenons aujourd'hui la mesure : la ville, pour se constituer en tant qu'espace sain, contamine d'autres espaces autour d'elle.

« Des airs, des eaux, des lieux »

Ce traité[1] attribué à Hippocrate, père de la médecine occidentale, n'étudie pas seulement les pathologies. Reliant l'homme à son milieu, à la morphologie de son environnement, il contient de nombreuses recommandations d'ordre sanitaire quant à l'emplacement et l'aménagement des villes. Quatre siècles plus tard, Vitruve poursuit le rapprochement des disciplines dans son texte fondateur, *De l'architecture* : « L'étude de la médecine importe également à l'architecte, pour connaître les climats [...], la qualité de l'air des localités qui sont saines ou pestilentielles, et la propriété des eaux. Sans ces considérations, il ne serait possible de rendre salubre aucune habitation. »

Dès la naissance des cités, l'eau, l'air et la lumière sont donc pensés comme des « territoires » essentiels à la construction d'un espace favorable à la santé de ses habitants : ainsi, très tôt, les pratiques urbaines et architecturales incluent une forme de « soin », qui passe par des actions d'aération, de circulation, d'évacuation – un soin synonyme d'*assainissement*, de *salubrité*. Cette conceptualisation de la ville liée à la médecine reste structurante jusqu'à aujourd'hui.

En 1822, Claude Lachaise écrit la première « topographie médicale » de Paris (après un exercice similaire appliqué au territoire marseillais), dans laquelle il décrit le lien entre les mauvaises conditions urbaines et architecturales et l'état de santé dégradé de la population. À la fin du XIXe siècle, des critiques plus ciblées sur les méfaits de la ville industrielle se font entendre, notamment de l'Anglais Benjamin Ward Richardson (dans le bien nommé *Hygeia, A City of Health*, paru en 1876), puis de Jules Verne quelques années plus tard dans *Les Cinq Cents Millions de la Bégum* (1879). Dans cette fable, l'écrivain décrit la terrible cité sidérurgique de Stahlstadt, où les hommes « s'entassent [...] dans des demeures privées d'air et de lumière, ces deux agents indispensables de la vie. Ces agglomérations humaines deviennent parfois de véritables foyers d'infection » ; et il lui oppose celle, utopique, de France-Ville. En 1936, Charlotte Perriand fait à son tour un constat similaire dans un immense photomontage (*La Grande Misère de Paris*).

1 Environ IVe siècle av. J.-C.

« Une épidémie [...] sévissait sur les Sélinontins, produite par les miasmes du fleuve qui longeait la ville ; elle les faisait périr eux-mêmes et aggravait les couches des femmes. Empédocle s'avisa d'y déverser à ses frais deux des rivières voisines ; par cette effusion, il adoucit les eaux. Ainsi l'épidémie prit fin. »

Diogène Laërte, *Vie d'Empédocle*, IIIe s. ap JC

3

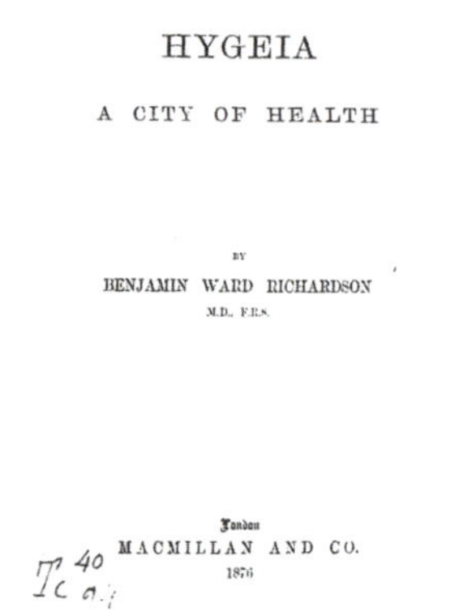

HYGEIA

A CITY OF HEALTH

BY

BENJAMIN WARD RICHARDSON

M.D. F.R.S.

London

MACMILLAN AND CO.

1876

4

2

2 Fresque de « La Tombe du plongeur », Paestum (Italie), Ve siècle av. J.-C., musée archéologique de Paestum.
3 Plongeon de S. [Suzanne] Wurtz dans la Seine depuis l'île aux Cygnes, agence Rol, 15 août 1922.
Hygeia. A City of Health, le traité du médecin anglais Benjamin Ward Richardson paru en 1876, est particulièrement influent à l'époque industrielle. Cette personnalité importante de l'histoire de la santé publique britannique insiste particulièrement sur les conséquences de la stagnation de l'air dans les villes modernes.
4 Benjamin Ward Richardson, *Hygeia. A City of Health*, Londres, MacMillan and Co., 1876.

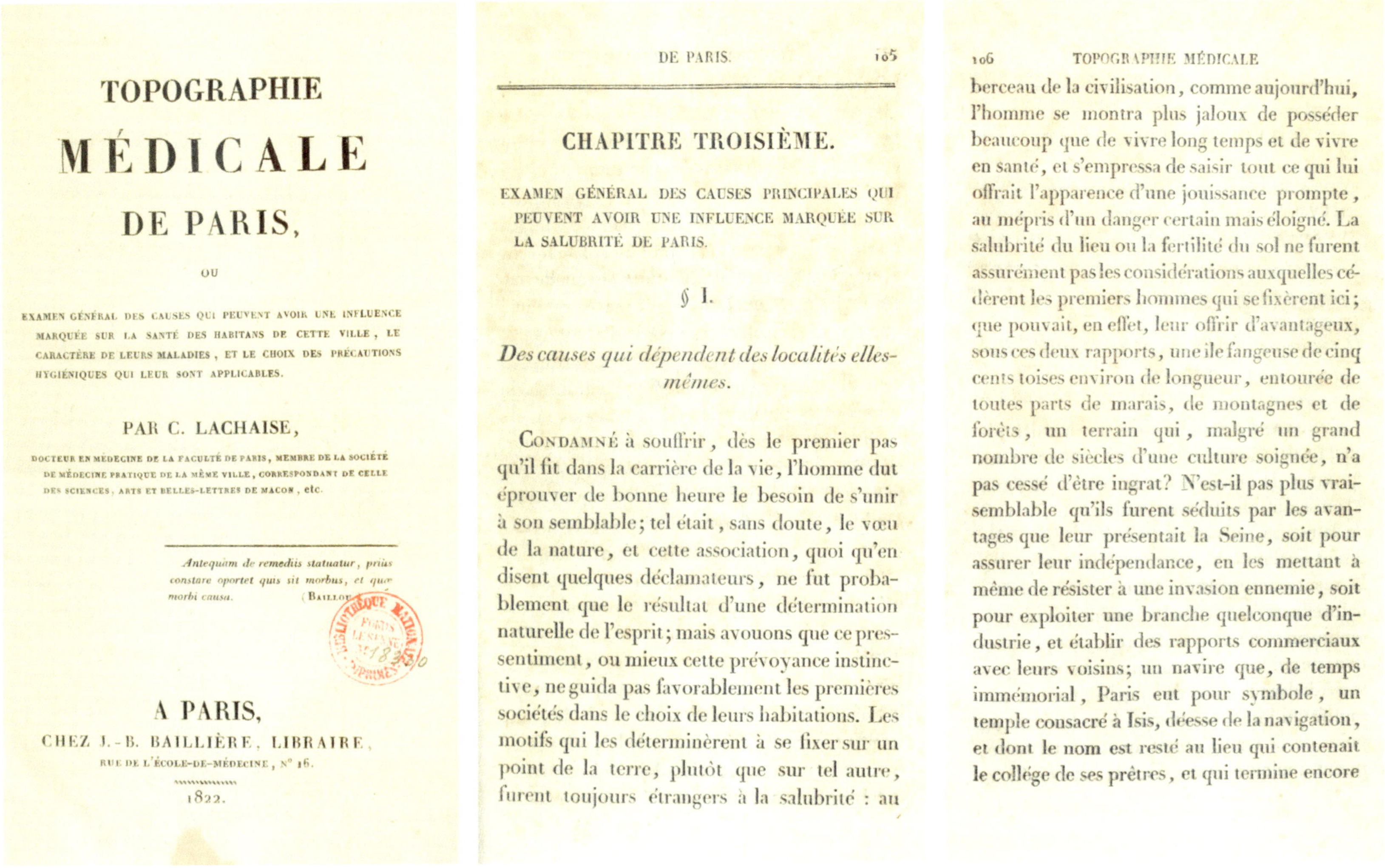

TOPOGRAPHIE

MÉDICALE

DE PARIS,

OU

EXAMEN GÉNÉRAL DES CAUSES QUI PEUVENT AVOIR UNE INFLUENCE MARQUÉE SUR LA SANTÉ DES HABITANS DE CETTE VILLE, LE CARACTÈRE DE LEURS MALADIES, ET LE CHOIX DES PRÉCAUTIONS HYGIÉNIQUES QUI LEUR SONT APPLICABLES.

PAR C. LACHAISE,

DOCTEUR EN MÉDECINE DE LA FACULTÉ DE PARIS, MEMBRE DE LA SOCIÉTÉ DE MÉDECINE PRATIQUE DE LA MÊME VILLE, CORRESPONDANT DE CELLE DES SCIENCES, ARTS ET BELLES-LETTRES DE MACON, etc.

Antequàm de remediis statuatur, priùs constare oportet quis sit morbus, et quæ morbi causa. (BAILLOU.)

A PARIS,

CHEZ J.-B. BAILLIÈRE, LIBRAIRE,

RUE DE L'ÉCOLE-DE-MÉDECINE, N° 16.

1822.

DE PARIS. 105

CHAPITRE TROISIÈME.

EXAMEN GÉNÉRAL DES CAUSES PRINCIPALES QUI PEUVENT AVOIR UNE INFLUENCE MARQUÉE SUR LA SALUBRITÉ DE PARIS.

§ I.

Des causes qui dépendent des localités elles-mêmes.

CONDAMNÉ à souffrir, dès le premier pas qu'il fit dans la carrière de la vie, l'homme dut éprouver de bonne heure le besoin de s'unir à son semblable; tel était, sans doute, le vœu de la nature, et cette association, quoi qu'en disent quelques déclamateurs, ne fut probablement que le résultat d'une détermination naturelle de l'esprit; mais avouons que ce pressentiment, ou mieux cette prévoyance instinctive, ne guida pas favorablement les premières sociétés dans le choix de leurs habitations. Les motifs qui les déterminèrent à se fixer sur un point de la terre, plutôt que sur tel autre, furent toujours étrangers à la salubrité : au

106 TOPOGRAPHIE MÉDICALE

berceau de la civilisation, comme aujourd'hui, l'homme se montra plus jaloux de posséder beaucoup que de vivre long temps et de vivre en santé, et s'empressa de saisir tout ce qui lui offrait l'apparence d'une jouissance prompte, au mépris d'un danger certain mais éloigné. La salubrité du lieu ou la fertilité du sol ne furent assurément pas les considérations auxquelles cédèrent les premiers hommes qui se fixèrent ici; que pouvait, en effet, leur offrir d'avantageux, sous ces deux rapports, une île fangeuse de cinq cents toises environ de longueur, entourée de toutes parts de marais, de montagnes et de forêts, un terrain qui, malgré un grand nombre de siècles d'une culture soignée, n'a pas cessé d'être ingrat? N'est-il pas plus vraisemblable qu'ils furent séduits par les avantages que leur présentait la Seine, soit pour assurer leur indépendance, en les mettant à même de résister à une invasion ennemie, soit pour exploiter une branche quelconque d'industrie, et établir des rapports commerciaux avec leurs voisins; un navire que, de temps immémorial, Paris eut pour symbole, un temple consacré à Isis, déesse de la navigation, et dont le nom est resté au lieu qui contenait le collége de ses prêtres, et qui termine encore

5

5 Claude Lachaise, *Topographie médicale de Paris,* Paris, J.-B. Baillière, libraire, 1822, page de titre et pp. 105-106.

LE LIT À L'ÈRE DE LA COVID-19

Beatriz Colomina
Historienne et théoricienne de l'architecture

Des rangées de lits blancs disposés dans un espace sombre et caverneux, vides et en attente de corps. Une architecture à l'intérieur d'une autre. À Madrid, un hôpital de campagne permettant d'accueillir cinq mille cinq cents patients est installé en quelques jours dans des lieux d'exposition transformés. Des bâtiments ayant pour vocation de proposer des manifestations temporaires reçoivent désormais une architecture de l'urgence médicale, un espace dédié à la maladie. C'est l'« architecture malade » (*sick architecture*). Ce phénomène ne s'est pas limité à Madrid : des espaces similaires ont été montés à travers le monde, de Belgrade à New York, dans les premiers jours de la pandémie de Covid-19. Il ne s'agissait pas non plus de la première fois, comme en témoignent les photographies de l'épidémie de grippe de 1918, qui montrent des milliers de lits dans des conditions similaires.

L'architecture malade n'est pas simplement l'architecture de l'urgence médicale. Au contraire, il s'agit d'une architecture de la normalité, traduisant la manière dont les crises sanitaires du passé sont inscrites dans le quotidien. Chaque architecture ne porte pas seulement les traces des maladies antérieures, mais a été entièrement façonnée par celles-ci.

Chaque nouvelle maladie trouve un hôte dans l'architecture formée par les maladies précédentes, dans une sorte d'emboîtement archéologique de la maladie. Chaque épisode médical active des histoires profondes d'architecture et de maladie, ainsi que toutes les peurs, incompréhensions, préjugés, iniquités et innovations qui s'y rattachent.

En fait, toute architecture est malade (*sick*) : les maladies et l'architecture sont indissociables. On pourrait même considérer que le début de l'architecture correspond au début de la maladie. Le docteur Benjamin Ward Richardson l'affirmait en ces termes dans son introduction à *Our Homes, and How to Make them Healthy* [*Nos maisons et comment les rendre saines*], un recueil de textes écrits par des médecins et architectes dans le cadre de l'Exposition internationale de la santé organisée à Londres en 1884 : « Par des connaissances et des compétences que ne possèdent pas les animaux inférieurs, l'homme s'est, en construisant des villes, villages et maisons pour se protéger des éléments extérieurs, créé une série de maladies fatales qui sont si étroitement associées aux productions de ses connaissances et de ses compétences en construction qu'elles s'inscrivent dans une relation de cause à effet. En construisant des protections contre les éléments, l'homme a construit les conditions de la maladie[1]. »

Il n'y a pas de maladie sans architecture, ni d'architecture sans maladie. Les médecins et les architectes ont toujours été engagés dans une sorte de danse – échangeant souvent leurs rôles, collaborant, s'influençant réciproquement –, même si ce n'a pas été systématiquement de façon synchronisée. Les meubles, pièces, bâtiments et villes sont produits par des urgences médicales qui se déposent en strates successives au cours des siècles. Nous avons tendance à très rapidement oublier ce qui est à l'origine de ces strates. Dès que l'urgence est passée, nous sombrons dans une amnésie collective. Nous agissons comme si chaque pandémie était la première que nous connaissions, comme si nous cherchions à enfouir la peur et l'incertitude du passé.

Nous pourrions toutefois soutenir que l'histoire des villes est l'histoire de la maladie. Les pandémies du XIXe siècle nous ont apporté les infrastructures qui existent aujourd'hui encore dans nos villes : les systèmes d'eau potable, les égouts, les parcs urbains, etc. Elles ont également révolutionné la manière dont sont conçus les intérieurs, les meubles et les bâtiments.

La relation entre architecture et santé est en réalité une histoire ancienne, qui remonte au tout début de la théorisation de l'architecture. Au Ier siècle avant notre ère, Vitruve, considéré comme le « père fondateur » de la théorie architecturale occidentale, insistait sur le fait que tous les architectes devraient étudier la médecine, « cherchant en toute chose la salubrité[2] ». Il a consacré une grande partie de son traité *De architectura* à la question de la santé, donnant des instructions détaillées sur la manière de s'assurer de la salubrité d'un lieu avant d'y fonder une ville : il s'agit de revenir à la méthode ancienne qui consiste à immoler un animal y paissant pour inspecter son foie et vérifier son caractère « sain et entier ». De même, il aborde la question de la salubrité des bâtiments au prisme de la théorie des quatre humeurs, la théorie médicale dominante de l'époque. Plus intéressant encore, Vitruve soutient, à l'inverse, que ceux qui sont souffrants peuvent être guéris plus rapidement par l'architecture, en reconstruisant le système de ceux qui sont « épuis[és] par les maladies », au premier titre la « phtisie » (ancien nom de la tuberculose). Nous trouvons déjà chez Vitruve l'idée de l'architecture servant à la fois à guérir et à prévenir les maladies, laquelle a persisté à travers les siècles.

Au cours de la Renaissance, par exemple, la toute première académie artistique, l'Accademia delle Arti del Disegno, fondée par Giorgio Vasari en 1563 à Florence, jouxtait l'Académie de médecine, et les étudiants en dessin étaient tenus d'assister à une dissection dans l'hôpital Santa Maria Nuova voisin, puis de dessiner le corps disséqué pendant des jours, alors même que celui-ci se putréfiait et que certains étudiants tombaient malades.

Chaque théorie de l'architecture qui a suivi a ajouté quelque chose à ce paradigme médical. Les villes représentent une sorte d'accumulation de théories de la maladie, depuis les temps lointains jusqu'à nos jours. Nous pourrions même avancer que c'est la maladie qui façonne véritablement les villes.

L'architecture moderne a, par exemple, été produite dans des conditions d'urgence. Tout au long du XIXe siècle et de la première moitié du XXe siècle, des millions de personnes mouraient de tuberculose chaque année à travers le monde. Les bâtiments modernes ont offert une défense prophylactique contre ce pathogène invisible. Toutes les caractéristiques premières de l'architecture moderne – les murs blancs, les terrasses, les grandes baies vitrées, le détachement du sol – visaient à la fois à prévenir et à guérir. La nature médicale de l'architecture médicale et l'inimaginable horreur à laquelle elle répondait ont cependant été largement oubliées. L'image des bâtiments blancs efface le traumatisme qui leur a donné naissance comme sous un badigeon.

Afin de promouvoir l'idée d'une architecture moderne saine, l'architecture du XIXe siècle a été diabolisée, présentée comme nerveuse, malsaine et littéralement remplie de maladies, en particulier de bacilles de la tuberculose. Les excès décoratifs ont été eux-mêmes traités comme une infection. L'architecture modernisante a d'abord consisté en une forme de désinfection, une purification menant à un environnement salutaire de lumière, d'air frais, de propreté, de surfaces blanches et lisses, sans fissures ni crevasses où pourrait se nicher la contagion. On conseillait aux femmes de disposer chez elles des boîtes de Petri pour vérifier si des bactéries avaient survécu aux nettoyages de routine : la ménagère était bactériologue et sa maison un laboratoire.

L'architecture a toujours été décrite en termes de corps, mais il ne s'agit pas d'un corps sain tel que nous nous l'imaginons généralement, tout particulièrement à travers les fameuses images de corps masculins athlétiques dessinés par Léonard de Vinci ou d'autres encore, inscrits dans des systèmes de proportions géométriques. Le vrai corps de l'architecture est un corps fragile, sujet à la maladie ou déjà malade, et ayant besoin d'être assisté. L'architecture est une sorte de support orthopédique, de béquille, ou de peau artificielle pour cette créature fragile.

Prenez le sanatorium qu'Alvar et Aino Aalto ont construit à partir de 1929 à Paimio, en Finlande. Avec ses terrasses spectaculaires se projetant dans le ciel, le bâtiment, dans ses représentations canoniques, ressemble de façon troublante aux côtes qui se dessinent sur une radiographie, outil principal de diagnostic de la tuberculose. Ses chambres aux lignes épurées, dénuées d'ornements, ont été conçues de manière à minimiser les surfaces où la poussière pourrait s'accumuler. Même l'intersection entre le sol et le mur sous la fenêtre est incurvée de manière à limiter l'accumulation de poussière. Les chambres étaient équipées de meubles et d'équipements sanitaires conçus par l'architecte, dont des chaises au dos incliné afin de faciliter la respiration et l'expectoration, des vasques anti-éclaboussures et des crachoirs antibruit. Et les poignées de porte ont fait l'objet d'un soin

1 Benjamin Ward Richardson, « Health in the Home », in *Our Homes and How to Make them Healthy*, Shirley Forster Murphy (éd.), Londres, Cassell & Company, 1883, p. 5.
2 Vitruve, *De architectura*, trad. Auguste Choisy, Paris, Lahure, 1909.

particulier pour ne pas accrocher les manches des blouses blanches des médecins.

Mais l'équipement principal du bâtiment est le toit-terrasse, situé au sixième étage et surplombant un paysage boisé. Les patients y étaient amenés en fauteuil roulant pour leur permettre de prendre régulièrement l'air frais et le soleil dans la chaise longue spécialement conçue par Aino Aalto. Le toit-terrasse a finalement dû être fermé – peut-être parce que les infirmières ne parvenaient pas à faire face au nombre de patients désespérés qui s'en jetaient dès qu'elles tournaient le dos. L'architecture moderne comme forme de suicide assisté? La découverte et l'isolement de la streptomycine en 1944 ont révélé que la thérapie par l'air frais et le soleil appliquée dans les sanatoriums avait très peu de fondements scientifiques. Elle pouvait même précipiter la fin. Littéralement, dans le cas de Paimio.

La tuberculose a rendu l'architecture moderne moderne. Ce ne sont pas les architectes modernes qui ont créé les sanatoriums modernes, mais plutôt les sanatoriums qui ont modernisé les architectes. Aalto avait été un architecte néoclassique avant sa « conversion au fonctionnalisme » à l'occasion d'une participation à un appel à projets architectural pour un sanatorium à Kinkomaa, également en Finlande, en 1927 – projet inabouti fait de lignes horizontales et de larges terrasses visant à accélérer la guérison, qui anticipait Paimio. Aalto ne considérait pas le sanatorium comme une architecture au service de la médecine, mais une forme de médecine en soi, un instrument médical: « L'objectif principal du bâtiment est de servir d'instrument médical. [...] La conception des chambres est déterminée par l'épuisement des forces du patient, allongé dans son lit[3]. »

Lui-même malade à l'époque du concours, Aalto affirme que le fait d'avoir dû rester couché pendant une période prolongée avait été crucial à sa compréhension du problème. L'architecture a toujours été conçue pour l'individu vertical, mais, en l'occurrence, le client était en permanence à l'horizontale. Il fallait donc complètement revoir la conception des chambres et du bâtiment. On ne pouvait laisser les lampes des chambres au plafond, où elles irritaient les yeux de leurs occupants, allongés dans leur lit et pour qui le plafond prenait soudain une importance considérable – telle peut-être une nouvelle sorte de façade. La vue qu'offre la fenêtre sur la forêt devait être calculée depuis le point de vue du lit. Sur la terrasse, la faible hauteur du parapet et la finesse du garde-corps le surmontant permettaient à l'individu horizontal de porter son regard au loin, bien au-dessus des arbres.

Il fallait également penser en ces termes les couleurs de la pièce et du bâtiment. Des nuances de bleu apaisantes, « sobres et foncées », pour le plafond. Des teintes plus claires pour les murs. Un jaune canari éclatant dans le kiosque d'accueil près de l'entrée et pour le linoléum du foyer, des escaliers et des couloirs évoquait « un optimisme radieux, même par temps froid et nuageux[4] ». Les facteurs psychologiques étaient eux aussi pris en compte: « Une période étendue de confinement peut s'avérer extrêmement déprimante pour le patient alité. [...] Un sanatorium est, pour ainsi dire, une maison avec des fenêtres ouvertes[5]. »

L'hôpital devait être pensé comme une nouvelle sorte de maison. Et, inversement, la maison générique doit être envisagée comme un sanatorium. Aalto a écrit plus tard: « J'ai découvert que les réactions physiques et psychologiques particulières des patients fournissent de bonnes pistes pour les logements ordinaires. [...] Pour examiner la façon dont les êtres humains réagissent aux formes et aux constructions, il est utile d'utiliser pour les expérimentations des personnes particulièrement sensibles, telles que des patients de sanatorium[6]. »

La sensibilité physiologique et psychologique du malade a été mise à profit pour recalibrer l'architecture. Même les meubles spécialisés sont rapidement devenus des meubles ordinaires du quotidien. Par exemple, si la chaise à assise suspendue en bouleau de Paimio avait pour fonction d'ouvrir la cage thoracique du patient, lui permettant de respirer plus facilement, elle est devenue très vite la chaise de tout le monde. Il en est de même du reste du mobilier conçu spécialement pour Paimio: « Le sanatorium avait besoin de meubles légers, flexibles, faciles à nettoyer, etc. Au terme de longues expérimentations sur le bois, le système flexible a été mis au point [...] pour produire des meubles mieux adaptés à la vie longue et pénible en sanatorium[7]. » Un atelier conçu avec une entreprise locale a permis de réaliser les premiers essais puis, en 1935, à peine deux ans après avoir achevé Paimio, Alvar et Aino Aalto ont fondé la société d'ameublement Artek, avec « l'ambition de soutenir et nourrir le bien-être physique et psychologique des êtres humains[8] ».

Le point de référence était l'individu gravement malade. Aalto affirmait que l'architecte devait répondre aux besoins de la personne « en plus faible condition ». Le patient tuberculeux est alors devenu le modèle de l'architecture moderne. En d'autres termes, la maladie n'était plus vue comme l'exception, mais comme la norme, les différents degrés de maladie définissant la condition humaine. Le sujet moderne souffre de multiples maux, tant physiques que psychologiques, et l'architecture constitue un cocon protecteur, non seulement vis-à-vis des éléments naturels et d'autres menaces extérieures, mais, de manière plus marquée avec la modernité, contre des menaces intérieures – psychologiques et physiologiques.

Aalto comparait ses expérimentations à Paimio et leur application dans l'usage quotidien aux formes « exagérées » d'analyse auxquelles les scientifiques recourent « afin d'obtenir des résultats plus clairs et visibles », telle la coloration de bactéries dans le cadre d'examens au microscope[9]. Il voyait le travail de conception comme une forme de recherche médicale, le sanatorium faisant office de laboratoire de recherche pour l'architecture moderne – une manière de tester l'architecture, de regarder ce qui est caché, d'exposer les forces invisibles.

Il y a toujours une relation intime entre l'architecture et le corps humain. Avec l'architecture moderne, ce caractère intime s'est approfondi puisque l'on sait désormais qu'il y a des microbes invisibles dans le corps. Les vrais clients de l'architecture moderne sont en effet invisibles. Sigmund Freud, les rayons X, la bactériologie et la théorie microbienne de la maladie sont tous apparus dans un court laps de temps historique et sont tous liés au fait d'observer l'intérieur, d'identifier l'invisible: l'inconscient, le squelette, le micro-élément bactérien, le bacille de la tuberculose.

3 Alvar Aalto, au cours d'une conférence en Italie dans laquelle il décrivait Paimio. Citée dans Göran Schildt, *Alvar Aalto. The Complete Catalogue of Architecture, Design and Art*, New York, Rizzoli, 1995, p. 68-69. Texte conservé dans les Aalto University Archives.

4 *Alvar Aalto. Das Gesamtwerk/L'Œuvre complète/The Complete Work*, vol. 1: *1922-1962*, Bâle, Birkhäuser, 1963, p. 39.

5 *Ibid.*

6 A. Aalto, « The Humanizing of Architecture », *Technology Review*, novembre 1940. Également dans *Architectural Forum*, n° 73, décembre 1940, p. 505-506. Repris dans G. Schildt, *Alvar Aalto in His Own Words*, New York, Rizzoli, 1998, p. 102-106.

7 A. Aalto, « The Humanizing of Architecture », in *Alvar Aalto in His Own Words*, *op. cit.*, p. 104.

8 « The Artek Manifesto », Artek Company, Helsinki. Voir également *Alvar Aalto. Das Gesamtwerk/L'Œuvre complète/The Complete Work*, vol. 1, p. 43 et 66.

9 A. Aalto, « The Humanizing of Architecture », in *Alvar Aalto in His Own Words*, *op. cit.*, p. 15.

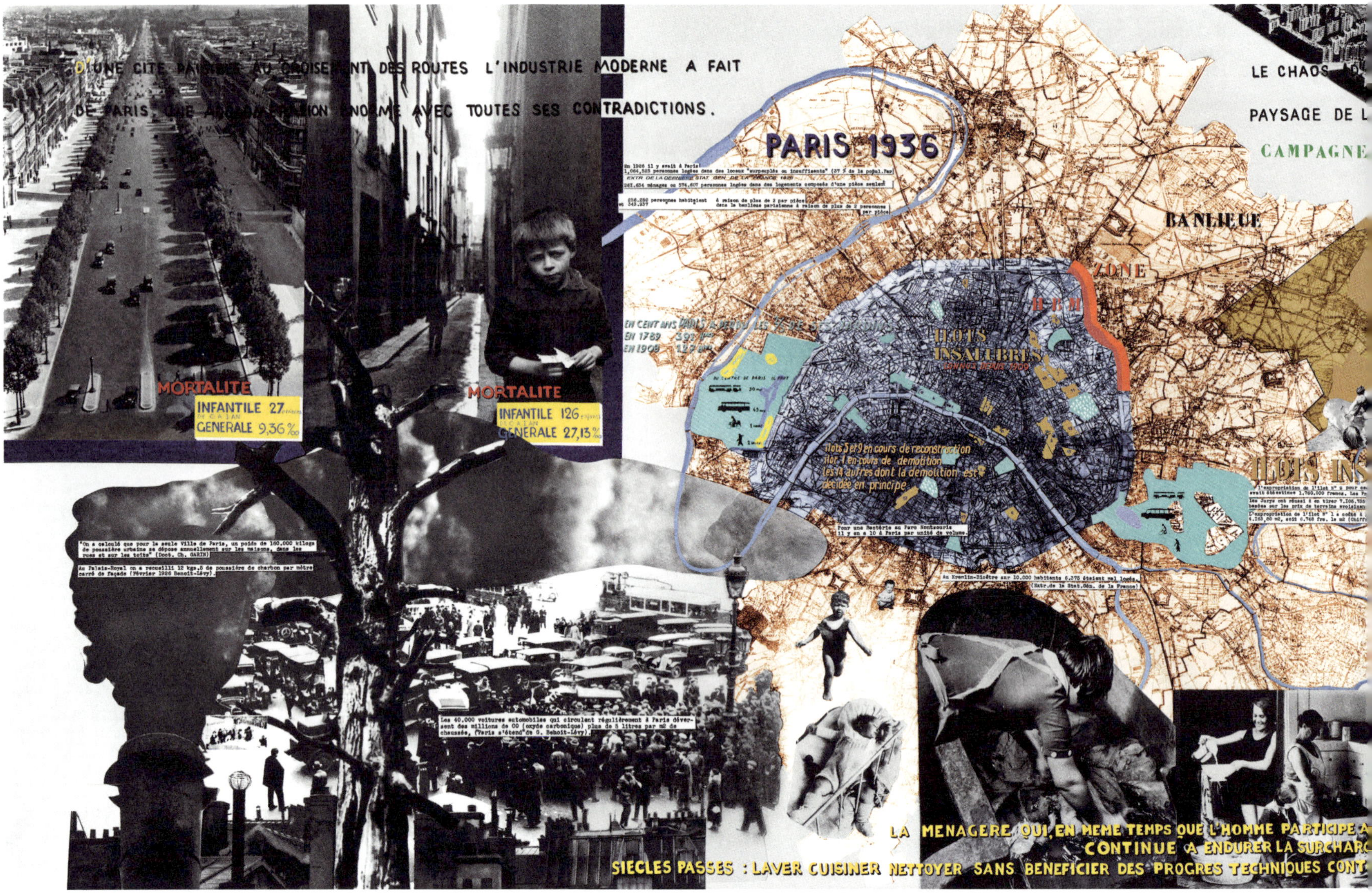

6

L'architecture a opéré le même retournement sur elle-même, la menace n'étant plus extérieure, mais intérieure, dans l'invisible. L'échelle « micro » de la bactérie est devenue la base de l'ameublement, des maisons et des villes : le « micro » et le « macro », la bactérie et la ville. Les villes ont soudain été considérées comme grouillant d'occupants invisibles, les nouveaux clients de l'architecture et de l'urbanisme modernes.

L'architecte est devenu bactériologue. L'architectural même est devenu bactérien. Le Corbusier disait lui-même qu'il devait effectuer « un travail de laboratoire », « isolant [s] on microbe » jusqu'à ce qu'il apparaisse « avec une clarté indiscutable ». Ce sont véritablement ses mots, et il poursuit en affirmant que l'on peut établir des « diagnostics » à partir de ce microbe, pour en tirer les principes fondamentaux de l'urbanisme moderne. L'architecture moderne part donc du microbe pour arriver à la ville, puis fait le chemin retour[10].

L'architecture moderne couchée n'est pas uniquement un nouveau paradigme consistant à observer l'architecture du point de vue des individus les plus affaiblis, avec le patient horizontal comme client paradigmatique. Elle implique aussi d'aborder l'espèce humaine elle-même comme faible, fragile, vulnérable, baignant dans les bactéries. L'humain n'est plus placé au centre d'un système géométrique, mais perpétuellement hospitalisé. C'est un renversement complet de la vision de l'homme vitruvien par Léonard de Vinci, et même de sa réincarnation à l'époque moderne dans des figures telles que le Modulor de Le Corbusier. L'homme clairement défini dans son caractère athlétique, vertical et genré laisse place à une multiplicité de conditions liées à l'âge, au sexe, à des états physiques et mentaux engagés dans diverses combinaisons et collaborations avec d'autres espèces. La maladie n'est pas un terme négatif, mais un générateur de nouveaux potentiels et le moteur même de la modernité.

10 Voir Le Corbusier, *Précisions sur un état présent de l'architecture et de l'urbanisme*, Paris, G. Crès et Cie, 1930.

WOOG. — COLL. CIAM FRANCE

MISÈRE DE PARIS

Pour finir, un tableau montrant trois planches anatomiques : l'homme, système nerveux ; l'homme, système cardiaque ; l'homme, système musculaire.

Rappel à la biologie. Exemple de parfait fonctionnement, éloquent pour les urbanistes.

La première rampe

Et maintenant quittons les plans et rentrons dans la vie présente.

Les foules vers les ateliers et les bureaux, la rue encombrée pleine de dangers.

Cette antichambre des démonstrations du Pavillon des Temps Nouveaux est lugubre; elle est intitulée « *Misère de Paris* ». Cette ville magnifique est plongée dans la maladie : les édiles sont débordés par l'événement machiniste.

Les villes existantes, encerclées jusqu'ici dans un réseau d'usages, de limitations techniques, de restrictions militaires, etc... ont toutes été construites avec la RUE CORRIDOR.

La proposition révolutionnaire des temps modernes est celle-ci : « MORT DE LA RUE » ; CRÉATION DES « VILLES VERTES ». — SOLEIL, ESPACE, ARBRES.

Ce n'est pas seulement le sort pitoyable de millions de gens empilés dans les taudis... Il y a aussi les métros et les heures d'autobus et de trains vers les banlieues ! En face du phénomène neuf de l'urbanisme des temps nouveaux, les logis des riches sont aussi des taudis— ouverts sur rues et sur cours... D'autre part, les H. B. M. de la Ville de Paris sont la plus scandaleuse faillite.

48

7

6 *La Grande Misère de Paris*, photomontage présenté par Charlotte Perriand en 1936 au Salon des arts ménagers.
7 *Misère de Paris*, présenté par Le Corbusier en 1937 à l'Exposition internationale des arts et techniques, à Paris, et publié dans l'ouvrage *Des canons, des munitions ? Merci! Des logis... SVP* en 1938.

En 1785, il est décidé de « découronner » les ponts parisiens pour éviter que l'air n'y stagne et encourager sa circulation ; l'année suivante, le pont de Notre-Dame est amputé de ses habitations. À l'échelle architecturale, l'Hôtel-Dieu de Lyon, imaginé par Jacques-Germain Soufflot à la fin du XVIIIe siècle, constitue un exemple emblématique de la stratégie aériste. Au début du XXe siècle, dans le contexte d'une recrudescence de la tuberculose, l'architecte Augustin Rey poursuit la logique d'aération à l'échelle du logement. Par ailleurs, les pratiques curatives par l'exposition à la lumière naturelle donnent naissance à l'immeuble à gradins, inventé par le médecin David Sarason, puis repris par divers architectes, dont Henri Sauvage, Tony Garnier, Paul Nelson, en particulier pour la construction de sanatoriums. Aujourd'hui, à l'heure d'une reconfiguration « post-Covid » des établissements de soin, le principe de la circulation de l'air reprend une place centrale dans les choix de conception.

10

8

9

Le pont Notre-Dame, comme d'autres ponts parisiens, était autrefois habité. Les illuminations « en réjouissance du rétablissement de la santé de Louis XIV » en 1687 témoignent de la vie parisienne et de l'occupation de l'ouvrage par des marchands d'art. Pourtant, afin d'éviter la stagnation de l'air et l'exposition des habitants à ces miasmes, le pont est « découronné » en 1786.

8 *Vue perspective des Illuminations du pont Notre-Dame en réjouissance du rétablissement de la santé de Louis XIV, le 30 de janvier 1687.*
9 Hubert Robert, *La Démolition des maisons du pont Notre-Dame, en 1786*, 1786, huile sur toile.

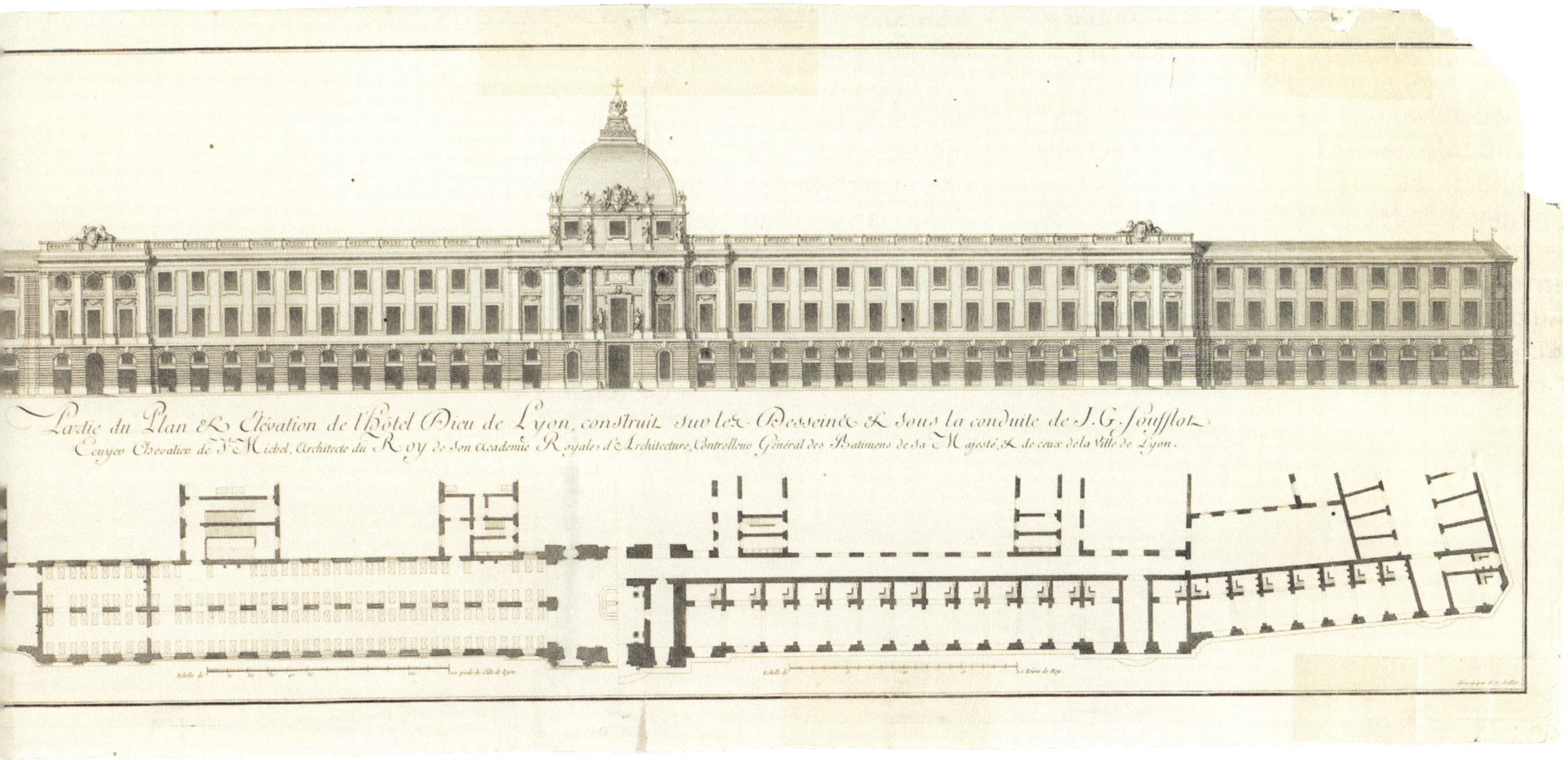

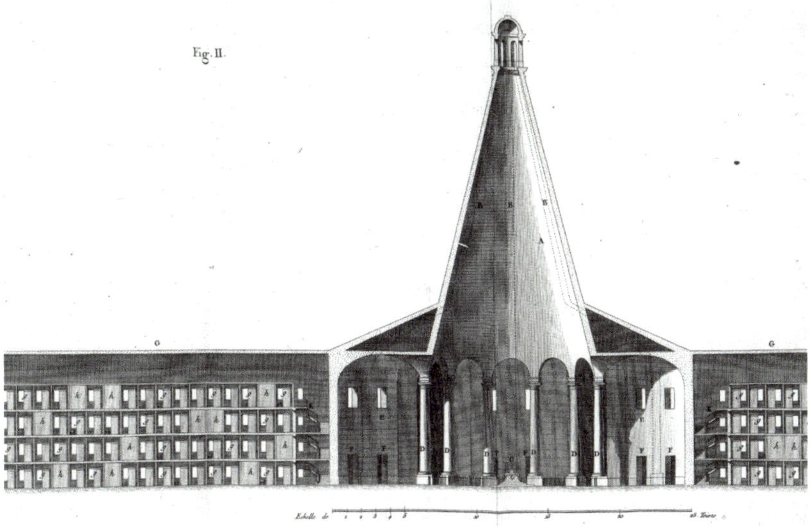

11

L'Hôtel-Dieu de Lyon, reconstruit entre 1741 et 1761 par Jacques-Germain Soufflot, est une référence d'architecture « aériste », c'est-à-dire favorisant la circulation et donc le renouvellement de l'air par les couloirs, l'alignement des fenêtres, la faible épaisseur des constructions, l'espacement des corps de bâtiments… Sa conception inspire certains des projets imaginés pour la reconstruction de l'Hôtel-Dieu de Paris, dont celui proposé par le médecin Antoine Petit en 1774, pourvu d'une grande cheminée aspirant l'air malsain.

10 *Plan et élévation de l'Hôtel-Dieu de Lyon*, Jacques-Germain Soufflot, architecte, 1761.
11 « Projet d'hôpital, coupe verticale », Antoine Petit, architecte, in *Mémoire sur la meilleure manière de construire un hôpital de malades*, Paris, Louis Cellot, 1774.

Les stratégies aéristes se développent également à l'échelle du logement, malgré une remise en cause progressive de leur efficacité, notamment par Louis Pasteur. L'architecte Augustin Rey, lauréat du concours de la Fondation Rothschild en 1905, propose ainsi des plans favorisant la ventilation d'un ensemble de logements ouvriers par un système de cour ouverte et des dispositions spécifiques dans l'aménagement de la chambre à coucher (plafond cintré, fenêtre d'une surface égale au tiers de la chambre, etc.).

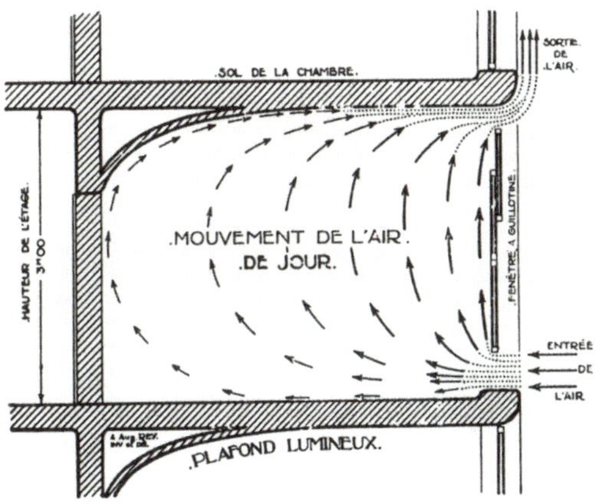

12

12 « La ventilation rationnelle des chambres à coucher », in Augustin Rey, *La Chambre habitée et les poussières*, Paris, J. Meynial, 1921.

13 « L'aération des logements par le système de cour ouverte », in Augustin Rey, *La Chambre habitée et les poussières*, Paris, J. Meynial, 1921.

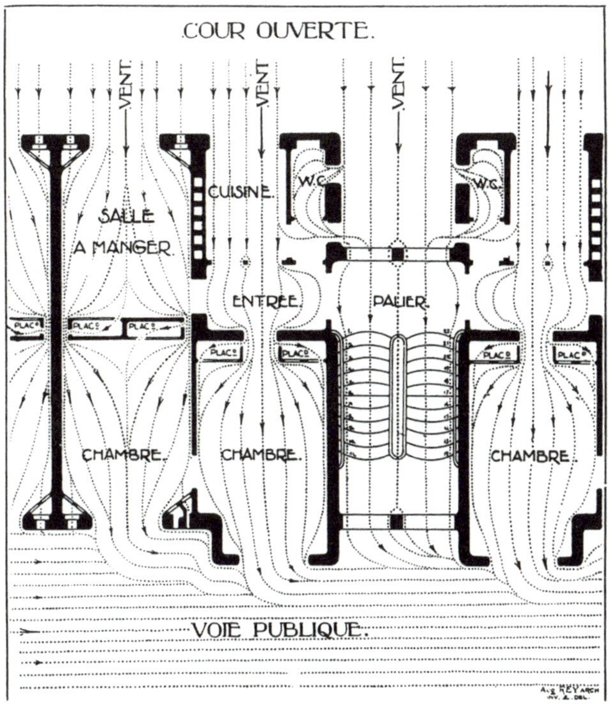

13

14

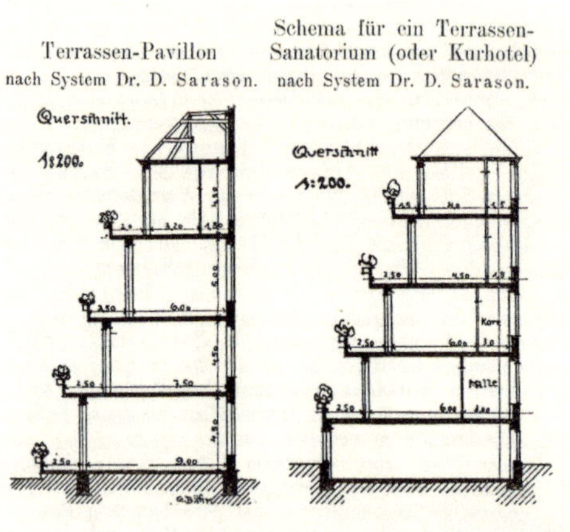

15

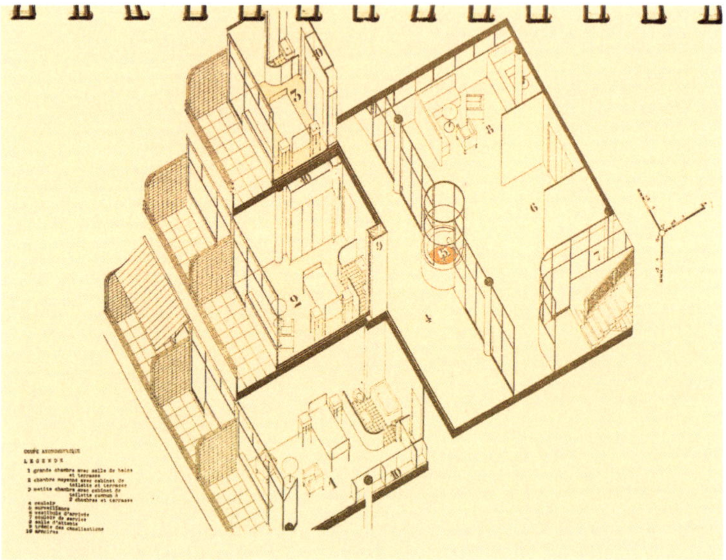

16

14 « Maison de santé type minimum : perspective », Paul Nelson architecte, projet non réalisé, façade sur jardin, janvier 1932.
15 Projets de sanatorium à étages disposés en gradins, in David Sarason, « Ein neues Bausystem für Krankenanstalten und Wohnhäuser », *Bericht über den XIV. internationalen Kongress für Hygiene und Demographie*, Berlin, 23-29 septembre 1907, t. IV, p. 569.

16 « Maison de santé type minimum pour climat tempéré », Paul Nelson architecte, 1932, in Paul Nelson, *Architecture hospitalière. Deux études : maison de santé et pavillon de chirurgie*, Paris, Éditions Albert Morancé, 1938.

En 1907, lors du 14e Congrès international pour l'hygiène et la démographie, le médecin David Sarason propose un projet théorique de bâtiment à gradins, principe ensuite largement décliné, notamment par l'architecte américain Paul Nelson dans la « Maison de santé type minimum pour climat tempéré » en 1932.

17

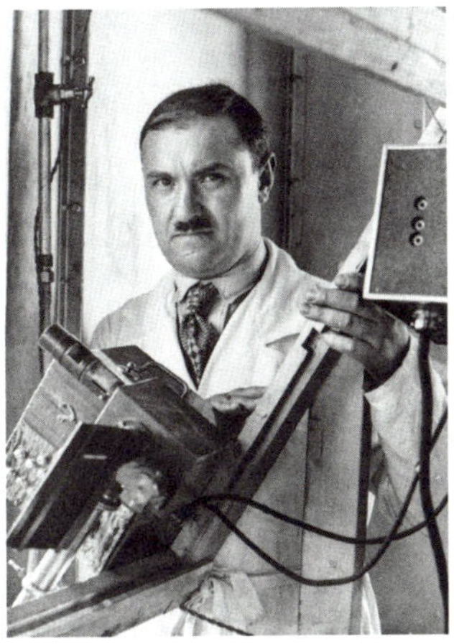

18

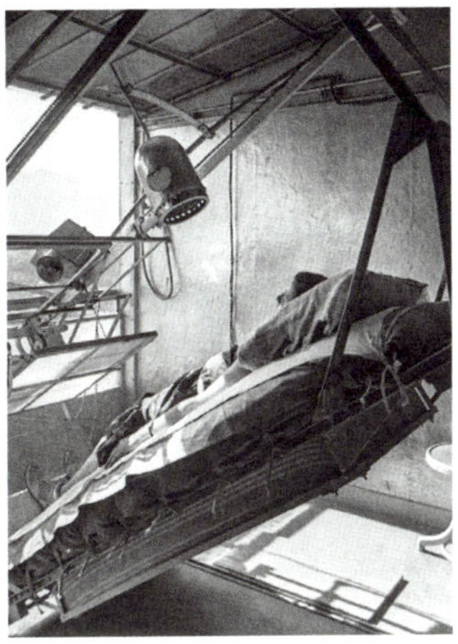

19

20

21

Au début des années 1930, le docteur Jean Saidman invente, avec l'aide de l'architecte André Farde, un modèle de solarium tournant qu'il installe sur les hauteurs d'Aix-les-Bains, au bord du lac du Bourget. Outre l'altitude et la vue dégagée, le mécanisme de la tour permet de suivre la course du soleil et garantit une position optimale face aux rayons en fonction de l'altitude de l'astre ; des lentilles et réflecteurs munis de filtres règlent l'intensité de l'insolation : le soleil est domestiqué.

Auparavant, Jean Saidman s'est spécialisé dans la thérapie par les rayons solaires et a notamment développé des modèles de lampes à UV, puis une salle d'irradiation qui prend ensuite la forme d'une plage artificielle. Deux autres solariums tournants sont construits en Inde puis à Vallauris, près du Cannet. Celui d'Aix-les-Bains ferme en 1950 et est démantelé en 1965 ; seul celui de Jamnagar (Gujarat, Inde), en ruine, existerait encore.

17 Le Solarium d'Aix-les-Bains, carte postale, vers 1930.
18 Le docteur Jean Saidman, directeur du laboratoire d'actinologie d'Aix-les-Bains, photographie André Kertész, 1930-1936.
19 Cabine de soin de la plateforme mobile du solarium tournant, Aix-les-Bains, vers 1930.
20 Cabines pour bains de soleil, photographie André Kertész, 1931.
21 Plage artificielle à l'institut d'Actinologie, photographie agence Meurisse, 1927.

22 Femme en traitement
au solarium d'Aix-les-Bains,
photographie André Kertész,
1931.

Corps urbain

Par ses fonctions à la fois nutritives, logistiques et sanitaires, l'eau est l'élément fondateur de la constitution des villes. C'est d'autant plus vrai dans le cas des hospices et autres espaces hospitaliers, pour lesquels le fleuve sert souvent de moyen d'approvisionnement et d'évacuation, y compris des corps.

À l'échelle de la ville entière, des politiques d'assainissement sont mises en place aux XVIIIe et XIXe siècles pour améliorer les conditions sanitaires et lutter contre les risques inhérents à la stagnation des eaux usées et à la transmission de bactéries. La ville comme système dynamique de fluides correspond à une vision nouvelle de l'espace urbain, qui prend directement appui sur une conceptualisation similaire du corps humain, théorisée par le docteur William Harvey au XVIIe siècle.

En 1854, un autre médecin anglais, John Snow, établit une cartographie des cas de choléra dans le quartier londonien de Soho et identifie l'origine de l'épidémie dans un puits utilisé par les habitants. Ce document donne pour la première fois à la maladie une géographie, une réalité spatiale et représentable, qui met à mal la théorie des miasmes prévalant jusqu'alors.

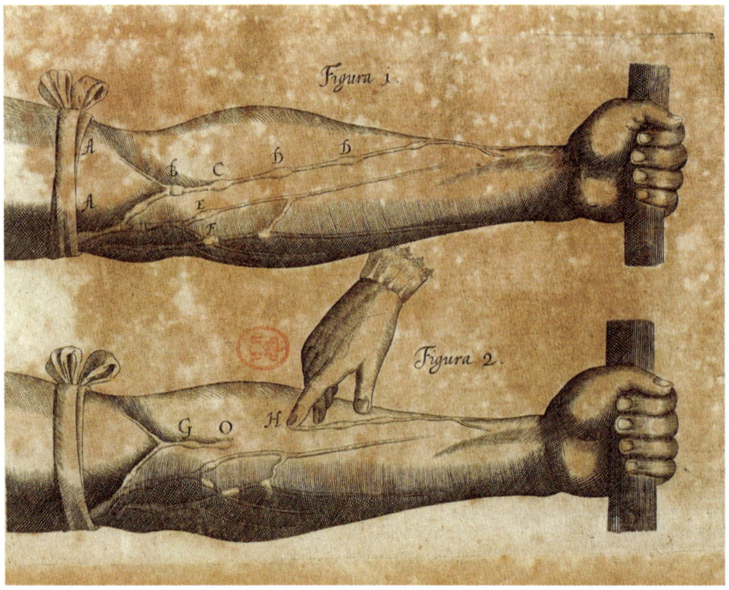

1

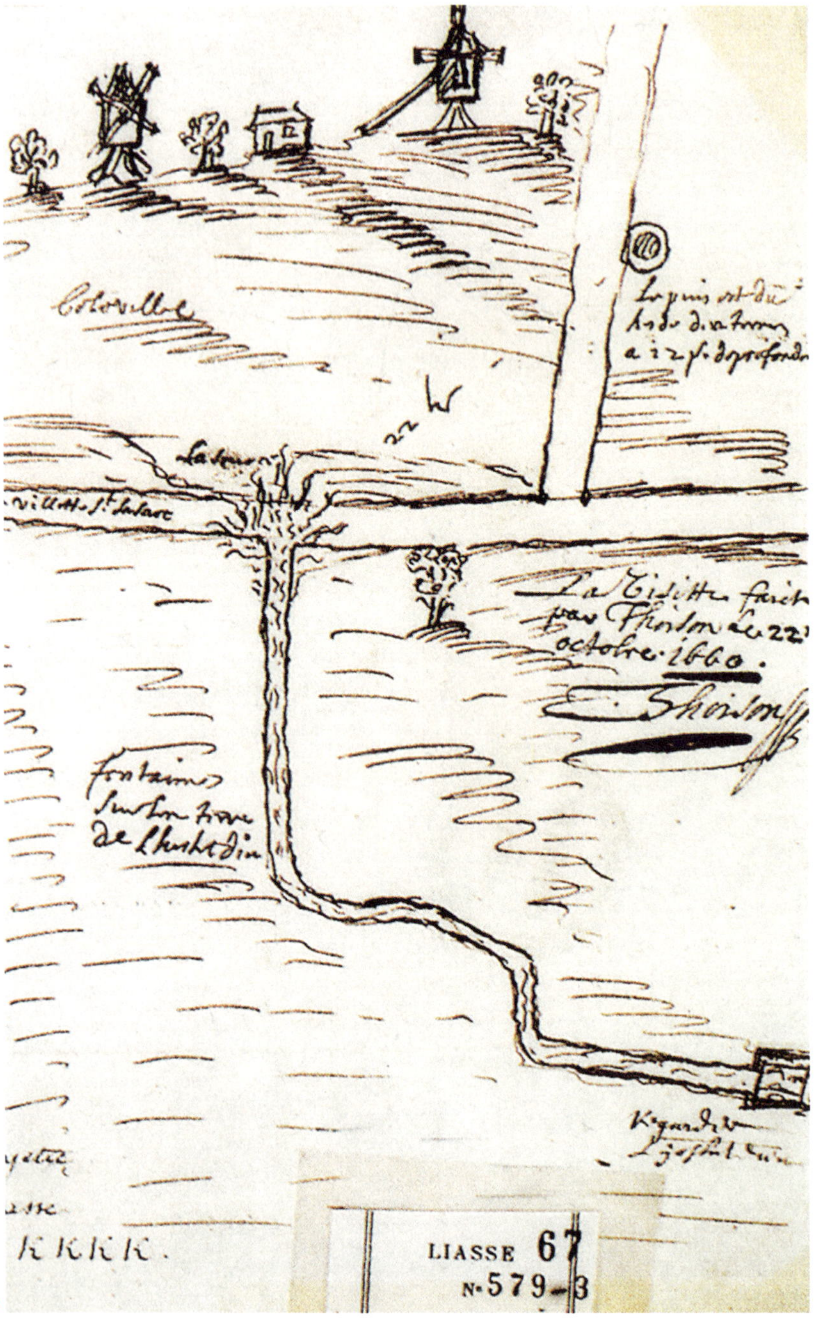

2

On attribue au médecin anglais William Harvey la découverte de la circulation sanguine dans l'organisme humain, dont il démontre le principe dans son ouvrage *Exercitatio anatomica de motu cordis et sanguinis in animalibus* en 1628. Cette nouvelle compréhension du corps, comme « système » de flux, de liquides, aura une influence bien au-delà du domaine médical, étant notamment reprise par les urbanistes au cours du siècle suivant pour penser la ville elle-même comme un corps, un ensemble biologique.

1 Présentation des veines de l'avant-bras, in Wiliam Harvey, *Exercitatio anatomica de motu cordis et sanguinis in animalibus*, 1628.

Pour des raisons logistiques, les hôpitaux sont, comme d'autres grands équipements, souvent situés au bord des rivières : ainsi la Seine joue-t-elle un rôle essentiel dans la localisation de l'Hôtel-Dieu de Paris. Les « cagnards » – nom donné aux voûtes situées sous le bâtiment – servent entre autres aux livraisons et expéditions par voie fluviale ; la légende raconte que les étudiants en médecine passaient par là pour voler des corps à disséquer. Pour les hôpitaux éloignés des points d'eau, des réseaux d'alimentation sont créés.

2 Plan de la source qui alimentait l'hôpital Saint-Louis, 1660.
4 *Les Cagnards de l'Hôtel-Dieu*, carte postale, vers 1830.

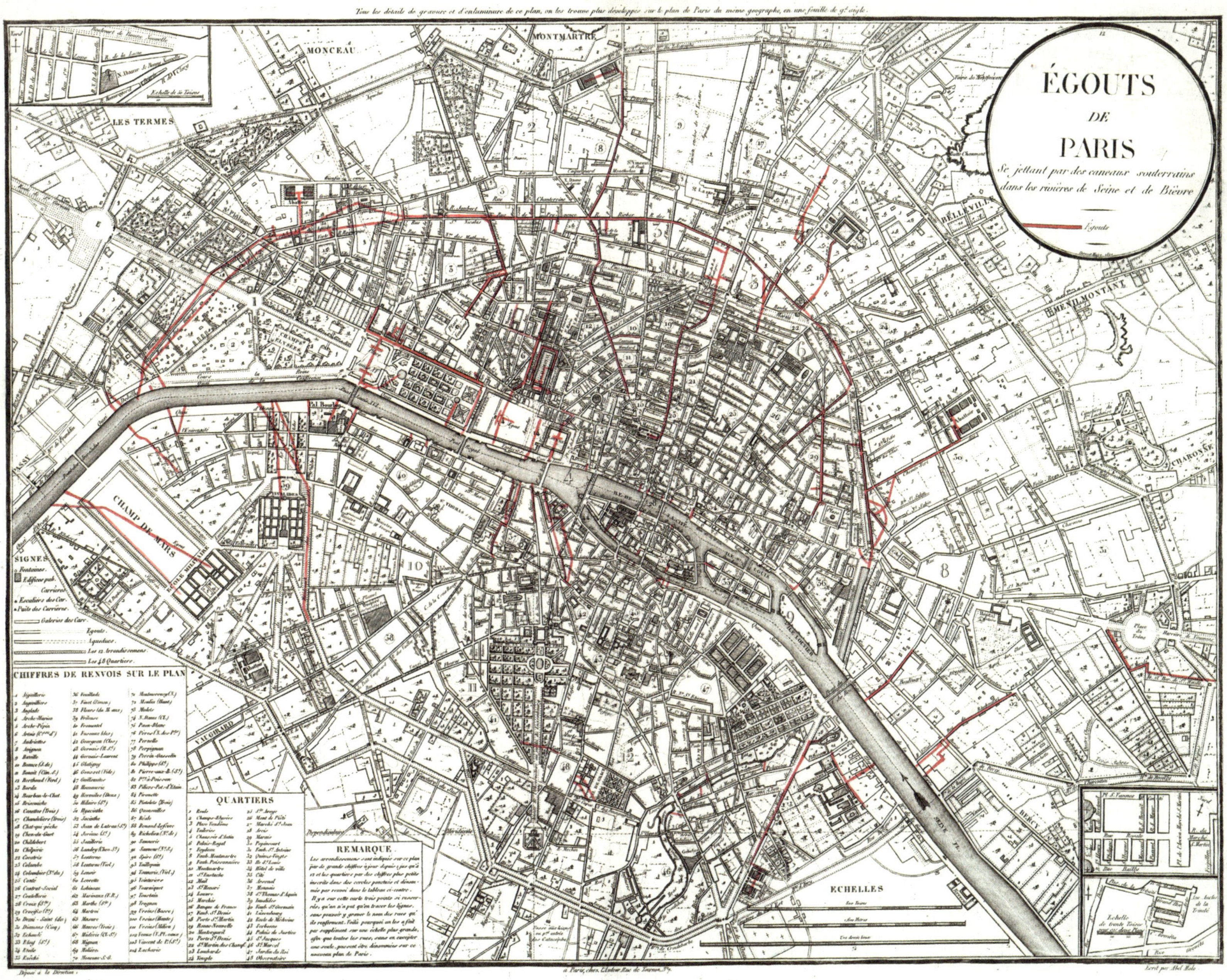

3

4

« Les galeries souterraines, organes de la grande cité, fonctionnent comme ceux du corps humain […] »

George Eugène Haussmann, *Mémoires*, Tome III, 1893

5

Aux XVIIIe et XIXe siècles, les villes mettent en place des réseaux d'assainissement pour lutter contre l'insalubrité et la propagation de maladies. À Paris, le géographe Nicolas Maire établit en 1820 un plan des égouts « se jetant par des canaux souterrains dans les rivières de Seine ou de ses affluents dont la Bièvre » (on découvrira bien plus tard, à partir de la seconde moitié du XXe siècle, les dégâts sanitaires provoqués par ce rejet des déchets dans les rivières). À partir des années 1850, trente ans après l'atlas publié par Nicolas Maire, l'ingénieur Eugène Belgrand réalise les grands travaux de construction du réseau moderne d'assainissement, équipant la quasi-intégralité des rues de la capitale d'un égout souterrain.

3 Plan des égouts de Paris « se jetant par des canaux souterrains dans les rivières de Seine ou de Bièvre », in *Atlas administratif de la ville de Paris*, dédié à M. le comte Anglès, ministre d'État, préfet de police, par N. M. Maire, géographe, 1821.

5 *Les Égouts, service de l'assainissement ; collecteur du boulevard [de] Sébastopol*, carte postale, début du XXe siècle.

6

Si le réseau d'eau permet d'assainir les espaces urbains, infecté, il peut également être la source de catastrophes sanitaires. En 1854, le médecin britannique John Snow a l'idée de localiser sur une carte les emplacements précis des foyers londoniens atteints par l'épidémie de choléra. Ce travail pionnier de cartographie de la maladie permet de localiser sa source (une pompe d'alimentation en eau sur Broad Street) et de prouver que cette maladie se diffuse non par l'air (théorie des miasmes), mais par ingestion.

6 Carte des foyers atteints par le choléra dans le quartier de Soho, à Londres, in John Snow, *On the Mode of Communication of Choléra*, Londres, John Churchill, 1854.

Dans la culture populaire, les réseaux d'alimentation en eau sont régulièrement accusés de diffuser le choléra.

7 *Allégorie du choléra*, projet de statue en faveur du tout-à-l'égout par Gilbert-Martin, *Le Don Quichotte*, 2 octobre 1892.

8 Dessin satirique illustrant la diffusion du choléra par l'eau de fontaine et par la poignée de la pompe à eau, 1886.

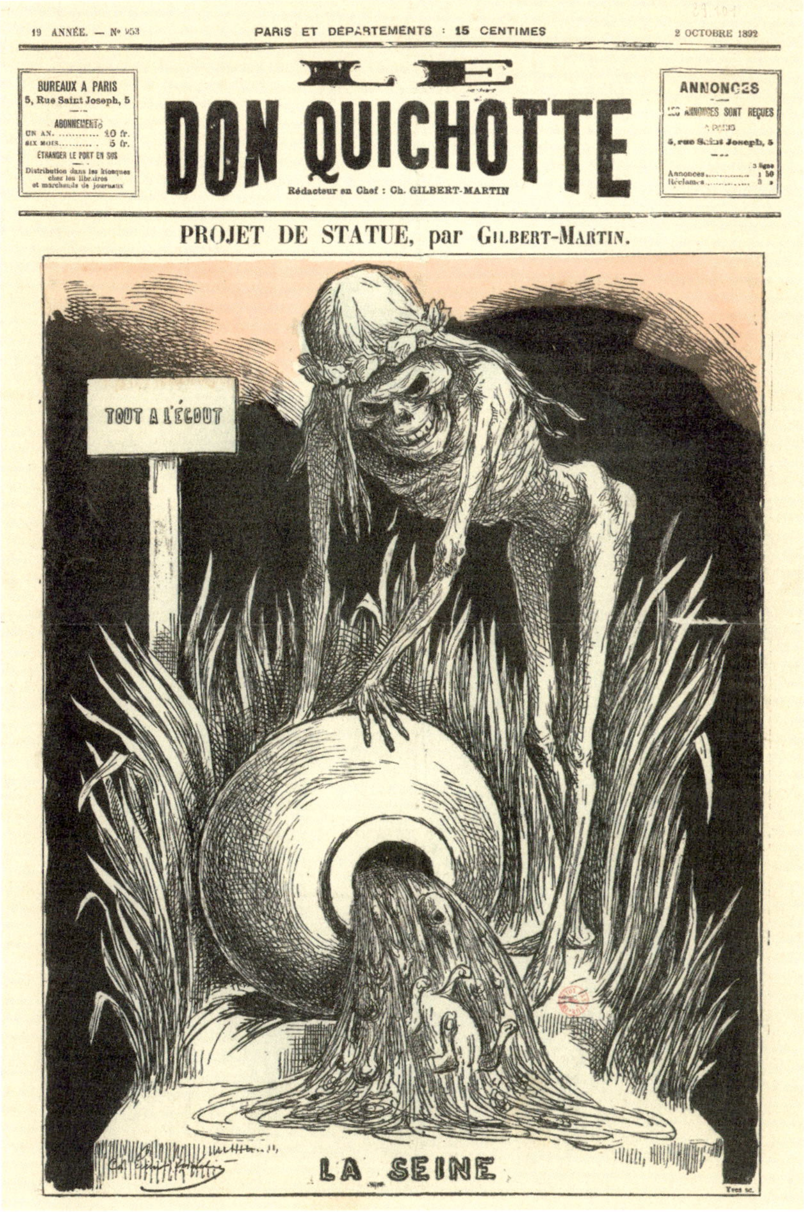
19 ANNÉE. — N° 953 PARIS ET DÉPARTEMENTS : 15 CENTIMES 2 OCTOBRE 1892

BUREAUX A PARIS
5, Rue Saint Joseph, 5
ABONNEMENTS
UN AN. .... 10 fr.
SIX MOIS.......... 5 fr.
ÉTRANGER LE PORT EN SUS
Distribution dans les kiosques chez les libraires et marchands de journaux

LE DON QUICHOTTE

Rédacteur en Chef : Ch. GILBERT-MARTIN

ANNONCES
LES ANNONCES SONT REÇUES A PARIS
5, rue Saint Joseph, 5
Annonces.......... 1 50
Réclames.......... 3 »

PROJET DE STATUE, par GILBERT-MARTIN.

7

8

LA VILLE ET LES FAILLES DE LA DÉFENSE MICROBIENNE À LA FIN DU XIXe SIÈCLE

Georges Vigarello
Directeur d'études à l'Ehess

La ville ne change pas seulement d'aspect avec le temps. Elle ne renouvelle pas seulement ses réseaux ou ses flux. Elle ne modifie pas seulement ses architectures ou ses rues. Elle change aussi d'imaginaire. Elle reconstruit ses modèles, retravaille l'espace mental, déplace ses objets d'inquiétude et de danger. Ce texte, pour s'attacher à de telles modifications, suivre des inventions marquantes en rappelant l'enjeu de représentations qu'elles impliquent, mais aussi relever des résistances, des « retards », rappelle que de tels changements supposent aussi maturations, sinon conflits. Le thème du « microbe » représente à cet égard, et parmi d'autres, un exemple révélateur.

LA VILLE DES LUMIÈRES

C'est avec les Lumières que se renouvellent d'abord nombre de précautions urbaines. L'air change de menace, l'eau change de recours. Un accident tragique en 1694 profile déjà les questions nouvelles qui, sur l'air et l'espace, auront toujours plus d'importance au XVIIIe siècle. C'est l'épisode du faubourg de Sainte-Savine, à Troyes, évoqué par le *Mercure* :

trois personnes, prudemment descendues dans un puits pour retrouver une perruque perdue par un enfant, y meurent successivement, toutes saisies par quelque « effluve méphytique ». L'explication est nouvelle : la mort viendrait de la respiration ; une « fumée onctueuse » aurait rempli les bronches de ces hommes, achevant une irrémédiable suffocation[1]. Commentaire confus mais important. Il inaugure une tentative répétée d'évaluer l'acte respiratoire, celle d'apprécier sa relation à l'espace : recenser les confinements et embarras de souffle.

Les lieux jugés « encombrés » se multiplient. Les recensements, plus ou moins hasardés, s'étendent, visant l'air des rues, des prisons, des églises, des hôpitaux, des cimetières, ceux où l'eau peut stagner, ceux où les matières peuvent « pourrir », ceux où la sensation d'étouffement peut s'engendrer. Les alertes s'avivent. Les dangers se diversifient. La respiration de groupes d'hommes dans des lieux confinés oriente plus particulièrement l'attention nouvelle. Les foules et leurs exhalaisons ne risqueraient-elles pas d'accroître le danger des villes ? L'accumulation humaine, l'encombrement des lieux offrent un nouvel objet à une inquiétude de l'urbain[2]. Au manque d'élasticité de l'air restitué par ces poumons contigus et trop nombreux s'ajouterait l'excès de chaleur, d'humidité, d'odeurs qu'ils provoquent.

Les réponses pratiques croissent dès lors aussi. C'est pour les navires, comme pour les prisons ou les hôpitaux, que l'inventeur anglais Stephen Hales conçoit des ventilateurs monumentaux, dont certains sont mus à la force du vent. Il suggère en 1745 d'installer un moulin à vent sur le toit de la prison de Newgate, à Londres, pour mieux impulser l'air dans une vaste tuyauterie interne : l'action de la machine doit prévenir une « fièvre putride » décimant les prisonniers massés dans des cachots humides et nauséabonds. Résultat médiocre, bien sûr : Hales évoque le seul « mauvais air » alors qu'il s'agit d'une infection bactérienne indécelable par les outils mentaux du XVIIIe siècle[3]. Changement plus important, sinon plus révélateur : c'est un « remodèlement » des espaces que projettent nombre de médecins, une action directe sur le milieu. Jules Raymond cherche les « moyens de corriger le climat de la ville » lorsqu'il effectue la topographie médicale de Marseille en 1777 : il regrette l'orientation des rues, le « dénudement » de la colline, l'« engouffrement » du mistral ; il propose de « planter des arbres de haute futaie[4] », de dresser des murs, d'accroître le nombre de fontaines, d'adoucir un air avivé par le soleil et le vent. Jean-Noël Hallé précise également les assainissements possibles lorsqu'il visite les bords de la Bièvre sur l'injonction de la Société royale de médecine en 1789, craignant une infection des lieux : éloignement des moulins qui en ralentissent le cours, comblement des canaux latéraux qui en retiennent les miasmes, création d'une pente plus uniforme pour en accélérer le courant. Hallé est conscient d'un rôle en gestation, celui d'une collaboration entre le médecin et le politique. Il se pose en « interlocuteur » du pouvoir, suggérant de « conseiller les artistes[5] » qui seraient chargés des travaux.

De fait, la ville change dans la seconde moitié du XVIIIe siècle. L'air y est repensé. Les ensembles architecturaux sont davantage modelés par les préceptes du médecin. Les projets de Claude-Nicolas Ledoux prétendent bannir les rues étroites, accusées de maintenir « le mur opposé si près qu'il comprime les poumons, restreint les facultés et répercute les souffles contagieux qu'il renferme[6] ». L'existence de charniers et de tombes entretenus au cœur des cités est également moins supportée. Sous le contrôle de la Société royale de médecine, le cimetière des Saints-Innocents, à Paris, est fermé, puis exhumé et déplacé en 1786. Louis-Sébastien Mercier en donne une description fascinée : « Il s'agissait de former un lit plusieurs pouces de chaux, d'en remplir des tranchées profondes [...]. Qu'on se représente des flambeaux allumés, cette fosse immense ouverte pour la première fois, [...] ces débris d'ossements, ces feux épars [...][7]. » Le transfert des corps, entassés dans des charrettes recouvertes de draps noirs, a lieu à partir du 7 avril 1786, des Saints-Innocents aux catacombes, la nuit, sous la conduite du clergé. La théorie de l'air méphitique impose, pour la première fois, l'éloignement des morts hors de la ville. Elle impose aussi le découronnement des ponts dans la dernière décennie du siècle, l'abattage des maisons étant jugé nécessaire à la circulation de l'air[8].

C'est bien l'air qui demeure la préoccupation centrale de ces médecins de la fin du XVIIIe siècle, même lorsqu'ils débattent des quantités d'eau nécessaires à la ville. Jean-Joseph Menuret de Chambaud n'a pas d'autre objectif en se félicitant de la présence d'un « magasin d'eau » dans la rue Vivienne, en 1785. Le liquide de ce grand réservoir, lâché par intervalles, pourrait courir sur le pavé, y multiplier les flux et les ruisseaux avant d'en emporter la poussière et la fange : « ce qui serait d'autant plus précieux que c'est pendant les chaleurs que les mauvaises odeurs ont le plus d'énergie et de danger[9] ». Le rôle de l'eau se limite à l'effacement des odeurs. Sa substance n'inquiète pas directement, pourvu qu'elle soit mise en mouvement. Jean-Baptiste Banau et François Turben prétendent d'ailleurs que l'eau de la Seine, puisée trois cents toises au-dessous de l'égout de l'Hôtel-Dieu, peut être bue sans danger[10]. L'agitation subie sur le lit de la rivière suffit à la purifier.

LES INVENTIONS DU XIXe SIÈCLE

L'apparition du choléra dans le Paris de 1832 marque pour sa part une rupture, voire une sidération : tragédie mortifère apparemment non maîtrisée. Un tel surgissement met tout autant en jeu la vision de la ville, celle de ses secteurs, celle de ses flux. Le mal est d'abord perçu par divers médecins en maladie contagieuse : pathologie transmise par le contact, les objets contaminés, les corps. Pierre Bretonneau évoque une transmission de germe. Alexandre Moreau de Jonnès le confirme, dans un rapport au Conseil supérieur de santé dès 1831, étudiant la propagation dans divers pays : « Ces constats établissent que le choléra est importé et transmis d'un pays ou d'un lieu à un autre : par les communications maritimes, par les caravanes, par les corps d'armée, par les troupes de pèlerins et de fuyards, par les individus isolés.

1 *Mercure galant*, mars 1694, p. 33.
2 Voir sur ce point le texte majeur d'Alain Corbin, *Le Miasme et la jonquille*, Paris, Aubier, 1982, « La politique et les nuisances », p. 151 et *sq*.
3 Cité par Gordon Rattray-Taylor, *Histoire illustrée de la biologie*, Paris, Hachette, 1965, p. 87.
4 Jules Raymond, « Mémoire sur la topographie médicale de Marseille et de son territoire », in *Histoire de la Société de médecine. Mémoires de médecine et de physique médicale*, Paris, École de santé de Paris, 1777-1778, p. 130.
5 Jean-Noël Hallé, « Rapport sur l'état actuel du cours de la rivière de Bièvre », in *Histoire de la Société de médecine. Mémoires de médecine et de physique médicale*, Paris, École de santé de Paris, 1789.
6 Claude-Nicolas Ledoux, *L'Architecture considérée sous le rapport de l'art, des mœurs et de la législation*, Paris, 1804, t. I, p. 70.
7 Louis Sébastien Mercier, *Tableau de Paris*, Paris, 1782-1788, t. IX, p. 192.
8 Voir Richard Etlin, « L'air dans l'urbanisme des Lumières », *Dix-Huitième Siècle*, n° 9, 1977, p. 128.
9 Jean-Joseph Menuret de Chambaud, *Essais sur l'histoire médico-topographique de Paris*, Paris, 1786, p. 87.
10 Jean-Baptiste Banau et François Turben, *Mémoire sur les épidémies du Languedoc*, Paris, 1786, p. 50.

D'où il suit qu'il ne diffère aucunement de la peste orientale, dans son mode de propagation[11]. »

Nombre d'indices répétés semblent le montrer, nombre de précautions devraient s'en suivre, sur les flux, les « voisinages », les vecteurs contagieux, les lieux possibles de communication. Certitude apparemment « acquise ». Aucune décision pourtant n'y adhère officiellement. Aucune pratique concrète n'y souscrit. La vision contagionniste n'est pas réellement adoptée. Une contrainte implicite l'emporte : celle de la faveur donnée à l'économie, au maintien des échanges internationaux, à la garantie d'une circulation des choses et des gens[12]. Aucune barrière dès lors, aucune « interruption ». Les causes du mal se troublent, toujours moins certaines, toujours moins affirmées : « Lorsque tant de médecins éclairés et consciencieux gardent, sur cette grande question, un modeste silence, nous ne rougirons pas de les imiter[13] », insiste le *Dictionnaire de médecine usuelle et domestique* en 1835. La tradition non contagionniste triomphe. La ville est seulement conduite à évaluer plus que jamais ses propres lieux, et c'est l'implacable dégradation physique des plus démunis qui devient la plus visible, la plus convaincante. Les déshérités des fabriques, ceux des ateliers encombrés engendrent les nouveaux foyers d'inquiétude, menace venue des zones obscures de la cité, avec leur saturation, leur odeur, leur insurmontable confusion. Un partage aigu montre le mal empruntant l'espace des plus pauvres, les rues populaires, le « chemin des révoltes et des insurrections[14] ». Les dispositifs d'assainissement proposés au siècle précédent ne sauraient alors changer. François Foy les énumère en 1849 dans une plaquette sur l'atteinte parisienne : « [...] que les maisons [...] n'ont pas une hauteur démesurée, que les rues qui les divisent en places ou quartiers sont suffisamment larges et parfaitement pavées ; que les cours sont suffisamment spacieuses, l'écoulement des eaux pluviales et ménagères facile ; que les puits et puisards ont été établis en nombre nécessaire ; que les caves sont bien aérées, les rez-de-chaussée pas trop bas ni trop humides [...][15]. »

D'où le maintien de l'imaginaire ancien : immenses réservoirs d'eau, avec jets et cascades censés servir au lavage de la voie publique, pavage des rues, établissement et entretien des trottoirs, création de latrines gratuites, balayage et nettoyage des promenades, des artères, des marchés. Rien d'autre qu'une eau aventurée sur les surfaces pour effacer toute possible infection : une eau faite pour l'air, une eau faite pour corriger les odeurs.

C'est au cœur même d'une telle exigence pourtant que le modèle sera subverti. L'efficacité commence à être pensée autrement : l'eau doit « entrer », elle doit aussi « sortir » ; elle doit « couler », elle doit aussi « assainir » Elle ne doit pas seulement « passer », elle doit encore « purifier ». Conséquence décisive : l'assurance ne tient plus seulement à l'air, elle tient aussi au liquide, à sa substance, à sa composition. Conséquence non moins décisive : l'imaginaire de la ville est bouleversé. La vision du flux se déplace : il doit arriver « épuré », il doit partir « brouillé ». La conception nouvelle, cent fois décrite déjà, est celle du drainage, réseau invisible charriant nourritures et déchets, comme celui du sang. Le liquide « vivifiant » doit être isolé, protégé : « Les galeries souterraines, organes de la grande cité, fonctionneraient comme ceux du corps humain, sans se montrer au jour ; l'eau pure et fraîche, la lumière et la chaleur y circuleraient comme des fluides divers dont le mouvement et l'entretien servent à la vie [...][16]. »

De la captation des eaux claires à la perte des eaux usées, l'ensemble de la chaîne hydraulique est repensé par Georges Eugène Haussmann. Les canalisations sont enfouies, communicantes, censées atteindre chaque maison dans un mouvement de flux et de reflux. Les sources lointaines, plus « pures », et non plus que la rivière, en sont l'amorce. Les eaux de la Vanne et de la Dhuys, captées dans les plaines de Champagne, conduites par canalisation fermée en 1865 sur les hauteurs de Paris, s'opposent à celles des vieux réservoirs issus de la Seine, où Eugène Bouchut en 1860 décrivait, dans un rapport à l'Académie de médecine, flottant « en suspension, une innombrable quantité d'êtres vivants qu'on prend à la cuillère, comme dans un potage[17] ». Le réservoir de Ménilmontant illustre le nouveau dispositif, avec ses deux salles voûtées et étagées : l'une retenant l'eau de source destinée à l'usage domestique, l'autre retenant l'eau de rivière destinée à l'usage industriel. L'idée de l'égout collecteur aux branchements invisibles et rayonnant achève la représentation machinique et organique de l'alimentation urbaine, celle d'un travail assuré par les flux. C'est en 1860 que commencent les premiers travaux du tout-à-l'égout parisien. Les chiffres confirment l'extension du dispositif entre 1860 et 1880 : les abonnements d'eau passent de 8770 en 1855 à 40596 en 1875 ; la longueur des égouts passe de 120 kilomètres en 1850 à 530 kilomètres en 1875 et à 650 kilomètres en 1880[18].

LES FAILLES POSSIBLES DE LA TRAQUE MICROBIENNE

Les constats pasteuriens, avec les années 1860-1870, ajoutent à l'exigence de pureté. Le danger peut venir de l'eau. La rivière peut être suspectée : non plus seulement l'air, mais le liquide, non plus seulement les miasmes, mais les « monstres » occupant les ondes. Les anecdotes se multiplient, dans les années 1860, sur les hommes morts pour « avoir avalé une gorgée[19] » d'eau de Seine. Le captage des sources, seul, doit éviter le mal. L'enfouissement du réseau, seul, doit s'imposer.

Un drame survenu en 1890 révèle pourtant d'étranges tolérances, et même une relative acceptation de morts pourtant « évitables » : un accident survenu sur les eaux de la Vanne le montre en 1890. Cet accident impose l'usage temporaire de l'eau de la Seine entre le 31 octobre et le 5 novembre 1890, alors que le fleuve – la chose est clairement sue – charrie le bacille d'Eberth, porteur de la fièvre typhoïde, découvert peu d'années auparavant. Jules Rochard, hygiéniste membre de l'Académie de médecine, pronostique aussitôt un accroissement des morts par cette fièvre dans le Paris de décembre 1890. Le constat s'impose sans surprise : la « marche de la fièvre typhoïde[20] » est ascendante quinze jours plus tard, pour croître encore en décembre. Le chiffre moyen des victimes

11 Alexandre Moreau de Jonnès, *Rapport au Conseil supérieur de santé sur le choléra morbus pestilentiel*, Paris, imprimerie de Cosson, 1831, p. 128-129.
12 Voir à cet égard les analyses décisives de Patrice Bourdelais, *Les Épidémies terrassées. Une histoire de pays riches*, Paris, Éditions de La Martinière, 2003.
13 Antoine Laurent Jessé Bayle et Camille-Melchior Gibert (dir.), *Dictionnaire de médecine usuelle et domestique*, Paris, Bureau central, 1835, art. « Cholera morbus ».
14 François Delaporte, *Le Savoir de la maladie. Essai sur le choléra de 1832 à Paris*, Paris, PUF, 1990, p. 46.
15 François Foy, *Choléra morbus. Premiers secours à donner aux cholériques avant l'arrivée du médecin*, Paris, Germer Baillère, 1849, p. 47.
16 Alfred Mayer, « La canalisation souterraine de Paris », in *Paris Guide par les principaux écrivains et artistes de la France*, Paris, A. Lacroix, Verboeckhoven et Cie, 1867, t. II : *La Vie*, p. 1614.
17 Cité par Louis Figuier, *Les Merveilles de l'industrie*, Paris, Jouvet et Cie, s.d. [vers 1875], t. III, p. 320.
18 Philippe Cebron de Lisle, « Les eaux et les égouts de Paris, évolutions techniques », in *Paris et ses réseaux, naissance d'un mode de vie urbain, XIXe-XXe siècles*, Paris, Bibliothèque historique de la Ville de Paris, 1980, p. 116.
19 Abbé Moigno, *Les Mondes. Revue hebdomadaire des sciences*, septembre-décembre 1875, t. 38, p. 639.

hebdomadaires, limité à 11 au moment de l'accident, s'élève à 51 entre le 7 et le 14 décembre, avant de redevenir « normal » vers la mi-janvier. La prévision est « vérifiée ». Le prestige nouveau de l'instrumentation savante donne à ce constat grandeur nature la « valeur d'une expérience de laboratoire[21] ». Aucun doute : le danger vient de l'eau. Mais les autorités n'ont pas « réagi ». Aucune information n'a été donnée, aucune prescription pour conditionner cette eau, la faire bouillir, voire la détourner. Les morts ont été acceptés comme une fatalité. Le bacille a agi avec sa traditionnelle impunité.

L'histoire de la ville « contemporaine » est bien celle de ses mutations dans l'imaginaire comme elle est celle des résistances à son égard.

1

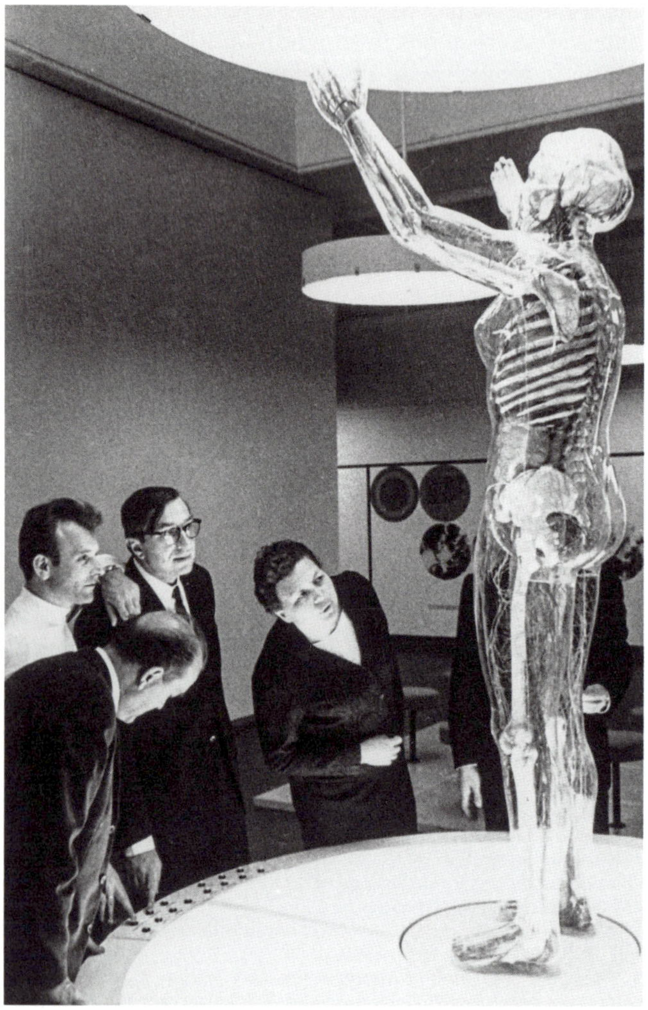
2

20 Jules Rochard, *Traité d'hygiène publique et privée*, Paris, Octave Doin, 1897, p. 672.
21 *Ibid.*

3

En 1911, le Deutsches Hygiene Museum, à Dresde, innove et attire le public en proposant notamment des mannequins transparents, permettant de découvrir l'intérieur du corps humain.
1 Franz von Stuck, affiche pour le Salon international d'hygiène de Dresde, mai-octobre 1911.

2 La femme vitrifiée du Deutsches Hygiene Museum à Dresde, photographie, 1969.
3 Le Deutsches Hygiene Museum à Dresde, Wilhelm Kreis, architecte, carte postale, 1930.

Hygiénismes

À Paris, un Musée sanitaire à la gloire du réseau d'assainissement est ouvert en 1896 à La Villette. Il est renommé musée d'Hygiène en 1912 (et alors déplacé au 27, boulevard de Sébastopol). La même année, le fabricant de soins bucco-dentaires Karl August Lingner inaugure un musée d'Hygiène à Dresde, à la suite d'une exposition internationale consacrée à cette thématique. Il est toujours en activité aujourd'hui.

Dans le musée allemand comme dans le français, la notion d'hygiène est déclinée sous différentes formes et échelles, de l'hygiène de l'individu à celle du groupe, de l'hygiène du logement à celle des espaces publics. Ces épisodes consacrent une idée structurante, présente en réalité dès les premiers traités urbains et architecturaux : celle de la ville en tant que corps à soigner et de l'architecture comme une discipline médicale. Le « soin » dont il s'agit s'applique solidairement au corps urbain et au corps biologique.

4

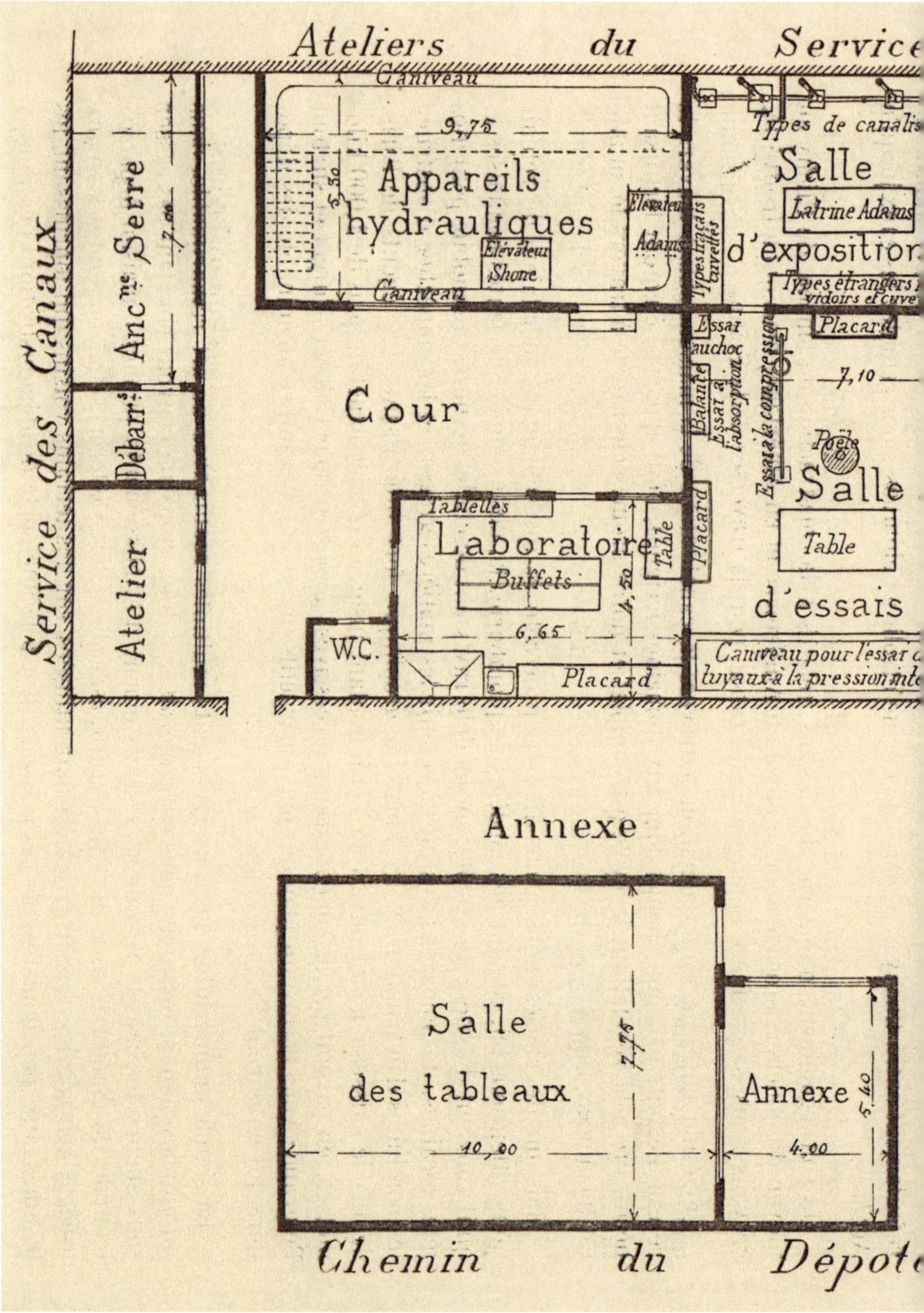

Le Musée sanitaire s'organise selon sept thèmes, donnant une vision globale de l'hygiène : hygiène urbaine ; hygiène de l'habitation ; prophylaxie des maladies contagieuses ; hygiène des collectivités ; hygiène alimentaire ; hygiène des transports ; hygiène sociale.

4 Deux salles du nouveau musée d'Hygiène, in *La Nature*, 1912, t. I, p. 233.
5 « Ancien musée de l'Assainissement du dépotoir de La Villette (rue d'Allemagne) », in « Au nom de la 6e commission sur la réinstallation du musée de l'Hygiène et de l'Assainissement dans l'ancien presbytère de Saint-Leu » par M. G. Lemarchand, rapport nº 69, conseil municipal de Paris, 1908.

Dans les premières décennies du XXe siècle, l'architecture moderne se fait elle aussi transparente, et on assiste au retour d'une métaphore ancienne : celle du bâtiment comme un « corps architectural ». Ainsi, Ludwig Mies van der Rohe qualifie son Glass Skyscraper, projeté à Berlin en 1921, d'« architecture de peau et d'os », tandis que l'architecte austro-américain Richard Neutra publie *Survival Through Design* [*La Survie par le design*] en 1954 pour affirmer que « la connaissance du corps et de l'âme en est venue à faire qu'ils ne constituent […] qu'une seule et même chose, dont l'architecture de l'espace de vie de l'homme est devenue l'application et l'évaluation la plus nécessaire ».

6 Maquette du Glass Skyscraper, Berlin, Ludwig Mies van der Rohe architecte, 1921-1922.

7 Richard Neutra, *Survival Through Design*, New York, Oxford University Press, 1954, quatrième de couverture.

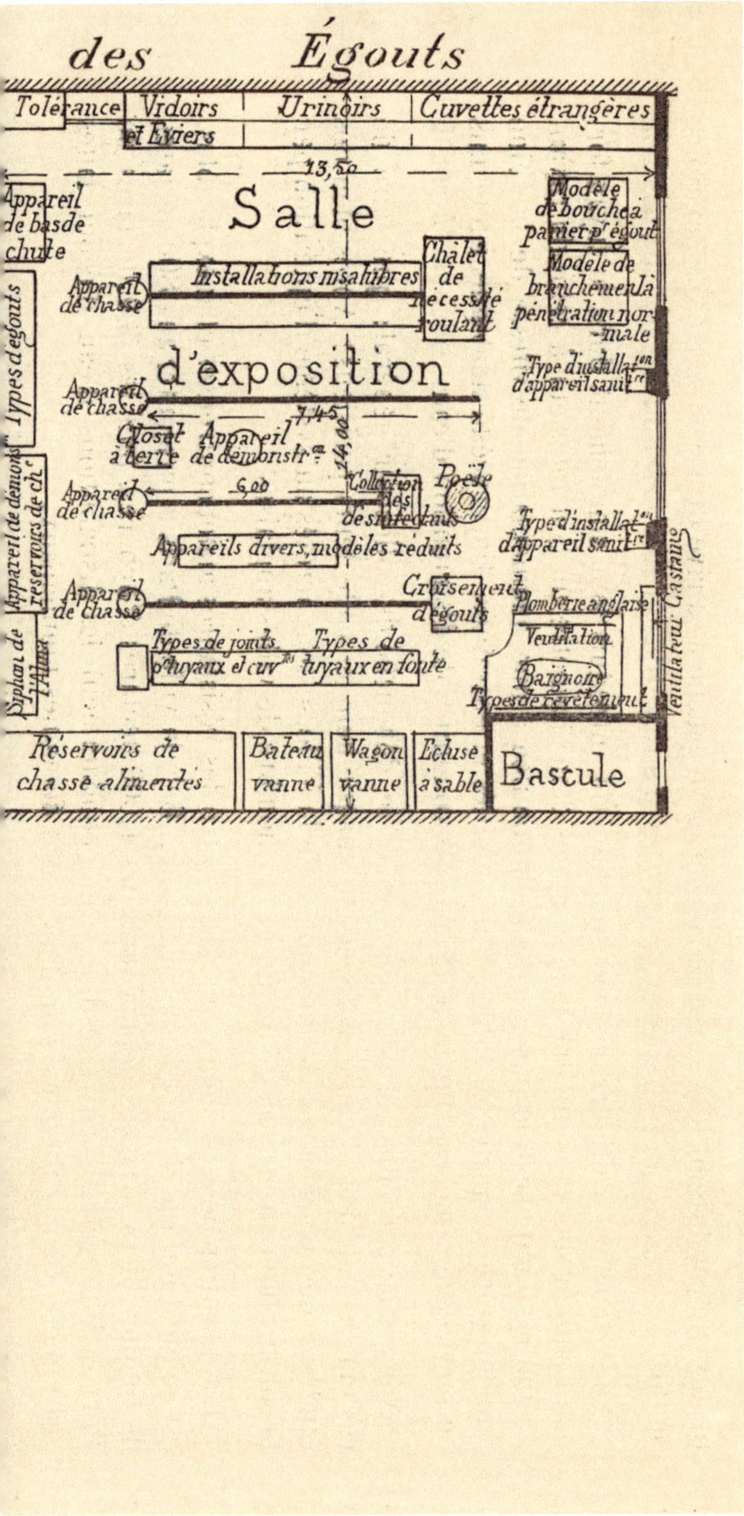

5

6

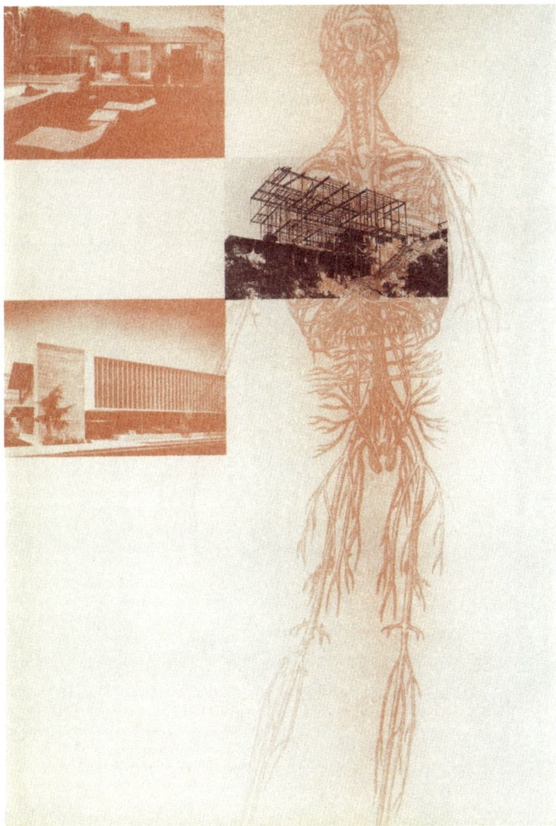

7

An Organism
Bone Structure

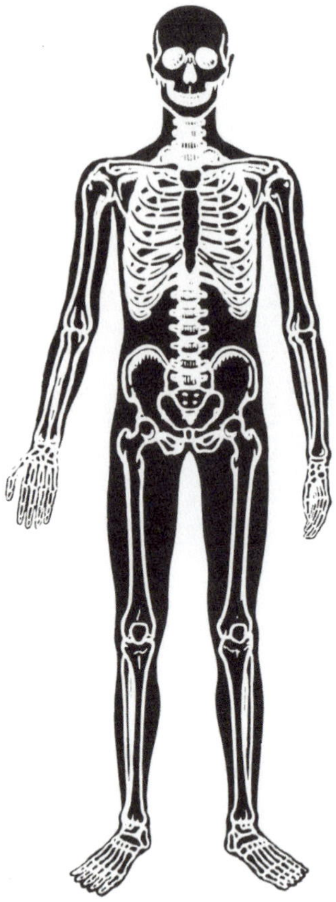

A City
Street Structure

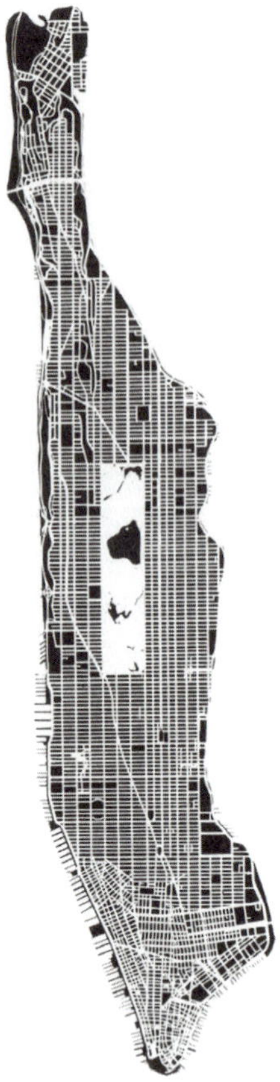

A Mechanism
Frame Structure

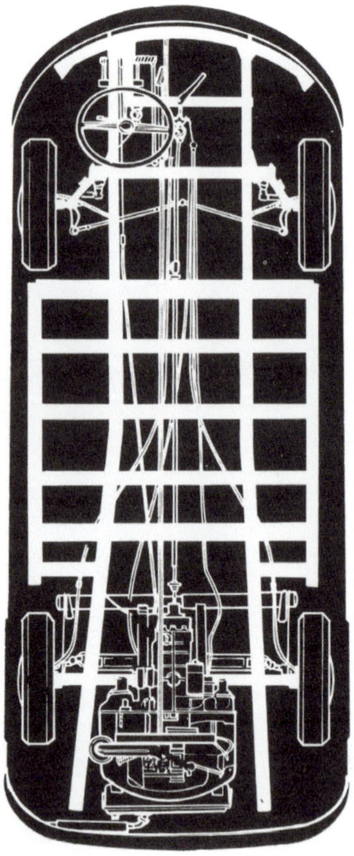

An Organism
Digestive System

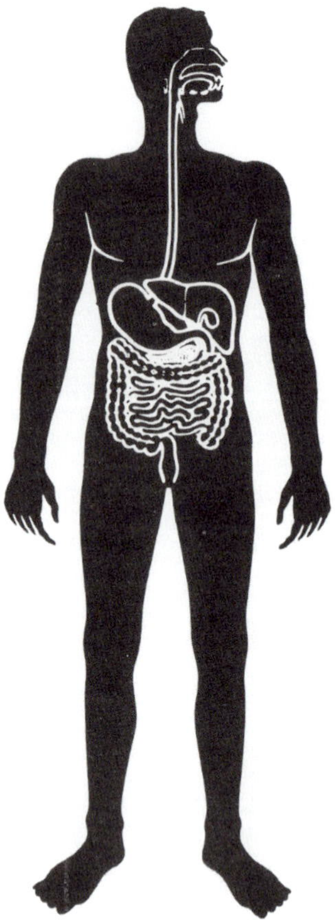

A City
Sewer System

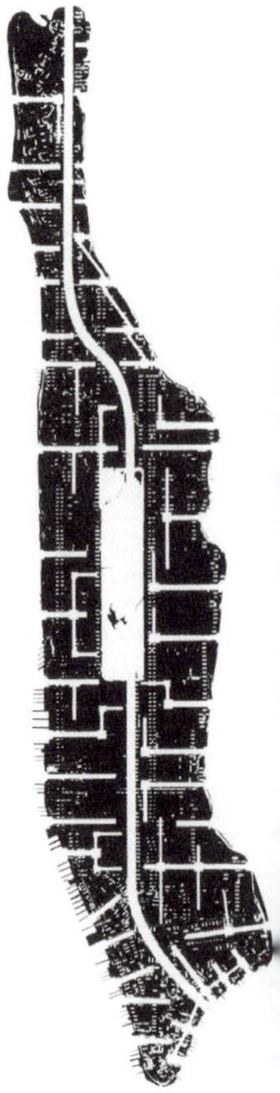

An Organism
Circulatory System

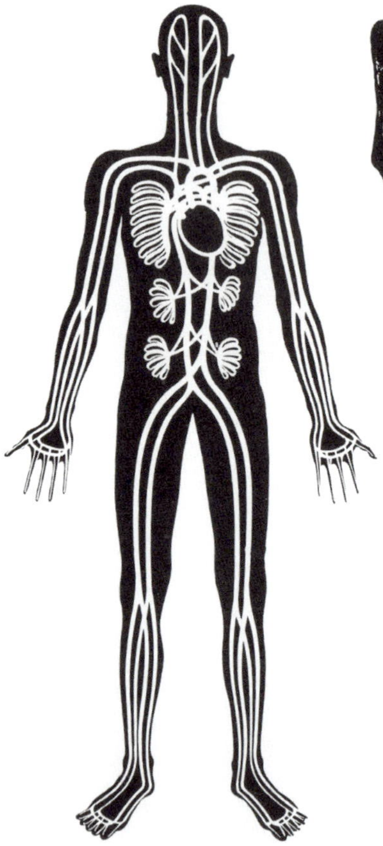

A City
Subway System

A Mechanism
Fluid System

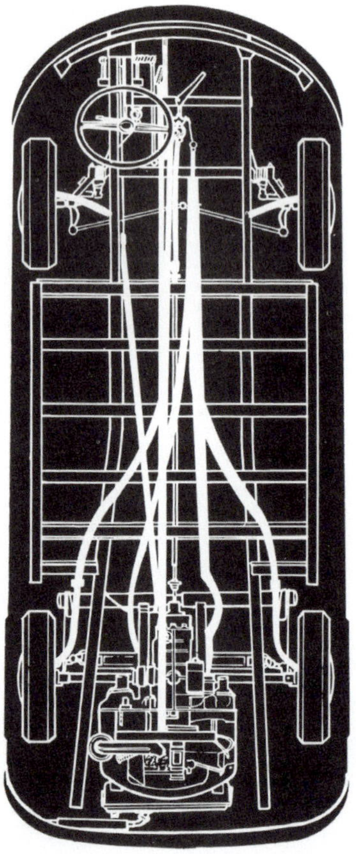

An Organism
Nervous System

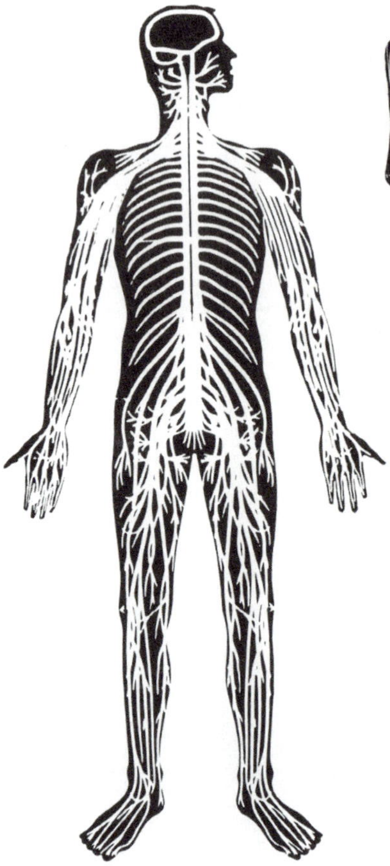

A City
Power System

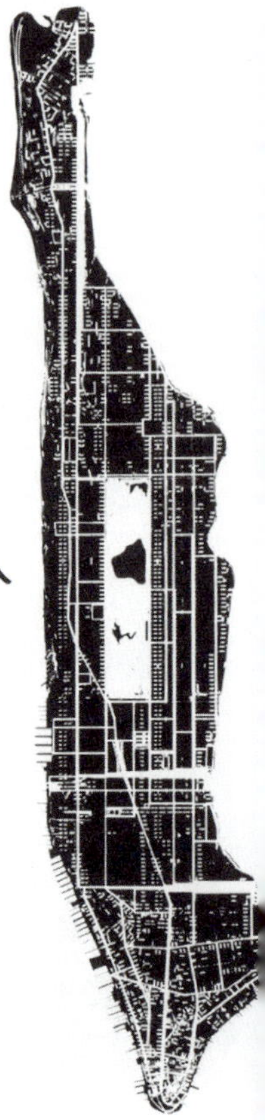

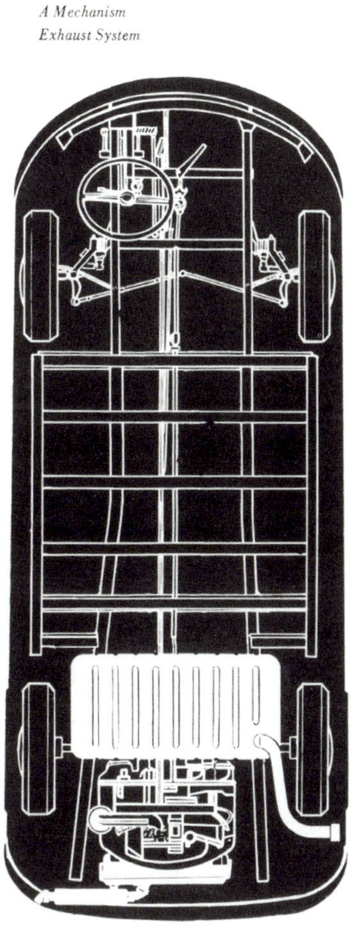

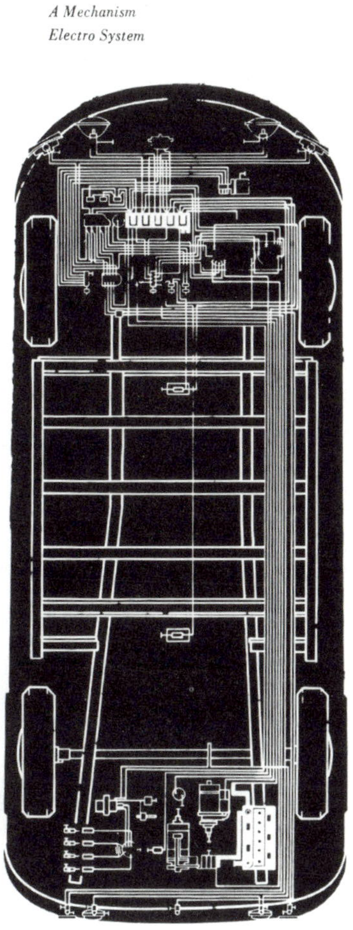

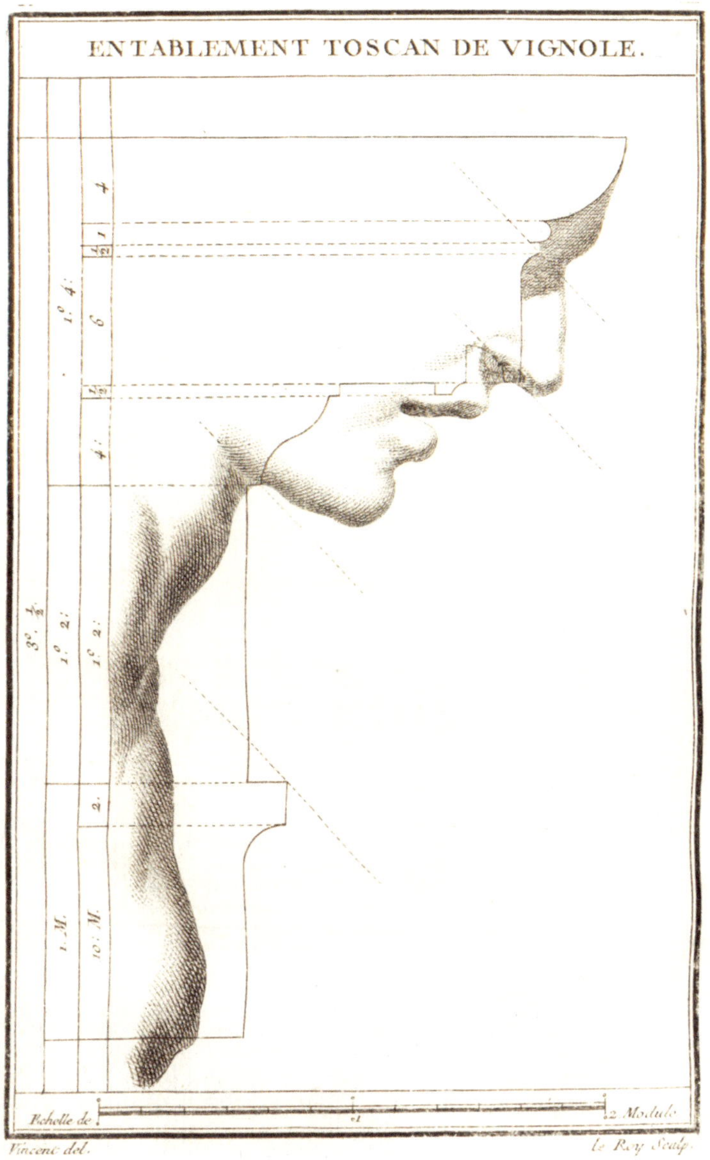

9

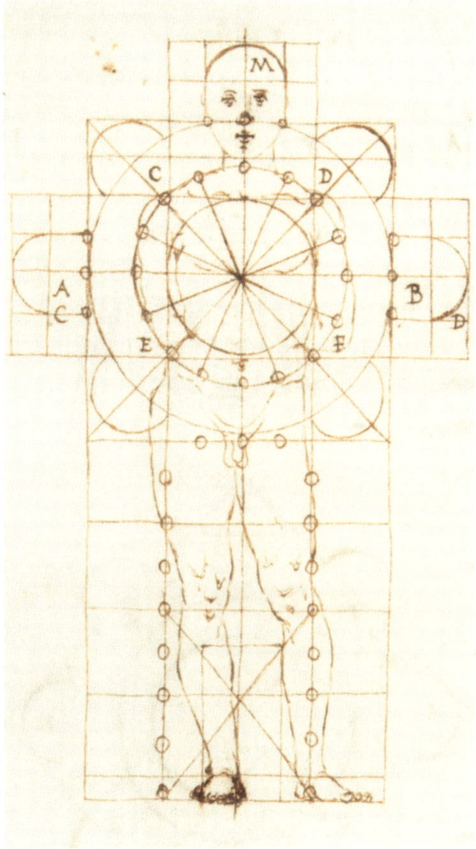

10

«il n'est point d'édifice qui, sans proportion ni rapport, puisse être bien ordonné ; il doit avoir la plus grande analogie avec un corps humain bien formé.»

Vitruve, *De Architectura*, Livre III, chapitre 1

La métaphore de l'architecture comme un corps humain traverse les époques, de Francesco di Giorgio Martini à la Renaissance aux *City Metaphors* d'Oswald M. Ungers au XXe siècle, en passant par les représentations des «entablements» de Jacques-François Blondel au XVIIIe siècle.

8 Oswald Mathias Ungers, *Morphologie. City Metaphors*, Cologne, Walther König, 1982.

9 «Entablement toscan de Vignole», Jacques-François Blondel architecte, 1771, in *Cours d'architecture, ou Traité de la décoration, distribution et construction des bâtiments ; contenant les leçons données en 1750 et les années suivantes*, Paris, Desaint, 1771-1777, t. I.

10 Étude de proportions d'une basilique par rapport au corps humain, Francesco di Giorgio Martini, architecte, 1490.

Décharges – l’envers du « soin »

À Paris, à la fin du XIXe siècle, la plaine de Pierrelaye est choisie pour réceptionner les déchets produits par les citadins, *via* les réseaux souterrains d’évacuation mis en place sous la ville. Des agriculteurs s’y implantent afin d’exploiter des sols fertilisés par les boues, jusqu’à ce que leurs cultures, consommées par les Franciliens, s’avèrent polluées, notamment par le plomb.

C’est l’envers du soin à l’échelle du territoire : pour que la grande ville se constitue comme un « corps sain », assurant de bonnes conditions à ses habitants, d’autres espaces, à ses marges, sont nécessairement sacrifiés.

1

Vue générale. — Domaine de la Haute-Borne, par Pierrelaye (S.-et-O.)

2

3

Au XIXe siècle, l’épandage massif des eaux usées parisiennes sur la plaine de Pierrelaye permet de développer une intense activité maraîchère, organisée principalement par la ferme communale de la Haute-Borne, à Méry-sur-Oise. Les cultures sont longtemps vendues à Paris, au marché des Halles notamment. L’irrigation des champs par la technique dite « du boudin », consistant à percer à intervalles réguliers les tuyaux acheminant les eaux usées, persiste au XXe siècle.

1 Technique d’irrigation du maïs par « boudin » sur le domaine de la Ville de Paris, 2001.

2 Domaine de la Haute-Borne, Pierrelaye (Seine-et-Oise), carte postale, début du XXe siècle.

3 Cultivateurs de Pierrelaye aux halles de Paris, début du XXe siècle.

4

« Il y aurait les centre-villes, propres, rutilants même. Et il y aurait, aux marges, les décharges. Hétérotopies, à l'instar du cimetière, lieux d'une vacances, destinés à rien sinon à la relégation de ce qu'on ne veut pas voir ni prendre en considération ».

Lucie Taïeb, *Freshkills : Recycler la terre*, La Contre Allée, 2020

Au début des années 2010, la plantation d'une « forêt du Grand Paris » recouvre progressivement les sols contaminés, afin de les « réparer » ; en 2019, les premiers arbustes sont plantés.
4 La forêt du Grand Paris, 2021.

Ces vastes territoires rendus inhabitables résultent d'une logique de « soin » longtemps réduite aux espaces urbains, qui faisait le pari qu'en dépit de leur croissance infinie, les villes trouveraient toujours des marges invisibles vers lesquelles rediriger les déchets, chaque fois un peu plus loin. Cette logique est aujourd'hui intenable tant les dégâts sont immenses, durables si ce n'est irréversibles pour beaucoup. Les pratiques sont donc à refonder en prenant acte d'une surface terrestre limitée, aux ressources finies, c'est-à-dire en s'inscrivant dans une vision globale qui n'oppose plus la ville et sa périphérie.

Dans ce contexte nouveau, c'est peut-être dans les lieux les plus abîmés par l'histoire que s'inventeront, que s'inventent déjà, d'autres formes d'habitabilité du monde.

5

6

Le cas de Pierrelaye rappelle celui de Freshkills, sur l'île de Staten Island, à New York, une décharge transformée en parc récréatif. Opérationnelle dès 1947, fermée en mars 2001, elle est rouverte temporairement en septembre de la même année pour recevoir les gravats produits par les attentats du World Trade Center ; elle est ensuite fermée définitivement, et sa réhabilitation commence dans les années 2010. Le « parc » planté est aménagé au-dessus des déchets enfouis : la marge devient un point d'attractivité de la métropole, mais au prix d'une invisibilisation des déchets.

5 Mierle Laderman Ukeles, *Fresh Kills Landfill*, 2001.

À la fin des années 1970, en collaboration avec les employés du New York City Department of Sanitation, l'artiste Mierle Laderman Ukeles réalise la performance *Touch Sanitation* dans la décharge de Freshkills ; son objectif est de redonner une visibilité à ces travailleurs relégués aux confins des villes modernes. Effectuant une résidence au service sanitaire de New York, elle participe ensuite au projet de transformation de la décharge en parc public.

6 Mierle Laderman Ukeles, *Touch Sanitation Performance*, 1979-80, Sweep 10, Queens District 14, photographie Vincent Russo, 15 mai 1980.

7 Mierle Laderman Ukeles, *Touch Sanitation Performance*, 1979-80, Landfill, s.d., photographie Deborah Freedman.

« Où les éboueurs portent chaque jour leurs chargements, personne ne se le demande : hors de la ville, c'est sûr ; mais chaque année la ville grandit, et les immondices doivent reculer encore [...] »

Italo Calvino, *Les Villes invisibles*, 1972

7

8

9

10

Les décharges apparaissent parfois au cinéma comme les lieux d'un retournement possible, d'une « pulsion de vie ». Dans *Wall-E* (Andrew Stanton, 2008), la décharge occupe l'intégralité de la surface terrestre, mais de nouvelles formes de vie l'entretiennent, incessamment. Dans *Nausicaä de la Vallée du vent* (1984), film d'animation de Hayao Miyazaki, la civilisation s'est écroulée à force de puiser dans les ressources souterraines ; quelques communautés humaines subsistent dans un territoire contaminé, et réinventent leur relation à la « nature », au poison, à la toxicité, à la régénération. Enfin, dans *Dodes'kaden* (1970) d'Akira Kurosawa, un enfant transforme une décharge en un territoire de jeu imaginaire.

8 Photogramme extrait de *Wall-E* d'Andrew Stanton, 2008.
9 Photogramme extrait de *Nausicaä de la Vallée du vent* de Hayao Miyazaki, 1984.
10 Photogramme extrait de *Dodes'kaden* d'Akira Kurosawa, 1970.

La Fondazione Peccioliper, créée à l'initiative de la municipalité de Peccioli, en Toscane, investit l'ancienne décharge de la ville en passant commande d'installations à des artistes contemporains pour symboliser la résilience du lieu. De 2011 à 2013, les figures monumentales de Naturaliter Snc occupent cet espace.
11 Naturaliter Snc, *Presenze*, Peccioli, 2011.

11

«Les Communautés du Compost, attachées à nourrir les capacités à répondre, et à cultiver les façons de se rendre mutuellement capables, apparurent au début du XXIe siècle, partout dans le monde, là où les terres et les eaux étaient les plus dévastées.»

Donna Haraway, *Vivre avec le trouble*, Les éditions des mondes à faire, 2020

12 Décharge sauvage, plaine de Pierrelaye, 2021.

1 Northwestern Memorial Hospital, Prentice Women's Hospital, Chicago, maquette, Bertrand Goldberg architecte, 1975.

Formes

De quel « soin » l'institution est-elle le lieu ? Fonctions et formes de l'hôpital

L'évolution de l'hôpital et de son architecture reflète l'évolution du soin lui-même. D'abord lieu de sommeil (*hostel*), l'hôpital prend des formes diverses jusqu'à l'avènement, à Paris à la fin du XVIIIe siècle, du modèle encore puissant de la « machine à guérir » : consécration du soin dans sa dimension la plus technique, au risque de la réification du patient. Mais d'autres modèles, issus de la psychiatrie en particulier, amorcent aussi un nouvel acte, qui reconsidère la subjectivité du malade et l'aspect relationnel du soin.

Le dortoir

Dans l'Antiquité grecque, l'*asclépiéion*, temple de guérison, ancêtre de l'hôpital, accueillait les malades qui y dormaient. Le récit de leurs rêves était censé permettre aux prêtres d'établir un remède ; ainsi le lit apparaît-il comme la première des architectures du soin. C'est le point de départ d'une longue tradition de l'hôpital comme lieu de sommeil et d'hospitalité – comme *hostel*.

Au XXe siècle, certains architectes, tel l'Américain Bertrand Goldberg, continuent à prôner l'importance du sommeil et de la convalescence dans l'institution hospitalière, c'est-à-dire de l'attention portée aux individu-*alités*. Mais ils vont à contre-courant de la tendance générale qui favorise une dimension plus technique, de l'acte du « soin ». L'évolution récente, marquée par un « virage ambulatoire » et par une réduction permanente du nombre de lits (dans les institutions publiques en particulier), confirme en effet que le modèle de l'hôpital-dortoir a fait son temps.

« Qu'on se représente donc une salle où l'on rassemble des malades de toute espèce, et où le nombre force à en mettre trois, quatre, cinq ou six dans un même lit, les mourants et les convalescents accumulés dans un même lieu, les vivants à côté des morts […]. »

Claude-Humbert Piarron de Chamousset, *Exposition d'un plan proposé pour les malades de l'Hôtel-Dieu*, 1756.

2

3

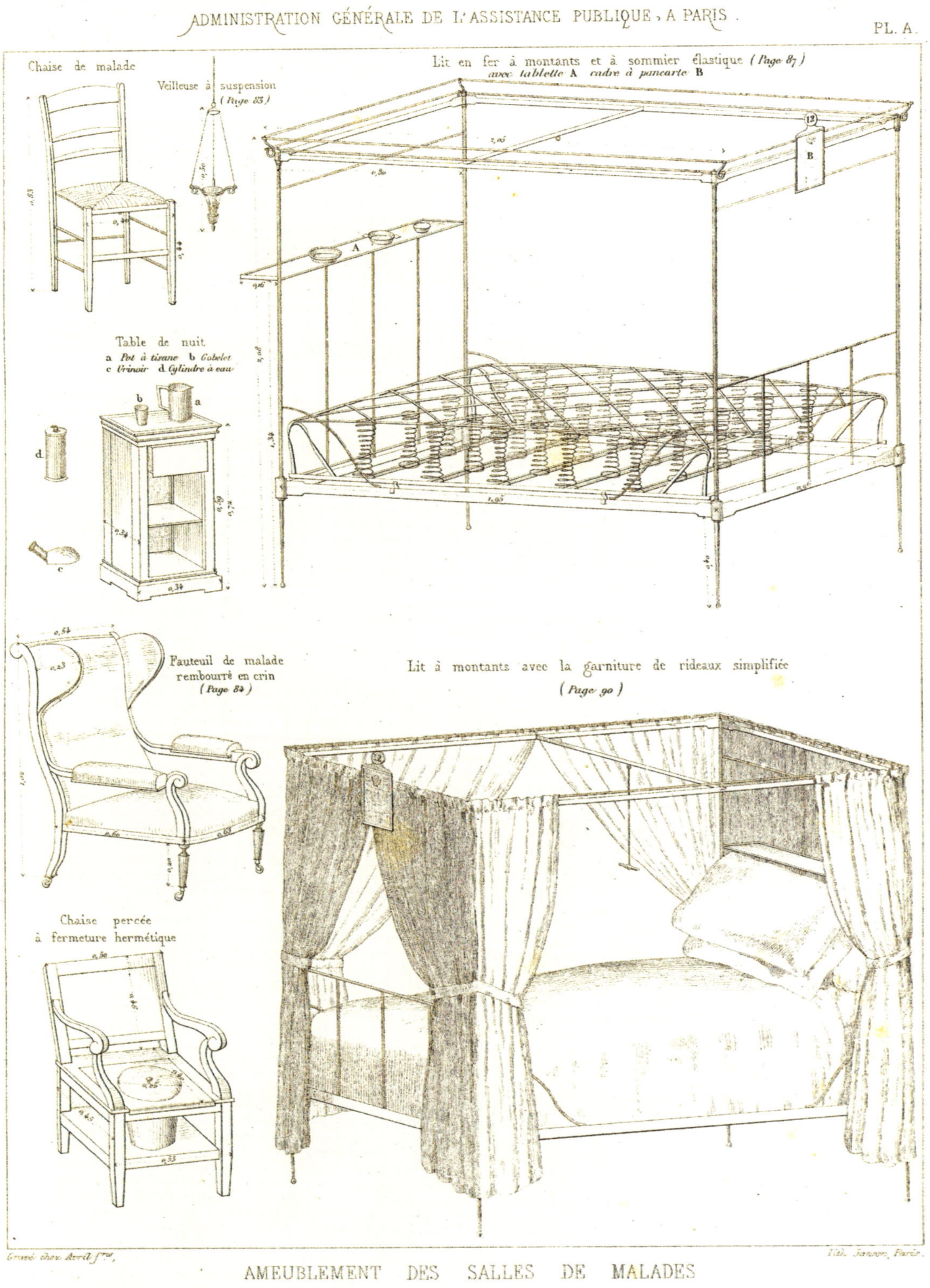

4

5

2 « Les salles de l'Hôtel-Dieu de Paris au début du XVIe siècle, fac-similé de l'entête d'une lettre de pardon, délivrée, pour l'Hôtel-Dieu de Paris, par François de Bueil, archevêque de Bourges (1521-1525) », in Alexis Chevalier, *L'Hôtel-Dieu de Paris et les sœurs Augustines (1650 à 1810)*, Paris, chez H. Champion, 1901.

Le sommeil comme premier espace-temps du soin? Dans l'Antiquité, l'*asclépiéion* grec est un sanctuaire de guérison consacré au dieu Asclépios (Esculape), qui intervient pendant le sommeil des patients.

3 Stèle votive représentant une scène d'incubation, IVe siècle av. J.-C., Musée archéologique du Pirée, Athènes.

En 1862, Armand Husson décrit, dans le cadre de son *Étude sur les hôpitaux considérés sous le rapport de leur construction*, les prérogatives précises quant à l'aménagement des chambres, du mobilier nécessaire et de la fabrication des lits.

4 « Ameublement des salles des malades », in Armand Husson, *Étude sur les hôpitaux considérés sous le rapport de leur construction, de la distribution de leurs bâtiments, de l'ameublement, de l'hygiène & du service des salles de malades*, Paris, Paul Dupont, 1862.

5 « Intérieur de l'Hôtel-Dieu de Tonnerre », in Eugène Viollet-le-Duc, *Dictionnaire raisonné de l'architecture française du XIe au XVIe siècle*, Paris, Bance et Morel, t. VI, 1863.

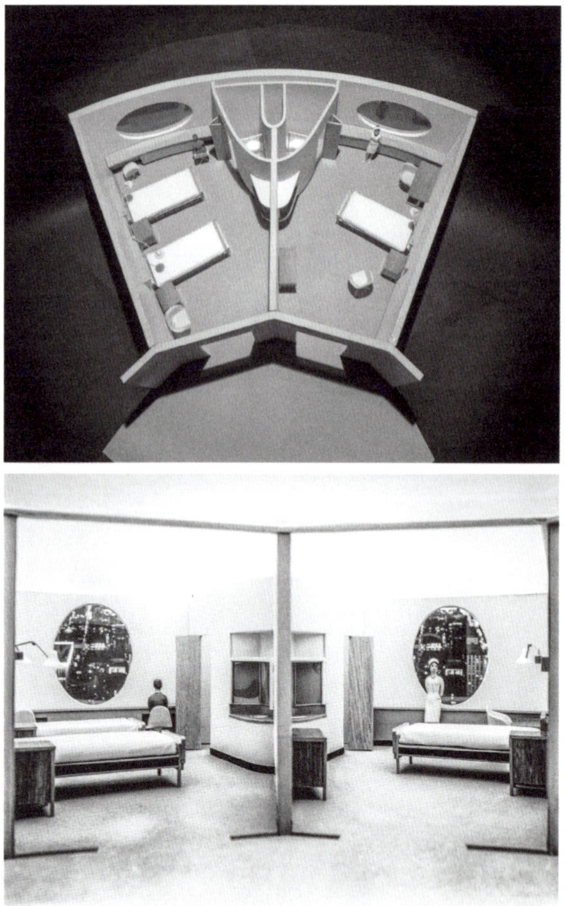

6

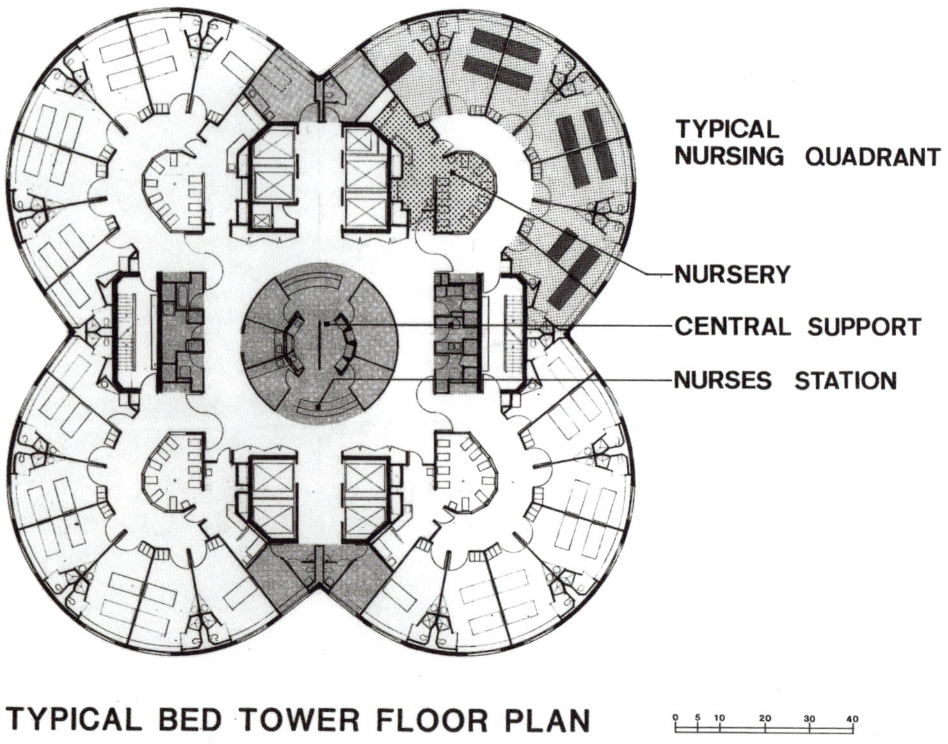

7

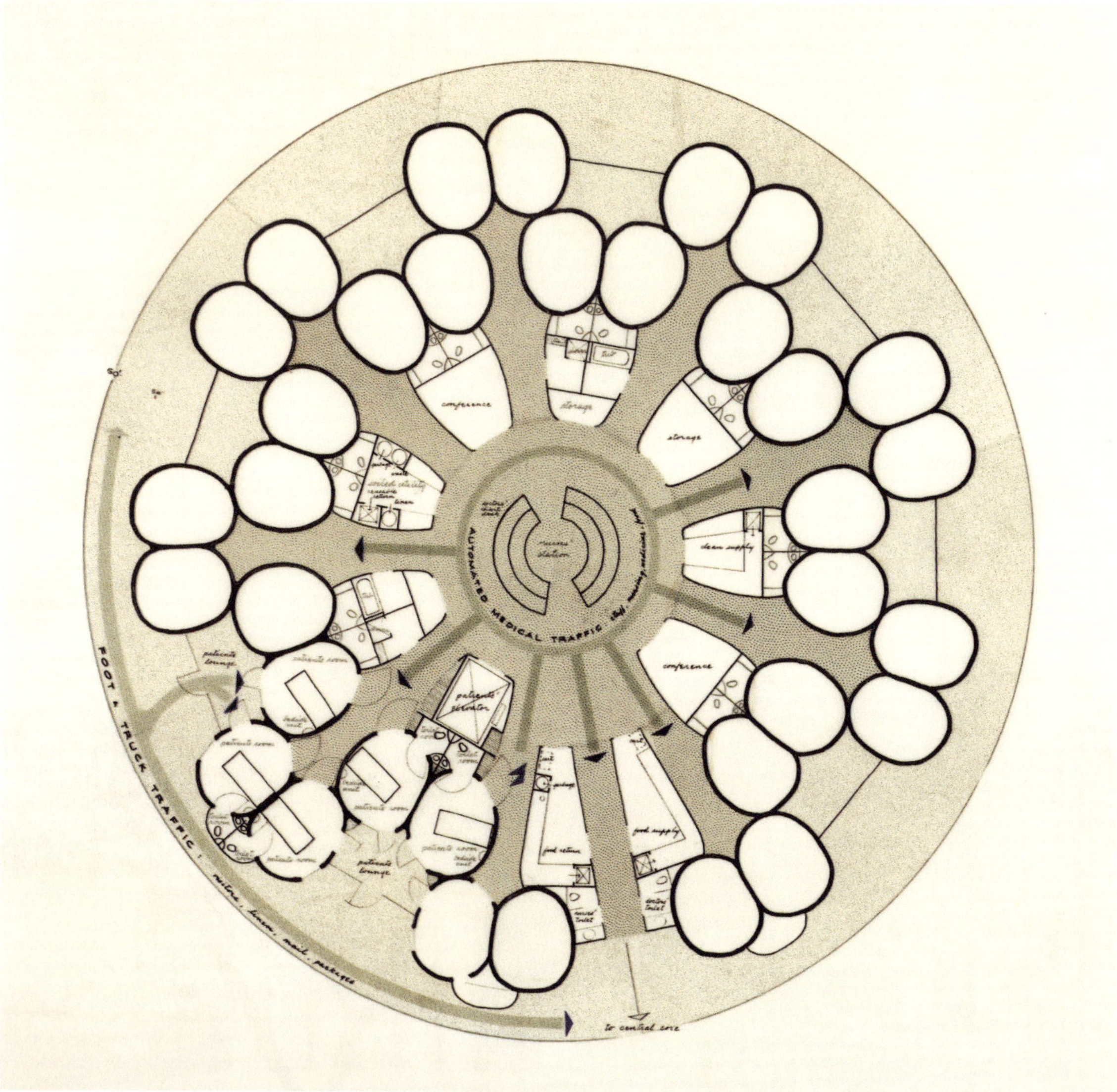

8

Architecte, critique et designer, Bertrand Goldberg trouve dans l'architecture hospitalière son terrain d'expression favori en dissociant nettement les espaces médico-techniques des espaces d'hébergement. Il confère aux seconds une qualité formelle remarquable, en rondeurs et en courbes de béton préfabriqué, pour mieux accueillir le malade. Son intention est toujours la même : donner la plus grande importance aux espaces de la chambre, du sommeil. Il décline ces principes dans de nombreux projets hospitaliers aux États-Unis, dont le Prentice Women's Hospital de Chicago et les Affiliated Hospitals, prévus à Boston.

6 et 7 Northwestern Memorial Hospital, Prentice Women's Hospital and Maternity Center, Chicago, maquette et plan d'étage, Bertrand Goldberg architecte, 1975.

8 Affiliated Hospitals Center, Boston, plan d'une unité de soin, Bertrand Goldberg architecte, 1964-1966.

9 Prentice Women's Hospital and Maternity Center, Chicago, Bertrand Goldberg architecte, 1975.

Fin du XIIe siècle
Hôpital Saint-Jean, Angers (Grande salle des malades)
Réalisé / Architecte inconnu

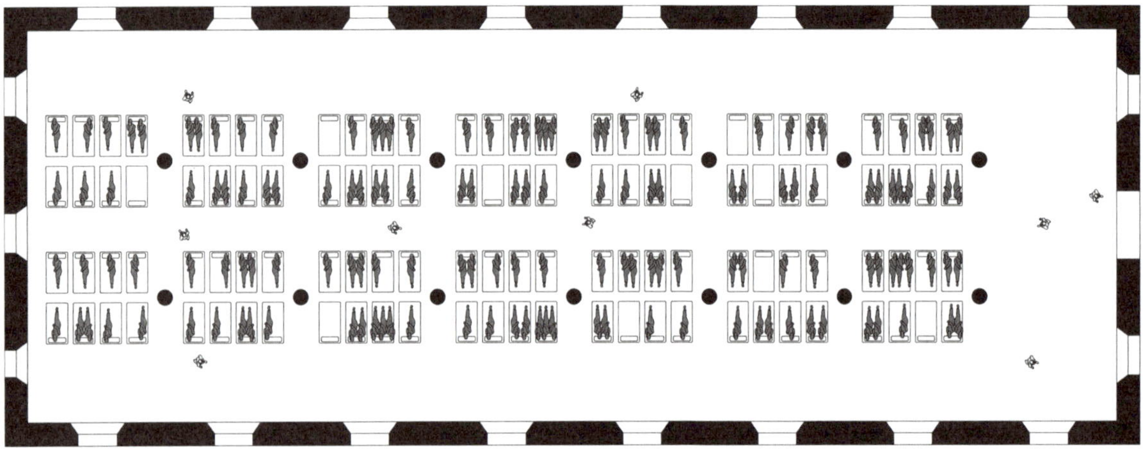

Surface de la pièce : 1350 m^2
Nombre de lits par pièce : environ 112
Nombre de patients par lit : 1, 2 ou 3
Surface moyenne par patient : 4,0 m^2 – 12,0 m^2

1452
Hospices de Beaune, Beaune
(Grande salle « des pôvres »)
Réalisé / Architecte : Jacques Wiscrère

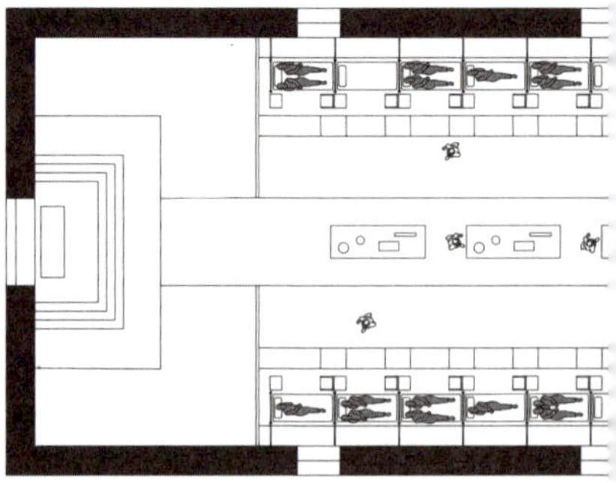

Surface de la pièce : 700 m^2
Nombre de lits par pièce : 28
Nombre de patients par lit : 1 ou 2
Surface moyenne par patient :
12,5 m^2 – 25,0 m^2

1854
Hôpital Lariboisière, Paris
Réalisé / Architecte : Martin-Pierre Gauthier

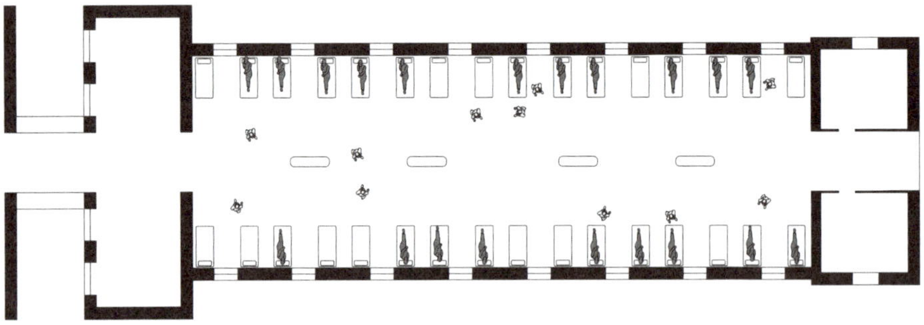

Surface de la pièce : 330 m^2
Nombre de lits par pièce : 32
Nombre de patients par lit : 1
Surface moyenne par patient : 10,3 m^2

1878 (première pierre)
Hôpital civil, Anvers (pavillon circulaire)
Inachevé / Architectes : François Baeckelmans,
Jules Bilmeyer, Joseph Van Riel

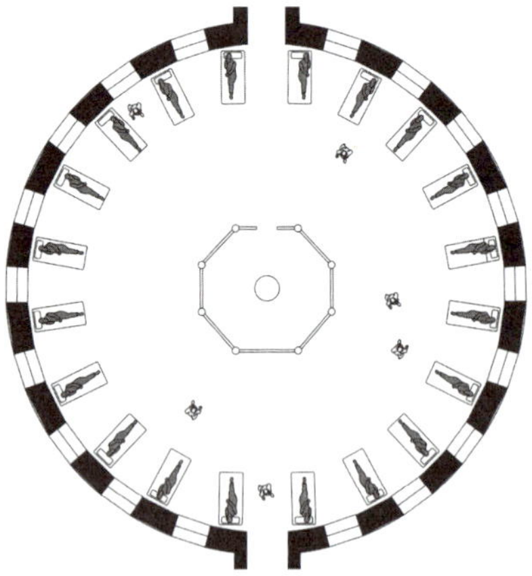

Surface de la pièce : 268 m^2
Nombre de lits par pièce : 20
Nombre de patients par lit : 1
Surface moyenne par patient : 13,4 m^2

1964
Hôpital de Venise, Venise
Non réalisé / Architecte :
Le Corbusier

Surface de la pièce : 7,3 m^2
Nombre de lits par pièce : 1
Nombre de patients par lit : 1
Surface moyenne par
patient : 7,3 m^2

1975
Centre Hospitalier
Universitaire, Caen
Réalisé / Architecte :
Henry Bernard

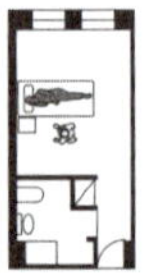

Surface de la pièce : 16,2 m^2
Nombre de lits par pièce : 1
Nombre de patients par lit : 1
Surface moyenne par
patient : 16,2 m^2

2024
Groupement Hospitalier
Nord Essonne, Saclay
Études en cours / Architecte :
SCAU architecture

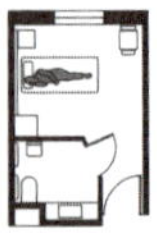

Surface de la pièce : 16,3 m^2
Nombre de lits par pièce : 1
Nombre de patients par lit : 1
Surface moyenne par
patient : 16,3 m^2

10 L'homme alité, mesure de l'architecture hospitalière ? Les règles varient au cours du temps. Le nombre de lits par « chambre » diminue globalement. Si l'on trouve encore plusieurs dizaines de lits par dortoir dans certaines constructions neuves au XIXe siècle, les réalisations qui suivent ne comptent généralement qu'un ou deux lits par chambre. Quant au nombre de personnes par lit, la tendance est plus évidente, l'occupation d'un lit par plusieurs patients étant une pratique largement révolue, car incompatible avec la révolution positiviste, scientifique de la médecine qui sépare les corps, les espaces, les microbes, les pathologies, etc. pour mieux soigner et guérir.

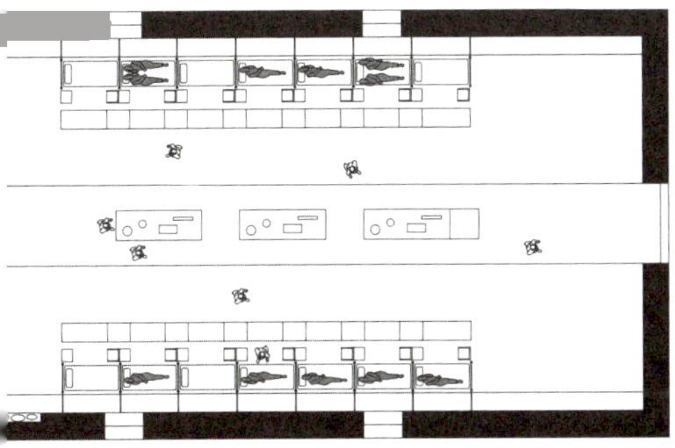

1781
Hôpital de la Charité (reconstruit), Paris (Salle de la Vierge «ou des blessés ordinaires»)
Réalisé / Architecte : Jacques-Denis Antoine

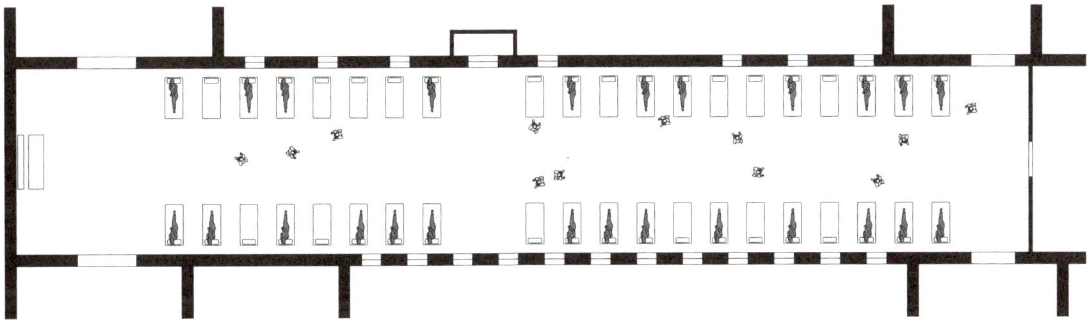

Surface de la pièce : 500 m²
Nombre de lits par pièce : 40
Nombre de patients par lit : 1
Surface moyenne par patient : 12,5 m²

1889 (plan de 1876)
Hôpital Johns-Hopkins, Baltimore (pavillon octogonal)
Réalisé / Architectes : John Rudolph Niernsee, James Crawford Neilson, Edward Clarke Cabot, Francis Ward Chandler

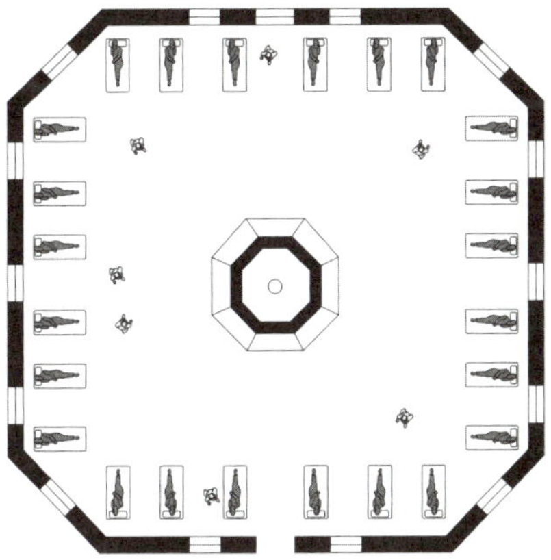

Surface de la pièce : 332 m²
Nombre de lits par pièce : 24
Nombre de patients par lit : 1
Surface moyenne par patient : 13,8 m²

1907
Hôpital de la Fraternité, Roubaix (Pavillon des contagieux)
Réalisé / Architecte : Théophile Coliez

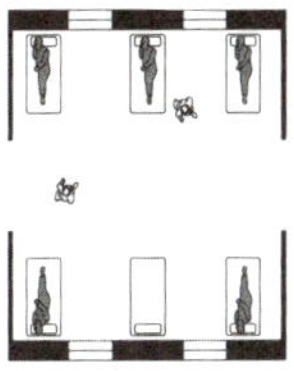

Surface de la pièce : 56 m²
Nombre de lits par pièce : 6
Nombre de patients par lit : 1
Surface moyenne par patient : 9,3 m²

1933
Sanatorium de Paimio, Paimio
Réalisé / Architecte : Alvar Aalto

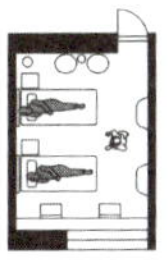

Surface de la pièce : 15 m²
Nombre de lits par pièce : 2
Nombre de patients par lit : 1
Surface moyenne par patient : 7,5 m²

1935
Hôpital Beaujon, Clichy
Réalisé / Architectes : Jean Walter, Louis Plousey, Urbain Cassan

Surface de la pièce : 9,2 m²
Nombre de lits par pièce : 1
Nombre de patients par lit : 1
Surface moyenne par patient : 9,2 m²

Évolution historique des espaces du sommeil à l'hôpital : synthèse

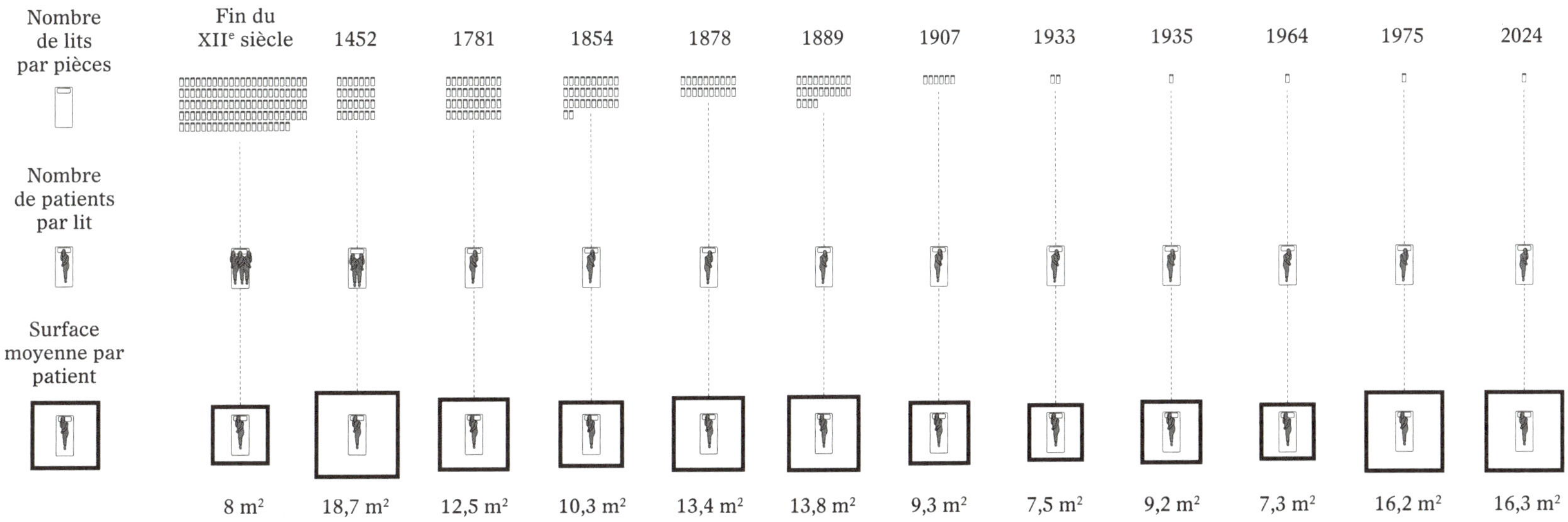

Les machines à guérir

Le modèle de la *machine*, bien plus que celui du dortoir, structure aujourd'hui les imaginaires et les pratiques des architectes. L'histoire de cet archétype commence à Paris après l'incendie de l'Hôtel-Dieu, en 1772. Les nombreux projets de reconstruction, souvent proposés par des médecins associés à des architectes, et ultérieurement qualifiés par Michel Foucault d'autant de « machines à guérir » (reprenant un vocabulaire utilisé par Jacques Tenon dès 1788), sont les productions d'une époque qui aura vu à la fois la formalisation de la médecine moderne et l'aboutissement de décennies d'architecture hygiéniste. Il s'agit davantage de dispositifs, de systèmes autonomes que de lieux, conçus pour prendre en charge la maladie (plutôt que les malades eux-mêmes). Cette étape majeure permet de consolider la médecine comme discipline scientifique, avec l'obligation d'une charge de la preuve (*evidence-based medecine*), incarnée par le positivisme de Claude Bernard. Seul bémol, le risque d'une dissociation du *cure* (traitement) et du *care* (soin, attention, tel que défini par Donald Winnicott[1]), alors même qu'ils doivent rester indissociables.

1 Donald W. Winnicott, « Cure » (1970), in Claire Marin et Frédéric Worms (dir.), *À quel soin se fier ?*, Paris, PUF, 2015.

« Certainement, les Hôpitaux sont des outils, ou, si l'on aime mieux, des machines à traiter des malades, je dirais volontiers en masse et par économie. Jamais l'art de guérir n'avait présidé à leur forme, à leur distribution. [...] l'art de guérir était muet sur ces utiles objets et l'architecte n'était guère livré qu'à des routines et à des tâtonnements. »

Jacques Tenon, Lettre du 27 août 1788 à MM. de la Faculté de médecine d'Édimbourg.

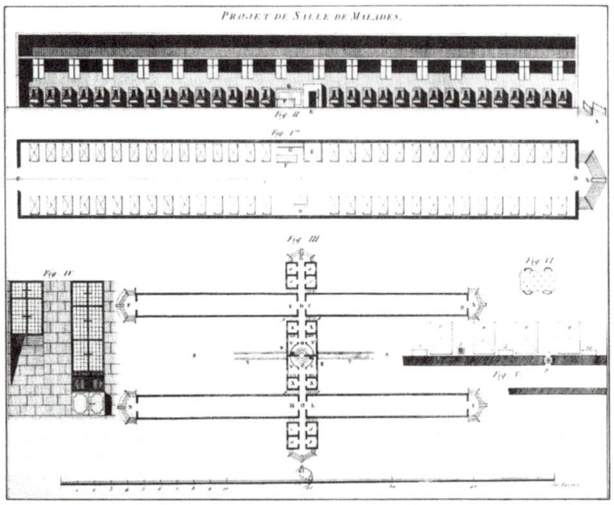

1

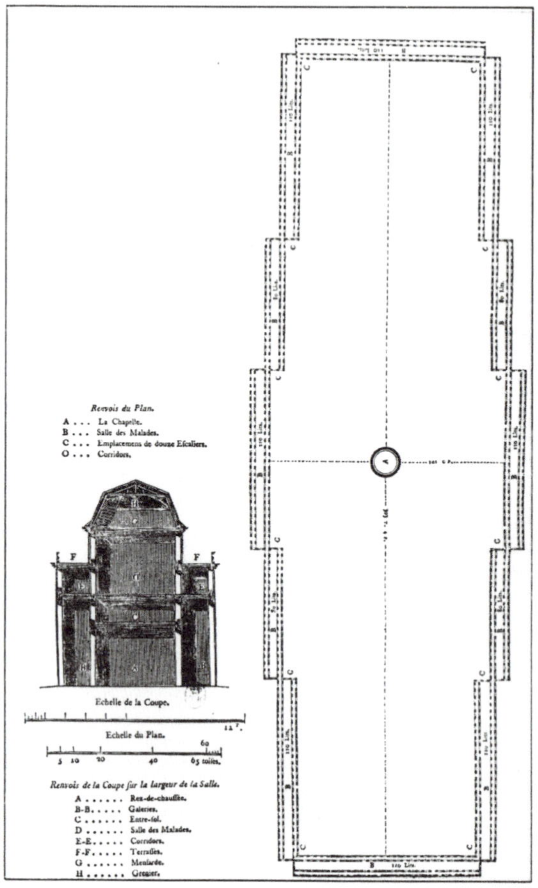

2

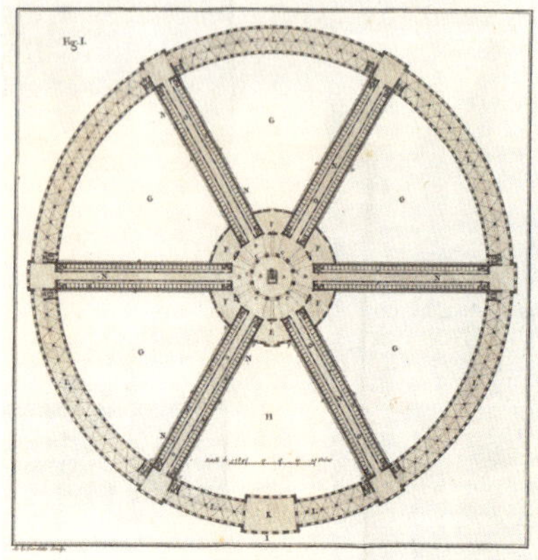

3

4

Dans un contexte de convergence (et de concurrence) entre les disciplines, les nombreux projets proposés pour reconstruire l'Hôtel-Dieu de Paris sont formulés d'une part par des médecins – parmi lesquels Antoine Petit (1774), Jean-Baptiste Leroy avec la collaboration de l'architecte Charles-François Viel (1773), Jacques-René Tenon avec l'aide de l'architecte Bernard Poyet (1788) –, d'autre part par des architectes : Pierre Panseron (projet 1773), Lamandé (projet 1777), Bernard Poyet et Claude Philibert Coquéau (projet 1785), ou encore Pierre Chirol (projet 1787).
1 Projet de Jacques Tenon, médecin, 1788.
2 Projet de Pierre Chirol, in *Idées neuves sur la construction des hôpitaux, appliquées à celle des Hôpitaux de Paris*, Paris, 1787.
3 Projet d'Antoine Petit, médecin, in *Mémoire sur la meilleure manière de construire un hôpital de malades*, Paris, 1774.
4 Projet de Bernard Poyet, architecte, in Claude Philibert Coquéau, médecin, *Mémoire sur la nécessité de transférer et reconstruire l'Hôtel-Dieu de Paris, suivi d'un projet de translation de cet hôpital, proposé par le sieur Poyet, architecte & contrôleur des bâtimens de la ville*, 1785.

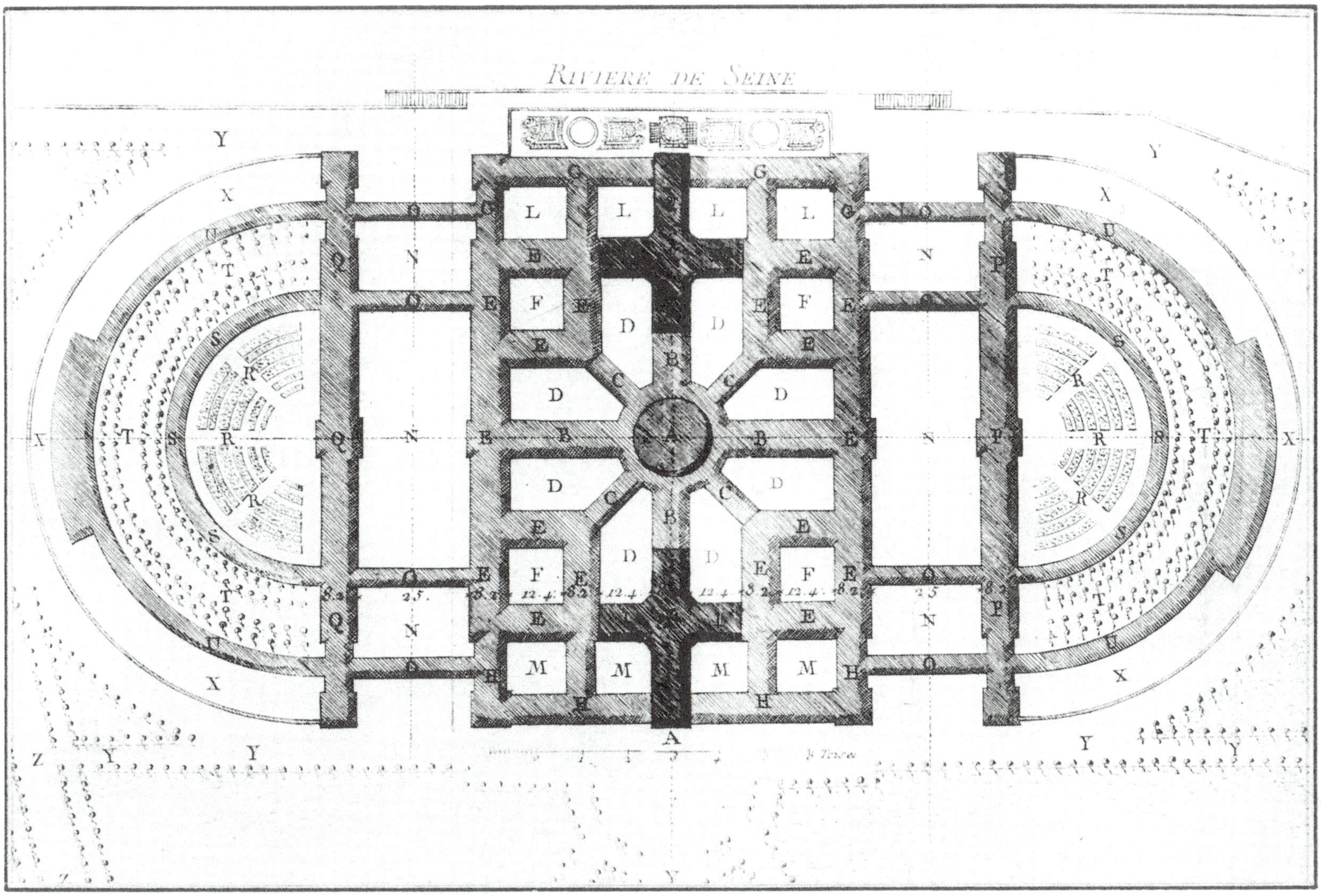

5

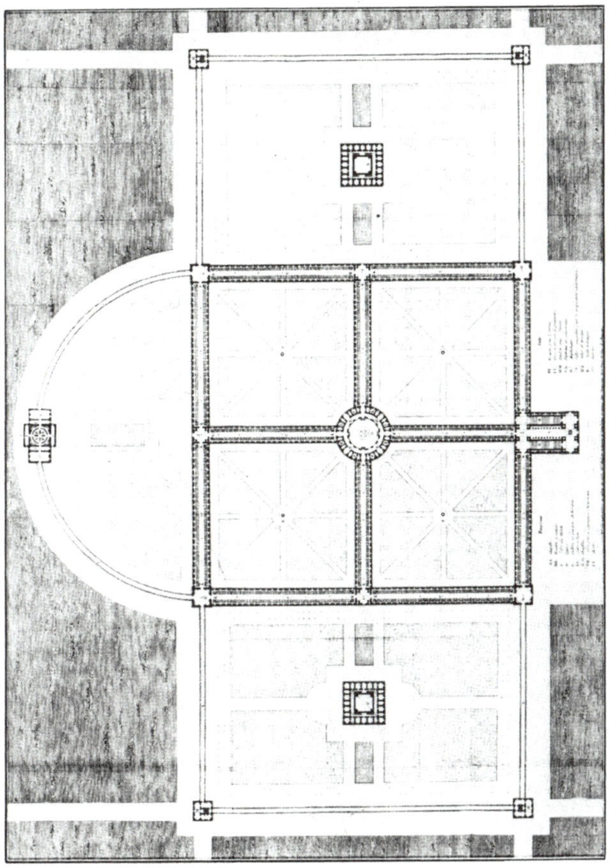

6

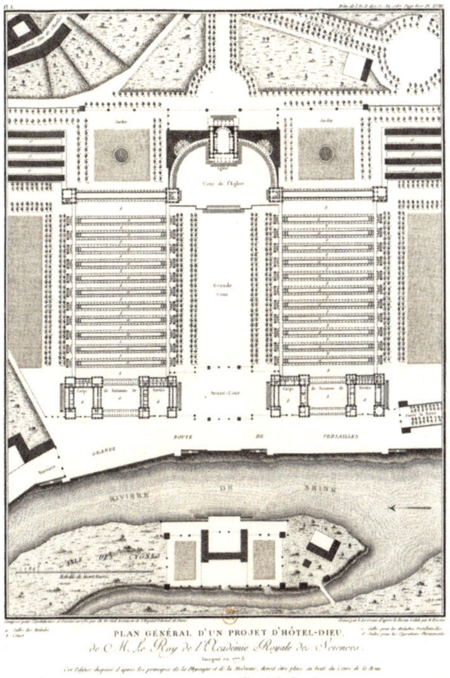

7

5 Projet de Pierre Panseron, architecte, in *Mémoire relatif à un plan d'Hôtel-Dieu pour Paris*, 1773.
6 Projet de Corneille Mandé, dit Lamandé, 1777.
7 Projet de Le Roy, de l'Académie royale des sciences, et Charles François Viel, architecte, 1773, in *Mémoire de l'Académie royale des sciences*, 1787.

À la fin du XVIIIe siècle, naît une branche de l'architecture hospitalière spécifiquement dédiée à la santé mentale. En 1794, le docteur Philippe Pinel « libère » les fous enchaînés de l'hospice de Bicêtre (un épisode resté célèbre bien que démenti[1]) et préconise un traitement plutôt qu'une incarcération : c'est la fin du « grand renfermement » des malades mentaux, désormais considérés comme des patients. Pour eux, l'architecture dite « asilaire » se fait plus médicale et disciplinaire encore, elle devient un « instrument de guérison », selon les termes du célèbre aliéniste Jean-Étienne Esquirol. Selon Théophile Archambault, directeur de l'asile de Maréville : « Pour mettre de l'ordre dans les idées des aliénés, il faut en mettre autour d'eux[2]. »

Les formalisations spatiales sont ensuite nombreuses. Ainsi Esquirol s'associe-t-il tôt à un architecte, Louis-Hippolyte Lebas, afin de concevoir en 1818 un asile idéal « pour les aliénés des deux sexes » (Lebas réalisera plus tard, parmi d'autres bâtiments parisiens, la prison de la Petite Roquette, ouverte en 1836). Tout au long du XIXe siècle, cette architecture psychiatrique donne lieu à plusieurs réalisations, souvent en périphérie des villes, et suivant généralement un principe de répartition « nosographique » des patients dans l'espace en fonction de leurs pathologies (des plus « tranquilles » aux plus « agités ») : mentionnons la Maison de Charenton, dont la construction, par l'architecte Émile Jacques Gilbert, est lancée en 1846 ; le « quartier d'aliénés » de Niort, ouvert en 1855 et considéré à son époque comme exemplaire ; l'asile dit « de Navarre », inauguré en 1866 près d'Évreux et conçu d'après les recommandations d'un autre aliéniste influent, Jean-Baptiste Maximien Parchappe de Vinay ; celui, pavillonnaire, d'Armentières, réalisé par les architectes Jean-Baptiste Cordonnier et Paul Lenoir (1884) ; ou encore celui de Saint-Venant, inauguré la même année selon les plans du même Paul Lenoir (le lieu existe toujours, sous le nom d'Établissement public de santé mentale Val de Lys-Artois).

1 Dans *Histoire de la folie à l'âge classique* (1961), Michel Foucault définit cet épisode, fictionnel ou réel, comme l'événement à l'origine de la psychiatrie moderne, produisant un nouveau discours sur la « folie », le médicalisant et posant le psychiatre comme « agent d'intensification du réel » (in Michel Foucault, *Le Pouvoir psychiatrique. Cours au Collège de France 1973-1974*, Paris, EHESS, Gallimard et Seuil, 2003). L'hôpital, en particulier psychiatrique, devient un espace disciplinaire de guérison.
2 Théophile Archambault, *Rapport à M. le préfet de la Meurthe sur le service médical de l'asile d'aliénés de Maréville*, Nancy, Raybois et Cie, 1842.

« La construction d'un asile doit être plutôt l'expression d'une pensée médicale que celle de la création d'un architecte, tel savant et habile qu'il soit. »

Henri Falret, *De la construction et de l'organisation des établissements d'aliénés*, 1852

« Le plan d'un hospice d'aliénés n'est point une chose indifférente et qu'on doit abandonner aux seuls architectes. »

Jean-Étienne Esquirol, *Des établissements des aliénés en France, et des moyens d'améliorer le sort de ces infortunés*, Paris, 1818

8

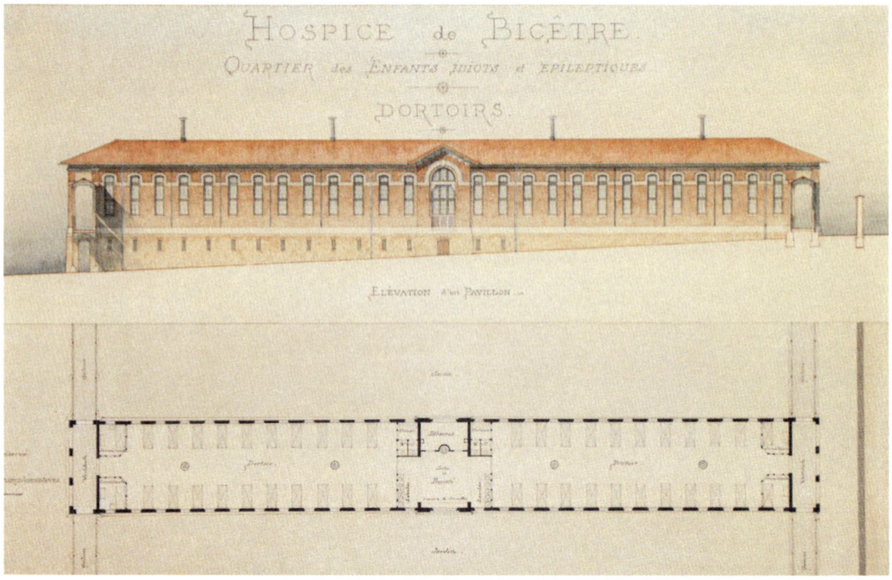

9

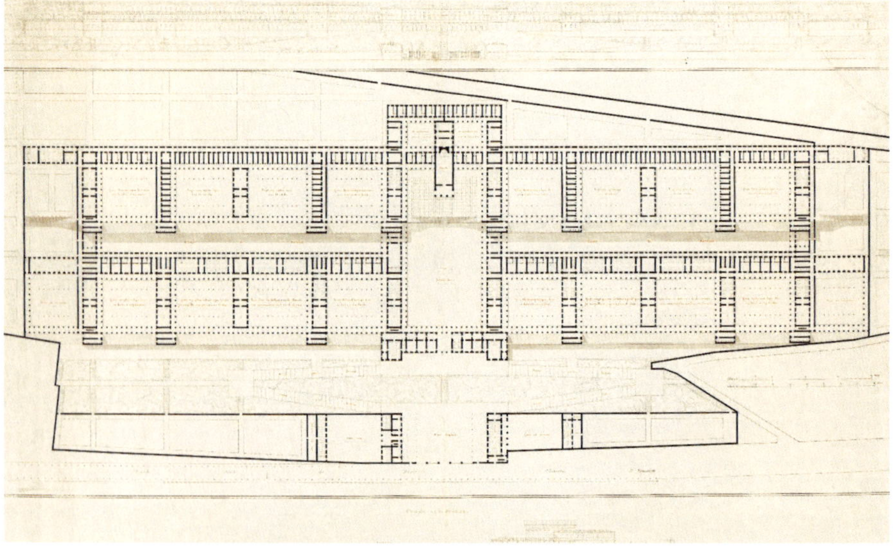
10

8 Charles-Louis Lucien Müller (1815-1892), *Pinel libérant les aliénés de leur fer en 1792*, dessin préparatoire, 1852.
9 « Dortoirs du Quartier des enfants idiots et épileptiques, Hospice de Bicêtre », élévation et plan, signés « Lanon », 1886.
10 Maison royale de Charenton, Émile Jacques Gilbert architecte, 1844-1855.

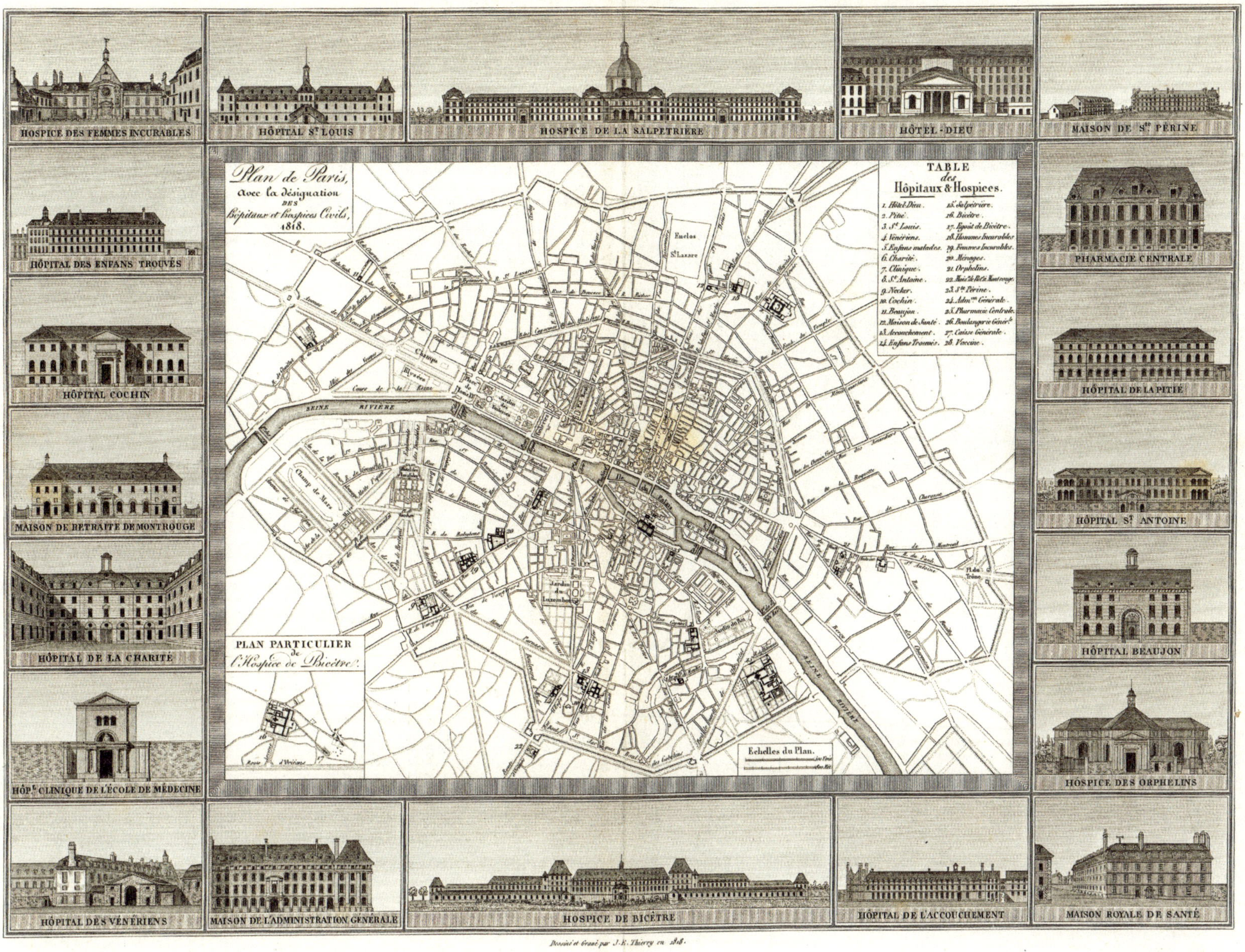

11

Au XIXe siècle, le territoire hospitalier parisien prend sa forme moderne, et les architectures qui le composent affirment, pour la plupart, une vocation explicitement médicale.

11 *Plan de Paris avec la désignation des hôpitaux et hospices civils*, J. R. Thierry dessinateur et graveur, 1818.

L'ÉTAT COMME CLINIQUE

L'architecture à l'intersection de la pandémie et de la politique

Ludger Schwarte
Professeur de philosophie

Connaître le nombre de personnes qui peuvent séjourner, dans quel lieu et à quelle distance les uns des autres, sans se transmettre un virus dangereux, est une question architectonique – tout comme celle de savoir combien faut-il de personnes qui continuent à séjourner en un lieu et à une distance donnée les uns des autres pour maintenir la liberté d'action et la politique démocratique.

De même qu'il est impossible de fermer l'espace public où se réunit le parlement sans abolir de fait la démocratie parlementaire, on ne peut fermer globalement les lieux publics de rassemblement sans nier la démocratie en tant que telle.

Relèvent de l'architecture les questions portant sur le fait de savoir qui peut se déplacer et où, qui occupe quel logement et s'il existe des espaces publics de rassemblement. Figurent aussi dans cette catégorie des solutions techniques toutes simples à mettre en œuvre pour éviter qu'une caissière ne se contamine au contact des clients du magasin où elle travaille, ainsi que les sas installés à l'entrée des laboratoires de haute sécurité et des services de soins intensifs, et les filtres à air éliminant les virus dans une salle de classe. Contamination et assainissement dépendent tout autant des structures architectoniques que de la nourriture, des soins, de la solidarité et de la communication. L'architecture détermine les conditions de vie des hommes, la plasticité et la résilience de leurs corps, le fonctionnement de leurs organes, et joue un rôle dans les influences environnementales auxquelles ils sont exposés d'une manière générale. Ce sont des architectures qui relient les uns aux autres les environnements et les modes de vie. Qui pilote ces facteurs architectoniques fondamentaux? Existe-t-il un programme architectural d'État qui nous donne un droit au logement, à la santé, au bien-être?

BIOPOLITIQUE – POUR QUI?

Depuis quand revient-il à l'État d'empêcher (par des moyens architectoniques) que nous tombions malades? Que l'État se consacre à la politique de santé et gère la vitalité de la population va aussi peu de soi que l'existence des États-nations ou des hôpitaux. La biopolitique vise à maintenir et intensifier la vie. La masse vivante est le gage sur lequel l'État se développe. « C'est la prise en charge de la vie, plus que la menace du meurtre, qui donne au pouvoir son accès jusqu'au corps », écrit Michel Foucault. « [...] ce qu'on pourrait appeler le ‹ seuil de modernité biologique › d'une société se situe au moment où l'espèce entre comme enjeu dans ses propres stratégies politiques[1]. » Même s'il existe d'autres signes caractéristiques, c'est donc également la biopolitique qui, selon ce point de vue, caractérise les États modernes.

Foucault a cependant aussi démontré que la biopolitique ne concerne jamais la santé de la totalité des personnes vivant sur un territoire, mais crée des césures (racistes, économiques). Cette situation résulte, d'une part, de la naissance d'une science politique empirique qui se réclame de l'économie et des statistiques et prend en ligne de mire l'évolution démographique au sein de certains intervalles ou de certains cycles, et, d'autre part, du « dispositif de sécurité » qui englobe l'hygiène sociale, les régulations médicales, la lutte contre les épidémies, le discours sexuel et le savoir biologique[2]. La responsabilité à l'égard de la vie (d'une partie de la population) implique que l'on ait défini au préalable l'existence qui doit être protégée et, par conséquent, tout autant celle qui peut être négligée ou celle qui doit être combattue. La biopolitique maintient et améliore l'existence de ceux qui font partie de la nation. Cela se fait toujours par le biais de l'espace et de frontières extérieures et intérieures, par l'isolation et l'expulsion, par une limitation dans le temps et l'exploitation, par le soin ou la négligence.

« MACHINES À GUÉRIR » : INDIVIDUALISER, CONTRÔLER, AÉRER

Les hôpitaux font aujourd'hui partie des lieux où la maladie et la mort doivent être domestiquées. La médecine clinique est née à l'ère de la raison. En l'espèce, un surcroît de médecine et d'hygiène, un surcroît d'instruction, cela signifie une moindre tolérance à l'égard de ce qui ne s'intègre pas à une classification.

Auparavant, il existait des hospices. Le premier hospice de Paris, l'Hôtel-Dieu, avait été construit au XIIIe siècle, en même temps que la cathédrale Notre-Dame. Cet hospice peut être décrit comme un regroupement de malades, de pauvres, de criminels, de lépreux et d'orphelins au centre de la ville. La mission de l'hôpital étant d'accueillir tous ceux qui en faisaient la demande, son architecture répondait aux exigences de cette fonction d'asile. L'hôpital absorbait également tous les individus ayant un comportement déviant et inquiétant. Il s'agissait moins d'une institution destinée à guérir, ou même à imposer des normes sanitaires, qu'un lieu de refuge et de miséricorde.

En 1710, on fonda la « Charité » de Berlin, conçue préventivement comme une maison de la peste; mais la « Grande Peste » n'ayant finalement pas frappé la ville, elle fut utilisée comme « Maison du tissage », c'est-à-dire une maison de travail pour les pauvres, les mendiants, les femmes enceintes hors mariage et les prostituées. On accueillit aussi une infirmerie militaire. Il fallut attendre 1785 pour que cet hospice soit transformé en un hôpital à vocation médicale.

À la suite d'un incendie en 1772, l'Hôtel-Dieu doit être radicalement modifié, dans le sillage des Lumières, par des moyens architecturaux: des cas à traiter individuellement découle l'architecture en pavillons de la clinique moderne. Cette disposition spatiale du malade soigné dans un lit individuel correspond à de nouvelles convictions des pathologistes, selon lesquelles le contact physique et la surpopulation seraient les principaux motifs de contagion. Mais l'investissement dans l'individu doit payer, ce qui entraîne une massification et une déshumanisation. On installe une démarcation hygiénique, qui est à l'origine d'une classification sociale accordant plus de place aux patients riches. Cette approche de l'espace hospitalier constituerait la première étape vers une renormalisation du corps, elle doit donc être continuellement remodelée en fonction du modèle fourni par le corps et par la spatialité de ses actes.

Les projets de Jacques Tenon, de Marie-Joseph Peyre et de Charles-François Viel développent une machine médicale dans laquelle les corps sont identifiés et triés, dont chaque aile se soumet au plan général, absorbant et transmettant certains actes, échangeant informations et situations avec les autres secteurs. Tenon conçoit la clinique de telle sorte que l'attribution des espaces exclue par principe toute possibilité de contamination. Avec la séparation spatiale, la circulation, l'approvisionnement et le contact deviennent des questions pertinentes. L'aération est désormais un thème central de l'architecture: l'air libre, l'air frais, l'air qui contamine. Grâce aux procédés imaginés par Tenon, chaque aile peut absorber de l'air frais sans qu'il ne se mélange à de l'air usagé ni que celui-ci ne se transmette, tout en fournissant à chaque patient la quantité d'air nécessaire. Il conçoit des espaces d'approvisionnement qui sont en même temps des espaces d'information. Les projets de Peyre et Viel tentent d'associer les connaissances acquises et les possibilités de traitement à une classification facile à appréhender. Ils dessinent des cathédrales de la santé qui doivent être des institutions à la fois administratives et de soins. Les prototypes suivants (de Viel, d'Antoine Petit et de Bernard Poyet) adoptent une disposition des pavillons en rayons, qui se fonde sur le principe du panoptisme et influencera ultérieurement les modèles de prison de Guillaume-Abel Blouet et Jeremy Bentham. La visibilité des différents processus est assurée grâce à une surveillance centrale et à un système de couloirs[3].

Le regard clinique fait du corps une information pouvant être traitée dans un « théâtre nosologique[4] ». L'empirisme clinique se constitue dans un premier temps *via* la représentation d'un siège de la maladie, c'est-à-dire d'une autre politique du

1 Michel Foucault, *La Volonté de savoir* [1976], Paris, Gallimard, 1994, p. 188.
2 Voir M. Foucault, « La naissance de la médecine sociale », in *Dits et Écrits*, Paris, Gallimard, t. 2, 2001, p. 209-210. Voir aussi M. Foucault, *Naissance de la biopolitique. Cours au Collège de France, 1978-1979*, Paris, Gallimard et Seuil, 2004, p. 150 *sq.*

3 Voir Bruno Fortier, « Architecture de l'hôpital », in Michel Foucault, Blandine Barret Kriegel, Anne Thalamy, François Beguin et Bruno Fortier, *Les Machines à guérir*, Paris, Institut de l'environnement, 1976, p. 85-86; M. Foucault, *Naissance de la biopolitique [...], op. cit.*, p. 71, 77 *sq.*, 84.
4 M. Foucault, *Naissance de la clinique* [1963], Paris, PUF, 2015, p. 59.

lieu, qui correspond à la possibilité de se débarrasser de ce siège. Foucault a en outre souligné le fait que les grandes réformes médicales ne peuvent être dissociées de l'organisation d'une politique de la santé : considérer les maladies comme un problème politique et économique et tenter d'y faire face par des pratiques de traitement et de prévention qui englobent la totalité du corps social, cela remonte à la fondation du Collegium Sanitare en Prusse en 1685 et de la *Société royale de médecine* en 1776 en France. Depuis, c'est la politique qui régule la santé de la population[5].

Le monopole professionnel et technique d'un appareil médical doté d'un équipement général va de pair avec une étatisation de la maladie : le corps du citoyen et l'administration du patrimoine héréditaire deviennent des missions politiques au sein d'une articulation institutionnelle rigoureuse et soigneusement distribuée. Le savoir non médical, féminin, lié aux soins et à la guérison, est refoulé ; le corps souffrant est prélevé hors de la sphère privée et devient un objet d'assistance sanitaire publique – l'assentiment est présupposé. Chaque acte médical correspond à un plan d'intervention qui en détermine l'espace et le temps, exigeant que l'on s'y livre sans réserve. Instruments, lieux, qualifications et hiérarchies sont définis avec précision. Pourtant, l'effet social d'une médecine encouragée et guidée par l'État n'est pas (seulement) celui de la *guérison* et de la *consolation*, comme le promet dès 1784 le portail de l'Hôpital général de la ville de Vienne, en Autriche. La neutralité de la médecine scientifique se révèle, au second abord, être une chimère, le curseur d'un mécanisme de pouvoir. Les cliniques sont des champs de bataille, non seulement contre les agents pathogènes, mais aussi contre des formes de vie dénoncées comme hostiles. Cette reformulation médicale de la lutte sociale pour le pouvoir en une guerre des races dans laquelle la vérité sert d'arme n'admet plus d'adversaires – ce que Michel Foucault n'a eu de cesse de souligner : ce combat pour le pouvoir n'est plus mené entre des races différentes, mais, comme il l'écrit, c'est le combat d'une race réputée vraie et unique, qui incarne le pouvoir et la norme, contre ceux qui divergent de cette norme et mettent en péril l'héritage biologique[6]. La politique sanitaire de l'État porte le poids de ce type de racisme structurel. Le principe de base est celui du monopole, de la normalisation, de la purification, du blocage des contagions, de l'isolement de celui qui, à un moment donné, est qualifié de « non pertinent pour le système[7] ».

La médecine clinique naît à la suite de réorganisations spatiales donnant à la médecine l'occasion d'affirmer son rôle d'instance de normalisation et d'imprégner les consciences d'une pensée médicale – et le corps collectif de problèmes médicaux[8]. La planification d'un système de cliniques contrôlées par l'État en est l'un des principaux instruments. La médecine a dès lors le contrôle social sur l'individu, mais aussi sur le corps, l'être-né reconnu de l'individu, la première pierre de la « nation ». La clinique est à la fois un point de collecte et un centre de diffusion qui accumule les observations, évalue les individus et gère la société par l'information, de manière à lui transmettre toujours plus d'observations, de données et de « matériel organique ».

5 Voir M. Foucault, « La politique de la santé au XVIIIe siècle », in *ibid.* et *Les Machines à guérir*, *op. cit.*, p. 12.
6 Voir M. Foucault, *Vom Licht des Krieges zur Geburt der Geschichte*, Berlin, Merve, 1986, p. 26.
7 C'est ce qu'illustre d'une manière extrême la mise à mort par l'État de groupes et d'individus discriminés car non productifs dans l'Allemagne nationale-socialiste, des malades mentaux lors de l'« Aktion T4 » aux femmes seules et âgées traumatisées par les bombardements. L'euthanasie est alors pratiquée sur la base d'un calcul de coûts et de place. Voir à ce propos Götz Aly, *Les Anormaux. Les meurtres par euthanasie en Allemagne (1939-1945)*, trad. Tilman Chazal, Paris, Flammarion, 2014.
8 M. Foucault, *Naissance de la clinique*, *op. cit.*, p. 36 *sq.*

La médecine est de moins en moins dissociable des procédures administratives globales, de ses architectures et de ses appareils. Elle recourt à l'architecture pour déployer une machinerie de surveillance et de traitement, tandis que les patients, de plus en plus nombreux, légitiment le pouvoir expansif de l'art médical[9].

Depuis le XIXe siècle, la politique de santé n'a plus pour objectif ultime de contenir une maladie ou une épidémie là où elle se présente, mais de prévenir autant que possible l'apparition et la propagation des maladies. Elle développe à cette fin des processus d'intervention en lien avec les conditions et les modes de vie – l'alimentation, le logement, l'environnement, l'éducation des enfants, etc. –, qui peuvent servir à améliorer la productivité de la population (souhaitée).

La politique de santé vise ainsi à faire converger au moins une partie de la pratique médicale avec le management économique et politique, qui vise à rationaliser la société. Parce que le pouvoir de décision médico-politique sur tous les aspects de la vie rend nécessaire l'intervention préventive, le droit est également remanié, afin de permettre la mise en œuvre de mesures policières préventives[10]. Le but de cette flexibilisation du droit est d'aboutir à une gestion plus efficace du corps collectif. Ce qui exige une architecture préventive.

La surveillance médicale de la population (« quadrillage plus serré de la population ») est introduite dès le XVIIIe siècle, afin de guider sur des voies économiques étroites l'« oisiveté » subventionnée des chômeurs, qui deviennent une main-d'œuvre utile. On considère que, pour le bien public, il faut des administrations qui gouvernent les ressources naturelles, les produits du travail, leur circulation, qui gèrent les conjonctures commerciales, l'urbanisme, l'infrastructure, les conditions de vie, le nombre d'habitants, la longévité, la main-d'œuvre, etc. De nombreux textes (dus à Johann von Justi, Wolfgang Thomas Rau, Christian Rickmann, Johann Wilhelm Baumer, François Xavier Lanthenas, Franz von P. Steininger) traitent alors de la mise au point d'une « police médicale », c'est-à-dire de lois et décrets qui renforcent globalement l'État et promeuvent par le bon usage de ses forces le bonheur de ses sujets[11]. La police médicale est un appareil de gestion et d'intervention sur le « corps social » – qui regroupe à la fois la population humaine et animale et les principes garantissant leur vie, définissant le cadre et le résultat de leurs activités et conditionnant leurs mouvements, leurs formes d'échange et de communication[12]. Meilleure est la police, plus saine est la population.

9 Jacques R. Tenon écrit ainsi dans cette période de transition : « Certainement, les hôpitaux sont des outils, ou, si l'on aime mieux, des machines à traiter les malades, je dirais volontiers en masse et par économie. Jamais l'art de guérir n'avait présidé à leur forme, à leur distribution. Si, dans quelques endroits, des hommes aussi habiles qu'attentifs avaient donné des soins à ces sortes de maisons, les règles de leur distribution n'étaient encore ni prononcées, ni rassemblées et répandues ; l'art de guérir était muet sur ces utiles objets et l'architecte n'était guère livré qu'à des routines et à des tâtonnements » (Jacques R. Tenon, *Mémoires sur les hôpitaux de Paris*, Paris, imprimerie de Ph.-D. Pierres, 1788).
10 Voir Gérard Jorland, *Une société à soigner. Hygiène et salubrité publiques en France au XIXe siècle*, Paris, Gallimard, 2010.
11 Voir notamment Johann von Justi, *Grundsätze der Polizeiwissenschaft*, Göttingen, 1756 ; Johann Gottfried Sonnenkalb, *De sanitatis publicae obstaculis*, Leipzig, 1753 ; Wolfgang Thomas Rau, *Gedanken von dem Nutzen und der Notwendigkeit einer medizinischen Polizeiordnung in einem Staat*, Ulm, 1764 ; Christian Rickmann, *Von dem Einfluss der Arzneiwissenschaft auf das Wohl des Staats*, Iéna, 1771 ; Johann Wilhelm Baumer, *Fundamenta politiae medicae*, Francfort, 1777 ; Johann Peter Frank, *System einer medizinischen Polizei*, Mannheim, 1779-1780 ; Ernst Benjamin Hebenstreit, *Lehrsätze der medizinischen Polizeiwissenschaft*, Leipzig 1791 ; François Xavier Lanthenas, *De l'influence de la liberté sur la santé, la morale et le bonheur*, Paris, 1792 ; Franz von Paula Steininger, *Arzneiwissenschaft oder medizinische Polizei*, Vienne, 1793.
12 « La police […] a en charge l'élément ‹ physique › du corps social : la matérialité, en quelque sorte, de cette société civile » (M. Foucault, « La politique de la santé au XVIIIe siècle », *op. cit.*, p. 10).

De plus en plus attentive au bien-être et à la santé de ce corps social, la politique publique s'octroie la mission d'éduquer et de surveiller une main-d'œuvre viable et capable d'apprendre. À cette fin, elle a besoin d'un appareil administratif qui s'occupe des malades et, au-delà, d'un dispositif d'observation, de mesure et d'amélioration constante de l'état sanitaire de l'ensemble de la population. La politique de santé se confronte ainsi en permanence aux données biologiques générales de ce processus d'amélioration, aux taux de natalité et de mortalité, aux conditions de vie, à l'enfance, à l'éducation et au sport, au travail, à l'hygiène et à l'alimentation. La médecine, en tant que « technique globale de santé », réorganise dans un premier temps l'espace, en particulier celui dédié à l'humain, par des mesures d'hospitalisation et un réseau d'encadrement médical et de contrôle administratif.

Le discours médical et le discours politique se rejoignent au niveau de l'architecture. Des décisions cliniques de construction appliquent les paramètres de la médecine à l'organisation des villes. Au XIXe siècle, les interventions de l'État en matière d'urbanisme suivent donc les principes biologiques issus des projets idéaux de l'architecture hospitalière de la fin du XVIIIe siècle : une répartition harmonieuse des différents quartiers, la distance qui les sépare, leur orientation, leur humidité et leur ventilation, l'évacuation des eaux usées, l'emplacement des cimetières et des abattoirs, la densité de la population, l'organisation de l'alimentation, la situation des postes de service et de surveillance, le contrôle de la circulation, l'aménagement d'infrastructures de communication sont autant de facteurs pris en compte à des fins d'hygiène urbaine. Les quartiers ne sont pas dessinés en fonction de critères culturels ou politiques, mais comme des lits de clinique. De l'anatomie de la ville pathogène découle une surveillance médicale scrupuleuse des agglomérations sociales.

Au fil de ce processus, l'État, en tant qu'institution de soins et machine à guérir, transforme les citoyens en patients. La souffrance devient le point de départ et de référence de la subjectivisation politique : l'appel à la liberté est remplacé par « la présentation des blessures » (Joseph Beuys). Le management de la santé par l'État est porté et soutenu par une population soucieuse de sa santé physique et mentale, et qui fournit volontiers toutes sortes de données afin que soient évalués son état sanitaire, son bien-être et ses pathologies politiques.

Alors que l'hospice recueillait les abjects, la clinique moderne fournit désormais la norme de la subjectivation et de l'urbanisme. Elle ne répare pas, elle régule, autant en massifiant qu'en individualisant : les cellules individuelles, disposées de manière dense, correspondent à une classification plus précise des maladies et à des formes de traitement individualisées. Dans le même temps, elle favorise une certaine animation et l'instruction publique. La subjectivation se produit sur le mode de la pathologisation. La clinique alimente la ville en savoir : je me sais en tant que je suis un patient. Seule la clinique sait *comment* je suis.

ARCHITECTURES DE LA DISCIPLINE, ARCHITECTURE DU CONTRÔLE

Le système des cliniques relève pourtant encore largement d'une imposition de la discipline. La machine à guérir ressemble en cela aux architectures de surveillance : le docteur ou la doctoresse doit autant que possible appréhender d'un même regard l'état de chaque patient et patiente pris individuellement, mais aussi de tous les patients et patientes d'une classe sociale. Chaque corps individuel doit se comporter et se développer conformément aux normes du savoir médical. Néanmoins, il y a une différence importante entre l'architecture de la prison et celle de l'hôpital, cette dernière étant conçue de sorte que les patients et patientes aient accès à l'air frais, ses plans comportant toujours de vastes zones vertes. Dans le même temps, les citoyens, en tant que patients, craignent toujours de sortir de l'institution : ils redoutent de prendre à l'égard des symptômes une liberté complète. Mais une stricte politique de quarantaine constituerait un retour en arrière vers l'architecture du ghetto, de la léproserie et du pavillon des pestiférés. L'État devenu clinique concède donc cet espace de liberté des « premiers pas personnels » non loin de la blouse blanche.

Dans cet espace, la discipline médico-politique individuelle n'a certes pas disparu. Mais il est guidé par une autre rationalité, celle du contrôle. La société de contrôle est un système ouvert, impliquant des formes de contrôle rapide, à l'apparence libérale, et qui informent, à chaque instant, de la situation d'un individu dans un milieu ouvert. Alors que, dans le système disciplinaire, on se trouve toujours entre deux enceintes, la société de contrôle, selon l'importante analyse qu'en fait Gilles Deleuze, « organise la modulation et le chiffrage permanents ». Du point de vue architectonique, cela exige une sérialisation des espaces, qui remplace les barrières par des validations. La société de contrôle est fondée sur l'autogestion continue, qui passe par un *feedback* constant. Dans son « Post-scriptum sur les sociétés de contrôle », Deleuze le résume en ces termes : « [...] dans la crise de l'hôpital comme milieu d'enfermement, la sectorisation, les hôpitaux de jour, les soins à domicile ont pu marquer d'abord de nouvelles libertés, mais participer aussi à des mécanismes de contrôle qui rivalisent avec les plus durs enfermements. Il n'y a pas lieu de craindre ou d'espérer, mais de chercher de nouvelles armes[13]. »

Depuis qu'il a commencé à se propager en Chine, le coronavirus n'a pas été seulement combattu par des mesures conséquentes d'enfermement, mais aussi par des méthodes plus subtiles d'extension et d'accentuation du pouvoir autoritaire, impliquant un muselage de l'opposition politique. On a introduit dans ce but des « applications de traçage Covid », qui permettent de suivre les contacts sociaux et informent leurs utilisateurs d'une potentielle contamination liée à une proximité avec un porteur du virus. Ces applications surveillent par principe chaque utilisatrice et utilisateur dans l'espace social et régulent leur mobilité jusqu'à imposer le dictat algorithmique des quarantaines. De fait, des données personnelles sont par ce biais transmises aux institutions de l'État, établissant par là même l'infrastructure technique d'un contrôle social automatisé.

Deleuze voyait déjà dans le « régime de maladie » de la société de contrôle une médecine nouvelle « qui dégage des malades potentiels et des sujets à risque, qui ne témoigne nullement d'un progrès vers l'individuation, comme on le dit, mais substitue au corps individuel ou numérique le chiffre d'une matière ‹ dividuelle › à contrôler[14] ». Aujourd'hui, nous assistons à la mise en place d'une telle architecture, résultant d'un *nudging* biopolitique[15] à tous les niveaux. Nos corps endettés sont devenus un matériau de contrôle pour des gouvernements désireux de savoir s'ils ont utilisé efficacement leurs moyens de pouvoir. Nous sommes des codes vivants pour des calculs de modèles visant à établir des pronostics et à avertir de processus de contamination.

13 Gilles Deleuze, « Post-scriptum sur les sociétés de contrôle » [1990], in *Pourparlers 1972-1990*, Paris, Éditions de Minuit, 2003, p. 241-242.
14 *Ibid.*, p. 247.
15 Stratégie sociopolitique qui vise à infléchir ou modifier les comportements des usagers et des citoyens (n.d.é).

Mais aucune des mesures que les États prennent aujourd'hui dans le monde à propos des populations, à des degrés différents et de façon expérimentale, ne peut garantir avec efficacité que la propagation des maladies sera stoppée. L'automutilation demeure elle aussi toujours une option. L'« expérimentation de nous tous par nous tous » (Bruno Latour) entre dans une nouvelle phase. Même s'il existe un certain nombre – non négligeable en Allemagne – d'esprits obtus, on ne parviendra à arrêter la pandémie actuelle que si l'on peut partir du principe qu'en règle générale, chacune et chacun s'inscrit dans une raison collective et se comporte comme il est nécessaire de le faire face à la situation donnée.

Et, de même qu'il est possible de partager une séance de cinéma, un concert ou une pièce de théâtre depuis de multiples espaces protégés contre le virus, et que nous pouvons continuer à manger, danser, discuter et apprendre ensemble grâce à des aménagements protecteurs, il faudrait modifier la fréquence, nos modes de déplacement et nos pratiques afin de pouvoir continuer à vivre en liberté. Même en admettant le principe que d'autres corps, *a fortiori* s'ils sont nombreux, peuvent constituer un danger.

Traduit de l'allemand par Olivier Mannoni

Les machines contemporaines

Au XIXe siècle, la typologie en pavillons, favorisant la circulation de l'air, est largement dominante dans l'architecture hospitalière. L'hôpital Boucicaut, fondé en 1897 sur les plans de l'architecte Alphonse Legros et de son fils (fermé en 2000), en est un exemple caractéristique. Au début du XXe siècle, apparaît notamment une forme renouvelée de « machine à guérir », celle verticale venant des États-Unis et largement réorganisée autour de ses ascenseurs : les architectes Jean Walter et Paul Nelson, entre autres, l'importent sur le territoire français. L'hôpital Beaujon, reconstruit en 1935 à Clichy, en est un exemple francilien remarquable, bâtiment dont la reconversion est aujourd'hui en discussion. À Arles et à Saint-Lô, les réalisations hospitalières de Nelson témoignent d'une démarche architecturale qui cherche à combiner machinisme et humanisme[1]. En 1980, à l'occasion de la construction du « nouveau Bichat » à Paris, un dernier « hôpital-tour » voit le jour en France ; il est conçu par les architectes Raymond Marchand, Henri Santelli et Jean Seac'h.

1 Au sujet de Paul Nelson, voir notamment Donato Severo, *Paul Nelson et l'hôpital de Saint-Lô*, Paris, Picard, 2015.

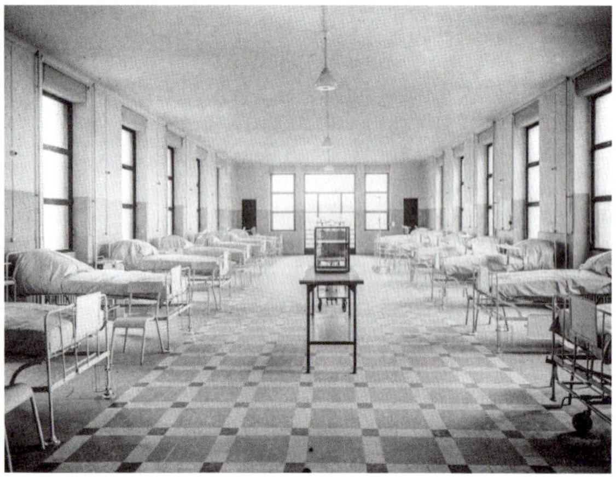

1

2

L'hôpital Beaujon, « machine verticale » conçue par les architectes Jean Walter, Louis Plousey et Urbain Cassan, est reconstruit à Clichy en 1935. Sa verticalité fait référence à l'emblématique New York Hospital (aujourd'hui Weill Cornell Medical Center), ouvert en 1932 sur l'île de Manhattan. Cette morphologie est par ailleurs indissociable d'un autre concept innovant de l'architecture de l'hôpital Beaujon : celui d'« hôpital-bloc », qui consiste à regrouper l'ensemble des fonctions dans un unique bâtiment.

1 Hôpital Beaujon, s.d.
2 Salle Malgaigne, hôpital Beaujon, carte postale, s.d.
3 Plan du 5e étage de l'hôpital Beaujon, Jean Walter, Louis Plousey, Urbain Cassan architectes, 1935.
6 Façade sud, hôpital Beaujon, carte postale, 1935.

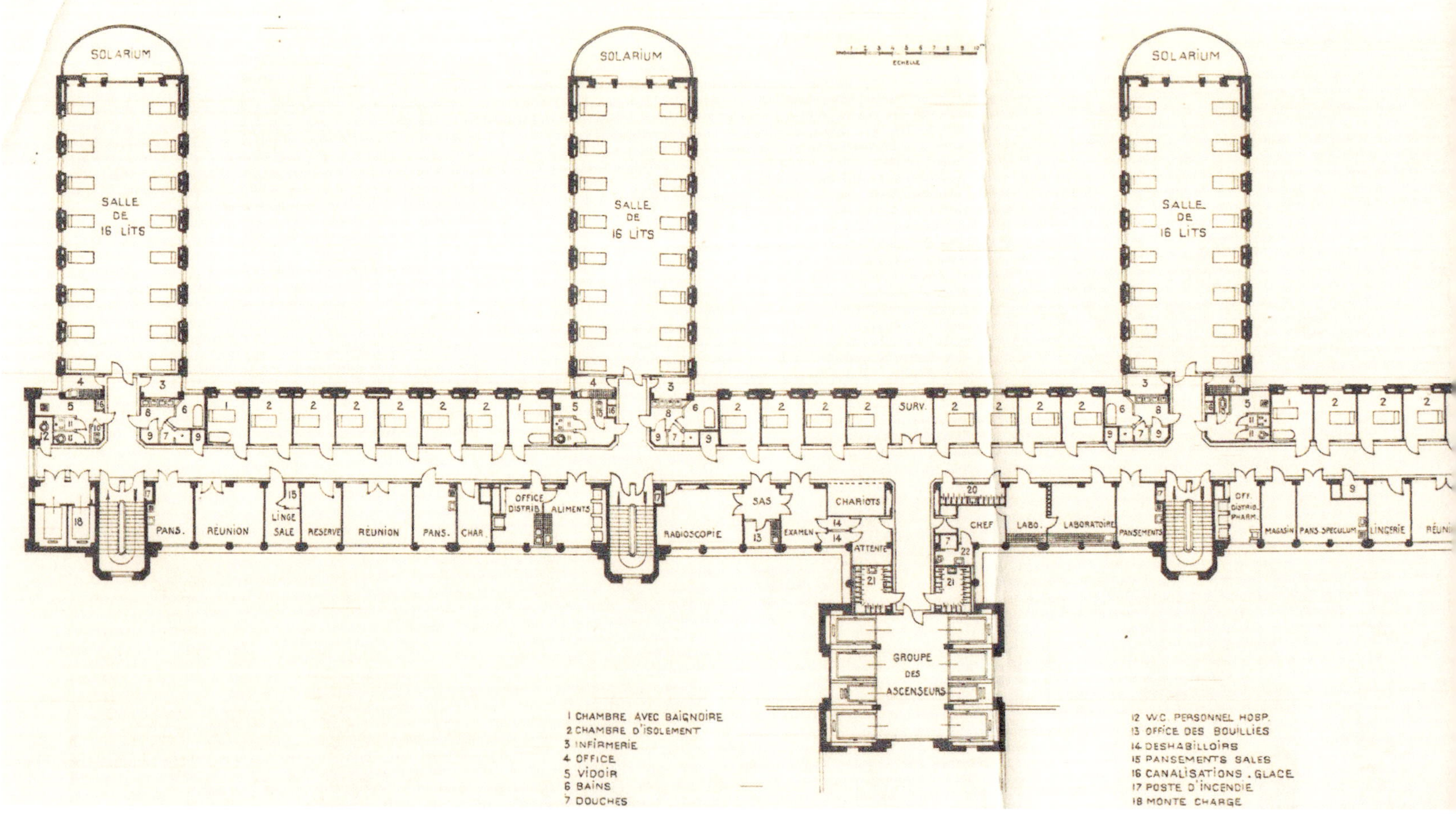

3

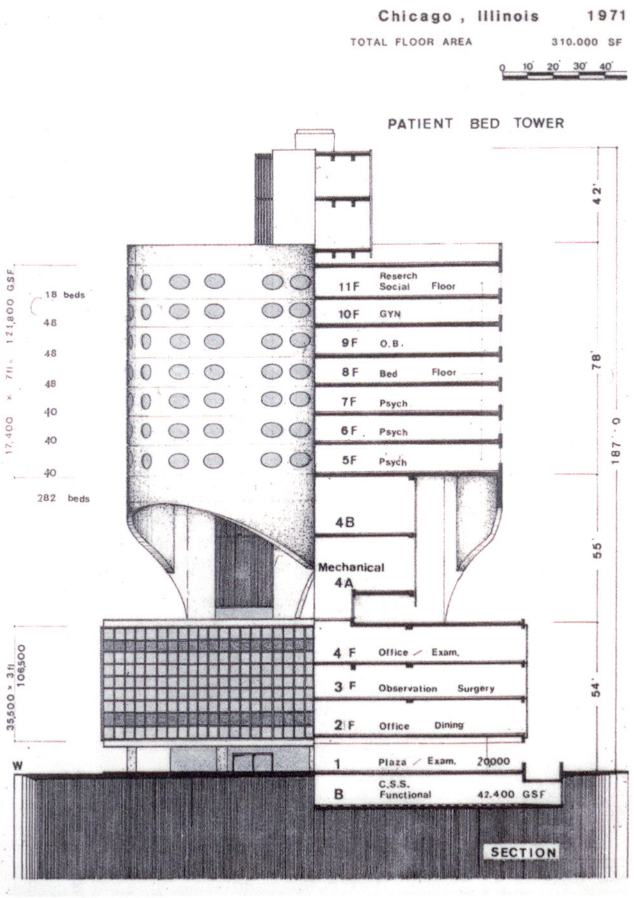

4

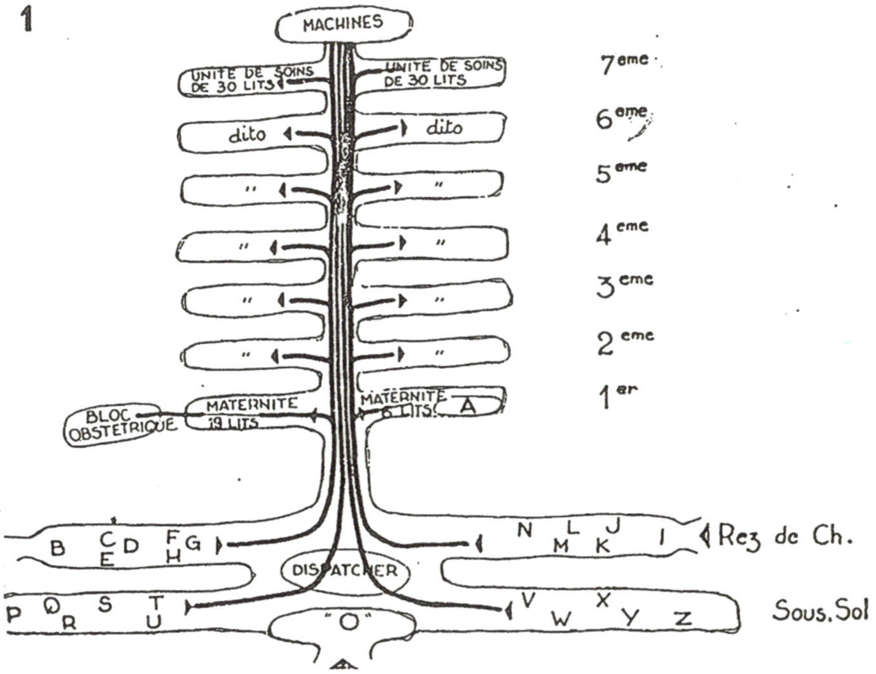

5

Comme son confrère Bertrand Goldberg, l'architecte français d'origine américaine Paul Nelson expérimente en Europe les typologies verticales permises par l'invention de l'ascenseur. Cela entraîne une réorganisation totale des services (plateaux techniques, hébergement, logistique, etc.), que ce soit au Prentice Women's Hospital, à Chicago, ou au centre de santé d'Arles.

4 Coupe du Northwestern Memorial Hospital, Prentice Women's Hospital and Maternity Center, Chicago, Bertrand Goldberg architecte, 1975.

« Un hôpital c'est un arbre, un arbre avec des racines qui au sous-sol assurent les services de ravitaillement et d'entretien et au rez-de-chaussée les services complémentaires de diagnostic et de traitement. Au centre se trouve le tronc qui groupe le mouvement vertical de tous les ascenseurs pendant que les branches, situées de chaque côté, représentent les unités de soin, de trente lits chacune. Enfin, au pied de l'arbre, le dispatcher assure les liaisons nécessaires. »
Paul Nelson.

5 « Schéma organique du centre de santé d'Arles », in Paul Nelson, « Un centre pour la santé de la communauté », *La Vie collective*, vol. 37, nº 435, octobre 1971.

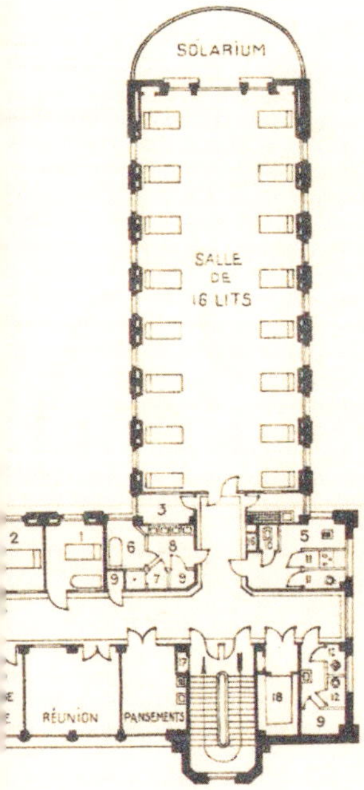

6

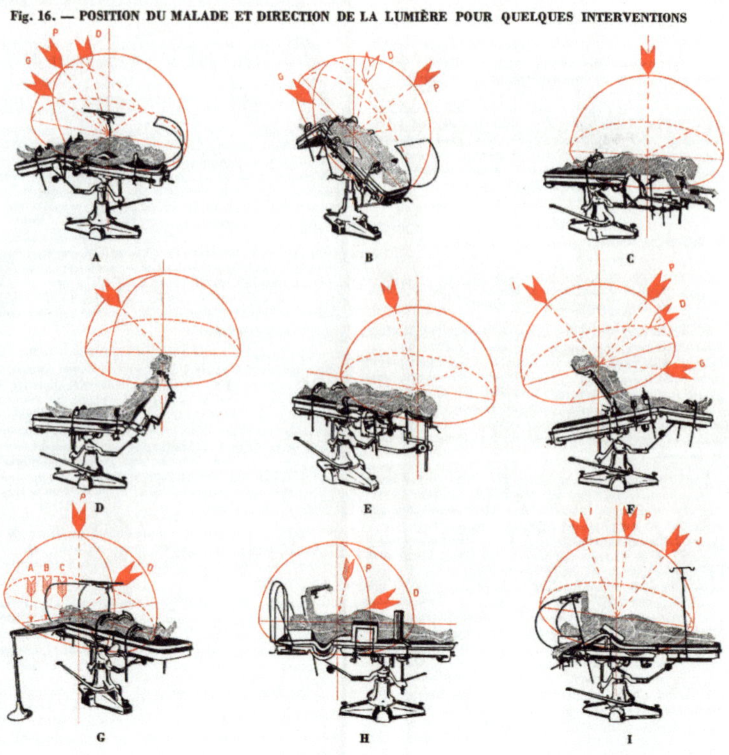

7

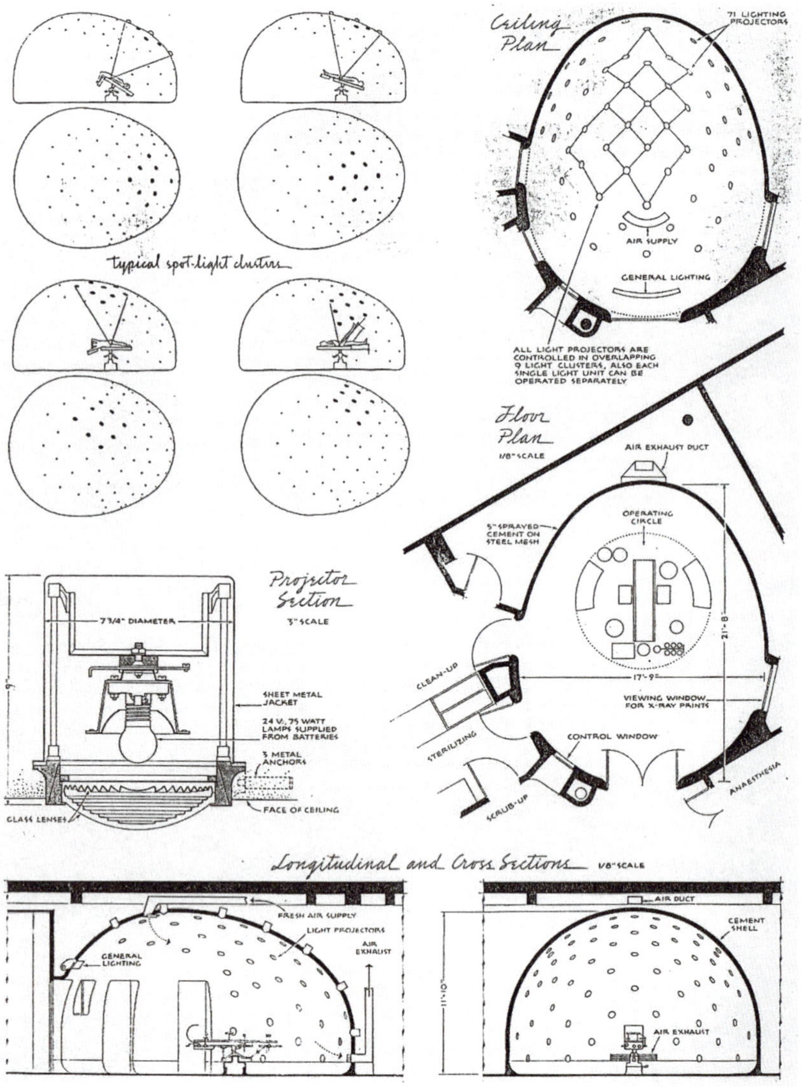

8

L'une des réalisations des plus remarquables de Paul Nelson est la « salle ovoïde » de l'Hôpital franco-américain de Saint-Lô (aujourd'hui Centre hospitalier Mémorial France / États-Unis), réalisée en 1956. Cette salle d'opérations chirurgicales offre un système d'éclairage « en planétarium » qui optimise la visibilité du médecin.

7 Les positions du corps du patient selon les cas d'interventions chirurgicales, in Jean Dourgnon, « L'éclairage des salles d'opérations chirurgicales », *Cahiers du Centre scientifique et technique du bâtiment*, extrait du nº 36, fascicule 296, février 1959.

8 Plans, coupes et détails de la salle ovoïde, Hôpital franco-américain de Saint-Lô, in *Progressive Architecture*, New York, octobre 1957.

9 Système de commande de l'éclairage de la salle chirurgicale ovoïde.

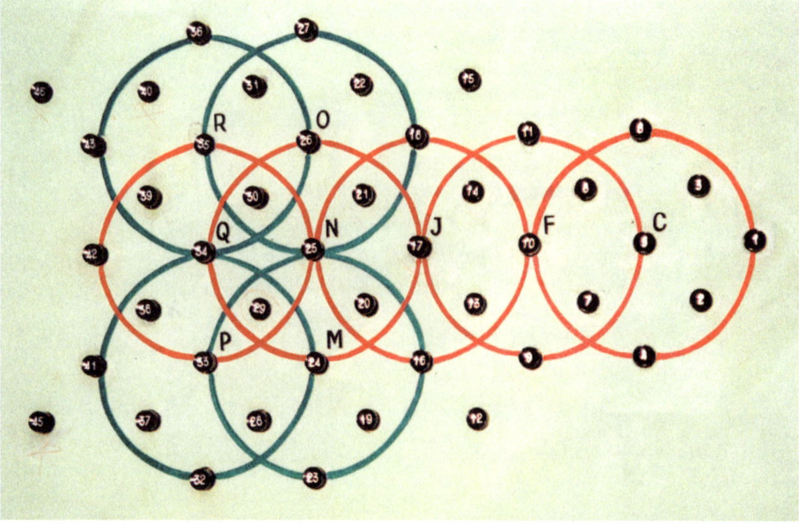

9

10 La salle ovoïde avec l'éclairage en planétarium, photographie Henri Baranger, 23 juillet 1959.

Dans les années 1960 et 1970, émerge le modèle hospitalier tel qu'on le connaît encore aujourd'hui : celui d'une architecture / structure pensée comme un système de flux, de fluides, priorisant l'efficacité du bâtiment mais prenant aussi le risque de la réification du patient et de la mécanisation du soin.

En Allemagne, poussant l'exercice jusqu'à adopter le langage d'une raffinerie, l'Hôpital universitaire d'Aix-la-Chapelle, en Allemagne, achevé dans les années 1980 par Weber & Brandt, reflète cette tendance.

11

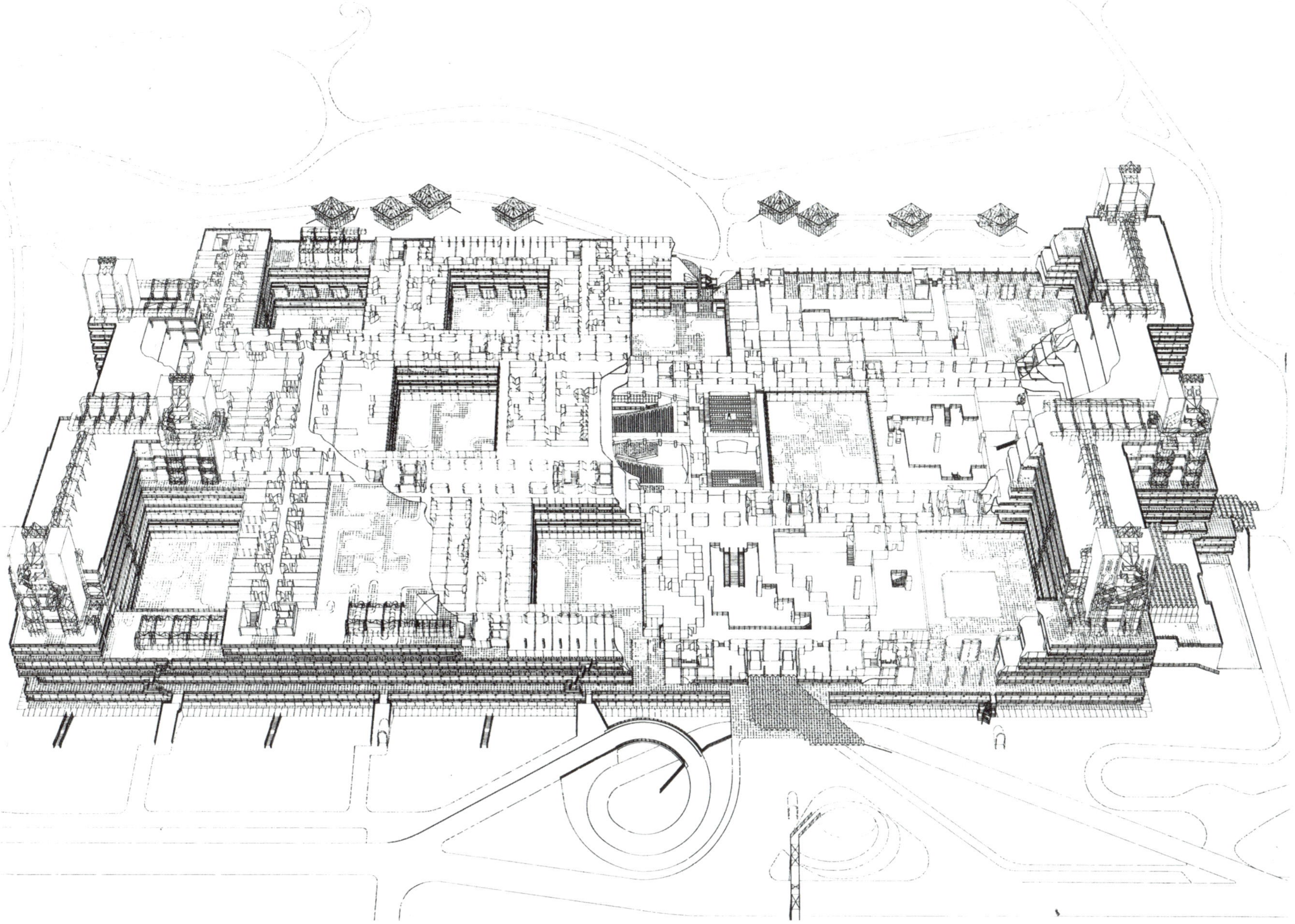

12

«Le malade de l'avenir est une collection de fiches, de graphiques, de nombres et d'enregistrements divers. Un automate sera le médecin de l'avenir, qui, sans aucune pensée, déduira de ces données un classement et un traitement.»

Paul Valéry, *Cahiers*, XVI, 1942-1943

13

L'Hôpital universitaire d'Aix-la-Chapelle, réalisé en 1985 par Weber & Brandt, va jusqu'à adopter le langage formel de l'architecture industrielle.

11 Hôpital universitaire d'Aix-la-Chapelle, Weber & Brandt, architectes, 1971-1985, in *Architectural Design*, vol. 58, nº 11-12, 1988.

12 Hôpital universitaire d'Aix-la-Chapelle, Weber & Brandt, architectes, 1971-1985, axonométrie, in *L'Architecture d'aujourd'hui*, nº 237, février 1985.

Traduction formelle de la logique machinique, le gigantesque hôpital Huoshenshan, d'une surface de 25000 m² et d'une capacité de 1000 lits, est construit à Wuhan (Chine) en huit jours seulement, grâce à un procédé constructif modulaire, pour prendre en charge au plus vite les patients atteints de la Covid-19.

13 Hôpital Huoshenshan, Wuhan, 2020.

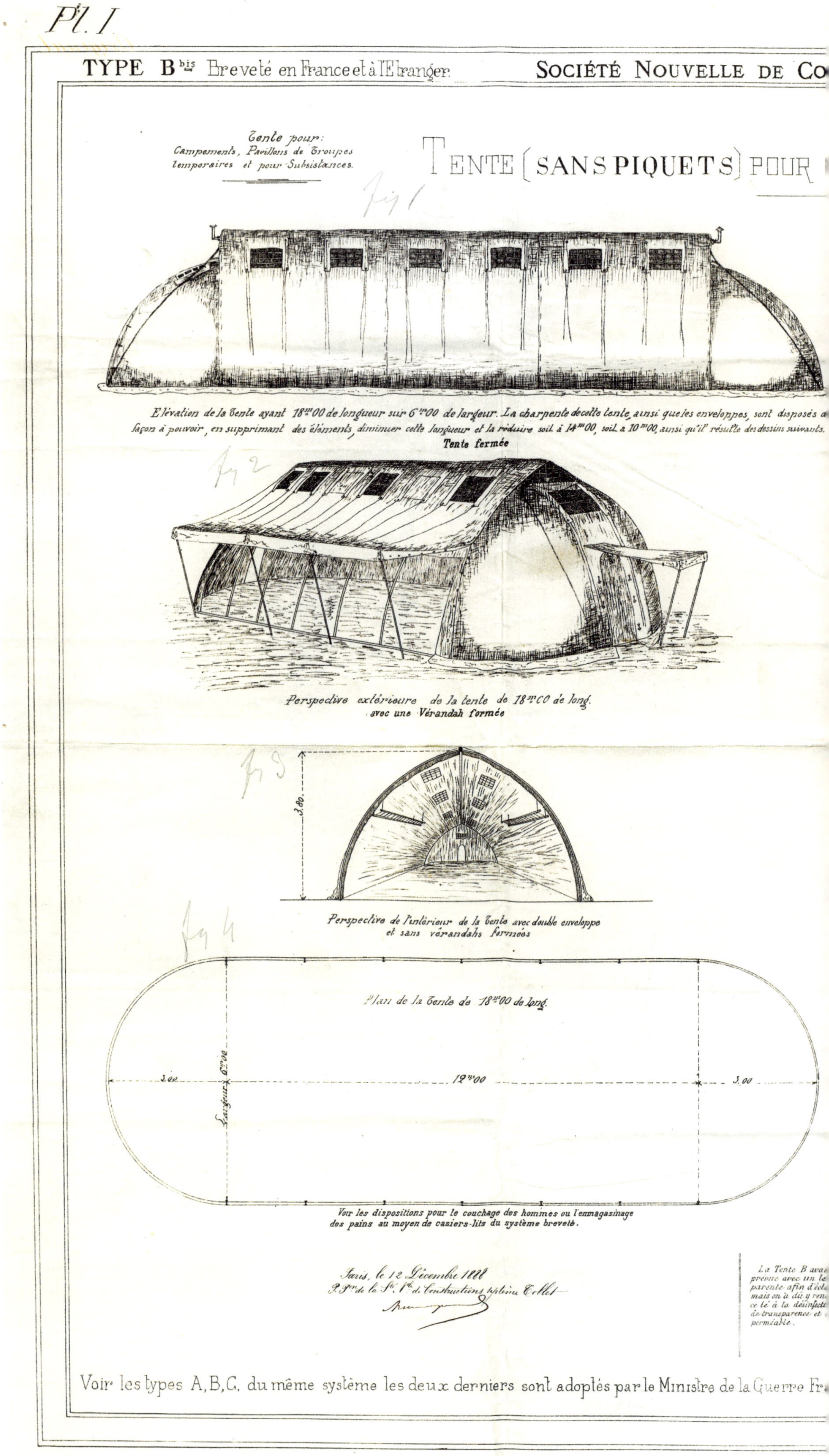

L'ingénieur « aériste » français Casimir Tollet, auteur d'un influent travail sur « Les hôpitaux modernes au XIXe siècle » paru en 1894, conçoit en 1888 une « tente » hospitalière à déployer en situation de crise, militaire notamment.

14 Planche du certificat d'addition du 12 décembre 1888 au brevet d'invention nº 161 761 déposé le 26 avril 1884 par la Société nouvelle de constructions, Système Tollet, pour un genre de construction mobile pour ambulances et autres destinations.

4

Original

…CTIONS SYSTÈME TOLLET RUE CAUMARTIN, 61, PARIS. **TYPE B bis** Breveté en France et l'Étranger

…EMENT, SUBSISTANCES, AMBULANCES, ETC, ETC.

Tente pour:
Hospitalisations provisoires, pavillons d'isolement, Lazarets, etc. etc...

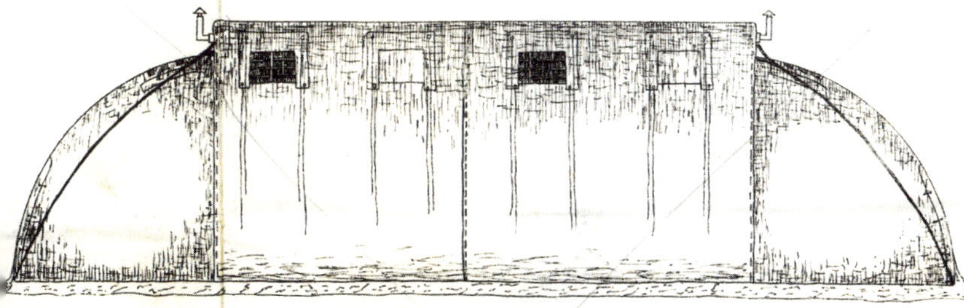

Élévation de la Tente de 6m00 de large et réduite à 14m00 de long.
Tente fermée

Élévation de la Tente de 6m00 de large et réduite à 10m00 de long.
Tente fermée

Perspective extérieure de la tente de 14m00 de long.
avec une Vérandah fermée

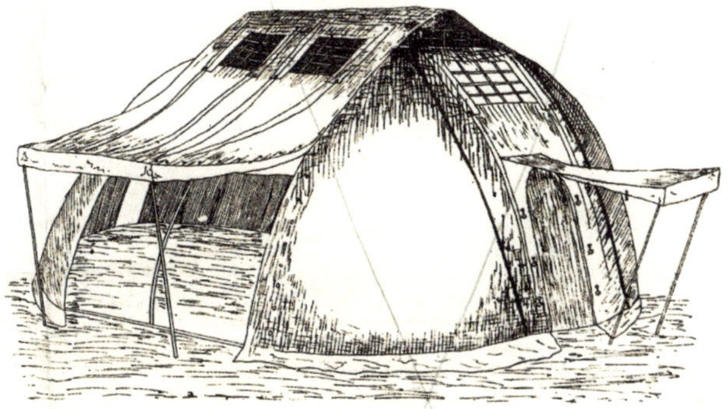

Perspective extérieure de la Tente de 10m00 de long.
avec une Vérandah fermée

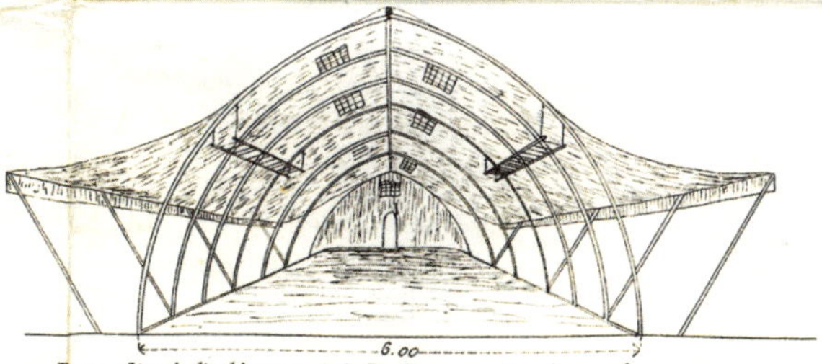

Perspective de l'intérieur de la Tente avec simple enveloppe et vérandahs fermées des deux côtés

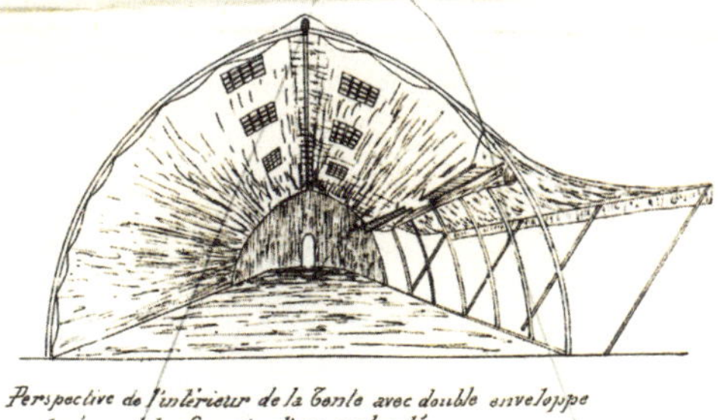

Perspective de l'intérieur de la Tente avec double enveloppe et vérandah fermée d'un seul côté.

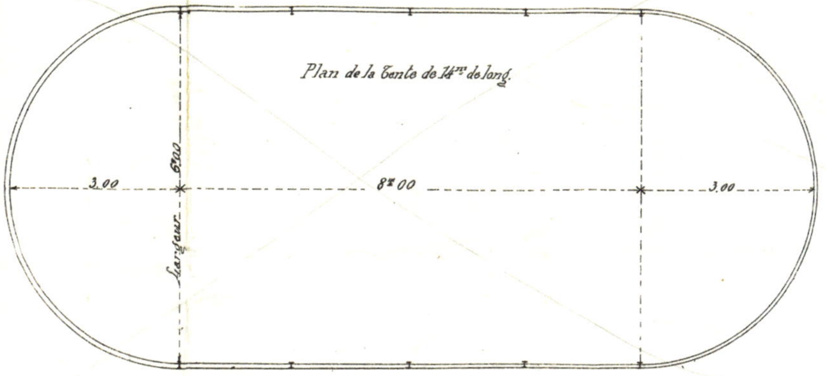

Plan de la Tente de 14m de long.

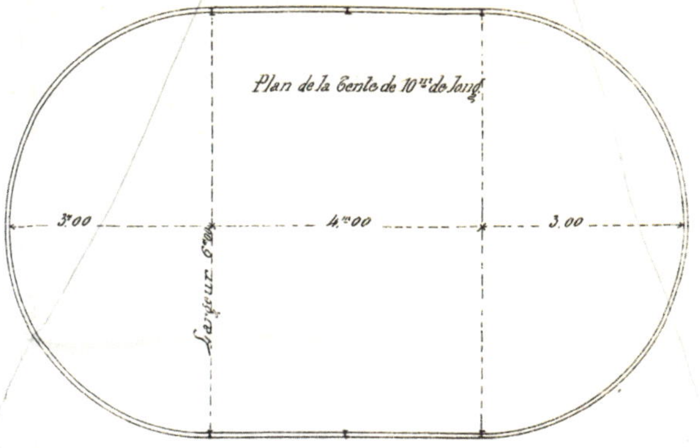

Plan de la Tente de 10m de long.

Notice.

Cette Tente se compose d'une ossature en fer de forme ogivale, recouverte d'une ou de deux enveloppes; dans ce dernier cas, les deux enveloppes ont entr'elles un matelas d'air pour protéger l'intérieur contre les variations atmosphériques. Ce matelas d'air, par une disposition spéciale, peut avoir l'épaisseur que l'on désire.

Cette Tente large de 6m00, a 18m00 de long, mais elle peut n'avoir que 14 ou 10 mètres de long. Pour cela, il suffit de supprimer deux fermes pour la réduire à 14 mètres, et d'en supprimer quatre pour la réduire à 10 mètres; les toiles sont disposées pour servir à ces trois longueurs.

Le poids total de la Tente de 18 mètres avec double enveloppe est de 1150 kilogs.

Son montage et son démontage très faciles se font en moins d'une heure et ne nécessitent aucun outil.

Le prix est variable suivant l'importance des commandes.

Il comprend l'ossature en fer, les enveloppes, les bâtons de tente et tout ce qui est utile au montage, entr'autres des doubles échelles, qui, par une disposition spéciale, sont placées dans l'intérieur, quand le montage est terminé et forment des tablettes pour supports de vêtements.

Principaux avantages de cette Construction.

1° Solidité absolue obtenue sans piquets, ni haubans et résultant seulement de la construction.
2° Évacuation de l'air par le faîtage et absence complète d'angles morts à la ventilation.
3° Facilité de former avec les enveloppes des vérandahs sur les côtés.
4° Éclairement de l'intérieur même quand la double enveloppe est close, au moyen des ouvertures pratiquées sur les côtés et sur les croupes.
5° Les larges ouvertures placées sur les côtés permettent d'augmenter la ventilation du faîtage et au besoin de laisser pénétrer à l'intérieur les rayons du soleil. Elles sont munies de doubles volets en toile empêchant l'introduction de la pluie et du vent.
6° Chauffage au moyen de poêles quelconques. Le coude du tuyau de poêle placé à la sortie de la tente doit être à deux enveloppes ayant entr'elles un large matelas d'air afin que la chaleur ne se communique pas à la toile.
7° Transport facile, aucune pièce ne pesant plus de 50 kilogs.
8° Possibilité de remplacer les toiles, par des enveloppes en bois, en tôle galvanisée, ou par des briques.

Une notice explicative avec dessins pour le montage accompagne chaque expédition de Tente, toutes les pièces semblables sont interchangeables.

Comparaison

avec les autres Types de Tentes

Dans les autres types de Tentes connus jusqu'à ce jour, la solidité relative de la Construction, n'est obtenue que par l'emploi des piquets intérieurs ou extérieurs.

L'arrachement de ces piquets occasionne souvent de graves accidents et, de plus les toiles étant toujours en tension, s'usent très rapidement, et ne peuvent être ni raccommodées, ni percées de fenêtres suffisantes.

Tous ces inconvénients sont évités avec les types de la Société Tollet, dont la solidité est absolue sans le secours d'aucuns piquets.

Il en résulte que les enveloppes en toiles ne sont jamais en tension et ont une durée au moins trois fois plus considérable que dans les autres tentes.

Quant à l'ossature en fer, qui entre pour plus de moitié dans le prix total, sa durée est pour ainsi dire indéfinie, l'emploi de ce type présente donc une réelle économie.

Impie. H. Barri 62, Rue Turenne. Paris. 15 Octobre, 1888.

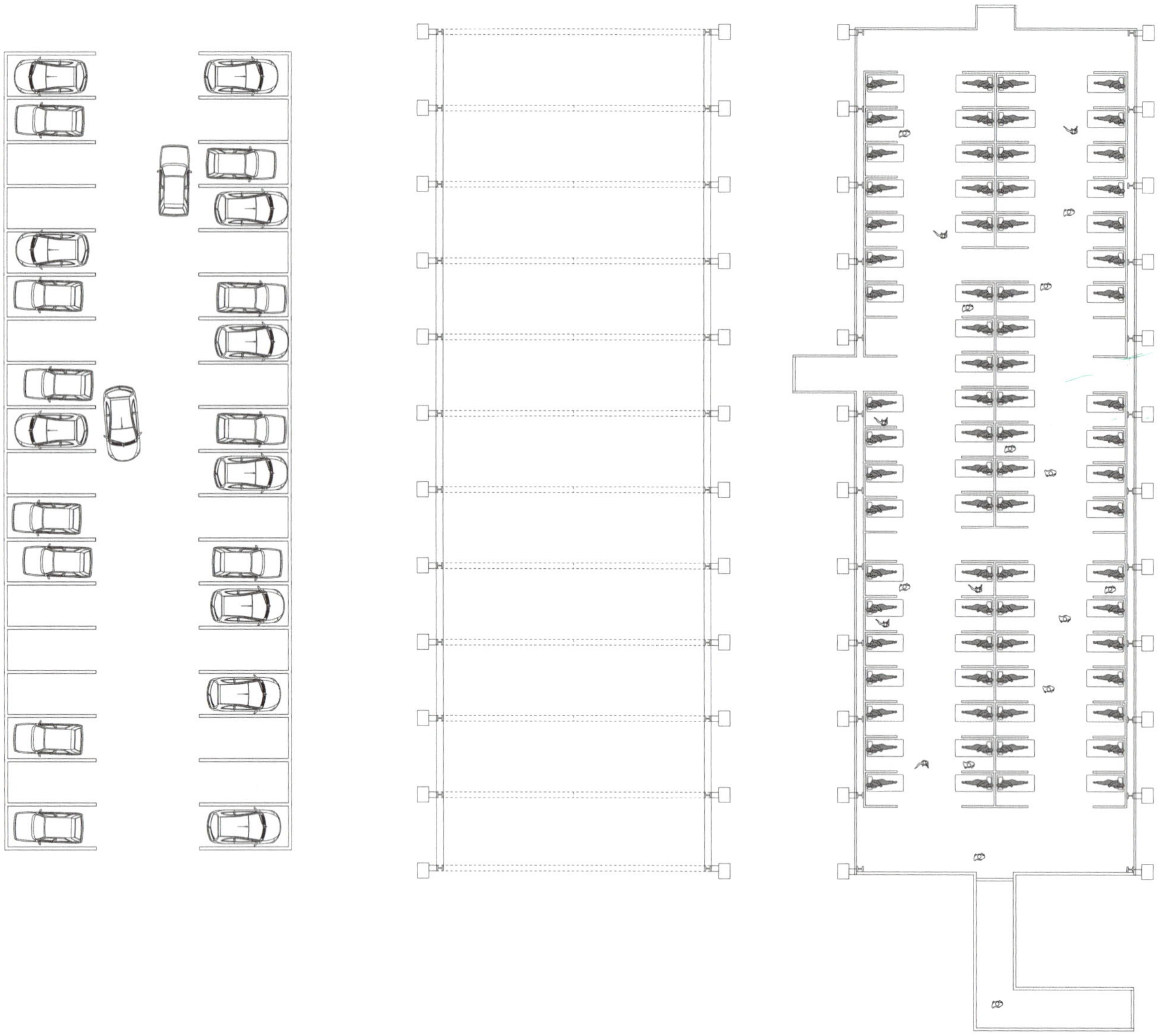

Quoique conçue pour pouvoir s'adapter à différentes conjonctures, la « machine » doit parfois faire face à certaines situations exceptionnelles. Ainsi, de nombreux hôpitaux à travers le monde s'agrandissent dans l'urgence pour accueillir les patients lors de la pandémie de Covid-19. En avril 2020, à Burlington au Canada, une structure modulaire est ainsi assemblée en deux semaines sur le parking du Joseph Brant Hospital, associé pour l'occasion à l'agence Cumulus Architects, afin d'offrir 93 lits supplémentaires.
15–17 *Pandemic Response Unit*, Hôpital Joseph Brant, Burlington, Ontario, Cumulus architects, avril 2020.

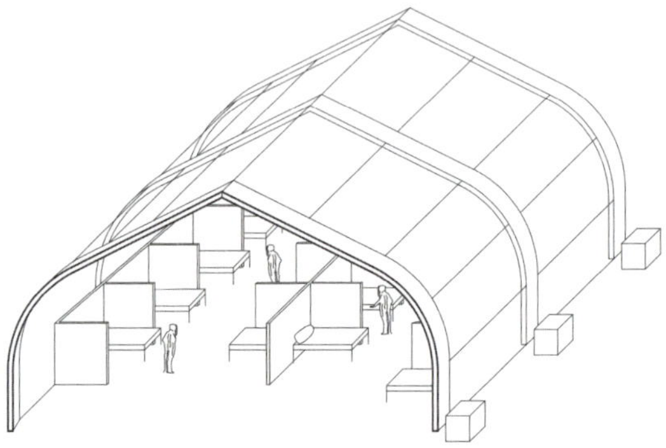

15

16

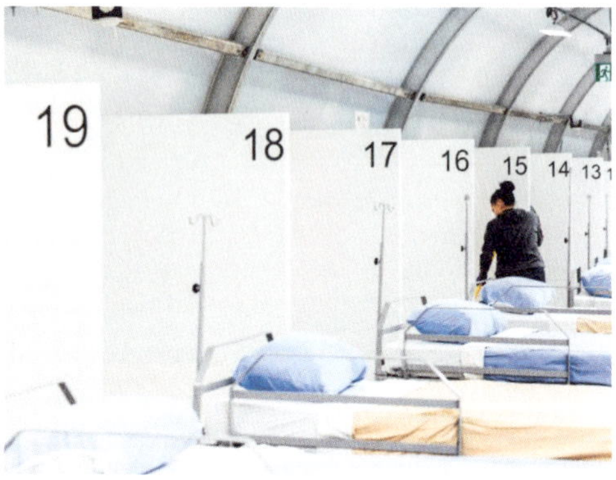

17

À l'occasion d'épidémies comme celle de 1889-1890, dite « grippe russe », ou celle de la grippe espagnole après la Première Guerre mondiale, les hôpitaux mettent déjà en place des extensions exceptionnelles de leurs surfaces : des tentes sont installées à leurs abords.
18 et 19 « L'épidémie d'influenza. Les installations supplémentaires dans le jardin de l'hôpital Beaujon », 1889.

18

19

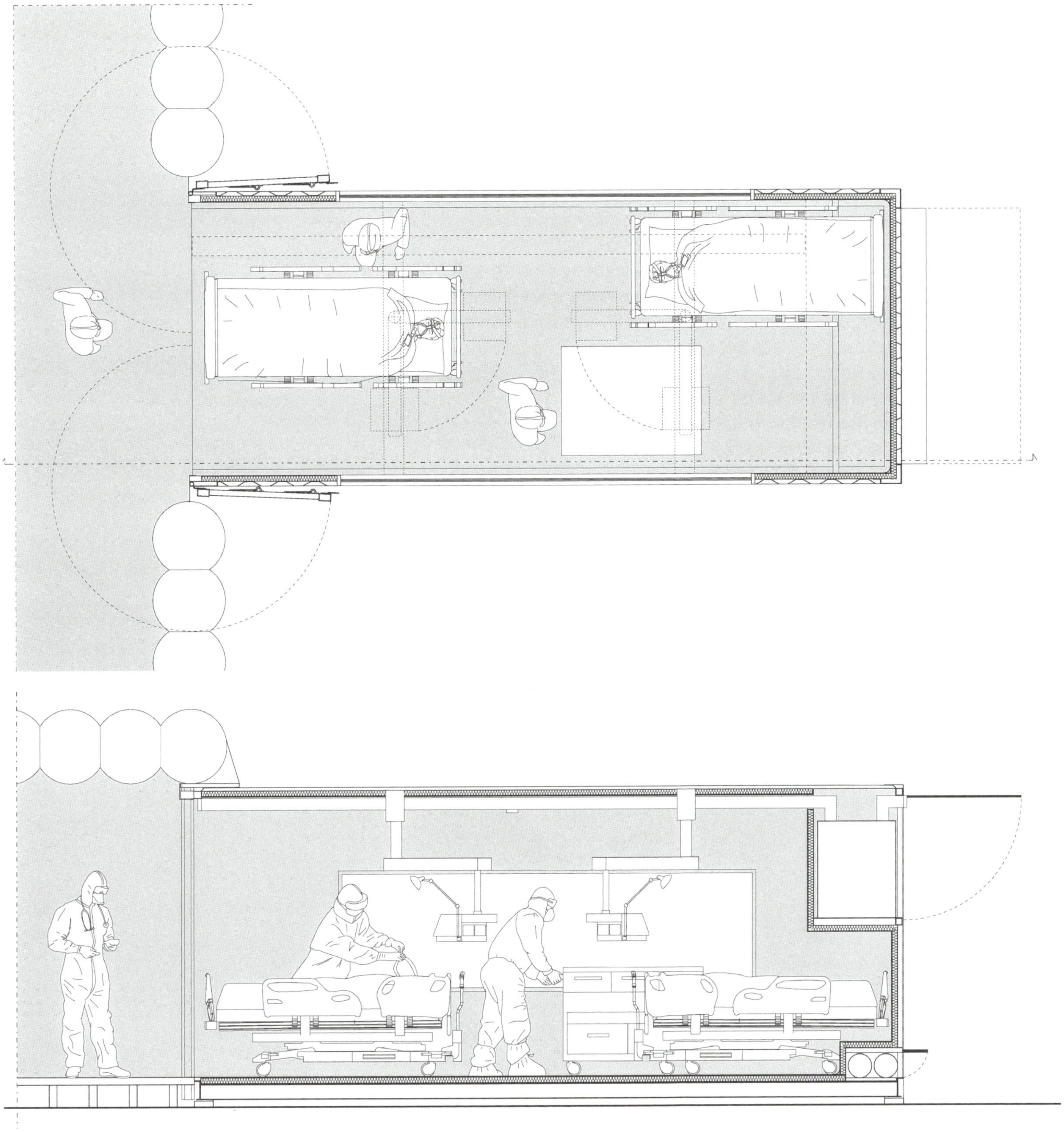

20

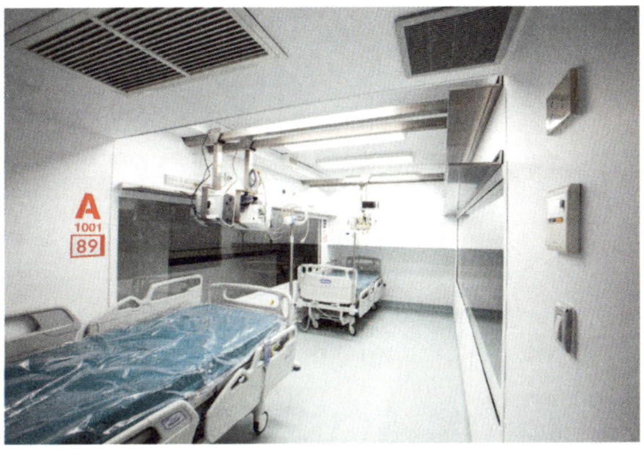

21

22

L'architecte Carlo Ratti propose quant à lui le projet d'unité médicalisée « Cura » pour répondre aux situations de crise. Le projet, développé en quatre semaines et soutenu par le Forum économique mondial, recycle des conteneurs pour y installer des unités de soins intensifs.
20–22 « Cura », élément hospitalier modulaire, Carlo Ratti architecte, 2020.

Les architectures placebo

Parallèlement à une forme de consécration d'une architecture hospitalière privilégiant l'efficacité et la rationalité de la pratique médicale, les cinquante dernières années sont également marquées par l'apparition d'architectures alternatives, souvent dans les marges de l'institution. En ces lieux, d'autres dimensions du soin reprennent le dessus : un soin comme *care* autant ou davantage que comme *cure*, réinvestissant les aspects subjectifs et relationnels du processus thérapeutique, et réactivant aussi un champ de recherche qui avait été délaissé par beaucoup : la participation de l'architecture elle-même à un projet de soin – une « fonction soignante » de l'architecture.

Parmi ces « nouvelles » architectures, au Royaume-Uni puis dans d'autres pays, le programme des Maggie's Centers fait école. Au début des années 1990, le célèbre critique et architecte américain Charles Jencks, accompagné de sa femme Maggie alors atteinte d'un cancer, engage une réflexion dans le but de concevoir des lieux ouverts à toutes les personnes touchées par cette maladie : patients, familles, accompagnants… Il existe aujourd'hui près d'une vingtaine de ces lieux (non médicalisés), presque tous réalisés par des architectes de renom et généralement situés à proximité d'un hôpital. On y trouve des qualités similaires : vocabulaire domestique, soin apporté au mobilier, importance de la séquence d'accueil, du jardin, ou encore de la cuisine et de sa table commune. En France, au même moment, André Bruyère réalise dans l'enceinte de l'hôpital gériatrique Charles-Foix, à Ivry-sur-Seine, le pavillon de l'Orbe, un lieu de vie autant qu'un lieu de soin.

1

2

3

4

Conçu par l'architecte Richard Murphy, l'établissement ouvert en 1996 à Édimbourg est le premier d'une longue série de Maggie's Centers, des lieux d'accompagnement et de soin pour les patients atteints de cancer et leurs proches, situés à proximité des hôpitaux. Sentiment de « chez-soi », importance de la séquence d'accueil, relation aux espaces extérieurs, etc. : des qualités semblables caractérisent tous ces projets, comme ceux réalisés par Frank Gehry à Dundee en 2003 et par Norman Foster à Manchester en 2016.

1 et 3 Maggie's Center Édimbourg, Richard Murphy, architecte, 1996.

2 Maggie's Center Manchester, Norman Foster and Partners, architecte, 2016.

4 Maggie's Center Dundee, Frank Gehry, architecte, 2003.

5

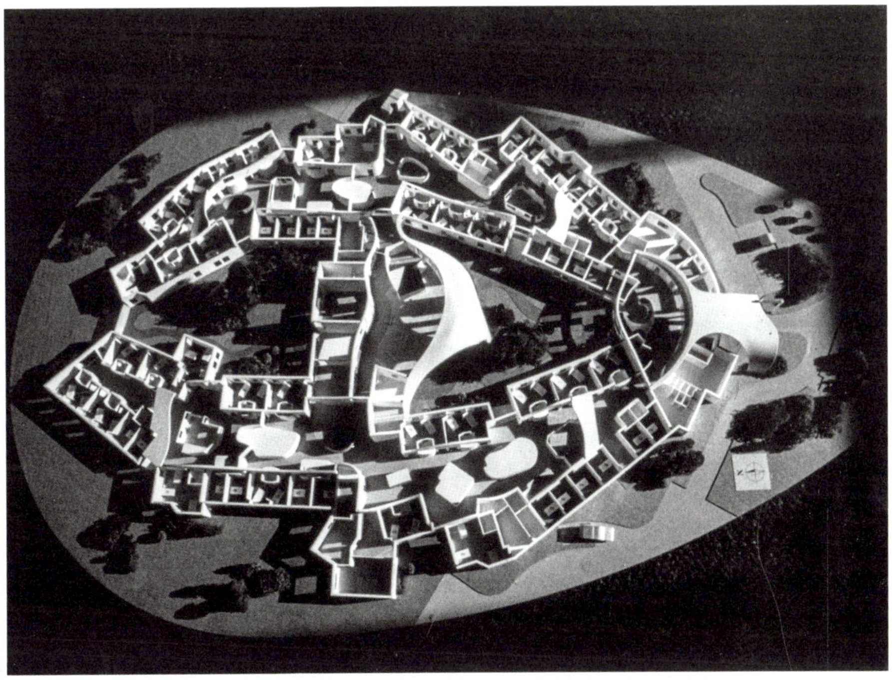

6

«Soigner. Donner des soins, c'est aussi une politique. Cela peut être fait avec une rigueur dont la douceur est l'enveloppe essentielle. Une attention exquise à la vie que l'on veille et surveille.»

Paul Valéry, *Politique organo-psychique*, Paris, Gallimard, 1957

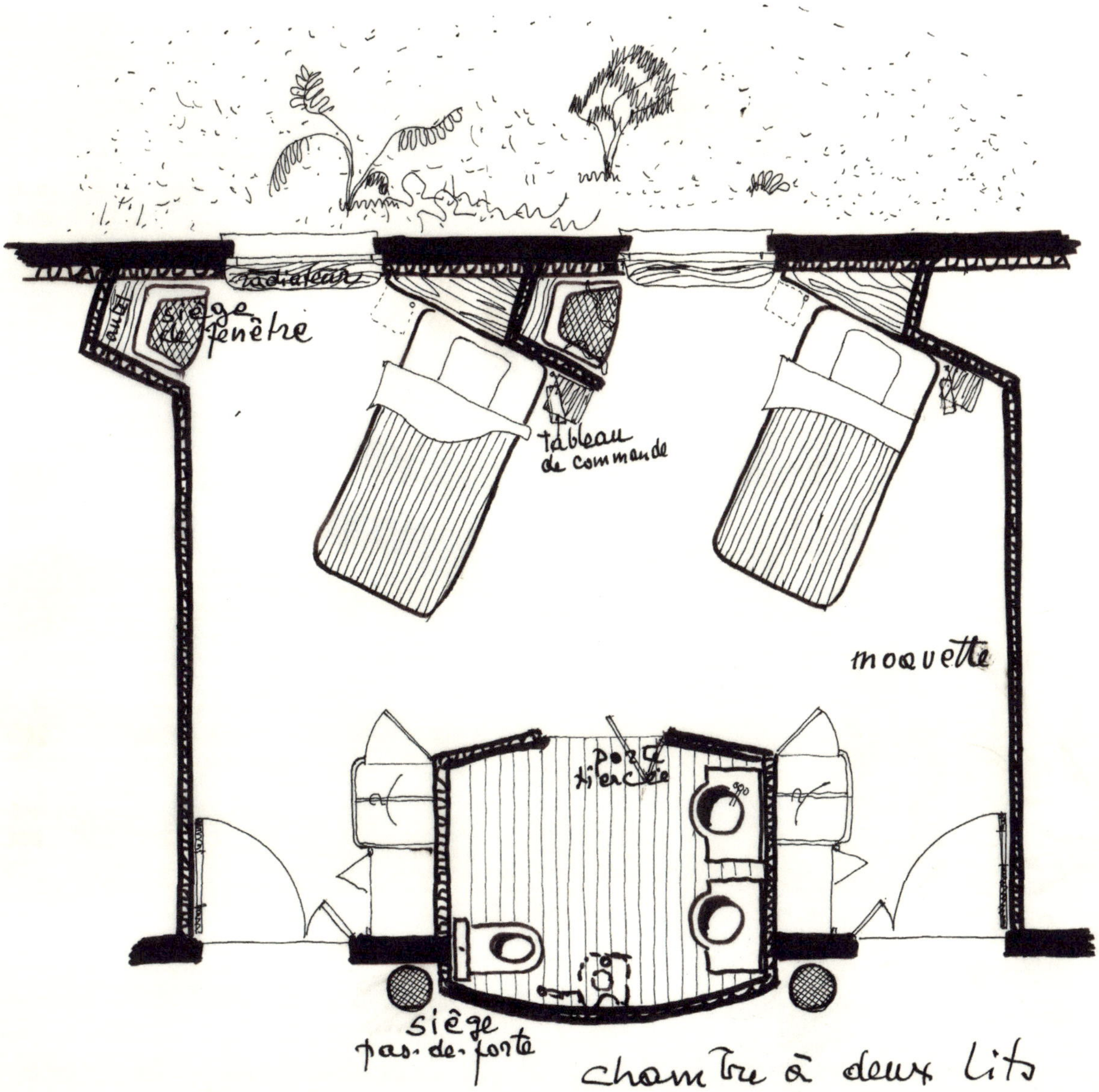

7

À la suite d'une consultation lancée par l'AP-HP en 1988 sur la question de la fin de vie, l'architecte André Bruyère conçoit les pavillons de l'Orbe (livré en 1991) et de l'Orée (non réalisé), pour l'hôpital Charles-Foix, à Ivry-sur-Seine. Son projet reste remarquable aujourd'hui, par les dimensions inhabituellement généreuses données aux espaces communs (circulations, réfectoire, etc.) et le recours à des matières douces (moquette au sol, par exemple), généralement proscrites dans ce type d'établissement car incompatibles avec les règles d'hygiène.

5 Pavillon de l'Orbe, hôpital Charles-Foix, Ivry-sur-Seine, André Bruyère architecte, 1988-1991.

6 Maquette du pavillon de l'Orbe.

7 Plan d'une chambre à deux lits, pavillon de l'Orée, André Bruyère architecte.

Le pavillon d'André Bruyère, les Maggie's Centers ou encore les centres de soin construits de nos jours par l'architecte Francis Kéré, au Burkina Faso en particulier, comptent parmi ces lieux contemporains d'expérimentation que Charles Jencks appelle « architecture placebo ». Ils traduisent une croyance renouvelée en la capacité soignante de l'espace bâti, par son échelle, ses vues, ses ouvertures, son rapport à l'extérieur, à la lumière, aux éléments naturels ; autant de qualités qui rappellent celles des premiers bimaristans, les hospices urbains caractéristiques de « l'âge d'or » de la civilisation arabo-musulmane (à partir du VIIe siècle).

Caractéristiques des villes de l'âge d'or musulman, les bimaristans possèdent nombre de qualités attendues aujourd'hui dans les lieux de soin des villes occidentales telles l'organisation autour d'espaces extérieurs, la présence de l'eau, de l'air et de la nature.

8 Plan du bimaristan de Damas, in Ernst Herzfeld, *Damascus, Studies in Architecture III*, *Ars Islamica*, vol. 11-12, 1946.
9 Bimaristan de Damas, construit en 1153, aujourd'hui Musée de la médecine et de la science dans le monde arabe, octobre 2011.

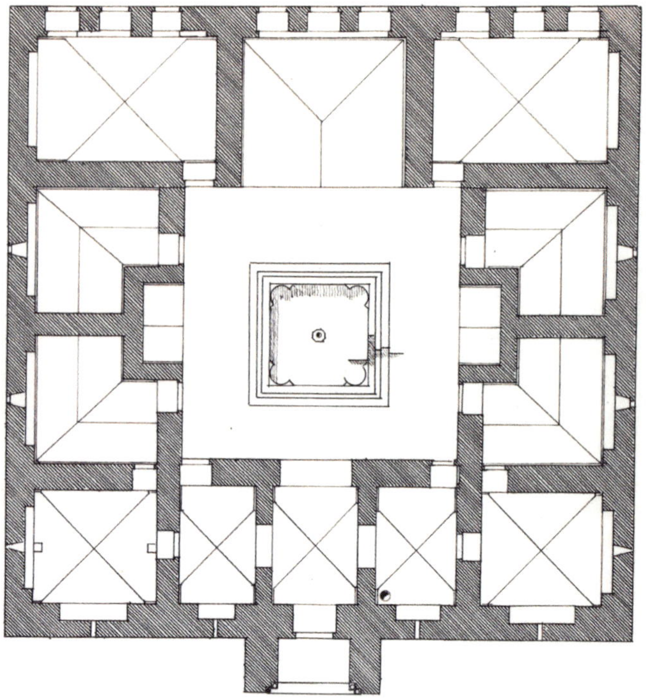

8

9

10

11

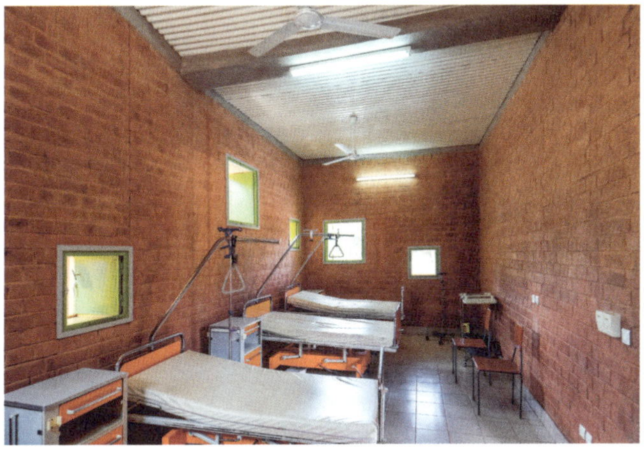
12

13

Au Burkina Faso, l'architecte burkinabé Francis Kéré réalise plusieurs équipements de santé dans des zones reculées, dont un centre médical à Léo, à environ 150 kilomètres de Ouagadougou. Construit en terre et en brique avec l'aide active de la population, l'établissement inauguré en 2017 s'organise en modules autour d'une rue extérieure traversante.

Dans la même ville, l'année suivante, Kéré réalise le Doctors' Housing, projet qui combine à nouveau modularité et soin apporté aux ambiances, aux échelles, à la relation entre intérieur et extérieur.

10–13 Clinique chirurgicale de Léo, Francis Kéré architecte, photographies Iwan Baan, 2014.

L’ambiance

En France, dans les années 1950 à 1970 surtout, de nouvelles approches sont expérimentées par des psychiatres et psychanalystes dans le domaine de la santé mentale, à travers en particulier quelques lieux de pratique de la « psychothérapie institutionnelle » : la clinique de Saint-Alban (François Tosquelles et Lucien Bonnafé), celle de La Borde (Jean Oury et Félix Guattari), et d’autres qui travaillent à humaniser la psychiatrie et à déstigmatiser la santé mentale. Les qualités spatiales de ces lieux sont déterminantes pour y réaliser l’horizontalité qui prévaut alors dans les relations entre soignés et soignants : Bonnafé parlait de l’« ambiance » de Saint-Alban, associée à l’ouverture de la clinique sur le village.

L’« ambiance » est le nom profane et revendiqué qui correspond aux effets de la pathoplastie, soit l’influence du milieu sur les sujets, ou encore la fabrique de pathologies par le milieu. Dès lors, il s’agit par la disposition des lieux, les possibilités de circulation, de rencontres, de réunions, d’activités, par des conceptions architecturales, la transformation des relations hiérarchiques (revalorisation du « rôle » et de la « fonction » par rapport au « statut »), la circulation de l’information, de lutter contre un défaut d’« ambiance » pouvant mettre à mal la qualité de vie institutionnelle, et donc du soin, tant envers les patients qu’envers les soignants (confrontés souvent à des problématiques d’épuisement professionnel).

Parmi les héritiers remarquables de ce mouvement, mentionnons : le Centre de réadaptation pédopsychiatrique conçu par Sou Fujimoto à Hokkaido, au Japon (2006) ; L’Adamant, centre de jour de l’hôpital de Saint-Maurice, à Paris (2010) ; ou encore La Soteria, un espace de soin ouvert dans la clinique psychiatrique universitaire de la Charité, à proximité de l’hôpital St. Hedwig à Berlin, sur les plans de l’architecte Jason Danziger (2013).

1

2

Créé au XIXe siècle, l’hôpital de Saint-Alban – aujourd’hui Centre hospitalier François-Tosquelles – est célèbre pour avoir été au milieu du XXe siècle l’un des berceaux de la « psychothérapie institutionnelle », en particulier sous l’influence du médecin François Tosquelles : l’hôpital devient un lieu de vie ouvert, qui offre aux patients une certaine liberté, ainsi que des activités sociales participant au soin. Saint-Alban est notamment novateur dans sa volonté d’effacer la clôture entre le territoire de l’hôpital et ses alentours, autorisant ainsi les patients à se déplacer librement hors des murs de l’institution. Accueillant plusieurs personnalités de la vie intellectuelle et artistique (dont Paul Eluard et Tristan Tzara), l’hôpital est également un lieu de résistance pendant la Seconde Guerre mondiale. La réalisatrice Martine Deyres le raconte dans le documentaire *Les Heures heureuses* en 2019, à travers de nombreuses images d’archives.

1 Groupe de patients de l’hôpital de Saint-Alban, années 1950.
2 Hôpital psychiatrique de Saint-Alban-sur-Limagnole, carte postale, s.d.

3

4

Fondée par le médecin Jean Oury, qui en conserve la direction jusqu'en 2014, la clinique de Cour-Cheverny, ou clinique de La Borde, située dans le Loir-et-Cher, est aussi l'un des établissements pionniers de la « psychothérapie institutionnelle ». Dans *La Moindre des choses* (1996), le documentariste Nicolas Philibert filme la vie de l'institution, notamment les activités de théâtre qui se produisent essentiellement à l'extérieur du bâtiment.

3 *Cour-Cheverny. Le château de la Borde*, carte postale, s.d.

4 Photogrammes extraits du film *La Moindre des choses* de Nicolas Philibert, 1996.

5–7 « L'Adamant », Gérard Ronzatti – agence Seine Design architecte, 2010, photographies Nicolas Philibert.

5

6

7

THE BOATMAN'S CALL[1]

Arnaud Vallet
Cadre de santé au centre de jour L'Adamant

1 « Je suis vivant et vous êtes mort », Philip K. Dick, *Ubik*, 1969.

2 À l'hiver 2020, au cœur de la pandémie de coronavirus, les éditions Gallimard ont publié l'intégrale des nouvelles de Philip K. Dick, écrites de 1947 à 1981[2]. Pour la première fois, ces cent vingt textes courts étaient exfiltrés du genre science-fiction pour entrer dans la littérature générale.

Cela fait plusieurs décennies que la littérature de Dick résonne en nous, mais sans doute jamais autant qu'en cette période où la « distanciation sociale », les « gestes barrières » et autres messages intergouvernementaux nous virent en télétravail, en ateliers à distance, en télé-entretiens, en réunions Zoom, en constellations Team, en groupes WhatsApp.

Ainsi, piochée au petit bonheur de nos lectures, la nouvelle « Progéniture », écrite le 3 novembre 1952. Un père à l'ancienne, hétéro-patriarcal, peu informé des nouveaux paradigmes de la santé, se rend à l'accouchement de son épouse à l'Hôpital central de Los Angeles. Benoîtement, il tente de

1 Nick Cave, album *The Boatman's Call*, Reprise Records, 1997.
2 Philip K. Dick, *Nouvelles complètes*, 2 vol., Paris, Gallimard, coll. « Quarto », 2020, vol. 1 : *1947-1953*.

prendre le nouveau-né dans ses bras, provoquant un léger scandale en salle d'accouchement, car les parents ne sont plus habilités à toucher leurs enfants : « Tu sais bien qu'on n'a pas le droit de le toucher, lui reproche sa femme. Tu veux gâcher toute sa vie, c'est ça ? [...] Qui sait le mal que tu as pu lui faire ? Si ça se trouve, il est déjà irrémédiablement atteint. Si, en grandissant, il devient anormal, voire hyperémotif et névrosé, ce sera de ta faute. »

En quittant l'hôpital, son fils est dirigé dans un centre d'orientation. Il passe des tests, ses capacités et attitudes cognitives sont appréciées afin qu'il soit placé dans la section éducative appropriée au vu de ses diagrammes encéphaliques. Là, il aura droit à des études individualisées sur *vidécran*, pour un parcours éducatif personnalisé. Les parents peuvent communiquer avec leur enfant, par *vidphone* interposé, jusqu'à ses 18 ans.

Le père pas dupe tentera bien de favoriser une fugue pour les 9 ans de son fils, lui proposant d'ouvrir un magasin (une boutique de détail et d'entretien sur Sirius) avec lui ; en vain, son fils se détourne, déjà convaincu par les résultats de ses tests qu'il est destiné à faire de la biochimie.

3 Au printemps 2020, l'hôpital de jour a fermé ses portes le temps du premier confinement. Dans le même mouvement, le bateau a ouvert ses écoutilles pour des accueils individualisés et respectant les règles sanitaires en vigueur. Les entretiens d'accueil furent rapidement remis en place. Et tout fut fait, malgré l'arrêt des ateliers et la fermeture, pendant de longs mois, des espaces culturels, sociaux et municipaux partenaires, pour maintenir du vivant et mettre en place de nouvelles ambiances. À commencer par cet atelier clandestin de fabrication de masques, de surblouses et de charlottes anti-Covid !

4 « La guerre a commencé. Personne ne sait plus où, ni comment, mais c'est ainsi. Elle est derrière la tête, aujourd'hui, elle a ouvert sa bouche derrière la tête et elle souffle. La guerre des crimes et des insultes, la furie des regards, l'explosion de la pensée des cerveaux. Elle est là, ouverte sur le monde [...][3]. »

On ne sait pourquoi c'est ainsi. Ou alors on le sait trop bien. On me dit que dans mon secteur (le tip-top nouvel arrondissement Paris Centre), la valeur immobilière du mètre carré peut aller jusqu'à 17 000 euros. Soit. Alors pourquoi, si on y est hospitalisé à l'hôpital psychiatrique, est-on accueilli, réveillé, soigné par des infirmiers intérimaires ? Où sont passées les équipes ? Au Centre de crise, situé en plein cœur de la capitale, les lits ont fermé depuis un an ; et il y a un risque qu'ils ne rouvrent pas en 2022. Faute de personnel. Il fut un temps, dans les années 1990, où il était encore question de parachever le travail de sectorisation en rapatriant les lits parisiens dans leurs quartiers afférents. Aujourd'hui, on va vendre l'hôpital psychiatrique, pour reconstruire en proche banlieue des locaux rassemblant cinq secteurs géographiques dans un grand et même bâtiment. Quelle pensée urbaine et architecturale accompagne ce mouvement, sinon une pure logique de gestion des flux ? Désectorisation, reterritorialisation. Derrière les hauts murs de plus en plus sécuritaires des anciens asiles. À Paris Ville Lumière. Qui pour me dire ce qui fait le lit de la souffrance des soignants, de leur malaise, du *turn out* ou du *burn over* ?

Un hôpital de jour ne s'envisage qu'inscrit dans une ville, un secteur, un climat. Un contexte. Il n'est ni à l'écart, ni à côté, même s'il tente de faire des pas de côté.

3 J.M.G. Le Clézio, *La Guerre*, Paris, Gallimard, 1970.

5 On a longtemps pensé que la psychothérapie institutionnelle devait infuser dans tout le secteur, faisant entendre sa petite musique (la *fonction club* chère à Jean Oury) dans les moindres recoins du service, étendant son influence dans tous les rouages de la cité, multipliant les partenariats, squattant les centres sociaux, s'invitant dans tous les vernissages, multipliant les réseaux.

La pandémie et la clôture de tous les lieux de la vie sociale, la fermeture de tous les espaces publics, les jauges drastiques dans les sites encore ouverts, avec portillon automatique autonome à détection de température (ou e-Gate ThermoPass) à l'entrée, n'ont fait qu'accélérer la tendance : la psychothérapie institutionnelle, c'est bon pour l'hôpital de jour, les autres lieux de soin réclament de l'ETP (éducation thérapeutique du patient), de la réhab', du concret. Les *agents*, de nos jours, ont besoin d'outils *pratico-pratiques*.

Comme le disait fort à propos mon chef de pôle : « L'éducation thérapeutique du patient, c'est de la poudre de perlimpinpin... Mais il va falloir s'y mettre, non ? »

Ainsi, petit à petit, on peut avoir l'impression que ce qu'il en serait de la Psychothérapie institutionnelle, ou d'un mouvement visant à sa promotion, serait relégué au centre de jour ou au club thérapeutique attenant. *Du folklore, de l'histoire ancienne*[4].

Cette impression parfois durable est redoublée par l'aspect insulaire de notre embarcation, un hôpital de jour flottant sur la Seine, pas tout à fait dans la cité, un peu hors sol...

Lors de la pandémie, certains patients avaient coutume de dire à tout nouvel arrivant que l'accueil du centre de jour était le dernier bar ouvert à Paris. *Le dernier pub avant la fin du monde*[5] ?

6 Conquérants comme les naguère sémillants quadras du RPR (mais si, rappelez-vous, Alain Carignon, Michel Noir, François Fillon, Bernard Bosson, etc.), « habillés par Cardin et chaussés par Carvil[6] », les managers du soin, cyniques et condescendants, nous réduisent souvent à une posture caricaturale : pour l'ARS (Agence régionale de santé), nous représentons « le discours syndical » (*dixit* l'ARS Île-de-France, délégation du Val-de-Marne) ; pour les écoles de cadres et autres diplômes universitaires en management et parcours de soin, nous représentons la vision médico-patriarcale, hospitalo-centrée, nous sommes les conservateurs, ceux qui n'ont pas compris que le monde avait changé, que les statues de Sigmund Freud et de Karl Marx avait été depuis longtemps déboulonnées, en vieux spectres patriarcaux du monde d'avant. Nous sommes caricaturés comme les *résistants au changement*, ceux qui refusent de gober les nouveaux paradigmes artificiels.

Eux ont les applis, les objets connectés, la VR, la pensée algorithmique, des batteries de tests et tout un tas d'autres gadgets « qui marchent ».

Nous, à l'instar du Dr Jacoby, le psychiatre de *Twin Peaks* (saison 3) transformant sa maison en un amoncellement d'éléments disparates qui le voit devenir un web activiste, nous ressemblons au chiffonnier cher à Walter Benjamin, qui « ramasse les rebuts, les déchets, les mutilations du monde moderne » afin de former une constellation d'idées. Le chiffonnier à l'écoute des déchets, des cendres et des ruines du capital[7].

4 Voir Philippe de Broca, *L'Homme de Rio*, film, 1964.
5 Edgar Wright, *The World's End* [*Le Dernier Pub avant la fin du monde*], film, 2013.
6 Jacques Dutronc, *Les Play-Boys*, disque, Vogue, 1966.
7 Voir Arnaud Vallet, « Come One, Come All & Welcome to the Mall », Actes du colloque des Hôpitaux de jour psychiatriques, Bruxelles, 2017.

7 L'activité de l'hôpital de jour L'Adamant s'entrecroise avec celle de son club thérapeutique attenant, adossé, conjoint. L'Adamant est un bateau arrimé port de la Rapée, et son club s'est rebaptisé L'Embarcadère en 2020. Il se nommait naguère le Club de la rue des Barres, charmante rue piétonne de l'ex-4e arrondissement où nous avons commencé les permanences de cette association d'aide à la santé mentale en juin 2004.

Régulièrement, l'on se déchire lors d'épatantes matinées de réflexion, afin de démêler l'hôpital de jour du club, la fonction club du travail associatif, les venues réelles des saisies informatiques, ceux qui émargent à l'hôpital de jour et ceux que l'on compte en actes CATTP (Centre d'accueil thérapeutique à temps partiel ou club). Une poule n'y retrouverait pas ses petits.

À défaut de poulailler, cela forme une sorte de ruche ou de fourmilière dans laquelle certains patients entrent par la porte club, d'autres par le truchement d'un atelier, beaucoup par l'accueil, d'aucuns encore de façon plus officielle, par un entretien médical, une présentation, un accompagnement, une indication, parfois géographique, une invitation, une rencontre. Ça nous change des prescriptions, des injonctions, des programmes de soins.

N'importe quoi pourvu que ça bouge, comme l'écrivait Jean-Bernard Pouy, qui inaugura notre groupe de parole hebdomadaire Rhizome, où nous tentons régulièrement d'entrecroiser les regards et les pratiques avec les patients et les soignants de Paris Centre, en invitant des acteurs de la cité.

Que ça bouge oui, pour éviter les sédimentations, pour que ça bouge dans la structure.

8 À propos de Rhizome, nous recevions en janvier 2021 l'écrivain Marius Jauffret, auteur du livre *Le Fumoir*[8]. Ce qui est édifiant dans ce récit d'une hospitalisation sous contrainte, c'est l'absence totale de rencontre lors de ce séjour à l'hôpital, de convergence, de complicité, de curiosité. Absence d'ambiance et d'ateliers. La seule aération en dix-sept jours aura été les moments passés au fumoir…

Pour nous, c'est cela qui est confondant : que l'on puisse vivre une hospitalisation, complète ou de jour, courte ou longue, sans que rien ne se passe. Sans que rien ne vienne faire un pli, un questionnement, un étonnement. Mais cela implique qu'il y ait de la rencontre. Rien n'est plus passionnant, dans notre travail de transversalité avec les unités d'hospitalisation, que de provoquer cette rencontre, de susciter de la curiosité, de l'interrogation. Et cette rencontre, avec un soignant, avec une institution, avec un atelier, avec un espace, etc. ne peut avoir lieu que sur un fond tonal que Bruce Bégout définit, dans son dernier livre, comme *Le Concept d'ambiance*[9].

9 Il est évidemment passionnant que ce soit au cœur de la crise du Covid, avec ses multiples confinements et couvre-feu, où l'on s'interroge sur ce qui est essentiel pour vivre, que Bruce Bégout publie ce livre dont l'actualité offre plus qu'un simple écho à nos pratiques : il dialogue avec elles.

L'ambiance est particulièrement difficile à comprendre, à définir et à circonscrire. Elle est pourtant là, « connue et inconnue, sentie et ignorée ». Elle flotte dans l'air ambiant, *aérienne, gazeuse et illimitée.*

Elle se déploie entre les choses et les sujets, « les enveloppe et les pénètre ». L'ambiance n'est pas en nous, mais autour de nous. Elle n'est en cela ni objective, ni subjective, elle se conçoit comme un dialogue incessant entre les mots et les choses.

C'est sur cette « atmosphère enveloppante et universelle », ce souffle commun, ce fond tonal, que le monde repose.

Bruce Bégout rapporte l'importance des psychiatres phénoménologues dans cette découverte de l'ambiance. Eugène Minkowski (*Le Temps vécu*, 1933) articule l'élan personnel de chaque individu dans le devenir ambiant qui seul lui donne l'impression d'ex-ister.

Sans cet accompagnement invisible de l'être, cette « immersion dans l'ambiance générale du monde et du temps », l'homme n'a pas de prise avec la réalité, ce qui le rend incapable d'agir.

Ce décrochage, « cette suspension de la participation ambiancielle », Wolfgang Blankenburg la nomme avec une grande justesse « la perte de l'évidence naturelle[10] ». Le sujet en souffrance psychique « a perdu cette immersion immédiate dans l'ambiance […] et ne peut plus assurer de façon ordinaire les fonctions intentionnelles ». Sans cette nécessaire immersion dans l'atmosphère, le sujet ne peut plus se projeter, se *jecter*, dans le monde. « Privé de son immersion dans l'espace tonal, il ressent un détachement étrange du monde », il n'est plus dans l'ambiance, mais dans *un milieu sans atmosphère, un ensemble froid et abstrait de choses distinctes.*

Cette désintégration de la présence tonale me paraît au cœur de l'expérience et du vécu psychotique des patients que nous rencontrons à l'hôpital de jour.

D'où une volonté de réfléchir à la mise en place d'expériences ambiancielles, aux tonalités diverses, d'atmosphères différenciées – ce qui explique nos querelles incessantes de délimitation et de distinctivité entre le club et l'hôpital de jour. Où l'on peut passer du *statut* de patient d'un atelier à celui de trésorier de l'association puis à celui de barman pour le restant de la journée.

Il en va ainsi de ces « groupes-ambiance, plus ou moins provisoires, qui agissent comme des praxis communes ». Des groupes qui se donnent une cohérence endogène, une enveloppe affective et qui se distinguent d'un environnement plus large et plus neutre.

Ce n'est pas tant que nous mettons en place des ambiances, nous serions plutôt mis en place par des ambiances, tant nous sommes traversés par elles, modelés par elles.

Des ambiances qui ne décident pas à la place des participants, des atmosphères qui n'ont ni attentes, ni objectifs anticipés. Des ambiances qui ouvrent des possibilités d'action, qui donnent le champ au style d'existence de chacun.

Je pense souvent à ces patients que nous connaissons bien, que l'on nomme aujourd'hui « cas complexes », qui collent au service comme le sparadrap du capitaine Haddock. Ils sont passés par les USIP (Unités de soins intensifs psychiatriques), les UMD (Unités pour malades difficiles), la « Belgique » et autres « séjours de rupture » dans les services voisins, et nous reviennent toujours façon boomerang. Pour tous ces patients que j'ai longuement côtoyés, ce qui fait défaut, c'est avant tout cette base de quotidienneté, ce fond tonal sur lequel on peut se projeter. Je pense par exemple à Igor, un patient que nous rencontrons avec sa famille chaque mois depuis de nombreuses années. Rien que ce travail d'apprivoisement mutuel avec la famille, et je parle d'apprivoisement mutuel car chacun était alors étrange(r) à l'autre, nous a pris plusieurs années. Un jour, Igor, après avoir passé plusieurs années à l'hôpital psychiatrique, bénéficia d'un logement à lui, un studio dans une maison relais gérée par l'association L'Élan Retrouvé. Il est le premier de sa famille à avoir un appartement à lui. Rien qu'à lui. Et pourtant, chaque matin, dès le réveil, il quitte immédiatement cet appartement qu'il achoppe à habiter. Je lui dis naïvement qu'il pourrait s'acheter une

8 Marius Jauffret, *Le Fumoir*, Paris, Éditions Anne Carrière, 2020.
9 Bruce Bégout, *Le Concept d'ambiance*, Paris, Seuil, 2020.

10 Wolfgang Blankenburg, *La Perte de l'évidence naturelle*, Paris, PUF, 1991.

cafetière. Igor éclate de rire. Un rire sonore, franc et massif. L'idée même de mettre de l'eau dans le réservoir, un filtre puis du café dans le porte-filtre, d'enclencher l'interrupteur et d'attendre le passage de l'un dans l'autre, de regarder lentement le café couler avant de se servir, de le laisser tiédir avant de le porter à ses lèvres. Toute cette séquence, cette addition de gestes que l'on accomplit sans même y penser, lui est saugrenue, étrangère, voire inquiétante.

C'est dans cet infra-ordinaire que nos patients doivent pouvoir se trouver, et nous trouver, dans ce fond tonal-là. Si on n'assure pas ça, on peut reprendre le ballet infernal des institutions qui se renvoient la patate chaude.

Nous produisons des atmosphères à notre corps défendant. Peter Sloterdijk, là encore cité par Bruce Bégout, voit en l'homme un « ingénieur d'atmosphère » ou un faiseur de climats ; ces ambiances étant la clé de notre propre développement. Rien à voir évidemment avec les nouveaux métiers créés afin de maintenir la culture d'entreprise face à la généralisation du télétravail lors de la crise du Covid, sous le doux nom « d'ambianceurs de visio » ou d'« agents de convivialité[11] ».

Car, justement, les ambiances échappent à notre volonté individuelle ou collective. Nous pouvons casser l'ambiance, ou nous en détacher, mais sa création nous dépasse, nous n'en sommes ni le sujet ni l'objet. C'est l'espace entre le sujet et l'objet qui la constitue. Elle nous enveloppe également.

C'est à la fois la limite et toute la richesse des travaux des situationnistes : « Notre idée centrale est celle de la construction de situations, c'est-à-dire la construction concrète d'ambiances momentanées de la vie, et leur transformation en une qualité passionnelle supérieure. [...] Nous devons tenter de construire des situations, c'est-à-dire des ambiances collectives, un ensemble d'impressions déterminant la qualité d'un moment » en jouant sur « les effets d'atmosphère des pièces, des couloirs, des rues[12] ».

C'est sur ce fond de la *quotidianité*[13] et de la tentative de mise en place de situations *ambiancielles* que se joue le soin auprès des personnes que nous recevons à L'Adamant. Dans cette myriade d'ambiances, plus ou moins tonales, dans lesquelles chacun sera pris, entre abandon et résistance. C'est dans cette tension-là que le patient peut entreprendre à nouveau, prendre des décisions, trouver son style, se sentir à nouveau accueilli dans le monde.

10 Ce qui peut être inquiétant ne réside pas tant dans les nouvelles politiques de la santé, dans les nouveaux signifiants, qui, du rétab' à la réhab', ne sont finalement pas si nouveaux que cela. La *recovery* et l'*empowerment* s'intègrent allégrement à nos préoccupations les plus anciennes. Ce qui peut être inquiétant, c'est que le management gangrène complètement notre manière de penser le soin. Ou de penser tout court. Tel le Symbiote de l'univers Marvel (*Spider-Man 3*, de Sam Raimi), ce parasite non organique, qui n'a pas de consistance mais s'insinue en nous, prend possession de notre âme, transforme notre langue, nos mots, les évide de leur sens et les remplit d'une bile noire, se nourrissant de notre adrénaline au passage. Comme le fait la LCN (*Lingua Capitalismi Neoliberalis*) décrite par Sandra Lucbert[14].

Là, oui, il y a peut-être un danger...

Ce danger est présent, comme le Symbiote, dans les contenus de formation, dans la *gestion des agents*, dans la bientraitance : une façon de traiter l'altérité. Un certain cynisme. Une nouvelle forme de hiérarchisation et de verticalité, sinon de ségrégation.

On dit des Symbiotes qu'ils sont, sous leur forme naturelle, des êtres bienveillants et pacifiques, et que leur rêve, leur utopie, est de fonder un monde paisible et homogène en utilisant la symbiose. Mais, en prenant ainsi possession de l'autre, en le dépossédant, il libère de la sauvagerie de part et d'autre. Le danger, s'il existe, est de céder à cette sauvagerie du management, une sauvagerie réifiante de la bienveillance.

11 Les hôpitaux de jour se doivent d'être là, dans la cité, avec leur permanence et leur accueil inconditionnel, atemporel. Avec leurs espaces définis et leurs lieux informels, tous imprégnés d'ambiances savamment réfléchies et critiquées. Ce n'est pas de l'accueil à temps partiel. Ça se joue à tout moment. Par exemple, le matin, quand nous ouvrons les portes du centre de jour, il y a toujours un ou deux individus qui viennent là quelques minutes, parce qu'ils ont entendu une annonce à la radio, ou quelque chose dans le vent, et qui auront juste besoin de resserrer le nœud, avant de repartir. Ou de rester. C'est dérisoire. C'est trois fois rien. *Mais le rien, c'est pas rien.* C'est tout un mode de libertés interstitielles. Là où peut encore se nicher du sujet, du non-programmatique, du désir, de la rencontre et de la surprise.

12 Il y a beaucoup à faire. Tenter d'arrêter l'hémorragie hospitalière grâce à nos ambiances alors que nous sommes les derniers à y croire encore peut ressembler à de l'imposture. De plus en plus, nous constatons que nos espaces-temps, nos situations d'atelier se démarquent, sinon s'opposent à la paupérisation hospitalière, là où naguère elle accompagnait, entraînait et enrobait la vie de l'unité.

Quand j'entends les remarques acerbes de nos tutelles, je récite comme un mantra cette phrase de Philip K. Dick : « Je suis vivant et vous êtes mort. »

Restez vivant, c'est maintenir un pied dans l'hôpital (de jour) et un pied dans la cité, toujours prêt à dégainer, à multiplier les partenariats, à se laisser traverser par les nombreuses demandes de stage, de tournage, de visite, de collaborations, de résidence artistique. La semaine dernière, le cabinet d'architectes SCAU nous proposait un partenariat pour penser le soin et l'architecture avec les patients. Il en ressortira peut-être un atelier, une exposition ; ou juste quelques rencontres autour du bar du centre de jour, juste pour le plaisir de mettre en lien des patients, des membres du club ou du personnel avec ces cinquante architectes qui pensent la ville, qui pensent l'habitat, qui réfléchissent au monde. Refonder avec eux l'art de la conversation, l'art d'être avec l'autre. L'art de rester vivant.

11 Fanny Guyomard, « En entreprise, des ambianceurs pour des visios moins mornes », *Libération*, 29 janvier 2021.
12 G. E. Debord, *Rapport sur la construction des situations et sur les conditions de l'organisation et de l'action de la tendance situationniste internationale*, 1957. Voir Guy Debord, *Textes et documents situationnistes 1957-1960*, Paris, Allia, 2004.
13 Bruce Bégout, *La Découverte du quotidien*, Paris, Allia, 2005.
14 Sandra Lucbert, *Personne ne sort les fusils*, Paris, Seuil, 2020.

8

10

9

À Melle, près de Gand en Belgique, le projet PC Caritas réalisé en 2016 par les architectes De Vylder, Vinck et Taillieu (aDVVT) pose de façon manifeste la question du potentiel et des limites de l'architecture dans un lieu de soin psychiatrique. Il s'agit d'imaginer la reconversion du pavillon central du parc hospitalier, laissé à l'état de ruine après une démolition commencée puis arrêtée (de l'amiante ayant été découvert dans le bâti). Les architectes engagent un geste de réparation s'adressant solidairement aux patients et à l'architecture, mettant en parallèle leurs traumas, leurs cicatrices, leur irréversibilité, leurs vécus. Quelques années plus tard, le lieu reste peu occupé, pour des raisons de logistique et de sécurité notamment : une situation qui pose la question de la gestion d'un lieu de soin.

8–10 PC Caritas, Melle, architecten De Vylder Vinck Taillieu, 2016.

1 Résidence pour personnes âgées De Overloop, Almere Haven, Pays-Bas, Herman Hertzberger, architecte, 1980-1982.

Où se situe le soin, entre espace domestique, espace public et espace commun ?

L'histoire du soin dans la ville est aussi à envisager sous l'angle de la distinction, poreuse, entre ce qui relève du privé et du public. Cela renvoie à la problématique très actuelle du soin à domicile et, plus généralement, de la dimension « domestique » du soin, qui peut exister au sein de l'institution. À l'opposé, certaines formes de « soin » naissent dans des lieux partagés, voire dans l'espace public : ainsi des pratiques de *fitness* développées dans la rue et des règles d'occupation spatiale instituées en temps d'épidémie. Une même question traverse aujourd'hui ces différentes situations : quels soins met-on en commun ?

117

Soins à / du domicile

En 1785, l'Académie des sciences écrit, dans le cadre de sa réflexion sur la réorganisation du système territorial de l'assistance publique : « Nous ne voyons que trois moyens de soigner les pauvres malades ; le premier est de les traiter chez eux-mêmes, le second est de les recevoir dans des hospices où ils seront traités en commun, le troisième de les réunir en grand nombre dans un ou plusieurs hôpitaux. »

Dans son roman d'anticipation *Les Cinq Cents Millions de la Bégum* (1879), Jules Verne prédit quant à lui : « Les hôpitaux sont peu nombreux, car le système de l'assistance à domicile est général. »

Ainsi, l'histoire du soin dans et hors de la ville est également à lire comme une histoire de la distinction, poreuse, entre ce qui relève du privé et/ou du public. Où l'acte de soin advient-il : derrière les murs du domicile, derrière ceux de l'institution, ou encore dans l'espace public ? La question est essentielle dans les débats actuels, alors que l'on assiste à un « retour » du soin à domicile et à la fabrication d'espaces privés « médicalisés ».

20 minutes

Lire le journal du jeudi 24 février
CONSULTER

JEUX HOROSCOPE MODE SOMBRE NEWSLETTERS CONNEXION

Recherche

Actualité Locales Sport Entertainment Economie Planète T'as vu ? Fake Off By the Web High-Tech Vidéos Podcasts MENU

Santé › Covid-19 Pass Vaccinal Coronavirus Variant Omicron Vaccination Vaccin Anti-Covid

ACCUEIL › SANTÉ

SOS Médecins inactif pendant 24 heures pour dénoncer « la disparition programmée de la visite à domicile »

GREVE La revalorisation des visites à domicile négociée par l'Assurance maladie ne concerne pas les membres de la fédération d'associations

M.F avec AFP | Publié le 27/09/21 à 15h37 — Mis à jour le 27/09/21 à 15h37

2

Dans son œuvre de jeunesse *Science et charité* (1897), Pablo Picasso peint la visite du médecin à domicile, qui s'adjoint aux soins bénévoles des religieux. Cette pratique médicale domestique serait aujourd'hui en danger, selon la fédération d'associations SOS Médecins, qui dénonçait en septembre 2021 les risques d'une sous-valorisation de l'acte.

2 « SOS Médecins inactif pendant 24 heures pour dénoncer ‹ la disparition programmée de la visite à domicile › », *20 minutes*, 27 septembre 2021.
3 Pablo Picasso, *Science et charité*, 1897, huile sur toile, Museu Picasso, Barcelone.

3

4

5

À la fin du XIXe siècle, réagissant à la surpopulation des asiles parisiens, le médecin Auguste Marie décide de créer des « colonies familiales pour aliénés » afin, aussi, d'expérimenter d'autres milieux de traitement : à la campagne plutôt qu'en ville et en famille d'accueil plutôt qu'en institution. En juillet 1892, le village de Dun-sur-Auron, dans le Cher, accueille ainsi ses 73 premières patientes, la « colonie » étant d'abord réservée aux femmes.

4 Patientes de la colonie familiale de Dun-sur-Auron, photographie Sabine Weiss, 1951-1952.
5 Patients de la colonie familiale de Dun-sur-Auron, photographie Jean-Philippe Charbonnier, années 1950.
6 *En Berry. Dun-sur-Auron. La Colonie familiale*, carte postale, s.d.

6

L'intégration d'une dimension « médicale » et / ou « soignante » à l'architecture du domicile peut prendre de nombreuses formes, qui correspondent à autant de formes de « soin ». Pour faire face à la tuberculose, dans une démarche aériste, Augustin Rey va jusqu'à dessiner des chambres, en optimisant leur ensoleillement (fin du XIXe siècle) ; plus tard, au début du XXe siècle, les recommandations hygiénistes s'insèrent dans les pratiques privées d'entretien du domicile (attribuant par là à la femme une fonction de « soin du logement ») ; puis dans l'après-guerre quelques ensembles de logements médicalisés sont dessinés pour s'adapter aux rayons de giration de patients vivant dans des « poumons d'acier ».

D'autres cherchent à concevoir des architectures domestiques assumant explicitement une fonction soignante, mais dans une compréhension bien moins technique de l'acte du soin : un soin architectural relevant du *care* davantage que du *cure*. Mentionnons la villa Le Lac réalisée par Le Corbusier en 1923 pour ses parents, ou la Health House (« The Home Built for Health ») construite par Richard Neutra à la fin des années 1920, en collaboration avec le médecin et naturopathe Philip Lovell.

> « Ce jour est enfin arrivé. Nous avons construit une maison selon les principes fondamentaux qui contribuent à notre santé [...]. »
>
> Philip M. Lovell, « Care of the Body », *Los Angeles Times*, 15 décembre 1929

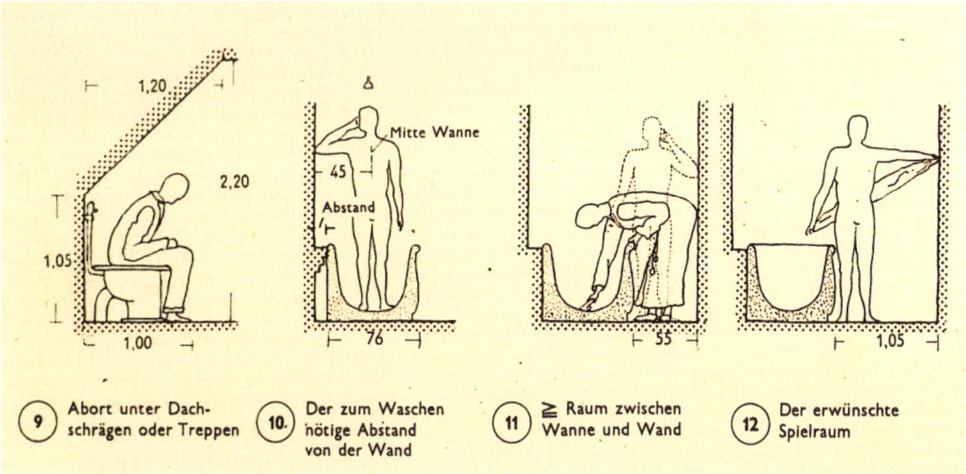

7

Destiné aux architectes, l'ouvrage d'Ernst Neufert *Les Éléments des projets de construction* contient dès sa première édition, en 1936, des dimensionnements normatifs, notamment des équipements d'hygiène.
7 « Bäder », planche extraite d'Ernst Neufert, *Bauentwurfslehre*, Berlin, 1936.

Dans la Villa Savoye (1931), à Poissy, Le Corbusier installe un lavabo dès l'entrée pour inciter les visiteurs à se laver les mains en arrivant.
8 Entrée de la Villa Savoye, Le Corbusier architecte, 1928-1931.

Construite sur les hauteurs de Los Angeles, entre 1927 et 1929, par Richard Neutra pour le médecin Philip Lovell et sa famille, la Health House décline l'hygiénisme à l'échelle du logement : lumière en abondance, piscine, jardin et terrain de basket sur le toit, salles de bains équipées d'hydrothérapie, filtres à eau…
9 Lovell Health House, Richard Neutra, architecte, 1929, photographie Julius Schulman, années 1950-1960.
10 Philip M. Lovell, « Care of the Body », *Los Angeles Times Sunday Magazine*, 29 décembre 1929.

8

9

CARE OF THE BODY

By Philip M. Lovell, *N. D.*

Author of "Diet for Health" and "The Health of the Child"

The Home Built for Health

For years I have periodically written articles telling you how to build your home so that you can derive from it the maximum degree of health and beauty service. I have written on miscellaneous problems such as lighting, heating, hydrotherapy equipment, labor-saving devices, sleeping porches, material for construction and other health features. Always at the end of each article was the thought, "If I ever build a home myself—"

At last the day has arrived. We have built such a home—a home premised on the fundamental health principles and construction ideas which I have presented in my writings in the past.

Front View of Dr. Lovell Home of Health.

I know that there are many who are interested, and with this in mind we are opening it for public inspection before furnishing and occupying it.

Hence, consider this an invitation for all Care of the Body readers to visit this newly constructed home built for health. It is located at 4616 Dundee Drive, Los Angeles, in the Los Feliz hills adjacent

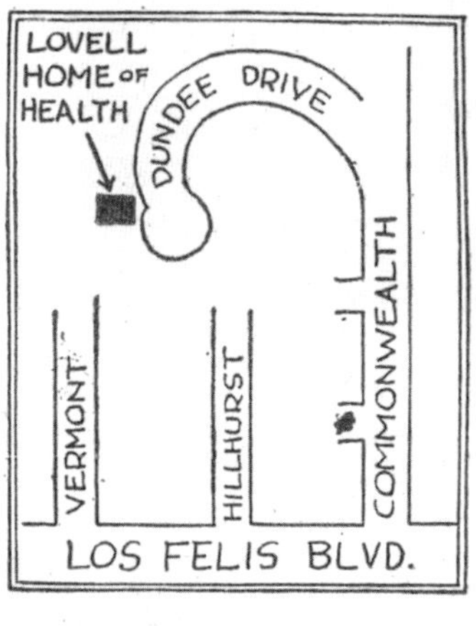

to Griffith Park. The accompanying sketch will show the way of getting there.

The house will be open for public inspection today, Sunday, the 15th inst., and Saturday and Sunday, the 21st and 22nd inst., respectively, from 8 a.m. to 5 p.m.

Mr. Richard T. Neutra, architect who designed and supervised the construction, will lecture at 3 p.m. on each of these days on building the home for health and will conduct the audience from room to room and place to place, describing in detail the purposes of each innovation.

The house is located at the end of a blind street with a wide turning radius. In order to avoid confusion it is requested that everyone visiting the house by automobile go to the end of the road, turn around at the turning basin and park on the right curb with your car facing downhill. I shall also ask that you please drive slowly and carefuly on Dundee Drive, as there will probably be many people coming and going and there are several blind turns.

For those who cannot inspect this home, a brief description will not be amiss.

The main construction is steel, built on a deep, reinforced concrete foundation. The walls, floors, ceilings and roof are all steel-girded, being covered with fireproof expanded steel and plaster.

The window sashes are steel and there is a greater profusion of them than in any home I have ever seen.

There are plenty of opportunities throughout the house for nude sun baths privately taken for each member.

Many of the windows are of the latest invention of glass, admitting ultra-violet light.

The bathrooms are completely equipped with hydrotherapy equipment, including such things as sitz baths, multiple marathon showers and the latest type of sanitary fixtures.

Sanitation and hygiene are the keynote.

The ventilation, sunshine and light ideas are exceedingly modern.

The bedrooms are built "en suite"; that is, every inside bedroom has its accompanying sleeping porch so that sleeping can be done outdoors.

The lighting is indirect—mostly recessed inside the ceiling—and shows behind ribbed glass.

The kitchen would be interesting to every practical housewife, for it incorporates not only the principles of hygiene and sanitation, but also most of the labor-saving devices so dear to the average woman. There is, for instance, an electric dishwasher, a vegetable-washer, a water filter, a grinder for grains or coffees, if one wishes, heaps of closet space, a gas incinerator and similar conveniences.

From the photographs of the exterior of the residence you can see the quantity of glass which makes the house really an outdoors home whenever so desired.

This home, in a sense, is being built mainly for the little ones. It is really a social school in which they will learn their life habits. Their customs will be molded and shaped therein.

With this in view, it has many of the features which schools should have, but most of them do not. There are, for instance, ample playground facilities with playground equipment to be added. There is a wading pond, where they can sail their boats and grow their fish.

An out-of-doors, yet inclosed area, is a schoolroom proper with provision for their carpenter work, clay modeling and other hand tools.

There are facilities for swimming, basketball, handball and, in fact, any other provision which can be developed in a reasonably small area of ground.

Yet most of these are available to the average small home—the cottage of modest means.

The entire home should be considered from a social sense rather than from a restricted private family residence—a place where friends and kin can gather—where children of the neighborhood will prolong their stay voluntarily.

The pictures will show some of it. The best can be seen on the residence.

These are some of the primary objectives in opening this home for public inspection. The thought and care that

Photograph by Willard D. Morgan, architect, Richard D. Neutra

Side view of home and garage.

A.M. UPJOHN
La Visiteuse d'Hygiène
chasse la maladie
et apporte la santé.

11

12

Les institutions encouragent les habitants à développer eux-mêmes des comportements hygiénistes, par la diffusion de brochures ou la visite de personnels spécialisés dans l'entretien.

11 « La visiteuse d'hygiène chasse la maladie et apporte la santé », affiche de la Commission américaine de préservation contre la tuberculose en France, dessin Anna Milo Upjohn, 1916.

12 Visite à domicile d'une infirmière du service d'hygiène de la Croix-Rouge suisse, Genève, 1961.

La domiciliation du soin peut prendre des formes plus techniques, donnant lieu à des logements « médicalisés ». Exemple remarquable, le Centre médico-familial « Les Murlais », construit dans les années 1960 (Charles Carlier – Groupe EGAU, architecte) dans le quartier de Droixhe à Liège, est notamment conçu pour les familles de patients atteints de pathologies respiratoires. Certains malades passent tout ou partie de leur temps dans des « poumons d'acier », appareils d'assistance respiratoire mécanique aux dimensions imposantes. Les plans des logements sont donc adaptés aux rayons de braquage de ces équipements.

13 « Les Murlais : Plan d'un appartement pour 5 personnes », in *Les Murlais, Centre médico-familial pour handicapés moteurs*, Charleroi, Delacre, 1971.

14 Patient dans le dispositif dit « poumon d'acier », s.d.

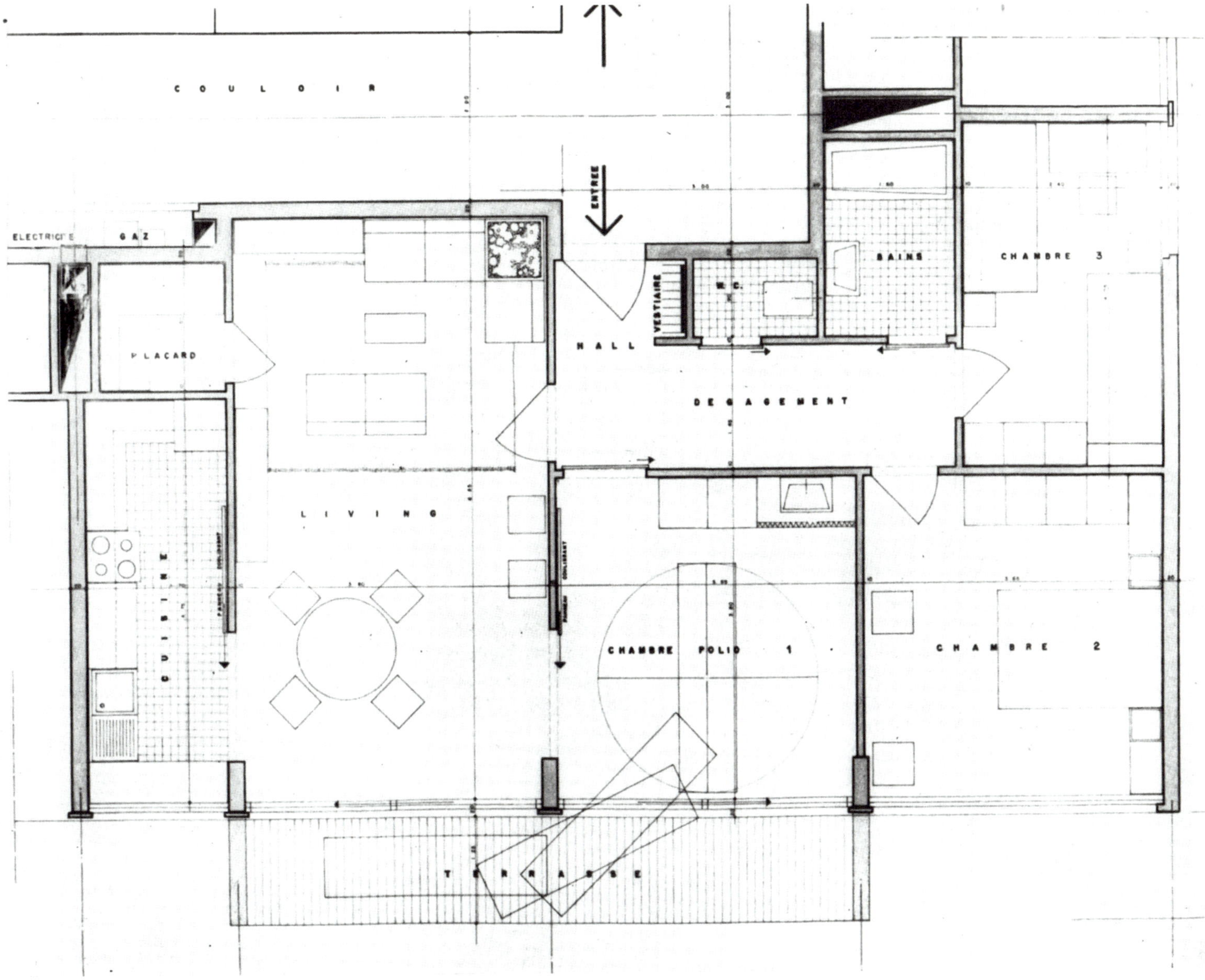
COULOIR
ELECTRICITE
GAZ
PLACARD
ENTREE
VESTIAIRE
W.C.
BAINS
CHAMBRE 3
HALL
DEGAGEMENT
LIVING
CUISINE
CHAMBRE POLIO 1
CHAMBRE 2
TERRASSE

13

14

Dans la villa Le Lac, que Le Corbusier a construite pour ses parents (terminée en 1923), le soin porté à l'architecture n'est pas « médical ».
Pour accompagner ses parents jusqu'aux dernières années de leur vie, en particulier sa mère qui y restera seule dès 1926, l'architecte fait appel à la vue, à la lumière, à la transparence, aux qualités spatiales. En 1951, il dessine un portrait de sa mère qu'il commente ainsi : « à 91 ans Marie Charlotte Amélie Jeanneret Perret règne sur le soleil, la lune, les monts, le lac et le foyer entourée de l'admiration affectueuse de ses enfants. 10 septembre 1951 ».
15 Portrait de Marie-Charlotte-Amélie, mère de l'architecte, Le Corbusier, 1951. Croquis reproduit dans *Une petite maison*, 1954.

Charlotte
Jeanne Pierre

Domesticité et communauté

La dimension domestique de l'acte du soin, renvoyant à l'indispensable intimité du sujet soigné, est nécessairement limitée lorsque cet acte est dispensé dans un espace commun, institutionnel, celui de l'hôpital par exemple – d'autant plus lorsque ce dernier prend sa forme la plus technique, « machinique ».

En Europe, à partir des années 1960 et 1970, plusieurs architectes s'intéressent à cette question complexe, cherchant à renouveler les relations spatiales entre espace intime et espace public par un jeu sur les échelles, les circulations, les seuils, et en convoquant le langage et les formes du « village » : Le Corbusier pour l'hôpital de Venise, en 1964, les réalisations de Herman Hertzberger pour les plus âgés (De Drie Hoven, à Amsterdam) et d'Aldo van Eyck pour les plus jeunes (un orphelinat, dans la même ville). Pour Hertzberger comme van Eyck, le recours à ces typologies s'inscrit dans une critique plus générale du modernisme et du fonctionnalisme.

Plus récemment, en 2017, à Ivry-sur-Seine, l'Atelier Rita déploie avec Emmaüs Solidarité une structure d'hébergement pour des familles réfugiées, population vulnérable pour laquelle des lieux d'accueil et de soin restent très majoritairement à édifier.

1

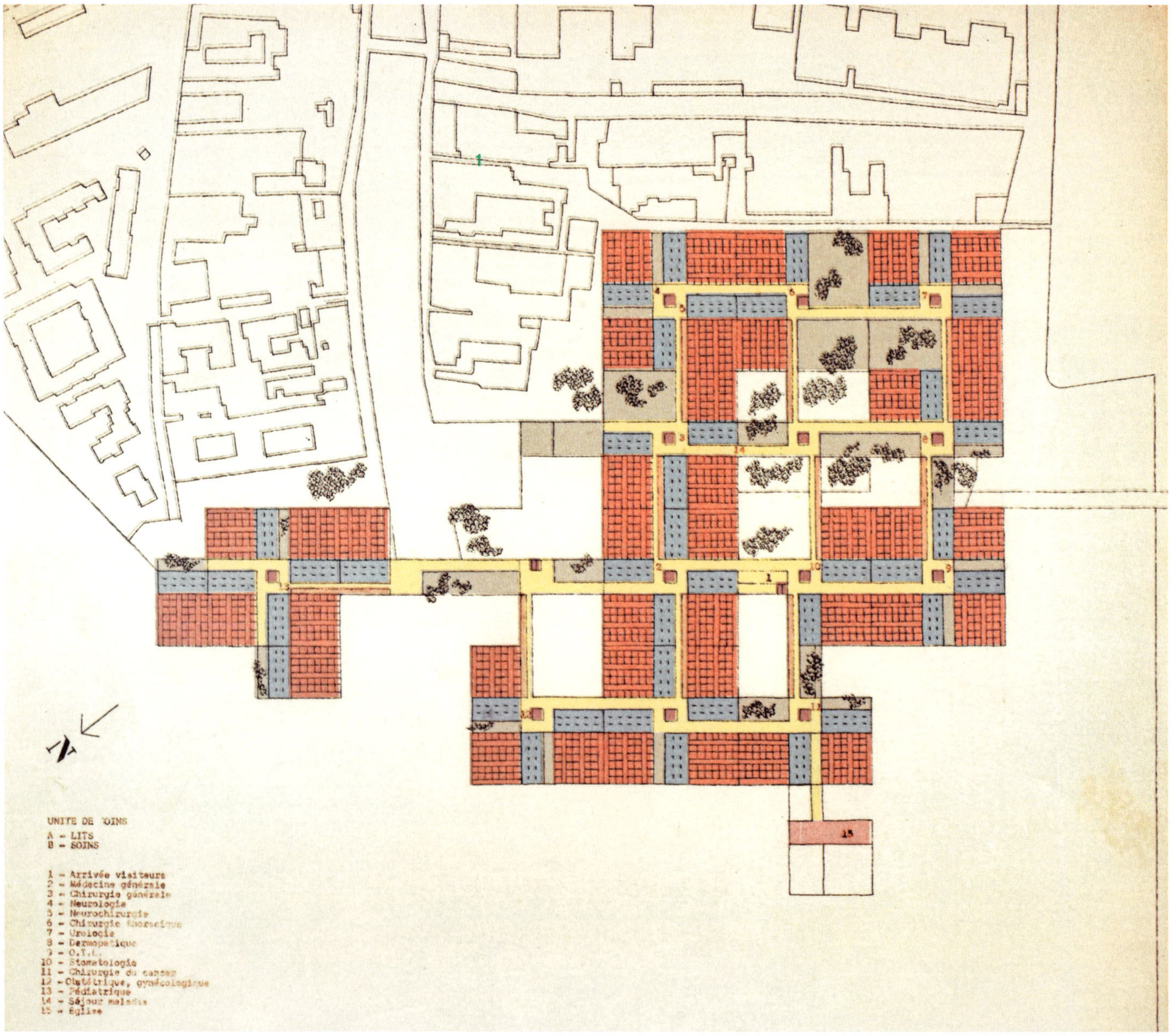

2

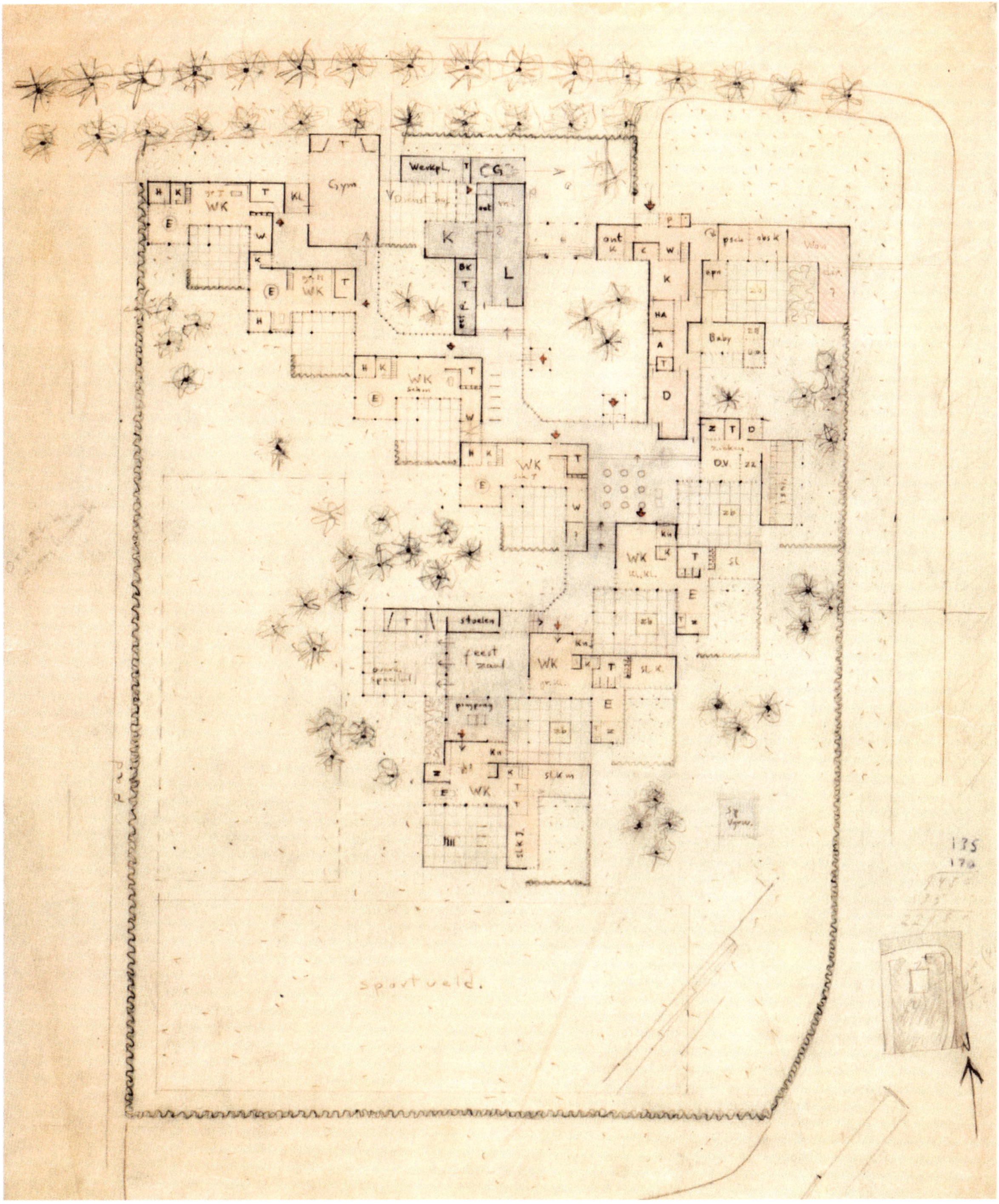

3

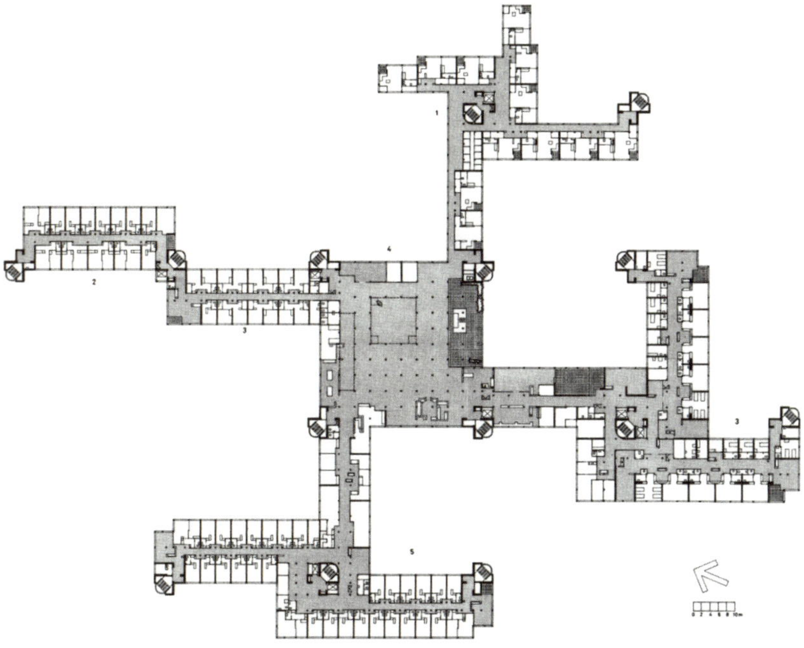

4

Non réalisé mais emblématique, le projet de l'hôpital de Venise proposé par Le Corbusier en 1964 offre une organisation de village articulée autour de ruelles et de placettes s'intégrant à la silhouette basse de la ville.
1 Maquette de l'hôpital de Venise, Le Corbusier architecte, 1964.
2 Plan de l'hôpital de Venise, Le Corbusier, architecte, 1964.

En 1959 déjà, l'orphelinat municipal réalisé par Aldo van Eyck à Amsterdam se déploie autour de places et de corridors. Organisé en modules selon un plan polycentrique, le projet se veut « maison » et « ville », selon une formule célèbre de l'architecte (« city as house and house as city »).
3 Plan de l'orphelinat d'Amsterdam, avant-projet final, Aldo van Eyck, architecte, 1959-1960.

Livré en 1974 par Herman Hertzberger, le projet de résidence pour personnes âgées De Drie Hoven à Amsterdam, est agencé selon des principes similaires à ceux proposés par Le Corbusier à Venise : le lieu de soin est conçu comme une petite ville, qui abrite 55 logements pour couples, 190 unités d'habitation pour résidents seuls, ainsi que 250 lits en infirmerie.
4 Plan de la résidence pour personnes âgées De Drie Hoven, Amsterdam, Herman Hertzberger, architecte, 1971-1974.

5

Entre 1964 et 1974, l'architecte Herman Hertzberger réalise la résidence pour personnes âgées De Drie Hoven, à Amsterdam. Son intention est de développer ce complexe à la manière d'une petite ville en créant notamment de nombreux espaces d'échanges entre résidents.
5, 8 et 9 Résidence pour personnes âgées De Drie Hoven, Herman Hertzberger architecte, 1971-1974, photographies s.d.

En 2017, l'Atelier Rita réalise pour Emmaüs Solidarité, à Ivry-sur-Seine, un centre d'hébergement d'urgence qui est une nouvelle itération de ce type de conception, fréquente aujourd'hui, abordant l'espace à la manière d'une cité miniature, conjuguant espaces de l'intime et espace du commun. Sur l'esplanade centrale, des yourtes accueillent les lieux partagés de la communauté.
6 et 7 Centre d'accueil Emmaüs Solidarité, Atelier Rita architecte, 2017.

6

8

9

Que deviennent les notions d'intimité et de communauté en temps de crise, lorsque tout contact est interdit? Les lieux de résidence dédiés aux personnes vulnérables, en particulier aux personnes âgées, ont été particulièrement frappés par les règles de « distanciation » qu'a imposées l'épidémie de Covid-19.

10 Visite dans un Ehpad, Saint-Maur-des-Fossés, avril 2020.
11 Visite à l'Ehpad Fondation Schadet Vercoustre, Bourbourg, 27 mai 2020.

7

10

11

Vieillesse, mémoire

L'habitat pour personnes âgées et dépendantes pose aujourd'hui de la manière la plus aiguë, la plus complexe et la plus impérative la question des relations entre intimité et communauté. Les espaces urbains, tant publics que privés, sont encore largement inadaptés au vieillissement des habitants, ce qui peut inciter les populations âgées à se retirer hors des limites de la cité ; jusqu'à reproduire, ailleurs, une « ville de vieux » (à l'image de l'emblématique Sun City américaine) ?

Deux projets manifestes souhaitent à leur manière apporter des alternatives contemporaines. Le Village landais Alzheimer, réalisé par l'architecte Nathalie Grégoire et Nord Architects à Dax, restitue des dispositifs similaires dans les rapports intime / public, et fait le choix assumé et complexe de reproduire le cadre de vie des résidents lors de leurs jeunes années. Quant au projet Home for the Elderly de Junya Ishigami au Japon, il propose un lieu de vie partagé en déplaçant et juxtaposant des maisons traditionnelles prélevées en diverses régions. Deux manières de renouveler la notion ancienne de l'architecture comme « théâtre de la mémoire ».

5

2

1

3

4

Les habitants de la cité hédoniste imaginée par Michael Anderson dans *Logan's Run* [*L'Âge de cristal*] en 1976 ont tous moins de 30 ans car, à cette date anniversaire, ils sont exécutés lors de la « cérémonie du Carrousel ». Ce film est la représentation dystopique d'une ville qui exclut le grand âge. L'épilogue suggère cependant l'impasse de ce modèle : lorsque les deux héros parviennent à s'échapper de la ville, ils rencontrent un homme âgé et découvrent avec étonnement la possibilité du vieillissement.

1–4 Photogrammes extraits du film *Logan's Run* [*L'Âge de cristal*] de Michael Anderson, 1976.

6

7

Sun City, ouverte en 1960 près de Phoenix, dans l'Arizona, est une *gated community* autogérée et réservée aux populations âgées (l'âge moyen des 35 000 habitants y est de 75 ans). Ce lieu sonne comme une mise en garde : si nos villes ne sont pas capables de ménager des espaces pour les plus anciens, ceux-là n'ont-ils pas d'autre choix que de se regrouper dans une « ville pour vieux » ?
5 Vue aérienne de Sun City, Arizona, 1970.
6 Gymnastique, Sun City, Arizona, photographie David Hurn, 1980.

Les acquéreurs d'une habitation à Sun City ont le choix entre différents modèles de maisons ; à chacun ensuite d'aménager son espace extérieur. Au début des années 1980, le photographe Stephen Smith documente la « personnalisation » des porches et des jardins.
7–9 Sun City, Arizona, photographies Stephen Smith, 1982.

8

9

DES VILLES À L'ÉPREUVE DE L'ÂGE

De la contrainte à l'invention

Meriem Chabani et John Edom
Architectes urbanistes

Cette vie est si courte ! Et notre inconstance l'abrège encore en nous la faisant recommencer sans cesse. Nous la morcelons en trop de parcelles et nous la dissipons[1].
Sénèque

Contre la vieillesse : il ne s'agit pas d'un refus du vieillissement comme partie intégrante de la vie, ni d'un déni des vulnérabilités humaines qui s'accentuent avec l'âge, mais d'une révolte contre la vieillesse en tant que catégorie, celle de personnes situées dans une phase distincte de leur existence, sans continuité ni cohérence avec ses phases précédentes. C'est aussi le refus de la vieillesse comme catégorie de relégation sociale. Les espaces dans lesquels nous vivons, la façon dont ils sont organisés et divisés, les individus avec et pour qui ils sont pensés, avec qui ils sont partagés, la temporalité et l'ordonnancement de leur utilisation, sont une manifestation et un reflet plus large des priorités de nos sociétés. La vieillesse est ainsi une question éminemment spatiale, dont l'approche transforme fondamentalement la conception de nos villes.

1 Sénèque, *Lettres à Lucilius*, vers 65 apr. J.-C., XXXII.2.

Nous estimons essentielle une réévaluation du grand âge comme phase distincte de l'existence : dans la mesure où nous vieillissons tou.te.s, ne peut-on pas remplacer le verbe « vieillir » par le verbe « vivre[2] » ? Les vulnérabilités qui peuvent s'accroître avec l'âge ne sont pas exclusives aux seniors, mais sont susceptibles d'émerger à tous les âges. Comprendre qu'être âgé signifie vivre les vulnérabilités humaines avec davantage d'immédiateté souligne la nature de la vie humaine comme continuum de vulnérabilité[3]. La notion de « bien » vivre doit ainsi accommoder la vulnérabilité en tant que facteur non négligeable.

Les personnes âgées témoignent souvent de l'*anticipation* commune d'une vulnérabilité imminente mais progressive[4], à la fois consciente d'une dépendance accrue aux autres et des limites qu'imposent les cadres de vie dits « normaux ». S'il est source d'angoisse, ce sentiment s'accompagne toujours de l'envie de continuer à vivre en autonomie et du désir d'une vie sociale active. Ce désir de continuité est un puissant mécanisme du développement des capacités des individus vulnérables, lesquels peuvent ainsi se rendre « capacitaires », et construire leur autonomie dans la vulnérabilité, l'interdépendance et une attention mutuelle[5]. Nous examinerons ici la manière dont nos villes peuvent soutenir ces désirs d'autonomie, et faire des pratiques spatiales des personnes âgées une opportunité d'invention pour tou.t.e.s.

RÉINVENTER LA VALEUR DU TEMPS

Pour définir les seniors, la sociologue Mélissa Petit distingue deux étapes : la retraite et l'installation des vulnérabilités. L'âge moyen de la retraite en Europe est aujourd'hui de 65 ans, tandis que l'espérance de vie a évolué vers une moyenne de 78,2 années, entraînant un allongement significatif du temps passé à la retraite. Cependant, le regard porté par la société sur le grand âge – à savoir qu'une vulnérabilité accrue empêche le travail au-delà d'un âge dit « actif » – semble avoir alimenté l'idée selon laquelle le vieillissement devrait être envisagé en tant que *problème social*, autre manière de considérer les personnes âgées comme un fardeau pour des sociétés orientées vers la productivité. À l'instar d'autres situations de handicap ou de charge sociale – enfance, grossesse et éducation ultérieure des enfants, handicaps physiques, problèmes de santé mentale –, le vieillissement est défini avant tout comme une *déviation* par rapport à une norme de productivité, laquelle prescrit l'utilité sociale en tant que condition d'appartenance à la communauté productive.

Pour Mélissa Petit, si la divergence de ces deux lignes autrefois parallèles – vie active et espérance de vie – est historiquement intégrée dans la notion de retraite, la création d'un « troisième âge » induit des conséquences sous-estimées du point de vue des individus. Durant la transition vers cette dernière phase de la vie, en effet, ce sont souvent les attentes mêmes de cette transition, puis l'expérience de la marginalité qui en résulte, qui peuvent fragiliser les personnes, perturber les schémas sociaux et les activités physiques et mentales qui les maintenaient auparavant « en forme ». Fréquemment associées à des bouleversements spatiaux liés aux modes de vie et à la baisse des revenus, de telles transitions vers un cadre de vie plus « approprié » peuvent créer de véritables ruptures dans les parcours individuels.

La vieillesse est la seule temporalité, au sein des économies capitalistes, qui autorise pleinement le temps « libre » – temps qui peut d'ailleurs être tout aussi productif, selon des critères et des finalités posés individuellement. Au fond, il paraît étonnant que cette richesse ne soit pas, au sein des sociétés riches et démocratiques, une priorité à soutenir pour les personnes de tout âge. C'est que le concept d'un troisième âge non productif pose des questions difficiles : le droit à une place dans la société doit-il reposer sur la productivité de chacun.e ? Comment la productivité peut-elle être évaluée et quantifiée ? Une enquête réalisée en 2019 par l'Ifop pour France Bénévolat indique que cette année-là, 31 % des Français.es âgé.es de 65 à 85 ans sont investi.es dans du bénévolat associatif. Si on y ajoute celles et ceux qui œuvrent dans d'autres structures, notamment les conseils municipaux, et celles et ceux qui s'impliquent dans l'entraide directe de proximité, ce pourcentage avoisine les 50 %[6]. Nous le constatons lors de nos entretiens : Ginette F. s'emploie activement à la garde de ses petits-enfants, qui structure son temps. Cette activité peut également être source de revenus complémentaires, comme c'est le cas pour Yvette. Sylvie, à la retraite depuis un an, cherche des activités associatives rattachées au monde des actifs et rêve « de mixité entre les maisons de retraite et les écoles maternelles[7] ». Depuis quelques années, des initiatives de micro-crèches au sein de maisons de retraite font d'ailleurs leur apparition en France. Cette formalisation de la garde intergénérationnelle des enfants hors de la sphère familiale permet de répondre à la fois au manque de places en crèche et à l'isolement social des seniors. Le géographe Mickaël Blanchet, auteur d'un atlas des personnes âgées en France, précise que, parallèlement à cette activité bénévole, les seniors ont tendance à consommer moins et à moins utiliser la voiture que la moyenne des gens[8]. Ces distinctions sont essentielles pour qualifier et comprendre l'activité effective des seniors, déconstruire la vision d'une charge à sens unique, et cadrer les relations de bénéfice mutuel entre ces populations et les villes.

TERRITOIRES D'INVENTION

L'étape de la retraite marque un point de bascule considérable. Gestion du temps, finances et insertion sociale sont impactées, avec des degrés d'anticipation qui varient en fonction des individus, mais qui mènent invariablement à cette question : où et

2 Mélissa Petit, sociologue et fondatrice du cabinet de conseil Mixing Générations, spécialiste des modèles économiques de la Silver Economy et des questions de longévité.

3 Nous remercions Cynthia Fleury pour son analyse de la pensée de Georges Canguilhem à propos de la maladie : « Avec lui, la maladie devient une question de normativité et non pas d'anormalité. La santé et la maladie sont pensées et posées comme des puissances d'invention de nouvelles normes de vie. La maladie n'étant pas la disparition de cette faculté mais simplement sa diminution, l'enjeu devient alors pour nous, les soignants, enseignants et thérapeutes, de consolider les capacités de l'individu (qu'il soit malade ou non), de l'accompagner dans sa réinvention des normes de vie – autrement dit, de lui suggérer l'entrée dans une dynamique de création, et non lui faire viser un retour à l'état antérieur, ce qui demeure illusoire » (Cynthia Fleury, *Le soin est un humanisme*, Paris, Gallimard, coll. « Tracts », 2019, p. 13).

4 De 2019 à 2020, nous avons participé à l'étude « Le Printemps de l'Hiver », initiative centrée sur les enjeux du bien vieillir en ville et portée par la Maison de l'architecture en Île-de-France. Elle inclut une série de conversations avec des personnes âgées, chercheur.se.s en sciences sociales, élu.e.s et autres figures engagées dans des activités commerciales, associatives ou publiques à destination des seniors (https://leprintempsdelhiver.fr/).

5 « Il faut dès lors se soucier de rendre ‹ capacitaires › les individus, c'est-à-dire de leur redonner aptitude et souveraineté dans ce qu'ils sont ; comprendre que la vulnérabilité est liée à l'autonomie, qu'elle la densifie, qu'elle la rend viable, humaine ; travailler à faire que cette vulnérabilité soit pour autant la moins irréversible possible » (C. Fleury, *Le soin est un humanisme*, *op. cit.*, p. 7).

6 France Bénévolat, « L'Évolution de l'engagement bénévole associatif, en France, de 2010 à 2019 », Paris, 2019, en ligne : www.francebenevolat.org/sites/default/files/DOCUMENTATION/ETUDE_Evol%20b%C3%A9n%C3%A9volat%20associatif%20en%202019_DEF.pdf).

7 Entretien avec Sylvie Balat-Vertallier, réalisé dans le cadre de l'étude « Le Printemps de l'Hiver », 2020.

8 Entretien avec Mickaël Blanchet, réalisé dans le cadre de l'étude « Le Printemps de l'Hiver », 2019.

comment vieillir? En France, une grande majorité désire rester à domicile. Ils et elles revendiquent un ancrage dans un quartier, une ville, des habitudes, un écosystème familial et affectif. Ce choix pousse les pouvoirs publics à s'interroger sur l'adaptation des domiciles des seniors, avec la mise en place de subventions spécifiques[9]. Action Logement, qui propose une aide d'un montant de 5000 euros concernant exclusivement l'aménagement des salles de bains et sanitaires, est submergé de demandes[10]. Ces aides peinent à satisfaire les besoins de plus d'un million de seniors précaires, qui sont pour une large part des femmes[11], à l'intersection des vulnérabilités liées à leur âge et à leur genre. On constate que le temps de la retraite mène à l'accroissement des inégalités existantes. Les femmes ont davantage connu des parcours professionnels interrompus, marqués par des grossesses, des périodes de chômage ou des emplois à temps partiel. De plus, une partie des femmes de plus de 75 ans n'a jamais travaillé et dépend essentiellement des revenus de son conjoint. Une mauvaise adéquation entre l'état du logement et les capacités de ses occupant.e.s devient alors un facteur d'accroissement de ces inégalités, et un obstacle au fait de vieillir chez soi. La création de la maison des Babayagas, résidence senior réservée aux femmes seules à Montreuil, est une réponse politique et sociale à cette situation. Ce projet de vingt-cinq appartements individuels variant de 30 à 44 m² dispose d'espaces partagés tels qu'un potager collectif, un espace soin et bien-être et une salle commune destinée aux activités associatives. En dépit de l'ampleur de l'enjeu, il s'agit de la seule initiative de ce genre en France.

Confronté.e.s aux obstacles d'un vieillissement à domicile, près d'un tiers des retraité.e.s déménage[12]. S'il est courant de penser que les retraités souhaitent s'installer à la campagne, 82% d'entre eux pensent au contraire qu'il est préférable de loger en ville[13]. Sophie[14] s'installe à proximité de cinq lignes de métro et de bus afin d'être une destination pour ses proches, et réalise tous ses parcours à pied pour se tenir en forme. L'accessibilité aux services et aux mobilités constitue pour elle un enjeu majeur. La sociologue Sonia Lavadinho nous interpelle cependant sur l'obstacle que peut constituer la fluidification de la grande vitesse propre aux centres urbains, et la nécessité de penser la cohabitation des mobilités pour garantir le confort des plus vulnérables: «Il y a une foule d'usagers qui se déplacent à 2 km/h dans les rues, les seniors qui marchent le plus lentement, ceux qui flânent, qui font du lèche-vitrine [...]. C'est la vitesse à laquelle on doit vivre[15].» Cette question de mobilité nous ramène à «la ville du quart d'heure» conceptualisée par Carlos Moreno, et à l'enrichissement du premier kilomètre accessible aux personnes âgées à la motricité réduite. En fonction de l'accès aux transports dans cet espace-temps se décide un accès au monde. Cet enjeu est d'autant plus vital lorsque différents types de vulnérabilités s'accumulent. Selon la start-up Rainbold Society et l'association Les Audacieux[16], la population senior LGBT+ française, particulièrement isolée[17], est largement francilienne et essentiellement urbaine pour ces raisons.

82% des retraité.e.s sont propriétaires de leur résidence principale[18], dont plus de la moitié en logement individuel[19]. Ainsi, si les centres urbains apparaissent indéniablement comme un territoire de vieillissement, l'architecte et urbaniste Benjamin Aubry voit dans les zones pavillonnaires un champ de réflexion encore largement inexploré. Sa start-up Iudo propose un modèle de promotion immobilière de proximité pour les propriétaires de pavillons, dans le but de densifier ces parcelles, de transformer leur logement, de créer des typologies diversifiées dans des zones largement homogènes et d'investir le paysage peu dense du logement individuel en couronne parisienne. L'extension et la surélévation d'un pavillon à Arcueil, avec l'architecte Emma Saintonge, font cohabiter deux logements étudiant.e.s avec celui de la propriétaire, célibataire d'une cinquantaine d'années. La cuisine, le jardin et la salle à manger sont mutualisés, tandis que la cage d'escalier centrale constitue à la fois une distribution commune et un espace tampon entre les différent.e.s occupant.e.s. Ce projet illustre les perspectives d'adaptation des logements individuels à l'installation progressive des vulnérabilités, au besoin de nouveaux revenus et à la création de cohabitations intergénérationnelles dans des zones *a priori* peu adaptées.

UN MONDE CHEZ-SOI

Il ne faudrait pas que mon espace se rétrécisse du fait que je vieillisse[20].
Ginette F.

Bien que certaines aient déménagé une fois à la retraite, toutes les personnes que nous avons rencontrées ont fait le choix de vieillir à domicile. Les modes d'occupation de l'espace qu'elles décrivent se trouvent systématiquement réduits au moment de la retraite. Cette réduction est parfois violente, Sylvie B. décrit une retraite arrivée «très vite, trop vite», qui lui fait quitter une grande maison vidée de ses enfants pour un appartement T3 en banlieue limitrophe de Paris. À la suite de ce mouvement dans lequel elle perd son métier, sa ville et ses repères, son nouvel appartement regorge d'objets de sa vie d'avant, comme autant de points d'ancrage. La liberté théoriquement offerte par la retraite appelle donc une réévaluation critique. Cependant, plusieurs personnes effectuent cette réduction de manière délibérée, choisie et qualitative. Par exemple, la fin d'un trajet régulier entre travail et domicile diminue l'empreinte territoriale, les activités quotidiennes se recentrent alors sur le quartier, qui offre à son tour des opportunités d'implications dans la vie politique, associative ou militante, d'éducation en porte à porte, et de relations de proximité souvent d'autant plus qualitatives que leur échelle est réduite. Ginette F. le résume ainsi: «Je peux moins me déplacer, donc je reçois plus à la maison.» Elle est restée dans son appartement de cinq pièces qui lui permet d'accueillir confortablement sa famille et ses ami.e.s. Une chambre d'enfant est devenue la chambre des petits-enfants.

9 Aide de l'Agence nationale de l'habitat, crédits d'impôt, subvention Action Logement.
10 Le seuil de 100000 dossiers déposés était atteint lors de l'écriture de cet article, clôturant les demandes.
11 Près d'une femme sur dix, âgée de 75 ans et plus, vit sous le seuil de pauvreté, contre 7,6% des hommes de la même tranche d'âge (Insee, 27 février 2020).
12 36% des retraité.e.s préfèrent cette situation, contre 24% des actif.ve.s (sondage Ipsos, Pleine Vie et les Sénioriales réalisé auprès des plus de 50 ans, 2009).
13 Sondage Odoxa pour Le Parisien/Caisse d'Épargne, 2014.
14 Entretien avec Sophie De Jocas, réalisé dans le cadre de l'étude «Le Printemps de l'Hiver», 2019.
15 Entretien avec Sonia Lavadinho, réalisé dans le cadre de l'étude «Le Printemps de l'Hiver», 2020.
16 Entretien avec Stéphane Sauvé et Didier Méric, associés de Rainbold Society, réalisé dans le cadre de l'étude «Le Printemps de l'Hiver», 2020.
17 Sur un million de seniors LGBT+, 65% vivent seuls et 10% ont des enfants, ce qui limite considérablement la possibilité d'une aide familiale. Voir Michèle Delaunay, «Rapport sur le vieillissement des personnes lesbiennes, gays, bisexuelles et transexuelles et des personnes vivant avec le VIH», novembre 2013, en ligne: www.espace-ethique.org/sites/default/files/Rapport_vieillissement_LGBT_et_PVVIH_-_version_definitive_-_27_11_2013.pdf.
18 Sondage Odoxa pour Le Parisien/Caisse d'Épargne, 2014.
19 Insee, 2020.
20 Entretien avec Ginette Fiquet, réalisé dans le cadre de l'étude «Le Printemps de l'Hiver», 2020.

Exprimant son besoin d'isolement, Ginette F. dispose d'une chambre à l'écart, accessible *via* un sas qui protège son intimité lorsqu'elle reçoit.

Dans un certain nombre de cas, les cercles relationnels se réduisent, tout en prenant une plus grande empreinte territoriale liée aux mobilités et au temps disponible pour les entretenir. Aïcha B. a choisi de s'installer chez sa fille et son beau-fils en banlieue Parisienne, reprenant la chambre vide d'un petit-fils. Elle vit entre deux pays, rendant visite à ses enfants en France et en Algérie. Plusieurs des personnes interrogées possèdent des résidences secondaires à la campagne, où famille et voisin.ne.s constituent un réseau social distinct, elleux-mêmes pivots vers d'autres circuits saisonniers pouvant s'étendre à d'autres régions, quand chacun.e se rend visite ou reçoit à domicile.

L'espace domestique lui-même est invariablement sujet à un inventaire. Parmi les personnes interrogées, celles ayant choisi de demeurer chez elles après la retraite font ce choix en pleine conscience, familières de l'aspect et de l'organisation de leur logement, satisfaites de la vie sociale de leur immeuble, de leur quartier et de la zone qui l'entoure, de la facilité de déplacement qu'il rend possible. Dans le documentaire *J'y suis, j'y reste!* réalisé par la psychosociologue Marie Delsalle[21], Pierrette affirme: « Depuis 46 ans, je sais où les choses sont rangées; je ne vais pas tout réapprendre ailleurs[22]. » Quant à Sophie, elle a profité de son déménagement pour faire place nette dans ses affaires, mais le carrelage de son ancienne maison orne la cuisine de son nouvel appartement. Les objets sont ainsi sujets à une remise en cause, dans un dialogue retraçant la signification de ce que l'on a collecté tout au long de sa vie, l'utilité de ce que l'on a gardé après le départ des enfants, le décès d'un.e partenaire ou l'arrêt de la vie professionnelle, entre sentiment d'encombrement et volonté de réinvestir une vie libérée du passé. Cependant, ces caractéristiques positives sont mises en balance avec les obstacles anticipés sur le futur: un escalier à monter, à l'entrée ou à l'intérieur de l'immeuble, l'attention bientôt réclamée par certains membres de la famille – soins donnés aux petits-enfants, soins apportés au corps âgé lui-même – et d'autres contraintes spatiales pouvant avoir une incidence sur la capacité d'une personne à continuer de vivre chez elle.

APPROCHES THÉRAPEUTIQUES ET PRÉVENTIVES DE LA CONTINUITÉ

La première réponse thérapeutique généralement formulée à l'égard du domicile des personnes âgées est une adaptation spatiale – l'aménagement des sanitaires, la création d'une douche à l'italienne, la fourniture de supports pour le corps tels que des mains courantes et des bancs, la transformation du rez-de-chaussée pour accueillir une chambre. En tant qu'architectes, ces adaptations nous alertent sur notre approche des corps âgés comme déviations vis-à-vis de la norme pour laquelle nos logements sont initialement pensés.

La contrainte économique est parfois motrice d'innovation pour bousculer ces standards. Le sociologue Serge Guérin décrit un projet résidentiel innovant à Besançon qui associe logements étudiants et logements pour personnes âgées, proposant un loyer réduit pour les étudiant.e.s en échange de vingt heures par mois consacrées à socialiser avec les résident.e.s âgé.e.s. Ce projet est une variation sur divers modèles résidentiels qui combinent des programmes destinés spécifiquement aux personnes âgées avec ceux orientés vers les enfants ou les jeunes afin de catalyser l'interaction intergénérationnelle[23]. À Rennes, la résidence seniors Simone-de-Beauvoir, arrivée au terme de ses subventions, ouvre son restaurant au public, dans le but de trouver un nouveau modèle économique. Les revenus ainsi générés permettent de financer des activités associatives à destination des résident.e.s, tandis qu'est établi un cadre d'interactions intergénérationnelles avec les nouveaux clients. En dépit du caractère transactionnel que les relations sociales de ces projets peuvent revêtir, il est intéressant de noter le soutien mutuel et le partage de perspectives, d'expériences de vie et de connaissances, qui en résultent.

Des modèles alternatifs existent cependant, basés sur des modèles spatiaux et sociaux qui privilégient la continuité et la connexion comme moyens de faire face à la vulnérabilité. Le Village landais Alzheimer est une expérimentation dans ce sens, unique en France, construite autour de l'idée d'une communauté articulée en quatre quartiers, avec ses mécanismes de solidarité et d'entraide. Il repose sur la promotion de « la vie ordinaire », où toute mention du médical est interdite. Sa référence aux formes et aux matériaux de l'architecture traditionnelle landaise, familiers pour les résident.e.s, traduit le choix d'une continuité comme mode thérapeutique.

Dans la citation inscrite en ouverture de cet article, Sénèque avertit son ami contre la tentation de diviser la vie en phases distinctes. Ce refus du fractionnement et de la relégation est le fil commun des pratiques des seniors interrogés comme des différents projets cités, qui se dégagent du champ de la contrainte pour affirmer autonomie et souveraineté. C'est dans les transcriptions spatiales de la continuité de ces élans de vie – allant de l'échelle du foyer à celle des territoires – que réside la possibilité d'invention de villes cohérentes et hospitalières pour tou.t.e.s.

21 Marie Delsalle, J'y suis, j'y reste !, documentaire pour Leroy Merlin Source et AG2R La Mondiale, 2013.

22 Entretiens réalisés selon la méthodologie de l'étude « Le Printemps de l'Hiver ».

23 Stéphane Sauvé, président de la Rainbold Society, et Didier Méric, à l'origine d'une initiative de promotion de l'habitat senior à destination des personnes LGBTQ+, en collaboration avec l'association hétéro-friendly Les Audacieux, nous ont décrit leur projet d'une « maison inclusive » : une résidence pour personnes âgées qui s'appuie sur la constitution d'une communauté choisie au-delà du critère de l'âge. La formation d'une microsociété fondée sur des valeurs et des objectifs communs, et l'investissement personnel dans une communauté où le partage de valeurs constitue la base pour un système de soutien mutuel, esquissent le modèle d'une société plaçant la vulnérabilité au cœur de ses préoccupations.

10

11

Le Village landais Alzheimer, à Dax, s'organise autour d'une « bastide », de « quartiers » et de « maisonnées ». Le projet, notamment porté par le Département des Landes, a ouvert en 2020 et accueille aujourd'hui 120 résidents touchés par la maladie.

10 et 11 Village Alzheimer de Dax, Nord Architects et Champagnat & Grégoire architectes, 2016-2020.

12

13

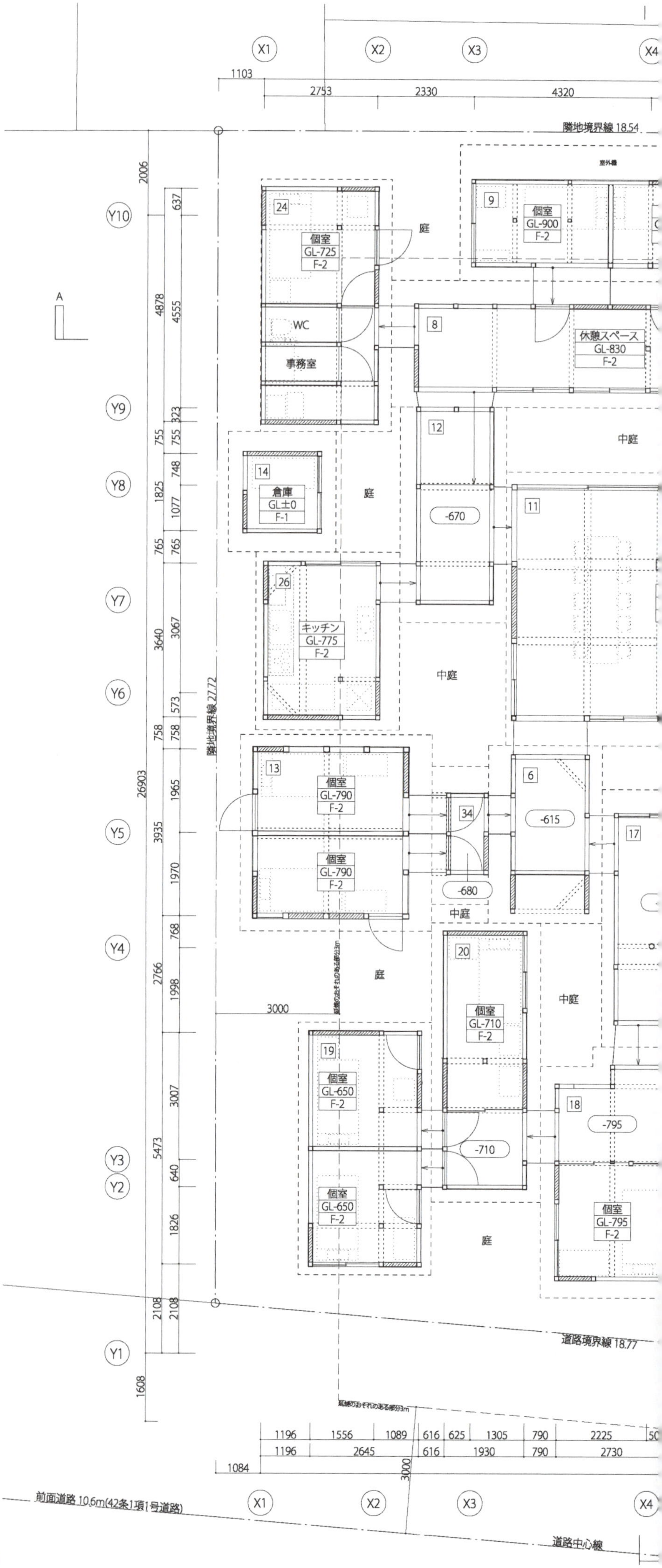

14

L'architecte japonais Junya Ishigami apporte une réponse inédite et poétique aux questions du vieillissement, de la perte d'autonomie et de mémoire. Afin de reconstituer un environnement familier, il identifie quelques dizaines de maisons traditionnelles destinées à la démolition, et imagine de les déplacer et les rassembler dans un même lieu. Il réactive pour cela la technique ancienne de l'*hikiya*, l'art de déplacer des éléments volumineux (équipements, architectures, rochers, etc.).

12 et 13 Maquette du projet Home for the Elderly.

14 Plan du projet Home for the Elderly, Junya Ishigami architecte, 2012.

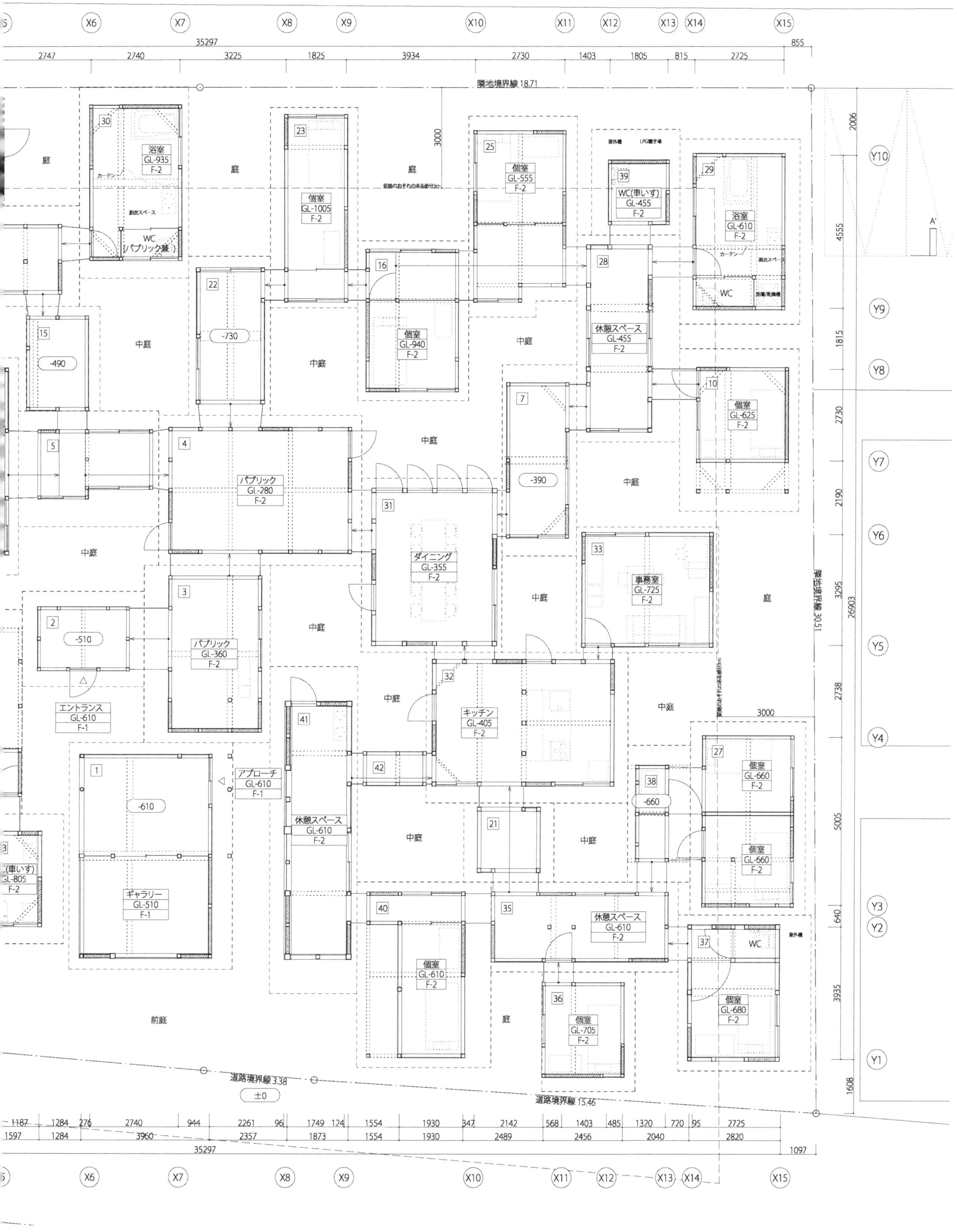

隣地境界線 18.71
隣地境界線 30.51
道路境界線 3.38
道路境界線 15.46
浴室 GL-935 F-2
個室 GL-1005 F-2
個室 GL-555 F-2
WC(車いす) GL-455 F-2
浴室 GL-610 F-2
個室 GL-940 F-2
休憩スペース GL-455 F-2
個室 GL-625 F-2
パブリック GL-280 F-2
ダイニング GL-355 F-2
事務室 GL-725 F-2
パブリック GL-360 F-2
エントランス GL-610 F-1
キッチン GL-405 F-2
個室 GL-660 F-2
個室 GL-660 F-2
アプローチ GL-610 F-1
休憩スペース GL-610 F-2
ギャラリー GL-510 F-1
休憩スペース GL-610 F-2
個室 GL-610 F-2
個室 GL-705 F-2
個室 GL-680 F-2
WC (パブリック兼)
中庭
庭
前庭
±0
35297

15

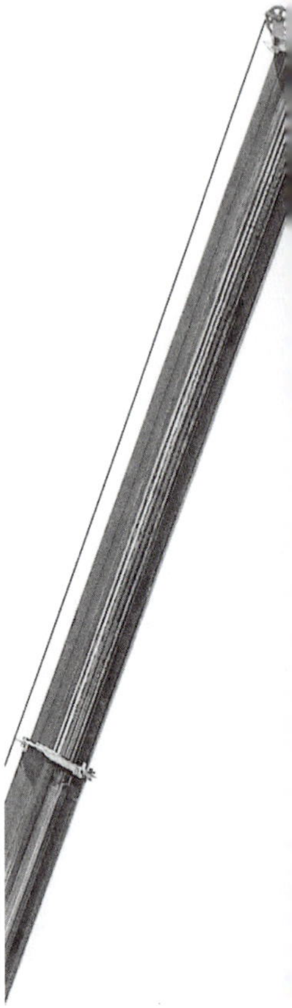

16

15 Maisons choisies pour
le projet Home for the Elderly.
16 et 17 Home for the Elderly,
Junya Ishigami architecte, 2012.

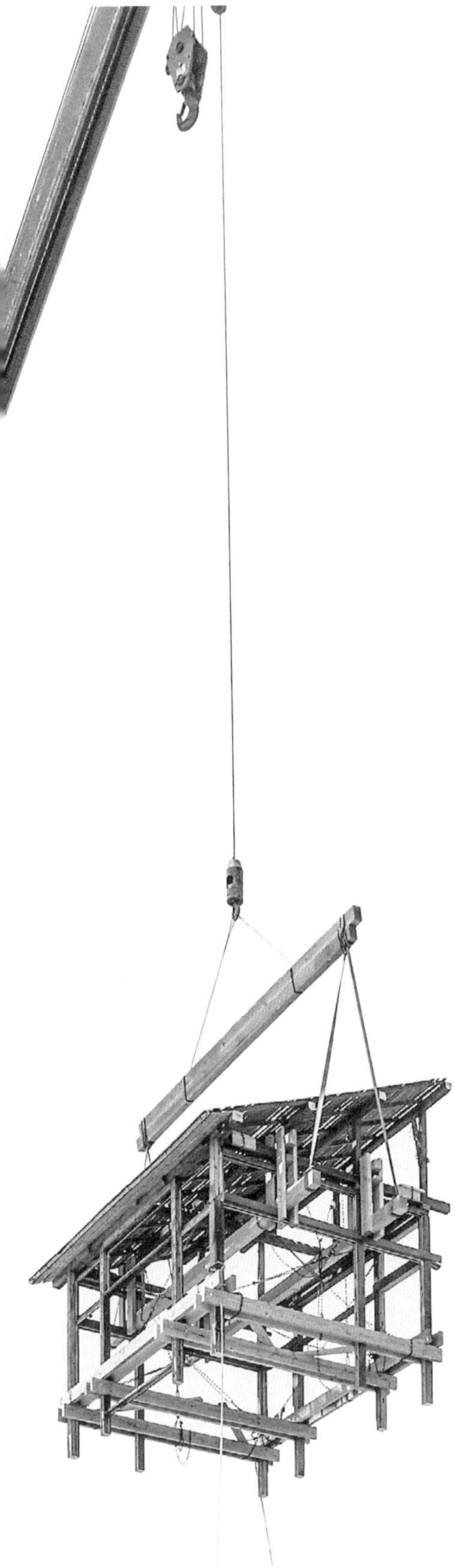

Mise en commun du soin

Aborder le soin comme un bien commun, à la frontière de l'espace privé et de l'espace public, conduit, au début du XXe siècle, à intégrer des salles de bains communes aux programmes des HBM (Habitations bon marché) parisiennes. Quelques décennies plus tôt, dans une perspective hygiéniste appliquée aux individus comme à l'espace, étaient apparus dans la ville des lieux de bains (dont ceux, flottants, de la Samaritaine), ainsi que des vespasiennes, dont on sait qu'elles étaient aussi le lieu d'un autre genre de soin (*dark care*[1]). À Paris toujours, en 1865, le journaliste Eugène Paz, professeur dans l'enseignement secondaire, ouvre un « gymnase médical » rue des Martyrs. C'est le début d'une forme contemporaine du soin, que l'on retrouvera plus tard chez Le Corbusier (« le sport au pied des maisons ») dans les compétitions sportives organisées en extérieur, et qui, aujourd'hui, débordent largement sur l'espace public : fitness, bien-être, performance.

La ville devient, pour reprendre une formule de Pierre de Coubertin, un « sanatorium pour bien-portants », l'historien créateur des Jeux olympiques modernes précisant : « Qu'est-ce qu'un bien-portant peut venir chercher dans un sanatorium ? Au premier abord, l'accouplement de ces deux mots a quelque chose de légèrement ahurissant. [...] Le sanatorium [dont il est ici question a bien] en vue la conservation ou la consolidation de la santé[2] [...]. »

1 Voir Elsa Dorlin, *Se défendre, Une philosophie de la violence*, Paris, La Découverte, coll. « Zones », 2017.
2 Pierre de Coubertin, *Essais de psychologie sportive*, Paris, Payot & Cie, 1913.

L'Hôtel populaire pour hommes de la rue de Charonne, à Paris, conçu en 1910 par Auguste Labussière et Charles Longerey pour la fondation Groupe des maisons ouvrières, propose des équipements collectifs destinés à l'hygiène individuelle.

1 « Salle des lavabos, Hôtel populaire des hommes, 94, rue de Charonne, Paris, 11e arrondissement », carte postale, début du XXe siècle.
2 « Salle des bains de pieds, Hôtel populaire pour hommes, 94, rue de Charonne, Paris, 11e arrondissement », carte postale, début du XXe siècle.

1

2

3

4

5

Installées à Paris au XIXe siècle, les vespasiennes prennent différentes formes au cours de l'histoire. Parallèlement à leur fonction d'abord hygiéniste, elles deviennent rapidement des lieux de rendez-vous clandestins entre hommes, ce qui en fait le lieu d'une autre forme de soin. Si l'accès à la sexualité est considéré aujourd'hui comme une dimension essentielle de la « bonne santé » des individus, cela n'a pas toujours été le cas ; et les pratiques sexuelles minoritaires, lorsqu'elles ont été ou sont encore considérées comme des pathologies, se déroulent nécessairement dans les recoins de la ville.

3 *Paris la nuit*, 1907.
4 Homme devant une vespasienne, s.d.
5 Vespasienne à six stalles surmontée d'un réverbère, boulevard des Batignolles, photographie Charles Marville, vers 1870-1890.

Les bains collectifs, publics ou non, sont des équipements d'hygiène très populaires au XIXe siècle et jusqu'au début du XXe siècle. Les Bains de la Samaritaine, amarrés près du Pont-Neuf et particulièrement appréciés, coulent lors de la crue de 1919.

6 *Paris. Les Bains de la Samaritaine*, carte postale, début du XXe siècle.
7 *Les Bains de la Samaritaine et le Pont-Neuf, Paris*, L.L., carte postale, début du XXe siècle.

6

7

8

9

10

11

12

En 1859, Eugène Paz, soigné d'une maladie nerveuse notamment grâce à la gymnastique, fonde la première société parisienne dédiée : Les Amis de la gymnastique. Il crée par la suite le gymnase de Paz, inauguré en 1865 rue des Martyrs à Paris. Dix ans plus tard, le 22 janvier 1875, un article du *Petit Journal* défend les bienfaits de la « gymnastique médicale ».

8 *Le Grand Gymnase. Dirigé par Eugène Paz. 40, rue des Martyrs*, Victor Rose dessinateur-lithographe, vers 1866.

Au tournant du XXe siècle, à Paris, la Seine est un lieu privilégié pour les compétitions sportives : course nautique, « joutes », plongeon, natation, etc. Les gagnants des épreuves sont immortalisés : tels « Simonet », lors de la course des débutants en 1911, et la nageuse « Miss Higgins », en 1920. Aujourd'hui encore, les berges de Seine sont un lieu privilégié pour la détente et les loisirs.

9 Joutes lyonnaises sur la Seine, le 15 août 1922, photographie Agence Rol.

10 Miss Higgins, le 5 septembre 1920, photographie Agence Rol.

11 Simonet, gagnant de la course des débutants, photographie Agence Rol, 1911.

12 Cours de sport sur les berges de Seine, rive gauche, août 2013.

Le Petit Journal

ADMINISTRATION & RÉDACTION
à Paris, rue Lafayette, 61
ANNONCES : Passage Verdeau, 23

Abonnements	Paris
TROIS MOIS	5 FR.
SIX MOIS	9 FR.
UN AN	18 FR.

QUOTIDIEN
UN NUMÉRO : 5 CENTIMES
Les manuscrits déposés ne sont pas rendus

Abonnements	Départ.
TROIS MOIS	6 FR.
SIX MOIS	12 FR.
UN AN	24 FR.

TREIZIÈME ANNÉE
Numéro 4410
Vendredi 22 Janvier 1875

JEUDI 21 JANVIER 1875

LA GYMNASTIQUE MÉDICALE

Nous lisons dans le journal la *France* :

On assure que dans l'Hôtel-Dieu, dont la construction est très avancée, on va établir un gymnase médical pour les convalescents. Excellente idée.

Excellente idée, en effet, c'est pourquoi je crois utile de la développer.

Lorqu'on parle de gymnastique, il est presque toujours sous-entendu qu'il s'agit des exercices brillants et périlleux que les baladins exécutent dans les cirques.

Il y a là une idée fausse qu'il importe de faire disparaître. Ne voir dans la gymnastique que les trapèzes, les anneaux, les cordes lisses ou à nœuds, les tours d'équilibre et de dislocation, c'est imiter les gens pour qui la poésie ne consiste que dans les tours de force des improvisateurs.

La gymnastique est une science, une science très sérieuse, très importante, car elle touche à ce que les hommes ont de plus précieux : la santé.

La *France* n'exagère donc pas quand elle parle de gymnase médical.

⁂

Il y a quinze ans, ces deux mots auraient hurlé de se voir accouplés.

Aujourd'hui, pour tous ceux qui suivent le mouvement médical et qui se réjouissent de savoir qu'il tourne de plus en plus à l'hygiène, cette médecine préventive, rien n'est plus naturel.

La gymnastique est devenue l'auxiliaire de la médecine, et non point un pis-aller, comme ont été pendant très longtemps les eaux minérales ou les villes d'hiver.

Les médecins, quoi qu'on en dise, veulent guérir leurs malades ; ils font tout ce qu'ils peuvent pour atteindre ce but ; pour peu qu'il y ait une lueur d'espérance, que les forces physiques subsistent, ils emploient ce remède souverain, parce qu'il est progressif, la gymnastique médicale ou rationnelle.

Et puisque l'occasion se présente, je payerai ma dette de reconnaissance à cette science nouvelle.

Quand on a l'honneur de tenir une plume et de parler à un public aussi nombreux, aussi sympathique que celui du *Petit Journal*, on n'a pas le droit de garder pour soi les expériences heureuses, et de se croire quitte envers la science hygiénique par une reconnaissance personnelle des bienfaits qu'on en recueille.

⁂

A l'état de nature, l'homme est laboureur, marcheur, chasseur. A l'air libre et sous la vaste coupole des cieux, il exerce et développe, dans une activité continuelle, tous ses membres et tous ses muscles.

La civilisation a changé tout cela ; les habitants des villes passent leur vie entre quatre murs, affairés, attentifs, l'esprit tendu, les membres inertes. Il n'y a point ou il y a fort peu de compensations ; les plaisirs même ne sont pas des exercices corporels ; l'atmosphère des théâtres ou des salles de bal ne remplace pas le grand air, les promenades matinales, la chasse.

De cette inertie du corps, de cette tension d'esprit proviennent les maladies si fréquentes aujourd'hui : anémie, goutte, rhumatisme, névralgie faciale, etc., sans compter les accidents plus graves : transport au cerveau, paralysie, etc.

De là aussi cet affaiblissement graduel des générations nouvelles.

Il fallait de toute nécessité rétablir l'équilibre. C'est à quoi tend, c'est à quoi réussit la gymnastique médicale. C'est à quoi s'est dévoué M. Eugène Paz, créateur et directeur du Grand Gymnase de la rue des Martyrs.

⁂

Rétablir l'équilibre, fort bien ; mais comment ?

C'est ce que je demandais à mon médecin, l'excellent docteur de Miramont, inspecteur des bains de mer d'Etretat, me disant :

« Puisque vous ne pouvez venir à la mer ; puisque, en tout temps, vous êtes obligé de travailler dix ou douze heures par jour, afin de lire tout ce qui se publie, d'étudier toutes les questions et de les exposer à vos lecteurs, faites de la gymnastique. »

J'allai au Grand Gymnase, quelque peu défiant, je l'avoue. J'avais tort, je l'avoue avec non moins de franchise.

Le Grand Gymnase est admirablement outillé pour tout ce qui comprend la gymnastique proprement dite : trapèzes, barres parallèles, échelles, anneaux, cordes, etc.

C'est là de la gymnastique ordinaire ; ce n'est pas de la gymnastique médicale ; ce n'est pas ce qui convient aux personnes affaiblies ou débilitées, hommes et femmes.

Au gymnase Paz, ont été organisées des salles spéciales pourvues d'appareils très ingénieux, à l'aide desquels les malades arrivent sans fatigue à la sudation, chose essentielle. Des praticiens très habiles et très patients font des massages, commandés par les diverses maladies, et vont chercher, pour ainsi dire, la vigueur au fin fond de l'organisme.

J'ai constaté des guérisons extraordinaires : de paralytiques parvenant à se mouvoir ; d'enfants atteints de la danse de Saint-Guy, rendus à une physionomie normale ; de rhumatisants, soumis à la sudation en boîte suivie de douche, retrouvant l'usage de leurs membres, etc., etc.

⁂

Voilà pour les malades sous le coup d'une affection déclarée.

Quand, à la suite de ce traitement, leur état général s'est amélioré, ils passent à la gymnastique des convalescents, qui se fait en commun, et à laquelle participent les personnes de tout âge qui font de la gymnastique préventive.

Un simple plancher suffit alors, sur lequel on fait des évolutions ; pour tout instrument des haltères (tiges de fer de diverses grosseurs, terminées de chaque côté par des boules métalliques),

On peut même s'en passer, car les haltères ne font qu'accentuer les mouvements, lesquels consistent en flexions du corps en avant, en arrière, de droite et de gauche ; en élévations des bras, des jambes ; en contorsions méthodiques continuées jusqu'à ce que la transpiration arrive.

Alors, ou bien on vous soumet à une friction humide ou sèche, ou bien on vous administre une douche, qui vous donne une sensation de froid subit, bientôt suivie d'une réaction excellente de bien-être et de véritable apaisement.

⁂

Après quelques semaines de ces exercices, l'équilibre se rétablit dans l'organisme, et le tempérament se transforme.

Seulement, — et je ne saurais trop insister sur ce point, — il est essentiel de ne pas se laisser décourager par la fatigue des premiers jours ; il faut persévérer.

Tous les exercices nouveaux commencent par être pénibles avant de devenir un plaisir : monter à cheval, faire des armes, canoter, etc. Il en est de même de la gymnastique.

Ce n'est pas pour rien que la gymnastique reconstitutive est appelée médicale ; c'est un remède, avec cette circonstance atténuante que ce remède-là, on s'y habitue avec un peu de courage, au point de ne pouvoir s'en passer. De quelle potion pourrait-on en dire autant ?

J'ai vu au Grand Gymnase bien des nouveaux venus suivre une, deux, trois séances, puis disparaître. Leurs membres restés inactifs pendant des années se désankylosaient ; mais parce qu'ils éprouvaient des engourdissements et des tiraillements, ils renonçaient, sans attendre le complet rétablissement de l'équilibre.

⁂

Je regrette toujours, dans ces circonstances, que M. Paz soit trop timoré, qu'il craigne de paraître plaider sa propre cause, qu'il n'insiste pas auprès de ses clients, afin de les retenir et de les obliger moralement à persister.

C'est ce que feront certainement les médecins de l'Hôtel-Dieu, chargés de la direction du gymnase médical projeté pour les convalescents.

Si, comme je le souhaite ardemment, ce projet se réalise, la gymnastique rationnelle, hygiénique, médicale se répandra bientôt partout. En France, aux meilleures choses il faut la consécration officielle.

De l'Hôtel-Dieu, la gymnastique médicale passerait dans tous les hôpitaux de France, dans toutes les maisons de santé, et deviendrait par la force des choses à la fois un traitement et une méthode hygiénique ; chacun prendrait l'habitude de faire tous les matins une demi-heure d'exercice, soit dans les gymnases publics où l'on a l'excitation de l'exemple et l'émulation des participants aux séances, soit en son particulier.

Je le répète, pour la gymnastique préventive ou d'entretien, l'outillage est peu important : quelques haltères, des tiges de bois et de l'eau. Je suis convaincu que, la gymnastique rationnelle se vulgarisant, les maladies chroniques deviendraient de plus en plus rares.

Ce qui serait une précieuse conquête pour la santé publique.

⁂

Quant aux maladies aiguës et organiques, elles sont les tristes attributs de la faiblesse humaine ; personne n'a la prétention ni l'espérance de les supprimer.

Mais il n'est pas exagéré de croire que par une bonne hygiène, qui ne contrarient point des excès d'aucune sorte, on peut les prévenir et les éviter.

La gymnastique médicale et rationnelle fait partie de l'hygiène nouvelle, je suis autorisé à en recommander l'emploi, parce que je l'ai expérimentée sur moi avec succès.

Il ne s'agit point ici d'une de ces drogues à la mode, desquelles un célèbre médecin du dix-huitième siècle disait : « Hâtez-vous d'en user pendant qu'elles guérissent encore ! »

Il s'agit d'un système naturel, d'un exercice normal, le remplaçant factice, mais tout aussi salutaire, de ces grands générateurs de la force et de la santé qui sont interdits à la plupart d'entre nous : la chasse, l'équitation, la vie libre au grand air.

THOMAS GRIMM.

DERNIÈRES NOUVELLES

L'Assemblée nationale a terminé hier la discussion de la loi des cadres (deuxième délibération).

L'ordre du jour appelait les lois constitutionnelles. La discussion a été renvoyée à aujourd'hui jeudi.

Nous voici donc arrivés à l'échéance tant redoutée.

Immédiatement après la levée de la séance, les bruits de propositions de retraite, d'ajournement, d'urgence se sont reproduits.

Mais il est probable qu'ils n'auront pas de suite ; la situation ne comporte que la discussion.

Attendons-la.

La commission chargée de l'enquête sur l'élection de la Nièvre a entendu hier M. Renault, préfet de police, et M. Cornélis de Witt, sous-secrétaire d'Etat au département de l'intérieur.

FEUILLETON DU 22 JANVIER 1875

LE PENDU

— 97 —

2e PARTIE

— Dans un instant, vous tiendrez un autre langage...

— Jamais !

— Il faut que vous sachiez ce que je veux vous dire... — Oh ! soyez sans crainte, il ne sera plus question d'amour.

— Et ensuite, vous partirez ?

— Je vous le jure.

— Parlez donc...

— Il y a neuf ans, madame, un grand crime effraya le monde : — un vieillard, le

ses yeux farouches.

Jeanne frissonna de la nuque aux talons.

Elle crut que son terrible interlocuteur devenait fou ou qu'il cherchait à l'épouvanter. — Elle avait peur en effet, et cependant une âcre curiosité s'emparait d'elle et la dominait.

— Ah ! — continua Robert, — la résurrection de ce misérable est une étrange histoire, une histoire incroyable, à laquelle je ne croirais pas si elle ne m'avait été racontée hier,

— Une dernière parole, Jeanne ! — reprit-il. — Je représente ici la justice. — Votre mari m'appartient deux fois : — il m'appartient sous l[...]
chef de co[...]
tient sous [...]
comme ass[...]
de Bazas ! [...]
serez veuve [...]

Et, brûlant de son haleine le visage livide de la malheureuse femme sur laquelle il se

13 Thomas Grimm, « La gymnastique médicale », *Le Petit Journal*, nº 4410, 22 janvier 1875.

Espace public et « proxémie »

Depuis 2020, l'espace public est surtout le lieu d'une forme exceptionnelle de « soin », qui s'est imposée et généralisée à tous les moments de nos vies, et étendue à tous les espaces de la cité. L'effraction pandémique a en effet largement transformé les usages et règles d'occupation de la ville, par le biais de stratégies de quadrillage de l'espace et de limitation des mouvements qui datent des épidémies de peste du XVIIe siècle. Multiplication sur les trottoirs de tentes de dépistage aux allures d'architectures primitives, architectures d'urgence aux abords des hôpitaux, port du masque, instauration de règles de « distance » réinventant les normes de « proxémie » proposées par Edward T. Hall dans *La Dimension cachée* (1966).
Dans un monde de plus en plus exposé aux crises sanitaires, s'expérimentent de nouvelles manières d'habiter en commun, qui mettent à l'épreuve les structures de la cité.

Dès le XVIIe siècle, le port du masque est préconisé pour se protéger des épidémies.
1 « Contre la grippe », *Paris-Soir*, n° 3297, 15 octobre 1932.
2 « Habit d'un médecin du lazaret de Marseille en 1720 », in Louis-Joseph-Marie Robert, *Guide sanitaire des gourvernemens européens*, Paris, chez Crevot, 1826.
3 « Les Londoniens portent des masques pour se préserver de la grippe espagnole », *L'Excelsior*, n° 3021, 26 février 1919.

1

2

LES LONDONIENS PORTENT DES MASQUES POUR SE PRÉSERVER DE LA GRIPPE ESPAGNOLE

CURIEUX ASPECT DES PROMENEURS

DANS LE QUARTIER DE PICCADILLY-CIRCUS, LA MODE NOUVELLE N'ÉTONNE MÊME PLUS

LE MASQUE N'EMPÊCHE PAS DE PARLER

Une grave épidémie de variole sévissant à Londres, il y a quelques années, les personnes qui se faisaient vacciner portaient au bras un mince ruban rouge pour n'être pas, autant que possible, bousculées dans la foule. La grippe, dite espagnole, bien qu'elle sévisse jusqu'en Océanie, vient de faire adopter dans la capitale anglaise une mode bien autrement curieuse : c'est le port du masque respiratoire pour éviter la contagion. Dans les quartiers les plus fréquentés, on voit passer maintenant des dames, des soldats, de graves civils protégés contre le fâcheux et mystérieux microbe, en la plus étrange des mascarades.
3

4

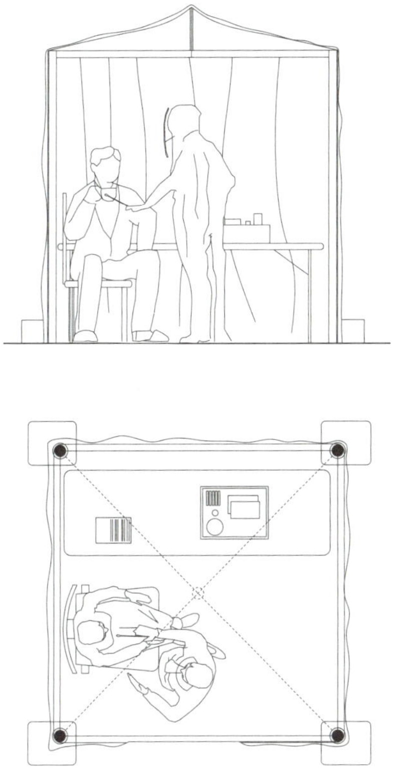

5

PLANÈTE · CORONAVIRUS ET PANDÉMIE DE COVID-19

Olivier Véran : « On peut imposer aux gens de prendre soin des autres malgré eux »

Au cours d'une audition tendue devant les sénateurs, le ministre de la santé a justifié les nouvelles restrictions annoncées par le gouvernement pour contrer la reprise de l'épidémie.

Le ministre de la santé, Olivier Véran, lors de son audition devant la commission d'enquête sur le Covid-19, le 24 septembre au Sénat à Paris. THOMAS SAMSON / AFP

6

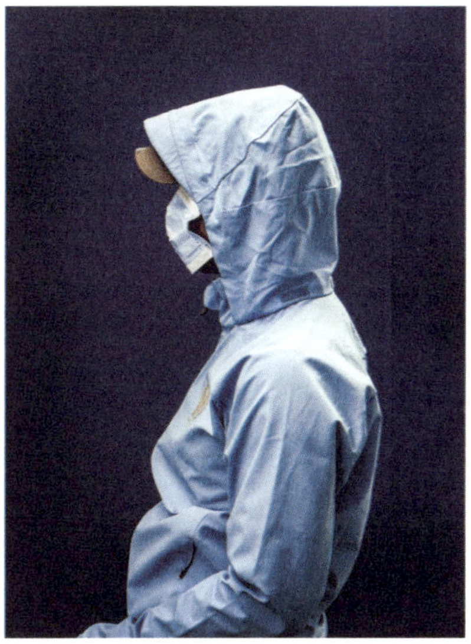

7

Qu'entend-on par « soin » en temps d'épidémie ? Une réponse dans *Le Monde* du 25 septembre 2020 : le soin prend la forme de comportements individuels imposés par les gouvernements, afin de minimiser les situations de proximité entre personnes. Tous les espaces de la ville sont dès lors radicalement transformés par ces règles.

Combinaisons, tentes, distanciation : l'artiste parcourt la ville pour saisir les conséquences sociales et politiques de l'épidémie.

4 et 7 Extraits de l'œuvre *Virus* (2020) d'Antoine d'Agata, une installation de 1 000 photographies sur les 13 000 réalisées entre le 11 mars et le 11 mai 2020.

5 Tente de dépistage de la Covid-19. Dessin : SCAU, 2021.

6 « Olivier Véran : ‹ On peut imposer aux gens de prendre soin des autres malgré eux › », *Le Monde*, 25 septembre 2020.

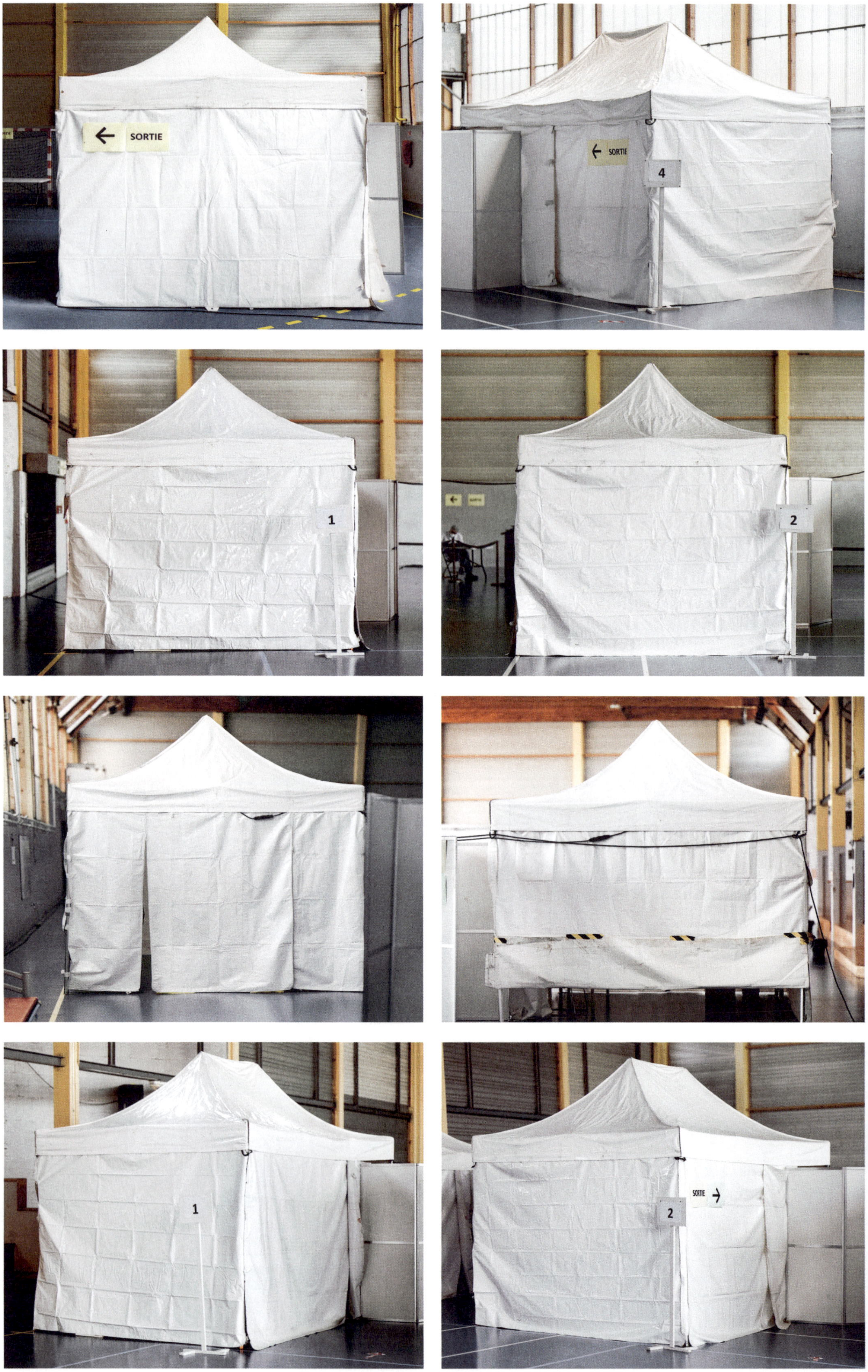

8 Extraits de l'œuvre
Virus (2020) d'Antoine d'Agata.

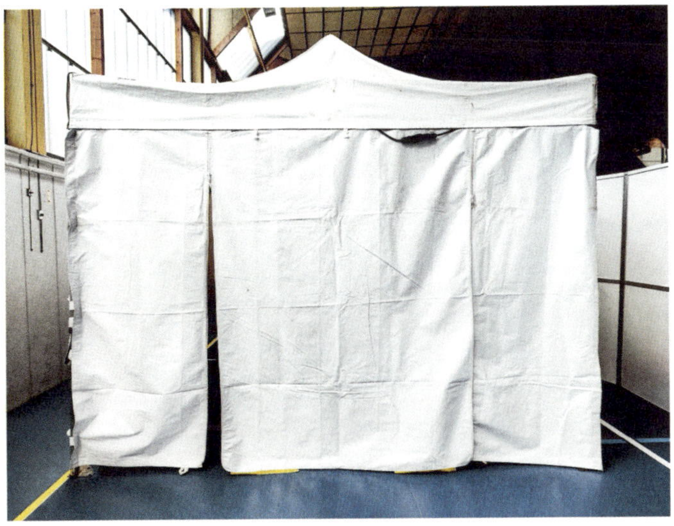

2

3

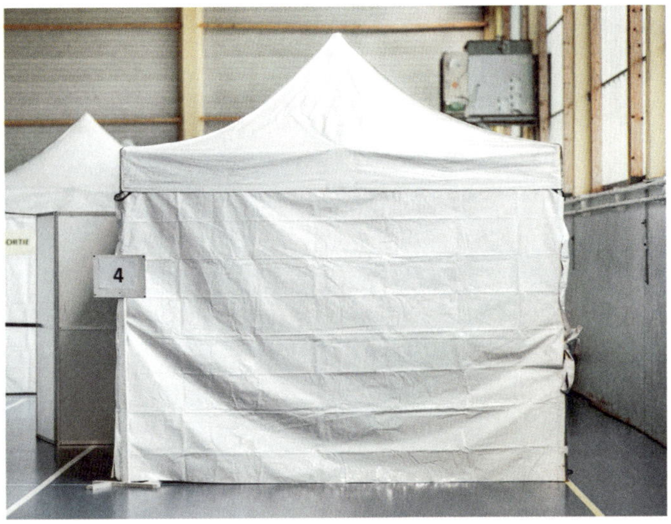
4

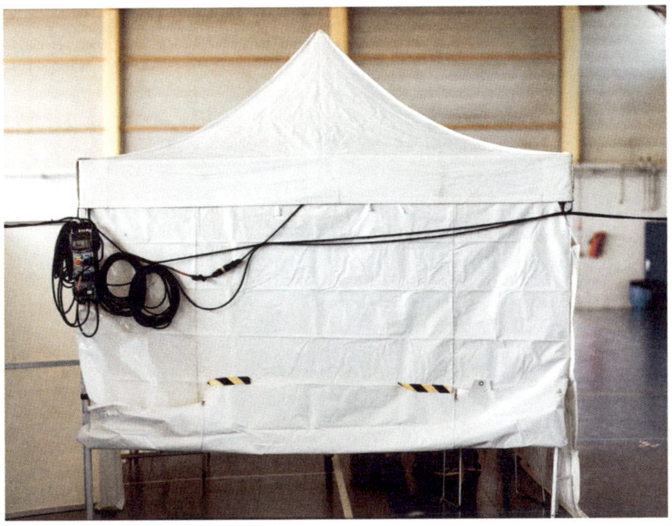

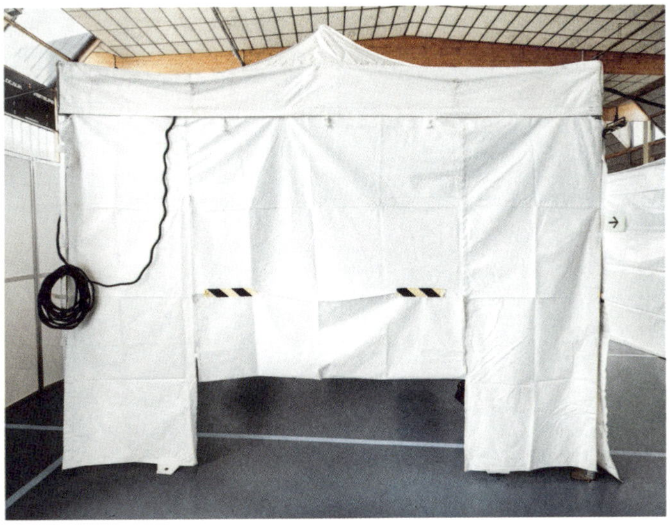

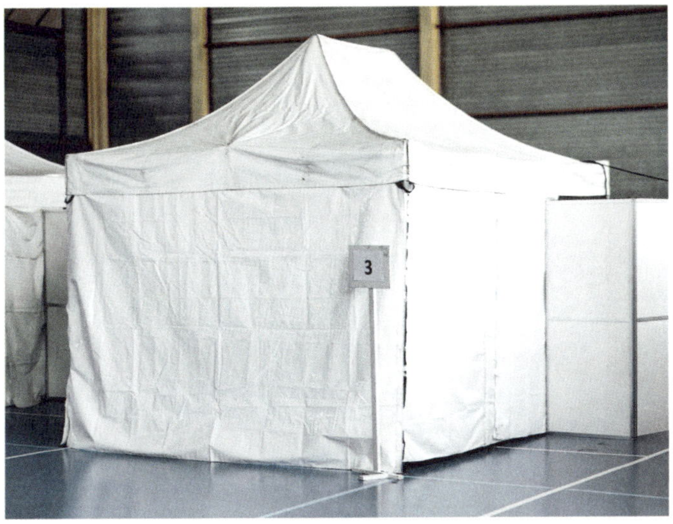
3

9

10

EDWARD T. HALL
LA DIMENSION CACHÉE
ESSAI
aux Editions du Seuil, Paris

11

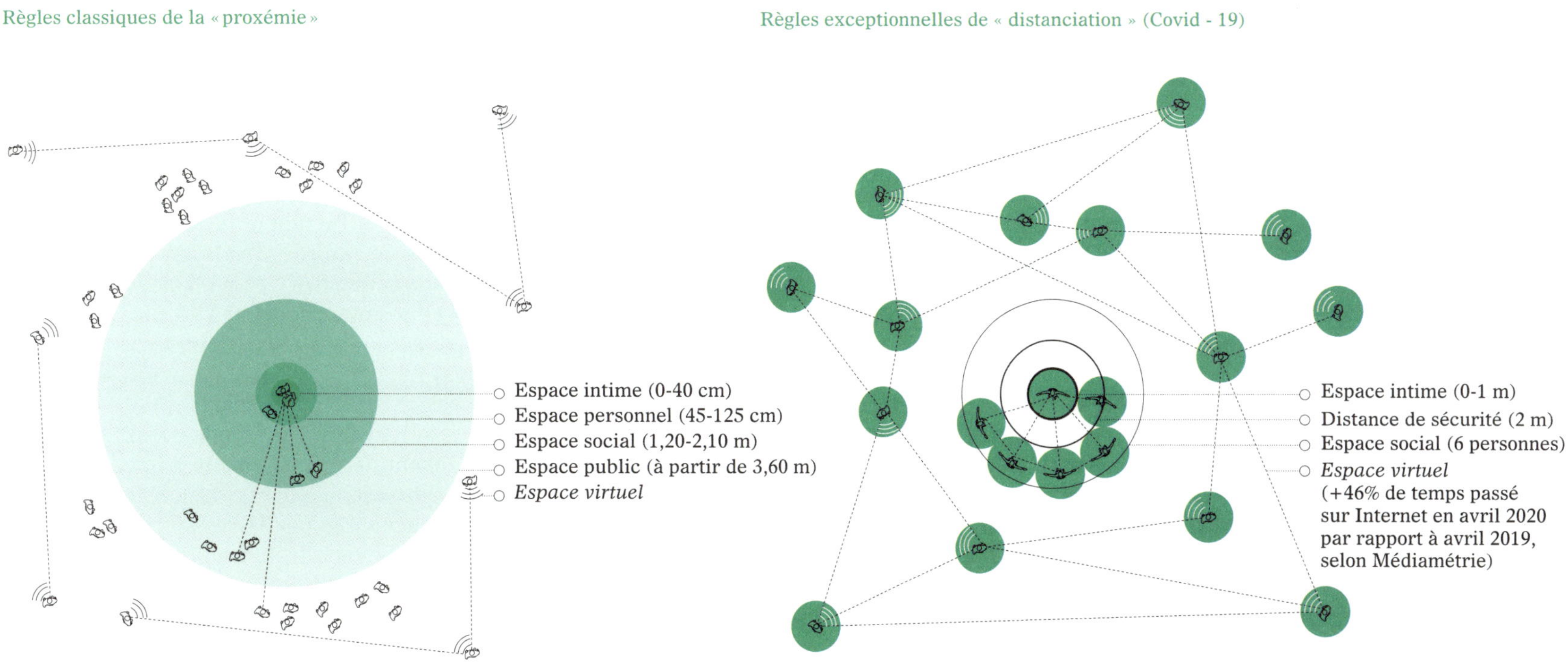

12

9 « Bubble Concert » des Flaming Lips à Oklahoma City, aux États-Unis, le 23 janvier 2021 : face à l'épidémie de Covid-19, les musiciens et les spectateurs sont mis sous bulle.
10 « Restless Sphere », une performance des architectes de COOP Himmelb(l)au sur les interactions humaines dans les grandes villes, à Bâle en 1971, photographiée par Peter Schnetz.

En 1966, l'anthropologue Edward T. Hall définit, dans *The Hidden Dimension* [*La Dimension cachée*], la proxémie comme « l'ensemble des observations et théories que l'Homme fait de l'espace en tant que produit culturel spécifique », incluant la distance physique entre deux personnes. En 2020, les standards proposés par Edward T. Hall sont exceptionnellement suspendus et remplacés par d'autres normes de distanciation. Une « distance de sécurité » de 1 mètre autour de chaque individu devient la règle.

11 Edward T. Hall, *La Dimension cachée*, Paris, Éditions du Seuil, 1963, 1re de couverture.
12 Transformation des pratiques de « distanciations », d'Edward T. Hall aux règles en temps d'épidémie. Dessin : SCAU.

REPENSER LA VULNÉRABILITÉ ET LA RÉSISTANCE[1]

Judith Butler
Philosophe

Nous savons que ceux qui se rassemblent dans la rue ou dans un lieu public où la police est présente courent toujours un risque d'arrestation et de détention, mais aussi de se faire violemment déloger, voire de mourir. Quand l'on considère donc la violence politique à l'encontre des manifestants – la mise à mort de quarante-trois étudiants participant à une manifestation à Ayotzinapa, au Mexique, en septembre 2014, en constitue un exemple flagrant –, il apparaît très clairement que ceux qui se rassemblent pour résister à différentes formes de pouvoir étatique et économique font encourir des risques à leur corps et s'exposent à des dangers.

Voilà une formule qui paraît assez juste : la vulnérabilité se renforce dans le rassemblement. Mais peut-être devons-nous repenser la suite logique qui donne sa trame narrative à notre compréhension de la relation entre vulnérabilité et résistance. D'abord nous résistons, puis nous sommes confrontés à notre vulnérabilité, soit vis-à-vis du pouvoir policier, soit de ceux qui viennent marquer leur opposition à notre posture politique.

1 Texte issu de la conférence « Rethinking Vulnerability and Resistance » prononcée par Judith Butler à Madrid en juin 2014.

La vulnérabilité apparaît cependant en amont, avant tout rassemblement – chose qui est particulièrement vraie lorsque des personnes manifestent pour contester les conditions précaires dans lesquelles elles vivent. Cette condition de précarité correspond à une vulnérabilité qui précède celle que l'on va rencontrer de manière assez éclatante dans la rue. Si nous affirmons que la vulnérabilité à la dépossession, à la pauvreté, à l'insécurité et aux dangers, qui constitue une position précaire dans le monde lui-même mène à la résistance, il me semble que nous renversons alors la suite logique précédente : nous commençons par être vulnérables, puis surmontons cette vulnérabilité, au moins provisoirement, au travers d'actes de résistance.

Il sera bien sûr important d'établir une relation plus précise entre vulnérabilité et précarité (il ne s'agit en effet pas de la même chose), mais considérons à titre d'exemple le cas très parlant des modes de résistance qui voient le jour pour contester des défaillances infrastructurelles. Il paraît assez clair que nous sommes dans une situation de dépendance à l'égard d'infrastructures permettant une vie « vivable », mais quand l'infrastructure est défaillante, et ce de manière continue, comment donc comprendre cette condition de vie ? Nous sommes alors dépendants de quelque chose qui n'est pas présent de notre fait et nous nous retrouvons ainsi sans soutien. Sans abri, nous sommes vulnérables aux conditions météorologiques, au froid, à la chaleur et à la maladie, et peut-être également aux agressions, à la faim et à la violence. Ce n'est pas comme si nous n'étions, en tant que créatures, pas vulnérables avant cela, lorsque l'infrastructure était fonctionnelle, puis lorsque celle-ci est devenue défaillante, notre vulnérabilité s'est retrouvée au premier plan. Quand des mouvements contre le sans-abrisme voient le jour, le caractère inacceptable de cette vulnérabilité (dans le sens d'une exposition aux risques) apparaît clairement. Mais une question demeure : la vulnérabilité demeure-t-elle une composante importante de ce mode de résistance ? La résistance demande-t-elle de surmonter la vulnérabilité, ou bien mobilisons-nous notre vulnérabilité ?

Considérez qu'un mouvement peut être galvanisé par la perspective de créer des infrastructures adéquates ou d'en empêcher la destruction. Songeons à ce titre aux mobilisations dans les bidonvilles ou *townships* d'Afrique du Sud, du Kenya, du Pakistan, ou dans les abris temporaires construits le long des frontières européennes, mais aussi aux *barrios* vénézuéliens, aux *favelas* brésiliennes ou aux *barracas* portugaises. Ces espaces sont peuplés de groupes divers, dont des immigrés, des squatteurs et des Roms qui doivent se battre pour avoir simplement accès à de l'eau courante et de l'eau potable, à des toilettes fonctionnelles (ou bien à des toilettes publiques dotées d'une porte qui se ferme), à des rues pavées, à du travail rémunéré et aux indispensables en termes de provisions[2]. La rue n'est par exemple pas uniquement la base ou la plateforme d'une revendication politique : c'est également un bien infrastructurel. Et lorsque des rassemblements ont lieu dans un espace public pour lutter contre la décimation de biens infrastructurels (notamment dans le cadre de mesures d'austérité qui minent le service public en matière d'éducation, de bibliothèques, de systèmes de transport et de routes), on constate que la lutte porte également sur la plateforme elle-même. Parfois, une mobilisation a lieu dans le but précis de créer ou de conserver la plateforme d'expression politique elle-même. Les conditions matérielles de la parole et du rassemblement font partie de ce pour quoi nous parlons et nous rassemblons. Nous devons assumer l'existence des biens infrastructurels pour lesquels nous nous battons, mais si les conditions infrastructurelles du politique sont elles-mêmes décimées, les rassemblements qui en dépendent le sont alors également. À ce stade, la condition du politique est l'un des biens pour lesquels le rassemblement politique a lieu : tel est peut-être le double sens des conditions « infrastructurelles », quand les biens publics sont chaque jour un peu plus détruits par la privatisation, le néolibéralisme (aux États-Unis), les formes galopantes d'inégalité économique (en Grèce), les tactiques antidémocratiques d'un régime autoritaire (en Turquie) ou la combinaison furieuse entre action gouvernementale et intérêts des cartels (au Mexique)[3].

Je tiens à souligner que même si la résistance publique mène à la vulnérabilité et que la vulnérabilité (dans le sens d'une « exposition » induite par la précarité) mène à la résistance, la vulnérabilité n'est pas vraiment surmontée par la résistance, mais devient potentiellement une force mobilisatrice efficace de mobilisation politique. En tout état de cause, la demande d'infrastructures consiste en une demande d'une certaine sorte de terrain habitable, et sa force et sa signification viennent précisément quand celui-ci cède. On ne peut donc tenir pour acquise la rue comme espace de l'apparaître, pour reprendre l'expression d'Hannah Arendt, c'est-à-dire comme l'espace du politique. Il y a en effet, on le sait, une lutte pour l'établir comme tel. Et Arendt est au moins partiellement dans le juste lorsqu'elle affirme que l'espace de l'apparaître advient au moment de l'action politique. Il s'agit assurément d'une vision romantique d'un acte de parole performatif et incorporé, étant donné qu'à tout moment ou en tout lieu où nous agissons, l'espace de l'apparaître du politique se met en place. Ce n'est bien sûr pas toujours le cas. On peut ainsi chercher à agir de manière collective sans que ne s'établisse d'espace de l'apparaître, ce qui s'explique généralement du fait de l'absence de médias ou à cause de la manière particulière dont la sphère publique est structurée pour empêcher l'apparition de telles actions politiques (par exemple par le biais du zonage, de permis, de règles limitant les rassemblements). Arendt part clairement du principe que les conditions matérielles du rassemblement sont distinctes de l'espace de l'apparaître, quel qu'il soit. Mais si les raisons politiques de la mobilisation sont axées sur la création et la préservation de ces conditions matérielles, il en ressort que l'espace de l'apparaître ne peut jamais être parfaitement séparé des questions d'infrastructure et d'architecture, comme Arendt elle-même l'a explicitement reconnu[4]. Si Arendt n'aurait pu articuler la nature de la relation entre les médias contemporains et la sphère publique, nous considérons que cette notion d'infrastructure comprend non seulement les médias publics, mais également toutes les formes de médias au travers desquelles, et au sein desquelles, l'espace de l'apparaître est constitué. C'est le cas de formes de médias qui jouent un rôle constitutif, de médiation ou d'observation du public. Les médias peuvent faire partie d'un « soutien infrastructurel » quand ils facilitent les modes de solidarité et établissent de nouvelles dimensions spatiotemporelles de la sphère publique, intégrant non seulement ceux qui peuvent apparaître au sein des images visuelles du public, mais ceux qui – par contrainte, peur ou nécessité – vivent hors de portée du cadre visuel.

Quelles sont les implications de cette notion d'action politique « soutenue » par des conditions matérielles particulières sur la manière de penser la vulnérabilité et la résistance ?

2 Une partie de cet exposé est adaptée de mon ouvrage *Rassemblement. Pluralité, performativité et politique*, Paris, Fayard, 2016.

3 Voir le travail de Wendy Brown sur la privatisation des biens publics dans *Défaire le Dèmos*, Paris, Éditions Amsterdam, 2018.

4 Hannah Arendt, *Condition de l'homme moderne* (1958).

Le présent exposé porte principalement sur ces deux concepts, mon objectif étant de proposer une nouvelle manière de comprendre cette interrelation. Nous avons déjà connaissance du fait que la liberté ne peut être exercée que s'il existe un soutien suffisant à l'exercice de la liberté, condition matérielle qui entre dans l'acte qu'elle rend possible. Quand on pense au sujet incorporé qui exerce sa parole ou se déplace dans l'espace public, par-delà les frontières, on part en effet généralement du principe que celui-ci est libre de parler et de se déplacer sans risque d'être incarcéré, déporté ou tué. Soit le sujet est doté de cette liberté comme d'un pouvoir inhérent, soit il est présumé vivre dans un espace public où un mouvement ouvert et « soutenu » est possible. Le terme même de « mobilisation » s'appuie sur un sens opératif de la mobilité, celle-ci étant elle-même un droit, que de nombreuses personnes ne peuvent d'ailleurs tenir pour acquis. Pour que le corps puisse se déplacer, cela doit habituellement se faire sur une surface, et le corps doit avoir à sa disposition les supports techniques nécessaires pour permettre au mouvement d'avoir lieu. Le trottoir et la rue doivent donc déjà être compris comme des exigences du corps dans l'exercice de ses droits à la mobilité. Personne ne se déplace sans disposer d'un environnement de soutien ni d'un ensemble de supports techniques. Lorsque cet environnement et ces supports commencent à s'effondrer ou, loin de nous soutenir, nous nuisent, nous en sommes réduits à « tomber » de différentes manières, et notre capacité même à exercer nos droits les plus fondamentaux est mise en péril.

Nous pourrions certainement dresser une liste de la manière dont cette idée d'un corps soutenu et capable d'agir (*agentic*) est implicitement ou explicitement à l'œuvre dans tous les types de mouvements politiques : luttes pour la nourriture et l'abri, protection contre la blessure et la destruction, droit au travail, soins de santé abordables, protection contre les violences policières et l'emprisonnement, ou contre la guerre ou la maladie, ou encore mobilisations contre l'austérité et la précarité, l'autoritarisme et les inégalités. La réflexion porte à la fois sur l'idée implicite du corps qui est à l'œuvre dans certaines formes de revendications et de mobilisations politiques et sur la manière dont les mobilisations présupposent un corps ayant besoin de soutien. Dans beaucoup de rassemblements publics réunissant des personnes qui reconnaissent être dans des situations de précarité, la revendication de mettre fin à la précarité est mise en acte publiquement par celles et ceux qui exposent leur vulnérabilité à des conditions infrastructurelles défaillantes. Il y a là une résistance corporelle plurielle et performative, qui montre comment les corps subissent l'action de politiques sociales et économiques décimant les moyens d'existence. Mais, en révélant cette précarité, ces corps sont également en train de résister à ces mêmes pouvoirs. Ils mettent en acte une forme de résistance qui présuppose une vulnérabilité d'une forme particulière et qui s'oppose à la précarité. Quelle est la conception du corps qui est alors à l'œuvre et comment comprendre cette forme de résistance ?

Si nous envisageons la question du point de vue de l'individu, nous pouvons dire que tout corps a un certain droit à l'alimentation et à un abri, à se déplacer et à respirer en étant protégé de la violence. Cette affirmation universalise (« tout » corps possède ce droit), mais particularise également, puisque le corps est alors compris comme étant une entité discrète, individuelle – et ce corps individuel constitue en soi une norme de ce qu'est le corps et de la manière dont il devrait être conceptualisé. Si cela semble être de l'ordre de l'évidence, n'oubliez pas que cette idée du sujet corporel et individuel de droit ne permet pas nécessairement d'appréhender le sentiment de vulnérabilité, d'exposition et même de dépendance qui est sous-tendu par le droit lui-même et qui correspond, selon moi, à une vision alternative du corps. En d'autres termes, si nous acceptons qu'une partie de ce qui fait le corps (et c'est là pour l'instant un postulat ontologique) soit sa dépendance à d'autres corps et à des réseaux de soutien, cela signifie que nous estimons qu'il n'est alors pas tout à fait exact de concevoir les corps individuels comme étant complètement distincts les uns des autres. Bien sûr, ils ne sont pas non plus fusionnés dans une sorte de corps social amorphe, mais si nous ne pouvons pas aisément conceptualiser le sens politique du corps humain sans comprendre les relations au sein desquelles il vit et s'épanouit, nous passons alors à côté des meilleurs arguments en faveur des différents objectifs politiques que l'on cherche à atteindre. Ce que je suggère, c'est qu'il ne s'agit pas simplement que tel ou tel corps soit inextricablement lié à un réseau de relations, mais que le corps, malgré ses frontières nettes (ou, peut-être, précisément en vertu de ces frontières), soit défini par les relations qui rendent possibles sa propre vie et sa propre action. Comme j'espère le démontrer, on ne peut pas comprendre la vulnérabilité corporelle hors de cette conception des relations sociales et matérielles.

Mais nous subissons également une vulnérabilité linguistique, et, en ce sens, qui nous sommes et même notre capacité à survivre dépendent de la langue qui nous soutient[5]. Une dimension claire de notre vulnérabilité concerne notre exposition au fait que l'on nous attribue des noms et des catégories discursives dans la petite enfance et l'enfance, et, plus généralement, tout au long de la vie. Nous recevons tous des noms, et ce type d'attribution de nom (*name-calling*) démontre une dimension importante de l'acte de parole. Nous ne faisons pas qu'agir au travers des actes de parole : ceux-ci agissent également sur nous. Il existe un effet performatif distinct du fait d'avoir été nommé comme appartenant à tel ou tel genre, à telle ou telle nationalité ou minorité, ou de découvrir que la manière dont nous sommes considérés à tous ces égards est résumée par un nom que nous ne connaissons pas nous-mêmes et que nous ne choisissons jamais. Nous pouvons nous demander, et nous demandons effectivement, avec la grande figure féministe noire Sojourner Truth : « Suis-je ce nom[6] ? » Comment penser la force et l'effet de ces noms par lesquels on nous appelle avant même que nous naissions au langage en tant qu'êtres parlants, avant toute capacité de formuler un acte de parole par nous-mêmes ? L'acte de parole agit-il sur nous avant que nous puissions parler, et, s'il ne travaillait pas activement sur nous, pourrions-nous seulement parler ? Et peut-être ne s'agit-il pas simplement d'une question d'ordre logique : la parole continue-t-elle à agir sur nous au moment précis où nous parlons, nous incitant alors à penser que nous ne faisons qu'agir, alors que nous sommes également simultanément soumis à l'action ?

Eve Sedgwick a écrit sur la relation entre performance et performativité de manière approfondie, montrant que les actes de parole dévient de leur but et produisent très souvent des conséquences complètement non intentionnelles, d'ailleurs souvent assez heureuses[7]. Quand on prononce par exemple des vœux de mariage, cet acte peut alors fournir une couverture publique pour des formes de vie sexuelle qui restent dissimulées, au plus grand bonheur des mariés. En pareil cas, le mariage organise la sexualité, comme l'on peut s'y attendre, sous des formes conjugales et monogames, mais il produit

5 Voir « Sur la vulnérabilité linguistique », in Judith Butler, *Le Pouvoir des mots. Politique du performatif* (1997), Paris, Éditions Amsterdam, 2004.
6 Voir Corona Brezina, *Sojourner Truth's "Ain't I a Woman?" Speech*, New York, Rosen Publishing, 2004.
7 Voir Eve Kosofsky Sedgwick, « Around the performative », in *Touching Feeling. Affect, Pedagogy, Performativity*, Durham (Caroline du Nord), Duke University Press, 2003.

également une autre zone de sexualité, définie précisément par son absence de reconnaissance ouverte dans la sphère publique. Sedgwick souligne le fait qu'un acte de parole peut s'éloigner de ses buts apparents, et que cette « déviation » constitue l'un des sens du mot *queer*, compris moins comme une identité que comme un mouvement de pensée et de langage allant à rebours des formes reconnues d'autorité, toujours en train de dévier et ouvrant donc des espaces au désir qui ne seraient pas toujours ouvertement reconnus au sein des normes établies.

Les discours sur le genre semblent créer et véhiculer certains idéaux du genre, tout en les produisant. Ce que nous considérons parfois comme des essences naturelles ou des vérités intérieures sont des idéaux, des fantasmes ou des normes qui exercent une emprise profonde et persistante sur nous. Les idéaux produits par un discours (ici, un ensemble d'idéaux de genre) peuvent donc habiter nos gestes et nos actions, et même être perçus comme étant une composante essentielle de qui nous sommes. Nous ne pouvons pas en effet rejeter des images, normes et idéaux persistants et directeurs tels que ceux-là sans perdre le sens de qui nous sommes. Ce sens essentiel de qui nous sommes est dans une certaine mesure issu du fonctionnement d'un ensemble de normes sociales. Avoir un certain sens de qui nous sommes dans notre « essence » ne constitue pas à ce titre un argument en faveur des différences innées ; les arguments ayant trait à un caractère inné ne constituent qu'une forme d'essentialisme, nous pouvons avoir une idée de ce qui est essentiel dans notre vie sans être pour autant essentialiste.

Ma première formule – « le genre est performatif » – a donné lieu à deux interprétations assez opposées : d'après la première, nous choisissons radicalement notre genre ; d'après la seconde, nous sommes entièrement déterminés par les normes de genre. La divergence radicale de ces deux interprétations montre que la dualité de la performativité n'a pas été bien expliquée ni bien comprise. Car, si la langue agit sur nous avant que nous n'agissions, et qu'elle continue à agir à chaque instant dans lequel nous agissons, alors nous devons penser la performativité de genre d'abord comme « assignation de genre » : songeons à la multitude de moyens par lesquels on nous attribue, pour ainsi dire, un nom et un genre avant que nous ne puissions comprendre quoi que ce soit sur la manière dont les normes de genre agissent sur nous et nous façonnent, et avant que nous ayons la capacité de reproduire ces normes d'une manière que nous pourrions choisir. Le choix arrive, en réalité, bien tard dans ce processus de performativité. Puis, si l'on suit Sedgwick, il nous faut comprendre comment les déviations par rapport à ces normes peuvent se produire et se produisent effectivement, semblant indiquer que quelque chose de « *queer* » est à l'œuvre au cœur de la performativité du genre : un aspect *queer* qui n'est pas si différent des inflexions prises par l'itérabilité dans l'analyse que fait Jacques Derrida de l'acte de parole comme acte citationnel, mais qui acquiert des significations incarnées et sociales spécifiques chez Sedgwick.

Supposons donc que la performativité décrit à la fois les processus consistant à être agi et les conditions et possibilités de l'action, et que l'on ne peut comprendre son opération sans ces deux dimensions. Que les normes agissent sur nous implique que nous sommes susceptibles à leur action, vulnérables dès le départ à une certaine manière de se voir attribuer un nom. Tout cela s'inscrit à un niveau antérieur à toute possibilité de volition. Pour comprendre l'assignation de genre, il faut aborder ce champ de réceptivité, de susceptibilité et de vulnérabilité involontaire, et le fait d'être exposés à la langue avant toute possibilité de former ou de réaliser un acte de parole. Des normes telles que celles-ci exigent et instituent à la fois certaines formes de vulnérabilité corporelle sans lesquelles leur fonctionnement serait impensable. C'est pourquoi nous pouvons décrire, et décrivons, la puissante force citationnelle des normes de genre telles qu'elles sont instituées et appliquées par les institutions médicales, légales et psychiatriques, et objecter à l'effet qu'elles ont sur la formation et la compréhension du genre articulée en termes pathologiques ou criminels. Pourtant, ce domaine même de la susceptibilité, cette condition du fait d'être affecté, est également l'endroit où quelque chose de *queer* peut avoir lieu, où la norme est rejetée ou révisée, ou bien où s'ouvrent de nouvelles formulations du genre. Bien que les normes de genre nous précèdent et agissent sur nous (c'est l'un des sens de leur mise en acte), nous sommes obligés de les reproduire (c'est la seconde dimension de leur mise en acte).

C'est précisément parce que quelque chose d'inadvertant et d'inattendu peut avoir lieu dans ce domaine du fait « d'être affecté » que nous trouvons des formes de genre qui rompent avec les schémas mécaniques de la répétition et qui dévient ces chaînes citationnelles de la normativité du genre, leur assignent de nouvelles significations, et parfois les cassent de manière assez catégorique, laissant place à de nouvelles formes de vie genrée. La théorie de la performativité du genre, telle que je l'entends, n'a jamais prescrit quelles performances de genre sont correctes ou les plus subversives et lesquelles sont erronées et réactionnaires. L'objectif était précisément de relâcher l'emprise coercitive des normes sur la vie genrée – ce qui n'est pas la même chose que de transcender toutes les normes – dans le but de vivre une vie plus « vivable ».

Il semble important de distinguer ici entre deux actions différentes de la norme. Dans le premier cas, la norme est interpellée et peut être plus facilement comprise dans ce cadre comme étant l'action interpellatrice de l'assignation de genre. Nous sommes traités, salués et formés par des normes sociales qui nous précèdent et qui constituent le contexte contraignant de toute forme d'agentivité que nous assumons éventuellement. Nous ne surmontons pas exactement nos formations, mais nous nous détournons parfois de leurs buts apparents, et cela signifie que trouver une voie *queer* et devenir agent sont d'une certaine manière liés. Mais il existe un deuxième sens aux normes qui les considère comme n'étant pas vraiment contraires à notre sentiment d'agentivité (*agency*) : les normes constituent alors les conditions intersubjectives et infrastructurelles d'une vie « vivable ». Nous ne cherchons guère à surmonter ces conditions sociales et matérielles de nos vies, mais à les rendre plus justes, plus égalitaires et plus favorables (*enabling*). Dans un cas comme dans l'autre, qu'il s'agisse donc de normes interpellantes ou infrastructurelles, nous sommes des créatures incarnées (*embodied*) exposées à un certain degré à la manière dont on nous appelle et dépendant des structures qui nous laissent vivre. Quoi que signifie donc la capacité d'agir performative (*performative agency*), elle ne peut surmonter ces dimensions antérieures et constitutives de la normativité sociale. C'est donc ici que j'identifie à la fois la dépendance et la vulnérabilité comme faisant partie d'un exposé performatif de l'agentivité. En effet, l'incarnation (*embodiment*) présupposée à la fois par le genre et par la performance dépend des structures institutionnelles et des mondes sociaux plus vastes. Nous ne pouvons pas parler d'un corps sans savoir ce qui soutient ce corps et quelle est la relation à ce soutien (ou cette absence de soutien). Ainsi, le corps est moins une entité qu'une relation, et il ne peut pas être pleinement dissocié des conditions infrastructurelles et environnementales de son vivre. Ainsi également, la dépendance de l'être humain et des autres créatures à l'égard de ce soutien infrastructurel expose une vulnérabilité spécifique dont nous sommes affectés quand nous sommes dénués de tout soutien, quand ces conditions infrastructurelles caractérisant nos vies sociales, politiques et économiques commencent à se déliter ou quand nous nous trouvons absolument sans soutien, dans des conditions de précarité ou de menace explicite.

Les études de la performance (*performance studies*) et les études sur le handicap (*disability studies*) ont toutes deux apporté une perspective déterminante, donnant à comprendre que toute action demande un soutien et que même l'acte le plus ponctuel et spontané en apparence dépend implicitement d'une condition infrastructurelle soutenant littéralement le corps agissant. Cette idée de « soutien » revêt une certaine importance, pas seulement pour la rethéorisation du corps agissant, mais aussi pour le champ politique plus large de la mobilité : quels soutiens architecturaux doivent être en place pour que chacun d'entre nous puisse bénéficier d'une certaine liberté de mouvement, laquelle est nécessaire pour exercer le droit à se rassembler dans l'espace public ? De même que nous affirmons que l'acte de parole dépend de ses conditions et conventions sociales, nous pouvons également dire que la performance de genre dépend, plus généralement, de ses conditions infrastructurelles et sociales de soutien. Cela a des incidences sur la manière dont nous pouvons donner une explication générale de l'action sociale et incarnée, mais aussi dans la compréhension des risques corporels que les femmes prennent en empruntant certaines rues la nuit, en se réunissant sur des places publiques (l'agression sexuelle en constitue un exemple patent) et que les personnes transgenres prennent en marchant dans la rue ou en formant des rassemblements publics.

Comme je l'ai évoqué ailleurs[8], tout rassemblement public est hanté par la police et la prison. Et chaque place publique se définit pour partie par ceux qui ne peuvent arriver là – qu'ils soient détenus à la frontière, ne bénéficient pas de liberté de mouvement et de réunion, ou encore soient incarcérés ou emprisonnés. En d'autres termes, la liberté de se rassembler en tant que peuple est toujours hantée par l'emprisonnement de ceux qui ont exercé cette liberté et ont été conduits en prison. Et quand l'on arrive dans des espaces publics ou communs avec des vues radicales ou critiques, il y a toujours une atmosphère d'appréhension ou d'une certaine anticipation du fait que cela mènera à la prison. Parfois, nous marchons ou courons sciemment dans cette direction parce que cela constitue notre seule manière d'exposer des contraintes illégitimes en matière de rassemblement public et d'expression politique. L'exposition délibérée à la violence était centrale dans la notion gandhienne de désobéissance civile non violente.

Au parc Gezi, à Istanbul en 2013, certaines des personnes rassemblées ont été arrêtées et d'autres encore ont été blessées. Les avocats venus aider ceux qui ont été arrêtés ont eux-mêmes été arrêtés et certains des professionnels de santé venus aider les blessés ont eux-mêmes été blessés. Et pourtant, de nouveaux groupes prenaient sans cesse la relève : militants, journalistes, professionnels de santé, avocats reconstituaient le réseau de soutien. À la suite de l'incarcération de plusieurs membres de Pussy Riot après leur *happening* dans la cathédrale de Moscou (en 2012), des manifestations ont éclaté dans différentes grandes villes à travers le globe, et des formes de solidarité liées à l'Internet ont émergé afin de mettre la pression sur les gouvernements et les agences des droits humains pour pousser à la libération des personnes incarcérées et pour contester les conditions de cet emprisonnement politique. Ces deux exemples, ainsi que le mouvement grandissant contre la peine de mort, nous amènent à porter notre attention sur l'emprisonnement politique et sur l'institution de l'industrie carcérale comme mécanisme mondial de régulation des droits citoyens et d'administration de la violence. Aux États-Unis, les deux tiers des détenus sont des hommes noirs et les individus condamnés à mort sont presque en totalité des personnes non blanches. Angela Davis a soutenu qu'aux États-Unis, la prison poursuit l'œuvre de l'esclavage en suspendant les droits mêmes de citoyenneté des personnes non blanches ; cela devient de l'esclavage par moyens détournés[9].

Le féminisme constitue une composante essentielle de ces réseaux de solidarité et de résistance précisément parce que la critique féministe déstabilise les institutions qui dépendent de la reproduction de l'inégalité et de l'injustice et critique les institutions et les pratiques qui infligent des violences aux femmes et aux minorités de genre et, de fait, à toutes les minorités sujettes au pouvoir policier quand elles font acte de présence et s'expriment comme elles le font. Nous assistons maintenant à des mouvements de masse contre la notion de « genre » en France et dans différents pays d'Europe de l'Est, dont la Pologne, la Hongrie et la Slovaquie, et ceux-ci se sont alliés à des mouvements opposés à la liberté de procréation, au mariage gay et au fait de lever les contraintes imposées sur l'éducation de base, l'emploi et les libertés d'expression des femmes. Nous entendons à répétition de la part d'instances gouvernementales de différentes régions du monde que l'égalité et la liberté vont à l'encontre des « normes communes » d'une culture nationale donnée ou que l'égalité, la liberté et l'injustice sont irréalistes ou ingrates, ou que l'égalité et la liberté sont dangereuses, posant de graves risques sécuritaires pour la nation ou l'Europe, voire pour la civilisation elle-même. Le gouvernement russe a accusé Pussy Riot de « s'attaquer à l'âme de l'homme ». Peu de combats sont plus importants que ceux qui remettent en question les soi-disant « normes communes » en posant la question de savoir quelles vies n'ont *jamais* été prises en compte dans ces normes. Quelles vies sont, de fait, explicitement exclues de ces normes ? Quelle norme de l'humain contraint ces normes communes ? Et dans quelle mesure s'agit-il là d'une norme masculiniste ou encore d'une norme de privilège racial ?

J'ai proposé de repenser la relation entre le corps humain et l'infrastructure afin de remettre en question l'idée du corps comme entité discrète, singulière et autosuffisante, et j'ai suggéré qu'il fallait, au contraire, comprendre l'incarnation (*embodiment*) comme étant à la fois performative et relationnelle (relationnalité qui comprend la dépendance à l'égard des conditions infrastructurelles, ainsi que les problèmes hérités du discours et du pouvoir institutionnel qui précèdent et conditionnent notre existence). Je donne également à entendre que certains idéaux d'indépendance sont masculinistes et qu'une perspective féministe expose la dépendance désavouée qui est au cœur de l'idée masculiniste du corps. Ce n'est pas pareil que de décrire ce que sont les corps des femmes ou les corps des hommes : je ne fais pas d'allégation dans ce sens, me contentant de montrer ce que j'estime être une conception masculiniste de l'action corporelle, laquelle doit être activement critiquée. Quand je fais référence à la dépendance, il pourrait parfaitement s'agir d'une dépendance d'un enfant à l'égard de sa mère (ou de la personne prenant principalement soin de lui), mais ce n'est pas la forme

8 Voir J. Butler, *Rassemblement. Pluralité, performativité et politique*, *op. cit.*, chap. 5.

9 Voir Angela Davis, « Slavery, Civil Rights, and Abolitionist Perspectives toward Prison », in *Are Prisons Obsolete?*, New York, Seven Stories Press, 2010.

principale de dépendance qui me concerne ici. En théorisant le corps humain comme consistant en une sorte de *dépendance* à l'infrastructure, comprise de manière complexe comme l'environnement, les relations sociales et les réseaux de soutien et de subsistance – l'humain lui-même se révèle comme n'étant pas séparé de l'animal ou du monde technique –, nous faisons passer à l'arrière-plan les manières dont nous sommes vulnérables à la décimation ou à la disparition d'infrastructures, de soutiens économiques et d'emplois prévisibles et bien rémunérés. Nous ne sommes alors pas seulement vulnérables les uns envers les autres – caractéristique invariable des relations sociales –, mais cette vulnérabilité même signale, en outre, une condition plus large de dépendance et d'interdépendance qui conteste la compréhension ontologique dominante du sujet incorporé.

Il existe bien sûr de nombreuses raisons de ne *pas* apprécier la vulnérabilité. La plupart d'entre nous souhaiteraient être moins vulnérables dans des conditions dans lesquelles on nous porte atteinte de manières que nous ne choisissons pas, et le terme « vulnérabilité » décrit cette condition. Mais cela ne constitue pas en soi une raison de rejeter une considération théorique de ses usages, tout particulièrement lorsqu'il s'avère que la vulnérabilité ne peut pas être légitimement réduite à ce que nous ne pouvons pas souhaiter de notre plein gré. J'aimerais formuler quelques remarques finales à l'encontre du principe selon lequel la vulnérabilité serait le contraire de la résistance. Je souhaiterais en effet plaider en faveur d'une vulnérabilité qui, définie comme le fait de s'exposer délibérément à la force, participe du sens même de la résistance politique en tant que mise en acte incarnée. Je sais que parler de vulnérabilité produit différentes sortes de résistance, pour les raisons que je viens d'évoquer. Il y a des personnes qui s'inquiètent que la vulnérabilité, même si elle devait devenir un thème ou une problématique, soit posée comme une condition existentielle première, ontologique et constitutive, et que cette sorte de fondationnalisme buterait sur les mêmes difficultés que d'autres, tels que le *care* ou la pensée maternelle. Un virage vers la vulnérabilité cherche-t-il à réintroduire dans le discours public ces modalités fondationalistes ou essentialistes de pensée et de valorisation ? S'agit-il d'une façon de faire passer en douce des paradigmes dépassés pour qu'ils soient réexaminés ? L'idée de vulnérabilité travaille-t-elle au détriment des femmes ? Ou cette question même présuppose-t-elle que toute concession faite à la vulnérabilité mènera à faire de la vulnérabilité (1) un postulat fondateur en matière politique (ce qu'elle n'est pas), (2) une identité essentielle (ce qu'elle n'est pas non plus) ou (3) une identification des femmes à la « blessabilité » (ce qui n'est pas nécessaire) ? Chacune de ces inquiétudes est à la source de nombreuses méprises politiques concernant l'importance du terme « vulnérabilité ».

La résistance à la vulnérabilité procède parfois aussi d'inquiétudes d'ordre politique de cette sorte. Après tout, si des femmes ou des minorités cherchent à se faire reconnaître comme vulnérables, ne cherchent-elles pas, à leur insu ou non, à se définir un statut protégé sujet à un ensemble de pouvoirs paternalistes (qui se doit de protéger les vulnérables, c'est-à-dire ceux qui sont présumés être faibles et avoir besoin de protection) ? Le discours de vulnérabilité rabaisse-t-il la capacité d'agir (*agency*) politique des subjugués ? L'un des problèmes politiques surgissant de toute discussion de ce type est donc de savoir si le discours sur la vulnérabilité renforce le pouvoir paternaliste, reléguant la condition de vulnérabilité à ceux qui souffrent de discriminations, d'exploitation ou de violences. Qu'en est-il du pouvoir de ceux qui sont opprimés ? Et qu'en est-il de la vulnérabilité des institutions paternalistes elles-mêmes ? Après tout, si elles peuvent être contestées, abattues ou reconstruites sur des bases égalitaires, alors le paternalisme lui-même est *vulnérable* à un démantèlement qui déferait la forme même de son pouvoir. Et quand ce démantèlement est entrepris par des peuples subjugués, ne se définissent-ils pas comme étant autre chose, ou davantage que simplement vulnérables ? En effet, cherchons-nous à dire qu'ils surmontent leur vulnérabilité dans ces moments-là, ce qui revient à partir du principe que la vulnérabilité est totalement supprimée lorsqu'elle se transforme en capacité d'agir (*agency*) ? Ou la vulnérabilité est-elle toujours là, assumant par contre alors une forme différente ?

Enfin, il existe des objections politiques justifiées au fait que les groupes dominants puissent utiliser le discours de la « vulnérabilité » pour étayer leur propre privilège. En Californie, quand les Blancs ont commencé à perdre leur statut majoritaire, certains d'entre eux ont affirmé qu'ils constituaient une population « vulnérable ». Vulnérable à quoi ? À un État multinational et multiracial ? Voilà une affirmation clairement raciste. Les États coloniaux ont en effet déploré leur « vulnérabilité » aux attaques de ceux qu'ils ont colonisés et ont cherché à attirer la sympathie générale sur la base de cette prétention. Certains hommes se sont plaints que le féminisme a fait d'eux une « population vulnérable » et qu'ils sont maintenant la « cible » de discriminations. Différentes identités nationales européennes prétendent être en butte aux « attaques » de communautés migrantes nouvelles et établies. Nous pouvons constater qu'il s'agit d'un terme qui a un caractère changeant et, étant donné que nous n'apprécions peut-être pas certaines, voire beaucoup de ces mutations, l'on peut se retrouver, de manière assez embarrassante, à s'opposer à la vulnérabilité. C'est bien sûr assez drôle à dire puisque l'on pourrait supposer que, quel que soit le degré d'opposition à la vulnérabilité, cette dernière ne défait pas exactement son opération dans nos vies corporelles et sociales. Une opposition véhémente à la vulnérabilité pourrait en effet s'avérer être le signe même du fait qu'elle continue à s'appliquer. Voilà bien une vérité minimale que nous pouvons accepter de la psychanalyse. Nos objections politiques à la vulnérabilité ne nous rendent-elles pas dupes sur le plan psychanalytique ? Et nos affirmations psychanalytiques de vulnérabilité ne nous rendent-elles pas complices de positions politiques que nous ne cautionnons pas ?

Quand nous contestons la « vulnérabilité » en tant que terme politique, c'est généralement parce que nous aimerions nous percevoir comme capables d'agir (*agentic*) ou que nous pensons que de meilleures conséquences politiques suivraient du fait de se considérer de cette manière ? Si l'on s'oppose à la vulnérabilité au nom de la capacité d'agir (*agentivity*), cela signifie-t-il que l'on préfère se voir comme uniquement agissant et pas soumis à l'action ? Et comment pourrions-nous alors décrire ces régions relevant à la fois de l'esthétique et de l'éthique, qui présupposent que notre réceptivité est inextricablement liée à notre réactivité, zone dans laquelle nous sommes soumis à l'action du monde, de ce qui est dit et montré, de ce que nous voyons et de ce qui nous touche ? Si nous considérons ce domaine de l'impressionnabilité comme ayant un caractère primaire, alors nous pouvons nous demander quels aspects du monde s'impriment en nous au moment même où nous formons une impression de ce monde. Ce que nous trouvons survient en même temps que nous agissons dessus de certaines manières. L'opposition à la vulnérabilité met-elle aussi en péril une multitude de termes, dont la réactivité, l'impressionnabilité, la susceptibilité, la blessabilité, l'ouverture, l'indignation, le scandale, et même la résistance ? Si rien n'agit sur moi contre ma volonté ou sans connaissance avancée de ma part, alors il n'y a que la souveraineté, la posture de contrôle sur la propriété que j'ai et que je suis, une forme en apparence robuste et autocentrée du « je » pensant qui cherche à masquer les lignes de faille dans le soi qui ne peuvent être surmontées. Quelle forme de politique est soutenue par ce mode intransigeant de désaveu? Ne s'agit-il pas là de l'exposé masculiniste de la souveraineté que nous sommes appelés, en tant que féministes, à démanteler[10]?

Comme j'ai cherché à le faire entendre en suscitant l'attention sur la double dimension de la performativité, nous sommes invariablement à la fois objet d'action et agissant, et cela constitue l'une des raisons pour lesquelles la performativité ne peut être réduite à l'idée d'une performance libre et individuelle. On nous attribue des noms, et nous nous retrouvons à vivre dans un monde de catégories et de descriptions bien avant que nous ne commencions à y faire le tri et nous efforcer de les changer ou les faire nôtres. Ainsi, nous sommes, bien malgré nous, vulnérables et affectés par des discours que nous n'avons jamais choisis. De manière parallèle, j'aimerais proposer l'existence d'une double relation à la résistance qui nous permet de mieux comprendre ce que recouvre le terme de vulnérabilité. D'un côté, il y a une résistance à la vulnérabilité qui revêt des dimensions à la fois psychiques et politiques; la résistance psychique à la vulnérabilité souhaiterait que nous n'ayons jamais eu à subir le fait de se voir imposer discours et pouvoir de façons que nous n'avons pas choisies et cherchions donc à affermir une notion de souveraineté individuelle contre les forces motrices de l'histoire sur nos vies incorporées. D'un autre côté, le sens même de vulnérabilité change quand celle-ci est comprise comme faisant partie de la pratique de résistance politique. En effet, l'une des caractéristiques principales du rassemblement public tel que nous l'observons ces derniers temps confirme que la résistance politique repose fondamentalement sur la mobilisation de la vulnérabilité, ce qui signifie que la vulnérabilité peut être simultanément une façon d'être exposé et capable d'agir (*agentic*). De telles formes collectives de résistance sont structurées très différemment de l'idée d'un sujet politique qui établit sa capacité d'agir (*agency*) en surmontant sa vulnérabilité – voilà l'idéal masculiniste que nous devrions assurément continuer de contester.

Une critique de grande importance émane de ceux qui prétendent que la vulnérabilité ne peut servir de base à une identification de groupe sans renforcer le pouvoir paternaliste. Une fois que des groupes sont qualifiés de « vulnérables » au sein du discours sur les droits humains ou des régimes juridiques, ils sont réifiés comme étant par définition même « vulnérables », fixés dans une position politique d'absence de pouvoir et de capacité d'agir (*agency*). Tout le pouvoir appartient à l'État et aux institutions internationales, qui sont désormais censés leur offrir protection et plaidoyer. De telles évolutions tendent à sous-estimer, ou à activement effacer, les modes d'agentivité politique et de résistance qui surgissent au sein de populations dites vulnérables. Pour comprendre ces modes de résistance sortant du champ du juridique, nous aurions à penser sur la manière dont résistance et vulnérabilité œuvrent ensemble, chose que le modèle paternaliste ne peut faire. À mon sens, autant la « vulnérabilité » peut être affirmée comme une condition existentielle (étant donné que nous sommes tous sujets aux accidents, à la maladie et à des attaques qui peuvent assez vite supprimer nos vies), autant il s'agit également d'une condition socialement induite qui explique la disproportion dans l'exposition à la souffrance, tout particulièrement parmi ceux qui sont englobés dans le terme « précarité » et ont un accès souvent drastiquement limité à des abris, à la nourriture et à des soins de santé. Pour autant, embrasser la vulnérabilité ou être à l'écoute de nos sentiments, ou encore mettre à nu nos lignes de faille ne peut constituer une approche politique valable. Comme si cela pouvait lancer un nouveau mode d'authenticité ou inaugurer un nouvel ordre de valeurs morales ou une flambée soudaine et généralisée de sollicitude (*care*) ! Je ne suis pas favorable à de telles réorientations vers l'authenticité comme moyen de faire de la politique, parce qu'elles continuent à considérer que la vulnérabilité est le contraire de la capacité d'agir (*agency*), à identifier la capacité d'agir à des modes souverains d'attitude défensive, et négligent de reconnaître les manières dont la vulnérabilité peut constituer un moment embryonnaire et durable de résistance. Une fois que nous comprenons la manière dont la vulnérabilité entre dans la capacité d'agir (*agency*), notre compréhension des deux termes peut changer, et l'opposition binaire qui existe en eux peut se défaire. Je considère d'ailleurs que la démolition de cette binarité constitue une mission féministe.

Pour résumer, la vulnérabilité n'est pas une disposition subjective, mais une relation à un champ d'objets, de forces et de passions qui empiète sur nous ou nous affecte de quelque manière. En tant que façon d'être relié à ce qui n'est pas moi et n'est pas entièrement maîtrisable, la vulnérabilité est une sorte de relation qui appartient à cette région ambiguë dans laquelle la réceptivité et la réactivité ne sont pas clairement séparables l'une de l'autre et ne sont pas distinguées comme autant de moments séparés d'une même séquence – de fait, cette zone où la réceptivité et la réactivité servent de base à la mobilisation de la vulnérabilité au lieu d'être dans une situation de déni destructeur de celle-ci.

Je suis bien sûr consciente du fait que j'ai utilisé le terme « résistance » d'au moins deux manières différentes : premièrement, pour qualifier la *résistance* à la vulnérabilité qui caractérise cette façon de penser qui se modèle sur la maîtrise ; deuxièmement, *en tant que forme sociale et politique* qui est informée par la vulnérabilité et qui n'est donc pas l'un de ses contraires[11]. J'ai exprimé l'idée que la vulnérabilité n'est ni complètement passive, ni complètement active, mais opère plutôt dans une zone médiane, élément constitutif de l'animal humain comme à la fois affecté et agissant. Je suis donc amenée à penser à ces pratiques d'exposition délibérée à la violence policière ou militaire dans laquelle des corps sont mis en jeu, recevant des coups ou cherchant à stopper la violence en s'érigeant comme barrages ou barrières vivantes. Dans ces sortes de pratiques de résistance non violente, nous pouvons être amenés à comprendre la vulnérabilité corporelle comme quelque chose qui est effectivement canalisé ou mobilisé à des fins de résistance. Bien sûr, cette position est sujette à controverse puisque ces pratiques peuvent sembler aller de pair avec une forme d'autodestruction, mais ce qui m'intéresse ce sont ces formes de résistance non violente qui mobilisent la vulnérabilité pour les besoins d'affirmer l'existence, de revendiquer le droit à l'espace public, à l'égalité, et pour s'opposer à des actions policières, sécuritaires et militaires violentes. On pourrait penser qu'il s'agit là de moments isolés lors desquels un groupe décide par avance de produire un barrage ou de former une chaîne humaine afin de revendiquer l'espace public ou pour résister au fait d'être délogés par la police. Et c'est certainement le cas, comme cela l'a été à Berkeley en 2011, quand un groupe d'étudiants et de collègues

10 Hayden White, « Writing in the Middle Voice », in *The Fiction of Narrative*, Baltimore (Maryland), Johns Hopkins University Press, 2010, p. 255-262.

11 Pour ce double sens du terme « résistance », voir Jacqueline Rose, *The Last Resistance*, Londres, Verso Books, 2007.

ont été agressés par des forces de police sur le campus alors même qu'ils se livraient à une manifestation non violente. Mais considérez également que, pour les personnes transgenres dans beaucoup d'endroits à travers le monde et pour les femmes qui cherchent à marcher en sécurité la nuit dans l'espace public, le moment d'apparaître activement dans la rue est associé à un risque délibéré d'exposition à la force. Dans certaines conditions, continuer à exister, se déplacer et respirer constituent des formes de résistance, et c'est pourquoi nous voyons parfois des pancartes portant le slogan « Nous existons toujours ! » Comme nous le savons, c'est certainement vrai de groupes qui se rassemblent sans autorisation et sans armes pour s'opposer à la privatisation et former de grands rassemblements pour la démocratie, ainsi que nous l'avons vu au parc Gezi à Istanbul en juin 2013. Même si de tels groupes sont dénués de protection légale ou policière, ils ne sont pas pour autant réduits à une sortie de « vie nue ». Il n'existe pas de pouvoir souverain rejetant le sujet hors du domaine du politique en tant que tel : on assiste plutôt à un renouveau de la souveraineté populaire en dehors, et contre les termes de la souveraineté étatique et du pouvoir policier, mettant en jeu une forme concertée et corporelle d'exposition et de résistance.

La vulnérabilité peut apparaître au sein d'actions de résistance et de démocratie directe précisément sous la forme d'une mobilisation délibérée d'exposition corporelle. J'ai évoqué précédemment l'idée que nous devons considérer ici deux sens du mot « résistance » : une résistance à la vulnérabilité qui s'inscrit dans certains projets de pensée et certaines formations de politique organisée par la maîtrise souveraine, ainsi qu'une résistance à des régimes injustes et violents qui mobilise la vulnérabilité au sein de son propre exercice de pouvoir.

Dans la vie politique, il semble effectivement que se produit d'abord une injustice et qu'une réaction se forme ensuite, mais il se peut que la réaction se déclenche alors même que l'injustice est en train d'avoir lieu, et cela nous fournit une autre manière de réfléchir aux événements historiques, à l'action, à la passion et aux formes de résistance. Il semblerait qu'à défaut d'être capables de considérer la vulnérabilité, nous ne pourrions pas penser la résistance, et qu'en pensant la résistance, nous sommes déjà en chemin, à démanteler la résistance à la vulnérabilité précisément afin de résister.

Traduit de l'anglais par Renaud d'Avout d'Auerstaedt.

13 Extrait de l'œuvre *Virus* (2020) d'Antoine d'Agata.

PRÉ COVID
OCTOBRE 2018

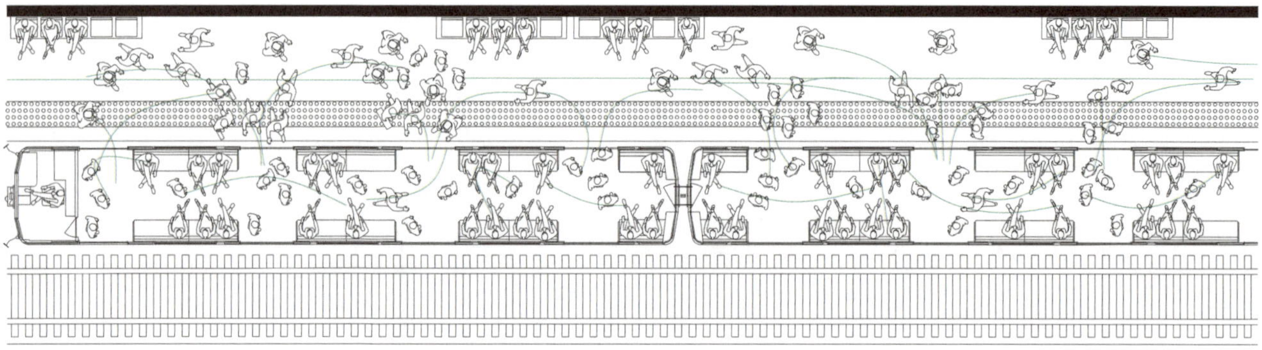

CONFINEMENT
AVRIL 2020

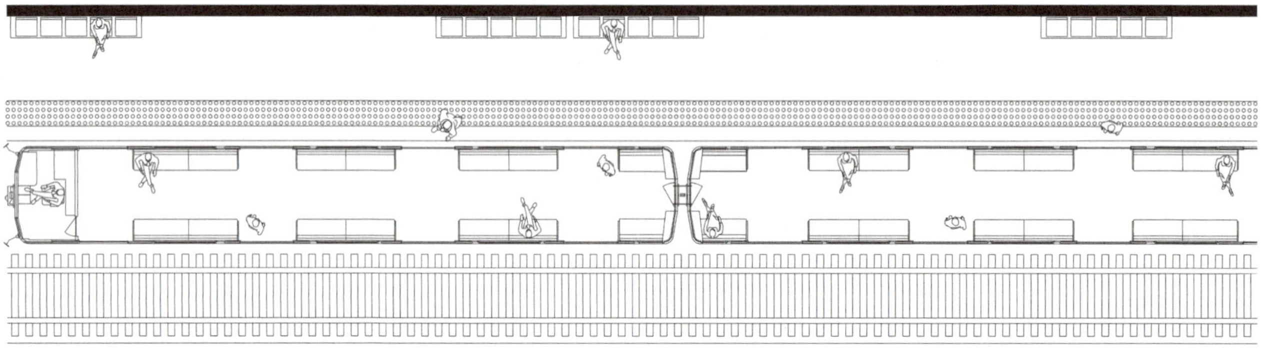

DÉCONFINEMENT
FÉVRIER 2021

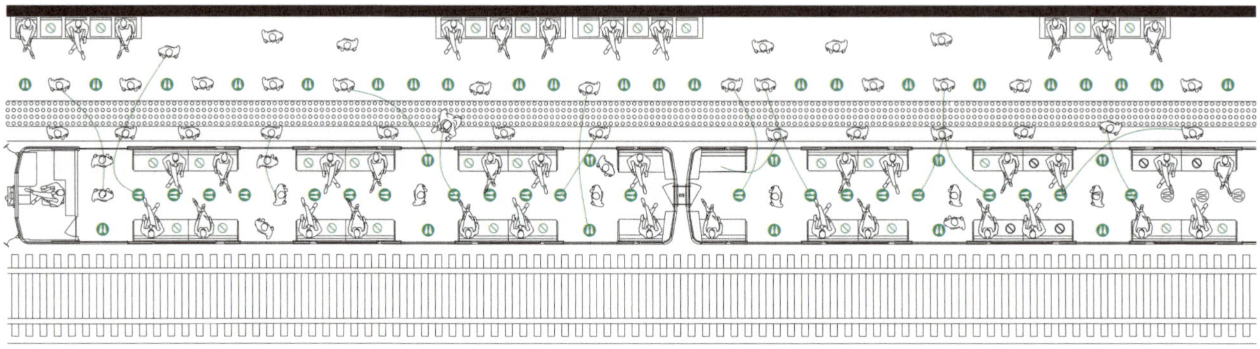

14 L'ensemble des espaces constituant la ville ont été impactés par l'épidémie, car les règles imposées dans l'espace public ont été reproduites dans de nombreux espaces privés (les lieux de travail en particulier). Trois exemples peuvent l'illustrer : une rame de métro, un commerce de proximité, des espaces tertiaires (ici les bureaux de l'agence SCAU), représentés à différents moments. Avant l'épidémie d'abord ; pendant le premier confinement ensuite (avril 2020) : le métro est sous-utilisé, les « commerces essentiels » installent des jauges drastiques, et les bureaux se vident ; puis lors d'une phase de « levée des restrictions » (février 2021) : les règles de distanciation imposent une fréquentation limitée de tous les espaces. Dessin : SCAU, 2021.

PRÉ COVID
OCTOBRE 2018

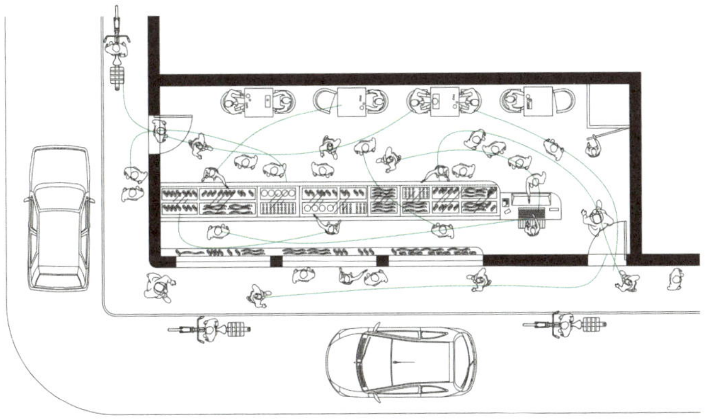

CONFINEMENT
AVRIL 2020

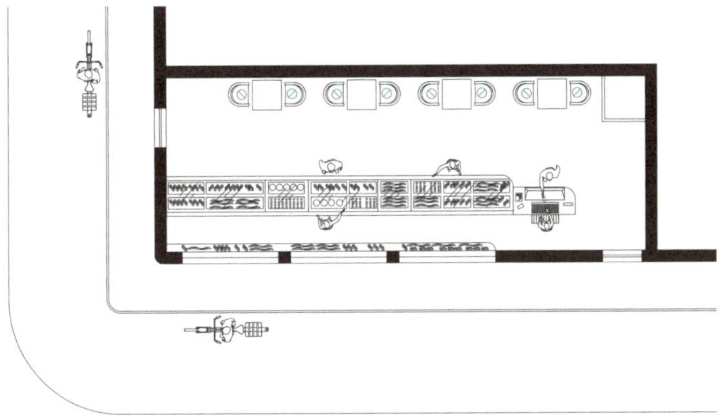

DÉCONFINEMENT
FÉVRIER 2021

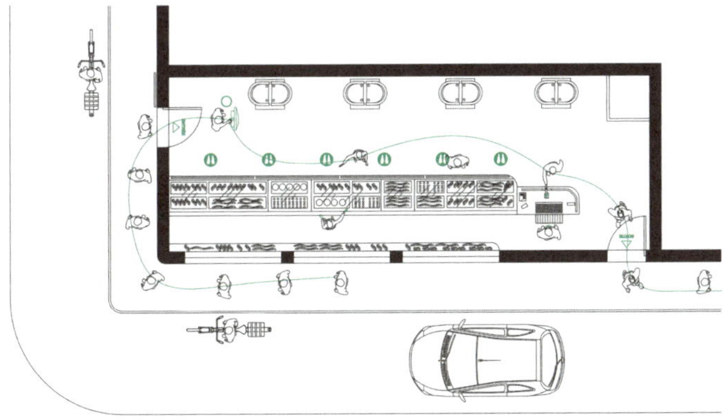

PRÉ COVID
OCTOBRE 2018

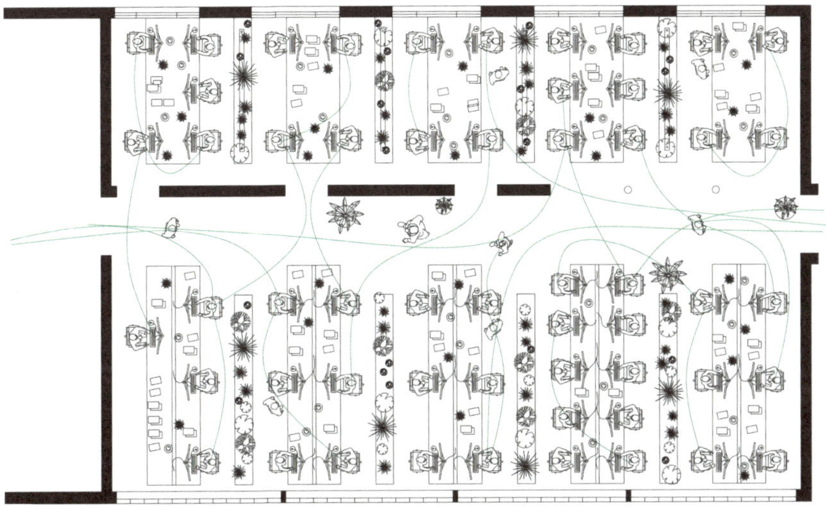

CONFINEMENT
AVRIL 2020

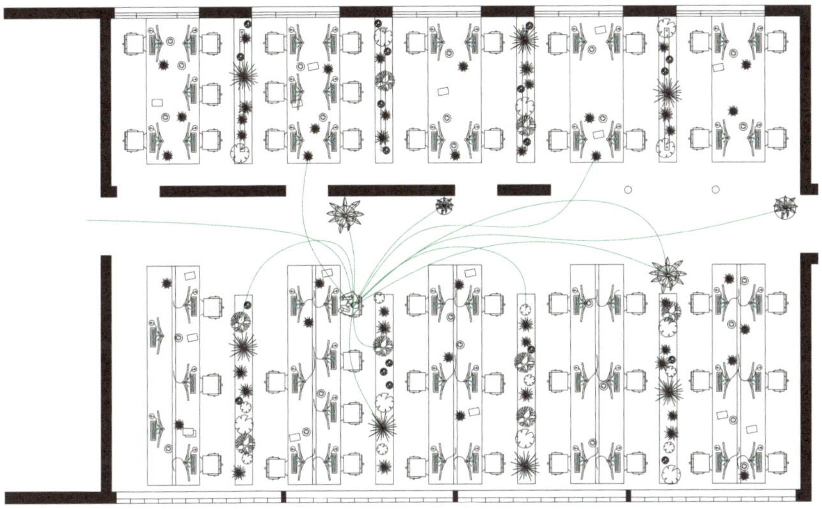

DÉCONFINEMENT
FÉVRIER 2021

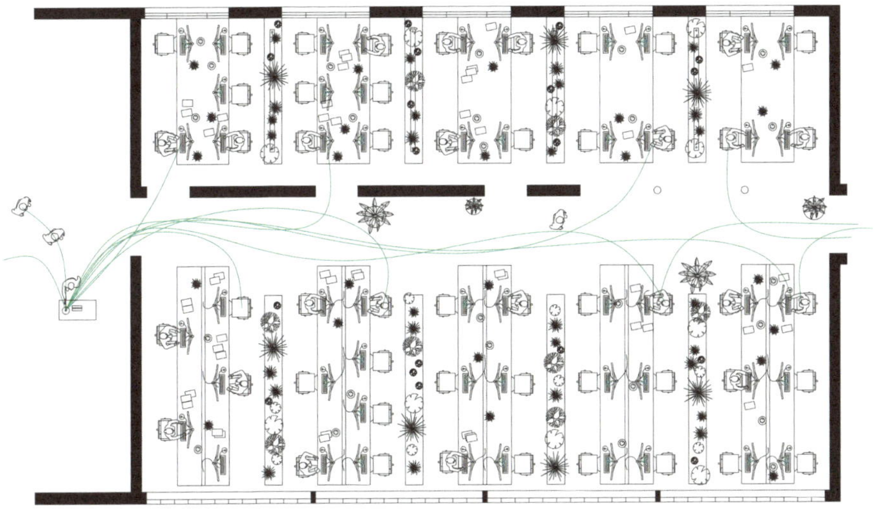

«Contre un mal extraordinaire, le pouvoir se dresse; il se rend partout présent et visible; il invente des rouages nouveaux; il cloisonne, il immobilise, il quadrille; il construit pour un temps ce qui est à la fois la contre-cité et la cité parfaite.»

Michel Foucault, *Surveiller et punir. Naissance de la prison*, Paris, Gallimard, 1975.

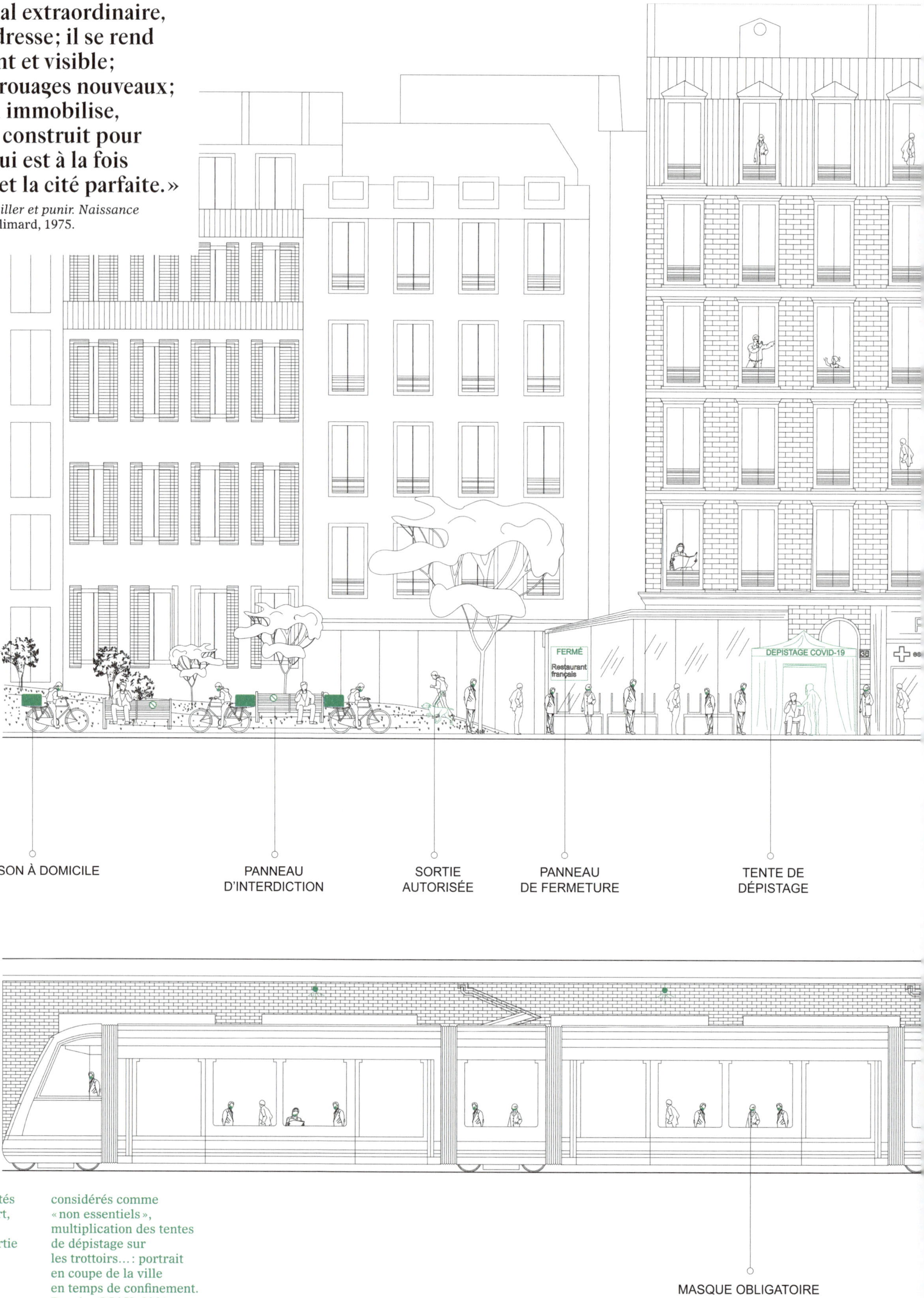

15 Explosion des activités à domicile (loisirs, sport, travail…), contrôle des autorisations de sortie dans l'espace public, sous-fréquentation des transports en commun, fermeture des commerces considérés comme «non essentiels», multiplication des tentes de dépistage sur les trottoirs…: portrait en coupe de la ville en temps de confinement. Dessin: SCAU, 2021.

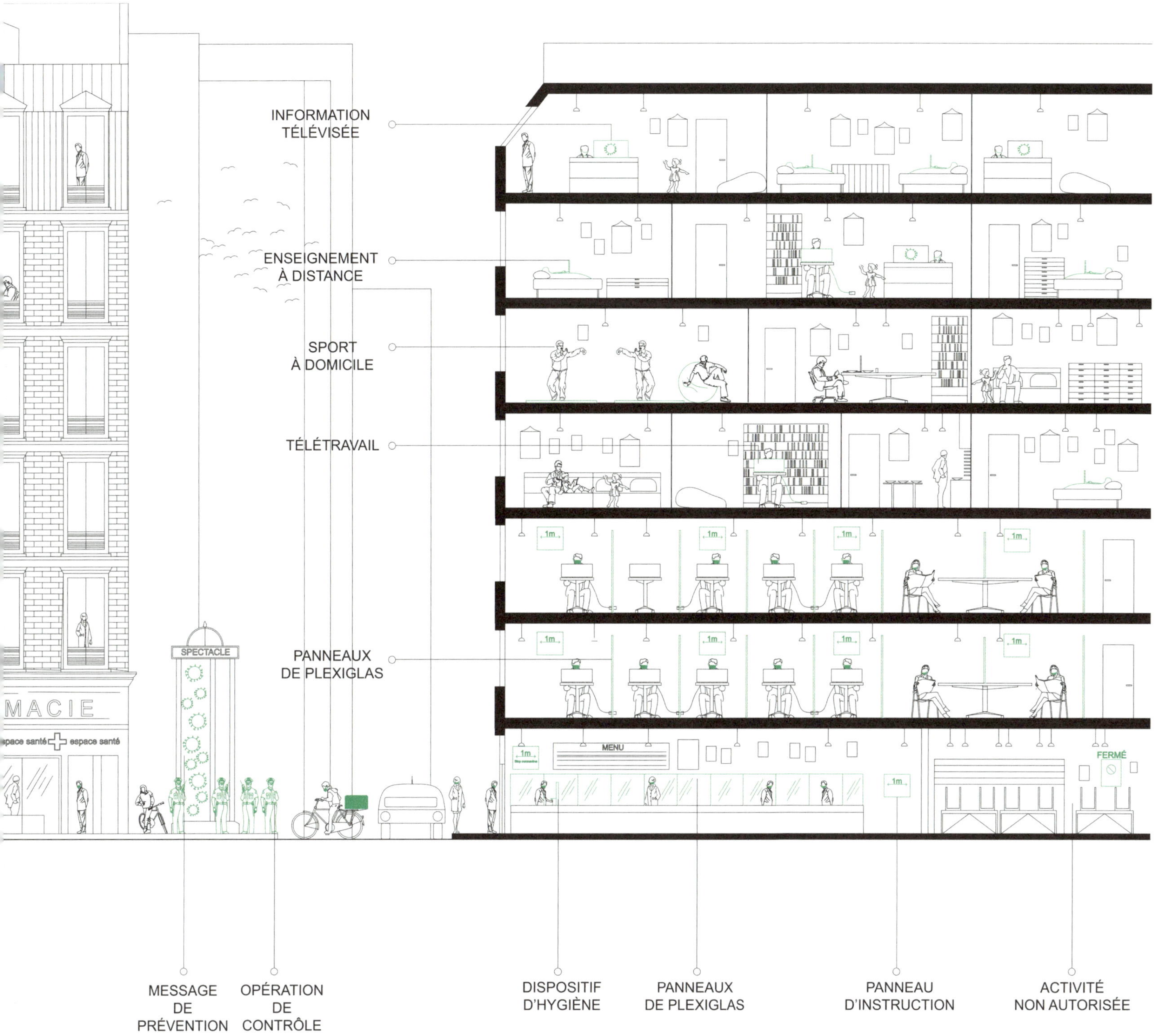
INFORMATION TÉLÉVISÉE
ENSEIGNEMENT À DISTANCE
SPORT À DOMICILE
TÉLÉTRAVAIL
PANNEAUX DE PLEXIGLAS
SPECTACLE
MACIE
espace santé
espace santé
MENU
1m
FERMÉ
MESSAGE DE PRÉVENTION
OPÉRATION DE CONTRÔLE
DISPOSITIF D'HYGIÈNE
PANNEAUX DE PLEXIGLAS
PANNEAU D'INSTRUCTION
ACTIVITÉ NON AUTORISÉE

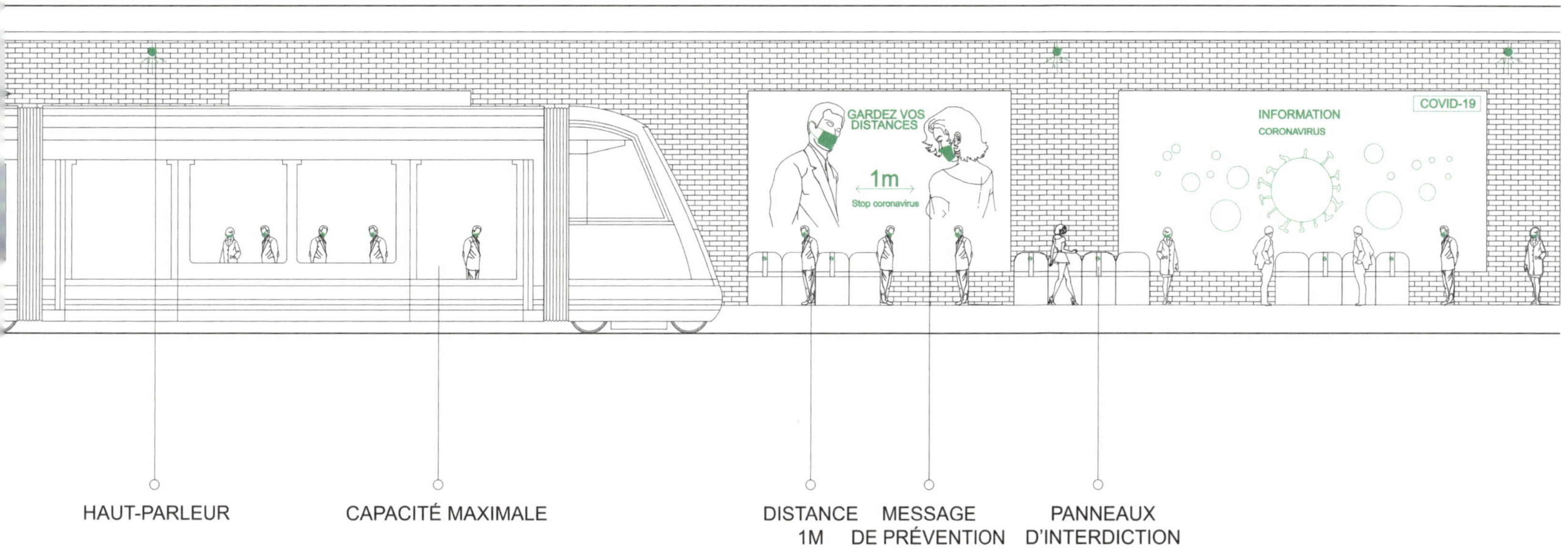
GARDEZ VOS DISTANCES
1m
Stop coronavirus
INFORMATION
CORONAVIRUS
COVID-19
HAUT-PARLEUR
CAPACITÉ MAXIMALE
DISTANCE 1M
MESSAGE DE PRÉVENTION
PANNEAUX D'INTERDICTION

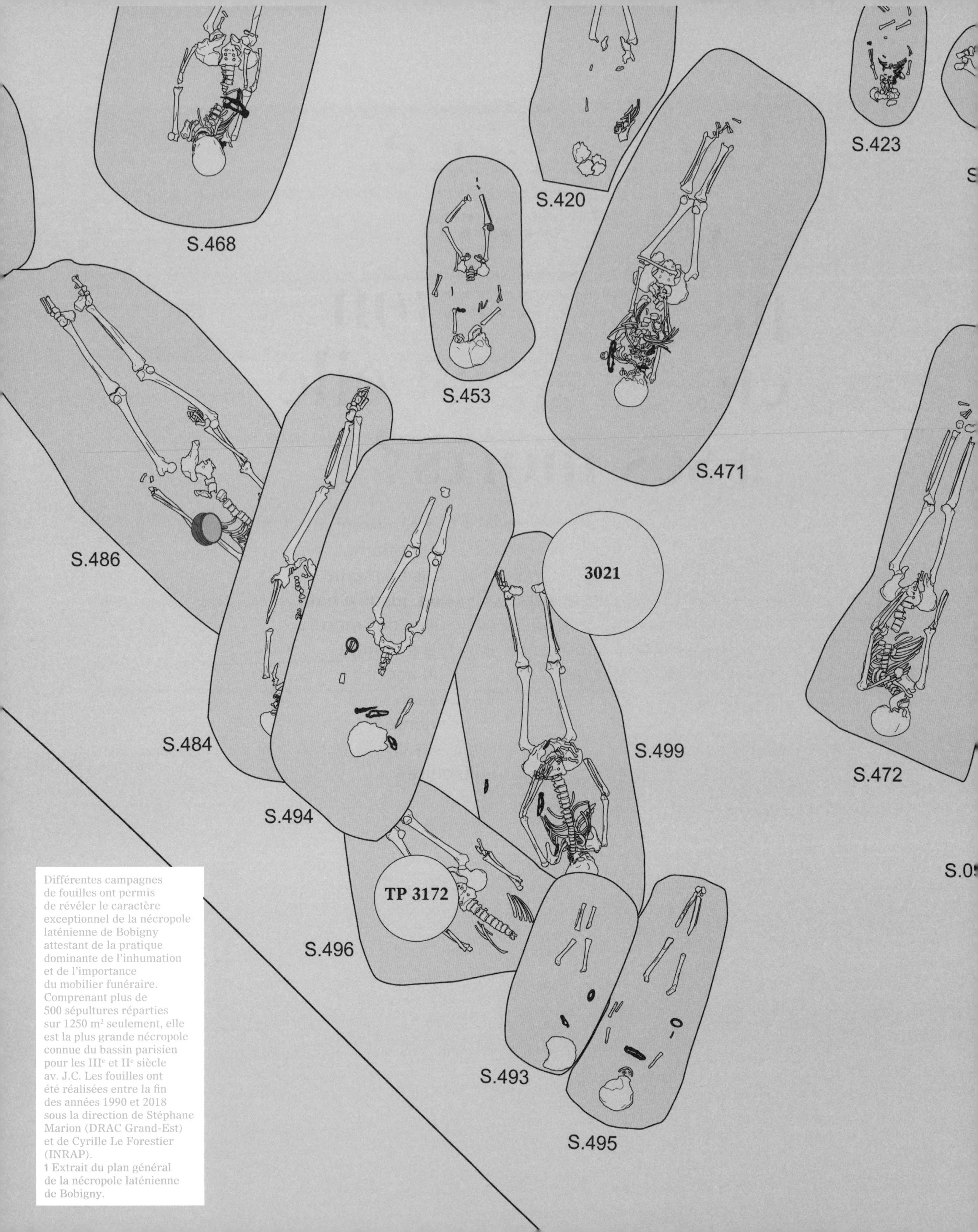

Différentes campagnes de fouilles ont permis de révéler le caractère exceptionnel de la nécropole laténienne de Bobigny attestant de la pratique dominante de l'inhumation et de l'importance du mobilier funéraire. Comprenant plus de 500 sépultures réparties sur 1250 m^2 seulement, elle est la plus grande nécropole connue du bassin parisien pour les IIIe et IIe siècle av. J.C. Les fouilles ont été réalisées entre la fin des années 1990 et 2018 sous la direction de Stéphane Marion (DRAC Grand-Est) et de Cyrille Le Forestier (INRAP).

1 Extrait du plan général de la nécropole laténienne de Bobigny.

Nécropoles

Quelle place, quel soin, quelle fonction la cité donne-t-elle à ses morts ?

L'espace que la cité accorde à ses morts raconte, autrement, la place qu'y occupe le soin. Les morts ont longtemps eu un espace « à eux » au cœur des villes, puis un même mouvement de mise à la périphérie s'est produit, jusqu'à bâtir hors du territoire urbain d'autres villes, des « villes des morts » (nécro-poles). Mais l'épidémie de Covid-19 a montré les désastres causés par l'impossibilité d'un accès aux patients en fin de vie et aux défunts. Il est devenu impératif de reconsidérer notre relation à la mort, de la réintégrer dans nos représentations et nos espaces de vie. Quelles conséquences pour l'urbanisme et pour l'architecture ?

163

Les morts dans la ville

« Vivre avec nos morts », pour citer Delphine Horvilleur[1], accompagner les mourants jusqu'au terme et, ensuite, leur ménager une place dans la cité : le soin aux / des morts est une dimension fondamentale, existentielle, de nos sociétés, qui s'inscrit dans la continuité directe, indissociable, du soin apporté aux vivants.

L'indispensable ritualisation de la mort implique en particulier de dédier des lieux urbains au repos des défunts et au recueillement des vivants. Jusqu'au XVIIIe siècle, ces lieux sont généralement inclus dans les limites de la cité, accueillant parfois d'autres fonctions que celles liées à la mort : ainsi, le cimetière médiéval est aussi « foyer de la vie sociale », « grand-place et lieu public », voire l'endroit « le plus bruissant, le plus affairé, le plus turbulent, le plus commerçant de toute l'agglomération[2] ». Le cimetière des Innocents, présent au centre de Paris depuis l'époque mérovingienne, ou le cimetière dit de Clamart, construit en 1672 dans le 5e arrondissement pour y déposer les corps de l'Hôtel-Dieu, sont ainsi des lieux fréquentés hors des célébrations funéraires.

Les étudiants en médecine se rendent aussi dans les cimetières à la recherche de corps à disséquer. C'est d'ailleurs pour mettre fin à ces pratiques clandestines que la construction de l'amphithéâtre d'anatomie des hôpitaux de Paris est décidée entre 1832, sur le site du cimetière de Clamart fermé quelques décennies plus tôt, rue du Fer-à-Moulin – où se trouve aujourd'hui l'École de chirurgie de l'AP-HP.

Autre forme remarquable de présence des morts dans la ville : en 1804, une morgue est ouverte au public sur l'île de la Cité. Elle est pendant un siècle un lieu d'exposition apprécié des Parisiens. En 1907, elle laisse place à l'Institut médico-légal, installé au bord de la Seine, dans le 12e arrondissement.

1 Delphine Horvilleur, *Vivre avec nos morts*, Paris, Grasset, 2021.
2 Philippe Ariès, *L'Homme devant la mort*, Paris, Seuil, 1977.

5

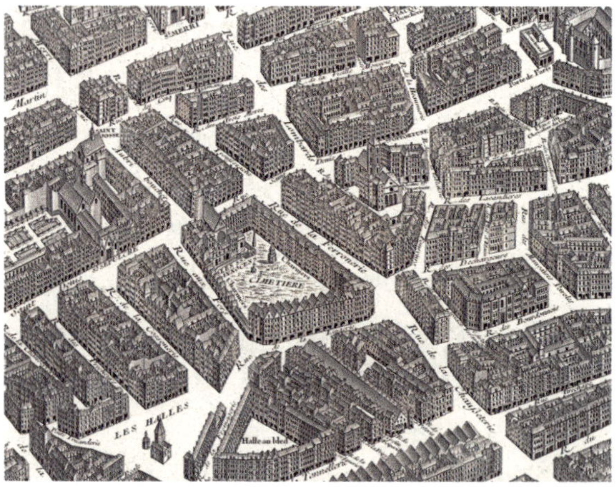

3

2

4

La salle d'exposition de la morgue du quai de l'Archevêché, sur l'île de la Cité, véritable attraction parisienne dans la seconde moitié du XIXe siècle, est d'abord destinée à recueillir les corps trouvés dans la Seine et dans les environs de la ville, afin qu'ils y soient reconnus. Dans *Thérèse Raquin*, paru en 1867, Émile Zola raconte : « La Morgue est un spectacle de toutes les bourses, que se payent gratuitement les passants pauvres ou riches. La porte est ouverte, entre qui veut, il y a des amateurs qui font un détour pour ne pas manquer une de ces représentations de la mort. Lorsque les dalles sont nues, les gens sortent désappointés, volés, murmurant entre leurs dents. Lorsque les dalles sont bien garnies, lorsqu'il y a un bel étalage de chair humaine, les visiteurs se pressent, se donnent des émotions à bon marché, s'épouvantent, plaisantent, applaudissent ou sifflent, comme au théâtre, et se retirent satisfaits, en déclarant que la Morgue est réussie ce jour-là. »
2 *Vue intérieure de la morgue*, Louis Courtin, dessinateur-lithographe, première moitié du XIXe siècle.

Entre le moment de sa création et celui de sa fermeture en 1780, le cimetière des Innocents, à Paris, aurait accueilli au moins 2 millions de défunts. Les conditions d'inhumation diffèrent selon leur milieu social : les plus riches et les bourgeois ont droit à un cercueil, tandis que les pauvres sont enterrés dans des galeries communes en périphérie du site.
3 Le cimetière des Innocents, dans l'actuel 1er arrondissement, plan de Turgot, 1739.
4 *Cimetière et charniers des Saints-Innocents, du côté de la rue aux Fers*, 1780.

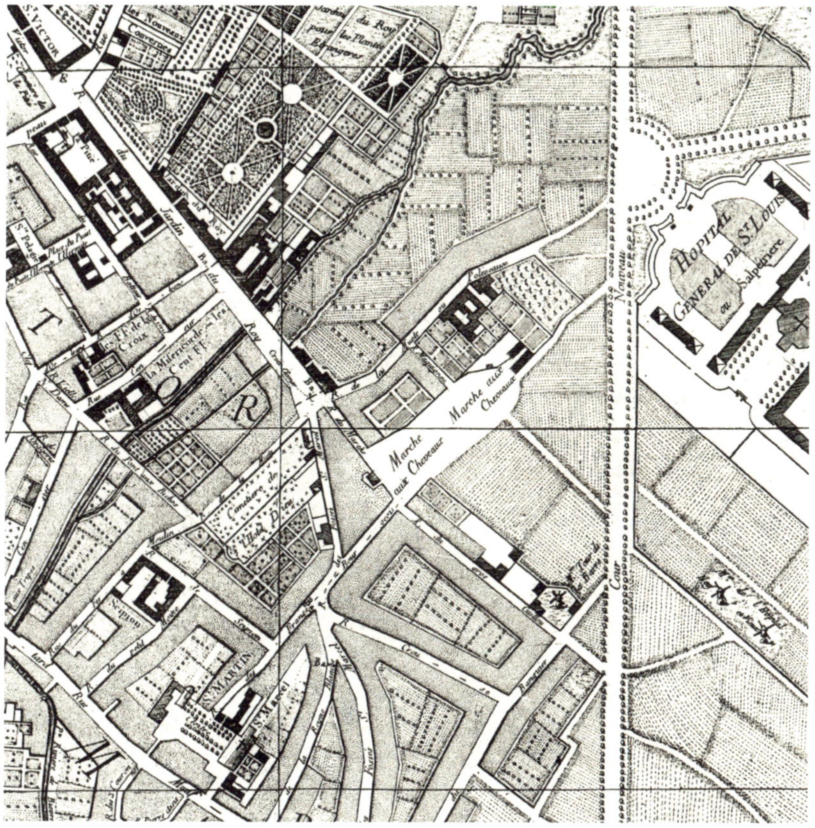

6

Le cimetière dit de Clamart, entre les rues des Fossés-Saint-Marcel et du Fer-à-Moulin, dans l'actuel 5e arrondissement de Paris, doit son nom à l'hôtel de Clamart qui se trouvait à proximité. Devant à l'origine accueillir majoritairement des défunts venant de l'Hôtel-Dieu, il reçoit par la suite des corps envoyés par d'autres hôpitaux, notamment pour compenser la fermeture du cimetière des Innocents. Cela en fait alors, et de loin, le plus grand cimetière de la ville, jusqu'à l'arrêt de son activité en 1793. Louis-Sébastien Mercier en donne une description détaillée dans le tome III de son *Tableau de Paris*, paru en 1782 : « Les corps que l'Hôtel-Dieu vomit journellement, sont portés à Clamart. C'est un vaste cimetière, dont le gouffre est toujours ouvert. […] L'arrêt du Parlement, du 7 juin 1765, qui supprime tous les cimetières dans l'enclos de la ville de Paris, est demeuré sans effet. La populace ne manque pas, le jour de la fête des morts, d'aller visiter ce vaste cimetière, où elle pressent devoir se rendre bientôt à la suite de ses pères. Elle prie et s'agenouille, puis se relève pour aller boire. Il n'y a là ni pyramides, ni tombeaux, ni inscriptions, ni mausolées : la place est nue. Cette terre grasse de funérailles est le champ où les jeunes chirurgiens vont la nuit, franchissant les murs, enlever des cadavres pour les soumettre à leur scalpel inexpérimenté. Ainsi, après le trépas du pauvre, on lui vole encore son corps ; et l'empire étrange que l'on exerce sur lui ne cesse enfin que quand il a perdu les derniers traits de la ressemblance humaine. »

5 Le cimetière de Clamart, dans l'actuel 5e arrondissement, plan de Turgot, 1739.
6 Cimetière de Clamart, plan de Deharme, 1763.

7

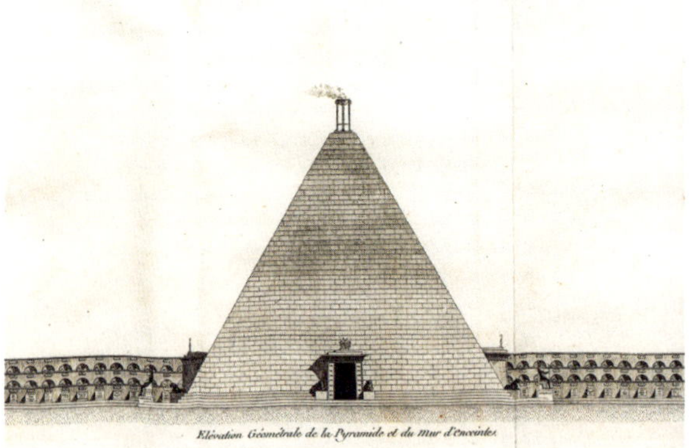

8

9

À la suite de la Révolution française et de l'apparition de nouvelles épidémies, un cimetière civil « laïc » est envisagé sur la colline de Montmartre (alors hors des limites de Paris) pour apporter respect et visibilité aux morts de la Nation. Dans leur *Rapport sur les sépultures, présenté à l'administration centrale du département de la Seine* en 1799, le haut fonctionnaire français Jacques Cambry et l'architecte Jacques Molinos conçoivent un immense « champ de repos ». Au centre du projet se dresse une pyramide, forme archétypale de l'architecture mortuaire que l'on retrouvera, près de trente ans plus tard, dans une proposition similaire à Londres. Le champ de repos de Montmartre ne sera jamais réalisé, mais sur son site, sera construite un siècle plus tard la basilique du Sacré-Cœur de Paris.

7–9 *Plan du champ de repos, élévation géométrale de la pyramide et du mur d'enceinte, coupe*, Jacques Molinos architecte, 1799, in Jacques Cambry, *Rapport sur les sépultures, présenté à l'administration centrale du département de la Seine. Par le c[itoy]en Cambry*, Paris, Pierre Didot l'aîné, 1799.

11

12

10

En 1828, afin de remédier à la pénurie d'espaces funéraires, l'architecte Thomas Willson élabore le projet (jamais construit) d'une « pyramide des morts » dans le parc de Primrose Hill, aux environs de Londres. Haut de 94 étages, ce Metropolitan Sepulchre est supposé accueillir jusqu'à 5 millions de morts.

10 *The Pyramid to Contain Five Millions of Individuals Designed for the Centre of The General Cemetry* [sic] *of the Metropolis*, élévation du projet, Thomas Willson architecte, 1829.

Les cimetières s'adaptent aux contraintes des grandes métropoles, dont ils reflètent parfois les morphologies (topographie, densité). Par exemple, plusieurs cimetières situés sur le territoire de Hong Kong (notamment ceux de Pok Fu Lam et de Diamond Hill) épousent le relief très accidenté du site en adoptant une forme en gradins.

11 *High Rise Cemetery, Hong-Kong*, série *Dead Space*, photographie Finbarr Fallon, 2019.

12 Cimetière de Diamond Hill, Hong Kong, photographie Jérôme Favre, 2017.

La ville des morts

À la suite de l'effondrement d'une partie des galeries du cimetière des Innocents, et pour des raisons de salubrité publique (les cimetières sont vus comme des foyers de contamination), il est décidé en 1765 de cesser l'inhumation des corps *intra-muros*. Les Catacombes sont créées, et le chirurgien Jean Philibert Maret – entre autres – recommande d'aménager des cimetières hors de l'enceinte de la ville. Concomitamment à la naissance, en cette fin du XVIIIe siècle, de l'hôpital-machine, les morts sont donc sortis de la cité.

Au siècle suivant, Haussmann souhaite éloigner les morts encore davantage : il choisit le site de Méry-sur-Oise pour installer une gigantesque nécropole de 800 hectares, connectée à Paris par un chemin de fer dédié à l'acheminement des cadavres : « Le baron Haussmann, après avoir expulsé les ouvriers du centre de Paris, veut en exproprier les morts[1]. » commente Michel Ragon dans *L'Espace de la mort*. Le projet haussmannien rencontre cependant une forte opposition, pointant les raisons véritables et les conséquences de cette mise à distance : sans cimetière dans ses murs, « Paris ne serait plus une ville et la France serait décapitée[2] », écrit par exemple le docteur Jean-François Eugène Robinet en 1869. L'idée est donc abandonnée. Un siècle plus tard, l'architecte et urbaniste Robert Auzelle voudra franchir une étape supplémentaire en créant un « département des morts »[3], un département entier transformé en cimetière pour tous les Français.

Le destin quasi mortifère du site de Méry-sur-Oise perdure lors de la Première Guerre mondiale : la zone fait partie du « faux Paris », territoire sacrificiel, chair/terre à canon visant à tromper les bombardiers ennemis pour préserver la ville des vivants.

1 Michel Ragon, *L'Espace de la mort*, Paris, Albin Michel, 1981, p. 277.
2 Cité in *ibid.*, p. 319.
3 Cité in *ibid.*, p. 534.

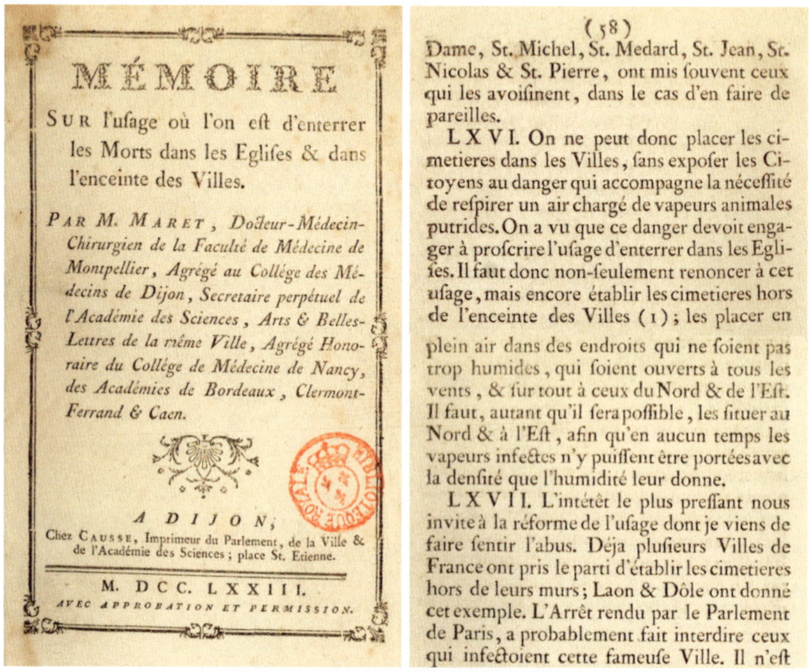

MÉMOIRE

SUR l'ufage où l'on eft d'enterrer les Morts dans les Eglifes & dans l'enceinte des Villes.

PAR M. MARET, Docteur-Médecin-Chirurgien de la Faculté de Médecine de Montpellier, Agrégé au Collége des Médecins de Dijon, Secretaire perpétuel de l'Académie des Sciences, Arts & Belles-Lettres de la même Ville, Agrégé Honoraire du Collége de Médecine de Nancy, des Académies de Bordeaux, Clermont-Ferrand & Caen.

A DIJON,
Chez CAUSSE, Imprimeur du Parlement, de la Ville & de l'Académie des Sciences ; place St. Etienne.

M. DCC. LXXIII.
AVEC APPROBATION ET PERMISSION.

(58)

Dame, St. Michel, St. Medard, St. Jean, St. Nicolas & St. Pierre, ont mis fouvent ceux qui les avoifinent, dans le cas d'en faire de pareilles.

LXVI. On ne peut donc placer les cimetieres dans les Villes, fans expofer les Citoyens au danger qui accompagne la néceffité de refpirer un air chargé de vapeurs animales putrides. On a vu que ce danger devoit engager à profcrire l'ufage d'enterrer dans les Eglifes. Il faut donc non-feulement renoncer à cet ufage, mais encore établir les cimetieres hors de l'enceinte des Villes (1) ; les placer en plein air dans des endroits qui ne foient pas trop humides, qui foient ouverts à tous les vents, & fur tout à ceux du Nord & de l'Eft. Il faut, autant qu'il fera poffible, les fituer au Nord & à l'Eft, afin qu'en aucun temps les vapeurs infectes n'y puiffent être portées avec la denfité que l'humidité leur donne.

LXVII. L'intétêt le plus preffant nous invite à la réforme de l'ufage dont je viens de faire fentir l'abus. Déja plufieurs Villes de France ont pris le parti d'établir les cimetieres hors de leurs murs ; Laon & Dôle ont donné cet exemple. L'Arrêt rendu par le Parlement de Paris, a probablement fait interdire ceux qui infectoient cette fameufe Ville. Il n'eft

1 Jean Philibert Maret, *Mémoire sur l'usage où l'on est d'enterrer les morts dans les églises et dans l'enceinte des villes*, Dijon, chez Causse, 1773.

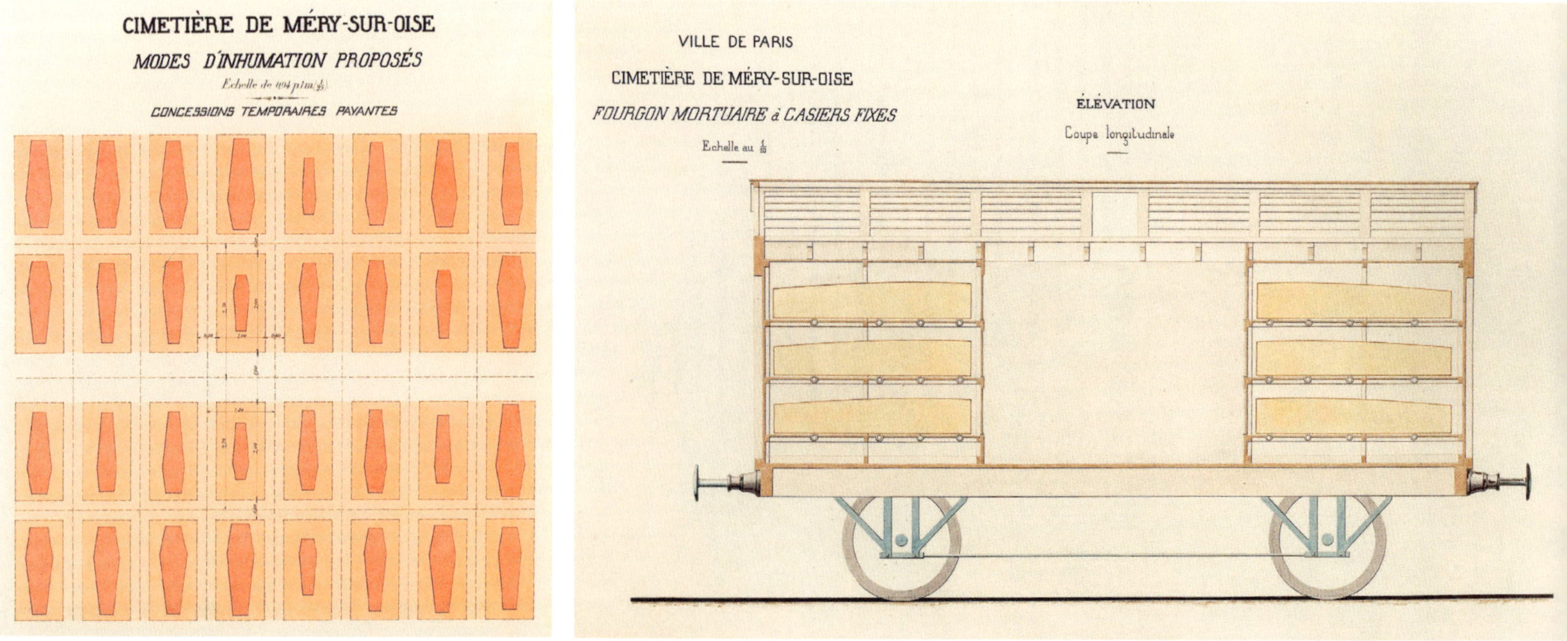

2

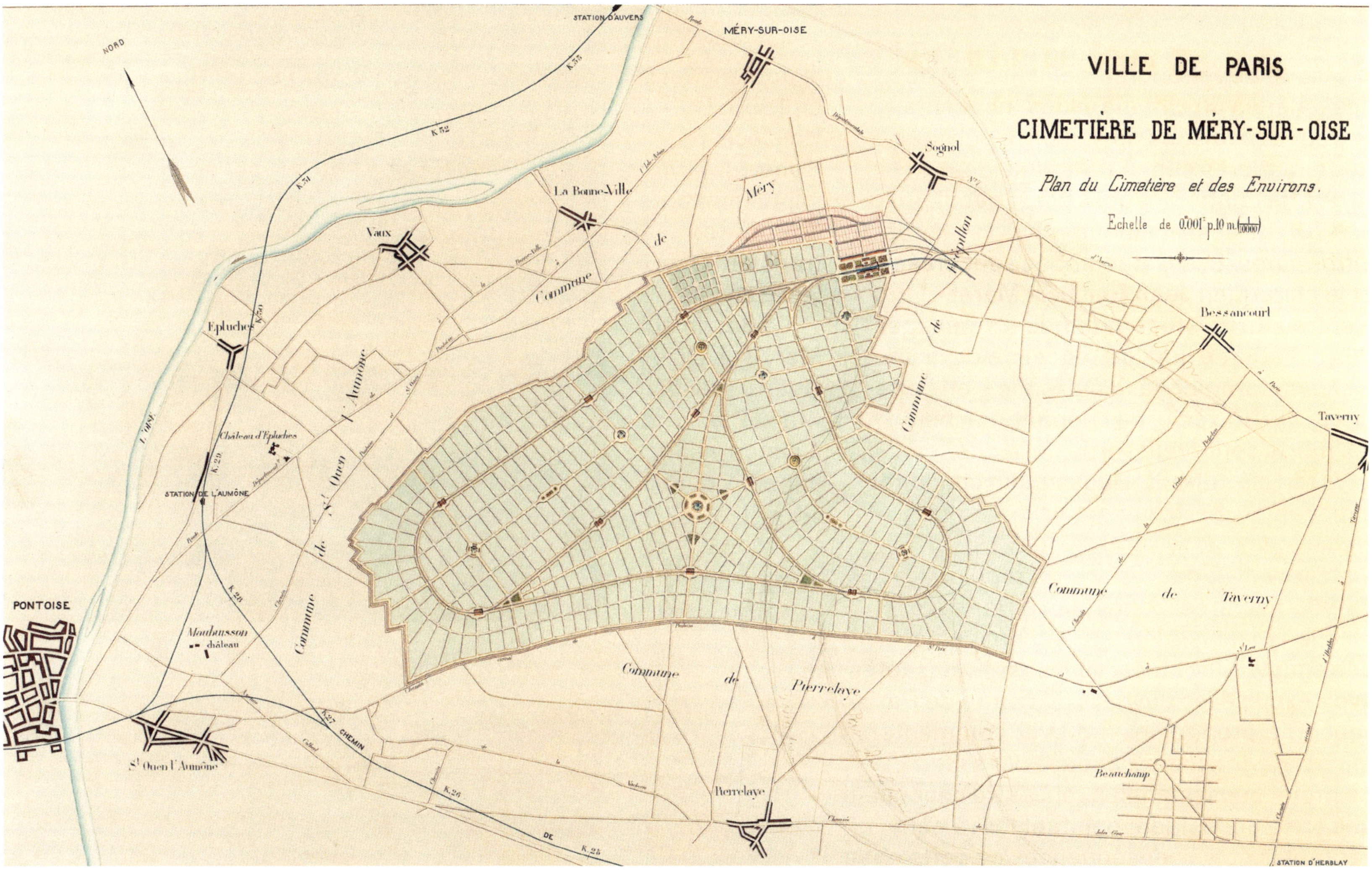

4

> **«Les cimetières constituent alors non plus le vent sacré et immortel de la cité, mais l'‹autre ville›, où chaque famille possède sa noire demeure.»**
>
> Michel Foucault, « Des espaces autres » (1967), in *Dits et écrits*, t. IV, Paris, Gallimard, 1994

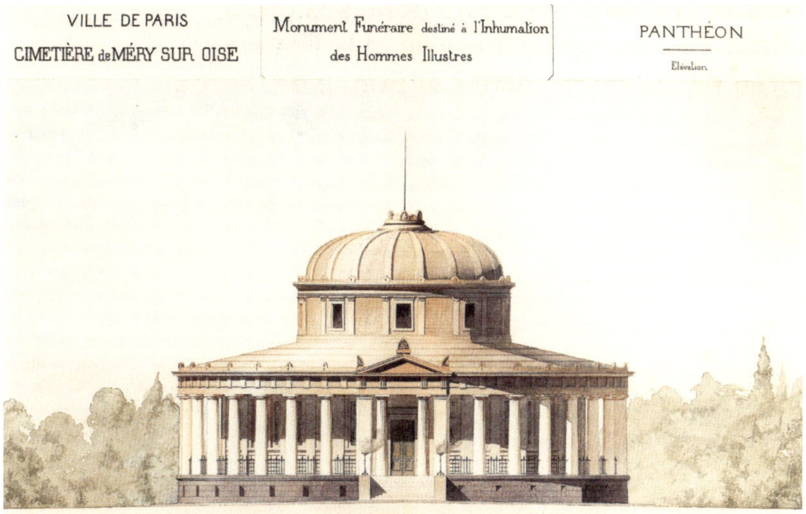

5

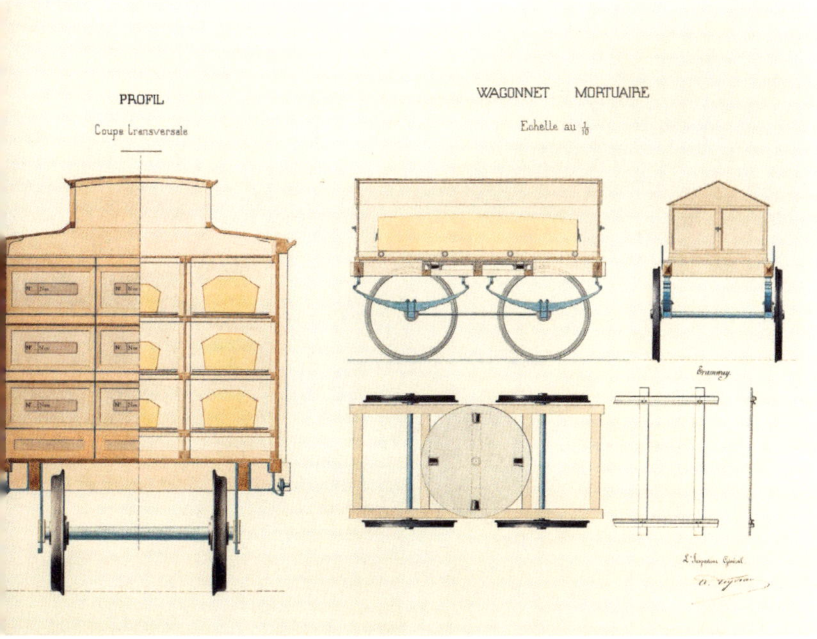

3

Conçu en 1872 par l'architecte Alfred Feydeau, inspecteur général du service des cimetières de la Ville de Paris, le projet de cimetière de Méry-sur-Oise, à une quarantaine de kilomètres de Paris, doit s'accompagner de la création d'une ligne de chemin de fer sur laquelle circuleraient des wagons dédiés à l'acheminement des cercueils. Le projet est dessiné jusque dans ses moindres détails. Après son abandon, la Ville de Paris, toujours à la recherche d'espaces d'inhumation, crée les cimetières de Bagneux, Pantin et Thiais.

2–5 « Modes d'inhumation proposés : concessions temporaires gratuites, concessions temporaires payantes, concessions perpétuelles » ; « Fourgon mortuaire à casiers mobiles : élévation, profil, wagonnet mortuaire » ; « Cimetière de Méry-sur-Oise. Plan du cimetière et des environs » ; « Monument funéraire destiné à l'inhumation des hommes illustres, Panthéon : élévation », in Alfred Feydeau, *Ville de Paris. Cimetière de Méry-sur-Oise. Projet dressé par l'inspecteur général du service des cimetières*, 1872.

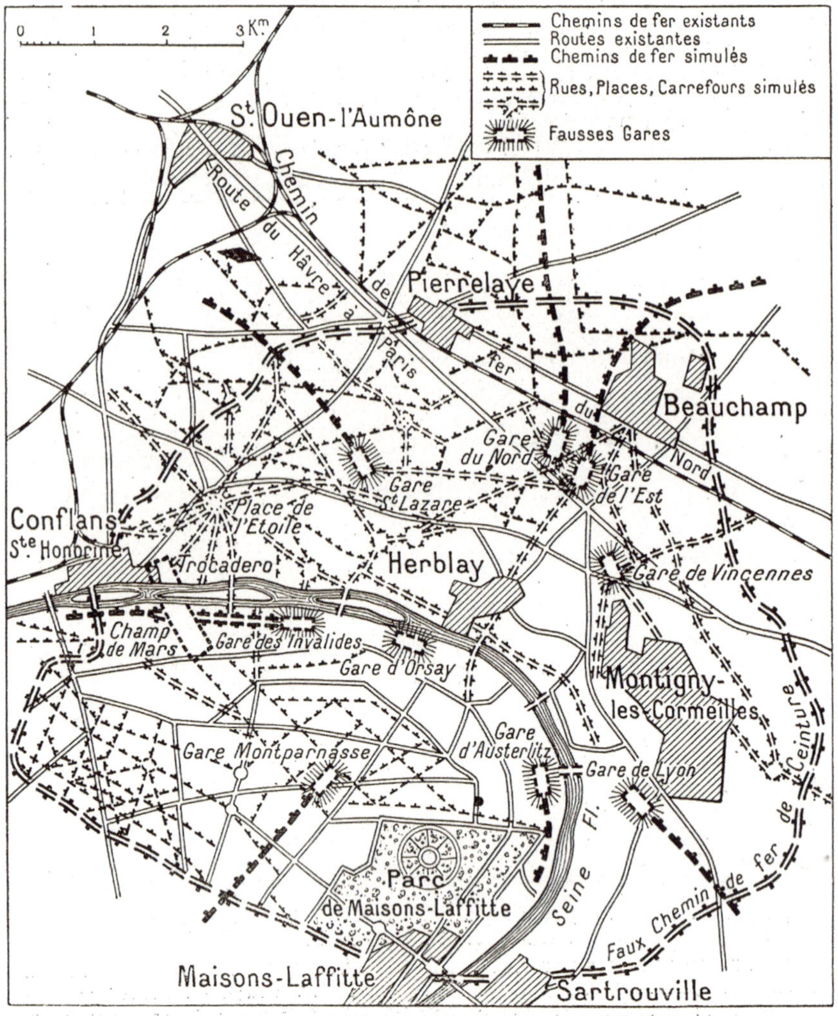

Détail du projet du faux Paris sur la boucle de la Seine entre Maisons-Laffitte et Conflans-Sainte-Honorine.

6

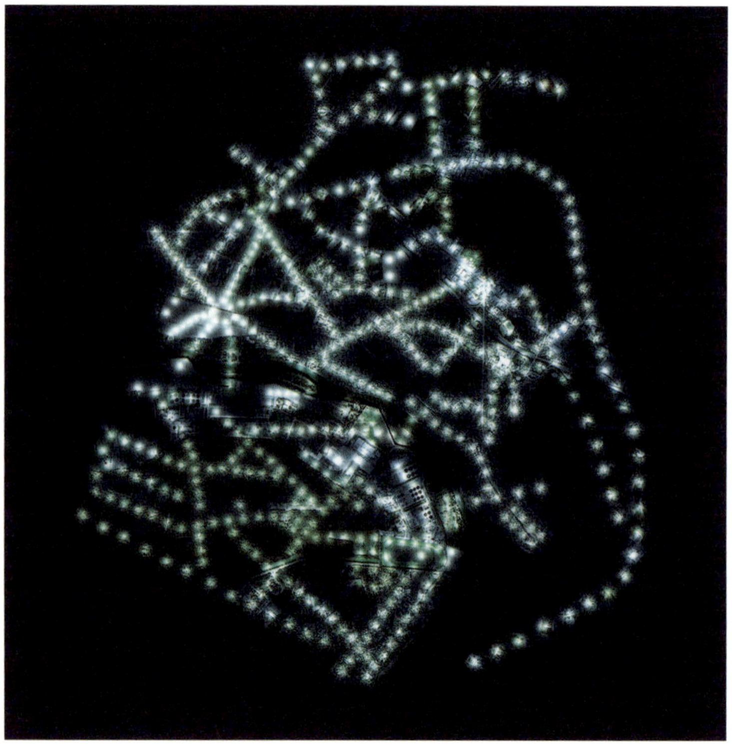

7

Camouflage de guerre

UN FAUX PARIS

Pour écarter de la capitale les bombes des gothas, on avait entrepris de dessiner une ville lumineuse en bois et en toile dans les champs de la banlieue

sent à leur éclairage distinct. On entreprit donc, alors que les bombardements nocturnes atteignaient leur maximum d'intensité et de fréquence, de créer, au moyen d'un camouflage lumineux plein d'ingéniosité, de « faux objectifs » sur lesquels pourrait, sans dommage pour personne, s'acharner la fureur des pirates allemands.

Le mérite de cette idée revient à un ingénieur électricien, M. Jacopozzi. Ce sont les procédés imaginés par lui, qui, après expérience, furent appliqués au plan de large envergure établi par les services de la Défense contre avions.

Pour figurer, par exemple, les bâtiments d'une usine ou d'une gare, on édifia des constructions en bois léger, recouvertes de toiles peintes, tendues et translucides. Eclairées par en dessous, ces toiles devaient donner l'illusion de grands halls aux vitres poussiéreuses. Cet éclairage, suffisant pour attirer l'attention des aviateurs, assez atténué, toutefois, pour ne point exciter leur méfiance, se réduisait en cas d'alerte, tout comme s'il se fût agi, vraiment, de devenir invisible. La lueur des foyers de machines était obtenue par la projection, sur des vapeurs artificielles, de lumières tour à tour blanches, jaunes et rouges.

De simples toiles, posées sur le sol, simulaient une voie ferrée ; des lampes de couleur, à 2 mètres de terre, en imitaient

8

Afin de protéger des bombardements nocturnes les principaux hangars et gares de la capitale, le projet d'un faux Paris lumineux est conçu autour d'Herblay, dans le Val-d'Oise. Le dispositif imaginé par l'ingénieur électricien Fernand Jacopozzi recourt à des toiles tendues sous lesquelles on allume des lampes ténues ; de faux trains en marche sont bricolés et les grands boulevards sont retracés pour tromper l'ennemi et ainsi épargner les Parisiens.

6 « Détail du projet du faux Paris, sur la boucle de la Seine entre Maisons-Laffitte et Conflans-Sainte-Honorine », *L'Illustration*, n° 4048, 2 octobre 1920.

7 Gaspard Vivien, simulation du faux Paris illuminé, 2017.

8 « Un faux Paris », article de presse, s.d.

9

12

13

10

14

11

« Que l'on cesse d'avancer que les cimetières sont de véritables foyers d'infection. Que l'on dise, si l'on n'a pas le courage de le supporter, que le spectacle de la mort est attristant, que, dans une vie d'industrialisme heureux, on n'a pas le temps de s'occuper des morts. »

J.-F.E. Chardouillet, *Les cimetières sont-ils des foyers d'infection ?*, 1881

En 1804, à Venise, Napoléon Bonaparte interdit d'inhumer les morts dans et autour des églises. Trente ans plus tard, en 1837, l'île San Michele devient une île-cimetière. Franco Basaglia, pilier du mouvement Psichiatria Democratica et psychiatre emblématique des « Goriziens » (Groupe de psychiatres ayant défendu dans les années 1960 le droit des patients à une autre psychiatrie, notamment à l'hôpital de Gorizia, et bien au-delà en formant des communautés thérapeutiques « alternatives »), y est inhumé.

En 2019, à l'occasion des célébrations de la Toussaint, un pont flottant relie la ville au cimetière, afin de permettre aux citoyens, comme cela se faisait il y a cinquante ans, d'aller rendre hommage à leurs proches.

9 Le cimetière San Michele, à Venise, 2020.

10 et 11 Le pont flottant reliant le cimetière San Michele à la ville de Venise, 2019.

Hart Island, au large de New York, connaît un destin particulièrement funeste. Lieu de quarantaine lors d'une épidémie de fièvre jaune en 1870, elle est ensuite fosse commune, lieu d'isolement pour tuberculeux, asile psychiatrique, centre de correction, hospice, prison ou encore base militaire. Dans les années 1980 et 1990, des victimes du sida y sont enterrés et, en 2020, l'île est réquisitionnée pour inhumer les victimes de l'épidémie de Covid-19 dont les dépouilles ne sont pas réclamées.

12 Hart Island, New York, 1946.

13 Fosse commune The Potter's Field, Hart Island, photographie Jacob A. Riis, 1890.

14 Hart Island, photographie John Michillo, 2020.

TEMPS ET SPATIALITÉS DU DEUIL DANS LE PAYSAGE URBAIN

Interférences pandémiques dans la constellation funéraire contemporaine

Marie Fruiquière

Architecte DE et urbaniste, doctorante à l'École nationale supérieure d'architecture de Strasbourg/AMUP

Dans un contexte pandémique mondial, prendre soin des vivants apparaît primordial, et le lien entre ville et santé[1] s'accentue. De même, les rituels funéraires sont également évoqués dans les sciences sociales comme une manière « de soigner ceux qui ne sont plus là et ceux qui demeurent[2] ». Bien que longtemps rejetés du paysage urbain[3], les espaces funéraires peuvent ainsi être compris dans la continuité du rapport urbanité-soin. En France, les références concernant les

1 Déjà illustré à de multiples égards : Benjamin Ward Richardson, *Hygeia, a City of Health*, Londres, MacMillan and Co., 1876 ; Alexander Mitscherlich, *Psychanalyse et urbanisme. Réponse aux planificateurs*, trad. M. Jacob, Paris, Gallimard, 1970 ; Clotilde Tascon-Mennetrier, *Villes, santé et développement durable*, Paris, La Documentation française, 2007 ; Aurélia Michel (dir.), *Ville et santé mentale. Projections, politiques, ressources*, Paris, Le Manuscrit, 2009 ; Albert Lévy (dir.), *Ville, urbanisme et santé. Les trois révolutions*, Paris, Éditions Pascal et Mutualité française, 2012 ; Fondation AIA et Institut CFLD pour la ville future (éd.), *Bien vivre la ville. Vers un urbanisme favorable à la santé*, Paris, Archibooks, 2018 ; Jean-Michel Mestres (éd.), « Prendre soin des urbains », *Urbanisme*, nº 410, 15 octobre 2018 ; Guy Burgel (dir.), *Ville et Covid. Un mariage de raisons*, Paris, Karthala, 2021.

2 Catherine Le Grand-Sébille, Françoise Zonabend, « Faire société avec les morts », *Études sur la mort*, nº 142, 2012/2, p.11-30 (https://doi.org/10.3917/eslm.142.0011). Voir aussi Magali Molinié, *Soigner les morts pour guérir les vivants*, Paris, Les Empêcheurs de penser en rond, 2006.

funérailles sont encore souvent empreintes du modèle catholique, depuis le décès au domicile, la mise en bière et la veillée avant la cérémonie à l'église, pour enfin se rendre sur le lieu de l'inhumation. Mais les récentes mutations des pratiques mortuaires et funéraires – médicalisation de la fin de vie, essor de la crémation, pluralisation des croyances, effacement des spécificités rituelles[4]... – rendent instables les espaces qui y sont associés. Entre nouvelles ritualités, recherches typo-morphologiques et dématérialisation de la mort en ville, la pandémie de Covid-19 a révélé mais aussi déséquilibré une constellation funéraire dense, trop souvent abordée par l'unique objet *cimetière* (de par son emprise spatiale, temporelle et symbolique). Nous nous intéressons ici à ces spatialités multiples qui ponctuent les temps du deuil[5] pour ouvrir des questionnements quant à leur rôle dans l'accompagnement des morts comme des vivants, ainsi qu'à propos des effets de la crise sanitaire sur ces espaces. Sans être exhaustifs, les lieux et les pratiques évoqués posent davantage une vue d'ensemble problématisée à partir de premières observations dans le contexte français. *In fine*, il s'agit d'éclairer les enjeux auxquels les espaces funéraires doivent faire face, entre rapports changeants au deuil et double contexte de crise, sanitaire et écologique.

LE TEMPS DU MOURIR – DES ENJEUX D'HABITABILITÉ RENFORCÉS DANS LES ENVIRONNEMENTS MÉDICALISÉS DE LA FIN DE VIE

Depuis le milieu du siècle dernier, les progrès médicaux ont fait évoluer de manière drastique l'environnement de la fin de vie. Bien qu'une majorité de Français expriment la volonté de mourir chez eux, 85% des décès ont aujourd'hui lieu hors du domicile[6]. L'allongement de la durée de vie, conjointement au vieillissement de la population, a fait croître le nombre de décès dans les établissements médicalisés, notamment les hôpitaux et les établissements spécialisés en soins palliatifs et en gérontologie. L'inadéquation du cadre de vie (en particulier l'accessibilité des installations pour les personnes à mobilité réduite) et les difficultés rencontrées dans l'accompagnement des individus en fin de vie (équipements médicaux, proximité des services, entourage social...) constituent les principales raisons d'entrée dans ces institutions. Plus spécifiquement, en 2019, on compte en France plus de 7500 Ehpad (Établissements d'hébergement pour personnes âgées dépendantes), où 82% des résidents finissent leur vie[7]. Le décès n'est plus géré dans l'intimité familiale et domestique, mais au sein d'un espace médicalisé dans lequel il est parfois difficile de transposer la notion de «chez-soi[8]» et de reconfigurer les spatialités du lien social et familial[9].

La pandémie a ajouté une contrainte supplémentaire à ces espaces, théâtres de la fin de vie. Les confinements successifs ont en effet souvent entraîné l'isolement des résidents dans leur chambre, parfois porte close, voire leur transfert dans une autre unité, et l'interdiction d'accès aux lieux de socialisation (intérieurs comme extérieurs) a contribué à renforcer le sentiment de solitude de certains patients mourants. Lors de la première vague, près de 50% des décès ont eu lieu dans un Ehpad[10]. Par effet de masse, la pandémie a ainsi montré la médicalisation de la mort, dont l'institutionnalisation encourage simultanément son invisibilisation dans la société. Ces faits interrogent plus globalement les lieux qui accompagnent la fin de vie, tant pour l'apaisement des mourants que des proches, et les besoins spécifiques qui y sont associés – flexibilité des espaces de socialisation, capacité d'accueil des proches, mise à disposition d'hébergements temporaires, rapports à l'environnement urbain et/ou paysager, possibilité de pratiques cultuelles préparant au décès, etc.

LE TEMPS DES OBSÈQUES – UN INTERSTICE RYTHMÉ ET (DÉ-)SPATIALISÉ

Une fois le décès acté, c'est un parcours chronométré qui débute, pour organiser les funérailles dans un délai maximum de six jours[11]. Le corps est tout d'abord préparé pour sa mise en bière. Cette toilette mortuaire peut être décrite, avec la veillée funèbre, comme un «espace transitionnel [...] d'au-revoir[12]», se déclinant de multiples manières selon les croyances – sur le lit de mort, toilette juive à même le sol, corps présenté à l'église orthodoxe ou orienté vers La Mecque... Aujourd'hui, bien que cette étape puisse se dérouler au domicile, elle est souvent pratiquée soit dans la chambre mortuaire attenante à l'établissement de soins où a eu lieu le décès, soit dans un funérarium dépendant d'un organisme de pompes funèbres. Si la priorité est donnée à un espace symbolique et chaleureux pour l'accueil des proches – réception des familles et des représentants religieux le cas échéant, orientations spécifiques, proximité d'un point d'eau, intimité et ambiance propice au recueillement, etc. –, ce lieu doit aussi répondre à des impératifs pratiques – séparation des espaces publics et techniques, équipements spécifiques pour les soins et la conservation du corps, capacité d'accueil des corps... C'est également dans ce laps de temps très court que doit se tenir l'inhumation ou la crémation. Afin de marquer la séparation tant individuelle que collective avec le défunt, le choix du lieu de la cérémonie fait partie des éléments jugés les plus importants[13]. Pourtant, alors qu'une grande partie de la population se dit non croyante[14], le crématorium est, en France, le seul espace permettant d'accueillir des funérailles laïques.

3 Voir Patrick Baudry, *La Place des morts. Enjeux et rites*, Paris, Armand Colin, 1999; Régis Bertrand, Anne Carol (dir.), *Aux origines des cimetières contemporains. Les réformes funéraires de l'Europe occidentale XVIIIe-XIXe siècle*, Aix-en-Provence, Presses universitaires de Provence, 2016; Pascal Moreaux, «Naissance, vie et mort des cimetières», *Études sur la mort*, nº 136, 2009/2, p. 7-21; Edgar Morin, *L'Homme et la mort*, Paris, Seuil, 1976; Pascaline Thiollière, «Les morts en ville, nouvelles coexistences? Approche intimo-ambiantale de leurs dispersions contemporaines», in Nicolas Rémy, Nicolas Tixier, *Ambiances, Tomorrow*, Actes du 3e Congrès international d'ambiances, University of Thessaly, vol. 2, 2016, p. 695-700.

4 Marie-Frédérique Bacqué, «Vers une mondialisation des rites funéraires?», *Études sur la mort*, nº 121, 2002/1, p. 85-95.

5 Selon François Michaud-Nérard, «La révolution des cimetières», in Gaëlle Clavandier, F. Michaud-Nérard, *Les Cimetières : que vont-ils devenir? À partir d'une enquête en Normandie, en France et ailleurs* (colloque au Centre culturel international de Cerisy-la-Salle), Paris, Hermann, 2019, p. 143-158.

6 *Ibid.* Voir aussi Alfred Nizard, «La mortalité en France au cours des cinquante dernières années», *Études sur la mort*, nº 121, 2002/1, p. 9-25 (https://doi.org/10.3917/eslm.121.0009).

7 Frédéric Balard, Vincent Caradec, Hélène Trimaille *et al.*, «Habiter en Ehpad au temps de la Covid-19. Les logiques sociales des expériences du premier confinement», *Revue des politiques sociales et familiales*, nº 141, 2021/4, p. 31-48 (https://doi.org/10.3917/rpsf.141.0031).

8 Kévin Charras, Fanny Cérèse, «Être "chez-soi" en Ehpad : domestiquer l'institution», *Gérontologie et société*, vol. 39, nº 152, 2017/1, p. 169-183 (https://doi.org/10.3917/gs1.152.0169).

9 Isabelle Mallon, «Les personnes âgées en maison de retraite: une redéfinition des espaces familiaux», *Espaces et sociétés*, nº 120-121, 2005/1-2, p. 163-178 (www.cairn.info/revue-espaces-et-societes-2005-1-page-163.htm).

10 F. Balard, V. Caradec, H. Trimaille *et al.*, «Habiter en Ehpad au temps de la Covid-19 [...]», *op. cit.*

11 En France, sauf exception, notamment pour le rapatriement de corps (rendu impossible pendant la pandémie).

12 Cynthia Mauro, «Quand le disparu devient le gardien de notre mémoire individuelle et collective», *Études sur la mort*, nº 151, 2019/1, p. 9-12 (https://doi.org/10.3917/eslm.151.0009).

13 Fanette Recours, «Les Français souhaitent un rite funéraire moins ostentatoire et plus centré sur l'intime», *Consommation et modes de vie*, nº 223, Crédoc, 2009, p. 4.

14 Philippe Portier, Jean-Paul Willaime, *La Religion dans la France contemporaine. Entre sécularisation et recomposition*, Paris, Armand Colin, 2021.

Cette convergence vers une unique typo-morphologie illustre une carence des formes architecturales à s'adapter à la multiplicité des parcours funéraires, en particulier pour des obsèques séculières où la crémation n'est pas souhaitée.

Les confinements et les protocoles successifs liés à la pandémie de Covid-19 ont d'autant plus bousculé cet espace transitionnel, rendant parfois impossible la toilette mortuaire, voire la cérémonie. Durant les premières vagues, la gestion des corps a été accélérée, avec une mise en bière presque immédiate, parfois en l'absence de proches, notamment dans le cas d'un décès à l'étranger. Si un office religieux était désiré, le lieu de culte n'était plus une étape indispensable avant de se rendre sur la sépulture où se tenait un bref hommage[15]. Certaines familles ont alors évoqué le souhait de réaliser ultérieurement[16] une cérémonie symbolique ou se sont tournées vers une virtualisation de celle-ci (participation à des obsèques en ligne ou création d'espaces numériques de condoléances[17]). Ces rites bricolés dans la situation pandémique montrent l'importance des funérailles et de ses espaces comme une étape indispensable pour accompagner le deuil, mais aussi les fragilités de cet entre-deux court-circuité.

LE TEMPS DU DEUIL – VERS DE NOUVEAUX MODÈLES DE SÉPULTURES COMME SOCLE DE VALEURS

Finalement, la sépulture, en tant que *dernière demeure*, matérialise le lieu de commémoration comme emplacement physique symbolique pour conserver un lien avec le défunt après les obsèques. Avant la crise sanitaire, 79 % des Français disaient se rendre sur la sépulture d'un proche au moins une fois par an[18]. Mais si l'inhumation est un droit (chaque commune a l'obligation de fournir, *a minima*, un terrain commun), l'aménagement d'un édifice sépulcral reste optionnel. Combiné aux progrès technologiques et à une diminution de la pratique religieuse, l'éclatement géographique des familles est l'un des premiers vecteurs contribuant à l'abandon des sépultures et à l'accroissement de la dimension immatérielle de la mort. Le cimetière, qu'il soit *intra* ou *extra-muros*, semble alors déstabilisé par les nouveaux rapports à la mort, où le recueillement sur la tombe n'apparaît plus comme indispensable.

Néanmoins, à l'issue des premières semaines de confinement en France, pouvoir accéder de nouveau à la sépulture en mai 2020 a été un soulagement pour de nombreux endeuillés, de même que la dérogation accordée pour les déplacements à la Toussaint la même année. La sépulture, indépendamment de sa forme, semble en ce sens conserver son importance comme un socle de valeurs, confessionnelles ou non. En parallèle, l'essor du recours à la crémation (près de 40 % en France en 2018[19]) et la recherche d'alternatives à l'inhumation traditionnelle (dispersion ou transformation des cendres, humusation, promession…) montrent la quête de sens dans les espaces sépulcraux et les rituels. Bien qu'il soit encore tôt pour observer les conséquences de la crise sanitaire sur la spatialité des tombes, les nouveaux modèles durables concordent à certains égards avec une sensibilité liée à la crise écologique. Le respect de l'environnement apparaît déterminant dans la préparation des obsèques[20] et, par extension, induit d'importants changements dans le paysage des cimetières.

LES MORTS POUR APAISER LES MAUX DE LA VILLE

En définitive, la ville semble de moins en moins porteuse des temps de la mort et des spatialités sur lesquelles ils s'appuient. Cette partition du deuil se raccourcit, voire est court-circuitée, en raison de l'institutionnalisation des services mortuaires, des reconfigurations religieuses et, plus récemment, à cause de la pandémie. La concordance des pratiques avec les espaces permet cependant, d'une part d'accompagner le mourant dans ses derniers instants, d'honorer sa mémoire posthume et de marquer la séparation ; et d'autre part, pour les vivants, de se rassurer et de se préparer face à la mort, entre réalité de la thanatomorphose[21] et croyances, tout en apaisant simultanément la douleur du deuil. D'un point de vue tant technique que symbolique, la surmortalité générée par la Covid-19 a plus largement révélé les enjeux urbains et architecturaux liés au mortuaire et au funéraire.

Mis bout à bout, les espaces de la mort ont dès lors un second rôle à jouer, qui dépasse parfois leur fonction mortuaire, tel que l'hôpital (où l'on se fait soigner, où l'on donne la vie), le lieu de culte (où l'on pratique sa foi), ou le cimetière, qui est aujourd'hui à la fois un musée à ciel ouvert et une oasis dans les métropoles. Plus spécifiquement, tendre vers des modèles de sépulture plus naturels réinterroge la place des morts dans un contexte de crise[22]. Au-delà des mesures nationales liées à leur végétalisation et l'objectif « zéro phyto », les cimetières ne sont plus uniquement support des pratiques commémoratives, mais s'apparentent davantage à des parcs[23]. Les restrictions d'accès aux cimetières lors de la première vague de la pandémie ont montré le potentiel de ces parcelles comme îlots de fraîcheur et réserves écosystémiques. En permettant la verticalisation de la sépulture en columbarium et sa végétalisation (dispersion en jardin du souvenir, voire en pleine nature ou immersion), la crémation gagne du terrain dans ce contexte où une forte pression foncière pèse sur des cimetières à saturation (une urne occupant en moyenne 1 à 1,5 m^2, alors qu'un cercueil nécessite 3 à 4 m^2). En parallèle, le non-renouvellement des concessions échues et le placement des reliquats en ossuaire, qui limitent l'agrandissement perpétuel des cimetières, doivent également freiner l'imperméabilisation des sols. Finalement, ce « recyclage » des corps par la ville[24] questionne le processus spatiotemporel lié au deuil, à appréhender non dans sa linéarité mais comme le cercle vertueux d'une constellation funéraire complexe, en cohérence avec un paysage urbain en transition.

15 Anne Fauquembergue, « Covid-19 : le deuil bouleversé », France Culture, 30 mars 2020 (www.franceculture.fr/societe/covid-19-le-deuil-bouleverse).
16 Louis Boy, Élise Lambert, Charlotte Causit, « "Un déchirement de vivre cet instant à distance" : face au confinement, les funérailles et le deuil chamboulés », France Info, 24 mars 2020 (www.francetvinfo.fr/sante/maladie/coronavirus/un-dechirement-de-vivre-cet-instant-a-distance-face-au-confinement-les-funerailles-et-le-deuil-chamboules_3875121.html).
17 Florence Grandon, « Coronavirus : à Strasbourg, un service gratuit permet aux proches d'assister à un enterrement par visioconférence », France Info Grand Est, 15 avril 2020 (france3-regions.francetvinfo.fr/grand-est/bas-rhin/strasbourg-0/coronavirus-strasbourg-service-gratuit-permet-aux-proches-assister-enterrement-visioconference-1814280.html).
18 Nicolas Siounandan, « La montée de l'immatériel dans les pratiques funéraires », *Consommation et modes de vie*, n° 270, Crédoc, 2014, p. 4.
19 F. Michaud-Nérard, « La révolution des cimetières », *op. cit.*
20 F. Recours, « Les Français souhaitent un rite funéraire moins ostentatoire et plus centré sur l'intime », *op. cit.*
21 Processus biologique entraînant la décomposition des tissus après la mort.
22 Voir le « cadavre à énergie positive » évoqué par P. Thiollière, « Au contact de nos morts : ambiances et mises en gestes d'un territoire flou », in Camille Varnier (dir.), *Spatialités et pratiques funéraires*, Paris, Harmattan, 2020, p. 139-158.
23 À Paris, on assiste également à un renouveau du champ sémantique pour le projet du crématorium porte de la Villette comme « parc funéraire » écoresponsable (projet Orée, AAVP).
24 Daniel Terrolle, « Recyclages », *Études sur la mort*, n° 137, 2010/1, p. 95-101 (https://doi.org/10.3917/eslm.137.0095).

15

16

À partir du début des années 1980, des manifestations massives sont organisées pour donner une visibilité publique aux victimes de l'épidémie du sida. En 1987, à Washington, des militants créent le AIDS Memorial Quilt, patchwork géant symbolisant les centaines de patients morts sans avoir eu droit à des funérailles. En 1994, Act'Up organise un *die-in* sur l'avenue des Champs-Élysées, à Paris.

15 AIDS Memorial Quilt, Washington, photographie Carol M. Highsmith, 1987.

16 Manifestation d'Act'Up, avenue des Champs-Élysées, Paris, 1994.

D'autres morts restent invisibles, en particulier les migrants qui périssent au cours de leur voyage pour gagner l'Europe. Sur l'île de Samos, en Grèce, une sépulture sommaire dressée pour l'un d'eux a été photographiée par Bruno Fert.
17 Sépulture, Samos, photographie Bruno Fert, 2017.

La mort à l'hôpital

La majorité des Français meurent désormais dans un établissement hospitalier[1] : lieu de soin et de guérison, l'hôpital est donc également devenu le premier lieu de décès dans les villes.

L'histoire de la place des morts au sein de l'architecture de l'hôpital[2] est, à une autre échelle, semblable à celle de l'emplacement des morts dans la ville. Longtemps diffuse, indifférenciée dans l'hôpital, la mort acquiert un espace propre au XVIIIe siècle, relégué hors champ, à l'arrière du bâtiment, à côté des locaux techniques et logistiques. Les différentes situations des services mortuaires de l'hôpital Bicêtre, du « nouvel » Hôtel-Dieu ou de l'hôpital Beaujon illustrent cette évolution.

Dans les années 1990, des démarches sont engagées pour revaloriser ces espaces au sein de l'hôpital, telles l'unité de soins palliatifs de l'hôpital Paul-Brousse à Villejuif ou la « salle des départs » de l'hôpital Raymond-Poincaré à Garches. Mentionnons aussi la « Maison de Gardanne » dans les Bouches-du-Rhône, un établissement de soins palliatifs ouvert en 1994, d'abord pour accueillir les patients atteints du VIH alors considérés comme « incurables » ; il abrite aujourd'hui vingt-quatre chambres en hospitalisation complète autour de deux patios plantés, ainsi qu'un accueil de jour.

Dans une forme de continuité historique, avec une ampleur inédite, l'épisode de la Covid-19 a été particulièrement douloureux : une mise à l'écart radicale des morts a empêché de nombreuses familles de faire leur deuil.

1 Selon une enquête de l'Inspection générale des affaires sociales (Igas) réalisée en 2009, « environ 58 % des Français meurent dans un établissement de santé : 49,5 % dans un hôpital public ou privé et 8,4 % en clinique privée » (Françoise Lalande, Olivier Veber, *La Mort à l'hôpital*, Igas, 2009).

2 À ce sujet, voir notamment Isabelle Genyk, *Les Espaces de la mort à l'hôpital, entre réinvention et persistance*, thèse de doctorat en architecture (dir. Monique Eleb), université Paris 8, 2005.

Le « cimetière » et la « salle des morts » sont situés à l'arrière de l'hôpital de Bicêtre.
1 *Plan de l'hospice de Bicêtre*, E. Poulet Gallimard dessinateur, 1813.

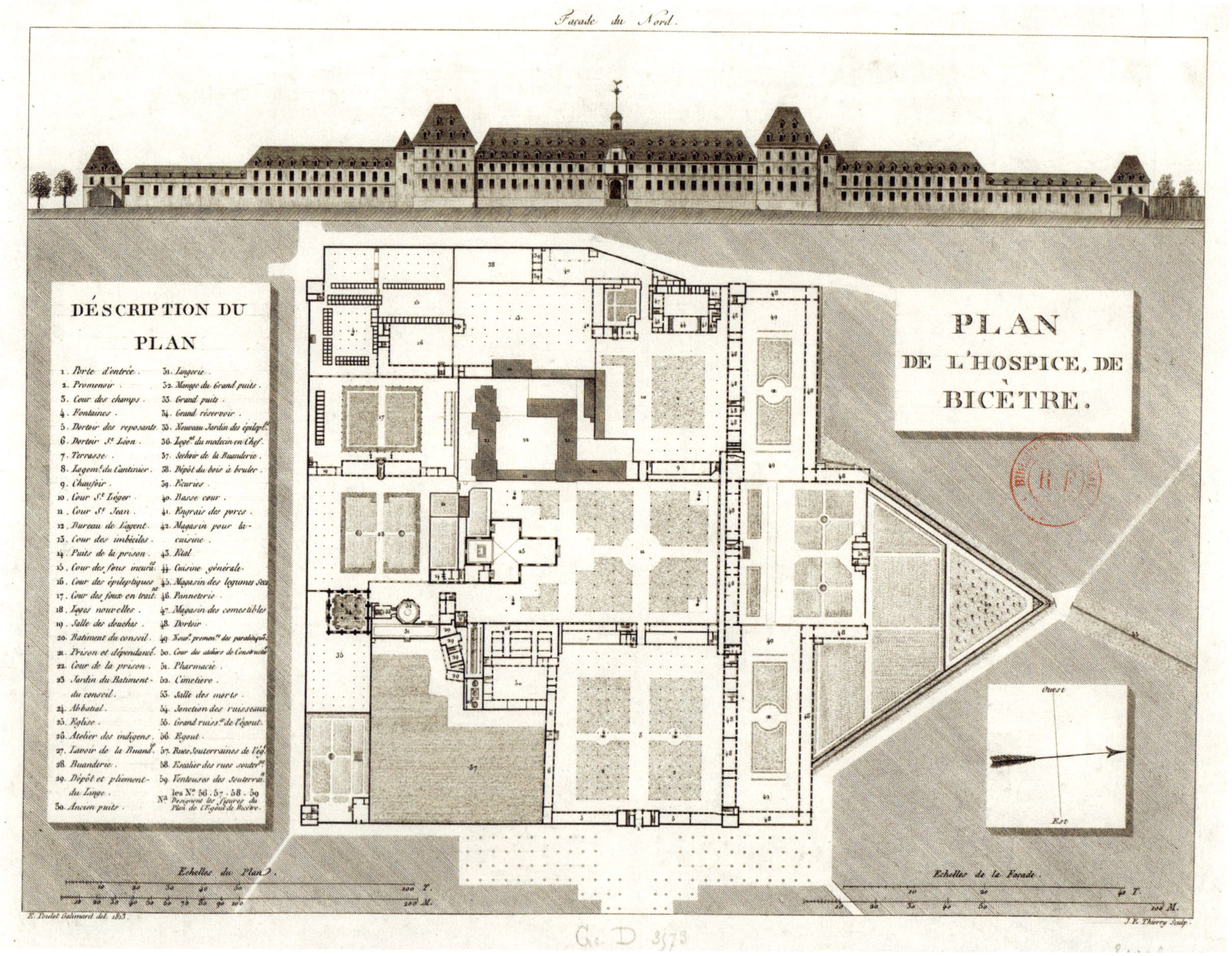

L'Hotel-Dieu. — La façade, la salle d'ensevelissement et la porte d'eau.

2

1° Bâtiment des morts et de la Faculté : service des morts — dépôt des morts — salle d'autopsie — service du corps médical — laboratoire de la Faculté;

2° Convois : entrée de voitures — salle d'attente — chapelle des morts.

Il faut toujours que ce service soit installé dans une partie

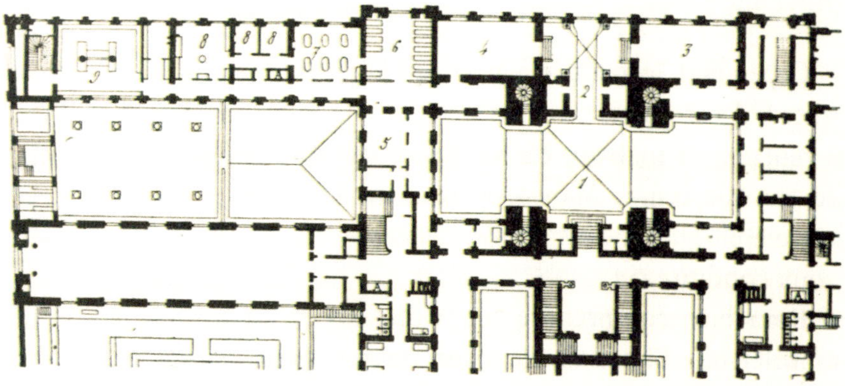

Fig. 850. — Service des morts et de la Faculté à l'Hôtel-Dieu.

1, cour des convois. — 2, entrée des voitures. — 3, chapelle des morts. — 4, salle d'attente. — 5, service des morts. — 6, dépôt des morts. — 7, salle d'autopsie. — 8, service du corps médical. — 9, laboratoire de la Faculté. — A.A. ascenseurs hydrauliques.

retirée et discrète de l'hôpital ; surtout, il est indispensable qu'il ait une entrée spéciale sur quelque rue secondaire, afin d'éviter aux malades la vue des convois souvent nombreux. Plus l'endroit sera retiré, abrité par des arbres, mieux cela vaudra ; et si je vous montre la disposition de l'Hôtel-Dieu, c'est pour vous donner l'idée des besoins, et non pour vous faire voir une solution : le plan de l'Hôtel-Dieu, très ingénieux, très habile, était d'avance compromis par l'idée fausse adoptée en haut lieu, de faire un grand hôpital sur un terrain beaucoup trop petit, et par conséquent un hôpital sans espaces, sans jardins, sans aération des bâtiments.

3

La « salle d'ensevelissement » du nouvel Hôtel-Dieu (1878) se situe à proximité de la Seine. Dans *Éléments et théorie de l'architecture* publié en 1901, Julien Guadet, architecte et inspecteur général des bâtiments civils, explique la nécessité d'isoler les services mortuaires et funéraires du reste de l'établissement.

2 *L'Hôtel-Dieu – La façade, la salle d'ensevelissement et la porte d'eau*, René Fath dessinateur, Smeeton et Tilly graveurs, fin du XIXe siècle.
3 « Service des morts et de la Faculté à l'Hôtel-Dieu », in Julien Guadet, *Éléments et théorie de l'architecture. Cours professé à l'École nationale et spéciale des beaux-arts*, t. 2, Paris, Librairie de la Construction moderne, 1901.

MIEUX CONNAÎTRE LA CHAMBRE MORTUAIRE

Espace hospitalier au service des morts de la cité

Long Pham Quang
Chercheur associé du Conservatoire national des arts et métiers (Cnam)

Au fond de l'hôpital, une véritable activité se déploie. Nous pouvons l'imaginer par les échos sonores qui nous parviennent. Des sonnettes stridentes retentissent, le vacarme des roulettes de brancards sur le sol carrelé, le froissement de divers tissus et papiers, le bruit sourd d'une masse déposée dans un contenant, le sifflement des vis dans le bois, des voix s'élèvent, questions, réponses, de la colère, de l'indignation, des regrets, des pleurs mais aussi parfois des rires. Il s'entend également autre chose, propre à l'activité de ce lieu appelé chambre mortuaire : le silence assourdissant de la mort, des morts. En parler, le plus souvent en effet, dérange, alors on se tait, au mieux on élude. La fonction mortuaire, pourtant, est essentielle pour les proches, tant la manière dont les morts sont traités dit aussi le respect des vivants. En parler, à travers cet article, contribue par conséquent à rendre visible l'espace architectural dans lequel ont lieu des soins attentifs prodigués par des personnels hospitaliers conscients de la portée humaine de leur fonction soignante. La chambre mortuaire est néanmoins tributaire d'un lourd héritage en grande partie lié au statut attribué aux morts. Pour mieux comprendre sa place et son fonctionnement aujourd'hui, il faut remonter le temps et disposer de quelques repères.

Un bref retour historique[1] indique que les locaux de la chambre mortuaire ont été diversement intitulés dans le temps et selon les lieux: morgue[2], reposoir, chambre de reconnaissance, chambre de repos, ou encore amphithéâtre des morts. Ce dernier intitulé s'inscrit dans l'époque de la médecine anatomo-clinique née au XIXe siècle[3]. Les principales activités d'un amphithéâtre des morts était la dissection, l'autopsie, initialement conçues pour les études médicales. Mais si l'on remonte encore un peu plus dans le temps, on note que de 1200 jusqu'aux années 1700, l'Église et l'Université ont interdit les dissections aux clercs et aux docteurs. Avant le début du XIXe siècle, à Paris, de nombreux conflits éclatent entre chirurgiens et médecins. En effet, pour accomplir leurs travaux respectifs, il leur faut récupérer à tout prix des cadavres, «objet d'une attraction irrésistible des anatomistes prêts à tout pour ne pas laisser filer l'occasion[4]». Aujourd'hui, l'intitulé officiel est «chambre mortuaire[5]», et sa fonction a évolué tant à l'égard du défunt[6] que de ses proches. Les activités réalisées souhaitent s'inscrire dans le prolongement des soins prodigués au sein du service clinique. Ce processus de continuité des soins se traduit par le choix délibéré du mot «chambre» (mortuaire), rappelant la «chambre» (clinique) où le patient était soigné avant son décès. Depuis de nombreuses années, dissections et autopsies ne constituent plus l'activité principale des chambres mortuaires, au point qu'en Île-de-France, celles-ci ne sont désormais pratiquées que dans deux sites hospitaliers. Contentons-nous ici de citer les trois types d'autopsie qui s'inscrivent dans un cadre juridique contraignant: le prélèvement d'organes ne peut être effectué qu'à des fins thérapeutiques, médico-légales ou scientifiques. D'importantes précautions sont à observer pour éviter la transmission d'agents pathogènes. La modernisation des chambres mortuaires doit prendre en compte, selon la réglementation[7], le risque infectieux encouru par les utilisateurs (équipe médico-technique, personnel de la chambre mortuaire, professionnels extérieurs à l'établissement de santé) et le risque de contamination de l'environnement, quel que soit le type d'autopsie pratiquée.

Qu'est-ce qu'une chambre mortuaire aujourd'hui[8], et que signifie-t-elle? Elle est le lieu dans l'hôpital qui reçoit avant l'inhumation ou la crémation le corps des personnes qui y sont décédées. Les établissements de santé sont tenus de disposer d'une chambre mortuaire dès lors qu'ils enregistrent un nombre moyen annuel de décès au moins égal à deux cents[9]. Ce lieu permet aux familles de disposer du temps nécessaire à l'organisation des obsèques. C'est également le moment du dernier contact avant le départ du convoi funéraire hors de l'hôpital. La qualité de ce contact peut permettre aux familles de se réconcilier avec l'institution hospitalière dans laquelle le proche est décédé, parfois dans des conditions douloureuses, voire traumatisantes. Au fil du temps, en appui notamment sur le développement de la professionnalisation[10], la fonction mortuaire s'est progressivement orientée en direction de la qualité du service rendu, de l'accueil et de l'accompagnement des familles. De façon récurrente, la crainte des familles se rendant à la chambre mortuaire est palpable. Elles redoutent d'être confrontées à l'état physique de leur proche décédé: couleur de la peau, suintements, expression du visage, odeurs, rigidité. Cette légitime appréhension peut se trouver décuplée lorsqu'il s'agit d'un décès soudain – d'une femme enceinte, d'un adolescent, d'un bébé. La bonne réalisation des soins mortuaires permet de rassurer ces familles en témoignant de la considération portée par l'hôpital à leur endroit. L'individu ne devient pas un objet de soin du fait de son décès, il reste un sujet de soin pour la dignité qu'il incarnait de son vivant et pour les proches qui lui survivent. La présentation soignée et respectueuse du corps est essentielle, mais elle peut se révéler insuffisante si elle ne se déroule pas dans des espaces tout aussi respectueux. Située au sein de l'hôpital, la chambre mortuaire se trouve pourtant bien souvent reléguée à ses confins, en ses ultimes frontières. Parfois, les familles peinent à en trouver l'entrée. L'appréhension redouble alors: à la perte de son proche s'ajoute sa propre perte géographique. Il n'est pas rare d'entendre sur le chemin, vécu comme labyrinthique, «Pardon, vous savez où se trouve…?» Parvenant enfin devant la chambre mortuaire, les familles constatent qu'elle se situe souvent dans une impasse, une arrière-cour, entre locaux techniques et poubelles. Se mettre dans les pas de ces familles à ce moment de leur vie nous oblige à considérer sans doute autrement les effets de l'organisation spatiale.

En la matière toutefois, des progrès sont à noter. Les plus notables concernent les chambres mortuaires qui ont fait l'objet d'une reconstruction ou d'une rénovation. Souvent, à cette occasion, une véritable réflexion architecturale a pu avoir lieu à propos du dimensionnement adapté des espaces d'accueil aux différents acteurs amenés à y circuler. Au premier chef desquels se trouvent bien entendu les agents mortuaires pour leurs activités du quotidien. Il n'est pas rare que, selon le culte et la culture, membres de la famille et proches arrivent en nombre conséquent. Bien d'autres acteurs investissent l'espace de la chambre mortuaire: les soignants ou brancardiers convoyant les malades décédés pendant la nuit, le livreur de cercueil, le fleuriste, les personnels du funéraire, le thanatopracteur, les représentants du culte, les membres de la coordination hospitalière, le médecin préleveur de cornée, la police judiciaire le cas échéant. Enfin, il ne faut pas sous-estimer le nombre d'hospitaliers, toutes fonctions confondues, tenant à rendre un dernier hommage au malade qu'ils ont soigné parfois pendant des années en gériatrie, ou à l'enfant avec lequel ils ont vécu des moments d'une rare intensité en oncologie, les marquant à tout jamais. Loin d'être une espèce de sanctuaire froid, silencieux, la chambre mortuaire peut davantage s'apparenter à une ruche d'où s'observent plusieurs individus se croisant, diverses activités se juxtaposant.

1 Marcel Guivarc'h, «Lieux de dissections et morgues dans Paris, de 1200 à nos jours», *Histoire des sciences médicales*, t. XXXVI, n° 4, 2002.

2 Historiquement, le terme s'appliquait au lieu d'exposition pour identification des corps trouvés, soit au lieu de dépôt des corps avant leur inhumation.

3 Voir Michel Foucault, *Naissance de la clinique. Une archéologie du regard médical*, Paris, PUF, 1963.

4 David Le Breton, *La Chair à vif. De la leçon d'anatomie aux greffes d'organes*, Paris, Métailié. 2008.

5 Ou «service mortuaire».

6 Y compris les enfants, notamment le cas des enfants dits «sans vie», qui sont nés vivants mais non viables.

7 Circulaire n° DGS/SD5C.DHOS/E2/DRT/CT1/CT2/2004-382 du 30 juillet 2004 relative aux précautions à observer dans les services d'anatomie et cytologie pathologiques, les salles d'autopsie, les chambres mortuaires et les laboratoires de biologie «spécialisés ATNC», vis-à-vis du risque de transmission des agents transmissibles conventionnels (ATC) et non conventionnels (ATNC).

8 L'article 22 de la loi n° 93-23 du 8 janvier 1993 a mis fin au monopole communal des pompes funèbres. Une distinction a été opérée entre les activités «funéraires», réservées hors de l'hôpital à des opérateurs exerçant dans un cadre commercial, et les activités «mortuaires», réservées aux établissements de santé. L'organisation hospitalière a identifié, il y a donc vingt-neuf ans, un lieu particulier dont on ne parlait pas ou très peu, qui était quasiment tabou: la chambre mortuaire.

9 Voir l'article R2223-90 du Code général des collectivités territoriales.

10 Voir l'arrêté ministériel du 16 juillet 2009 relatif à la formation d'adaptation à l'emploi (FAE) des aides-soignants et des agents de service mortuaire chargés du service des personnes décédées. La professionnalisation de ces agents est régulièrement développée dans le cadre de regroupements professionnels dont certains ont statut de «société savante». C'est le cas en Île-de-France de la Collégiale des professionnels des chambres mortuaires (CPCM).

Afin de résoudre l'exiguïté de certains espaces, des travaux d'aménagement sont réalisés en abattant des murs pour monter des cloisons amovibles. Parfois ce n'est pas possible, le coût financier s'avérant trop lourd. Des améliorations importantes mais moins onéreuses sont le plus souvent entreprises. Il s'agit ici de prendre en considération la juste hauteur des supports sur lesquels repose le cercueil, pour éviter aux familles certains problèmes ergonomiques. Il s'agit là d'entreprendre une réflexion sur les éclairages en modulant leur intensité lors de la présentation d'un corps. Ce qui suppose de disposer de variateurs d'intensité, qui atténuent la lumière crue, blanche, systématiquement vécue comme violente. Cette prise de conscience n'a rien d'évident, le déni de la mort œuvrant sous différentes formes. Une partie de la chambre mortuaire est, par exemple, restée dans l'ombre pendant quelques semaines. Pour des raisons de responsabilité, les agents de chambre mortuaires ne sont pas autorisés à changer les ampoules eux-mêmes. Que s'est-il passé ? Le nouvel électricien était terrifié à l'idée d'entrer dans le service et de croiser des morts. D'angoisse et de honte, il n'a rien dit, prétextant qu'il avait des choses plus urgentes à faire, et qu'après tout, comme les morts sont déjà morts, il priorisait le service des malades vivants qui le réclamait. Plus encore, il a fallu près de trois ans pour que l'on supprime les néons d'une chambre mortuaire pédiatrique. La décision a enfin été prise après qu'un membre de la direction a constaté avec effroi la teinte verdâtre prise par des bébés morts exposés sous ces néons. Les familles et les proches peuvent garder longtemps en mémoire toute une série de détails à l'occasion de leur venue à la chambre mortuaire, comme le décrit un célèbre écrivain : « C'était une salle très claire, blanchie à la chaux [...] meublée de chaises et de chevalets en forme de X. Deux d'entre eux, au centre, supportaient une bière recouverte de son couvercle. On voyait seulement des vis brillantes, à peine enfoncées, se détacher sur les planches passées au brou de noix[11]. » L'attention portée à l'espace de la chambre mortuaire, son aménagement, ses matériels, ses couleurs, ses odeurs participent d'emblée à la prévention de ce que l'on désigne par deuil pathologique.

Une meilleure organisation spatiale de l'activité mortuaire se traduit également par une signalétique n'hésitant plus à inscrire en toutes lettres « chambre mortuaire ». Finalement, « l'écrire ou le dire ne fait pas plus mourir », rapporte, goguenard, un responsable de chambre mortuaire. S'il n'est pas rare de croiser des personnes qui, travaillant à l'hôpital parfois depuis plusieurs années, se trouvent dans l'embarras pour orienter une famille dans cet espace, les hospitaliers sont de plus en plus nombreux à pouvoir indiquer aux familles l'emplacement précis de la chambre mortuaire. Ce dernier point n'est pas anodin, comme le souligne un rapport de l'Inspection générale des affaires sociales (Igas) consacré à la mort à l'hôpital : « Pour les acteurs hospitaliers, la mort est vécue comme une incongruité, un échec, et à ce titre largement occultée[12]. » La médecine a réalisé d'immenses progrès technoscientifiques, repoussant toujours un peu plus loin les limites de la vie et mettant la mort en échec, la faisant apparaître comme absurde. Au plus fort des pics épidémiques de la Covid-19, localiser la chambre mortuaire s'est avéré plus aisé du fait d'un nombre plus important de décès. Cela était tout aussi vrai, et probablement plus intensément, lors de la canicule de l'été 2003 qui a causé la mort de milliers d'individus.

Pour autant, la mort demeure au quotidien un objet de déni dont les formes de méconnaissance se traduisent par la manière de traiter les obstacles médico-légaux, les décès sous X, les morts d'origine inconnue ou encore la mortalité iatrogène[13]. De très nombreux hospitaliers croient que le rôle d'une chambre mortuaire se limite à celui d'un « dépôt » des corps en l'attente d'un transfert. Cette vision réductrice semble témoigner de la difficulté à penser la réalité de ce que recouvre la notion d'activité mortuaire, c'est-à-dire l'ensemble des divers soins prodigués au malade décédé, mais aussi l'accueil et l'accompagnement des familles, des proches dans des locaux aux fonctionnalités précises. Précisons le rôle de ces locaux, leurs spécifications techniques en fonction de ce qui y est réalisé, et par qui, leur agencement[14].

La chambre mortuaire doit comporter une zone publique destinée aux familles et une zone technique, réservée à la conservation et à la préparation des corps. Toutefois, certaines prescriptions pouvant induire des contraintes architecturales lourdes n'ont pas été reprises. Ainsi de l'obligation d'un accès direct entre le local de présentation des corps et la zone technique, et de l'obligation d'un accès direct des corps à la chambre mortuaire par la zone technique sans passer par la zone publique. Cette dernière comprend, au minimum, un local de présentation du corps du défunt et un local d'accueil pour les familles. Elle peut également comporter une salle d'attente pour les familles et une salle de cérémonie. Si la température ambiante y excède 17 °C, le local de présentation du corps doit être équipé de matériel de réfrigération permettant cette fonction. Ce local est pourvu d'une ventilation assurant un renouvellement d'air d'au moins un volume par heure pendant l'exposition du corps. Dans les établissements publics de santé, les parties vitrées du local où est présenté le corps du défunt, qui peut être celui d'un enfant déclaré sans vie, doivent être en verre non transparent si les vis-à-vis ou le public ont vue à l'intérieur de la chambre mortuaire attenante.

La zone technique comprend au moins un local de préparation des corps et doit être équipée, au minimum, de deux cases réfrigérées de conservation des corps par tranche (même incomplète) de deux cents décès annuels. Les cases réfrigérées sont programmées pour fonctionner à des températures de 0 °C à + 5 °C, certaines pouvant être amenées à une température inférieure ou égale à - 10 °C, notamment dans le cas de la conservation des corps admis sur réquisition pour des raisons médico-légales. Les cases réfrigérées ont une structure autoportante, leurs panneaux doivent être lisses, imputrescibles et lessivables. Elles doivent être classées M1 pour leur comportement au feu. Les pièces de la zone technique communiquent entre elles pour permettre la circulation des corps hors de la vue du public. Les parties vitrées de la zone technique reçoivent le même traitement que celles de la zone publique.

Le local de préparation des corps est réservé aux toilettes d'hygiène et de présentation ultérieure à la famille, aux soins de conservation des corps, et, le cas échéant, aux prélèvements à fin scientifique en vue de rechercher la cause du décès, ainsi qu'aux retraits de prothèses fonctionnant au moyen d'une pile. L'accès du local de préparation des corps est réservé aux personnes qui réalisent ces opérations. La température ambiante de ce local doit, en toute saison, être au plus

11 Albert Camus, *L'Étranger*, Paris, Gallimard, 1957.

12 Françoise Lalande, Olivier Veber, « La mort à l'hôpital », rapport de l'Igas, novembre 2009 (www.igas.gouv.fr/IMG/pdf/mort_alhopital-rm2009-124p.pdf).

13 Mort accidentelle liée aux « conséquences indésirables ou négatives sur l'état de santé individuel ou collectif de tout acte ou mesure pratiqués ou prescrits par un professionnel habilité et qui vise à préserver, améliorer ou rétablir la santé » (Haut Conseil de la santé publique).

14 Voir l'arrêté du 7 mai 2001 modifié relatif aux prescriptions techniques applicables aux chambres mortuaires des établissements de santé.

égale à 17 °C. Son dispositif de ventilation comporte une entrée haute et une sortie basse, et doit assurer un renouvellement d'air d'au moins quatre volumes par heure pendant la durée de la préparation d'un corps. Les systèmes de chauffage à air pulsé sont interdits. L'air rejeté à l'extérieur est préalablement traité par un filtre absorbant et désodorisant. Les radiateurs fixés au mur n'ont aucun contact avec le sol. L'installation électrique du local de préparation est étanche aux projections. Le sol est sans aspérités ; son revêtement et les plinthes doivent pouvoir être lavés et désinfectés de façon intensive, sans altération. Les murs, le plafond et les portes sont en matériaux durs, lisses, imputrescibles et facilement lessivables. L'arrivée d'eau du local de préparation des corps est munie d'un disconnecteur évitant toute pollution du réseau public d'alimentation d'eau potable. La pièce doit être dotée d'au moins un siphon de sol, à panier démontable et désinfectable, et équipée d'un évier ou d'un bac avec arrivée d'eau à commande non manuelle, d'un distributeur de serviettes en papier et d'un dévidoir. Le mobilier est à piétement lavable et désinfectable. La table de préparation des corps est de type « indépendant ».

À l'ensemble de ces nécessaires contraintes juridiques et techniques, s'ajoute une nécessité complémentaire : l'exigence éthique. Elle peut être repérée dans la précision et le respect des gestes de soin portés par les professionnels du mortuaire auprès de celui qui se retrouve dans une extrême vulnérabilité, n'étant plus là pour dire quoi que ce soit. Cet essai avait pour principal objectif de détailler la place, le rôle et le fonctionnement de l'espace de la chambre mortuaire au sein de l'hôpital et de la cité. Il en ressort que le sujet des agents de chambre mortuaire a logiquement été moins étudié[15]. D'un point de vue éthique, il existe néanmoins un lien très fort entre la conduite professionnelle et l'espace où cette conduite a lieu. Pour comprendre, il nous faut distinguer entre l'éthique et la morale à partir de l'étymologie. « Morale » vient du latin *mores*, qui désigne les mœurs, les coutumes, les habitudes, les manières de vivre. « Éthique » vient du grec *ethos*, qui peut être écrit *êthos* (e long, êta) et signifie le séjour, l'endroit, le lieu de vie, ou *éthos* (e court, epsilon), qui a le même sens que le *mores* latin. Le terme « éthique » est par conséquent plus riche que celui de « morale », qui n'inclut aucunement la notion de lieu, d'espace. D'où l'existence d'un rapport, comme évoqué précédemment, entre la conduite et le lieu d'exercice de cette conduite.

Davantage qu'un simple rapport, une influence réciproque s'opère entre la manière dont l'espace de la chambre mortuaire est organisé, agencé, pensé, et les conduites et gestes professionnels déployés en ce lieu : influence de l'*êthos* sur l'*éthos* (ou *mores*). Considérer les conditions spatiales dans lesquelles sont accueillis les malades décédés et les proches, mais aussi dans lesquelles exercent au quotidien les professionnels qui s'y trouvent, oblige en responsabilité l'hôpital, la cité, c'est-à-dire chacun d'entre nous, à un geste éthique : celui qui nous rassemble au sein de notre commune condition humaine, fragile, vulnérable.

15 Le lecteur intéressé par ce sujet peut se reporter à Long Pham Quang (dir.), *Soigner les morts, le sens d'un métier* (Paris, L'Harmattan, coll. « Santé, éthique et formation », 2020), premier ouvrage consacré aux soins mortuaires et écrit par des professionnels spécialisés ; ainsi qu'à l'ouvrage de synthèse de Marc Dupont et Annick Macrez, *Le Décès en établissement de soins. Règles et recommandations à l'usage des personnels des hôpitaux et des Ehpad*, Rennes, Presses de l'Ehesp, 2021.

Camions réfrigérés installés à proximité directe des morgues, corps enveloppés dans des combinaisons étanches… Des mesures très strictes sont mises en place dans les hôpitaux du monde entier pendant les pics de l'épidémie de Covid-19 en 2020, afin de prévenir tout contact avec les défunts. Cet épisode révèle l'urgence qu'il y a, au-delà de cet événement exceptionnel, à reconsidérer la place que nos sociétés accordent aux morts, particulièrement dans les espaces du « soin ».
4 Lenox Hill Hospital, New York, avril 2020.
5 Morgue temporaire à l'extérieur de l'hôpital de Brooklyn, New York, mars 2020.

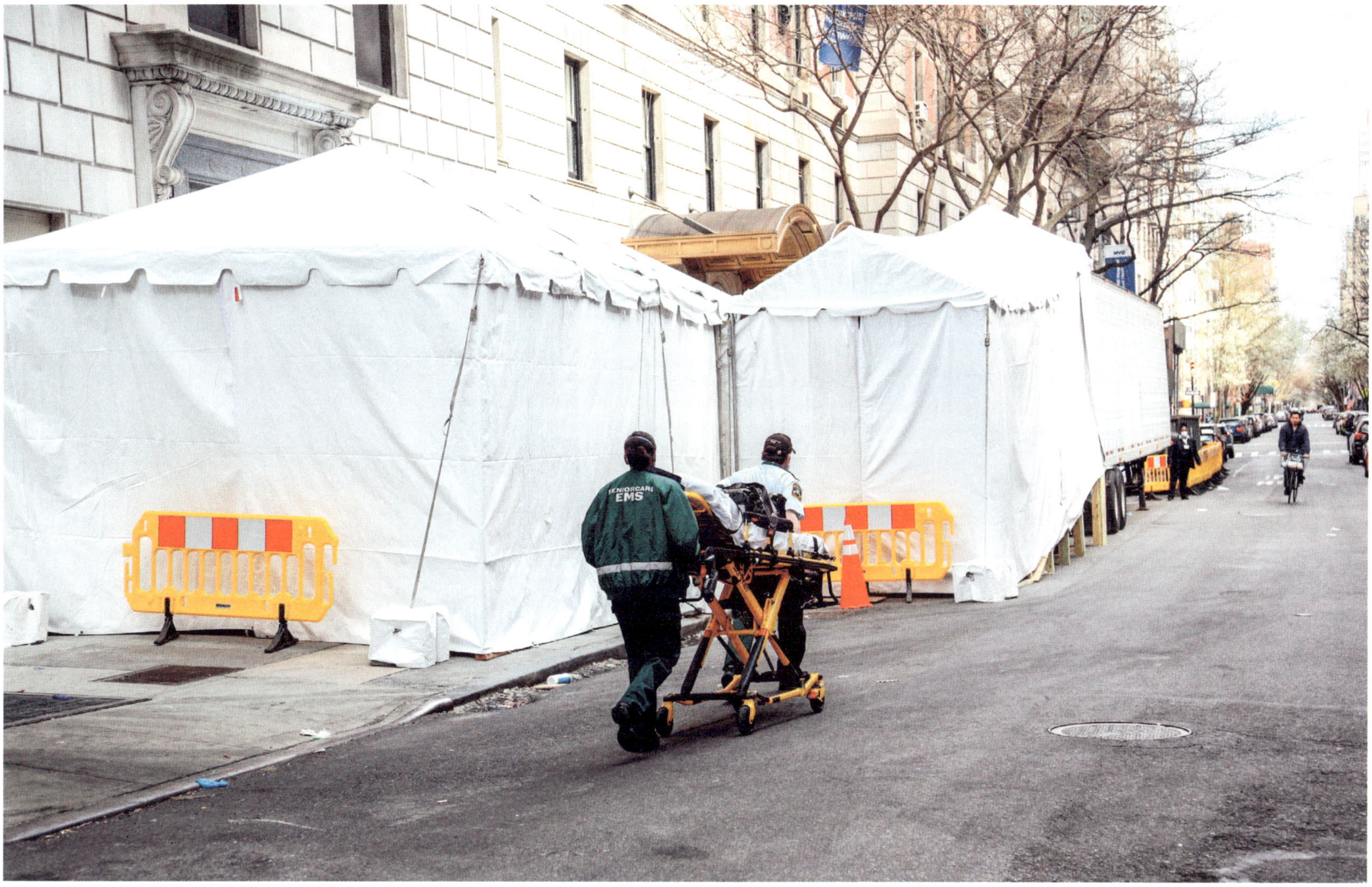

4

5

6

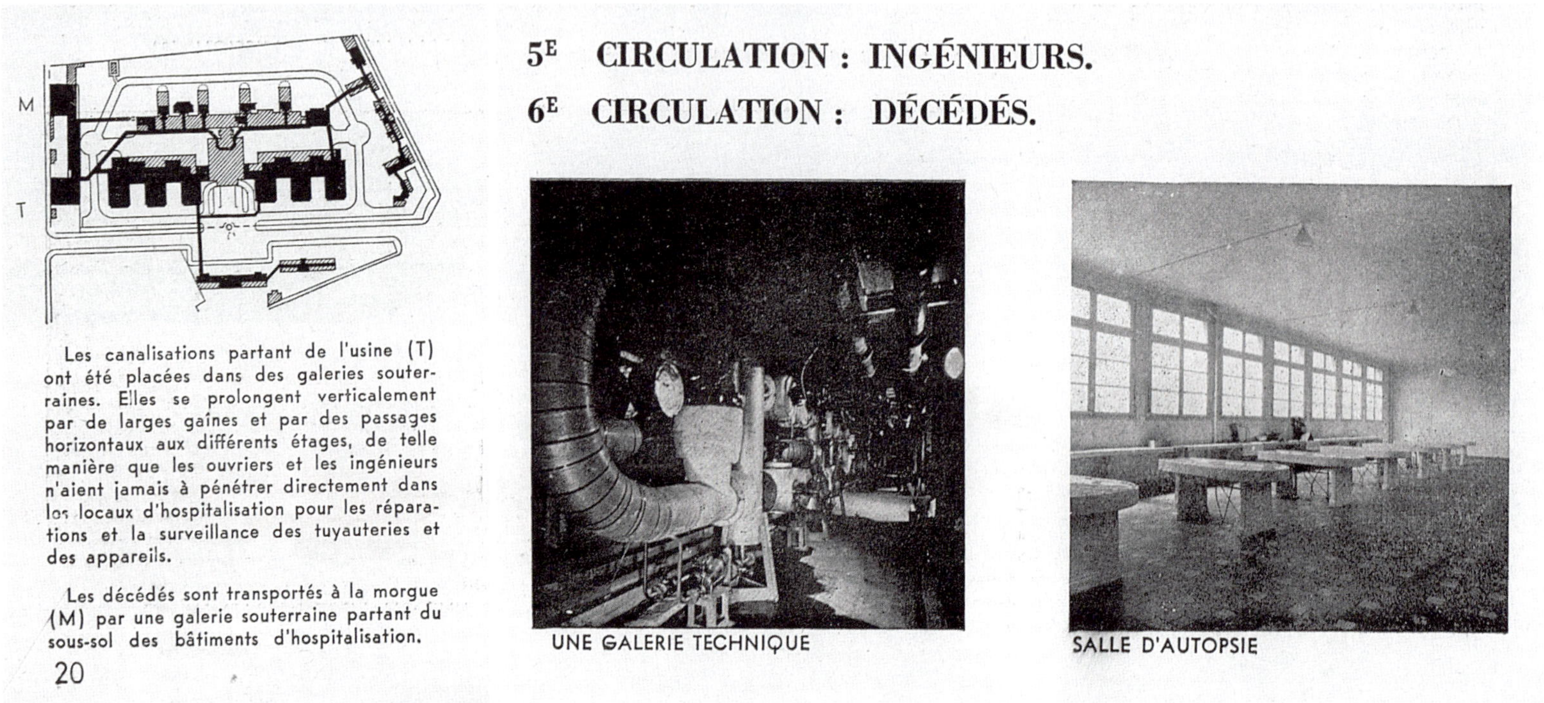

5E CIRCULATION : INGÉNIEURS.

6E CIRCULATION : DÉCÉDÉS.

Les canalisations partant de l'usine (T) ont été placées dans des galeries souterraines. Elles se prolongent verticalement par de larges gaînes et par des passages horizontaux aux différents étages, de telle manière que les ouvriers et les ingénieurs n'aient jamais à pénétrer directement dans les locaux d'hospitalisation pour les réparations et la surveillance des tuyauteries et des appareils.

Les décédés sont transportés à la morgue (M) par une galerie souterraine partant du sous-sol des bâtiments d'hospitalisation.

20

UNE GALERIE TECHNIQUE

SALLE D'AUTOPSIE

7

À l'hôpital Beaujon, construit à Clichy en 1935, le parcours des morts est organisé selon une logique d'ingénierie, de flux, de « circulations ». Cette approche technicienne n'empêche pas d'accorder une attention particulière aux espaces d'autopsie ou encore aux soins mortuaires.

6 Salle d'autopsie, casiers réfrigérés et chariot de transport des cadavres de l'hôpital Beaujon, Clichy, 1939.
7 « Circulations des décédés à l'hôpital Beaujon », in *L'Architecture d'Aujourd'hui*, n° 40, 1938.

Dans le cadre de la démarche des « Nouveaux Commanditaires » – un dispositif de soutien à la création financé par la Fondation de France –, la « salle des départs » de l'hôpital Raymond-Poincaré à Garches est transformée en 1996 par l'artiste Ettore Spalletti et l'architecte Guido Fanti. Par un usage quasi monochrome du bleu, le projet questionne la matérialité du lieu.
8 Salle des départs de l'hôpital Raymond-Poincaré, Garches, Ettore Spalletti et Guido Fanti, 1996.

L'unité de soins palliatifs de l'hôpital Paul-Brousse à Villejuif, réalisée par l'agence Avant-Travaux en 1990, est l'un des projets lancés par l'AP-HP pour repenser les « lieux de fin de vie ». Une attention particulière est accordée au confort et aux apports de lumière, à la séquence d'accueil des familles visitant les patients et à la création d'une ambiance domestique plutôt qu'institutionnelle.
9 et 10 Unité de soins palliatifs, hôpital Paul-Brousse, Villejuif, Avant-Travaux architectes, 1990.

8

9

10

Métamorphoses

En 1956, l'architecte et urbaniste Robert Auzelle aménage le cimetière paysager de Clamart, projet pionnier qui amorce une vision renouvelée de la « ville des morts » ; les vivants s'y promènent, et le lieu retrouve un peu la fonction sociale qu'il avait perdue. Le modèle est repris pour la création de nouveaux cimetières ou la transformation de sites existants. À Neuilly-sur-Seine et à Puteaux, par exemple, deux cimetières anciens (créés respectivement en 1886 et 1912) sont en partie réaménagés à l'occasion d'un concours lancé en 1991 pour l'extension du secteur ouest du quartier de Paris-La Défense ; le traitement de l'ensemble, structuré autour des jardins de l'Arche selon les plans des paysagistes Gilles Clément et Guillaume Geoffroy-Dechaume (en collaboration avec les architectes Paul Chemetov et Borja Huidobro), permet de relier les cimetières à leur environnement général et d'en faire des espaces verts de proximité intégrés à la ville.

Depuis quelques années, les cimetières se voient en outre attribuer la fonction inédite d'« îlot de fraîcheur ». Retournement contemporain inattendu : les morts viennent au secours des vivants, la mort comme condition de la vie ?

1

Agnès Varda au chevet de la tombe de son mari, Jacques Demy (mort en 1990), au cimetière du Montparnasse. La cinéaste a fait installer un banc sous le pin qu'elle avait elle-même planté, transformant ce petit bout de terre en jardin.
1 Photogramme extrait de *Visages Villages*, un film co-réalisé par Agnès Varda et JR, 2017.

2

Le « cimetière du Parc » est commandité en 1946 par la Ville de Clamart, associée pour l'occasion aux communes voisines. Le syndicat ainsi formé en confie l'aménagement à Robert Auzelle, qui a l'occasion ici de pousser plus loin sa vision pionnière du cimetière comme paysage et lieu de déambulation pour les vivants. Le « Plan d'ensemble de la cité et du cimetière intercommunal », qu'il publie en 1965, présente le premier véritable cimetière paysager français du XXe siècle. Ce projet connaîtra plusieurs versions, de nombreux retards, et les travaux s'étaleront sur plus de vingt ans.
2 « Plan d'ensemble du cimetière de Clamart projeté et en partie réalisé », Robert Auzelle architecte, in Robert Auzelle, *Dernières demeures*, Paris, 1965.

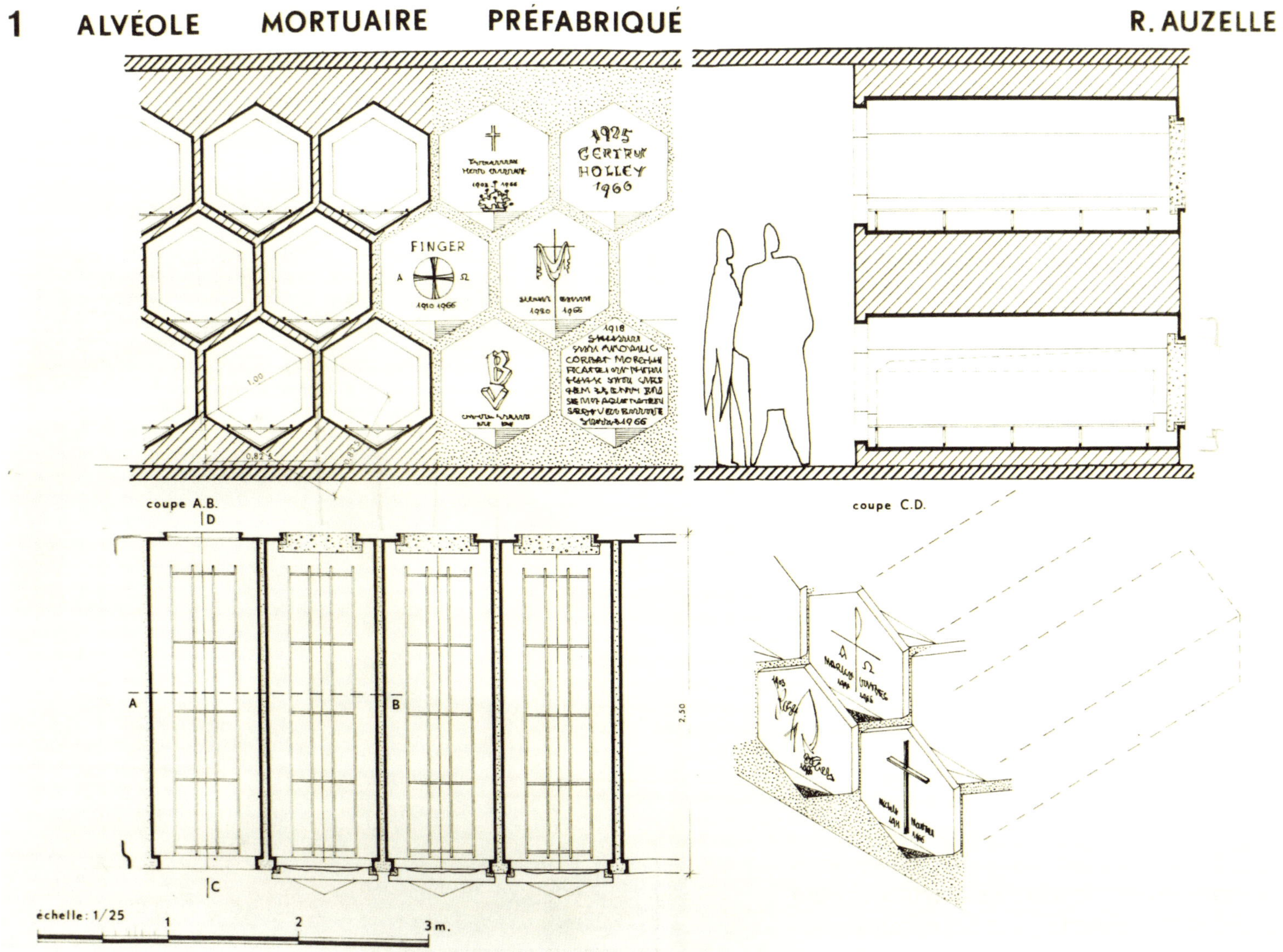

3

Robert Auzelle est également l'architecte du cimetière paysager de la Fontaine-Saint-Martin à Valenton, dans le Val-de-Marne, pour lequel il croise différents concepts : « cimetière parc » américain, « cimetière forestier » de tradition germanique et « cimetière architectural » méditerranéen. Il conçoit également divers modèles de sépultures, ainsi que les portes métalliques alvéolaires fermant les niches funéraires.

3 « Modèle d'alvéoles mortuaires hexagonales préfabriquées pour les enfeus », Robert Auzelle architecte, vers 1966.
4 Différents modèles de sépultures pour le cimetière de Valenton, Robert Auzelle architecte, in R. Motinot, « Trois cimetières de l'Île-de-France. Montfort-l'Amaury, Clamart-intercommunal, Fontaine-Saint-Martin », *Le Mausolée*, nº 438, février 1973.

5 Enfeus métalliques dans le cimetière de Valenton, Robert Auzelle architecte, vers 1966, photographie 2014.

4

5

La mort comme condition de la vie, et le lieu de la mort comme lieu de conservation / régénération de la cité : la métamorphose « anthropocénique » de la mort en rappelle d'autres, bien plus anciennes et plus fondamentales. Selon plusieurs récits mythologiques (dont celui, roumain, de Maître Manole, ou celui, japonais, de l'*hitobashira*), l'architecture commence par le sacrifice d'un être humain, emmuré ou transformé en pilier : il doit y avoir un transfert de vie, du corps humain vers le corps architectural, afin que celui-ci tienne debout.

En 1801, Pierre Giraud, qui se présente comme architecte du palais de justice, des prisons et maisons d'arrêt du département de la Seine, en propose d'ailleurs une interprétation très littérale dans son projet de cimetière, dont l'architecture pourrait être, en partie au moins, faite des os vitrifiés des défunts.

Autre épisode, qui incarne d'une manière plus concrète la même idée : juste après la Révolution, le théâtre anatomique de l'École de chirurgie de Paris, construit en 1774, aurait servi de modèle pour concevoir les espaces de rassemblement des députés – de la chambre de dissection du cadavre au lieu fondateur des démocraties modernes.

De nos jours, une autre forme de transfert de vie apparaît dans une pratique rituelle inédite et de plus en répandue : lorsque les cendres d'un défunt deviennent la substance nourricière d'un jeune arbuste.

Selon une légende roumaine, le maître bâtisseur Manole voyait son ouvrage pour un monastère s'écrouler chaque nuit, sans saisir la cause de la malédiction. Puis il comprit que l'architecture exigeait le transfert dans ses murs d'une puissance vitale. Manole sacrifia sa femme, l'emmura, et l'église resta debout, « vivante ».

6 Le monastère de Curtea Arges, Dieudonné Auguste Lancelot, graveur, in *Le Tour du Monde : nouveau journal des voyages, publié sous la direction de M. Édouard, Chaston et illustré par nos plus célèbres artistes*, Paris, Hachette, 1866.

6

7

8

Créé en 2011, le parc funéraire « Les Arbres de Mémoire » du parc de l'Anjou, à Pruille, permet de déposer les cendres des défunts au pied d'un jeune arbuste. Cette pratique funéraire associe ainsi la mémoire de l'individu disparu à la croissance d'un organisme vivant.

7 et 8 Les Arbres de mémoire du parc de l'Anjou, Pruille, 2012

En 1801, l'architecte Pierre Giraud présente un projet de cimetière ou « monument sépulcral » pour le Département de la Seine. Sa vision d'un transfert de substance vitale de l'être humain vers l'architecture n'a rien du mythe originel : les os des défunts sont vitrifiés, selon un processus inventé par Giraud avec l'aide d'un dénommé Dartigues.

9 « Plan et coupe d'un Monument sépulcral pour le Département de la Seine, avec tous les accessoires propres à la dissolution des chairs et à la vitrification des ossemens humains », Pierre Giraud architecte, in *Les Tombeaux, ou Essai sur les sépultures […]*, Paris, 1801.

9

10 « Élévation perspective d'un Monument sépulcral pour le Département de la Seine, avec tous les accessoires propres à la dissolution des chairs et à la vitrification des ossemens humains », Pierre Giraud architecte, in *Les Tombeaux, ou Essai sur les sépultures […]*, Paris, 1801.

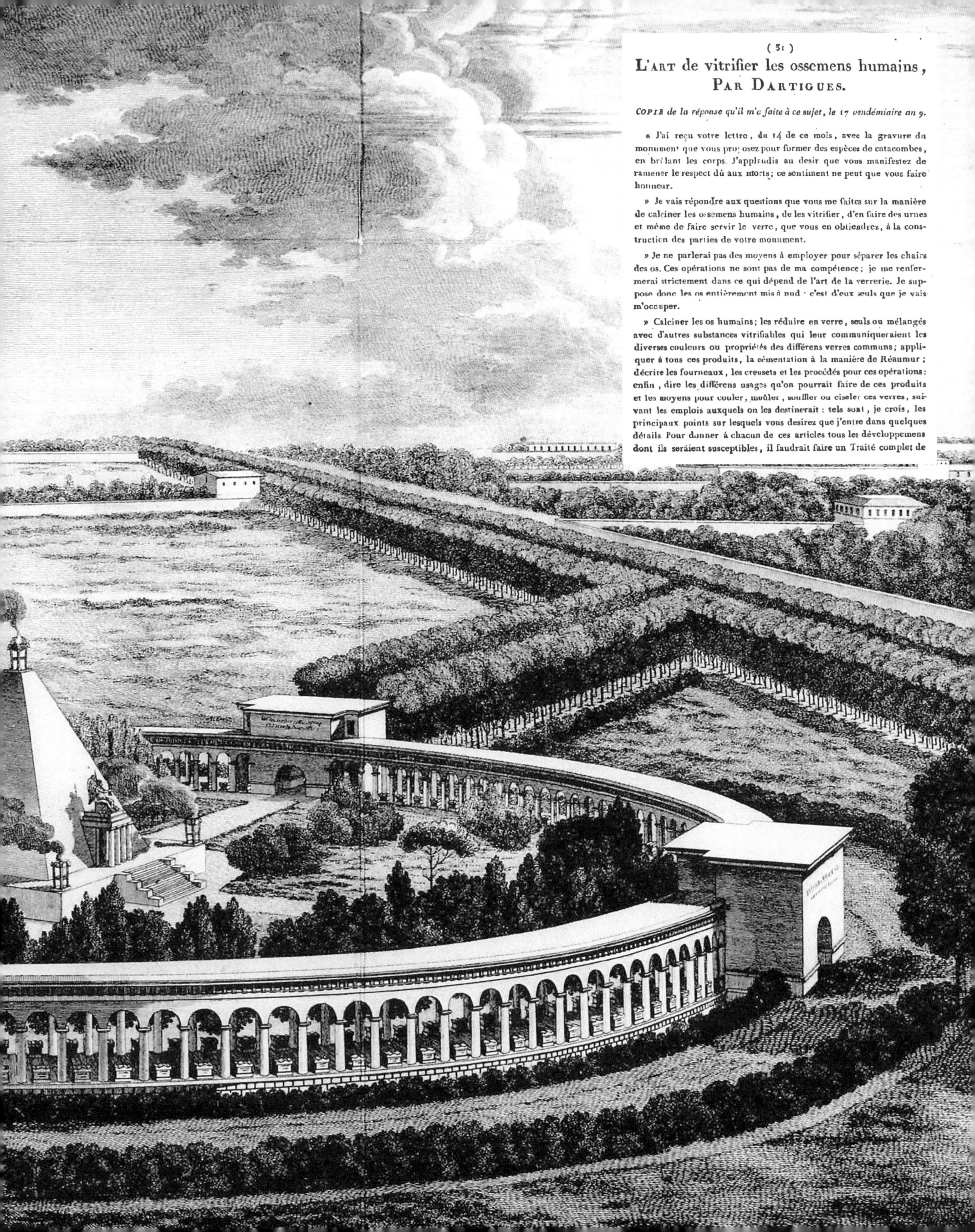

L'Art de vitrifier les ossemens humains, Par Dartigues.

Copie de la réponse qu'il m'a faite à ce sujet, le 17 vendémiaire an 9.

« J'ai reçu votre lettre, du 14 de ce mois, avec la gravure du monument que vous proposez pour former des espèces de catacombes, en brûlant les corps. J'applaudis au desir que vous manifestez de ramener le respect dû aux morts; ce sentiment ne peut que vous faire honneur.

» Je vais répondre aux questions que vous me faites sur la manière de calciner les ossemens humains, de les vitrifier, d'en faire des urnes et même de faire servir le verre, que vous en obtiendrez, à la construction des parties de votre monument.

» Je ne parlerai pas des moyens à employer pour séparer les chairs des os. Ces opérations ne sont pas de ma compétence; je me renfermerai strictement dans ce qui dépend de l'art de la verrerie. Je suppose donc les os entièrement mis à nud : c'est d'eux seuls que je vais m'occuper.

» Calciner les os humains; les réduire en verre, seuls ou mélangés avec d'autres substances vitrifiables qui leur communiqueraient les diverses couleurs ou propriétés des différens verres communs; appliquer à tous ces produits, la cémentation à la manière de Réaumur; décrire les fourneaux, les creusets et les procédés pour ces opérations : enfin, dire les différens usages qu'on pourrait faire de ces produits et les moyens pour couler, moûler, souffler ou ciseler ces verres, suivant les emplois auxquels on les destinerait : tels sont, je crois, les principaux points sur lesquels vous desirez que j'entre dans quelques détails. Pour donner à chacun de ces articles tous les développemens dont ils seraient susceptibles, il faudrait faire un Traité complet de

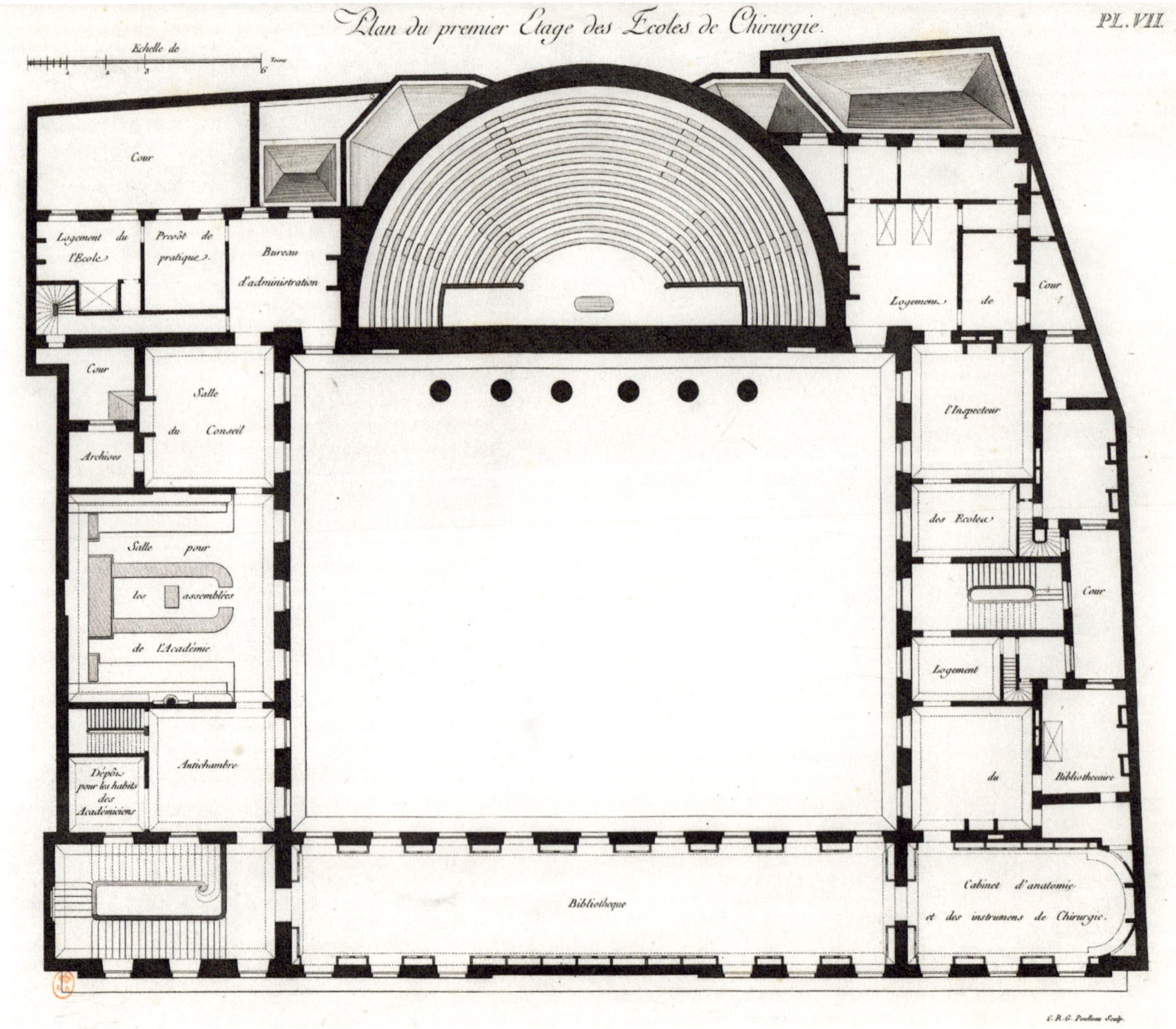

11

12

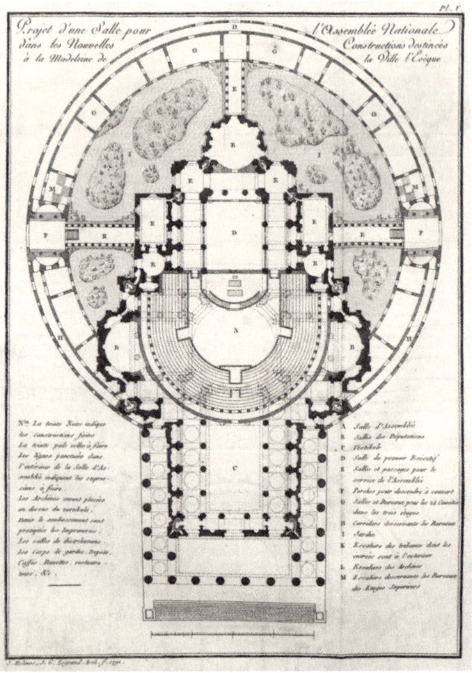

13

14

L'École de chirurgie de Paris conçue par l'architecte Jacques Gondouin de Folleville ouvre en 1774. Située au 12, rue de l'École-de-Médecine, elle abrite aujourd'hui l'administration de l'université Paris-Descartes. Le théâtre anatomique, l'un des principaux lieux de l'enseignement de la chirurgie au sein du projet initial, sert désormais d'amphithéâtre pour des cours, conférences, etc. Vingt ans après l'ouverture de l'école dessinée par Gondouin de Folleville, en pleine ébullition postrévolutionnaire, les architectes Jacques Molinos et Jacques-Guillaume Legrand illustrent d'un hémicycle pour le « Palais national » le *Discours sur les monuments publics* d'Armand-Guy Kersaint (1791). En 2019, Ludger Schwarte explique, dans sa *Philosophie de l'architecture*, que le plan de cette « salle des séances pour l'Assemblée nationale » reprend précisément celui du théâtre anatomique de l'École de chirurgie.

11 et 12 « Plan du premier étage des Écoles de chirurgie » et « Le théâtre anatomique », Jacques Gondouin de Folleville architecte, 1774, in Jacques Gondouin de Folleville, *Description des écoles de chirurgie*, Paris, chez Cellot et les frères Jombert, 1780.
13 et 14 « Projet d'une salle pour l'Assemblée nationale dans les nouvelles constructions destinées à la Madeleine de la Ville l'Évêque », et « Coupe sur la longueur du Palais national », Jacques Molinos et Jacques-Guillaume Le Grand architectes, 1791, in Armand-Guy-Simon de Coetnempren, comte de Kersaint, *Illustrations du Discours sur les monuments publics*, J. Molinos, Jacques-Guillaume Legrand dessin, Poulleau gravure, 1792.
15 Le théâtre anatomique, transformé en amphithéâtre, s.d.
16 « Vue perspective de la salle des séances », Jules de Joly architecte, in *Plans, coupes, élévation et détails de la restauration de la Chambre des députés, de sa nouvelle salle des séances, de sa bibliothèque et de toutes ses dépendances, suivis de la salle provisoire*, Paris, 1840.

15

16

Vulnérabilités

Que font nos sociétés contemporaines de la mort ? Et qu'en fait l'architecte ? D'un point de vue théorique, épistémologique, l'architecture s'est pensée longtemps et se pense encore comme monument (funéraire), comme outil de compensation et de transcendance de la mortalité, de l'insupportable « obsolescence » humaine[1] : le bâtiment, parce qu'il n'est pas soumis aux règles de la biologie, ne vieillit pas de la même manière, et peut garantir dès lors à l'homme une forme de survie, « par procuration ». En tant qu'œuvre collective passant d'une génération à une autre, l'architecture permettrait ainsi la « durabilité du monde[2] », par-delà le temps limité d'une vie.

Mais si nous ne mourrions plus ? Les architectes et poètes contemporains Shusaku Arakawa et Madeline Gins, s'inscrivant dans une perspective transhumaniste, croient que l'architecture doit servir à lutter radicalement contre la vulnérabilité, contre la maladie, contre la mort. Leurs productions, manifestes pour une architecture ludique et joyeuse, sont alors conçues comme des systèmes de maintien des organismes en tension, en mouvement, et donc en vie.

Et si – perspective quasi inverse – l'architecture, participant d'un projet d'acceptation de la fragilité et de la finitude des corps biologiques, abandonnait sa mission de dépassement des vies humaines pour se donner comme nouvel objectif d'accompagner l'habitant dans sa vie, dans son affaiblissement, jusqu'à mourir, solidairement, avec lui ? Dans *Les Maisons qui meurent* (1996-1997), des artistes Christophe Berdaguer et Marie Péjus, l'architecture se fait, comme l'humain, vulnérable.

1 Günther Anders, *L'Obsolescence de l'homme* (1956).
2 Hannah Arendt, *Condition de l'homme moderne* (1958).

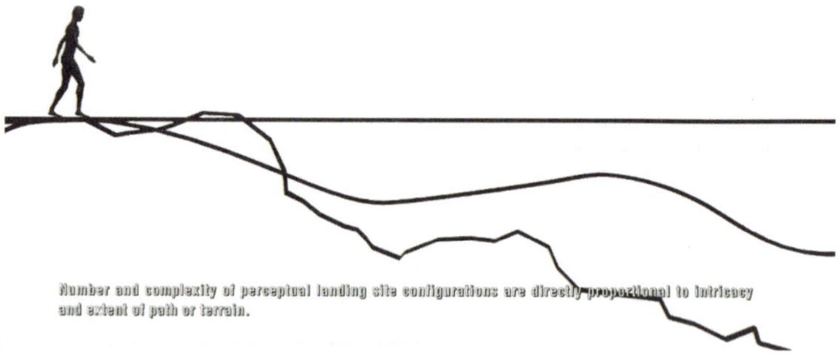

1

2

3

4

À partir des années 1990, les artistes et architectes Shusaku Arakawa et Madeline Gins développent au Japon et aux États-Unis une vision spéculative de l'architecture qui refuse la mortalité de l'habitant. Les environnements qu'ils conçoivent sont pensés pour mettre en permanence le corps en mouvement.

1,2 et 4 Shusaku Arakawa et Madeline Gins, *Architecture : Sites of Reversible Destiny*, vers 1994.
3 Shusaku Arakawa et Madeline Gins, *Study for Reversible Destiny House I*, Shusaku Arakawa et Madeline Gins, vers 1994.

5 Shusaku Arakawa et Madeline Gins, *Indeterminacy House*, vers 1997.
6 Shusaku Arakawa et Madeline Gins, *Site of Reversible Destiny – Yoro Park*, Yoro, préfecture de Gifu, Japon, 1993-1995, photographie Leopold Lambert.

5

6

7

8

9

Si l'essentiel de leur travail est spéculatif, Arakawa et Gins construisent aussi quelques bâtiments remarquables, tels les « Reversible Destiny Lofts », à Mitaka, près de Tokyo, en 2005, qui défient les règles habituelles de l'architecture.

7–9 *Reversible Destiny Lofts – Mitaka (In Memory of Helen Keller)*, vue intérieure, axonométries, Arakawa+Gins architectes, 2001.

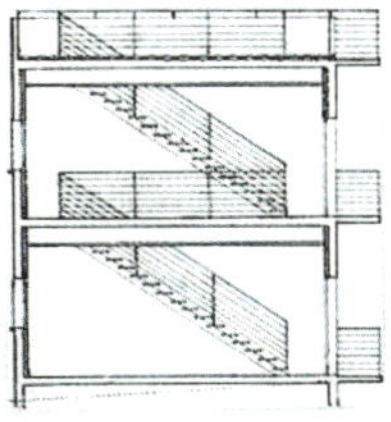

La nature du terrain et le poids de la bâtisse produisent un enlisement progressif dans le sol. La conception de la bâtisse permet l'accès à la maison malgré son enlisement. Un sondage géologique préalable sera à l'origine du choix du site et la mise en inéquation contrôlée déterminera le poids volumique de la construction.
Coupe 1/100e

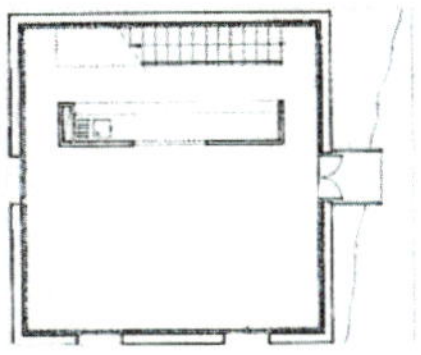

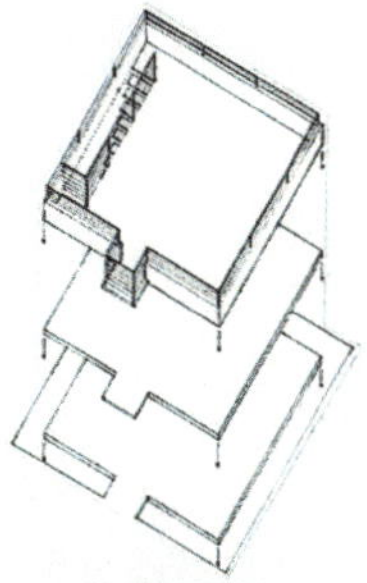

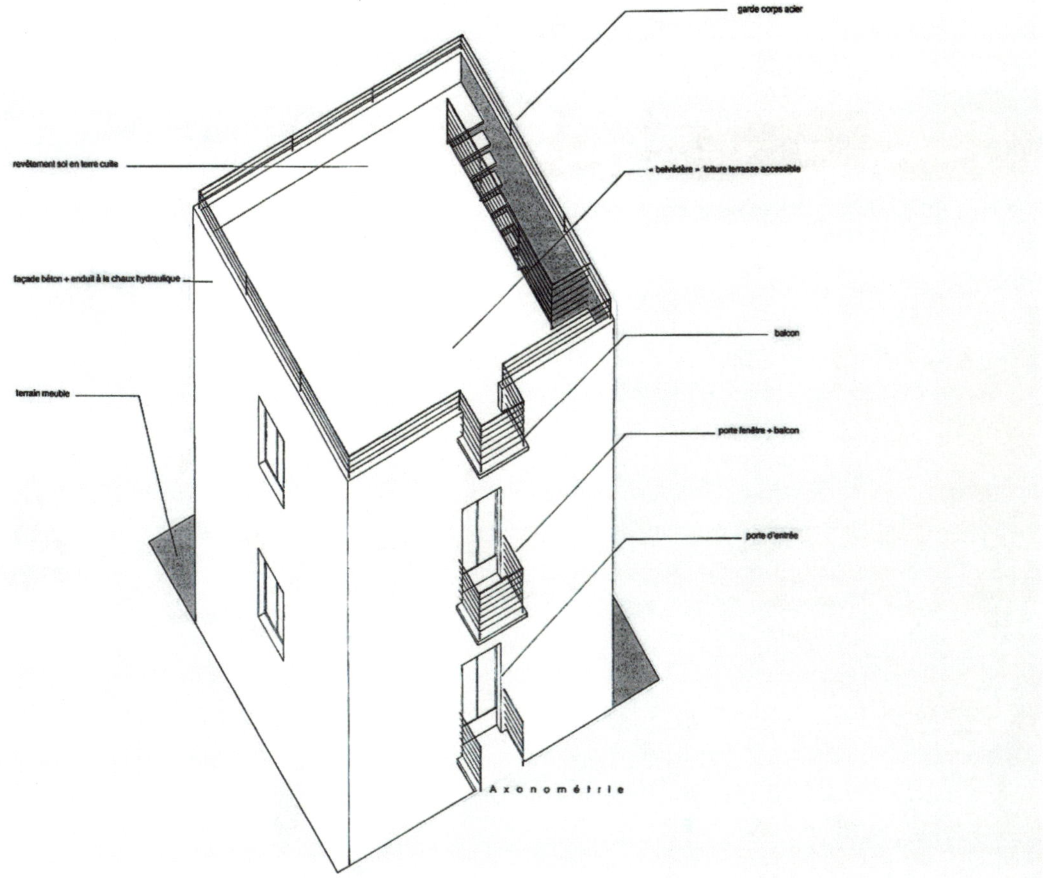

10

En 1996 et 1997, les artistes Christophe Berdaguer et Marie Péjus élaborent, avec l'aide de l'agence de l'architecte Rudy Ricciotti, la série des huit *Maisons qui meurent*. Par différents biais prédéfinis – usure, effritement, corrosion, etc. –, ces architectures se « détériorent » en même temps que l'état de santé de l'habitant. Les chronobiologies de la maison et de son occupant se suivent et se superposent jusqu'à une mort simultanée, solidaire.

10 Berdaguer & Péjus, *Les Maisons qui meurent*, 1996-1997.

Rue de Jarente : j'y vis depuis 10 ans, mais je vais bientôt déménager. Mon père veut que j'achète un appartement ailleurs parce que le loyer est cher à St Paul. Moi, ça m'est égal. Je n'ai pas d'amour particulier pour le marais. Je ne suis attaché à rien. Tout est interchangeable. Mon père habite un 200 m² rue de Varennes, dans le 7ᵉ.
Il passe souvent me prendre en voiture. Il conduit une Honda Légende. Il m'emmène au restaurant dans le 8ᵉ
Si j'avais le choix, j'aimerais vivre dans le 7ᵉ avec mon père. J'aime l'architecture de ce quartier. J'apprécie aussi le 8ᵉ. Mon psychiatre se trouve rue Pierre Ier de Serbie. L'ambiance est sympa, c'est rassurant. C'est un univers que j'aime bien. C'est moins craignos que les quartiers du centre comme Saint-Michel où je me suis encore fait attaqué samedi soir, en marchant dans la rue, innocemment. **Pour moi dans la vie, le principal problème, c'est la question de la condition. J'ai besoin de vivre dans de bonnes conditions.**

1 Le centre de Paris, affiche réalisée par Romain, dans le cadre d'un atelier avec l'association La Parole Errante, 2006.

Quelles architectures alternatives, quelles anti-architectures, proposent d'autres spatialités du soin ?

Parallèlement à la consolidation et à l'institutionnalisation de modèles architecturaux « soignants » et « médicaux », d'autres formes et d'autres lieux de soin émergent, formant une sorte de contre-histoire (de l'architecture et du soin) : le bateau, figure archétypale d'une spatialité alternative, hors-sol ; le jardin, lieu de pratiques thérapeutiques actuellement en expansion ; enfin le soin qui se produit sous la carte, dans l'interstice – le furtif, le non-édifiable.

Hétérotopies

La nef des fous

Le bateau, dans l'histoire de la maladie et du soin, fut un lieu de concentration et de dérive des « fous », alors jugés comme incurables. Contraints à l'errance, balancés de ville en ville, ils n'accostent nulle part, n'ont aucun répit ; le bateau est alors le lieu ou le non-lieu de la maladie, l'anti-architecture de ceux dont la cité ne veut pas.

Mais le bateau n'est pas que cela. Dans l'histoire du soin, des architectures flottantes tirent profit de leur spatialité particulière pour mettre en œuvre des idées ou des pratiques thérapeutiques singulières. Ainsi, face à l'hôpital de Saint-Maurice, sur la Marne, le médecin Félix Rochard propose en 1872 un hôpital pavillonnaire flottant, vantant dans une démarche hygiéniste les bienfaits des eaux et de l'air du fleuve.

2

3

« [...] ils ont existé, ces bateaux qui d'une ville à l'autre menaient cette cargaison insensée. Les fous alors avaient une existence facilement errante. [...] Enfermé dans le navire, d'où on n'échappe pas, le fou est confié à la rivière aux mille bras, à la mer aux mille chemins, à cette grande incertitude extérieure à tout. »

Michel Foucault, *Histoire de la folie à l'âge classique*, Paris, Gallimard, 1961

Dans l'*Histoire de la folie à l'âge classique* (1961), Michel Foucault fait du tableau de Jérôme Bosch *La Nef des fous*, l'un des témoins de cette pratique née à la Renaissance, dans les territoires flamands surtout, consistant à déplacer sans cesse les fous d'une ville à une autre.
2 Jérôme Bosch, *La Nef des fous*, vers 1500, huile sur bois.

Dans nos sociétés contemporaines, qui empêchent tout accostage de populations considérées comme indésirables, le bateau reste une figure récurrente de l'exclusion. En 2020, alors que la crise de la Covid-19 se superpose à la crise migratoire, le ferry GNV Azzurra est utilisé comme lieu de quarantaine pour migrants au large des côtes italiennes.
3 Migrants mis en quarantaine sur le ferry GNV Azzurra, Lampedusa, 4 août 2020.

En 1872, le docteur Félix Rochard expose à la Société de chirurgie son projet d'« hôpital sur l'eau ». Dans le contexte d'une réflexion partagée quant à l'organisation territoriale du système hospitalier, il se demande : « Où trouver de l'air pur dans une grande ville comme Paris ? » Associé à l'architecte Frédéric Jaeger, il propose alors un modèle d'hôpital flottant, imaginé un temps sur la Seine, et plus en détail sur la Marne.
4 Plan général d'un « Projet d'hôpital sur la Marne » ; plans, coupes et élévation d'un « Projet de baraque hospitalière en fer et brique », in Félix Rochard, *Projet de création d'un hôpital sur l'eau*, Paris, 1872.

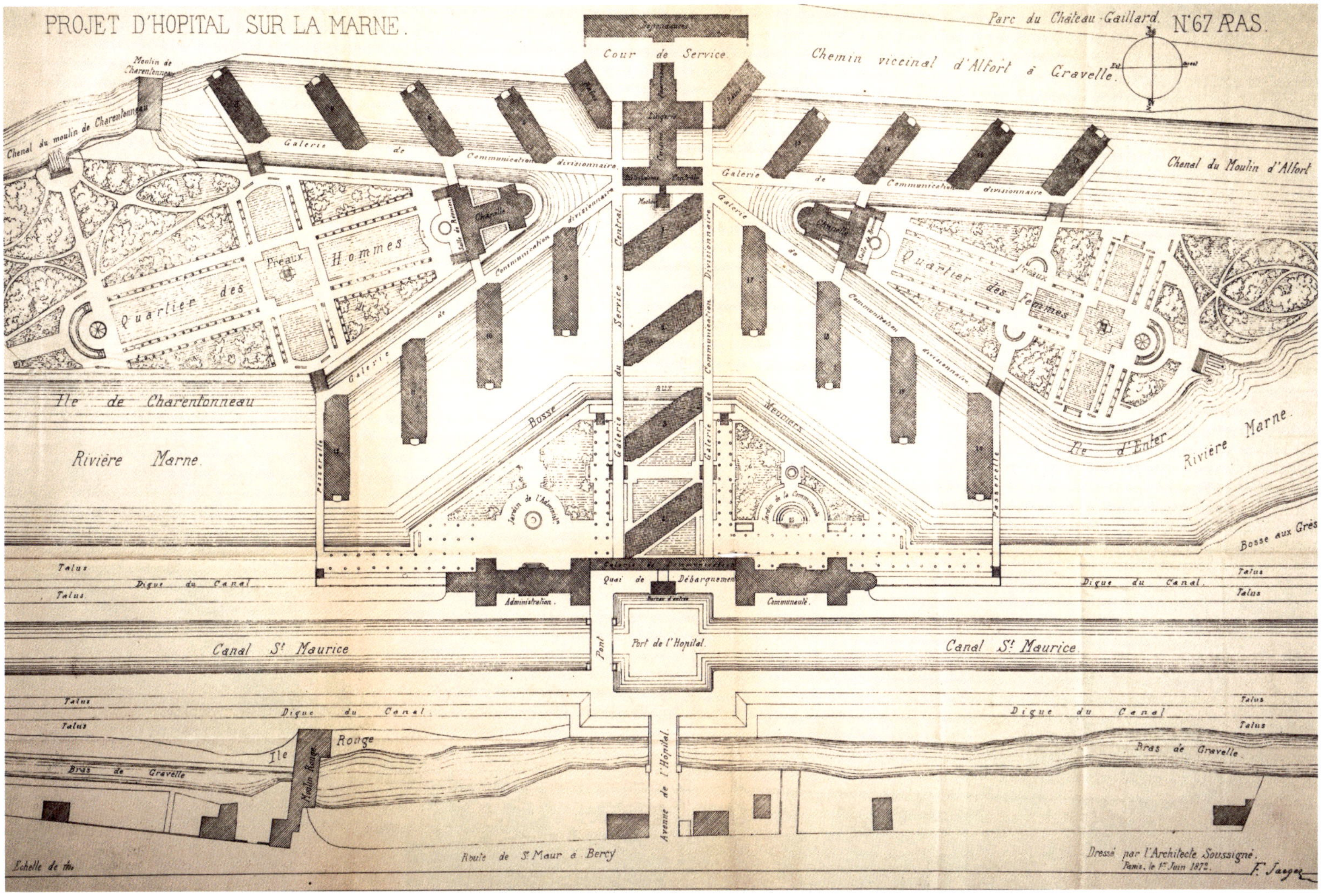
PROJET D'HOPITAL SUR LA MARNE.
N°67 RAS.
Parc du Château-Gaillard
Cour de Service
Chemin vicinal d'Alfort à Gravelle.
Chenal du moulin de Charentonneau
Chenal du Moulin d'Alfort
Galerie de Communication divisionnaire
Quartier des Hommes
Préaux
Quartier des Femmes
Galerie Centrale
Service
Ile de Charentonneau
Rivière Marne
Ile d'Enfer
Rivière Marne
Bosse aux Meuniers
Bosse aux Grès
Talus
Digue du Canal
Quai de Débarquement
Administration
Communauté
Port de l'Hopital
Pont
Canal St Maurice
Canal St Maurice
Ile Rouge
Bras de Gravelle
Bras de Gravelle
Avenue de l'Hopital
Route de St Maur à Bercy
Dressé par l'Architecte Soussigné.
Paris, le 1er Juin 1872.
F. Jaeger

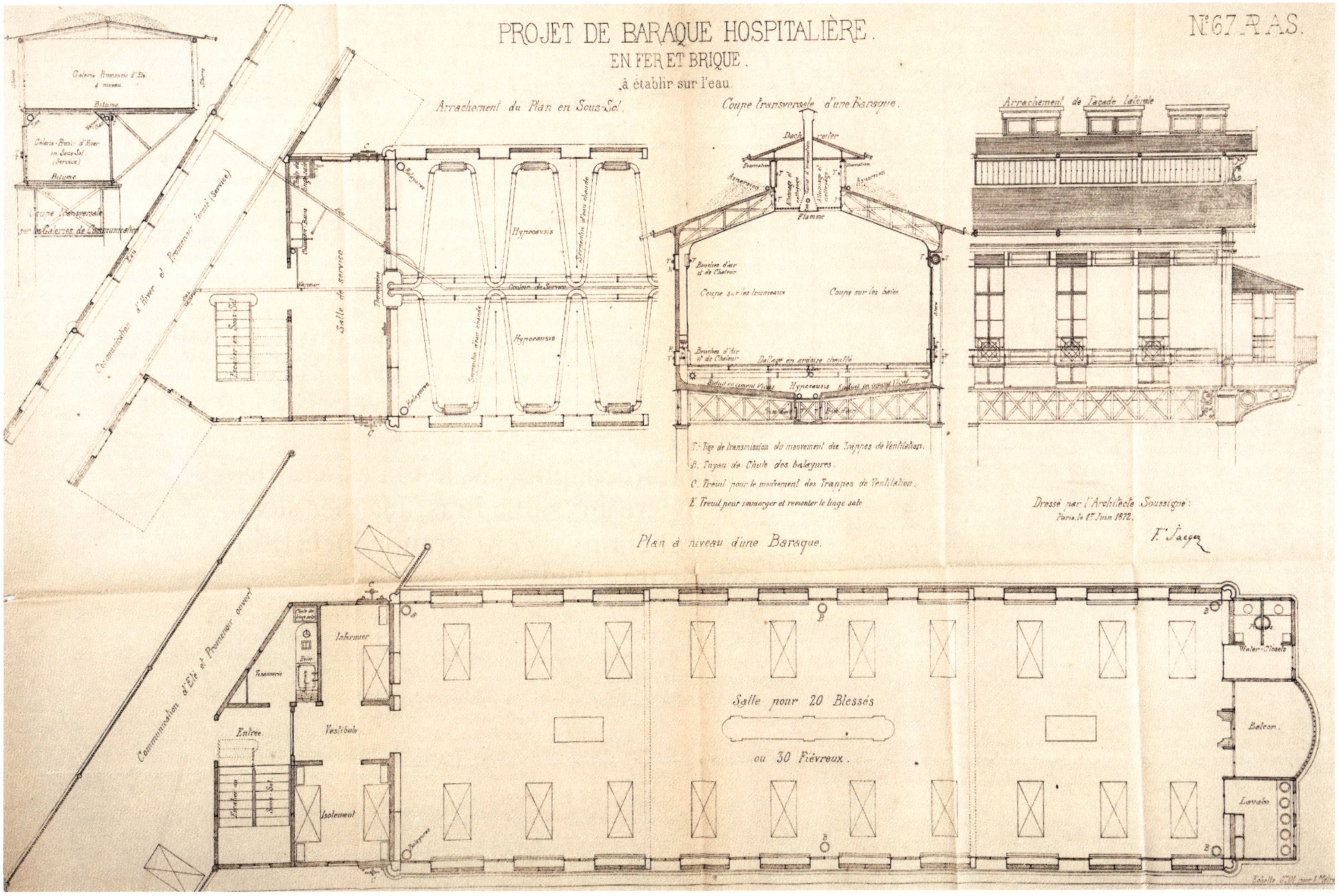
PROJET DE BARAQUE HOSPITALIÈRE.
EN FER ET BRIQUE.
à établir sur l'eau.
N°67 RAS.
Arrachement du Plan en Sous-Sol.
Coupe transversale d'une Baraque.
Arrachement de Façade latérale
Hypocausis
Hypocausis
Salle de service
Communication d'Hiver et Promenoir fermé (Service)
Coupe sur les trumeaux
Coupe sur les baies
A. Tige de transmission du mouvement des Trappes de Ventilation.
B. Tuyau de Chute des balayures.
C. Treuil pour le mouvement des Trappes de Ventilation.
E. Treuil pour emmarger et remonter le linge sale.
Dressé par l'Architecte Soussigné:
Paris, le 1er Juin 1872.
F. Jaeger
Plan à niveau d'une Baraque.
Communication d'Été et Promenoir ouvert
Infirmier
Tisannerie
Entrée
Vestibule
Isolement
Salle pour 20 Blessés
ou 30 Fièvreux.
Water-Closets
Balcon
Lavabo

4

Le plus célèbre de ces « bateaux soignants » reste sans doute le chaland *Louise-Catherine*, réaménagé pour l'Armée du Salut et ainsi rebaptisé en hommage à l'artiste Louise-Catherine Breslau. À sa mort en 1927, sa compagne, Madeleine Zillhardt, fait un don au mouvement caritatif en vue de la réalisation d'un abri pour « sans-taudis », qui reçoit le soutien financier de la bienfaitrice Winnaretta Singer-Polignac ; celle-ci impose son ami architecte Le Corbusier pour aménager le chaland. Le *Louise-Catherine* doit fermer en 1994 en raison de prises d'eau, et coule lors d'une crue de la Seine en 2018 (il sera renfloué en 2020). Face à lui, au pied de la gare de Lyon, « L'Adamant » semble avoir pris le relais, depuis 2010. À la fois au cœur de Paris et détaché de son sol, le centre de jour de l'hôpital de Saint-Maurice, ouvert aux patients habitant le centre de la capitale, recourt à son architecture comme outil de visibilité, de médiatisation du soin, de déstigmatisation de la psychiatrie. De l'autre côté de Paris, à proximité du parc André-Citroën, la péniche *Fleuron Saint-Jean*, réhabilitée en 1999 par l'ordre de Malte, accueille un centre d'hébergement d'urgence, destiné en particulier aux hommes sans domicile fixe accompagnés d'un animal ; un autre bateau géré par l'ordre de Malte, le *Fleuron Saint-Michel*, est amarré à Asnières-sur-Seine depuis 2008.

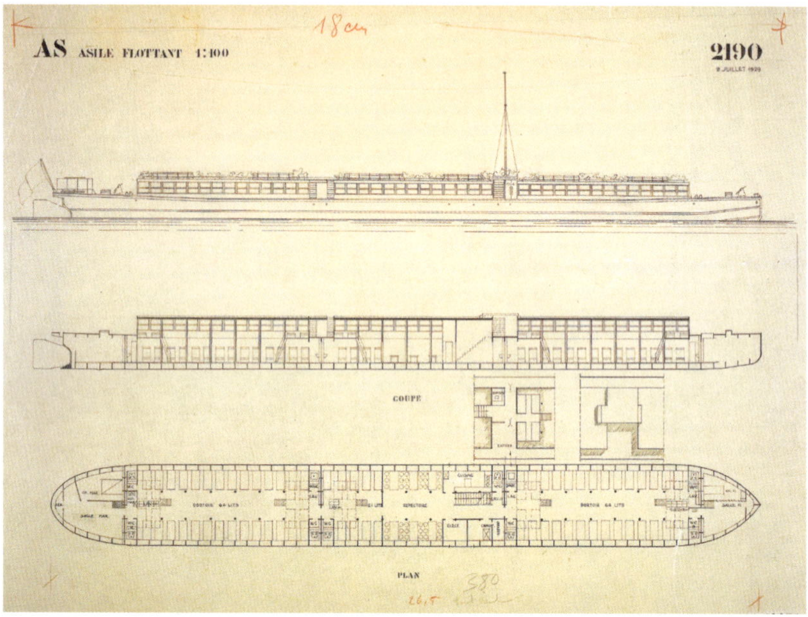

5

6

Le chaland *Louise Catherine*, réaménagé par Le Corbusier pour l'Armée du Salut en 1929, est amarré quai d'Austerlitz à Paris ; et l'hiver, écrit l'architecte, il se déplace et « vient devant le Palais du Louvre héberger les clochards que les froids chassent loin des arches des ponts ».

5 Plan, coupe et élévation de l'*Asile flottant*, Le Corbusier architecte, 1929.
6 Armée du Salut, *Asile flottant*, Le Corbusier architecte, 1929.

7

8

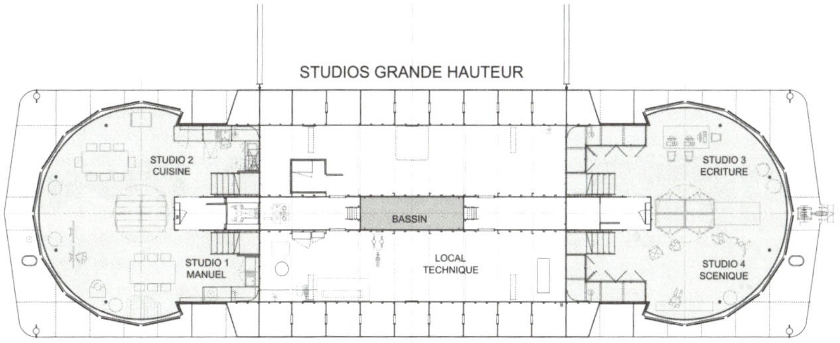

9

10

En juillet 2010, un autre « asile flottant » s'installe sur la Seine, non loin du *Louise-Catherine* mais sur la rive droite, au pied du pont Charles-de-Gaulle : « L'Adamant ». Conçu par l'architecte naval Gérard Ronzatti (agence Seine Design) en collaboration avec les équipes soignantes et en particulier avec le psychiatre Éric Piel, ce centre de jour est rattaché aux Hôpitaux de Saint-Maurice. La vie du bateau est aujourd'hui organisée par Arnaud Vallet, infirmier coordinateur.

7 et 8 « L'Adamant », Gérard Ronzatti – agence Seine Design architecte, photographie Sergio Grazia, 2010.

9 Plan de « L'Adamant », Gérard Ronzatti – agence Seine Design architecte, 2010.

Le *Fleuron Saint-Jean*, amarrée port de Javel dans le 15ᵉ arrondissement, propose une cinquantaine de places en hébergement d'urgence.

10 Péniche du *Fleuron Saint-Jean*, centre d'hébergement de l'Ordre de Malte, s.d.

Interstices

D'autres formes de soin sont prodiguées dans les débords ou les interstices de la ville, en dehors de la carte, ou sous la carte. Car le soin demande parfois de la furtivité, de la discrétion ; à rebours donc de la nécessité contemporaine d'une revalorisation du soin, son invisibilisation est paradoxalement, dans certains cas, sa condition.

La mythique « Grande cour des Miracles », qui accueillait les fous et les malades parmi des brigands de toutes sortes, fut longtemps un lieu interstitiel de « soin » et de refuge, au cœur de Paris. Qualifiée d'« hôpital menteur » par Victor Hugo, elle aurait été fermée au XVIIe siècle, lorsque l'on décida d'interner les fous et les mendiants dans un hôpital créé à cette intention, « l'Hôpital général de Paris ».

> « Il était en effet dans cette redoutable Cour des Miracles, où jamais honnête homme n'avait pénétré à pareille heure ; [...] hôpital menteur où le bohémien, le moine défroqué, l'écolier perdu, les vauriens de toutes les nations, espagnols, italiens, allemands, de toutes les religions, juifs, chrétiens, mahométans, idolâtres, couverts de plaies fardées, mendiant le jour, se transfiguraient la nuit en brigands [...] »
>
> Victor Hugo, *Notre-Dame de Paris*, 1831

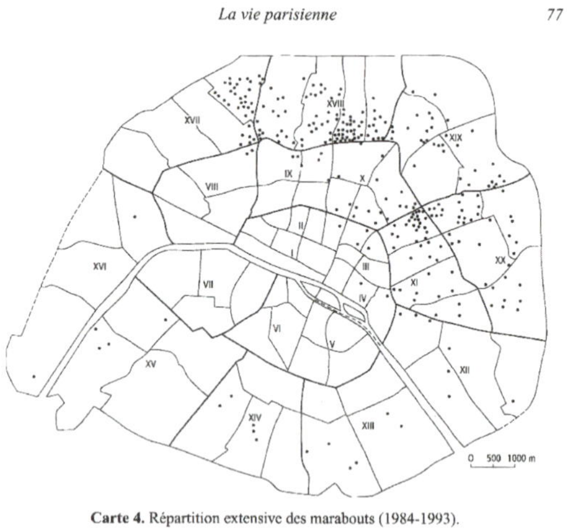

1

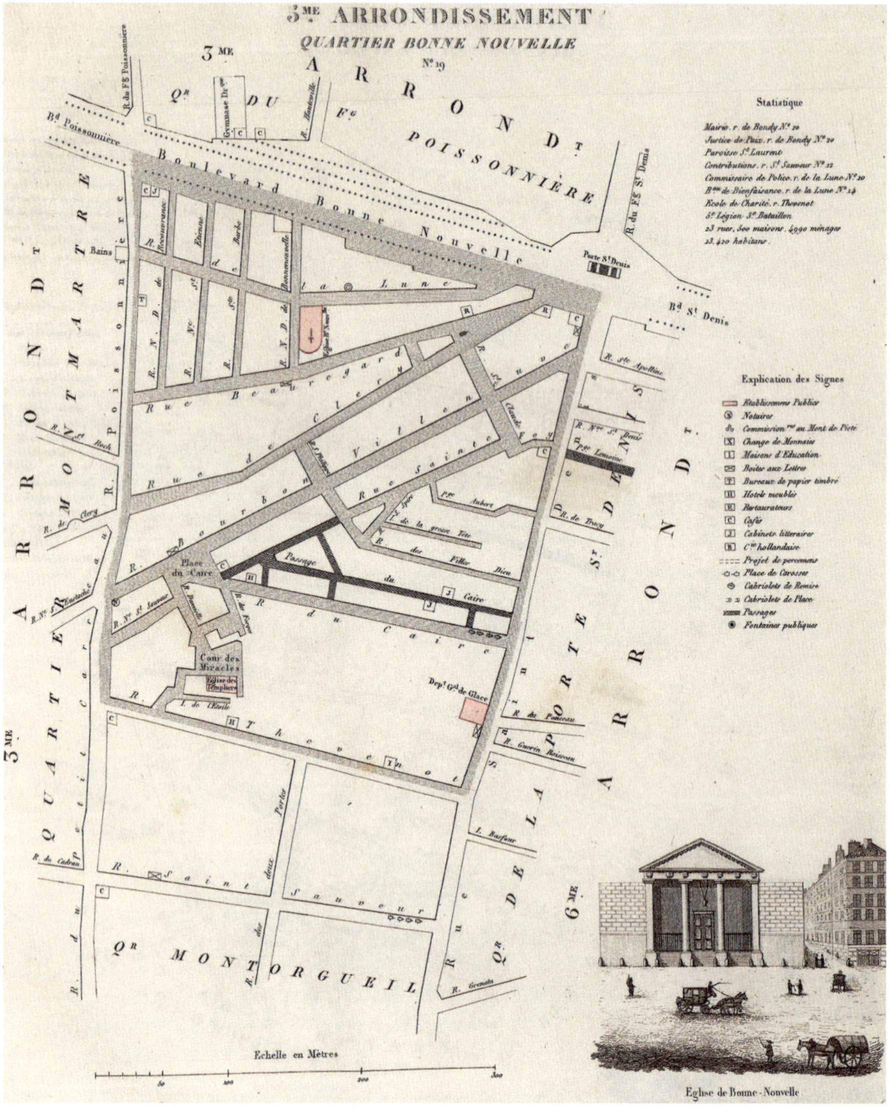

2

Certaines pratiques de soin, non institutionnalisées, voire illégales, se passent nécessairement « sous la carte ». Il en va ainsi des consultations de marabouts à Paris, auxquelles l'anthropologue Liliane Kuczynski consacre une étude, y compris géographique, en 2002 : *Les Marabouts africains à Paris*.

1 Carte de répartition des marabouts entre 1984 et 1993, in Liliane Kuczynski, *Les Marabouts africains à Paris*, Paris, CNRS Éditions, 2002.

La « Grande cour des Miracles » est encore indiquée sur ce plan de Paris datant du XIXe siècle (bien qu'elle n'existe plus). Différentes explications sont données quant à la disparition de ce lieu fantasmé de l'histoire parisienne. Chantal Dupille, dans l'*Histoire de la cour des Miracles* (paru en 1971), reprend l'idée défendue par Michel Foucault d'un « grand renfermement » des fous au XVIIe siècle et insiste sur la concomitance entre la « fermeture » de la cour des Miracles et la création de l'Hôpital général de Paris, en 1656. Le démantèlement de la cour fut considéré comme une « bonne nouvelle » par les habitants, ce qui, paraît-il, donna son nom au quartier qui l'abritait…

2 Cour des miracles, carte du 3e arrondissement de Paris, quartier Bonne-Nouvelle, 1834-1836, in A.-M. [Aristide-Michel] Perrot, *Petit atlas pittoresque des 48 quartiers de la ville de Paris*; *Banlieue, supplément au « Petit atlas pittoresque des 48 quartiers de la ville de Paris ». Arrondissement de Saint-Denis et arrondissement de Sceaux*, par Monin, gravé par Laguillermie, Paris, E. Garnot, 1834-1836.

En 2010, les patients en psychiatrie du pôle Paris-Centre des Hôpitaux de Saint-Maurice réalisent, en collaboration avec le collectif La Parole errante – créé en 1986 par le journaliste, poète et dramaturge Armand Gatti à Montreuil-sous-Bois (Seine-Saint-Denis) –, des collages et dessins dans lesquels chacun raconte l'usage quotidien qu'il fait de son quartier.

3 Le quartier de la Gare de l'Est, affiche réalisée par Marcelle, dans le cadre d'un atelier avec l'association La Parole Errante, 2006.

Gare de l'Est : j'habite le quartier de la gare de l'est. Dans les brasseries et les restaurants, on y retrouve aussi bien les habitants du quartier que les touristes. Avec les trains, il y a du va et vient. Les hôtels sont chics dans ce coin-là
Les hôtels, je connais bien. J'ai vécu un an à l'hôtel.
Au Mac Donald et au Quick, c'est là que je suis le plus souvent. Quand je m'ennuie, c'est là-bas que je vais m'attarder. Ce n'est pas la même ambiance que les bars-tabac. On n'y boit pas d'alcool, c'est pas cher et on peut rester longtemps. Si on consomme une fois, on peut rester le temps qu'on veut. **C'est au Quick que j'ai rencontré mon amie Monique.** Je l'ai encore croisée, il y a deux jours au Quick de la gare de l'est. On y est resté quelques heures. Et comme il n'y avait plus de salade, on a pris une glace.

On le sait par ailleurs aujourd'hui, la « furtivité » est également une manière d'habiter le monde propre à certaines pathologies mentales. Concomitamment aux expérimentations de la psychothérapie institutionnelle, l'histoire moderne de la santé mentale connaît un autre épisode majeur : l'animation par l'éducateur et thérapeute Fernand Deligny, dans les Cévennes, de lieux d'accueil pour patients autistes, hors de l'institution. Les « lignes d'erre », que tracent les équipes éducatives en suivant les parcours de ces enfants, sont des tentatives de révéler, par la mise en carte, des usages sinon invisibles de l'architecture par des individus privés de langage. La « maladie » s'avère ici productrice d'une spatialité propre, d'une architecture qui conteste les standards de dessin et d'usage.

4

5

En 1967, à Monoblet, dans les Cévennes, Fernand Deligny installe un campement dans un ravin surnommé « L'Île d'en bas », afin d'y réaliser son projet éducatif avec des enfants autistes mutiques. Cette « tentative » se fonde sur l'écriture, la cartographie et l'usage de la caméra. L'expérience est menée notamment avec Jacques Lin, ancien ouvrier.
5 Monoblet, « L'Île d'en bas » devant l'abri, « Cornemuse », photographie Henri Cassanas, 1969.

Suivant l'idée de Fernand Deligny, Jacques Lin cartographie l'espace du campement, puis trace sur un calque les déplacements et gestes des enfants. C'est le moment fondateur d'une pratique qui s'étendra sur plus de dix ans.
4 « Le Serret, la magnanerie des Guignard », carte tracée par Jacques Lin, 1971.

6

6 « Le Serret, deux calques superposés », lignes d'erre et gestes d'un enfant surnommé « Cornemuse » sur fond des trajets des adultes, tracés par Jacques Lin, août 1973.

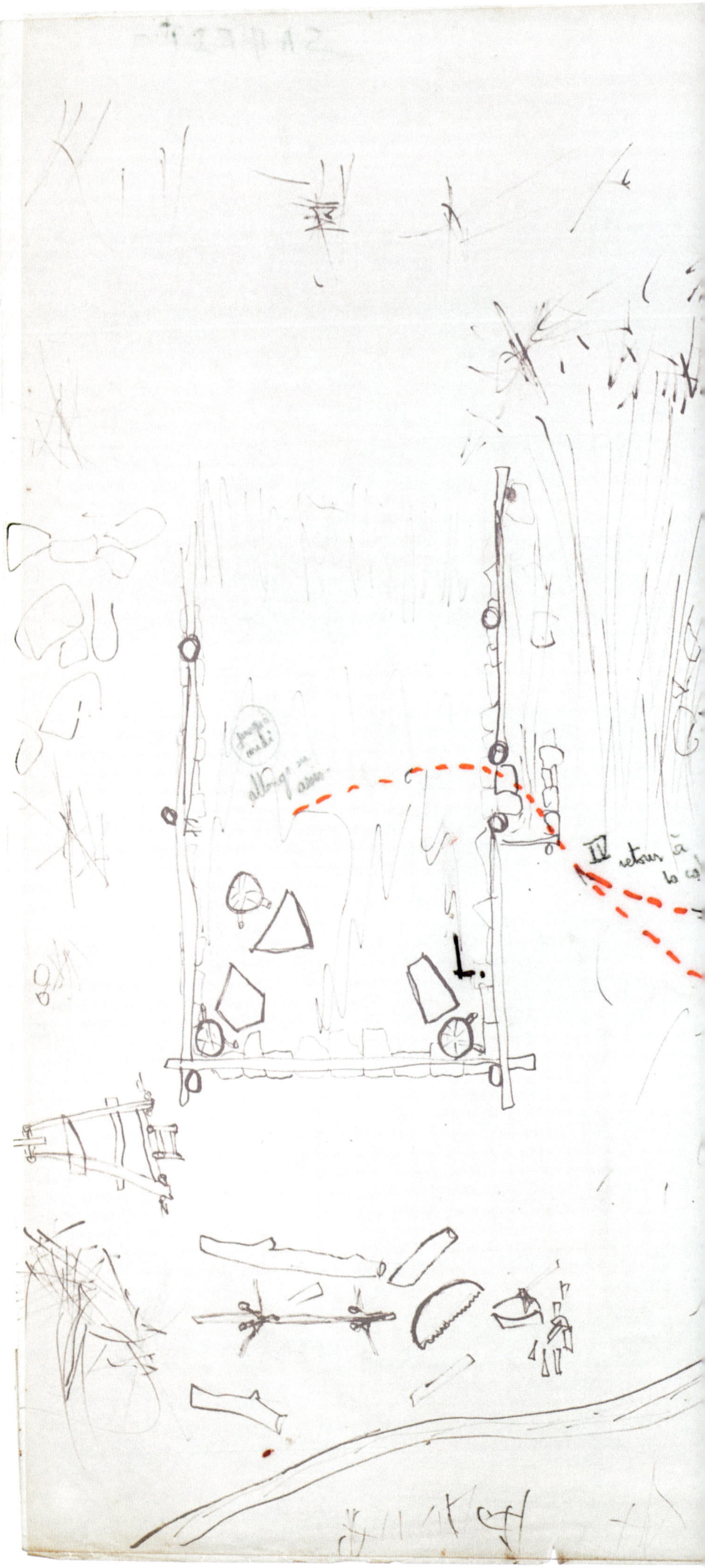

7 Monoblet, « L'île d'en bas », carte et calque superposés, tracés par Jacques Lin, en rouge les lignes d'erre de Janmari et Gaspard, juin 1969.

II il va vider l'eau sale
aller
retour
III
aller
IV départ
L.
15 min
endroit où il vide l'eau

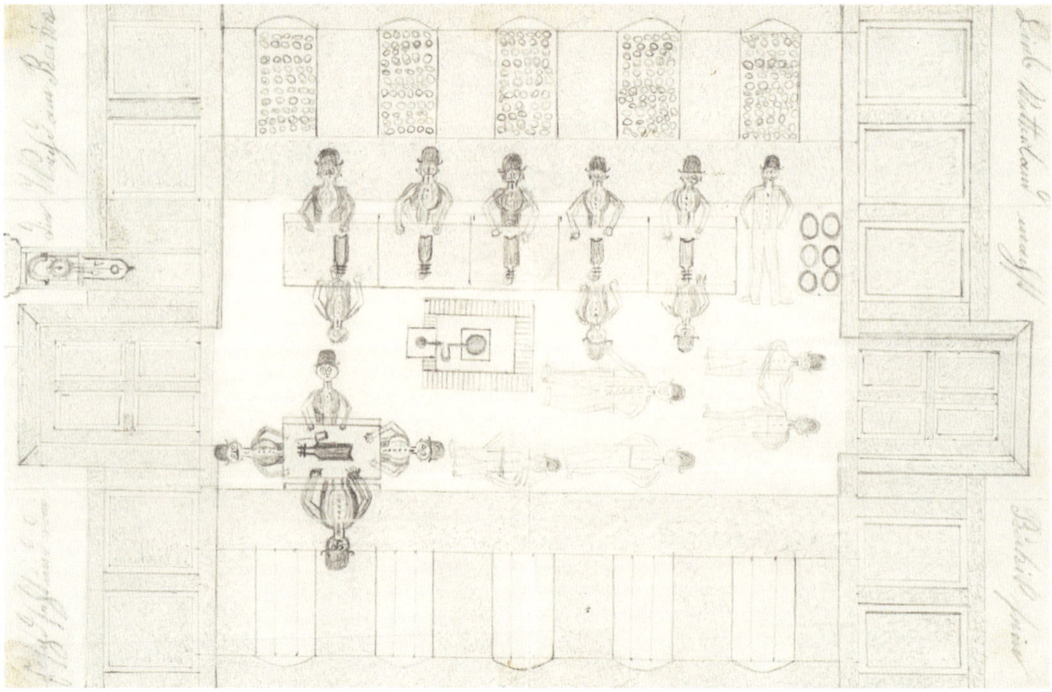

8

9

Entre 1919 et 1921, le médecin Hans Prinzhorn réunit à la clinique psychiatrique de Heidelberg, en Allemagne, plus de 5000 dessins, peintures, etc., réalisés par des malades mentaux, schizophrènes notamment, et fait paraître en 1922 le livre *Expressions de la folie*. Selon son hypothèse, ces documents peuvent être vus comme des œuvres et analysés dans le cadre d'une théorie et d'une histoire de l'art, car ils relèvent d'un « processus nucléaire commun à tous les hommes », qui serait le même dans « le dessin le plus magistral de Rembrandt comme dans le plus pitoyable gribouillis d'un paralytique ». Les surréalistes seront marqués par la lecture de ce livre, qui donne à voir une spatialité et une puissance créatrice qui seraient propres à la maladie.

8 « Dessin d'un charpentier schizophrène », collection Hans Prinzhorn.

9 « Paysage avec maisons », dessin d'un garçon de 6 ans et 9 mois, in Walter Krötzsch, *Rhythmus und Form in der freien Kinderzeichnung. Beobachtungen und Gedanken über die Bedeutung von Rhythmus und Form als Ausdruck kindlicher Entwicklung*, t. 1, Leipzig, Karl Rötzger, 1917.

10 et 11 « Démonstrations d'architecture », collection Hans Prinzhorn.

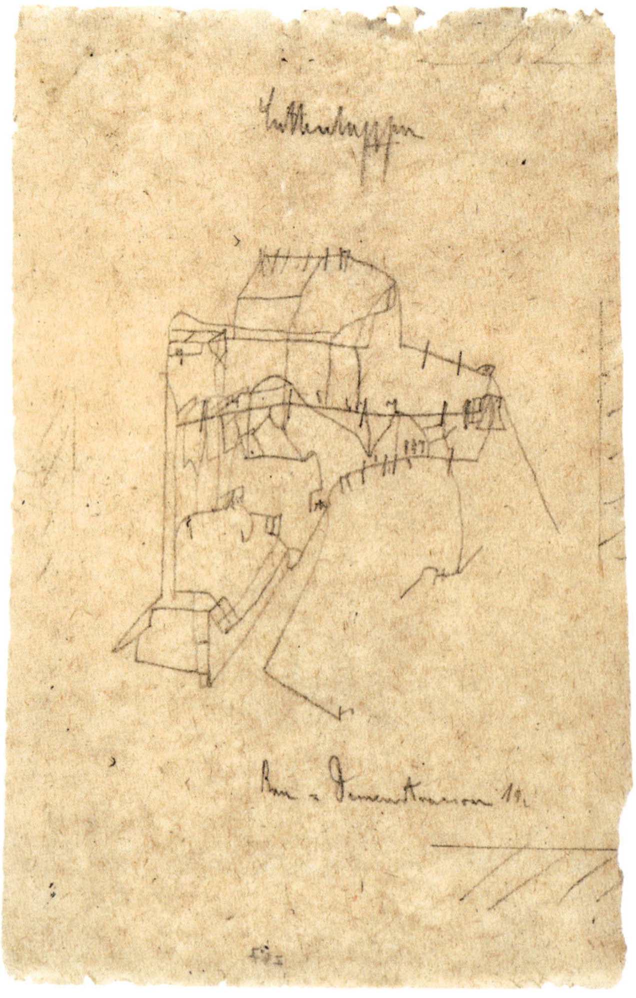

10

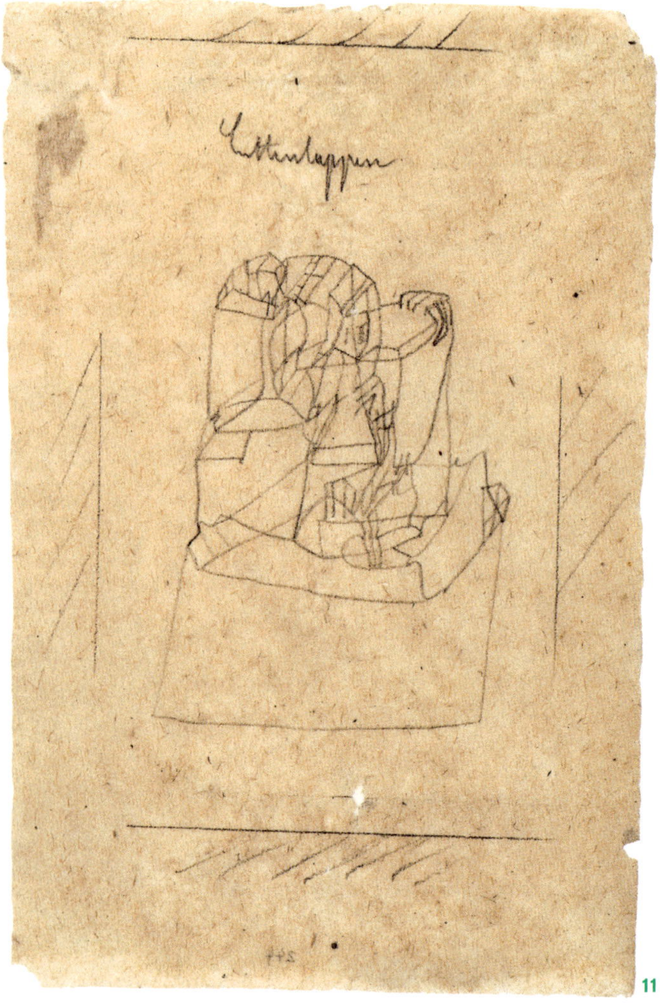

11

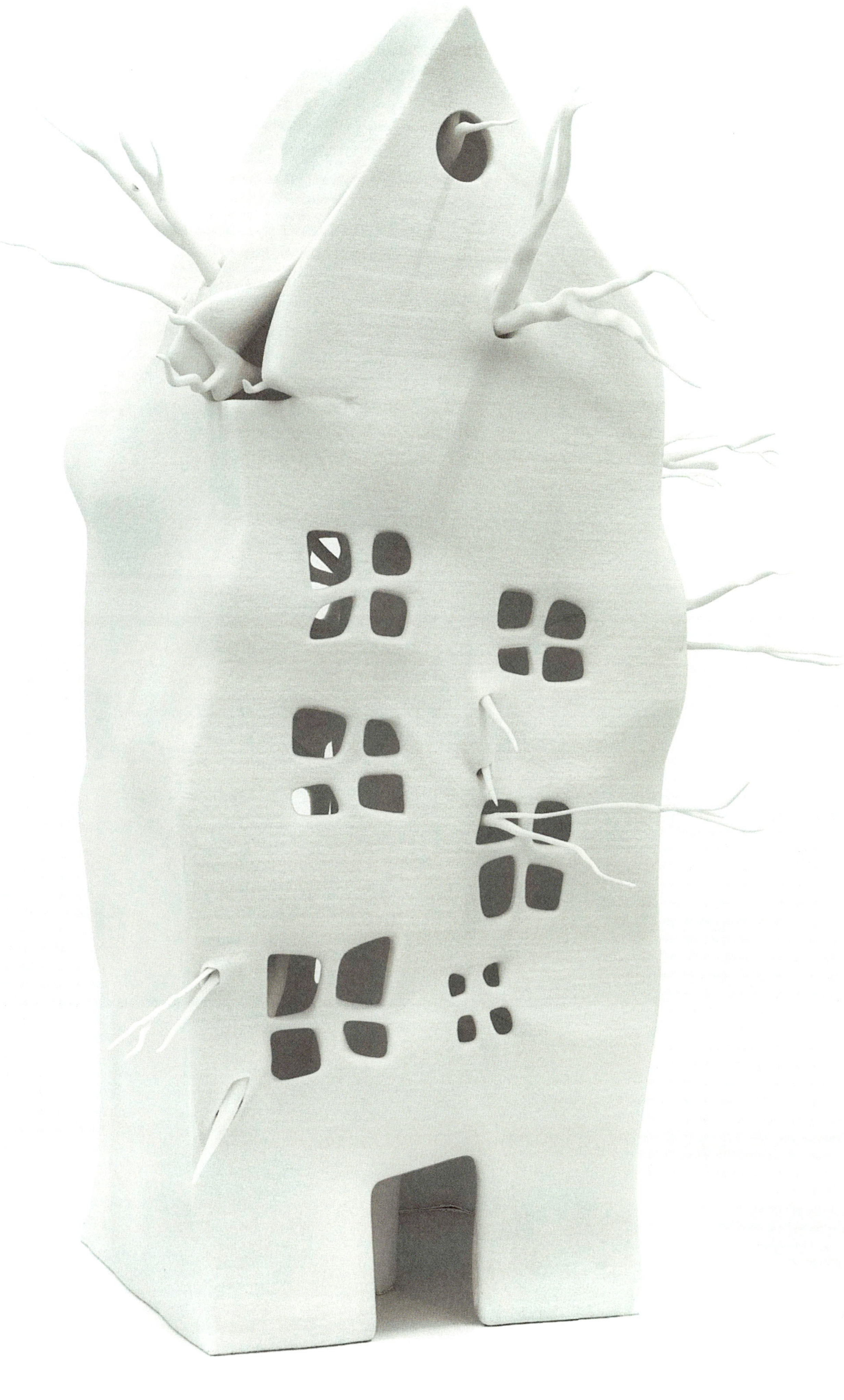

Les « psychoarchitectures » conçues par les artistes Berdaguer & Péjus sont des maisons imprimées en 3D à partir de dessins réalisés lors de tests psychologiques par de jeunes patients atteints de pathologies mentales. Ces maisons, selon les artistes, sont « autant de fantômes, de rêves ou de cauchemars d'architecture psychotique ». Ce travail démontre aussi la capacité qu'aurait la « maladie » à déformer les représentations architecturales, et à en proposer d'autres.

12 Berdaguer & Péjus, *Psychoarchitecture*, résine (stéréolithographie), 2008.

Soins virtuels

Autre forme d'architecture alternative, autre forme de furtivité, qui s'extrait du cadre bâti pour produire du soin : dans la série de vidéos *Serious Games*, tournées en 2009-2010 aux côtés de l'armée américaine, Harun Farocki filme le traitement de soldats souffrant de PTSD (*Post-traumatic stress disorder*) par la réalité virtuelle. Ramené sur la scène simulée du traumatisme, le sujet serait mis en capacité de se rétablir plus rapidement, plus efficacement. Le virtuel devient un (non-)lieu de soin.

Plus généralement, l'environnement numérique s'impose désormais comme un espace médical à part entière, qui a pris une place incontournable dans les pratiques contemporaines : explosion des consultations de télémédecine, recours massif aux plateformes numériques, séances de thérapie en ligne, en réalité virtuelle ou augmentée, expérimentation du « bloc opératoire augmenté » à l'hôpital Paul-Brousse de l'AP-HP à Villejuif, premiers cas de « récupération visuelle » de patients aveugles grâce aux outils informatiques en 2021.

L'essor de ces pratiques pose des questions majeures : l'espace virtuel a-t-il une capacité thérapeutique propre, un potentiel soignant inédit ? Que devient le « sujet » (le soigné, le soignant) dans une relation de soin qui se déroule virtuellement ? Comment faire coexister technicité et humanisme du soin ? Comment créer les relations homme-machine les plus complémentaires au bloc ? D'autres « architectures du soin » s'inventent-elles dans le monde numérique, et comment cohabiteront-elles avec les architectures du monde terrestre ?

Dans *Immersion*, troisième épisode de la série *Serious Games* (2009), Harun Farocki filme des séances de thérapie organisées à l'Institute for Creative Technologies, à Los Angeles, qui élabore des outils de réalité virtuelle pour accompagner les vétérans de l'armée américaine à leur retour de zones de conflit.

1 Harun Farocki, *Immersion*, série *Serious Games*, 2009.

Figure 1. Job interview simulation.
Figure 2. Meeting in a bar.
Figure 4. Speech in front of an auditory.
Figure 3. Meeting in a cafeteria.

2

3

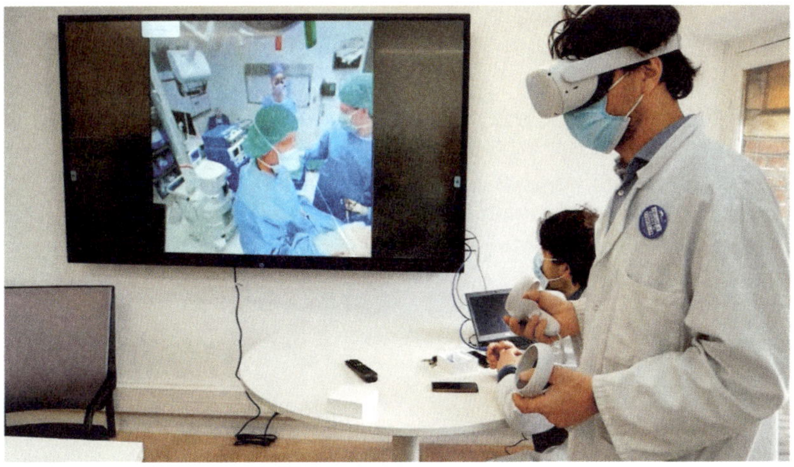

4

Thérapie en réalité virtuelle utilisée pour traiter l'anxiété et les phobies en simulant différentes situations.
2 Étude sur l'utilisation de la réalité virtuelle comme outil de thérapie d'exposition pour le traitement de l'anxiété sociale, 2006.
3 Photogramme extrait du programme de réalité virtuelle Arachnophobia, 2016.

La chaire innovation « Bloc OPératoire Augmenté » (BOPA) est issue d'un partenariat entre l'AP-HP et l'Institut Mines-Télécom (IMT). Depuis 2020, des chercheurs installés à l'hôpital Paul-Brousse mettent au point des outils numériques pouvant contribuer à améliorer les pratiques chirurgicales du bloc : ils développent six blocs systémiques (Bloc Human Factor, Bloc Viz, Bloc Bot, Bloc Touch, Bloc Light, Bloc Box) visant à une « augmentation » des sens (toucher, vision, ouïe) des soignants.
4 La chaire innovation « Bloc OPératoire Augmenté » (BOPA), hôpital Paul-Brousse, 2021.

LE VIRTUEL COMME (NON-)LIEU DU SOIN ?

Serge Tisseron
Psychiatre, docteur en psychologie HDR, membre de l'Académie des technologies

En 1995, alors que j'étais médecin à l'hôpital de Villeneuve-Saint-Georges, des infirmières spécialisées dans les examens angiographiques m'alertèrent sur le fait que des malades étaient saisis d'angoisse en découvrant leur réseau sanguin sur un écran. Certains disaient même y voir une araignée ou une pieuvre menaçante ! Nous avons alors imaginé ensemble un protocole afin que cet examen ne constitue plus pour les patients un traumatisme possible, mais qu'il devienne au contraire pour eux l'occasion d'une découverte enrichissante.

Cet exemple nous montre qu'à l'ère numérique, il nous faut travailler plus que jamais à ce que les usagers ne soient plus les spectateurs passifs des informations que ces technologies fournissent, mais des acteurs engagés dans une co-construction des significations que ces examens révèlent. Et cela deviendra de plus en plus vrai avec les technologies du virtuel. Elles sont une forme d'expérience de fiction, au même titre que le livre et le cinéma[1], mais avec des pouvoirs

1 Voir Serge Tisseron, « La réalité de l'expérience de fiction », *L'Homme*, nº 175-176, juillet-septembre 2005, p. 131-145.

d'illusion décuplés[2], et donc aussi source de malentendus et de quiproquos.

LE VIRTUEL, UNE EXPÉRIENCE SUBJECTIVE SOUTENUE PAR UNE TECHNOLOGIE

L'expérience virtuelle est définie par l'existence d'un « sentiment de présence » semblable à celui qui accompagne la présence au monde physique réel[3]. Il n'existe toutefois pas de définition consensuelle de ce que serait ce « sentiment de présence » dans un environnement virtuel numérique[4]. L'important semble être que nous agissons et modifions nos attitudes en fonction des réponses de l'environnement, de telle façon que le sentiment d'immersion (être contenu dans le monde numérique) alimente le désir d'interagir pour le transformer, tandis que chaque transformation que nous lui appliquons augmente le sentiment d'y être immergé et contenu.

Quant aux technologies utilisées, il s'agit bien entendu des visiocasques, mais pas seulement. Certains auteurs y incluent les écrans, en considérant qu'il existe un gradient de « sentiment de présence » plus ou moins marqué d'une technologie à l'autre. D'autres distinguent immersion dans le virtuel à distance par l'intermédiaire d'un écran, dite *extéroceptive*, et immersion par visiocasque, dite *proprioceptive*[5]. De manière générale, il n'existe pas de corrélation rigoureuse entre le caractère objectivement immersif des technologies utilisées et le sentiment de présence d'un usager : celui-ci reste une expérience propre à chacun.

LES AVANTAGES DES TECHNOLOGIES DU VIRTUEL

Ces technologies présentent de nombreux avantages. Il est en effet possible de créer de façon reproductible, d'une séance thérapeutique à l'autre, des environnements peu accessibles, dangereux, ou correspondant à des profils psychologiques particuliers. Il est également possible de donner aux contenus virtuels un aspect ludique, utilisant par exemple des récompenses et des badges qui motivent les utilisateurs, à commencer par les enfants et les séniors. En même temps, ces environnements virtuels sont si proches des environnements réels que les comportements appris dans le monde virtuel ont une forte transférabilité dans le monde réel. En outre, ces technologies produisent des réponses stables et prévisibles, donc rassurantes, et ne créent jamais chez les utilisateurs le sentiment d'être jugé. Enfin, ces outils permettent un contrôle de progression et une évaluation rigoureuse, que ce soit par le thérapeute ou par le patient lui-même, qui est à tout moment le spectateur de ses propres actions.

L'ensemble de ces avantages constitue les espaces virtuels en outils privilégiés à la fois pour l'aide au diagnostic (notamment dans le domaine de la mémoire[6] et des fonctions exécutives[7]) et pour les thérapies. De nombreuses pathologies sont concernées : les syndromes phobiques et anxieux, la schizophrénie, la dépendance aux jeux de hasard et d'argent et des troubles neuro-psychologiques. Le virtuel encourage aussi l'adoption de plusieurs points de vue possibles. Il permet même de se mettre à la place d'un autre et d'éprouver ses expériences, ce qui ouvre des perspectives du côté de la construction de l'empathie pour autrui. Enfin, grâce au virtuel, on peut s'identifier à un personnage au point d'acquérir certaines de ses qualités. C'est l'effet Proteus.

LES LIMITES DU VIRTUEL

Durant toute la période du confinement lié à la pandémie de coronavirus, l'accompagnement des plus fragiles s'est en grande partie déroulé à distance, qu'il s'agisse de télémédecine, de soutien psychologique ou de travail social. Grâce à ces technologies, de nombreuses personnes vulnérables ont pu continuer à être suivies et accompagnées. Mais ces échanges dont les corps sont exclus et les regards biaisés par les *webcams* se sont aussi révélés générateurs de plusieurs malentendus, allant même jusqu'à aggraver chez certains patients leur sentiment d'abandon[8].

Pour cette raison, donner des indications de traitement à distance peut s'avérer anxiogène, plus encore s'il s'agit d'émettre un diagnostic. D'ailleurs, aux États-Unis, un médecin ayant utilisé un robot de téléprésence pour annoncer à un malade qu'il lui restait cinq jours à vivre semble avoir précipité sa mort[9]. Autrement dit, il est essentiel de questionner l'opportunité de recourir à des écrans dans des situations impliquant d'importantes manifestations d'empathie[10]. De même, une voix de synthèse peut créer une situation paradoxale de pseudoprésence terriblement anxiogène. Par exemple, l'utilisation d'une enceinte connectée pour rappeler à des patients atteints de démence de prendre leurs médicaments provoquerait chez beaucoup d'entre eux une profonde détresse[11]. Elle augmenterait le sentiment de solitude en majorant la douleur de ne pas trouver la présence humaine espérée.

Pour ce qui concerne l'usage des visiocasques, rappelons d'abord que ces technologies, tout comme les écrans, n'ont rien de thérapeutique en soi. Ce sont les stratégies employées lors de l'immersion qui ont une fonction thérapeutique. C'est pourquoi il existe des préconisations de bon usage[12]. Le praticien doit s'assurer que le patient est bien informé, que sa vie privée et son autonomie ne sont pas menacées, et qu'il ne risque pas de devenir dépendant de la technologie utilisée, compte tenu des avancées dans le domaine. Il est également souhaitable que le patient bénéficie, durant l'exposition, de la présence continue d'une personne encadrante qui ne prend pas part à l'immersion. Son rôle est de garantir la sécurisation du périmètre d'immersion, de rassurer psychologiquement l'intéressé et de repérer un éventuel inconfort physique ou psychique chez lui. Enfin, il est important de dire aux patients

2 Voir Michael Madary, Thomas K. Metzinger, « Real Virtuality. A Code of Ethical Conduct. Recommendations for Good Scientific Practice and the Consumers of VR-Technology », *Frontiers in Robotics and AI*, 19 février 2016.
3 Voir Philippe Quéau, *Le Virtuel. Vertus et vertiges*, Seyssel, Champ Vallon/Paris, INA, 1993.
4 Voir Kwan Min Lee, « Presence, Explicated », *Communication Theory*, vol. 14, nº 1, 1er février 2004, p. 27-50 ; Matthew Lombard, Theresa Ditton, « At the Heart of It All. The Concept of Presence », *Journal of Computer-Mediated Communication*, vol. 3, nº 2, septembre 1997.
5 Voir Philippe Fuchs, *Théorie de la réalité virtuelle. Les véritables usages*, Paris, Les Presses des Mines, 2018.
6 Voir Gaën Plancher, Julien Barra, Éric Orriols, Pascale Piolino, « The Influence of Action on Episodic Memory. A Virtual Reality Study », *Quarterly Journal of Experimental Psychology*, vol. 66, nº 5, octobre 2012, p. 895-909.
7 Voir Evelyne Klinger, « Les apports de la réalité virtuelle à la prise en charge des déficiences cognitives », *Annales des Mines*, nº 4 : *Réalités industrielles. Connaissances et systèmes technologiques pour la santé*, novembre 2014, p. 57-62.
8 Voir S. Tisseron, « Facilités et pièges de la communication à distance : les leçons du confinement », *Droit, santé et société*, nº 2, 2020, p. 35-40.
9 https://www.zdnet.fr/actualites/un-robot-medecin-apprend-a-un-patient-en-phase-terminale-qu-il-va-mourir-39882041.htm (consulté le 10 décembre 2020).
10 Voir S. Tisseron, *Empathie et manipulations* [2017], Paris, Albin Michel, coll. « Espaces libres », 2020.
11 Voir S. Tisseron, *L'Emprise insidieuse des machines parlantes*, Paris, Les Liens qui libèrent, 2020.
12 Notamment https://www.anses.fr/fr/system/files/AP2017SA0076Ra.pdf.

que nos connaissances sont incomplètes à ce jour concernant l'impact et/ou les effets éventuellement persistants des immersions longues et/ou répétées en réalité virtuelle.

LE RISQUE DE LA DÉSHUMANISATION

Néanmoins, ces règles sont insuffisantes, car à trop recourir à l'intelligence artificielle, la médecine peut rapidement se déshumaniser. D'ores et déjà, dans certains services d'urgence, il arrive que le médecin ne se déplace jamais auprès d'un malade, mais reste devant un ordinateur sur lequel il interprète des résultats et prescrit des examens qu'il juge utiles. À la limite, cela permet de construire un plan de traitement individualisé pour chacun, intégrant le savoir « intime » que les algorithmes ont de lui, sans forcément prendre en compte la façon dont le patient se perçoit lui-même. Le médecin soigne son double numérique et vérifie régulièrement par de nouveaux examens qu'il va mieux, sans se poser la question de savoir si l'original est désespéré, dépressif, voire suicidaire. Si ce système est d'une efficacité avérée en termes de rentabilité du temps médical, il semble en revanche favoriser l'épuisement des soignants, à commencer par ceux qui se sont orientés vers cette profession par attrait pour la relation de soin[13].

Et il est probable que l'intelligence artificielle fera bientôt mieux encore. Car la logique de cette évolution, c'est que des robots interviennent auprès des patients pour réaliser le diagnostic, voire pour engager un traitement, y compris dans le domaine psychologique, comme le montrent déjà les ambitions de Facebook avec *Woebot*, son robot « coach en santé mentale[14] ». Pourquoi la société Facebook s'est-elle lancée dans cette aventure ? Est-ce parce qu'elle a pris conscience de la misère psychologique de beaucoup d'adolescents ? Mais, si c'était le cas, pourquoi n'aurait-elle pas décidé de financer l'ouverture de centres de consultation et de prise en charge des étudiant(e)s sur les campus ? Il suffit de rappeler le modèle économique de Facebook pour le comprendre. Cette entreprise vit de la capture des données personnelles de ses usagers, qu'elle utilise ou revend. Cela assure déjà *Woebot* de bénéficier de beaucoup d'informations pour poser les bonnes questions à ceux qui décident de l'utiliser : il exploite tout ce que son utilisateur et ses proches ont mis à propos de lui sur le réseau social. De plus, les confidences qui lui sont faites constituent autant de nouvelles données personnelles que Facebook pourra exploiter !

Cependant, croire que les technologies numériques vont s'arrêter là, c'est les sous-estimer. Bientôt, elles n'exploreront plus seulement le présent, elles prétendront aussi prévoir les problèmes à venir. Dans ces conditions, la stratégie du « prendre soin » se trouve radicalement décentrée. Sous prétexte de tenir compte de ce qui est important pour un sujet indépendamment de ce qu'il perçoit de lui-même, les technologies numériques ouvrent grand la porte à des techniques de soin dont les objectifs fixés à chacun pour son maintien en bonne santé relèvent de ce que des algorithmes désignent comme pouvant être amélioré de lui à long terme, y compris dans le domaine de la psychologie.

13 Voir Jean-Marc Triffaux, Serge Tisseron, Julian Nasello, « Decline of Empathy Among Medical Students. Dehumanization or Useful Coping Process ? », *Encephale*, n° 45 (1), février 2019, p. 3-8.

14 Kathleen Kara Fitzpatrick, Alison Darcy, Molly Vierhile, « Delivering Cognitive Behavior Therapy to Young Adults With Symptoms of Depression and Anxiety Using A Fully Automated Conversational Agent (Woebot). A Randomized Controllled Trial », *JMIR Ment Health*, n° 4 (2), 6 juin 2017.

POUR UN VIRTUEL SENSIBLE, PROTECTEUR ET RESPECTUEUX

L'enjeu majeur du développement des technologies numériques en matière de diagnostic et de soin, y compris médico-psychologique, réside donc dans la conscience que les soignants doivent garder de l'écart entre deux réalités : d'un côté, les informations que ces technologies leur donnent sur un individu qui n'est semblable à aucun autre, et les moyens d'agir sur ses dysfonctionnements ; d'un autre côté, le sujet réel, pétri de son histoire, de ses attentes et de ses doutes.

Une médecine de la personne et pas de l'individu

Aucun patient n'est semblable à aucun autre du point de vue de sa génétique et de sa biologie intime, et appelle à terme des soins physiques spécifiques. Mais ce processus d'individuation ne s'accompagne pas forcément de la compréhension à la fois émotionnelle et cognitive de sa maladie par le patient, ni de la possibilité qu'il a d'intégrer cette expérience dans sa vie mentale. Or, tant qu'une information n'est pas interprétée, critiquée, transformée, ce n'est pas un savoir : le savoir commence lorsque les informations sont classées, organisées, ordonnées, interprétées, critiquées et, surtout, transformées par tel ou tel individu ou tel ou tel groupe pour être mises au service de sa dynamique psychique, individuelle ou collective. Le moteur de l'appropriation du savoir passe par la reformulation. Il appartient donc au numérique de favoriser la possibilité d'une reformulation, par le patient, de ses expériences vécues, qu'il faut lui permettre d'anticiper en lui apportant toutes les informations nécessaires avant l'examen ou au début de la thérapie.

Intelligibilité des algorithmes

De plus en plus de diagnostics médicaux qui ont des implications sur nos vies dépendent du résultat de systèmes algorithmiques. Ces algorithmes mettent en œuvre, le plus souvent de manière opaque, des critères de priorité, de préférence, de classement qui ne sont généralement pas connus des personnes concernées. Aujourd'hui, le médecin et le malade sont dans la même ignorance de la hiérarchie des informations que les machines leur donnent et des raisons pour lesquelles elles les leur donnent. On parle souvent de « transparence des algorithmes » alors que, pour les utilisateurs, le fonctionnement d'un algorithme a peu d'intérêt. L'intelligibilité est plus importante que la transparence. Autrement dit, il s'agit de transmettre aux usagers toutes les informations utiles pour qu'ils puissent en interpréter les résultats ; à cette fin, il faudrait contraindre les concepteurs des algorithmes d'aide à la décision de produire, outre des résultats attendus, des éléments d'explication, à la fois pour les soignants et pour les usagers.

Des machines au service de la création des liens

Les robots seront de plus en plus capables de répondre aux attentes de communication simples, telles que partager des conseils de cuisine, jouer à un jeu ou coacher des exercices physiques. Mais un robot peut également informer son utilisateur sur les ressources humaines de proximité. Par exemple, l'existence d'un club de quartier ou de personnes elles aussi isolées avec lesquelles l'usager pourrait entrer en contact pour s'adonner à son activité préférée. Les fabricants de robots doivent se voir imposer de concevoir des robots qui favorisent les relations entre les humains, tout comme ils sont obligés de créer des robots qui ne mettent pas en danger la santé physique de leurs utilisateurs. Dans les deux cas, il y va de la santé, mentale d'un côté et physique de l'autre. Autrement dit, le modèle du robot de compagnie doit être le robot

« humanisant » qui contribue aux rencontres entre humains plutôt que le robot humanoïde capable de se substituer à un humain de compagnie[15].

EN CONCLUSION

Les technologies du virtuel sont promises à un grand avenir dans le domaine médical. Elles permettent en effet non seulement d'améliorer la qualité des soins, mais aussi de diminuer potentiellement leur coût : réduction des frais d'immobilisation et de déplacement du personnel, réduction des frais de structure, logistique simplifiée des formations pouvant être réalisées en partie à distance. Elles doivent par ailleurs être mises au service d'un accroissement de la capacité des patients à comprendre leur pathologie, à l'accepter et à envisager sereinement les thérapeutiques proposées. Ce serait l'occasion de créer une forme de co-immersion par laquelle le thérapeute accompagne le patient dans sa découverte d'aspects inconnus de lui-même, afin qu'il puisse mieux se connaître et faire évoluer ses capacités et ses compétences selon ses choix. Ce droit est également une condition d'une société libre permettant à chacun de se réaliser conformément à ses souhaits. Si ce que l'on appelle couramment « la médecine de la personne » n'intègre pas cette dimension, elle restera irrémédiablement une médecine de l'individu, menacée par la technicisation, l'hyperspécialisation et, finalement, la perte de sens, tant pour les soignants que pour les patients, entraînant un risque de déshumanisation et de maltraitance, sur un chemin pourtant pavé de bonnes intentions.

Les patients sont des personnes, et les soignants aussi. Ils ont un nom. L'intelligence artificielle (IA), elle, n'en a pas. Une médecine anonyme est ce qu'il y a de pire.

1

15 Voir S. Tisseron, *Le Jour où mon robot m'aimera. Vers l'empathie artificielle*, Paris, Albin Michel, 2015.

1 « L'hôpital Saint-Anne », Jules Gaildrau graveur, 1868, in *L'Illustration, Journal universel*, Paris, 1868.

Jardins

Pour Michel Foucault[1], le jardin est l'hétérotopie par excellence, cet « espace autre », lieu d'une remise en question des pratiques institutionnalisées, de la construction d'autres formes d'habiter.

Dans l'histoire du soin, le jardin a une place ancienne et particulière, dans ou à l'extérieur de l'hôpital. Il est souvent le lieu d'une démarche thérapeutique innovante, qui engage le patient dans des pratiques de déambulation, d'entretien, d'agriculture. Selon William Tuke, pionnier britannique de l'hortithérapie, le jardin est la condition spatiale d'un *pastoral care*.

À Paris, l'hôpital Sainte-Anne expérimente très tôt les bienfaits du jardinage et de l'agriculture. D'abord par défaut : dès le XVIIe siècle, le « Sanitat », conçu sur l'initiative d'Anne d'Autriche pour accueillir les femmes contagieuses, est détourné de sa fonction hospitalière et transformé en ferme, activité qui perdure jusqu'en 1772, hormis lors de quelques épisodes exceptionnels. Après l'incendie de l'Hôtel-Dieu, Sainte-Anne est identifié comme un site hospitalier à réhabiliter ; les travaux démarrent sous la direction de Bernard Poyet, mais sont interrompus à la veille de la Révolution.

Plus tard, le site est transformé en laiterie, occupé par cent quarante vaches qui fournissent le lait aux hôpitaux parisiens. Puis, en 1833, des « aliénés tranquilles » de Bicêtre y sont installés pour cultiver la terre, dans une démarche faisant du travail agricole une part intégrante du traitement des pathologies mentales. Ces pratiques perdurent jusqu'à la transformation du site en asile en 1867.

1 Michel Foucault, « Des espaces autres » (1967), in *Dits et écrits*, t. IV, Paris, Gallimard, 1994.

2

2 « The Retreat » à York, in D. Hack Tuke, *Reform in the Treatment of the Insane. Early History of The Retreat, York ; its Objects and Influence. With a Report of the Celebrations of its Centenary*, Londres, J. & A. Churchill, 1892.

Le « nouvel » hôpital Sainte-Anne est inauguré en 1867 ; cette année-là, est ouverte la bien nommée prison de la Santé, sur un site voisin qui avait accueilli au XIIIe siècle la première « Maison de la santé », future Sainte-Anne…

3 « Ferme de Sainte-Anne, annexe de la vieillesse (hommes), cultivée par les fous », Champin dessinateur, in Edmond Texier, *Tableau de Paris. Ouvrage illustré de quinze cents gravures d'après les dessins de Blanchard, Cham, Champin […]*, t. I, Paris, Paulin et Le Chevalier, 1852-1853.

4 « Entrée de la ferme Sainte-Anne, succursale de l'hôpital Bicêtre, démolie en 1865 », Léon Leymonnerye dessinateur, 1862.

3

4

Aujourd'hui, dans la continuité d'expérimentations menées en psychiatrie au cours des années 1950 et 1960, de nombreux lieux de soin ont intégré le jardin thérapeutique à leurs espaces : depuis 1997, dans le cadre de l'accompagnement d'enfants autistes, l'hôpital Pitié-Salpêtrière à Paris investit « l'atelier potager/fleurs » (surnommé le « jardin d'Anne » d'après sa fondatrice, l'infirmière et jardinière Anne Ribes) ; l'Hôpital psychiatrique de Malévoz, à Monthey (Suisse), développe quant à lui ses pratiques d'hortithérapie au sein d'un projet plus global de « Quartier culturel », tissant des liens entre l'établissement et la ville. Mentionnons aussi les expérimentations menées aux CHU de Nancy, de Saint-Étienne, au centre hospitalier Théophile-Roussel (à Montesson), ou encore au Centre hospitalier de Cholet, qui a aménagé un jardin thérapeutique avec des patients de l'unité de soins de suite et de réadaptation.

5

6

À partir des années 1950, sous l'influence du psychiatre Frantz Fanon, le jardinage fait partie des activités des patients de l'hôpital de Blida-Joinville, en Algérie, parmi d'autres pratiques innovantes dites d'« ergothérapie ».
5 L'hôpital psychiatrique Frantz-Fanon à Blida (Algérie), 1999.

Dans *The Whispering of Ghosts* (2018), l'artiste Mohamed Bourouissa raconte l'histoire de l'hôpital de Blida en s'appuyant sur le récit d'un patient-jardinier. Reprenant les plans du jardin de cet hôpital, Bourouissa aménage le *Resilience Garden*, un lieu de rassemblement pour les habitants d'un quartier défavorisé de Liverpool.
6 Photogrammes extraits de *The Whispering of Ghosts*, réalisé par Mohamed Bourouissa, 2018.
7 *Resilience Garden*, installation de Mohammed Bourouissa pour la 10e Biennale de Liverpool, 2018.

7

8

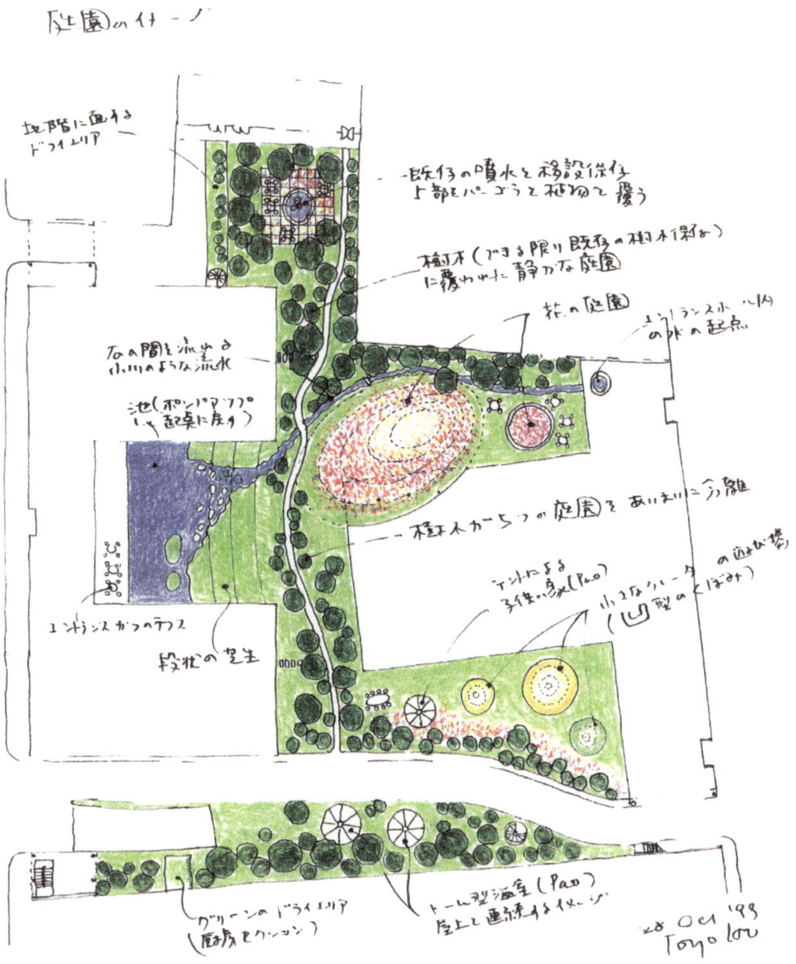

9

En 1999, l'architecte Toyo Ito remporte le concours pour la reconstruction de l'hôpital Cognacq-Jay, dans le 15e arrondissement de Paris, en proposant d'articuler le programme autour d'un jardin d'inspiration japonaise, sur lequel donnent toutes les chambres, ainsi que les locaux de restauration et de rééducation, de plain-pied avec l'extérieur. Outre sa fonction thérapeutique, le jardin est ici un élément essentiel de la conception architecturale.

8 Le jardin de l'hôpital Cognacq-Jay, Toyo Ito architecte, Extra Muros, architecte associé, 2006.

9 Jardin de l'hôpital Cognacq-Jay, dessin du concours, Toyo Ito architecte, 1999.

Le centre hospitalier Théophile-Roussel, à Montesson dans les Yvelines, est un établissement pionnier dans le développement de l'hortithérapie.

10 et 12 Jardin thérapeutique du centre hospitalier Théophile-Roussel, avril 2021.

11 Vue aérienne du centre hospitalier Théophile-Roussel, Montesson, s.d.

10

11

12

13

14

Dans l'ancien sanatorium d'Aincourt, entre le pavillon des Cèdres et le pavillon des Tamaris, le jardin japonais du centre hospitalier du Vexin, à Aincourt, créé dans les années 1970 par le docteur Hamon, suit les principes du *Sakutei-ki*, un manuscrit japonais de la seconde moitié du XIe siècle qui donne des indications pour la conception des jardins.

13 « Jardin japonais du docteur Hamon, centre médical d'Aincourt », carte postale, s.d.
14 Le parc du centre médical d'Aincourt, photographie Studio Jack, 1979.

15

15 Jardin potager de l'asile national des convalescents à Saint-Maurice, carte postale, s.d.

TECHNOSCIENCE-FICTION DU *CARE*

Enquête sur des architectures multi-espèces en microgravité

Ségolène Guinard
Philosophe et anthropologue

« Dans ma science-fiction, le futur est déjà habité :
il est beaucoup plus ancien et plus ample que notre présent ;
et nous en sommes les extraterrestres. »
D'après Ursula Le Guin[1]

Pour qui s'intéresse à la question des entrelacs entre pratiques de soin et de l'architecture, s'engager dans une enquête qui nous conduit au cœur des capsules spatiales peut sembler paradoxal : l'*escapisme*, la prise de terre, l'embarquement participent encore d'un dispositif narratif et technologique qui ne permet qu'à une petite portion de l'humanité de s'aventurer au-delà de l'atmosphère terrestre, contrecarrant ainsi la matrice relationnelle qui caractérise toute pratique du *care*[2]. Si l'on envisage en outre la capsule du point de vue des expérimentations écologiques qui y prennent place, l'on risque de se confronter à ce que Malcom Ferdinand nomme une « écologie de l'arche de Noé où la Terre à préserver est pensée depuis

1 Ursula Le Guin, *The Wave in the Mind. Talks and Essays on the Writer, the Reader, and the Imagination*, Boston, Shambhala, 2004, p. 30.
2 Voir Joan C. Tronto, *Moral Boundaries. A Political Argument for an Ethic of Care*, New York et Londres, Routledge, 1993.

un lieu invivable[3] ». C'est précisément cette question de l'invivable – et les réponses que des architectures spatiales tendent à y donner – qui retient ici notre attention. Mon enquête porte sur les habitats spatiaux et sur la présence de non-humains à bord de ces mondes capsulaires. Elle m'a conduite de l'architecture aérospatiale aux systèmes de support de vie biorégénératifs conçus pour le vol habité, c'est-à-dire des systèmes qui envisagent que la production d'oxygène, le recyclage des eaux usées et la production de nourriture puissent passer par l'activité de plantes et de microalgues, conditionnant ainsi l'exploration habitée du système solaire à un design écologique des habitats et véhicules spatiaux. Les questions d'écologie – que je définirai simplement comme l'explicitation des pratiques relationnelles entre des êtres de différentes natures et compositions, humains et non-humains – sont associées à l'exploration spatiale depuis les premiers vols habités, et ce qui m'intéresse ici est la manière dont le design s'inspire de l'expérience de la vie dans l'espace. Il s'agit donc de déplacer quelque peu la question de l'architecture, en l'envisageant non du point de vue de l'architecte mais des corps vivants, qui doivent continuellement rendre la capsule habitable par leurs attachements et leurs interactions. L'habitable tire ici sa définition de l'exobiologie, non de l'architecture, et signifie que les formes de vie que l'on connaît sur Terre peuvent s'y maintenir.

Cet essai de technoscience-fiction voudrait tenir ensemble les dystopies capsulaires comme les lignes de fuite, les pratiques de soin que l'on rencontre dans les interstices du design écologique des capsules spatiales comme les invitations à saboter les logiques auto-immunes des architectures capsulaires.

Il existe, en effet, toute une histoire du design écologique inspiré par la conquête spatiale que je ne saurais résumer ici[4]. Une histoire qui s'étend des dômes géodésiques de l'architecte Richard Buckminster Fuller et de sa métaphore du vaisseau spatial « Terre » à la célèbre image *Earthrise* prise par un membre de l'équipage d'Apollo 8 ; en passant par la « Gaïa » mise au point par le physicien James Lovelock et les colonies spatiales de Gerard O'Neill, physicien à Princeton qui imaginait une partie de l'humanité vivant dans des stations orbitales. Des années 1960 aux années 1990, de nombreuses expériences d'architecture, aux États-Unis et en Europe, ont également pris la capsule et l'écologie spatiale comme paradigmes au moment de concevoir des habitats individuels et collectifs à l'empreinte écologique minimale[5].

Lorsque l'architecture s'inspire de la vie dans l'espace, elle invite bien souvent à se rendre indifférent à ce qui menace nos milieux terrestres. Elle montre une confiance en la capacité des technologies à nourrir la possibilité d'un avenir s'accommodant de la vie dans des intérieurs absolus, et de l'apprentissage de l'indifférence face aux catastrophes qui ne cessent d'advenir au-dehors. Bulles d'habitabilité dans les ruines du monde. Ce « design pour l'Anthropocène », comme le nomme l'anthropologue Natasha Myers[6], envisage des échappées technoscientifiques grâce auxquelles tout pourrait continuer comme avant. « Fermes verticales » dans lesquelles les plantes sont nourries de différentes longueurs d'onde au cours de cycles de croissance accélérés ; écoquartiers promettant de réconcilier les plus privilégié·e·s avec une version policée des relations entre humains et non-humains, dont on ne cesse de détruire les formes plus spontanées sur d'autres territoires non valorisés sur le marché ; entreprises promettant, par l'adaptation de technologies spatiales, de « rendre la Terre durable » ; édifices mettant sous verre arbres, jardins et clients-habitants pour les protéger des agressions du monde extérieur ; *spheres* rassemblant des espèces tropicales et destinées aux cadres d'Amazon[7] : voilà autant d'exemples de ces architectures capsulaires qui aménagent des espaces vivables en feignant d'ignorer le caractère historique et politique de la dégradation des milieux, tout en perpétuant les logiques d'exclusion et d'extraction nécessaires à la réalisation de ces dispositifs d'habitation. Elles prélèvent et sélectionnent, perpétuant la fragmentation, l'arrachement et la ségrégation qui rendent possibles ces opérations métonymiques et confondent les capsules avec le monde. Selon cette perspective, les architectures capsulaires sont à l'antithèse du *care*, préférant la sortie et l'indifférence à « l'entre-capture[8] » des vivants dans des milieux précarisés.

En 2016, je me trouvais à Houston pour y rencontrer l'architecte Constance Adams, qui avait collaboré au TransHab, un projet de module orbital gonflable de la Nasa abandonné en 2001. Elle me reçut dans sa famille – une grande partie de notre conversation tourna sans doute moins autour des architectures extraterrestres qu'elle avait imaginées que de ses deux filles et des personnes qu'elle accueillait chez elle ce soir-là. Alors que j'allais partir, elle formula le paradoxe qui anime mon enquête : « Si nous arrivons à *bien* quitter la Terre, peut-être parviendrons-nous à l'habiter mieux. » Plutôt que de soutenir la possibilité d'un départ littéral, cette enquête, prenant pour terrain les technosciences spatiales, cherche à infléchir les narrations du voyage dans l'espace pour y rencontrer les pratiques de soin et d'attention qui signalent une architecture sans architecte – là où l'habitat ne tient qu'en vertu de la communauté vivante qui le rend possible.

Cette intrication des corps vivants peut donner lieu à deux interprétations : l'une qui cherche à accroître le contrôle et la prédictibilité des systèmes à bord de la capsule ; l'autre qui se rendrait attentive à d'autres formes d'attention, plus réceptive à la singularité des corps et de leurs rythmes. L'anthropologue Valerie Olson exprime ainsi la relation symbiotique entre les corps et le milieu capsulaire : « Un corps mal nourri peut tuer le vaisseau, de la même manière qu'un vaisseau mal approvisionné peut tuer le corps. Il est difficile de faire abstraction, dans le contexte de la prépondérance extraordinaire et implacable du non-vivant que représente l'espace, de ce glissement du vivant vers le non-vivant[9]. » Dans le cas d'un système de support de vie biorégénératif, un astronaute malade, qui introduirait par exemple un micro-organisme pathogène dans la boucle *via* ses déchets organiques (lorsque ceux-ci sont recyclés) ou mettrait en danger les cultures photosynthétiques si ce pathogène venait à les coloniser du fait de sa simple proximité, accentuerait le péril qui pèse déjà sur un écosystème hermétique. Les systèmes biorégénératifs accentuent ainsi la commensurabilité entre les processus physiologiques des organismes présents et le fonctionnement physico-chimique de l'habitat. Pour pouvoir prédire et contrôler l'équilibre de

3 Malcom Ferdinand, *Une écologie décoloniale*, Paris, Seuil, 2019.
4 Voir Sebastian Vincent Grevsmühl, *La Terre vue d'en haut. L'invention de l'environnement global*, Paris, Seuil, 2014.
5 Voir Lydia Kallipoliti, *The Architecture of Closed Worlds. Or, What Is the Power of Shit ?*, Zurich, Lars Müller Publishers, 2018 ; Peder Anker, « The Ecological Colonization of Space », *Environmental History*, vol. 10, nº 2, avril 2005.
6 Natasha Myers, « From Edenic Apocalypse to Gardens against Eden. Plants and People in and after the Anthropocene », in Kregg Hetherington (éd.), *Infrastructure, Environment, and Life in the Anthropocene*, Durham et Londres, Duke University Press, 2019.
7 Voir https://www.seattlespheres.com/.
8 Isabelle Stengers définit « l'entre-capture » comme une relation de coexistence et de co-constitution dans laquelle chacun des termes de la relation a besoin de l'autre pour continuer à exister. Isabelle Stengers, *Cosmopolitiques*, t. 1 : *La Guerre des sciences*, Paris, La Découverte, 1997, p. 66.
9 « L'espace comme terrain, quelques enseignements de l'anthropologie », entretien de Ségolène Guinard avec Valerie Olson, *Humanités spatiales*, 15 juin 2016 (https://humanites-spatiales.fr/lespace-comme-terrain-quelques-enseignements-de-lanthropologie-2/).

l'habitat, il devient nécessaire, alors, de traduire les activités des corps (humains et non humains) en opération physico-chimique – en entrée et en sortie de matières solides, liquides et gazeuses ; ce qui se traduit par un contrôle et une médicalisation des corps qui les rapportent directement à la « bonne santé » de leur milieu de vie[10]. Les astronautes et cosmonautes, ou les participant·e·s à des missions analogues sur Terre – dans des habitats imitant certaines conditions orbitales –, ont donc un statut d'expérimentateurs·trices expérimenté·e·s. Les contrôles médicaux réguliers témoignent tout autant de l'adaptation de leur corps à la capsule que du fonctionnement de la capsule comme milieu.

Les chercheuses·eurs qui élaborent ces systèmes nous laissent entrevoir une autre possibilité d'envisager cette symbiose, qui reposerait sur les modulations de l'attention requises par l'incorporation des vivants à l'habitat. Donna J. Haraway parle du *care* comme d'une respons(h)abilité[11] : d'une capacité à répondre qui se cultive et est à chaque fois singulière, tant pour celleux qui demandent une réponse que pour celleux qui se tiennent prêt·e·s à répondre. Lorsque j'ai rencontré Laura, jeune chercheuse au Kennedy Space Center, en Floride, elle travaillait à la germination de graines issues de zinnias cultivés dans l'espace : « On développe un lien personnel avec nos plantes, comme avec un animal de compagnie. On ne veut pas qu'elles meurent. Alors elles deviennent… ce n'est pas comme un chat, elles ne nous répondent pas. Mais c'est un organisme auquel on tient, dont on s'occupe. Sa seule réponse consiste à vivre et à changer en réponse aux soins qu'on lui donne. On se sent mal quand ces plantes meurent. On ne comprend pas toujours ce qui ne va pas. Et, si on essaie de corriger cela, ça peut encore prendre une semaine pour changer, car elles mettent plusieurs jours à réagir. Il faut beaucoup de temps pour voir une réponse. »

Selon Laura, il y aurait une différence entre la réponse animale et la réponse végétale ; mais, surtout, entre la manière d'approcher ces réponses et donc, dans la perspective de Haraway, de répondre à cette réponse. Pour Anna-Lisa, qui étudie la physiologie des plantes en microgravité, ces dernières constituent une mesure possible du degré d'étrangeté de ce monde et de la manière dont les vivants en contournent les obstacles, mettent en place des stratégies pour perpétuer leur forme. Elle évoque « les interconnexions » qu'elle veut se consacrer à étudier : du « grain de sable » de la mutation, affectant la fabrication d'une protéine au niveau moléculaire, jusqu'au fonctionnement global de l'organisme dans un milieu qui ne ressemble en rien à celui dans lequel les espèces terrestres ont évolué. Anna-Lisa estime que ce qui constitue une « réponse » pour une plante ne se perçoit plus seulement sur le plan de la temporalité, mais nécessite une approche moléculaire, capable de mettre en lumière les séries de phénomènes infinitésimales qui caractérisent la vie des plantes : « Il y a beaucoup de réponses que les plantes apportent et que nous ne voyons pas si nous ne regardons pas d'assez près. Comme j'aime me situer au niveau de l'expression des gènes, je peux voir certaines de ces réponses très délicates et très subtiles, qui nous donnent ensuite des indices sur la façon dont tout l'orchestre des réponses joue ensemble. Si vous n'observez que les grandes réponses de croissance, vous n'appréciez pas les réponses subtiles : les choses qui se cachent dessous, les petits changements et alignements nécessaires pour que l'ensemble se mette en place. Si vous ne regardez pas attentivement, parfois, vous ne voyez pas ces petites choses. »

Les conditions extrêmes, inhabituelles, d'une station spatiale, de la microgravité à l'absence de lumière naturelle, en passant par les niveaux élevés de CO_2 et l'absence de convexion de l'air, constituent pour les écophysiologistes que j'ai rencontré·e·s un ensemble de perturbations dont les variables ne sont pas isolables les unes des autres. Ces dernières incitent donc les chercheuses·eurs à appréhender organismes et milieu de façon plus holistique, comme un ensemble de réponses singulières à des contraintes inenvisageables sur Terre. Anna-Lisa poursuit : « J'ai toujours voulu savoir ce qu'il y avait en dessous. Si vous allez beaucoup plus bas que ça, vous perdez la vie. C'est la façon dont tout est assemblé qui est importante pour la vie. Y compris pour les plus petites choses comme les hormones et les molécules qui s'assemblent, si vous changez à peine la surface de la molécule de protéine, soudain elle ne fonctionnera plus. Parce que l'ensemble ne s'emboîte plus tout à fait correctement, il manque ce mécanisme clé qui vous permet de passer à l'étape suivante. Les choses s'embrouillent, comme des grains de sable dans un engrenage. Les connexions dont résulte la vie sont, selon moi, l'une des choses les plus profondes que nous puissions étudier. »

La vie végétale apparaît ainsi exemplaire lorsqu'il s'agit d'étudier la manière dont les vivants sont profondément affectés par le milieu spatial. L'attachement des chercheuses·eurs à l'égard de la vie végétale se prolonge par ailleurs dans les relations que des habitants humains de la station peuvent entretenir avec les plantes. Les boucles qui composent des systèmes de support de vie biorégénératifs[12] impliquent une relation de symbiose entre les habitants et l'architecture qui les abrite. Le *care* ferait signe vers une modalité possible de cette architecture symbiotique, là où des pratiques de soin et des formes d'attention sont nécessaires[13] pour remédier aux conditions de la capsule qui altèrent leur métabolisme et dont la simplification écologique amoindrit la résilience de l'ensemble.

Gioia, chercheuse au Kennedy Space Center de la Nasa, raconte comment un astronaute de la Station spatiale internationale a pris le relais des systèmes automatisés pour s'occuper des astéracées cultivées dans le système Veggie : « Nous avons discuté avec lui par la suite. Il a vraiment apprécié les zinnias et en a beaucoup parlé. Je pense qu'il était très fier d'avoir sauvé ces plantes, car elles allaient vraiment mourir, en grande partie parce que nous avions des problèmes de communication. Nous essayions d'estimer la quantité d'eau que nous pouvions donner aux plantes sur la base de photos prises quelques jours auparavant. Je pense que nous avions aussi quelques problèmes de matériel : la ventilation ne séchait pas les plants autant qu'elle aurait dû. Quand il a pris le relais du jardinage autonome, l'astronaute nous a dit : ‹ Je veux être celui qui décide de la quantité d'eau à leur donner. C'est moi qui les vois. › Et nous avons répondu que c'était absolument ce que nous voulions. Certaines personnes ne partageaient pas vraiment cet avis, car elles voulaient que tout soit écrit, sous forme de procédures. Mais lorsqu'il a pris la relève, il a fait un travail merveilleux et il a sauvé ces plantes

10 Valerie Olson, « The Ecobiopolitics of Space Biomedicine », *Medical Anthropology*, vol 29, nº 2, avril 2010, p. 170-193.

11 Donna J. Haraway, *Vivre avec le trouble*, Vaulx-en-Velin, Les Éditions des Mondes à faire, 2020.

12 Citons l'Ecological House (1972-1975) de Graham Caine, architecte non diplômé à l'origine du mouvement éco-anarchiste des Street Farmers. S'étant appuyé sur des recherches de la Nasa, Caine avait construit un prototype d'habitat fonctionnant en circuit fermé dans la banlieue sud de Londres. Il y vécut trois ans, jusqu'à sa destruction. L'architecte – ses déchets, son alimentation, son usage de l'eau, etc. – faisait partie intégrante de la planification des boucles métaboliques qui assuraient la fonctionnalité de l'habitat. Voir Lydia Kallipoliti, « From Shit to Food. The Eco House in South London (1972-1975) », *Buildings and Landscapes*, vol. 19, nº 1, printemps 2012.

13 Pour une lecture du *care* comme ensemble de pratiques et de connaissances veillant sur les « vulnérabilités partagées » entre des vivants humains et non humains, voir Maria Puig de la Bellacasa, *Matters of Care. Speculative Ethics in More Than Human Worlds*, Minneapolis, University of Minnesota Press, 2017.

– je pense que c'était très valorisant à bien des égards. Il était si fier quand elles ont fleuri – et nous étions si heureux de le voir ainsi. Vous savez, pour tout jardinier, cela peut être stressant : parfois on doit lutter pour garder ses plantes en vie, et cela peut nous arriver de perdre. »

D'autres histoires de compagnonnage entre plantes et astronautes signalent ces agencements qui font monde, malgré la saturation de la station par des dispositifs abiotiques. L'astronaute états-unien Don Pettit a transporté dans son bagage personnel des graines de courgette et de brocoli, dont il raconte l'effet de la présence singulière sous forme d'un « journal de la courgette spatiale » : « Mon jardinier s'agite autour de mes feuilles. Je ne suis pas sûre d'aimer cela. J'en ai maintenant quatre et je ne comprends pas bien pourquoi il se comporte ainsi. Il colle son nez contre elles. Me prend-il pour une sorte de mouchoir de poche ? Apparemment, il prend plaisir à mon odeur verte et terreuse. Il n'y a rien de tel que l'odeur verte du vivant dans cette forêt de machines sophistiquées. Je vois le sourire qui en résulte. Peut-être est-ce l'un de mes rôles en tant que membre d'équipage de cette expédition[14]. »

Le cosmonaute Valentin Lebedev, qui a séjourné 211 jours dans la station spatiale russe Salyut 7, notait quant à lui dans son journal : « [N]ous avons reconnu nous sentir tristes et mal à l'aise sans notre jardin ni nos chères plantes. C'était un tel plaisir de prendre soin d'elles. Les humains ont sans doute besoin de prendre soin de certaines choses et, sans elles, ils se sentent vides[15]. »

Ces architectures sans architecte, qui se fonderaient sur un mutualisme multi-espèces, seraient ainsi le lieu de ce que Carla Hustak et Natasha Myers nomment une « écologie affective[16] ». Par écologie affective, les autrices soulignent la fonction du désir et de l'attirance entre des corps vivants dans la coévolution, ou *involution*, des humains et des non-humains. Reprenant l'exemple darwinien des insectes et des orchidées (et son interprétation par Gilles Deleuze et Félix Guattari), elles déploient une analogie entre la « séduction » opérée par les plantes sur leurs pollinisateurs non humains et l'attention que des humains (en particulier des chercheuses·eurs) leur portent. Les interactions multi-espèces reposent ainsi sur une proximité intime et un entrelacement existentiel, entretenus par des *affects*. Les « passions joyeuses » éprouvées par les chercheuses·eurs et astronautes envers le(ur)s plantes semblent correspondre en tout point à la stratégie de l'existence végétale que mettent en évidence Hustak et Myers. Les plantes obligent celles et ceux qui les font vivre à une forme d'intimité – c'est ce qu'explique Mark, chercheur en ingénierie et physiologie des plantes et ancien collaborateur de la Nasa sur un dispositif de culture végétale, lorsqu'il tente de définir le type d'intelligence (et de réponse) que l'on rencontre chez elles : « Les plantes ont une intelligence subtile. Elles ne vous répondent pas, mais elles font des choses… c'est un peu comme… comment le décrire… comme une personne qui essaye subtilement d'influencer votre opinion. C'est ce que font les plantes, elles vous changent subtilement. Et vous n'en êtes pas conscient. Les plantes nous ont soudoyé·e·s et ont fait muter notre cerveau pour que nous ayons cette envie et que nous voulions prendre soin d'elles. Regardez la vidéo des astronautes récoltant la laitue : la plante les corrompt… On peut donc changer la psychologie des êtres humains en les mettant en présence d'une plante ; puis, une fois qu'ils l'ont mangée, cela va encore plus loin. On assiste à une altération complète de leur état d'esprit. Peggy Whitson [astronaute états-unienne] a dit que c'était la meilleure laitue qu'elle ait jamais goûtée. C'est une formulation plutôt frappante : ce n'était pas seulement une bonne laitue, c'était la meilleure ! Cette plante a en quelque sorte changé son état d'esprit, et je trouve qu'un chien ou un cheval ne vous change pas autant. Les plantes ont une telle capacité de changement qu'elles peuvent complètement nous altérer. »

Au Kennedy Space Center, on me montre une vidéo tournée en 2000 sur la station orbitale Mir et intitulée *Space Garden* [*Le Jardin spatial*]. On y voit les cosmonautes Sergueï Zaletin et Alexander Kaleri récolter et déguster des feuilles de mizuna et de rapini. Ils prennent leur temps pour respirer les feuilles, les font flotter devant leur visage, se délectent de leur goût, racontent le temps passé à s'en occuper et à les contempler. Ils confirment n'avoir jamais rien goûté de semblable…

Revenons sur Terre et demandons-nous si, à l'instar de ces plantes qui se frayent, à coups de racines, de feuilles et de fleurs – d'odeurs, de goût et de couleur –, une façon d'exister sur des stations spatiales, les récits récoltés au cours de cette enquête (et bien d'autres, que je n'ai pu citer) ne pourraient pas altérer le récit capsulaire en repeuplant l'architecture des êtres dont elle dépend pour son habitabilité. Derrière le mythe de la technoscience radieuse, de l'architecte star, de l'astronaute héroïque, l'on trouve des manières de s'aménager des habitats temporaires à partir de relations plus humbles et d'affects qui trament des trajectoires humaines et non humaines. Ces architectures sans architecte[17] constituent un champ de possibilités qui désirent des cosmopolitiques « planthumaines », plutôt que des monotonies capsulaires reconduisant contrôle, surveillance et prédiction. Ces formes de soin demeurent virtuelles[18] et précaires face aux imaginaires technologiques hégémoniques. Menacée de disparaître derrière les avancées de la colonisation spatiale, elles signalent néanmoins une résistance. Une bonne technoscience-fiction irait chercher dans ces alliances inespérées des opportunités de sabotage de la capsule et d'essaimage du *care* qui permettait d'y survivre, rendant l'architecture enfin vivable.

14 « Diary of a Space Zucchini », *Letters to Earth : Astronaut Don Pettit*, Nasa, 1er juillet 2012 (https://blogs.nasa.gov/letters/author/dpettitblog/).

15 Valentin Lebedev, *Diary of a Cosmonaut : 211 Days in Space*, New York, Bantam Books, 1988, p. 25.

16 Carla Hustak, Natasha Myers, « Involutionary Momentum : Affective Ecologies and the Sciences of Plant/Insect Encounters », *differences*, vol. 23, no 3, 1er décembre 2012, p. 74-118.

17 Jérémie Brugidou et Fabien Clouette parlent d'architectures « perspectivistes » : Jérémie Brugidou, Fabien Clouette, « Habiter les abysses ? », *Techniques & Culture*, supplément au no 75, mis en ligne le 5 juin 2021, consulté le 30 août 2021.

18 Voir Éric Alliez, *Deleuze. Philosophie virtuelle*, Le Plessis-Robinson, Synthélabo, coll. « Les Empêcheurs de penser en rond », 1996.

16

16 Derek Jarman dans son jardin, Prospect Cottage, Dungeness, photographie John Cole, 1988.

Le jardin peut parfois accompagner un patient jusqu'au terme de sa maladie. En 1986, le cinéaste Derek Jarman, malade du sida, achète pour les dernières années de sa vie un *cottage* à Dungeness, sur la côte sud de l'Angleterre balayée par les vents, au pied d'une centrale nucléaire. Sur cette terre hostile, il se consacre avec acharnement à la plantation et au maintien en vie d'un jardin extraordinaire, fait de fleurs et de métal, selon un processus de solidarité des soins, des résiliences et des (impossibles) guérisons.

17

18

« J'ai décidé de m'y arrêter, car je suis en fait tombé amoureux de ce lieu désolé qu'était Prospect Cottage. Derrière la maison, j'ai planté un églantier. Puis j'ai trouvé un morceau assez curieux de bois flotté que j'ai utilisé, avec l'un des colliers de pierres percées que j'avais accrochés au mur, comme tuteur pour ce rosier. Ce fut le début du jardin, et en même temps une vraie thérapie, voire une pharmacopée. »

Propos de Derek Jarman, in Derek Jarman et Howard Sooley, *Derek Jarman's Garden*, Londres, Thames & Hudson, 1995

L'artiste Derek Jarman aménage avec obsession le jardin de son *cottage* britannique, de 1987 jusqu'à sa mort en 1994. Son ami Keith Collins poursuit l'entretien du jardin, lorsqu'il meurt à son tour en 2018. Dans *Derek Jarman's Garden*, paru en 1995, Collins raconte la fusion des luttes – celle des plantes envers les conditions hostiles du milieu et celle de Jarman contre la maladie –, puis leur séparation : les fleurs ont continué à éclore, tandis que Derek s'éteignait.

17 Derek Jarman dans son jardin, Prospect Cottage, Dungeness, photographie Geraint Lewis, s.d.
18 Détail du jardin de Prospect Cottage, Dungeness, s.d.

1 Après le tremblement de terre et le tsunami à Iwaki, Région de Tōhohu, préfecture de Fukushima, Japon, 25 juin 2011.

Quelles stratégies d'occupation et de réparation des territoires malades?

Lorsque la ville elle-même rend malade, la quitter est une forme de soin. Plutôt que de la quitter, on peut la ré-curer ou la cureter, comme on cure un corps malade. Cependant, la situation contemporaine est inédite, tant par la nature des pathologies que par l'ampleur des territoires malades que la société a produits et qu'elle n'a d'autre choix désormais que d'habiter. Un nouvel acte du soin doit être engagé vers les territoires et leurs habitants dans un même geste – un soin comme maintenance, comme réparation.

Exils thérapeutiques

Quitter la ville, est-ce une forme de soin ? Est-ce l'espace urbain lui-même qui rend malade, et la plus efficace des guérisons réside-t-elle dans la possibilité de partir, de gagner la « nature » ? Et de quel soin s'agit-il alors que l'on sait que paradoxalement, *a priori*, l'accès aux structures médicales est bien plus difficile dans les zones périurbaines et rurales ?

C'est ce qui motive, surtout à partir du XVIIIe siècle, la pratique de la « mise en nourrice » de nombreux enfants des grandes villes. Si certaines nourrices prennent le relais des parents « sur lieu », c'est-à-dire au domicile des familles, les foyers plus aisés préfèrent généralement confier leurs enfants à des nourrices « à emporter » à la campagne, dans des conditions jugées bénéfiques pour leur santé. Au XIXe siècle, la pratique se développe et s'institutionnalise (en 1865, 41 % des bébés nés à Paris sont élevés par des nourrices), et l'Assistance publique envoie en province les « enfants trouvés » dont elle a la responsabilité. Les jeunes patients tuberculeux sont mis en nourrice au bord de la mer, en Normandie ou dans le Nord, les bienfaits de l'environnement sur leur état de santé ayant été notamment constatés chez les convalescents hébergés à Berck. Ainsi, désireuse d'expérimenter cette thérapie par le milieu, l'AP-HP y crée en 1861 un hôpital maritime.

Les « bureaux de nourrices » privés prolifèrent à Paris à partir de la fin du XVIIIe siècle, tel celui de la rue du Cherche-Midi vers 1900, et font leur publicité dans la presse. Ces bureaux concurrencent le « Bureau Général des nourrices et recommandaresses pour la ville de Paris », supprimé par un décret du 22 novembre 1876.
2 « Le Bureau des nourrices, rue du Cherche-Midi, Paris », carte postale, vers 1910.
3 Publicité pour le bureau de nourrices de la rue du Cherche-Midi, Paris, s.d.

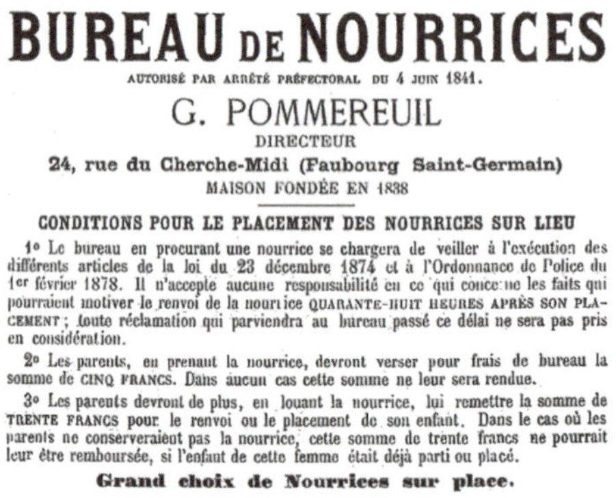

BUREAU DE NOURRICES

AUTORISÉ PAR ARRÊTÉ PRÉFECTORAL DU 4 JUIN 1841.

G. POMMEREUIL

DIRECTEUR

24, rue du Cherche-Midi (Faubourg Saint-Germain)

MAISON FONDÉE EN 1838

CONDITIONS POUR LE PLACEMENT DES NOURRICES SUR LIEU

1° Le bureau en procurant une nourrice se chargera de veiller à l'exécution des différents articles de la loi du 23 décembre 1874 et à l'Ordonnance de Police du 1er février 1878. Il n'accepte aucune responsabilité en ce qui concerne les faits qui pourraient motiver le renvoi de la nourrice QUARANTE-HUIT HEURES APRÈS SON PLACEMENT ; toute réclamation qui parviendra au bureau passé ce délai ne sera pas pris en considération.

2° Les parents, en prenant la nourrice, devront verser pour frais de bureau la somme de CINQ FRANCS. Dans aucun cas cette somme ne leur sera rendue.

3° Les parents devront de plus, en louant la nourrice, lui remettre la somme de TRENTE FRANCS pour le renvoi ou le placement de son enfant. Dans le cas où les parents ne conserveraient pas la nourrice, cette somme de trente francs ne pourrait leur être remboursée, si l'enfant de cette femme était déjà parti ou placé.

Grand choix de Nourrices sur place.

3

2

4

5

6

Installé pour la première fois à Paris par saint Vincent de Paul en 1638, le « tour d'abandon » est un cylindre tournant aménagé le plus souvent au sein des hôpitaux, dans lequel les jeunes mères pouvaient placer leur nourrisson. Le tour d'abandon en bois de l'hospice de la Charité de Macon, en Saône-et-Loire, est l'un des seuls qui subsistent aujourd'hui en France. Depuis la fin du XXe siècle, cette pratique est à nouveau en vigueur dans certains pays d'Europe, aux États-Unis et en Asie.

4 « Hospice des enfants trouvés, rue Denfert-Rochereau. L'enfant dans la tour ; Réception de l'enfant », Henri Pottin graveur, milieu du XIXe siècle.

5 Le tour d'abandon de l'hospice de la Charité, Macon, photographie 2012.

En 1900, l'Assistance publique dresse la carte des « établissements hors Paris », lieux de soin (maternités, hôpitaux, sanatoriums…) situés le long du littoral, tel que l'hôpital Maritime de Berck sur la Côte d'Opale, ou même en Algérie.

6 L'hôpital Maritime de Berck, années 1950.

7 Carte des établissements de l'Assistance publique en France en 1900, in Administration générale de l'assistance publique, *L'Assistance publique en 1900*, Paris, 1900.

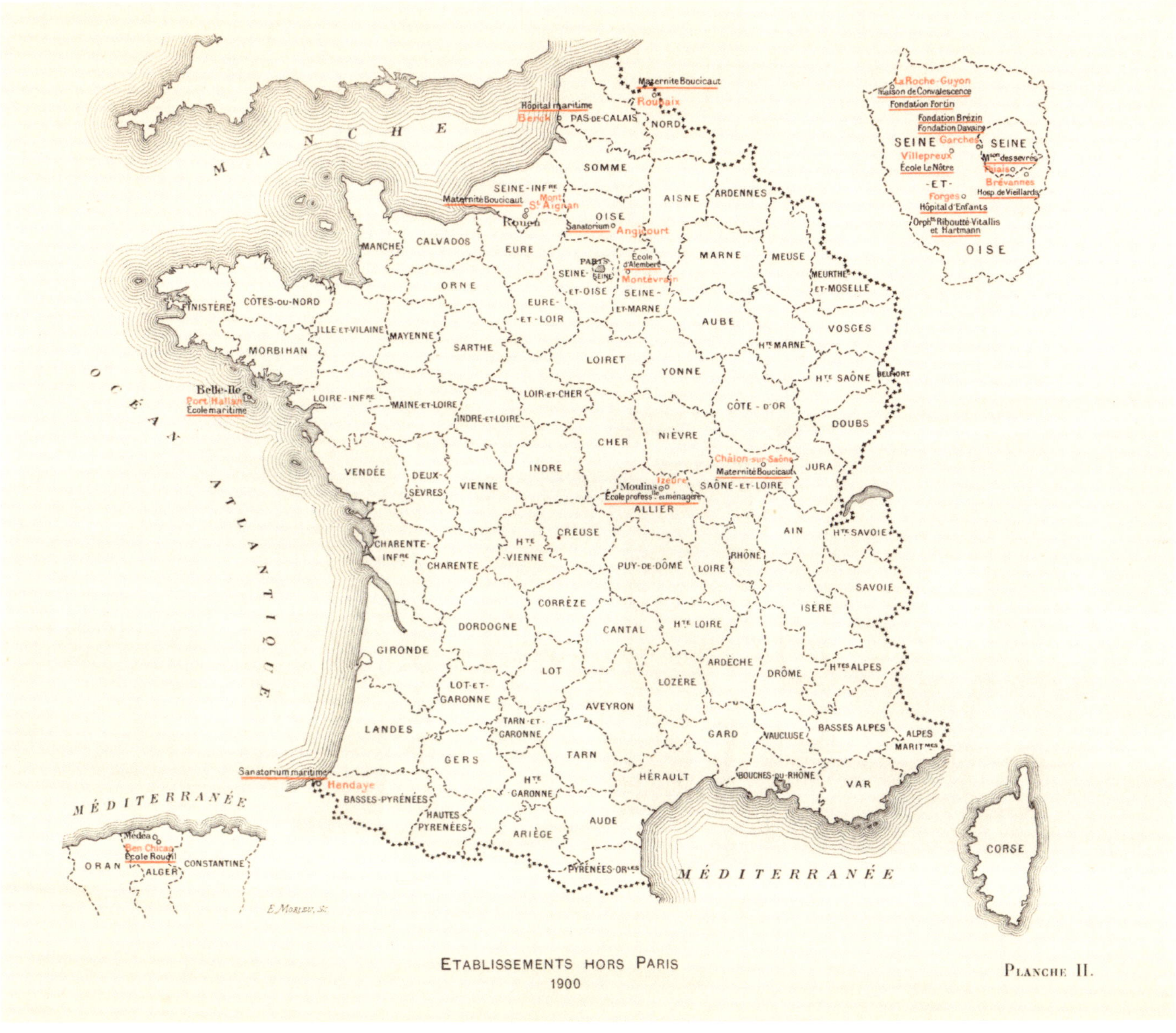

7

Le milieu désordonné de la ville est considéré, à cette époque charnière du XIXe siècle, comme l'une des causes possibles du développement des pathologies des « insensés ». Leur mise à l'écart hors des limites de la cité trouve une nouvelle justification, qui accompagne l'idée également nouvelle d'une amélioration possible, voire d'une guérison des maladies mentales.

C'est ainsi que naît en 1850, la « Maison de Charenton », institution alors considérée comme exemplaire et qui préfigurera le fonctionnement à venir des asiles d'aliénés. Il s'agit de donner aux patients un environnement de vie faisant une large place à la « nature », ouvrant des perspectives sur la campagne et sur la Marne.

Les qualités de l'établissement reconstruit sous l'impulsion du docteur Jean-Étienne Esquirol, tirant profit d'un milieu encore rural, se veulent clairement thérapeutiques. En 1857, Napoléon III inaugure non loin l'Asile impérial de Vincennes (les deux établissements fusionneront bien plus tard, en 2011, pour devenir les hôpitaux de Saint-Maurice), destiné à accueillir en convalescence les ouvriers des travaux publics accidentés sur les chantiers parisiens lancés par le préfet Haussmann – des blessés de l'architecture et de l'urbanisme. Ce sont donc d'autres pathologies infligées par la ville que l'on traite ici, mais un même exil est recommandé comme traitement.

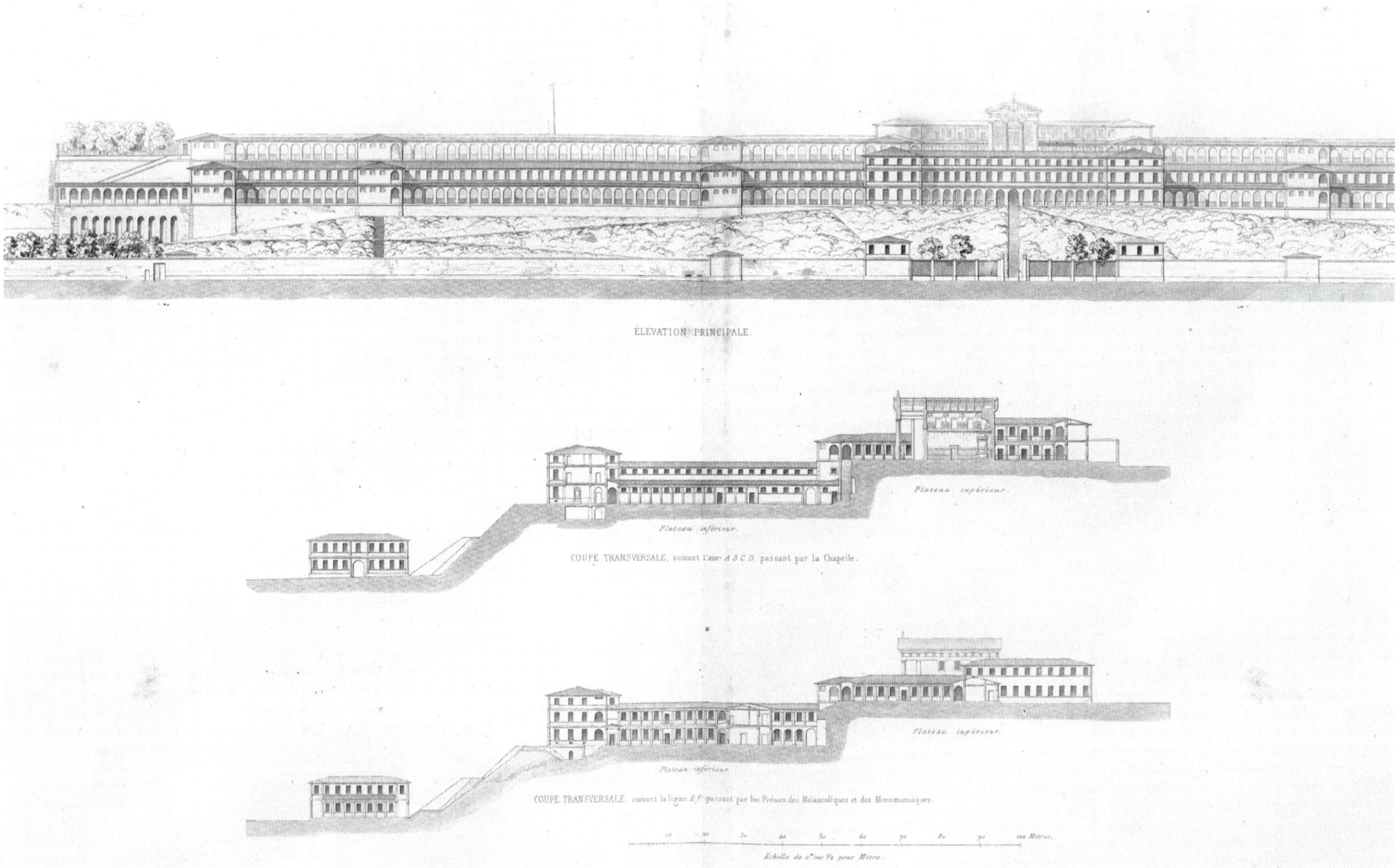

8

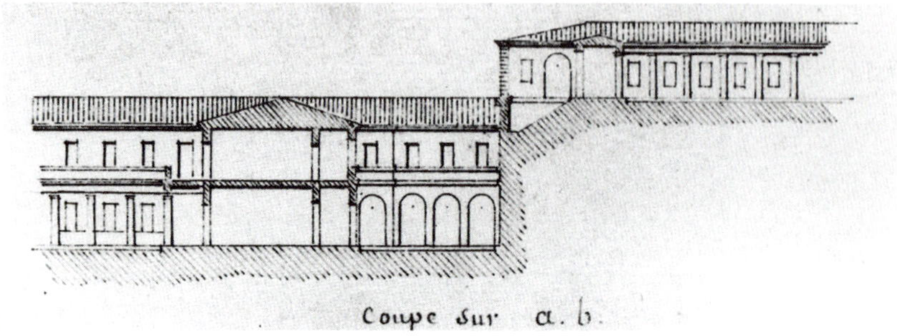

9

En collaboration avec l'aliéniste Jean-Étienne Esquirol, l'architecte Émile Jacques Gilbert insère le bâtiment de la Maison de santé de Charenton dans la forte pente du site, favorisant des percées visuelles sur un paysage ouvert, comme préconisé dans le processus de soin d'Esquirol. Un dispositif innovant, le saut-de-loup, qui réceptionne par ailleurs les eaux ménagères, ferme les cours de l'établissement sans entraver la vue.

8 Élévation principale et coupes du projet de la Maison de santé de Charenton, Émile Jacques Gilbert architecte, in *La Revue générale de l'architecture*, nº 7, 1852.
9 Détail de la coupe sur le saut-de-loup remplaçant la grille des préaux pour le projet de la Maison de santé de Charenton, Émile Jacques Gilbert architecte, après avril 1834.
11 « Maison impériale de santé de Charenton, vue prise d'une île de la Marne », *La Ruche parisienne*, 1859.
12 Photographie aérienne de l'hospice de Charenton, 1956.

10

11

«Si l'industrie a ses blessés comme la guerre […], si le chantier, l'atelier, vrais champs d'honneur de l'ouvrier, le renvoient bien souvent malade ou mutilé […], il faut construire une sorte d'asile pour assurer au sortir de l'hôpital sa convalescence, voire même, pour les plus atteints, leur retraite.»

Lettre du ministre de l'Intérieur Adolphe Billault à Napoléon III, 1855

12

En 1855, Napoléon III ordonne la construction de «l'Asile impérial de Vincennes» (aussi nommé «Asile impérial de Vincennes pour les ouvriers convalescents» à son origine, puis renommé «Asile national des convalescents de Saint-Maurice» en 1900), afin d'accueillir les «blessés» de l'industrie, sur le modèle des asiles réalisés précédemment pour les blessés de la guerre. Conçu par l'architecte Eugène Laval, il est inauguré en 1857 et reçoit annuellement de 4000 à 5000 ouvriers.

10 «Asile national des convalescents à Saint-Maurice (Seine) – Chambre de convalescents à trois lits»; «L'infirmerie»; «Salle de Mécanothérapie»; «Vue principale», cartes postales, s.d.

Nature : remède et poison

Bénéfices de l'air pur et iodé des zones maritimes, des marches en forêt et des paysages d'altitude : la fin du XIXe siècle et le début du XXe voient se développer une conscience grandissante des effets positifs du milieu dit « naturel » sur la santé, et les architectes participent à la construction en masse de sanatoriums, à l'écart des villes qui ont désormais mauvaise presse.

Plusieurs établissements, pensés pour lutter contre la tuberculose et d'autres pathologies respiratoires et pulmonaires, ponctuent ainsi l'histoire de l'architecture « médicale » au cours de cette période : dès 1900, le sanatorium Félix Mangini (du nom de son fondateur et financier) est ouvert à Hauteville, dans l'Ain ; la même année, les architectes Max Haefeli et Otto Pfleghard achèvent la construction du sanatorium du Schatzalp à Davos, un lieu qui inspirera Thomas Mann pour l'écriture de *La Montagne magique* (1924) ; en 1922, le « Sanatorium universitaire international », inauguré à Leysin (Suisse), sur les plans de l'architecte Georges Épitaux, s'adresse en priorité à des étudiants et enseignants du système universitaire helvétique.

De même, la série d'établissements construits sur le plateau d'Assy, en Haute-Savoie, dans les années 1920 et 1930, ainsi que le sanatorium de Saint-Hilaire-du-Touvet, ouvert en 1933, qui devient rapidement un lieu de rassemblement des étudiants parisiens ; il sera notamment fréquenté par Roland Barthes.

La même année, Alvar Aalto réalise le célèbre sanatorium de Paimio, en Finlande : selon lui, l'architecture y devient un « instrument médical ». Simultanément, en région parisienne, est ouvert le sanatorium d'Aincourt, en pleine forêt du Vexin, conçu par les architectes Édouard Crevel et Paul Decaux. Converti en camp d'internement pendant la guerre, puis en école de police, il redeviendra temporairement sanatorium, puis hôpital ; une partie du site héberge aujourd'hui le Groupement hospitalier intercommunal du Vexin.

1

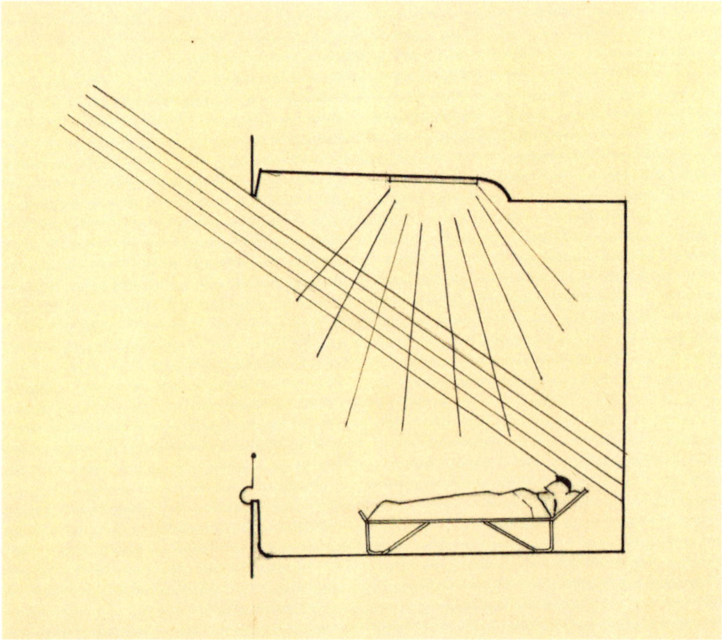
2

3

1 Extrait de la brochure publicitaire pour les établissements Gallois, vers 1930.

Le sanatorium de Paimio se trouve dans le sud-ouest de la Finlande au cœur d'une dense forêt de pins, à une trentaine de kilomètres de Turku, la ville la plus proche. Dans son article « The humanizing of architecture » [« Humaniser l'architecture »], publié en novembre 1940, Alvar Aalto détaille son principe de chambre pour un « homme horizontal », conçu en étudiant les couleurs, l'éclairage, le chauffage, l'emplacement des portes et des fenêtres, etc. Avec l'éradication de la tuberculose par les antibiotiques au début des années 1960, le sanatorium deviendra un hôpital généraliste.
2 Étude d'ensoleillement des chambres du sanatorium de Paimio (coupe), Alvar Aalto architecte, 1932.
3 Le sanatorium vers 1933, photographie Gustaf Welin.

4 Le sanatorium de Paimio, Alvar Aalto architecte, 1929-1933, photographie Gustaf Welin, vers 1930.

10 CENTESIMI
PER I TVBERCOLOSI POVERI
COMITÉ NATIONAL DE DÉFENSE CONTRE LA TUBERCULOSE
1826
1926
LAENNEC
1926
de l'air pur
1931
deux sous pour la santé
Farine Lactée NESTLÉ
PROTÉGEZ VOS POUMONS
1975
1976
PROTÉGEZ VOS POUMONS
UN FRANC POUR LA SANTÉ
1974
1975
JEUX SANTÉ
1933
SAVON
Espoir...
LA BANANE FRANÇAISE
ALIMENT IDÉAL
Comité National de Défense Contre la Tuberculose
POUR LA SANTÉ
1925
PROPRETÉ
1930
deux sous pour la santé
1927-1928
"Le Baiser au Soleil"
COMITÉ NATIONAL DE DÉFENSE CONTRE LA TUBERCULOSE
UNION FRANÇAISE
préserver..
1955
dix francs pour la santé
deux sous pour la santé
joie de vivre
comité national de défense contre la tuberculose
PROPRETÉ et SANTÉ
trois francs pour la santé
VILLEMIN
DIX
RENAITRE
COMITÉ NATIONAL DE DÉFENSE CONTRE LA TUBERCULOSE
1937
SAUVÉ!
deux sous pour la santé
COMITÉ ANTITUBERCULEUX DE LA CÔTE D'IVOIRE
1968
TUBERCULOSE BIEN TRAITÉE GUÉRISON ASSURÉE
VINGT CINQ FRANCS POUR LA SANTÉ
TUBERCULOSE DÉPISTÉE
1964-1965
CONTAGION ÉVITÉE
CINQUANTE CENTIMES POUR LA SANTÉ
1971
1972
MIEUX VAUT PRÉVENIR...
DEUX SOUS POUR LA SANTÉ
1955
UNION FRANÇAISE
vous guérir!
COMITÉ NATIONAL DE DÉFENSE CONTRE LA TUBERCULOSE
Dix francs pour la santé
1929
COMITÉ NATIONAL DE DÉFENSE
CONTRE LA TUBERCULOSE
DE LA LUMIÈRE!
1965-1966
CONTRE LA TUBERCULOSE
TOUS UNIS TOUS RESPONSABLES
NET ET PROPRE
1938
COMITÉ NATIONAL DE DÉFENSE CONTRE LA TUBERCULOSE
1934
CALMETTE SAUVEUR DES TOUT-PETITS PAR LE VACCIN BCG
Chocolat
VIVRE
1928-1929
COMITÉ NATIONAL DE DÉFENSE CONTRE LA TUBERCULOSE
LA DÉFENSE CONTRE LA TUBERCULOSE
1936
FRANCE ET UNION FRANÇAISE
CINQUANTENAIRE DU TIMBRE ANTITUBERCULEUX
1904-1954
COMITÉ NATIONAL DE DÉFENSE CONTRE LA TUBERCULOSE
dix francs pour la santé

5

Dans les années 1920 et 1930, concomitamment à la construction de sanatoriums à travers l'Europe, la population française est encouragée à aller prendre l'air et à s'exposer au soleil. Le Comité national de défense contre la tuberculose publie chaque mois ses recommandations dans la revue *La Vie saine* et édite par ailleurs des carnets de timbres afin d'élargir sa communication.

5 Timbres du Comité national de défense contre la tuberculose, années 1920-1970.
6 Couverture de la brochure publicitaire pour les établissements Gallois, constructeurs de lampes à ultraviolets, années 1930.
7 *La Vie saine*, nº 92, mars 1931.

6

9e Année. — Nº 92 | Paraissant tous les mois | Mars 1931

La Tuberculose atteint le riche et le pauvre. Tous, selon nos moyens contribuons à la combattre.

La Vie Saine

La Tuberculose est contagieuse dès l'enfance. Protégeons l'enfance, par le B. C. G.

ORGANE POPULAIRE
DU COMITÉ NATIONAL DE DÉFENSE CONTRE LA TUBERCULOSE
Reconnu d'Utilité Publique

Téléph. : Danton 69-05 Propagande — 69-04 Comité
PARIS, 66, Boulevard Saint-Michel, PARIS (6e)
Compte Chèques Postaux : 511-30

+ 1931 +
VACCIN ANTITUBERCULEUX
BCG
COMITÉ NATIONAL DE DÉFENSE CONTRE LA TUBERCULOSE

Le vaccin B.C.G. préserve d'un mal affreux, les petits enfants

7

Destiné aux patients tuberculeux, le sanatorium départemental de la Bucaille-Aincourt ouvre ses portes en 1933 à proximité du village d'Aincourt en Seine-et-Oise (actuel Val d'Oise), en pleine forêt, à une cinquantaine de kilomètres de Paris.

Les trois bâtiments principaux sont organisés en gradins et surmontés par un toit-terrasse, afin d'exposer les convalescents à un ensoleillement optimal.
8 « Sanatorium départemental de la Bucaille-Aincourt (S.-et-O.) », carte postale, vers 1958

8

Laissant une large place à la « nature », nombre de communautés utopiques imaginées par des architectes, urbanistes, médecins ou encore écrivains à partir de la fin du XIXe siècle sont présentées comme des alternatives à la ville industrielle insalubre : de la Garden City d'Ebenezer Howard en 1898 à la Broadacre City étudiée par Frank Lloyd Wright à partir des années 1930, des villes fictives décrites par le médecin anglais Benjamin Ward Richardson dans *Hygeia. A City of Health* (1876) à celle de Jules Verne dans *Les Cinq Cents millions de la Bégum* (1879), les modèles urbains se font moins denses et favorisent l'accès des habitants aux espaces verts et aux équipements de soin.

Ces travaux théoriques inspirent la création de villes entières, bien réelles, à visée explicitement thérapeutique, comme en Angleterre les *garden-cities* de Letchworth (années 1900) et de Welwyn (1920), une *garden suburb* (« banlieue-jardin ») dans le quartier londonien de Hampstead (1907), ou le Papworth Village Settlement ouvert en 1917 non loin de Cambridge pour les tuberculeux. En France, à Suresnes dans les Hauts-de-Seine, une « cité-jardin » remarquable d'environ 3 300 logements voit le jour à l'initiative du maire Henri Sellier et sur les plans des architectes Alexandre Maistrasse, Julien Quoniam, puis Félix Dumail ; la construction commence au début des années 1920, elle ne sera terminée qu'en 1956. Autre exemple, au début des années 1930 : la petite « cité sanitaire » de Clairvivre, destinée aux tuberculeux ainsi qu'aux soldats de la Grande Guerre souffrant de blessures aux poumons, est construite en Dordogne. En outre, quelques architectes, tel Augustin Rey, proposent une réorganisation à grande échelle des villes existantes pour y faire entrer les éléments naturels (végétation, soleil, etc.).

Dans le même temps pourtant, la nature a, selon d'autres architectes, des défauts qui s'opposent au soin. Le Corbusier déclare ainsi en 1935 dans *La Ville radieuse* que « le sol naturel », « dispensateur des rhumatismes de la tuberculose », est « ennemi de l'homme », et il recommande de s'en protéger, notamment par la mise sur pilotis des édifices. Le rôle de la nature dans la spatialisation du soin est donc ambivalent, comme il l'a en fait toujours été au cours de l'histoire. À la fois remède et poison, la nature a un statut double : le propre du *pharmakon*, la « pharmacie de Platon[1] », dans la Grèce antique, c'est d'être à la fois la cause d'un mal et la solution à sa fin.

1 Voir Jacques Derrida, « La pharmacie de Platon », paru dans *Tel Quel* en 1968.

Pourquoi ne réunirions-nous pas toutes les forces de notre imagination pour tracer le plan d'une cité modèle sur des données rigoureusement scientifiques ?… (Oui ! oui ! c'est vrai !) Pourquoi ne consacrerions-nous pas ensuite le capital dont nous disposons à édifier cette ville et à la présenter au monde comme un enseignement pratique ?… (Oui ! oui ! – Tonnerre d'applaudissements.)

Jules Verne, *Les Cinq Cents Millions de la Bégum*, 1879

Clairvivre est une cité sanitaire moderne construite en 1933 à Salagnac, en Dordogne, pour accueillir et soigner les tuberculeux et les blessés de la Première Guerre mondiale. L'idée émane d'Albert Delsuc, un ancien combattant, et la cité est conçue par l'architecte Pierre Forestier. Outre l'hôpital, le dispensaire et le service social, l'établissement comporte 175 pavillons pour les tuberculeux et leur famille, ainsi qu'un bâtiment de 200 chambres pour les malades seuls et les visiteurs.

9 Cité sanitaire de Clairvivre, Salagnac, lors de l'inauguration, 1933.

10 Cité Sanitaire de Clairvivre, Salagnac, carte postale, s.d.

9

10

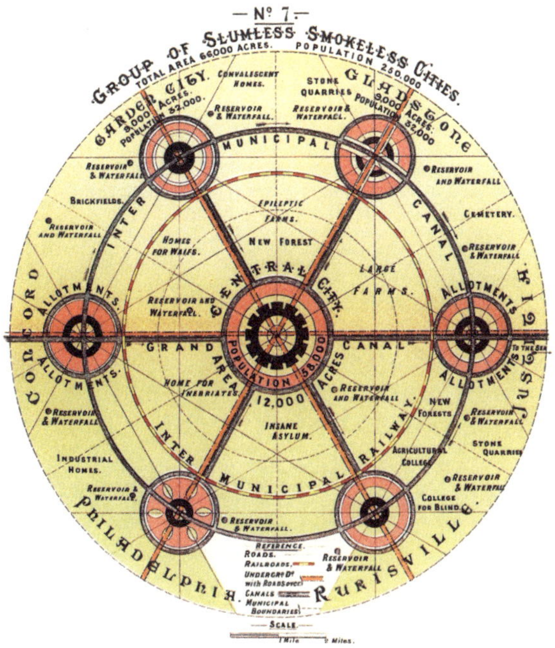

11

12

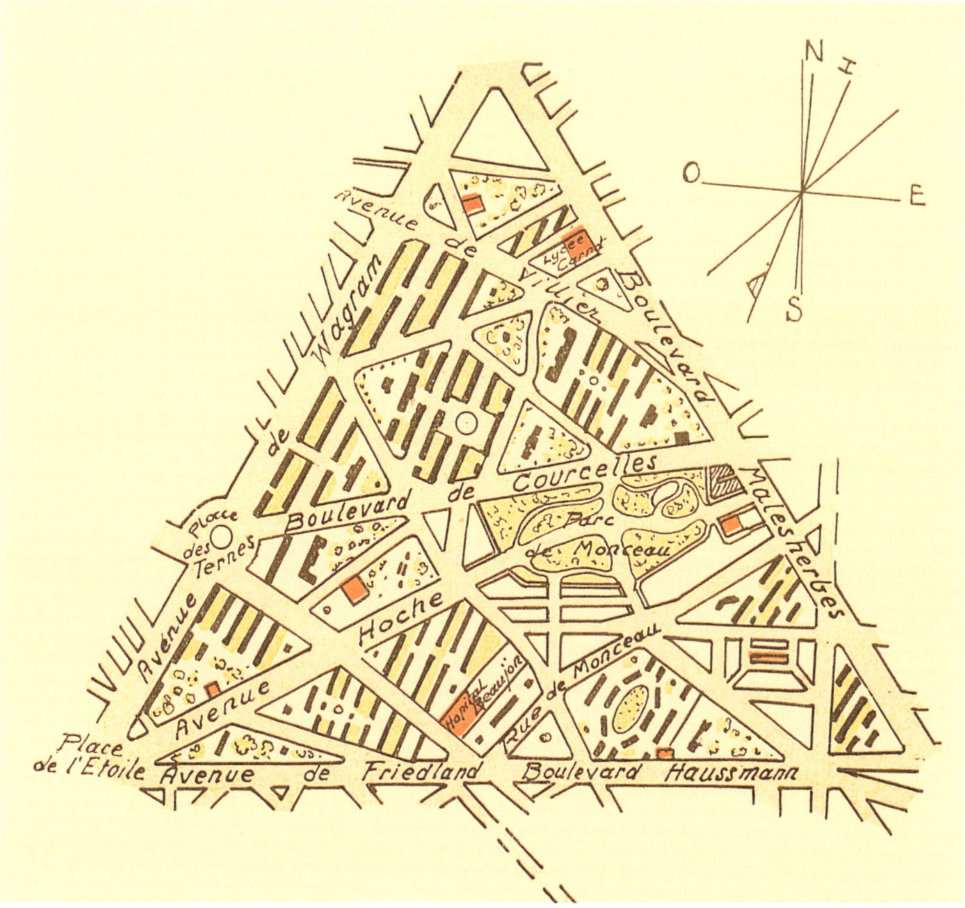

13

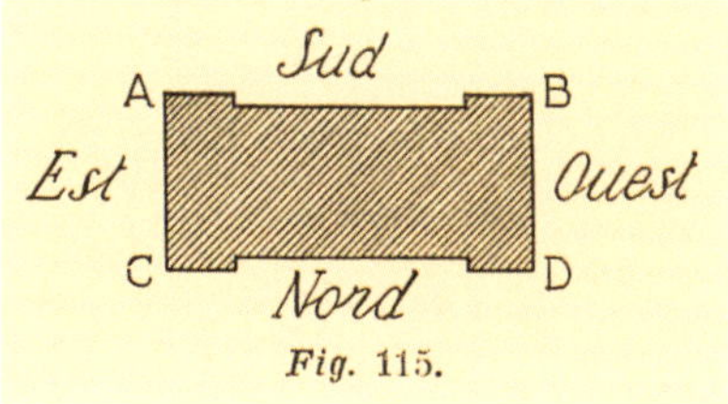

14

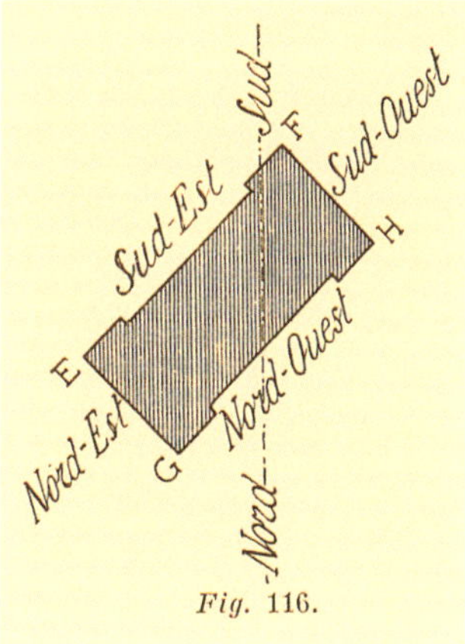

15

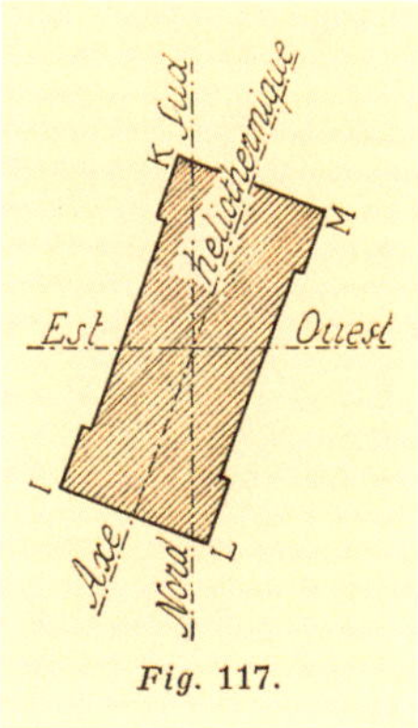

16

En 1898, l'urbaniste britannique Ebenezer Howard propose un modèle d'organisation urbaine décentralisée de près de 270 km² pour 250 000 habitants, opérant une synthèse entre la ville et la campagne : un « groupe de cités sans taudis ni fumée ». Les cités qui composent l'ensemble sont de taille limitée (32 000 habitants pour 24 km²), mises en réseau et entourées de terrains agricoles, forêts et espaces naturels.

11 Diagramme d'une cité-jardin, Ebenezer Howard urbaniste, 1898, in *To-morrow. A Peaceful Path to Real Reform*, Londres, Swan Sonnenschein & Co., Ltd., 1898.

L'architecte américain Frank Lloyd Wright publie en 1932 un réquisitoire sur la ville, *The Disappearing City*, protestation virulente contre les conséquences de l'urbanisme rampant. Selon ses préceptes, il réalise en 1935 avec ses étudiants un projet de ville modèle, Broadacre City, réorganisation globale des espaces habités sur le territoire et remise en cause radicale de l'opposition entre ville et campagne. L'architecte développe et réécrit entièrement son ouvrage en 1958, pour sa troisième et dernière édition, *The Living City*.

12 Dessin extrait de Frank Lloyd Wright, *The Living City*, New York, Horizon Press, 1958.

En 1928, les architectes Augustin Rey et Charles Barde ainsi que l'astronome Justin Pidoux proposent le « réaménagement héliothermique » d'un quartier de Paris, qu'ils publient dans *La Science des plans de villes. Ses applications à la construction, à l'extension, à l'hygiène et à la beauté des villes. Orientation solaire des habitations.* Le projet réorganise l'ensemble de la voirie et du bâti du quartier du parc Monceau selon l'axe héliothermique, considéré comme le plus favorable à la salubrité de la ville. Les voies principales, les places, les parcs et tous les édifices publics sont conservés, puis les terrains existants sont construits le long de lignes parallèles suivant l'orientation héliothermique, en supprimant les cours fermées et en agrandissant les surfaces de jardin.

13 Proposition de « réaménagement héliothermique », plan extrait d'Augustin Rey, Justin Pidoux et Charles Barde, *La Science des plans de villes […]*, Lausanne, Payot, et Paris, Dunod, 1928.

14–16 Étude d'orientation : le troisième schéma tient compte de l'axe héliothermique, dessin extrait d'Augustin Rey, Justin Pidoux et Charles Barde, *La Science des plans de villes […]*, Lausanne, Payot, et Paris, Dunod, 1928.

17 « De jeunes ‹ Clairvivants › excursionnent en Suisse », s.d.

LA CITÉ SANITAIRE DE CLAIRVIVRE
POUR L'ENFANCE HEUREUSE
VIVRE

Curer, ré-curer la ville

Si c'est la ville qui nous rend malades, est-ce donc la ville elle-même qu'il faut chercher à traiter, à guérir, à curer ? Curage, ou sa déclinaison curetage, est un terme instructif : action d'abord médicale et appliquée à un corps biologique (dont on extrait un élément malade et nocif pour le reste de l'organisme), ensuite déplacée vers les disciplines de l'architecture et de l'urbanisme.

Ainsi, alors que Le Corbusier avait proposé de raser le quartier parisien du Marais, dont l'organisation spatiale serrée et chaotique en faisait selon lui un foyer de tuberculose, il est décidé après la Seconde Guerre mondiale d'y réaliser plutôt un curage de grande ampleur, qui prend aussi le nom d'« éclaircissage » (selon le terme du théoricien Gustavo Giovannoni) : les îlots sont évidés en leur centre, les adjonctions sont supprimées. Ainsi le fameux « îlot 16 », considéré pendant longtemps comme l'une des sources principales des malheurs sanitaires de Paris, retrouve la santé.

1

2

3

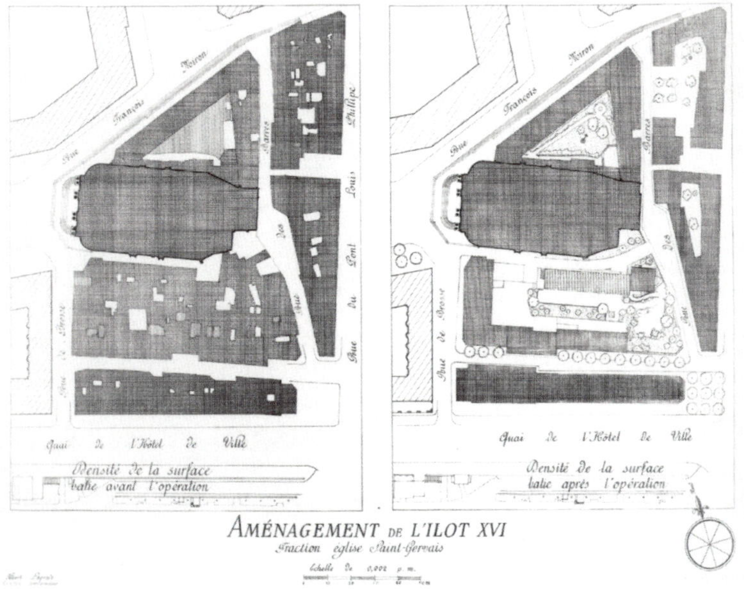

4

Une enquête réalisée à Paris de 1894 à 1904 relie des cas de tuberculose à la forte densité de certains quartiers. En 1906, six îlots « tuberculeux » ou insalubres sont identifiés ; jusqu'à dix-sept après la Première Guerre mondiale.

1 Plans d'aménagement de l'îlot insalubre n° 16, Albert Laprade, Michel Roux-Spitz et Robert Danis architectes, in *L'Architecture française*, n° 41, mars 1944.

2 et 3 La cour de l'ancien charnier de l'église Saint-Gervais, en 1942 (avant rénovation) et en 1957 (après rénovation).

4 « Aménagement de l'îlot XVI, fraction église Saint-Gervais », plans, Albert Laprade architecte, vers 1942.

En octobre 1969, le Plan de sauvegarde du Marais est « pris en considération » par le Conseil de Paris et publié l'année suivante dans le n° 2 de la revue *Paris-Projet*. Aux problématiques hygiénistes mises en avant plus tôt se superposent des enjeux liés à la sauvegarde de l'architecture en péril du quartier : soin de la population et soin du patrimoine bâti vont donc de pair.

5 « Le Plan de sauvegarde du Marais », 1969, in *Paris Projet*, n° 2, avril 1970.

LE PLAN DE SAUVEGARDE DU MARAIS

Pris en considération en Octobre 1969 par le Conseil de Paris, ce document est ici publié pour la première fois de manière intégrale. Ci-dessous la partie Nord du Plan...

5

Dans les années 1950, c'est un autre choix qui est fait à Saint-Louis, dans le Missouri, aux États-Unis : le *slum* (« taudis ») de DeSoto-Carr, abritant une population défavorisée et très majoritairement noire, est déclaré insalubre et voué à la démolition. Il est rasé, et le grand ensemble de Pruitt-Igoe, conçu par Minoru Yamasaki (architecte des Twin Towers new-yorkaises), prend sa place en 1954. À peine vingt ans plus tard cependant, les longues barres s'avèrent plus insalubres encore, et le grand ensemble est démoli. « L'architecture moderne est morte à Saint Louis, Missouri, le 15 juillet 1972 à 3h32 de l'après-midi[1] », écrit Charles Jencks dans son célèbre ouvrage *The Language of Post-Modern Architecture* (1977).

L'épisode est d'autant plus marquant que, du bidonville au grand ensemble, la lecture des relations entre milieu et maladie a changé : l'architecture des barres est considérée comme responsable de pathologies mentales[2] et non plus seulement physiques. Ce changement se confirme en France. Le grand ensemble de Lochères, construit à Sarcelles de 1954 à 1976, est dès 1962 l'objet d'une critique persistante : il serait le lieu du développement d'un syndrome inédit, la « sarcellite », forme de névrose directement causée par l'homogénéité sans fin de l'architecture.

1 Charles Jencks, *The Language of Post-Modern Architecture*, New York, Rizzoli, 1977, p. 136.
2 Voir à ce sujet, dans le cas de Pruitt-Igoe et d'autres grands ensembles : David Halpern, *Mental Health and The Built Environment. More Than Bricks And Mortar ?*, Routledge, 1995.

Lancé en 1954, quelques mois après l'appel de l'abbé Pierre face à la crise du logement, le « grand ensemble » de Lochères, à Sarcelles, est achevé en 1976. Construit sur les plans des architectes Jacques Henri-Labourdette et Roger Boileau, il compte au total près de 13 000 logements. En 1983, *Le Monde* évoque les rumeurs de « sarcellite », une pathologie mentale qui se développerait dans les grands ensembles.

6 Quartier de Lochères à Sarcelles, Jacques Henri-Labourdette et Roger Boileau architectes, carte postale, vers 1961.
7 Thierry Bréhier, « La maladie de la ville », *Le Monde*, 4 octobre 1983.

••• LE MONDE – Mardi 4 octobre 1983 – Page 9

Le Monde **politique**

L'ÉLECTION MUNICIPALE DE SARCELLES

L'opposition l'emporte

Dès les résultats des premiers bureaux, on savait déjà officieusement que M. Raymond Lamontagne, candidat de l'opposition, avait largement gagné sur son adversaire, M. Henry Canacos, maire communiste sortant, invalidé par le Conseil d'Etat pour fraude électorale, le 2 septembre dernier. En mars 1983, les résultats du bureau de vote nº 14 avaient été raturés, créditant le candidat communiste de 36 voix supplémentaires, alors que son adversaire affirmait en avoir obtenu 104 de plus.

Dans la salle de la mairie, où dimanche soir était proclamés les résultats, un face-à-face menaçant entre les supporters des deux listes a provoqué, à l'arrivée du nouveau maire (1) une violente bousculade, qui a fait six blessés légers (quatre dans les rangs de l'opposition, dont M. Raymond Lamontagne lui-même, et M. Patrick Devedjian, candidat R.P.R. à Antony (Hauts-de-Seine), et deux dans les rangs de la majorité. Le vent de panique n'a pu être apaisé, quelques minutes plus tard, que par l'envoi de gaz lacrymogènes et l'arrivée d'une section d'intervention.

Le troisième tour aura donc été fatal à M. Canacos. Le taux de participation était le 6 mars dernier de 61,07 % ; il était hier de 63,21 %. C'est avec 1 440 voix d'avance que M. Raymond Lamontagne a conquis la mairie de Sarcelles, convoitée par la droite depuis que M. Henry Canacos la lui avait ravie en 1965. Le maire communiste avait bâti sa popularité au pied des tours de la ville nouvelle de Sarcelles-Lochères et s'était fait particulièrement apprécier dans sa lutte contre ce qu'on avait alors appelé la « sarcellite ». La politique a pris le pas sur l'intérêt local puisque les Sarcellois ont préféré sanctionner le gouvernement d'union de la gauche de la France en dénonçant tout à la fois la situation économique et les fraudes électorales.

« *Ce soir, la justice l'emporte*, a déclaré M. Lamontagne, *les Sarcellois n'ont pas voulu que la fraude électorale soit un moyen de détourner le suffrage universel. Ce soir, l'opposition l'emporte ; elle a voulu dire son mécontentement face à la politique menée par le gouvernement actuel. Ce soir, Sarcelles l'emporte ; les Sarcellois ont mis fin à dix-huit années de domination communiste.* »

« *La conjoncture économique difficile dans laquelle la droite a plongé le pays après des décennies de pouvoir vient de peser fortement sur l'élection municipale de Sarcelles*, a souligné, pour sa part, M. Canacos, précisant que sa liste défendrait les acquis conquis, accumulés depuis dix-huit ans. »

JACQUELINE MEILLON.

(1) Le nouveau conseil municipal, élu le 2 octobre, comprend trente-cinq membres de l'opposition et dix de la majorité. Le précédent conseil comprenait trente-quatre membres de la majorité et onze de l'opposition.

	2 OCTOBRE 1983	6 MARS 1983
Inscrits	29 542	29 605

La maladie de la ville

Ce n'est pas si vieux et cela paraît pourtant déjà un autre temps. Paris éclatait dans ses murs. Les jeunes ménages d'ouvriers et d'employés s'entassaient dans les arrière-cours des immeubles parisiens et les chambres des hôtels meublés... Il fallait d'urgence construire des logements par milliers. A la fin des années 50, la Caisse des dépôts et consignations fut chargée de la tâche ; elle jeta son dévolu sur cette plaine de l'Ile-de-France où le vieux village de Sarcelles vivotait de la vie tranquille des bourgs encore maraîchers.

Bien vite, trop vite, les grues remplacèrent les blés ; les premiers habitants pour gagner la gare lointaine – et ainsi leur travail parisien – n'avaient que des bottes pour traverser des champs de boue. Parmi ces pionniers des premiers jours, il y avait un jeune ouvrier communiste, Henry Canacos. Très vite il s'oppose à la municipalité traditionnelle, dépassée par les événements. En 1965, grâce à une triangulaire, la gauche remporte les municipales, et M. Canacos s'installe à la mairie.

Le travail ne manque pas : les barres et les tours sans grâce – construites trop vite et à l'économie – ont envahi le paysage ; la Caisse des dépôts, propriétaire du tiers du territoire communal et des deux tiers des logements, est le véritable maître du grand ensemble ; elle s'est laissé entraîner dans un énorme scandale financier faute d'avoir réussi l'implantation du grand centre commercial des Flanades. La « sarcellite » a frappé ; Sarcelles est devenue le symbole de ces cages à lapins où s'entassent les banlieusards. Le maire et les dirigeants de la Caisse – après quelques discussions acharnées – s'attellent à la même tâche : les espaces verts poussent au pied du béton, équipements sociaux et lieux de travail viennent animer la cité. Même le commerce renaît aux Flanades... Une vraie ville est née. M. Henry Canacos a gagné son pari : la « sarcellite » est enrayée.

Mais une autre maladie risque de frapper la ville : les ouvriers et employés parisiens ont fui Sarcelles ; les « pieds-noirs » sont arrivés, dont de nombreux israélites ; ils ont été suivis par les Martiniquais, les Antillais, les Asiatiques, qui trouvent là un logement près de la grande ville dont ils espèrent tant. Le marché du dimanche est devenu un merveilleux grouillement haut en couleur, où les peuples de la terre entière semblent être représentés. De tous ceux-là, M. Lamontagne devra faire des Sarcellois à part entière... Une mission aussi difficile que celle de son prédécesseur.

Th. B.

Trois élections cantonales

CHARENTE-MARITIME : canton de Marennes (2e tour).

Inscr., 8531 ; vot., 4876 ; suffr. expr., 4474. MM. Hay, div. dr., 2540, *ELU* ; Hattabe, div. dr., 1934.

[Il s'agissait de pourvoir au remplacement de Marcel Boyard, M.R.G., décédé.

M. Jean-Pierre Hay, soutenu par l'ensemble des formations de l'opposition (R.P.R., U.D.F. et CNIP), l'emporte avec 606 voix d'écart sur M. Hattabe, maire de Marennes, arrivé en tête du scrutin de ballottage avec 106 voix d'avance.

Les cinq autres candidats du premier tour qui n'avaient pas atteint la barre des 10 % des inscrits avaient été éliminés. La gauche était donc absente de ce second tour, ce qui explique en partie le nombre important des bulletins blancs ou nuls (402).]

Les résultats du premier tour avaient été les suivants : Inscr., 8531 ; vot., 4727 ; suffr. expr., 4656. MM. Hattabe, 1260 ; Hay, 1140 ; Guichard, div. g., 820 ; Claude Boyard, M.R.G., 807 ; Bonnucci, P.C., 383 ; Delisle, div dr., 187 ; Pacaud, div. dr., 59.

[Mme Boyard, épouse du conseiller général M.R.G. décédé, avait signé un appel en faveur de M. Hay. Marcel Boyard avait été réélu au second tour en mars 1979 avec 3093 voix, contre 2204 à M. Hattabe, pour 5297 suffrages exprimés et 5519 votants. Il y avait 8229 électeurs inscrits. Les résultats du premier tour de ce scrutin avaient été les suivants : inscr., 8225 ; vot., 5 310 ; suffr. expr., 5092. MM. Boyard, 1885 ; Hattabe, 1776 ; Bonnucci, 803 ; Jullion, P.S., 628.]

HÉRAULT : canton de Béziers IV (1er tour).

Inscr., 23 615 : vot., 10 096 ; suff. ex., 9 805. – MM. Couquet, P.C., 3 106 ; Couderc, U.D.F., 2 153 ; Morel, R.P.R., 2 122 ; Mme Purseigle-Crassous, P.S., 1 627 ; MM. Ramos, s. étiq., 555 ; Lamartine, M.R.G., 242. Il y a ballottage.

[Il s'agit de pourvoir au remplacement d'Emile Turco, P.C., maire de Valras, décédé, qui avait été réélu au second tour du scrutin de mars 1979 avec 7 910 voix contre 3 692 à M. Chevalier, R.P.R., pour 11 602 suffrages exprimés et 12 222 votants. Il y avait 21 603 électeurs inscrits. Les résultats du premier tour de ce scrutin avaient été les suivants : inscr., 21 603 ; vot., 12 170 ; suff. ex., 11 743. MM. Turco, 5 461 ; Austry, P.S., 3 187 ; Chevalier, 2 537 ; Lamartine, 558.

Les candidats de gauche qui avaient obtenu alors 78,39 % des suffrages exprimés, n'en recueillent cette fois que 50,73 %. Le taux de participation a été sensiblement plus faible qu'au premier tour de scrutin de mars 1979 : 41,52 % contre 54,35 %.]

HAUTE-VIENNE : canton de Saint-Yriex-la-Perche (1er tour).

Inscr., 9 271 ; vot., 7 390 ; suff. ex., 7 155. – MM. Debusschère, div. d., 3 807, ÉLU ; Sussingeas, P.S., 2 413 : Lagorce, P.C., 935.

[Cette élection faisait suite à l'annulation par le Conseil d'Etat du scrutin de mars 1982 qui avait vu, au second tour le candidat socialiste, M. Sussingeas, l'emporter avec 3 651 voix contre 3 646 à M. Debusschère pour 7 297 suffrages exprimés et 7 539 votants. Il y avait 9 140 électeurs inscrits. Au premier tour les résultats avaient été les suivants : inscr., 9 139 ; vot., 7 051 ; suff. ex., 6 899. – MM. Debusschère, 2 260 ; Sussingeas, 1 896 ; Jarry, P.C., 1 410 ; Dufraisse, R.P.R., 1 333.

M. Debusschère qui est élu dès le premier tour avait déjà devancé la majorité dans le chef-lieu du canton lors des dernières municipales. Le candidat socialiste invalidé améliore son score de plus de six points ; celui du P.C., en revanche, enregistre une perte de plus de sept points.]

8

9

10

Dans les années 1940, le ghetto noir de DeSoto-Carr, à Saint-Louis (Missouri), est surnommé « *lung block* » (*lung* signifiant poumon) en raison des très nombreux tuberculeux qu'il abrite. Pour y remédier, on construit en 1954 dans ce quartier qui sera progressivement détruit le grand ensemble de Pruitt-Igoe, à son tour démoli en 1972.

8–10 Quartier insalubre autour de Pruitt-Igoe, Saint-Louis, Missouri, 1954.

11 Ensemble de logements de Pruitt-Igoe, Saint-Louis, Missouri, Minoru Yamasaki architecte, 5 juin 1971.

12 Destruction d'un immeuble de l'ensemble de Pruitt-Igoe, 22 avril 1972.

Revanche de l'histoire, en 2021, le site de Pruitt-Igoe est envisagé pour un projet de campus médical, rattaché à la Ponce Health Sciences University.

13 Projet de campus médical de la Ponce Health Sciences University, 2020.

11

12

13

Réparations

Le médecin Henri Laborit – connu pour avoir introduit l'usage des neuroleptiques en psychiatrie – donne à la « sarcellite » une forme de réalité scientifique, dans *L'Homme et la ville* (1971)[1]. Selon lui, la grande ville produit des pathologies du fait de son uniformité spatiale, responsable d'une automatisation, d'un asservissement des individus. En 1965, le médecin et psychanalyste allemand Alexander Mitscherlich disait sensiblement la même chose dans *Psychanalyse et urbanisme. Réponse aux planificateurs*[2], en proposant l'intégration d'un psychanalyste dans les équipes de conception urbaine, afin d'ajouter la « conscience critique » qui manquerait aux architectes…

Le contexte qui intéresse Mitscherlich est celui de la reconstruction des villes allemandes détruites par les bombardements. Le recours indifférencié à l'architecture fonctionnaliste aura pour conséquence, selon l'auteur, de mettre en place les conditions spatiales d'un déni, en effaçant les traces des événements traumatiques, et en permettant dès lors leur reproduction. C'est pour des raisons semblables que la ville d'Amsterdam fait quant à elle le choix de ne pas reconstruire des centaines de parcelles détruites, y aménageant à la place les célèbres *playgrounds* d'Aldo van Eyck : l'architecture – ou la non-architecture – du terrain de jeu devient un dispositif d'accompagnement du traumatisme collectif.

Ces épisodes sont importants à plus d'un titre. D'abord, parce qu'ils touchent des populations entières et empêchent dès lors d'opérer une distinction entre les malades et les autres. Ensuite, parce qu'ils révèlent l'amorce d'une nouvelle relation possible de l'architecture au soin, d'une dimension médicale inédite de l'architecture : à l'image de la médecine qui, à l'occasion de la Première Guerre, était devenue « réparatrice » en rassemblant les morceaux des visages « cassés », l'architecture se fait à son tour « réparatrice » en travaillant à faire tenir ensemble les espaces de la cité.

1 Henri Laborit, *L'Homme et la ville*, Paris, Flammarion, 1971.
2 Alexander Mitscherlich, *Psychanalyse et urbanisme. Réponse aux planificateurs*, Paris, Gallimard, 1965.

1

1 Parcelle démolie (1954) et transformée en aire de jeux, Aldo van Eyck architecte, 1956, quartier Zeedijk, Amsterdam.

La notion de « réparation » traverse l'œuvre de Kader Attia, qui l'interroge particulièrement dans le contexte des relations postcoloniales entre l'Afrique et l'Occident. En confrontant les visages des « gueules cassées » de la Première Guerre mondiale à des artefacts eux aussi cassés puis restaurés (des objets, des masques, voire des architectures), l'artiste montre que la solidarité des processus de réparation est l'une des dimensions indispensables pour construire ou reconstruire une mémoire collective.

2 Kader Attia, *Open Your Eyes*, 2010, double projection de 180 diapositives.

3 Kader Attia, *Traditional Repair, Immaterial Injury*, 2014-2018, installation *in situ* (agrafes métalliques, béton), exposition « The Field of Emotion », The Power Plant, Toronto, 2018.

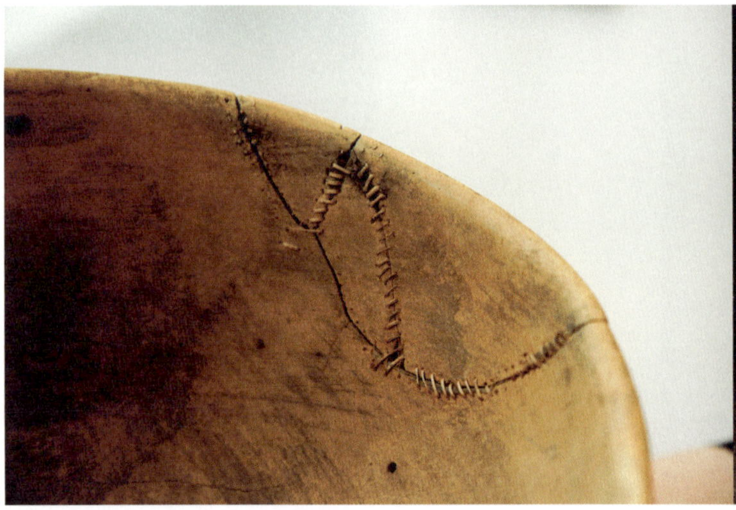

2

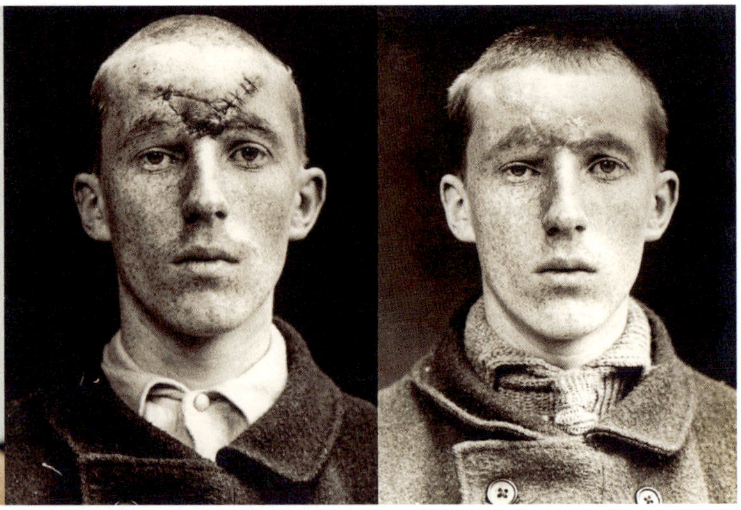

3

4

4 et 5 Quartier d'Imaizumi, village de Kesencho, Rikuzentakata, Japon, avant (24 juillet 2004) et après (4 avril 2011) le tsunami. Originaire de Rikuzentakata, ville située à 500 km de Tokyo, le photographe Naoya Hatakeyama retourne sur les lieux de son enfance après la tragédie humaine que représente le tsunami du 11 mars 2011. Photographies Naoya Hatakeyama

5

Territoires malades

Des années 1970 à nos jours, le mouvement d'élargissement de la « santé » se prolonge, en particulier dans la relation de celle-ci avec le milieu, à mesure que les événements traumatiques se répètent, à des échelles inédites, marquant à chaque fois un lien plus serré entre territoire, maladie et soin.
Et ce sont autant de moments potentiellement refondateurs qui semblent inciter à une redéfinition de l'architecture.

En rendant inhabitable le territoire japonais de Fukushima, l'accident nucléaire causé par le séisme et le tsunami du 11 mars 2011 a posé ainsi un jalon : cette catastrophe sanitaire d'un genre nouveau, radicalement « anthropocénique », marque l'entrée dans un temps qui verra des morceaux entiers de la Terre rendus malades. Mais aussi et nécessairement, c'est sur ce territoire dévasté par l'accident et à une échelle plus grande encore par le tsunami que certains, menés par Toyo Ito, voient la possibilité d'une « architecture du jour d'après[1] », revenant aux fondamentaux : protéger, tenir – tenir debout et tenir ensemble.

Neuf ans plus tard, en 2020, a lieu l'explosion chimique du port de Beyrouth : une immense partie de la capitale libanaise est contaminée. D'une manière bien différente mais tout aussi pertinente, une autre voie inédite émerge alors pour l'architecture : c'est la piste de « l'architecture forensique », proposée par le groupe de recherche éponyme. Il s'agit d'enquêter sur le milieu bâti dans le but de révéler les causes d'un événement traumatique, et ainsi d'organiser les possibilités d'une guérison de la ville et de ses habitants. L'architecture prend là une fonction soignante bien plus large, elle participe à un projet de soin de nos institutions, de nos démocraties.

1 Toyo Ito, *L'Architecture du jour d'après*, Bruxelles, Les Impressions nouvelles, 2014.

3

1

2

4

S'inscrivant dans la démarche des « Home-for-All », lieux de rassemblement destinés aux communautés touchées par les événements de mars 2011 au Japon, Toyo Ito réalise à Fukushima une aire de jeux sécurisée, abritée sous une structure en bois en forme de double chapiteau.
1 et 2 Playground-for-All, Minamisoma, Fukushima, Toyo Ito architecte, 2016.

Pour la série *Revenir sur nos pas* (2014), tirée de l'ensemble *Fukushima no-go zone*, les photographes Carlos Ayesta et Guillaume Bression ont demandé à d'anciens habitants de la région de Fukushima de revenir sur leurs lieux de vie ou de travail d'avant la catastrophe et d'y poser « comme si de rien n'était ».
3 et 4 Carlos Ayesta et Guillaume Bression, *Revenir sur nos pas*, 2014.

5

6

Le collectif britannique Forensic Architecture, créé par Eyal Weizman en 2010, met les outils de l'architecte au service de l'investigation, s'appuyant notamment sur les traces contenues dans les bâtiments. Concernant l'explosion du 4 août 2020 dans le port de Beyrouth, qui a fait plus de 200 morts et plus de 6500 blessés et dévasté une grande partie de la ville, Forensic Architecture réalise une chronologie en 3D pour aider à reconstituer les faits de cette journée. Ainsi, en prenant comme point de départ un événement de santé publique au sens classique du terme, le collectif parvient, à sa manière, à une reformulation étendue et contemporaine de la relation de l'architecture au soin : parce qu'elle est un témoin matériel de l'histoire et des traumatismes qui touchent la population, l'architecture peut nous permettre de prendre soin de la vérité des faits, de la mémoire collective.

5 et 6 L'explosion du port de Beyrouth, 4 août 2020, source du troisième panache de fumée au nord-ouest de l'entrepôt et modélisation 3D par Forensic Architecture.

VERS UNE ARCHITECTURE DU MÉNAGEMENT*

Joan C. Tronto
Politologue

Qu'exigeraient une architecture et un urbanisme du ménagement ? Il n'est pas question ici d'une meilleure conception ni des soi-disant établissements de « santé », ni des hôpitaux ou des résidences pour personnes âgées. Suivre les voies du *care* ouvertes par les féministes de la génération passée nécessite de considérer d'une tout autre façon les rapports entre l'environnement bâti, la nature et les êtres humains. Adopter le *care* comme concept central des disciplines de l'architecture et de l'urbanisme implique une réorientation radicale.

Le point de départ de ce tournant est d'appréhender l'architecture comme une matérialisation du pouvoir. Si l'architecture est bien sûr un mode d'expression artistique, une science appliquée à la création de structures et d'environnements bâtis, elle est aussi une manifestation ultime du pouvoir de l'Homme. Lorsque les architectes expriment des idées, ils le font souvent d'une manière qui réclame l'affectation d'immenses ressources humaines et matérielles. De tout temps et en toute civilisation, l'œuvre architecturale a incarné la puissance du pouvoir. Selon la Torah et l'Ancien Testament, la première construction édifiée par les hommes pour se donner des airs divins fut une tour. Dieu en prit ombrage et confondit leur langage afin qu'ils ne puissent plus, aussi efficacement, accroître leur pouvoir collectif. Que Dieu considère la tour de Babel comme un affront à son autorité divine nous apprend beaucoup sur la permanence, la solidité et la concentration du pouvoir, inscrites dans l'environnement bâti créé par les architectes.

Parce que leur travail demande généralement des ressources considérables, les architectes ont régulièrement été au service des goûts et des intérêts des plus puissants, leurs commanditaires. Des époques entières sont illustrées par des constructions importantes : barrages, plans de villes, cathédrales, châteaux, gratte-ciel, stades, ponts, villas sur catalogue, ensembles de logements sociaux, ou jardins. Souvent, l'objectif est d'intimider ou de contrôler ceux qui vivent à l'intérieur ou à proximité de ces réalisations. En tant que système économique générant d'importantes disparités de richesses, le capitalisme a récompensé les architectes et urbanistes acquis à ses valeurs : exhibition de richesses colossales, hymnes à la consommation, usines plus efficaces et, à l'ère néolibérale, urbanisme sélectif qui répartit les populations dans les quartiers selon le bon vouloir du capital. Certaines décisions semblent résulter d'un violent mépris. Par exemple, la magnifique structure en verre du nouveau stade de football américain de Minneapolis (Minnesota) construit en 2017 présente un danger évident pour les oiseaux migrateurs. Malgré un budget de 1,1 milliard de dollars dont 500 millions provenant de fonds publics, ses constructeurs ont refusé de mettre en œuvre pour 1 million supplémentaire un vitrage plus respectueux des oiseaux[1]. Dans d'autres cas, architectes et constructeurs adoptent des postures plus bienveillantes à l'égard des différentes formes de vie présentes dans leur environnement ; parfois, ils suggèrent d'eux-mêmes des parcs publics, des logements accessibles, des ruelles accueillantes…

Il ne s'agit pas de dire que les architectes et urbanistes contemporains ne ménagent pas les choses et les êtres, mais de dire qu'ils les ménagent mal. S'ils font attention à certaines choses, ce n'est pas souvent aux bonnes. Quand les féministes ont commencé à écrire sur le *care*, elles l'ont fait à partir des cadres qu'elles connaissaient le mieux, soit, ordinairement, la sollicitude envers les personnes vulnérables telles que les enfants, les malades et les personnes âgées. Néanmoins, à mesure de l'avancement de leurs recherches, les théoriciennes du *care* ont reconnu d'autres formes de ménagement communément associées aux hommes : celles liées à la protection et à la production[2]. Elles décrivent le fait que les hommes travaillent et rapportent leur paie à la maison comme une de ces formes. Cependant, l'argent en lui-même ne relève pas du ménagement ; il doit être transformé en vêtements propres, en nourriture saine, en un lieu de vie sûr et agréable[3]. Cela implique une relation suivie avec ceux dont on prend soin. Si les bâtiments protègent les gens des intempéries, ils n'en prennent pas soin par eux-mêmes. Que se passe-t-il à l'intérieur d'un bâtiment ? Comment s'intègre-t-il dans son contexte ? Comment est-il construit ? Qui va-t-il abriter ou déplacer ? Tous ces aspects influent fondamentalement sur la nature du ménagement dispensé par le bâtiment. Le plus souvent, donc, les architectes et les urbanistes se soucient du monde dans la perspective de mettre des « choses » au service d'opinions particulières, notamment celles du pouvoir et du capital. Rappelez-vous comme certains architectes modernistes se sont lamentés que l'apparence soignée de leurs bâtiments serait ruinée par les habitants qui les occuperaient : « Mies van der Rohe comprend que la géométrie de son bâtiment serait parfaite jusqu'à ce que les gens entrent dans l'équation[4]. »

L'architecture du ménagement ne s'identifie pas à l'architecture durable, aussi importante soit-elle[5]. Celle-ci apparaît dans les années 1980 comme une tentative de rendre l'architecture plus sensible à son impact environnemental[6]. Mais, à mesure de son institutionnalisation, ses normes se sont polarisées sur les *choses*. Elle s'est focalisée sur les matériaux utilisés et a davantage réussi à mesurer ce qui constitue le bâtiment qu'à en surveiller ses impacts. Parce que le ménagement valorise les processus et les relations qui se déploient dans un va-et-vient dans le temps, ainsi que toutes les interrelations créées, appliquer les théories du *care* à l'architecture implique un changement fondamental de perspective : le ménagement ne voit pas ces « choses » réalisées – bâtiments, parcs, zones urbaines, etc. – comme (son) *objet*. Tout commence par la responsabilité de ménager non seulement cette « chose », son créateur, constructeur ou commanditaire, mais aussi toutes celles et tous ceux qui sont impliqués. Par exemple, qu'arrive-t-il aux gens, aux magasins, aux biens déplacés pour laisser la place à un parc ? Qui occupera cet espace à l'avenir ? Comment les matériaux ont-ils été produits ? (Les normes LEED[7] sont-elles parfois manipulées ?) Qui nettoiera et prendra soin de ce bâtiment, de cette rue, de cette infrastructure ? Ont-ils été conçus pour durer ou pour rester debout le temps que le constructeur ne soit plus tenu responsable des défauts de mise en œuvre ? Alors que quelques chercheurs en architecture commencent à s'intéresser à ces questions[8], nous devons savoir ce que signifierait d'avoir une approche aussi intégrée et attentionnée de l'architecture.

C'est là qu'une démarche relationnelle et critique du ménagement, inspirée par la pensée féministe, bouleverse notre perspective. Ne plus considérer les bâtiments comme des « choses » mais comme un tissu de relations continues – dans le temps et dans l'espace – avec un environnement, des individus, une faune et une flore transforme fondamentalement l'intention architecturale.

Voici une humble requête aux architectes d'aujourd'hui et de demain : notre planète brisée a besoin d'une architecture du ménagement. Au-delà de « ce que veut le client », au-delà de l'architecture « verte » ou « durable », au-delà de construire un bel objet, nous avons dorénavant besoin d'une architecture qui s'acquitte de son rôle élémentaire dans notre responsabilité partagée de prendre soin du monde, une architecture qui soit sensible aux mérites de la réparation, de la préservation, du maintien de toutes les formes de vie et de la planète elle-même.

Comment alors parvenir à une architecture du ménagement ? Nous devons d'abord définir le *care* ; puis il nous faudra

1 Voir Peter Josh, « Site of Super Bowl LII Is a Death Trap for Birds », *USA Today*, 21 janvier 2018.
2 Voir Joan C. Tronto, *Caring Democracy. Markets, Equality and Justice*, New York, NYU Press, 2013.
3 Voir Batya Weinbaum, Amy Bridges, « The Other Side of the Paycheck. Monopoly Capital and the Structure of Consumption » (1976), in Zillah R. Eisenstein (éd.), *Capitalist Patriarchy and the Case for Socialist Feminism*, New York, Monthly Review Press, 1979.
4 Andrew S. Dolkart, « The Architecture and Development of New York City. The Birth of the Skyscraper », in *Digital Knowledge Ventures*, New York, Columbia University, 2003.
5 Voir David Gissen, *Big and Green. Toward Sustainable Architecture in the 21st Century*, New York, Princeton Architectural Press, 2002.
6 Voir Brian J. Barth, « The Past, Present and Future of Sustainable Architecture », *Pacific Standards*, 13 juin 2018.
7 Leadership in Energy and Environmental Design : certification énergétique américaine (N.d.é.).
8 Voir Nina Rappaport, « Real Time/Implication for Production Spaces », *ACADIA Conference reform, Building for a Better Tomorrow*, Chicago, 22-25 octobre 2009 ; et Nina Rappaport, « Preserving Modern Architecture in the US », in Allen Cunningham (éd.), *Modern Movement Heritage*, Londres, Taylor & Francis, 1998.

examiner en quoi cela pourrait offrir un paradigme relationnel alternatif. Définir le *care* est difficile ; ce terme a de nombreuses significations. Il y a quelques années, ma consœur Berenice Fisher et moi-même écrivions : « Dans son sens le plus général, nous suggérons que le *care* soit considéré comme une activité générique qui comprend tout ce que nous faisons pour maintenir, perpétuer et réparer notre ‹ monde ›, de sorte que nous puissions y vivre aussi bien que possible. Ce monde comprend nos corps, nous-mêmes et notre environnement, tous éléments que nous cherchons à relier en un réseau complexe, en soutien à la vie[9]. »

Cette définition déçoit souvent, car elle est trop ouverte et ne spécifie pas bien ce qui relève ou non du *care*. Elle est volontairement générale. La pensée occidentale est parvenue à placer la production au centre de la vie humaine et à repousser le ménagement à la marge. Notre objectif en définissant si largement le *care* était en partie de montrer qu'il est présent partout, dans presque tous les aspects de nos vies. Cependant, il existe plusieurs manières d'identifier où et comment il intervient.

Premièrement, la plupart des activités n'appartiennent pas à ce « sens très général » ; aussi devons-nous envisager des pratiques plus spécifiques. Certaines sont « imbriquées » pour atteindre des formes plus globales. Tout comme construire nécessite l'assemblage d'éléments de structure, de plomberie, d'électricité, de menuiserie, etc. pour aboutir à un bâtiment ; tout comme chacune de ces activités doit être réalisée selon ses propres normes afin de rendre l'ensemble cohérent, il en va de même pour le monde du ménagement, qui entremêle de nombreuses pratiques. Élever des enfants diffère de se soucier d'un adulte, qui n'est pas non plus équivalent au fait de veiller sur des parents âgés. Le nettoyage de la maison, par exemple, est intégré à ces pratiques. Néanmoins, le but du ménagement, à ce niveau-là, revient à s'assurer que ces éléments s'entrelacent en un tissu relationnel vital.

Deuxièmement, « ménager » est toujours une activité, une pratique. Lorsque les gens commencent à y réfléchir, ils se considèrent souvent comme « ménageurs » ou « ménagés ». Mais il est important pour nous de reconnaître que les êtres humains, les animaux, les plantes et toutes choses naturelles et artificielles sont également enchevêtrés dans le ménagement. Considérant que le ménagement est action, il est parfois difficile pour certains d'accepter que le fait d'en bénéficier en est aussi un aspect essentiel.

Troisièmement, cette définition établit un horizon pour évaluer le ménagement : « afin que nous puissions vivre [dans le monde] aussi bien que possible ». Ce que cette finalité englobe varie évidemment selon la décision de chaque communauté constitutive du « nous ». Chaque société s'engage dans des activités de ménagement en fonction de sa définition du « aussi bien que possible ». Évaluer s'il survient bien ou mal revient ainsi à porter attention à la finalité, à la fois du bien vivre et du ménagement. Cette préoccupation s'avère hautement politique. Ce dont nous nous soucions détermine le type de société que nous constituons.

À partir de cette définition du *care*, nous avions également énoncé quatre aspects essentiels : faire attention à (*caring about*), prendre soin de (*caring for*), donner (*care giving*) et recevoir (*care receiving*) des soins. En 2013, j'en ai ajouté un cinquième : rendre (*caring with*). Ces cinq caractéristiques méritent d'être développées et, ce faisant, nous commençons à percevoir l'importance d'une approche relationnelle du ménagement dans l'architecture.

Auparavant, nous devons également noter que le ménagement s'échappe de la pensée féministe pour une raison particulière. Il a pu sembler jusqu'à présent qu'il s'agissait d'une activité féminine douce et sentimentale. En effet, dans la pensée occidentale, les discours du ménagement ont majoritairement été utilisés pour décrire des processus féminisés de reproduction dans la vie privée ordinaire. Si, par certains aspects, ils relèvent de ces sentiments, les aspects suivants – ce dont il faut se soucier, comment en prendre soin, qui effectuera le réel travail du *care*, comment l'évaluer et comment le transformer en modèle collectif – sont indéniablement une question de pouvoir et de volonté politique. À ce stade, décider de qui, de quoi et comment prendre soin est hautement controversé. Si ménager signifie uniquement protéger les intérêts des riches, il en résultera une architecture différente de celle conçue pour réparer le monde. Ménager pour réparer notre monde brisé nourrit les arguments politiques d'une telle architecture. Reprenons ces différentes phases du *care* et voyons comment elles modifient notre approche de l'architecture.

Caring about (« faire attention à ») signifie que nous sommes attentifs aux besoins auxquels il faut répondre. Avant que tout processus de ménagement puisse commencer, nous devons en reconnaître la nécessité. C'est une tâche plus difficile qu'il n'y paraît à première vue : certains besoins sont rendus difficiles à voir ou délibérément ignorés. L'une des façons d'organiser les espaces néolibéraux consiste à séparer les personnes par classes, afin que les riches ne rencontrent que rarement leurs voisins plus pauvres et leurs besoins[10]. Même si les besoins sont reconnus, ils sont souvent en conflit entre eux. Quels besoins devraient être prioritaires ? Ceux des riches – leurs « besoins » d'une immense maison étalée sur une grande pelouse au carré – devraient-ils compter davantage que ceux des agriculteurs, des moins riches, de la Terre elle-même ?

Caring for (« prendre soin de ») concerne l'acceptation et la répartition des responsabilités. Une fois que l'on a constaté un besoin de ménagement, quelqu'un doit intervenir et en revendiquer la responsabilité, ou déterminer qui d'autre pourrait prendre cette responsabilité. Passer devant un sans-abri dans la rue est un moyen d'éviter la responsabilité. Mais que doit-on faire ? Jeter un peu d'argent dans le gobelet qu'il nous tend ? L'emmener à la maison ? Appeler la police ? Militer pour davantage de logements destinés aux pauvres ? Décider d'agir et de répondre à ces besoins non satisfaits est un autre aspect crucial du ménagement. Pour les architectes, *caring for* impliquerait d'assumer la responsabilité de l'ensemble du processus de construction. Les architectes devraient assumer la responsabilité non seulement de la manière dont les matériaux sont obtenus et transportés – et de leur impact environnemental –, mais aussi de ce qui est déplacé, et de la façon dont le bâtiment sera entretenu. En construisant son stade de football, l'équipe des Vikings a ignoré l'impact du bâtiment en verre sur les oiseaux migrateurs et, lorsque les dangers lui ont été signalés, a refusé d'assumer la responsabilité de la situation. À quel moment excusons-nous les constructeurs des conséquences de leurs décisions ? Une architecture concentrée sur le ménagement approfondirait ces questions et attribuerait également la responsabilité des effets involontaires.

Care giving (« donner des soins ») exige une attention aux actes réels du ménagement. Pendant la construction, les travailleurs sont-ils protégés ? Human Rights Watch a publié

9 Joan C. Tronto, Berenice Fisher, « Toward a Feminist Theory of Caring », in Emily K. Abel, Margareth K. Nelson (éd.), *Circles of Care*, New York, State University of New York Press, 1990. Repris in Joan Tronto, *Un monde vulnérable. Pour une politique du care*, Paris, La Découverte, 2009, p. 143.

10 Voir Katherine Boo, *Behind the Beautiful Forevers. Life, Death, and Hope in a Mumbai Undercity*, New York, Random House, 2012.

en 2017 un rapport très critique sur le traitement des ouvriers du bâtiment travaillant à la construction, au Qatar, des stades de football pour la Coupe du monde de la FIFA 2022[11]. Si un bâtiment est censé offrir un refuge, comment le fait-il? Comment les matériaux et les ouvriers sont-ils choisis, transportés, utilisés?

Care receiving (« recevoir des soins »). Une fois la phase de *care giving* achevée, que se passe-t-il ensuite? Parce que le ménagement se perpétue, tout ce qui est impliqué dans son processus sera affecté et transformé d'une façon ou d'une autre par celui-ci. Dans quelle mesure les besoins à l'origine du processus ont-ils été satisfaits? Différents participants peuvent décider que le processus a bien ou mal fonctionné. Dans les bâtiments et les lotissements, il est nécessaire de mettre en place une forme d'évaluation continue. Comment un bâtiment supporte-t-il l'épreuve du temps? Qui paie les réparations? Quels types d'activités les utilisateurs devraient-ils engager et quelles responsabilités devraient-ils prendre? À ce stade, recevoir des soins exige que l'on remarque quels besoins supplémentaires pourraient être générés par le fait de s'être soucié de. Ainsi, le processus recommence avec la prise en compte des aspirations et des responsabilités et l'acte lui-même.

Caring With (« rendre »). La nature récurrente du ménagement soulève un autre ensemble de préoccupations. Est-il fiable sur la durée? Lorsque leurs besoins sont satisfaits de manière stable dans le temps, les personnes peuvent développer une appréciation pour ceux autour d'eux qui fournissent ce ménagement répété. Dans de tels cas, il devient un moyen de favoriser la solidarité et la confiance entre les individus. Cette solidarité et cette confiance ont un effet salutaire: elles rendent plus probable que les ménagés d'hier deviennent par réciprocité les ménageurs de demain. De cette façon, bien que le ménagement parte de besoins asymétriques, les gens peuvent être en mesure de constater que leur participation à ces boucles continues les rend *in fine* plus égaux. La réciprocité augmente la probabilité que des individus reconnaissent les besoins, prennent la responsabilité des besoins des autres, s'engagent à donner des soins, et soient lucides quant à l'effectivité du ménagement. Celles et ceux qui vivent dans des communautés où le ménagement fait partie de la vie collective quotidienne se sentent plus en sécurité et font davantage attention à leur environnement.

Bien sûr, si certains ne perçoivent pas ou ne comprennent pas le ménagement qu'ils reçoivent, ou le sous-évaluent, un tel ménagement ne se développera pas.

Cela nous conduit à reconnaître un dernier point, à mes yeux essentiel: de même que l'architecture est une question de pouvoir, toutes les formes de ménagement regorgent de relations de pouvoir. Habituellement, ceux qui ont des besoins sont dans une situation subordonnée, mais ce n'est pas toujours le cas. Voici donc que se dessine la question incontournable: Comment pouvons-nous consacrer notre pouvoir à ménager notre planète brisée? Les architectes et les urbanistes fourniront sûrement une partie essentielle de la réponse s'ils s'en soucient suffisamment pour essayer.

* Adapté du texte « Caring architecture » (in *Critical Care. Architecture and Urbanism for a broken planet*, Vienne, Architekturzentrum Wien/Cambridge, The MIT Press, 2019), traduit de l'anglais par Joanne Massoubre et Martin Paquot, avec l'autorisation de Joan Tronto, et publié en 2021 par la revue en ligne Topophile (topophile.net/savoir/vers-une-architecture-du-menagement/).

11 Voir David Conn, « Thousands of Qatar World Cup Workers ‹ Subjected to Life-Threatening Heat › », *The Guardian*, 27 septembre 2017.

En 2014, Antoine d'Agata photographie des centaines de maisons démolies puis abandonnées à la suite de la série de catastrophes qui touchent la région de Fukushima au Japon.
7 *Fukushima*, Antoine d'Agata, 2014.

8

Tenir, entretenir, maintenir

D'Amsterdam à Fukushima et Beyrouth, et jusqu'aux villes du monde entier reconfigurées par la pandémie entre 2020 et 2022, l'architecture paraît régulièrement sommée de revoir sa fonction, dans un monde désormais caractérisé, et pour longtemps, par la récurrence des événements dits « sanitaires ».

Explosion des maladies chroniques, exposition de chacun aux virus qui se multiplieront, extension géographique des milieux de vie pollués, fatigue des individus et des sociétés, etc. : sous différentes formes, la vulnérabilité est désormais ce que nous avons de commun. Le chapitre à ouvrir peut dès lors être celui qui prend acte de cette vulnérabilité, pour en faire le soutènement de nos cités et la force motrice d'une possibilité d'habiter un monde pourtant largement inhabitable.

1

2

3

Pendant près de deux ans, et jusqu'à obtenir gain de cause, des femmes de chambre d'un hôtel du quartier des Batignolles, à Paris, font grève pour exiger l'amélioration de leurs conditions de travail. Cet épisode contribue à mettre en lumière ces professions dévalorisées de l'entretien, de la maintenance, autant de pratiques constitutives d'un indispensable « travail du *care* » (Pascale Molinier, *Le Travail du care*, Paris, La Dispute, 2013.).

1 Manifestation en soutien des grévistes de l'hôtel Ibis Batignolles avant leur audience devant le Conseil de prud'hommes, 7 avril 2021.

Dans *Koolhaas Houselife* (2008), les artistes Ila Bêka et Louise Lemoine filment la villa Lemoine, construite près de Bordeaux par l'architecte Rem Koolhaas (1998), en suivant le quotidien de Guadalupe Acedo, la gouvernante des lieux. En 1999 déjà, avec *Morning Cleaning*, le photographe Jeff Wall proposait un déplacement du regard sur l'architecture en montrant un bâtiment célèbre (le Pavillon allemand de Mies van der Rohe à Barcelone, 1929) dans lequel travaille un agent d'entretien.

2 Photogramme extrait du film *Koolhaas Houselife* de Bêka & Lemoine, 2008.

3 *Morning Cleaning*, Mies van der Rohe Foundation, Barcelona, photographie Jeff Wall, 1999.

ET SI L'ON MÉNAGEAIT LES URBAINS ?

Réflexions sur le *care* spatial

Michel Lussault
Géographe, directeur de l'École urbaine de Lyon

Prenons la pandémie de Covid-19 comme une sorte d'épreuve expérimentale permettant d'identifier quelques problèmes majeurs du monde contemporain. En effet, les confinements, les contrôles des pratiques spatiales quotidiennes et les entraves à la mobilité, sans équivalents dans l'histoire en temps de paix et à cette échelle de la Terre entière, ont constitué des moments d'altération radicale de « l'urbanité » standard – urbanité à entendre ici comme une culture dominante de la vie urbaine et de ses fonctions et équipements.

Il faut rappeler que nous venons de connaître une séquence d'urbanisation planétaire particulièrement intense, marquée par l'empire sans partage d'une imagination dominante qui s'est imposée à partir des années 1980 : celle de la *World City*[1], à savoir un modèle d'organisation certes inscrite dans un espace mais avant tout mondialisée et dressée en plateforme d'optimisation fonctionnelle au service de la croissance économique, de la maximisation des intérêts des investissements financiers et de la valorisation spéculative du marché foncier

1 Voir Michel Lussault, « L'imagination géographique de la ‹ *World City* › », in Michel Lussault et Olivier Mongin (dir.), *Cultures et créations dans les métropoles-monde*, Paris, Hermann, 2016, p. 23-45.

et immobilier. La croissance sans entraves, puisqu'il était expliqué sans cesse qu'il n'existait pas d'alternative, était censée assurer la prospérité et donc l'épanouissement des habitants, qu'il s'agisse des investisseurs ou entrepreneurs ou membres des classes créatives s'enrichissant directement ou de celles et ceux devant bénéficier du fameux *trickle down*, l'effet de ruissellement dont on sait parfaitement qu'il n'est qu'un mirage mais qui a servi de justification à bon nombre de politiques.

Ce modèle de la *World City* est problématique à bien des égards. Il promeut *de facto* les inégalités comme un résultat normal de la différenciation des talents et des compétences des individus considérés comme souverains de leurs choix et toujours susceptibles de pouvoir accéder à un meilleur statut s'ils en ont « l'opportunité », le mot d'opportunité étant au cœur de l'imagination précitée. Mais la pandémie nous a permis d'appréhender d'autres difficultés – deux me retiendront.

Tout d'abord, en parvenant à paralyser en quelques semaines des flux que l'on pensait non arrêtables, la diffusion accélérée du Sars-Cov-2, qui a délinéé la carte mondiale des aires urbanisées et des connexions et mouvements qui les relient, a montré que le système urbain global, invariablement présenté sans cesse comme un édifice de puissance incomparable, s'avérait à rebours très vulnérable, d'une incroyable exposition à l'endommagement systémique. Cette vulnérabilité est intégrale : elle s'applique à chaque individu, à chaque ville, à la planète, elle n'est pas une menace qui vient de l'extérieur mais une condition de l'habitation humaine sur la Terre. Pendant des lustres, nous avons été élevés dans la promesse de la sûreté de nos organisations fonctionnelles et de nos infrastructures, de la capacité de nos savoirs techniques et de nos ingénieries à maîtriser les risques. Pourtant, il a fallu peu de temps pour découvrir la nudité du roi !

Le deuxième constat que nous avons fait, lors notamment du premier confinement du printemps 2020, est lié à l'inconfort de nos existences métropolitaines. Nous nous sommes rendu compte, sauf ceux qui ont pu, en raison de leurs moyens, se mettre au large, à quel point la croissance urbaine des dernières années a réduit la question de l'aménité et du bien-être au statut de variable résiduelle des stratégies territoriales. Ainsi et paradoxalement, plusieurs décennies de projets urbains tous azimuts ont contribué à la mise en place d'une ville dans l'ensemble de plus en plus coûteuse et peu agréable pour ses habitants ordinaires.

Si l'on analyse, par exemple, le parc résidentiel, on sait qu'en raison de l'existence d'un marché immobilier spéculatif, entretenu constamment dans cette orientation par les politiques publiques, la taille moyenne des logements neufs a constamment diminué depuis vingt ans en France. Une étude récente[2] a donné des chiffres éloquents pour l'Île-de-France : la taille moyenne des T4 y a diminué de 10 m^2 (de 89,3 à 79,3) et celle des T5 de 15 m^2 (de 114 à 99…). Même les maisons individuelles ont connu une évolution à la baisse des surfaces moyennes.

Un rapport remis à la ministre du Logement le 8 septembre 2021[3] a confirmé et généralisé le constat. Les auteurs, Laurent Girometti et François Leclercq, y dressent un tableau particulièrement sombre de la médiocrité des logements neufs, tout particulièrement depuis 2008 – la crise financière a conduit les pouvoirs publics à vouloir sortir les professionnels de la difficulté en accentuant le caractère de moins-disant de la promotion privée, afin de relancer coûte que coûte la production et de sauvegarder une industrie rarement questionnée vraiment par les autorités dans ses modèles économiques et ses manières de faire. Ainsi, les cloisons ont perdu en épaisseur (gage de problèmes phoniques), les plafonds sont devenus plus bas, les placards disparaissent, les chambres s'amenuisent, les accès à l'extérieur se restreignent, les appartements traversants se raréfient (pour gagner en surface et économiser les coûts), les caves manquent.

Le marché locatif privé, en ce qui le concerne, met en circulation des logements souvent petits et coûteux, ou/et mal placés et peu adaptés aux besoins – par exemple, des familles incitées explicitement à aller trouver en périphérie l'idéal du pavillon avec jardin, au risque de l'endettement lourd et des contraintes de mobilité que la crise des gilets jaunes, à son origine, mit en exergue. Le parc social, quant à lui, d'une production constamment insuffisante, est destiné à des segments bien précis de la population et cantonné assez largement dans des espaces peu attractifs.

L'injonction à rester chez nous a conduit à ressentir cet inconfort général des logements dans les espaces les plus denses des aires urbaines. En vérité, nous avons pris conscience qu'un appartement dans une métropole s'avère agréable surtout si… l'on y demeure peu ; il constitue une simple base d'accès aux services, aux loisirs, aux équipements, en même temps qu'un bien permettant l'accumulation de capital pour son propriétaire (qui n'est pas encouragé à améliorer sa qualité, mais à maximiser sa rentabilité).

Au-delà de la question résidentielle, les logiques de l'organisation et de la fabrication urbaines ont dans l'ensemble négligé l'habitant et son habitat (terme à entendre ici non dans une acception le réduisant au logis, mais comme dénotant l'espace de vie d'un individu ou/et d'un groupe social). Une indifférence à cette « habitation » pratique et vécue s'est instaurée, la réduisant au mieux, dans les procédures normées de production et de gouvernement de l'espace, à une « fonction » à satisfaire.

Ainsi, l'expérience du confinement nous a montré, par défaut de fonctionnements ordinaires, à quel point la place dévolue à l'automobile (à la fois les routes et les parkings) est excessive, les espaces d'aération, les véritables jardins (là où l'on peut encore bénéficier de plantations en pleine terre), les places de halte et de repos sont rares, les services et les commerces de première nécessité éloignés. Mais aussi à quel point la ville fonctionnelle, équipée, aménagée, configurée par l'architecture, l'urbanisme et les ingénieries standards, privatisée par les entreprises (mais aussi par les habitants, réduits à être des consommateurs), devient pathétique lorsque tout se trouve à l'arrêt. Elle est alors apparue marquée par ce « sur-design » vide de sens, caractéristique de l'époque, qui a gagné le moindre secteur d'affirmation d'une stratégie « métropolitaine » et n'a d'égal que la déréliction dans laquelle on laisse bien d'autres espaces, qui ne sont pas ceux devant être choyés pour que la vitrine urbaine soit la plus racoleuse possible.

Bref, l'urbain contemporain est médiocre, par inattention principielle et volontaire à tout ce qui ne rentre pas dans la ligne de l'optimisation fonctionnelle. Cela ne s'avère pas un effet induit non prévu, mais participe d'un choix politique et social qui s'appuie sur une imagination dominante, unc culture si l'on préfère, qui sélectionne au sein du système ce qui va dans le sens de la croissance et de la profitabilité et qui, dans le meilleur des cas, met en place des politiques sociales légèrement palliatives, incapables de redresser ce défaut d'intérêt pour les formes de vies habitantes concrètes.

Il serait judicieux de partir de ce constat empirique pour tenter d'élaborer collectivement un nouveau corpus, à la fois théorique et pratique, en matière de conception et d'organisation

2 L'étude « Nos logements, des lieux à ménager » a été menée et publiée par l'Institut des hautes études pour l'action dans le logement (Idheal), en 2021 (https://idheal.fr/etudes-actions).

3 Laurent Giacometti et François Leclercq, *Rapport de la mission sur la qualité du logement*, septembre 2021 (https://www.ecologie.gouv.fr/sites/default/files/Rapport%20Mission%20Logement%20210904.pdf).

des établissements humains, des habitats, et de définition de modalités possibles d'habitation. Je doute que nous en prenions le chemin; je persiste pourtant depuis quelques années à explorer une telle possibilité en m'inspirant de la philosophie du *care* développée par Joan Tronto. Je ne vais pas détailler ici la manière dont j'opère cette transposition[4], mais indiquerai quels en sont les points d'appui conceptuels.

Il s'agit de réfléchir à ce que j'appellerais une « fabrique urbaine éthique » – à la fois les actions qui concourent à organiser des espaces de vie en commun et à orienter les spatialités afin de promouvoir une co-habitation frappée du sceau de la justice sociale, spatiale, environnementale –, qui s'appuierait sur trois principes faisant système : la considération, l'attention, le soin.

La logique de la considération me semble un point clef : il importerait de promouvoir une « fabrique urbaine » qui se pose toujours la question de savoir, en chaque situation, qui/quoi doit être considéré et comment. Si l'on observe les politiques territoriales, les stratégies urbaines standards et l'urbanisme opérationnel classique, on s'aperçoit rapidement qu'ils sont fondés sur l'étroitesse du spectre de la considération, au sens où une grande quantité d'entités (d'agences, au sens du mot *agency* des anglophones, donc des opérateurs humains ou non humains, individuels ou collectifs ou composites, capables d'agir dans un champ donné), de phénomènes, de processus est exclue de la reconnaissance et de la légitimation de leur existence et de leur efficacité, notamment au moment des diagnostics, mais aussi dans les récits d'action qui sont énoncés pour justifier les politiques, les stratégies, les opérations urbanistiques. Des individus ou des groupes d'individus, des classes sociales, des cultures, des attitudes et des actes, des données sociales, économiques, culturelles, historiques, biophysiques sont systématiquement aveuglés dans les processus de projet ou/et déconsidérés.

Pendant très longtemps, par exemple, la place des non-humains et des composants des écosystèmes a souffert de cette déconsidération qui procédait en ce cas d'une vision de la « nature » asservie aux objectifs du projet urbanistique, au sein duquel elle pouvait au mieux servir de décor, d'élément d'arrière-plan. C'est ainsi que la seule proposition de considérer avec sérieux les caractéristiques propres des non-humains, la légitimité de leurs « intérêts » spécifiques et leurs relations avec les nôtres est subversive. Je peux le constater autour des revendications, de plus en plus nombreuses, de restaurer des sols ouverts au sein des espaces artificialisés, ou de tenter de redynamiser les écosystèmes.

Nous devons également réfléchir à une nouvelle « écologie » de l'attention (individuelle et collective), à construire à partir et autour de la considération, ainsi que de la reconnaissance de la vulnérabilité généralisée des habitats et des habitants. « Porter attention » au système de vulnérabilité d'un habitat (de toute échelle) doit assurer l'identification et l'objectivation collectives des fragilités de celui-ci pour les co-habitants (humains et non-humains). On cherche ainsi à insérer la vulnérabilité dans les pactes sociaux et politiques et à en faire une chose commune.

Un travail de ce type mène également à définir les fragilités acceptables d'un milieu spatial de vie, avec lesquelles on peut/doit se concilier, que l'on s'approprie en quelque sorte, en s'en protégeant et même en en jouant par une relation de « familiarité » (telles que l'exposition à la tempête venant de l'ouest sur le littoral breton, le tsunami au Japon, la prédation d'animaux sauvages sur un cheptel…), et celles dont il est nécessaire de s'arracher au mieux, que l'on ne devrait pas souffrir car elles peuvent menacer jusqu'à la possibilité même d'envisager une co-habitation (le réchauffement excessif de l'atmosphère, la réduction brutale de la biodiversité, la discrimination systématique des femmes, l'absence de capacité d'accès aux biens publics pour un grand nombre de personnes, l'ostracisme de certains groupes…). Pour toute entité d'habitation consistante (c'est-à-dire objectivée comme telle par les parties prenantes du « porter attention »), il importerait de prendre en compte qu'une partie de ce qui régit la vie en commun se fonde sur une définition explicite partagée, comme une symptomatologie élaborée collectivement, sans cesse remise sur le métier, de ce qui fait qu'elle se considère comme vulnérable.

À cela, et compte tenu des « considérants » posés et de l'attention portée dans une situation donnée, il faut ajouter la nécessité de définir une pragmatique du soin des caractéristiques d'un habitat humain quelconque qui permettent son adaptation à sa condition vulnérable, ainsi que sa « résilience », sa capacité à se relever des endommagements et même à en tirer avantage. Ce « prendre soin » doit être à la fois assuré par les institutions politiques, par toutes les parties prenantes d'une société et par les habitants eux-mêmes. Il renforce possiblement « l'immunité » d'un habitat – c'est-à-dire l'ensemble des principes organisationnels qui assurent qu'une entité spatiale puisse réagir à une ou des crises données en assurant son intégrité fonctionnelle.

Ce soin n'est pas tant à « modéliser » à partir de la grille de lecture de la santé (même si cela n'est pas exclu, par exemple en période pandémique) qu'à partir de celle de l'artisanat et même avec celle des activités domestiques[5]. Il s'agit plutôt de maintenir en bon état et de ménager un habitat (le « ménagement », donc, doit être préféré à l'aménagement), et de réparer soigneusement ce qui peut l'être. Cette nécessité devient de plus en plus importante à mesure que nous prenons conscience que les impacts des changements globaux que nous devrons affronter, et que nous commençons d'ailleurs d'ores et déjà à constater, nous propulsent au-devant d'une crise majeure de l'habitabilité de la Terre, qui devrait inciter à réorienter nos manières d'habiter vers des modalités à la fois plus économes des ressources, plus sobres en énergie, moins obsédées par la fabrication permanente de nouveaux objets et artefacts. Là où la construction apparaît comme l'activité reine des stratégies urbaines, il faudrait substituer un prendre soin du déjà-là (humain et non humain), un réemploi des choses, des objets et des bâtiments, une réparation systématique, même si celle-ci est proche du rafistolage. À l'empire de l'optimalité fonctionnelle et de la croissance sans limite, le prendre soin promeut la créativité du ravaudage, de la réinterprétation, du recyclage – et, au passage, pourrait permettre que les habitants, en devenant ainsi des acteurs de cette pragmatique du soin, se réapproprient une bonne partie de leur pouvoir d'agir au service d'une société plus juste.

On pourra bien entendu trouver ces propositions naïves, iréniques, abstraites, peu réalistes, détachées des cadres objectifs des nécessités de la production et de la croissance, j'en passe. Certes, mais face à l'ampleur des défis anthropocènes, face aussi à la brutalité des injustices sociales et aux régressions politiques, nous n'avons d'autre choix que d'être inventifs pour nous frayer un passage éthique dans la complexité et l'âpreté du monde contemporain.

4 Pour cela, voir mon texte « Porter attention aux espaces de vie anthropocène. Vers une théorie du "*Spatial Care*" », in Rémi Beau et Catherine Larrère (dir.), *Penser l'Anthropocène*, Paris, Presses de SciencesPo, 2018.

5 Voir Jean-Marc Besse, *Habiter. Un monde à mon image*, Paris, Flammarion, 2013.

Soutenir : le rêve d'*I care*

Afin d'inscrire la vulnérabilité – et donc immédiatement le soin – comme principe cardinal d'aménagement de nos cités, quelles actions, quels gestes seraient ceux d'une architecture du *care* ? Ce pourrait être ceux du maintien – ou de la maintenance, de l'entretien –, tous ces gestes qui travaillent à faire tenir nos espaces dans le temps, et donc nos corps, eux-mêmes tenus, maintenus. Des gestes qui ne seraient plus tellement, ou plus seulement, ceux de la construction, mais ceux qui leur succèdent et permettent à l'espace de rester habitable, au quotidien et dans la durée.

Les métiers de l'entretien de l'espace, à l'échelle du bâtiment comme à celle de l'espace public, ont longtemps été et sont encore largement stigmatisés, et invisibilisés, de même que le sont les métiers du soin apporté aux individus. Ce sont pourtant ces pratiques du *care* que l'on a vues solidairement au front, « en première ligne », lorsque le reste du monde se retirait pendant les épisodes de confinement en 2020. Depuis les années 1960 et jusqu'à aujourd'hui, dans une vision radicalement visionnaire de ce que pourrait être une société du soin, l'artiste américaine Mierle Laderman Ukeles travaille à revaloriser ces gestes du nettoyage et de la maintenance, et à inscrire dans le paysage de la cité tous ceux que l'on a finalement nommés « agents d'entretien ». Dès 1969, il y a plus de cinquante déjà, Ukeles faisait entrer son *Maintenance Art* au Museum of Modern Art de New York, dans une proposition d'exposition manifeste intitulée « Care ».

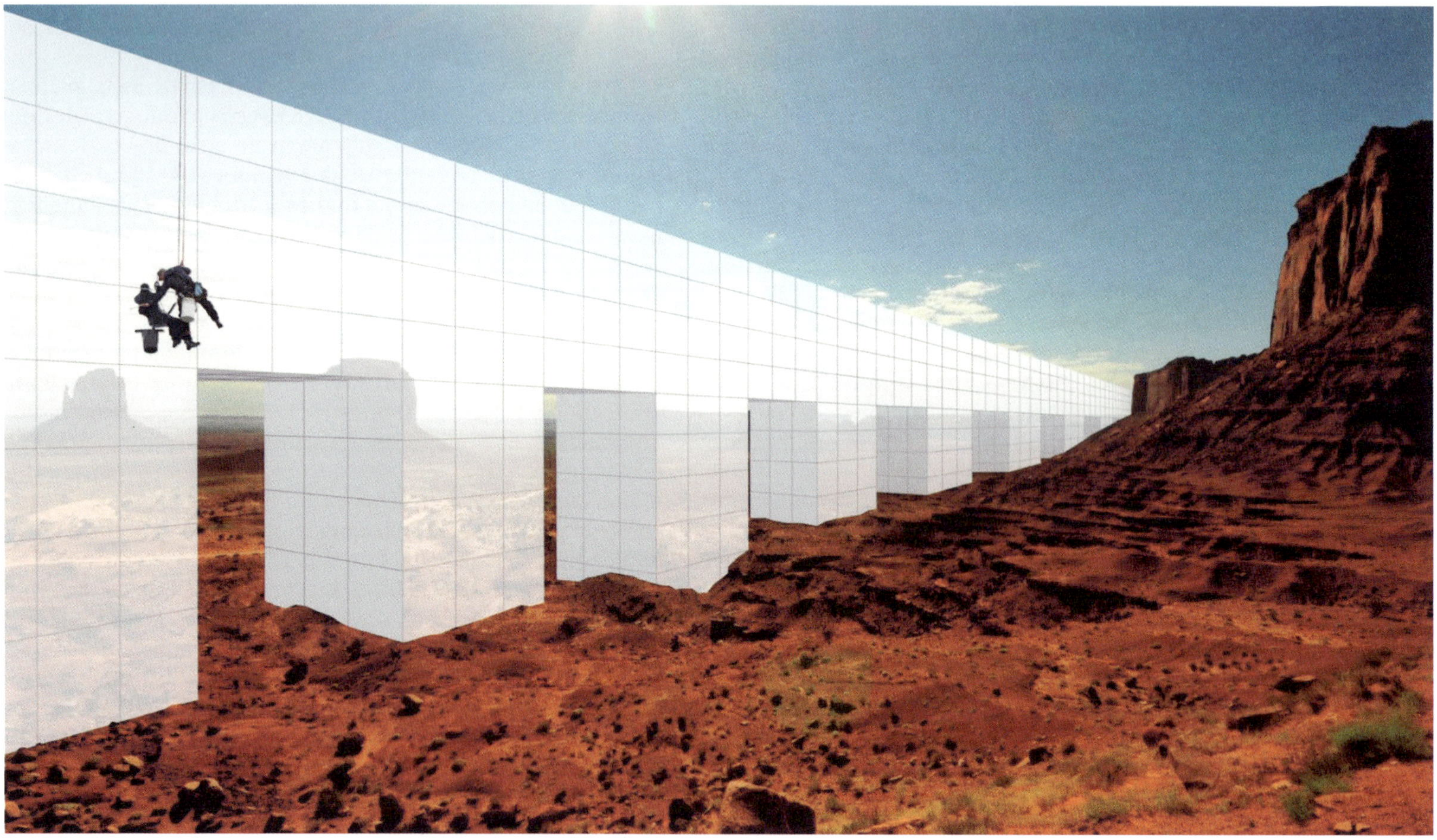
1

Dans la courte vidéo *Routine Maintenance*, réalisée par les artistes Nadia Hironaka et Matthew Suib en 2014, un laveur de vitres nettoie sans fin le *Monument Continu*, une fiction conçue par le collectif d'architectes radicaux Superstudio.
1 Photogramme extrait du film *Routine Maintenance* de Nadia Hironaka et Matthew Suib, 2014.

Les laveurs de vitres, une autre profession du *care* architectural, représentés par Le Corbusier dans l'élévation du bâtiment Rentenanstalt.
2 Immeuble Rentenanstalt, Zurich (Suisse), élévation, Le Corbusier architecte, 1933.

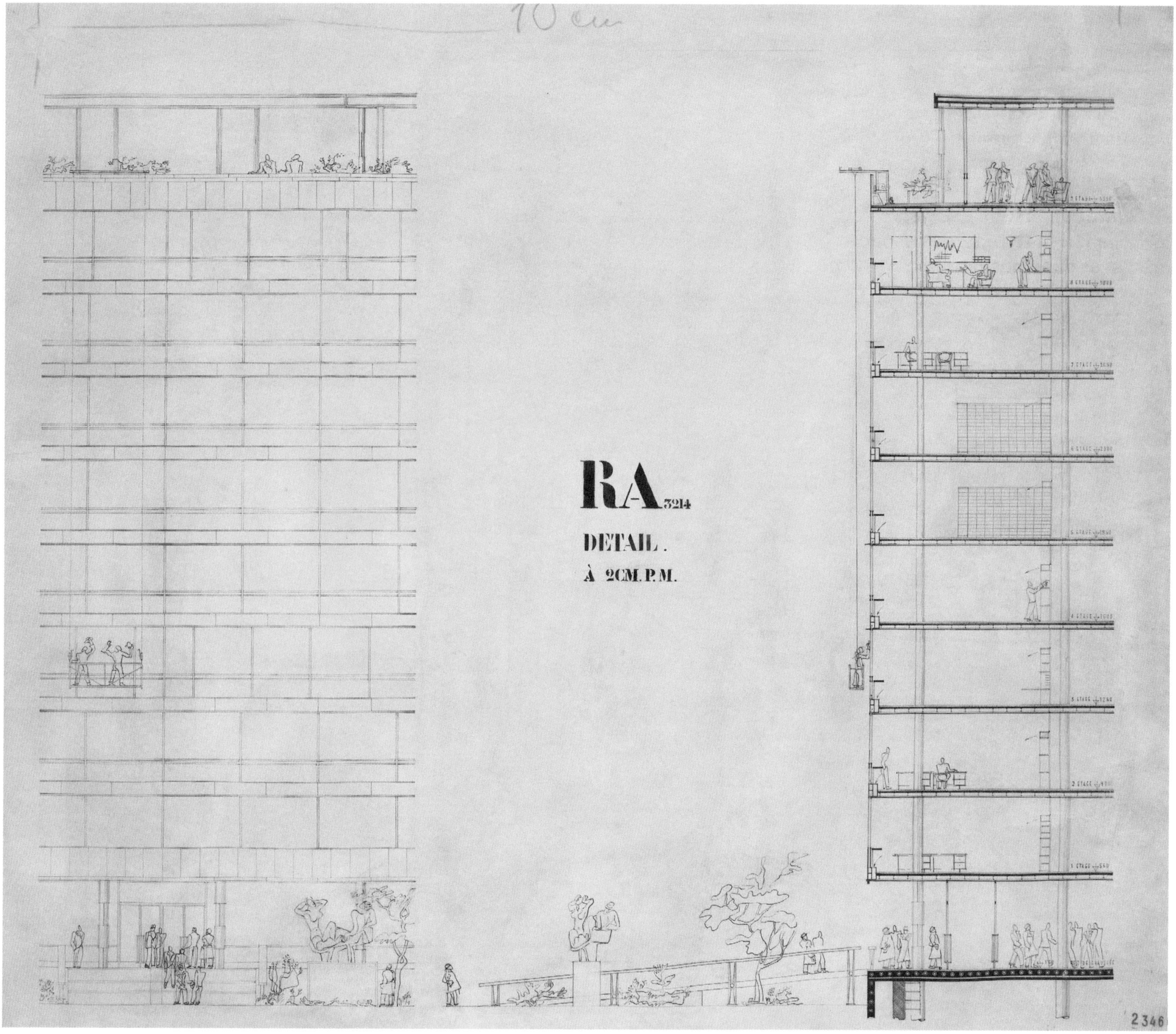

2

3

4

« Après la révolution, qui ira ramasser les ordures lundi matin ? »

Mierle Lademan Ukeles, *Manifesto for Maintenance Art*, 1969

L'artiste Mierle Laderman Ukeles réalise des performances dans l'espace public. En élevant les pratiques de la « maintenance » au rang d'art, son objectif est de contribuer à la reconnaissance des tâches ménagères dans les sphères privées et publiques, ainsi que de celles et ceux qui les accomplissent.

Le 15 mai 1985, pour sa performance *Vuilniswagendans (City Machine Dance)*, Mierle Laderman Ukeles fait danser les camions poubelles de Rotterdam.

3 et 4 Mierle Laderman Ukeles, *Vuilniswagendans (City Machine Dance)*, International Art Festival, Rotterdam, 15 mai 1985, performance pour six camions de collecte des ordures et quatre balayeuses mécaniques, co-créée avec les travailleurs de Roteb, photographie Jannes Linders.

Le 28 octobre 1993, à Givors près de Lyon, *RE-SPECT* forme un « ballet » sur les quais du Rhône, réunissant agents d'entretien, éboueurs et pompiers de la ville.

5 Mierle Laderman Ukeles, *RE-SPECT*, Givors, 1993, performance sur les quais et le fleuve.

Pendant un an, du 24 juin 1979 au 26 juin 1980, Mierle Laderman Ukeles performe avec 8500 employés du Sanitation Department, à travers les 59 New York City Sanitation *districts*.

6 Mierle Laderman Ukeles, *Touch Sanitation Performance*, 1979-1980, Sweep 3, Manhattan 3, photographie Robin Holland.

7 Mierle Laderman Ukeles, *Touch Sanitation Performance*, 1979-1980, Sweep 10, Manhattan 11, photographie Deborah Freedman, 14 mai 1980.

5

6

7

8

9

8 Mierle Laderman Ukeles, *Washing*, performance devant la A.I.R. Gallery, Wooster Street, Soho, New York, 13 juin 1974.

9 Mierle Laderman Ukeles, *Washing/Tracks/Maintenance : Outside*, performance au Wadsworth Atheneum Museum of Art, Hartford, Connecticut (États-Unis), série *Maintenance Art Performance*, 1973-1974.

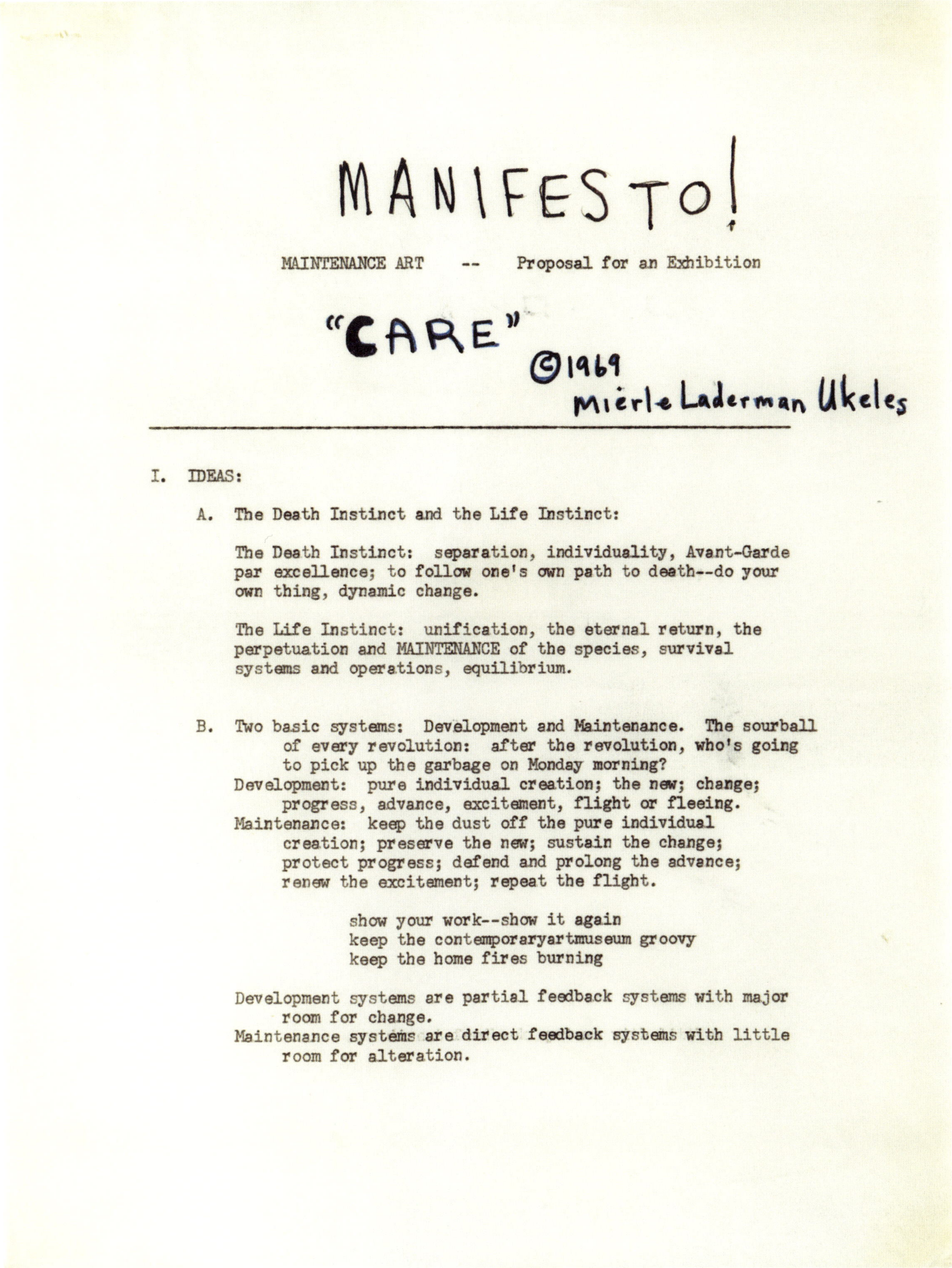

MANIFESTO!

MAINTENANCE ART -- Proposal for an Exhibition

"CARE"

©1969
Mierle Laderman Ukeles

I. IDEAS:

A. The Death Instinct and the Life Instinct:

The Death Instinct: separation, individuality, Avant-Garde par excellence; to follow one's own path to death--do your own thing, dynamic change.

The Life Instinct: unification, the eternal return, the perpetuation and MAINTENANCE of the species, survival systems and operations, equilibrium.

B. Two basic systems: Development and Maintenance. The sourball of every revolution: after the revolution, who's going to pick up the garbage on Monday morning?

Development: pure individual creation; the new; change; progress, advance, excitement, flight or fleeing.

Maintenance: keep the dust off the pure individual creation; preserve the new; sustain the change; protect progress; defend and prolong the advance; renew the excitement; repeat the flight.

show your work--show it again
keep the contemporaryartmuseum groovy
keep the home fires burning

Development systems are partial feedback systems with major room for change.

Maintenance systems are direct feedback systems with little room for alteration.

10

10 Mierle Laderman Ukeles, *Manifesto for Maintenance Art, 1969! Proposal for an Exhibition : « CARE », 1969*, écrit à Philadelphie (Pennsylvanie), octobre 1969.

9 topographies médicales

Au regard des sept thèmes qui traversent notre histoire du soin, neuf *territoires* témoignent chacun, à différents moments, d'un aspect particulier de cette histoire : une île de la Seine opportunément choisie pour accueillir l'idéal du lazaret, à la fois lieu de soin et de détention ; un hôpital aux portes de Paris, témoin de l'évolution du traitement des pathologies mentales dans la cité ; une plaine devenue décharge, relégation des déchets parisiens, bannis par le mouvement hygiéniste ; un sanatorium, lieu de cure en immersion dans la nature ; un hôpital franco-musulman, dispositif d'éloignement du malade et de l'étranger ; une maladrerie à l'écart de la ville pour abriter les lépreux ; un pavillon hospitalier destiné aux patients en fin de vie, réalisation d'un homme qui croyait résolument en la capacité thérapeutique de l'architecture ; un établissement parisien de soins pour enfants expatrié sur les côtes calaisiennes ; enfin, une péniche d'accueil des sans-abri, projet corbuséen singulier dans l'œuvre de l'architecte.

Ces neuf lieux de la vulnérabilité et du soin dessinent une autre cartographie, une autre forme de « topographie médicale[1] », pour reprendre le terme inventé par le médecin Félix Vicq d'Azyr en 1778. En déroulant l'histoire de chacun de ces lieux et de celles et ceux qui les ont habités et/ou qui y demeurent aujourd'hui, la visite des terrains et des archives révèle d'autres dimensions du soin, parfois furtives, méconnues, souvent bienveillantes.

1 La pratique de la « topographie médicale », établie par Félix Vicq d'Azyr en 1778, connaît son heure de gloire à la fin du XVIIIe siècle, et plus encore au siècle suivant. Après plusieurs territoires français, c'est au tour de Paris en 1822 d'être passé au crible de cette méthodologie, au croisement de la médecine et de l'urbanisme : il s'agit de déterminer en quoi les caractéristiques (climatiques, géographiques, architecturales, socio-économiques, etc.) d'un milieu influent sur la santé de ses habitants.

267

L'île aux Cygnes

Elle accueille tour à tour diverses fonctions, dont celles que l'on souhaite isoler, sortir de la ville parce que sales, contagieuses ou dangereuses. Parmi elles, l'hôpital, au même titre que la triperie ou le cimetière.

S'il n'est plus question, aujourd'hui, de transformer l'île aux Cygnes, ce territoire au centre de Paris incarne un idéal sanitaire contemporain : celui du bien-être et de la pratique sportive.

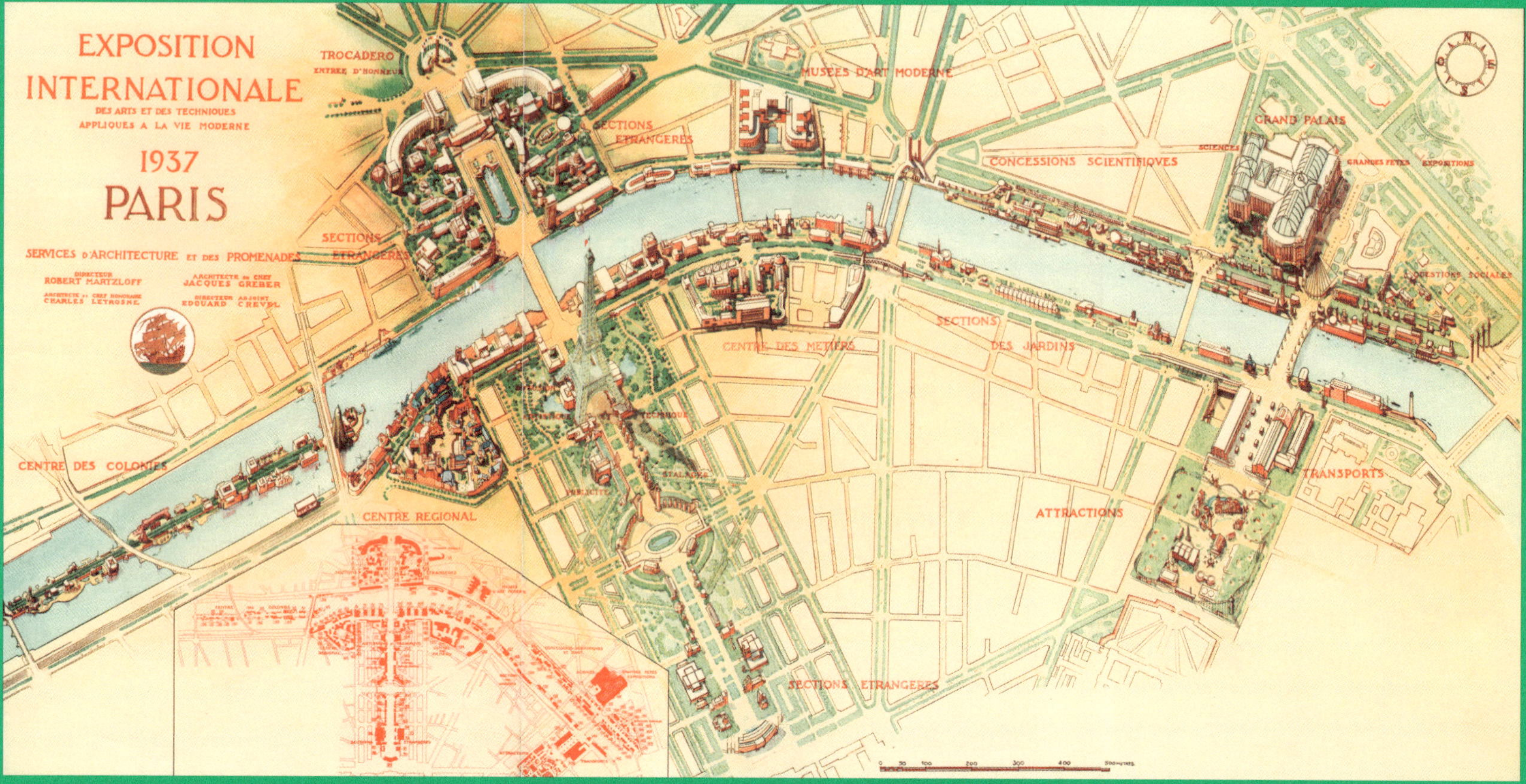

Plan de l'Exposition internationale des arts et des techniques, Paris, 1937, in *L'Illustration*, hors-série, mai 1937.

Allée des Cygnes, 2016.

Appareils de musculation à disposition du public, 2013.

En 1772, après l'incendie de l'Hôtel-Dieu, l'architecte Bernard Poyet propose d'installer un nouveau type d'hôpital sur l'île des Cygnes[1], à quelques kilomètres en aval de l'île de la Cité, à l'extérieur du Paris d'alors. Cet établissement est loin d'être la première idée « sanitaire » projetée sur cette île.

En 1554, Henri II ordonne que l'Hôtel-Dieu cesse d'inhumer ses morts au cimetière de la Trinité[2], trop encombré, et qu'un cimetière soit créé sur l'île alors dénommée Maquerelle. C'est là que, quelques années plus tard, en 1572 (pendant les guerres de religion), sont enterrés les mille deux cents corps protestants du massacre de la Saint-Barthélemy. Le nom, isle du Mas ou de Querelle, fait référence aux marginaux (les « mas », les fous) qui fréquentent l'île, ainsi qu'aux duels (querelles) qui s'y déroulent. Elle n'est baptisée « isle aux Cignes » qu'en 1676, lorsque Louis XIV y place les quarante oiseaux offerts à la France par le Danemark.

Sur l'île devenue port et chantier public en 1721, on brûle les planches non réutilisables des bateaux. Quelques cabanes « de sauvages » et des pâturages pour les vaches y persistent. À partir de 1763, l'île accueille une triperie, ce qui permet de déverser les abats dans la Seine plutôt que de les jeter dans les rues de la ville. Épuré de ces déchets bouchers, le centre de Paris devient plus sain. En 1785, le bras entre l'île et le quai d'Orsay est comblé car trop malodorant ; l'île aux Cygnes disparaît.

Peu après, lors de la création du port de Grenelle, une digue est constituée en rassemblant au milieu de la Seine les sédiments extraits du dragage des deux rives ; elle forme une nouvelle île – artificielle –, nommée île des Cygnes[3]. Aménagée en promenade publique en 1878 avec une voirie (l'allée des Cygnes) bordée de plants d'essences exotiques et de mobilier urbain, elle accueille douze ans plus tard, à son extrémité, la réplique en bronze de *La Liberté éclairant le monde*, d'Auguste Bartholdi. Autour de 1900, l'île devient un temps la tribune de diverses compétitions sportives aquatiques – c'est la mise en avant du corps performant[4].

Certains projets envisagés ne seront pas réalisés. C'est le cas de la plateforme aéroportuaire (avec piste et garages) imaginée en 1932 par André Lurçat. Quelques années plus tard, lors de l'Exposition internationale des arts et des techniques appliqués à la vie moderne, en 1937, des pilotis sont ajoutés de part et d'autre de la digue, temporairement transformée en « Centre des colonies françaises » accueillant des artisans locaux dans chaque pavillon. L'Exposition universelle de 1989 est en revanche annulée, alors que Renzo Piano projetait un boulevard flottant reliant l'île aux quais. Peu après, Benedict Tonon imagine de remplacer l'allée des Cygnes par un long bâtiment de logements collectifs et des jardins verticaux ; eux non plus n'auront pas de suite[5].

Après son inscription au patrimoine mondial de l'Unesco en 2019, l'île fait l'objet d'un projet de rénovation concernant l'accessibilité, le respect de l'environnement et la qualité des installations. Une certaine histoire du soin s'y prolonge sous ses différentes formes contemporaines – sport, bien-être, repos. Les flâneurs et les joueurs de pétanque ont ici leur parenthèse, leur pause au cœur de Paris, entre deux rives.

Les pavillons des colonies françaises, album officiel de l'Exposition internationale des arts et des techniques, Paris, 1937.

Extrait du Plan de Turgot, 1739.

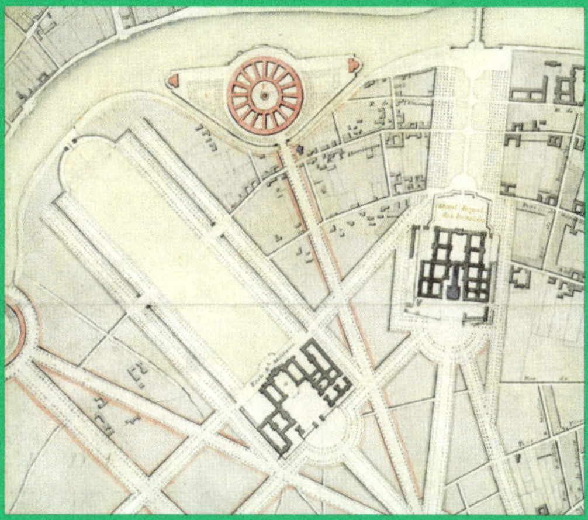

Extrait du *Plan général du projet des embellissements de Paris*, Charles de Wailly, 1785.

Extrait du *Plan de la Ville de Paris avec sa nouvelle enceinte levé géométriquement sur la Méridienne de l'Observatoire*, Edme Verniquet, 1791.

Exposition universelle de Paris en 1889, photographie prise du 3e étage de la tour Eiffel, Neurdein frères, 1889.

1 Ou île *aux* Cygnes, le nom varie selon les cartes. Le roi parle de l'île *des* Cygnes dans ses lettres patentes.
2 Situé rue Saint-Denis, derrière l'hôpital éponyme.
3 Le nom île aux/des Cygnes diffère selon les documents. Dans les plus récents, le « aux » est privilégié, le « des » étant réservé à l'allée *des* Cygnes.
4 Comme l'expliquent Alain Corbin dans *Le Territoire du vide* (Paris, Flammarion, 1988) et Georges Vigarello dans *Histoire des pratiques de santé* (Paris, Seuil, 1999, p. 268-271 et 280-283), certaines pratiques sportives et balnéaires font entrer le corps sain dans une logique esthétique et performante (voire compétitrice) au tournant du XXe siècle. L'accent est mis sur la prévention, qui passe par un entretien individuel du corps, joutes lyonnaises, natation, plongeon, water-polo, etc.
5 J.-P. Courtiau, dans *Paris. Cent ans de fantasmes architecturaux* (Paris, Éditions F1rst, 1990), évoque également un projet d'autoroute et de garage noyau de 3000 voitures par Janusz Deryng dans les années 1960.

Les Hôpitaux de Saint-Maurice

Construit en surplomb de la Marne, en lisière sud du bois de Vincennes, dans une campagne qui s'est depuis largement urbanisée, l'asile qu'imagine le docteur Jean-Étienne Esquirol à Saint-Maurice dans les années 1830 est un modèle à son époque. D'autres hôpitaux s'installent peu à peu sur ce site en marge de la ville, faisant de Saint-Maurice un lieu de convalescence et de rééducation au vert.

Vue aérienne du site des Hôpitaux de Saint-Maurice, 2011.

Plan de 1935 : le bois de Vincennes, l'Asile national des convalescents, l'asile Vacassy, l'hôpital Esquirol, la rigole, le canal Saint-Maurice et la Marne.

Ce complexe hospitalier n'aurait pas existé sans l'ouverture en 1640 d'un hôpital de sept lits par les Frères de la Charité de Charenton : l'hôpital de Notre-Dame de la Paix, pour le soin des pauvres puis, dès 1660-1670, des fous. Devenu laïc en 1798, il continue sous la direction de François de Coulmiers à accueillir des aliénés, répartis en quatre corps de logis, selon leur état d'excitation ; le marquis de Sade y bénéficie quant à lui des meilleurs appartements pendant ses sept ans d'internement et pose par ailleurs quelques problèmes à l'administration. Au point qu'en 1808, le médecin chef Antoine Royer-Collard écrit une lettre au sénateur ministre de la police générale de l'Empire : « Il existe à Charenton un homme que son audacieuse immoralité a malheureusement rendu trop célèbre, et dont la présence dans cet hospice a entraîné les inconvénients les plus graves ; je veux parler de l'auteur de *Justine*. Cet homme n'est pas aliéné. Son seul délire est celui du vice […]. Les malades qui sont en communication journalière avec cet homme abominable, ne reçoivent-ils

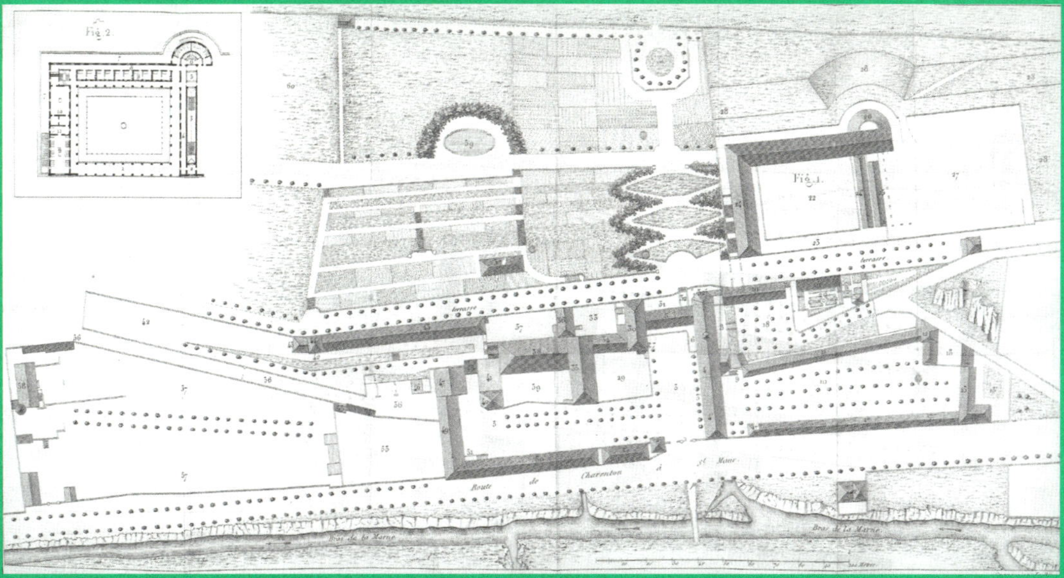

« Plan général de la Maison royale de Charenton », dessin de Leroux, gravé par Le Blanc, in *Annales d'hygiène publique et de médecine légale*, Paris, E. Crochard, t. XIII, 1835, pl. 1.

« Institut national professionnel des invalides de la guerre à Saint-Maurice (Seine). Asile national Vacassy. Atelier des mécaniciens », carte postale, s.d.

« Saint-Maurice (Seine). Asile national des convalescents – Le théâtre », carte postale, s.d.

L'hôpital Esquirol, 2014.

pas sans cesse l'impression de sa profonde corruption? Comment veut-on d'ailleurs que la partie morale du traitement de l'aliénation puisse se concilier avec ces agissements[1]. »

L'aliéniste Jean-Étienne Esquirol, nommé à Charenton en 1825, publie le programme manifeste de reconstruction de l'hospice en 1833. Ce document, qui considère l'architecture comme une composante décisive de la thérapie et de la guérison, fait école dans la discipline. Les travaux sont menés par Émile Gilbert, un architecte rationaliste très inspiré par son séjour à Rome. Ils durent de 1838 à 1846 pour les quartiers des hommes, et de 1866 à 1886 pour celui des femmes. À terme, l'espace de l'asile est suffisamment vaste pour réduire le sentiment d'enfermement, et chacun est libre à l'intérieur de l'enceinte. Isolé de la société pour leur sécurité réciproque, l'Hospice de Charenton profite d'un cadre agréable: il est bien exposé, son air est sain et serein, l'eau y abonde, la nature y est riche; comme dans beaucoup d'établissements à cette époque, les aliénés rompent leur mélancolie et leur oisiveté par la pratique du jardinage.

Plutôt que la brutalité physique, souvent infligée aux insensés de l'Hôtel-Dieu ou des maisons de force, Esquirol – en digne héritier du docteur Philippe Pinel, à l'hôpital de Bicêtre – prône le traitement moral et une action sur les habitudes du malade jusqu'à sa guérison. Un système architectural de sauts-de-loup dégage de toute grille la perspective sur les champs verdoyants, considérée par le médecin comme l'un des moyens curatifs les plus puissants. Nulle ambiguïté chez Esquirol: le lieu d'habitation – ses espaces, son exposition, sa distribution, son aération, ses ornements, sa masse, ses vues – joue un rôle majeur dans le processus de guérison.

En 1855, les travaux d'aménagement parisiens du baron Haussmann sont à peine engagés; Napoléon III ouvre à Charenton-Saint-Maurice un lieu de convalescence destiné aux ouvriers blessés sur les chantiers de ces ouvrages d'assainissement et d'embellissement. Saint-Maurice est alors un village à quelques kilomètres de Paris, entre le canal de la Marne et le bois de Vincennes, propice au rétablissement. Plus tard, en 1889, le site est complété par l'asile Vacassy, un laboratoire du soin qui accueillera les mutilés de la Grande Guerre; puis arrivent une maternité, une balnéothérapie, un centre de rééducation pour enfants, enfin les locaux de Santé publique France. Cent cinquante ans après, à l'heure des regroupements d'établissements, la ville a rattrapé l'asile qu'elle avait écarté, les limites s'effacent, questionnant à nouveau la bonne distance du soin.

1 Ce sujet est controversé: si Sade semblait effectivement bénéficier de traitements de faveur, il n'est pas sûr qu'il ait contribué à pervertir d'autres personnes internées *via* les représentations théâtrales qu'on lui prête. Certaines sources affirment que ces pièces présentées dans le théâtre de l'asile n'étaient ni mises en scène par Sade, ni jouées par les malades.

« Saint-Maurice. Le Canal », carte postale, s.d.

L'autoroute A4 recouvre aujourd'hui le canal, 2021.

La plaine de Pierrelaye-Bessancourt

Le projet hygiéniste d'assainissement de Paris et de la Seine par le tout-à-l'égout est à l'origine d'une vaste pollution qui s'étend peu à peu à plusieurs communes du Val d'Oise. À tel point que certains enfants souffrent aujourd'hui de saturnisme, une maladie contractée au contact des terres polluées par cent ans d'épandage des boues parisiennes. Afin d'inverser la tendance, de réparer les terres et d'enclencher une dynamique plus positive, l'Office national des forêts (ONF) engage en 2019 la plantation d'un million d'arbres sur ces 1000 hectares abandonnés.

« Pierrelaye. L'usine de Paris », carte postale, s.d.

Vue aérienne du village de Pierrelaye, carte postale, s.d.

« Prolongement de l'émissaire général des eaux d'égout vers Triel, siphon de Chennevières. Confection d'armatures métalliques », in *Travaux d'assainissement de la Seine : extensions des irrigations à l'eau d'égout vers Méry et Triel, vues prises sur les différents chantiers, années 1897-1898.*

« Labonneville. Ferme modèle de la Haute-Borne. Domaine de la Ville de Paris », carte postale, 1911.

L'histoire sanitaire de la plaine de Pierrelaye-Bessancourt commence sous l'impulsion du baron Haussmann : nécropole, déchetterie, cultures empoisonnées en font un territoire servant hautement vulnérable, englué dans un cercle vicieux d'indifférence et de déconsidération.

Au XIXe siècle, pour transformer la plaine – alors boisée – en cultures, on arrache progressivement les arbres entourant la butte de Montarcy. La terre que l'on y trouve, malheureusement sablonneuse et manquant de rendement agricole, se prête néanmoins à la culture des asperges. Au même moment, Haussmann et ses ingénieurs recherchent à la fois l'emplacement idéal pour leur projet de nécropole parisienne, et des terres à la fertilité insuffisante, qu'ils pourront enrichir des boues de Paris tout en assainissant la Seine. Bien qu'avancées, les études concernant ce cimetière géant, ainsi que la gare et la ligne ferroviaire nécessaires à l'acheminement des corps et aux trajets des visiteurs, sont finalement laissées de côté. En 1897, d'immenses tuyaux d'assainissement sont déployés à travers le Val d'Oise, de Paris à Triel et Pierrelaye, en passant par la commune de Chennevières (aujourd'hui un quartier de Conflans-Sainte-Honorine).

Un épisode manque de bouleverser l'opération. En 1917, dans le but de se protéger de la menace de bombardements nocturnes, l'armée française[1] imagine un leurre de Paris qui serait installé autour d'Herblay, sur la partie sud de la plaine de Pierrelaye-Bessancourt, sacrifiant potentiellement les quelques villages qui la bordent. L'armistice interrompt finalement la mise en œuvre de ce simulacre et préserve la plaine des bombes allemandes.

Outre qu'il rend Paris propre, l'épandage permet de développer une agriculture maraîchère très productive, principalement orchestrée par la ferme communale parisienne de la Haute-Borne à Méry-sur-Oise, dans laquelle 230 à 400 ouvriers agricoles travaillent pour alimenter les cuisines des Hôpitaux de Paris. Le reste des terrains est divisé en petites parcelles exploitées par des maraîchers indépendants, qui vendent leur production sur les étals du marché des Halles. Cette situation perdure jusqu'au tournant du deuxième millénaire[2].

Extrait de la « Carte générale de la France établie sous la direction de César-François Cassini de Thury », 1756.

Colonne d'équilibre (ou colonne de niveau d'eau), 2021.

Dès les années 1990, des associations écologistes locales alertent sur la pollution résultant d'un siècle d'épandage et sur le potentiel toxique de la production maraîchère de la plaine. Les études révèlent que la couche superficielle du sol de nombreuses parcelles (sur 50 centimètres de profondeur) est polluée aux métaux lourds. La nappe phréatique étant peu profonde à cet endroit, le risque concerne aussi l'eau potable consommée dans l'agglomération. Seules les cultures fixent les pollutions et préviennent la contamination profonde des sols. On encourage donc la poursuite du travail agricole, en l'orientant vers le maïs utilisé pour nourrir les animaux[3].

La culture du maïs mobilise peu de personnel. Cette vacance ouvre une brèche aux dépôts sauvages et aux installations illégales, souvent rapprochés et confondus dans la presse locale. Face à cette perte de contrôle de la situation sur la plaine, la réponse politique est de faire disparaître le sale et donner place à un poumon vert – idéal d'une pureté retrouvée après l'épisode toxique. En 2011, le gouvernement français annonce que la « forêt du Grand Paris » s'apprête à remplacer les terres agricoles de Pierrelaye. Pour atteindre l'équilibre économique, les déchets inertes générés par le chantier du Grand Paris Express doivent être déposés sur l'ensemble de la plaine, avant d'y planter les arbres. Mais le principe d'un va-et-vient de camions sur l'immense décharge pendant plusieurs années – peut-être dix – en attendant la forêt ne convainc pas les élus locaux. Le projet de plantation commence progressivement, sans l'aide financière du Grand Paris et sans les déchets.

La création de cette forêt doit aussi empêcher l'installation de bidonvilles et l'implantation de gens du voyage, de plus en plus nombreux sur ces terres délaissées et qui souffrent de l'insalubrité. Plusieurs cas de saturnisme sont détectés en 2021 chez les enfants exposés au plomb de la terre battue des bidonvilles de la plaine.

Entre le bois qui peuple la plaine jusqu'au XIXe siècle et la forêt qui commence à grandir depuis 2019, une différence de taille : la seconde est un antidote, on compte sur elle pour réparer et soigner.

1 Avec l'aide de l'ingénieur électricien Fernand Jacopozzi, spécialiste en effets lumineux, qui invente les procédés nécessaires.
2 Les archives du Siaap conservent des cartes détaillées de la répartition des cultures sur la plaine : Service des eaux et de l'assainissement, Section des irrigations, Domaine municipal de Méry-sur-Oise, « Année culturale 1919-1920, Cultures principales » et « Cultures dérobées », 1920 ; ou encore « Projet d'assolement, année culturale 1932-1933 », ferme de la Haute-Borne, 1932.
3 Le maïs a besoin de beaucoup d'eau et se laisse peu contaminer par les métaux lourds. Entre 1999 et 2004, la Direction régionale de l'agriculture et de la forêt (Draf) et la Région financent une étude (Epandagri), qui conclut que la meilleure décision est de continuer à cultiver la plaine. En effet, laisser au contraire la terre nue l'exposerait à un lessivage par la pluie, et donc à un risque de contamination des couches inférieures du sol et de la nappe phréatique. En 2005, l'État et la Région soutiennent les agriculteurs locaux dans le développement de cultures non alimentaires (biocarburants) grâce à une Mesure agro-environnementale (MAE).

La butte de Montarcy envahie par les déchets, 2021

ÉVÉNEMENT

PLOMB
Les enfants empoisonnés du bidonville de Montarcy

«Plomb, les enfants empoisonnés du bidonville de Montarcy», *Libération*, 15 septembre 2021.

Le sanatorium d'Aincourt

Le calme et l'isolement de la campagne, l'air frais des pins : le sanatorium d'Aincourt, en Seine-et-Oise, possède tous les atouts pour soigner. En 1940, sa rationalité architecturale et son éloignement sont recherchés par les Allemands, qui y installent un camp d'internement. Redevenu lieu de soin après la guerre, il accueille celles et ceux que l'on éloigne de la ville pour leur « bien », contribuant en un sens à la perpétuation du mythe urbain « validiste ».

Vue aérienne du bois de la Bucaille et des trois bâtiments principaux du sanatorium, carte postale, s.d.

La colline boisée de la Bucaille est une pinède, un ancien terrain de chasse isolé dans le Parc naturel régional du Vexin français : le cadre idéal pour soigner la tuberculose. Les architectes Édouard Crevel et Paul Decaux y construisent entre 1931 et 1933 le sanatorium d'Aincourt, une maison de cure principalement destinée aux malades du département de Seine-et-Oise. Les trois bâtiments (les femmes dans le pavillon des Peupliers, les hommes dans celui des Tamaris, et les enfants dans celui des Cèdres) dépassent à peine la cime des arbres. Les plateformes en gradin offrent aux patients de larges vitres vers le sud et des terrasses sur lesquelles ils peuvent s'exposer au soleil et au vent.

« Fièrement élevés sur un terrain fortement incliné, splendidement décorés […] par l'ampleur de leurs terrasses superposées face au midi, conçus selon les procédés constructifs les plus modernes et qui deviendront de merveilleux jardins suspendus, ces vastes bâtiments seront au maximum baignés de lumière, de soleil et saturés de grand air généreusement tamisé dans les frondaisons […]. Ils seront sans conteste le cadre approprié dans lequel les malades qui y seront admis et judicieusement orientés dans leur cure par des techniciens de valeur, bénéficieront dans un maximum de confort de tous les éléments pour recouvrer la santé et pour guérir[1]. »

L'isolement dans la forêt et la conception rationnelle des bâtisses attisent de plus sombres desseins. Sous le régime de Vichy, on transforme la maison de cure en prison, et les malades sont déplacés en Bretagne. Le premier camp de la zone occupée est aussi le seul camp d'internement politique en région parisienne. Il contribue d'abord à la répression

Les pavillons du sanatorium à l'abandon, 2021.

du communisme, après la rafle de 182 présumés résistants en octobre 1940, incarcérés là sans jugement ni procédure judiciaire. Les détenus déboisent les abords du pavillon des Tamaris, le sécurisent et construisent les postes de surveillance. Au bout de trois mois, plus de 670 internés s'entassent dans le bâtiment, initialement conçu pour accueillir 150 personnes.

Début 1942, Vichy ferme le camp, proche de Paris et supposément peuplé de communistes engagés : on se méfie de la Résistance qui pourrait tenter de le libérer. Seuls quelques prisonniers restent sur place pour aménager un pavillon destiné à y incarcérer des femmes. Tous les autres sont faits otages, déplacés ou déportés (175 personnes), ou exécutés en peloton par les Allemands (25 personnes). 93 femmes arrivent en mai 1942, certaines enceintes ou avec un nourrisson ; 8 enfants sont enfermés quelques mois dans le camp avant d'être confiés à La Croix-Rouge.

De novembre 1942 à septembre 1943, le sanatorium héberge une école de police française qui collabore avec l'Allemagne nazie. En août 1944, les Américains s'emparent du site et y installent le PC du 314e régiment. Le sanatorium reprend sa véritable fonction en 1946, mais le recul de la tuberculose grâce aux antibiotiques entraîne sa transformation en centre médical en 1972[2]. Des travaux sont menés jusqu'en 1975 dans le pavillon des Cèdres, pour en faire un centre de rééducation fonctionnelle.

Le docteur Hamon, directeur de l'hôpital et adepte de philosophie zen, imagine un jardin thérapeutique japonais selon les règles du Sakutei-ki dans le parc du centre hospitalier de rééducation du Vexin. C'est le jardinier de l'établissement qui le réalise entre 1973 et 1978 et l'entretient jusque dans les années 2000.

Pavillon « Les cèdres », la cafétéria, carte postale, vers 1977.

Le pavillon des Peupliers est désaffecté en 1975. Il est inscrit aux Monuments historiques depuis 1999, tout comme celui des Tamaris, après sa fermeture définitive en 1998, consécutive à l'agrandissement du pavillon des Cèdres. Ce dernier, toujours un hôpital, fusionne avec celui de Magny-en-Vexin en 1994 et intègre en 2011 le Groupement hospitalier intercommunal du Vexin.

Coûteux à entretenir, les deux pavillons vides et quelques dépendances sont abandonnés aux entraînements de pompiers, aux joueurs de *paintball*, aux *street* artistes, en attendant de trouver preneur. En 2010, on songe à transformer l'une des friches en logements pour personnes âgées. Finalement, en 2019, c'est un projet de résidence de luxe qui semble s'engager aux Tamaris ; les 66 logements doivent être livrés à l'horizon 2023. Ce site francilien exceptionnel ne déroge pas à la sentence contemporaine du manque de moyens qui contraint les établissements à céder leur patrimoine immobilier, faute de pouvoir en prendre soin.

1 Discours prononcé par M. Decoman, conseiller général, président de la Commission de construction du sanatorium d'Aincourt à la cérémonie de la pose de la première pierre de cet établissement, « La vie argenteuillaise », *Le Journal d'Argenteuil*, nº 5693, 7 novembre 1931.
2 Le service dédié a été fermé en 1987.

Salle commune du sanatorium de la Bucaille, carte postale, s.d.

Pavillon « Les cèdres », équipements hydrothérapiques, carte postale, s.d.

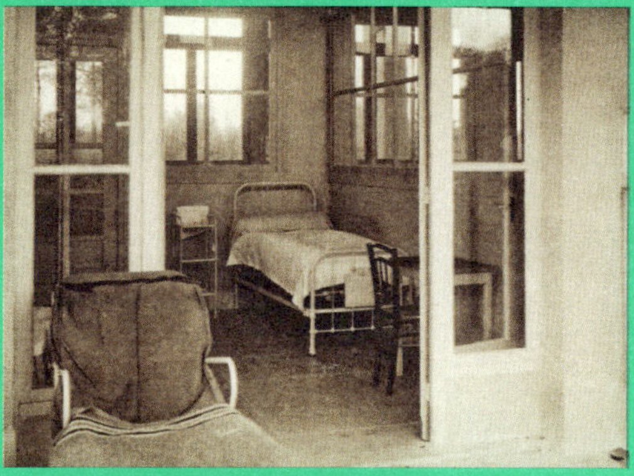

Une chambre et sa terrasse, carte postale, s.d.

Pavillon du sanatorium d'Aincourt, carte postale, vers 1959.

Centre de séjour surveillé d'Aincourt, 1940.

L’hôpital Avicenne

Témoignage le plus important de la politique coloniale nord-africaine en France métropolitaine, l’Hôpital franco-musulman de Paris à Bobigny (Seine-Saint-Denis) se veut, à sa construction dans les années 1930, un parfait équilibre entre proximité et relégation, entre service de soin et surveillance. Aujourd’hui ouvert à tous et rattrapé par l’urbanisation du Grand Paris, ce site hospitalier parsemé de bâtiments modulaires illustre la tension immobilière que traversent les établissements de santé publique.

L’hôpital en construction, in *Le Bâtiment illustré*, novembre 1935.

À Bobigny, il est décidé, après la Première Guerre mondiale, de bâtir un bâtiment colonial métropolitain d’ampleur[1], l’Hôpital franco-musulman. La parcelle, loin du village de Bobigny, isolée au milieu des champs et face à l’entrepôt Moritz qui manipule des matières fécales, le long de la voie ferrée, appartient au département de la Seine. Le Service de surveillance et de protection des indigènes nord-africains (SSPINA), créé en 1925 sous l’impulsion de Pierre Godin, élu du 9e arrondissement de Paris, mène le projet. Ce service est sous la tutelle de la préfecture de police et du Département de la Seine ; il est dirigé par Adolphe Gérolami, qui devient lui-même directeur de l’hôpital pendant sa construction, en 1932[2].

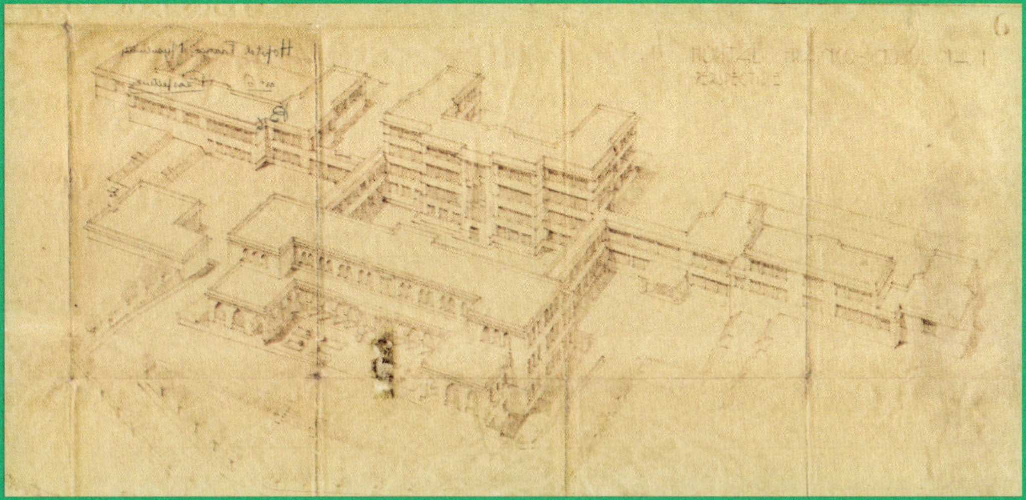

Hôpital franco-musulman, perspective du projet initial, Léon Azéma et Maurice Mantout architectes, 1930.

Le contrôle exercé sur la population française originaire d’Afrique du Nord et l’interdiction faite aux Balbyniens non musulmans de bénéficier du seul hôpital situé sur leur commune irritent le maire communiste de Bobigny : le nouvel hôpital ne facilite en rien leur accès – déjà compliqué – aux soins[3].

Les patients de l’établissement sont surtout des hommes, venus pour beaucoup d’Algérie, pendant ou après la Première Guerre mondiale, afin de contribuer au combat ou à la production, et restés en France, ou en perpétuel mouvement entre l’Afrique du Nord et la métropole. Au lieu de les prendre en charge directement, les hôpitaux parisiens sont contraints, avec ou sans contestation, de rediriger ces « musulmans » vers l’hôpital de Bobigny. À l’époque, « le Franco » (c’est son surnom) est difficile d’accès ; sans véhicule motorisé, s’y rendre est long et compliqué, que ce soit pour le personnel ou pour les patients.

La fondation de cet hôpital répond à une double ambition : constituer un registre des Nord-Africains en métropole, afin de prévenir leur éventuelle radicalisation nationaliste, tout en proposant un soin qualitatif et adapté – un cimetière franco-musulman est créé par l'hôpital[4], les soignants parlent la langue arabe. Si les médecins sont familiers des maladies « exotiques », loin de découvrir chez leurs patients les nouvelles maladies attendues, ils soignent surtout celles du pauvre, à commencer par la tuberculose.

L'architecture néomauresque des bâtiments est l'œuvre de Maurice Mantout, architecte algérien auparavant installé à Meknès, au Maroc, et impliqué dans la rénovation de la « porte du Renégat Victorieux » (Bab Mansour el Aleuj), dont il s'inspire pour la porte de l'hôpital. Récemment nommé au Service d'architecture et des promenades de la Ville de Paris[5], il travaille avec Léon Azéma, auteur de nombreux bâtiments publics[6]. Le plan est à la rencontre de deux formes : pavillonnaire et monobloc, avec trois corps de bâtiment formant un U, ceux des extrémités étant orientés vers le sud, celui du milieu ouvrant le parvis vers le nord. Une circulation longitudinale traverse les trois bâtiments et les relie. Le style architectural exprime clairement la filiation coloniale. En cette période de l'après-guerre, l'orientalisme est tombé en désuétude dans la commande privée en France. Seul l'État emploie encore le néomauresque – notamment en Algérie –, comme fusion culturelle entre la métropole et la colonie.

Façade sur la cour d'honneur ; l'entrée et le bâtiment d'hospitalisation, in *La Construction moderne*, n° 25, 22 mars 1936.

Les travaux réalisés dans les années 2000 permettent l'accès au niveau inférieur, photographie 2021.

Le Matin

LE MIEUX INFORMÉ DES JOURNAUX FRANÇAIS

ÉDITION DE 5H

★★★★★ DIMANCHE 16 MARS 1941

L'Islam a retrouvé son Hopital modèle de Bobigny

Une vue de l'hôpital franco-musulman. Ci-contre, M. Rimaniol, directeur de l'hôpital, et ses principaux collaborateurs. Photo « Le Matin ».

Les Nord-Africains y reçoivent des soins spéciaux selon toutes les prescriptions des règles coraniques

A Bobigny, dans la banlieue parisienne, il est une fondation du département de la Seine, qui, mieux que de larges discours, démontre la sollicitude de la France pour ses Nord-Africains.

C'est l'hôpital franco-musulman, magnifique bâtiment de style mauresque, édifié sur un terrain de plusieurs hectares, et qui peut hospitaliser près de quatre cents Arabes.

Pourquoi nos Nord-Africains se voient-ils attribuer un hôpital spécial ? D'abord parce que certaines de leurs maladies sont peu étudiées des médecins habituels. Il faut, pour les guérir, une véritable spécialisation. Mais surtout parce que les règles coraniques auxquelles tous les musulmans restent attachés ne sont guère applicables dans un hôpital ordinaire. Ici, au contraire, les mahométans se sentent chez eux. Ils savent que leurs croyances seront toujours respectées.

Depuis quelques jours seulement, l'hôpital franco-musulman a été rendu à sa destination par les autorités allemandes qui l'ont remis à M. Camille Giraud, directeur des affaires départementales. C'est un geste auquel tous les Français aimant l'empire colonial ont été sensibles.

Les bâtiments ont été aussitôt remis en état, grâce à l'activité du directeur, M. Rimaniol, sous la haute et compétente autorité de M. Magny, préfet de la Seine.

L'hôpital apparaît tout flambant neuf. Déjà une centaine de malades y sont soignés. C'est un des plus beaux immeubles médico-chirurgicaux qu'on puisse imaginer.

Et quelle complexité ! Toutes les branches de la médecine y ont leurs services, depuis l'ophtalmologie jusqu'à l'urologie, en passant par les tuberculeux, les accidentés.

On y trouve aussi de magnifiques laboratoires de recherches scientifiques, placés sous la direction d'un de nos plus grands bactériologues, le professeur Jausion.

En règle avec le Coran

— Les prescriptions du Coran nous donnent beaucoup de soucis, me raconte M. Rimaniol. Ainsi nos pensionnaires ne doivent manger que des bêtes égorgées et jamais de porcs. Ni vin, ni abats, ni charcuterie.

» Quand nous avons, malheureusement, un décès, le corps ne doit plus être touché que par un taleb venu tout exprès de la mosquée de Paris. Lui seul a qualité pour laver le mort au henné, pour l'ensevelir selon le rite dans un linceul d'une toile spéciale, de 7 mètres de longueur. Et l'inhumation a lieu dans un cimetière consacré par un iman. L'exilé a la suprême consolation de savoir qu'il reposera en vraie terre d'Islam. C'est un argument de grand prix pour ces fatalistes, qui regardent la mort en face. »

Le personnel hospitalier provient d'un recrutement spécial, très sélectionné, et qui est au fait de toutes les questions musulmanes.

Toute cette sollicitude n'est pas perdue. Nombreux sont les malades guéris qui témoignent d'une façon touchante de leur gratitude. Ils sont les meilleurs propagandistes de l'entente franco-islamique.

Ils répondent, par l'exemple, aux campagnes actuelles qui tentent de soulever nos colonies et protectorats contre la France...

Pierre Mariel.

« L'Islam a retrouvé son hôpital modèle de Bobigny », *Le Matin*, 16 mars 1941.

Pendant la Seconde Guerre mondiale, l'hôpital s'ouvre à tout public. L'AP-HP en devient gestionnaire en 1961-1962 et le renomme Avicenne[7]. La parcelle hospitalière est densifiée par une série de bâtiments expressifs qui citent plus ou moins l'architecture première. Aujourd'hui, une dizaine de modules préfabriqués sont dispersés sur l'ensemble du site : unité de soin, cellule Covid, administration, etc. Leur installation permet de simplifier et d'accélérer les procédures, outre leurs atouts industriels : réversibilité et rapidité de mise en œuvre sur les pelouses et parkings disponibles.

Loin de délaisser sa mission d'accueil sur le territoire français métropolitain, l'hôpital Avicenne héberge aujourd'hui une Permanence d'accès aux soins de santé (Pass), par laquelle cheminent à leur arrivée en France les personnes sans titre de séjour, au parcours souvent difficile. On y donne et reçoit de l'écoute, un soutien administratif, ainsi que des soins médicaux physiques et psychologiques.

Autour, le quartier évolue : la ligne de tram T11 Express est en cours de prolongement pour croiser à Avicenne la ligne T1. Elle longera le cimetière franco-musulman, qui fonctionnait avec le centre hospitalier jusqu'en 1996[8]. Tandis que la ville se raccroche à l'hôpital, les terrains qui le bordent changent d'affectation. Ici comme ailleurs, le centre rattrape ce qu'il excluait alors.

SAMU de l'hôpital Avicenne, Michel Bourdeau architecte, 1996.

Un bâtiment préfabriqué héberge la direction de l'hôpital, 2021.

1 Colonial en termes de style et, surtout, de politique.
2 À noter que l'hôpital ouvre en 1935.
3 Il n'y aura pas d'hôpital public dans l'agglomération avant 1961.
4 Ce cimetière est réalisé par Édouard Crevel, l'un des architectes à l'origine du sanatorium d'Aincourt.
5 Service chargé de toute la construction publique parisienne.
6 Il est architecte en chef du gouvernement, chargé des bâtiments civils et palais nationaux, et architecte de la Ville de Paris chargé des promenades et des expositions.
7 *1935-2005, l'hôpital Avicenne : une histoire sans frontières* (Paris, AP-HP, 2005), Michel Bilis (« L'hôpital Avicenne ou le singulier destin d'un hôpital pluriel »).
8 L'AP-HP le cède en 1996 au Syndicat intercommunal du cimetière des villes d'Aubervilliers, La Courneuve, Drancy et Bobigny. Il devient un cimetière exclusivement musulman.

La Maladrerie à Poissy

Exemple manifeste de la tension entre l'accueil et la méfiance de l'étranger, du voyageur, du pauvre et des éventuelles maladies qu'ils peuvent véhiculer au Moyen Âge, la léproserie est aussi le lieu du soin religieux, concentré sur la prière et quelques soins physiques, les symptômes corporels n'étant que l'expression de la pureté de l'âme. Rare vestige francilien de l'époque, cette petite chapelle et son appendice sont aujourd'hui au cœur d'un terrain concerné par une tout autre vision de la santé : entretenir le corps et viser sa performance.

La chapelle à l'abandon, 2021.

Hameau de la Maladrerie, 2021.

Les maladreries – ou léproseries – sont les chapelles protégées par saint Lazare dans lesquelles, à partir du XIe siècle, les pauvres, les malades, les étrangers trouvent hospitalité. En ces temps, la lèpre est une maladie de l'âme, elle témoigne d'une relation avec le diable ; on est souvent désigné lépreux par les autres, comme on nous dirait « louche ». Les maladreries sont installées à l'écart, en périphérie des villes, et disposent de droits de pêche, de prélèvement de bois, ou d'un vaste terrain à cultiver pour mettre les lépreux au travail.

Les léproseries sont des cadres de vie ecclésiastiques pour une expérience religieuse collective. Soutenues par la charité chrétienne et créées selon des principes récurrents, toutes possèdent une église et un cimetière. On y respecte certains principes, tels que les vœux de chasteté, de pauvreté, d'obéissance, et le port d'un uniforme religieux. D'abord considérés et respectés comme des ecclésiastiques qui subissent leur pénitence sur Terre plutôt qu'au purgatoire, soignant leur âme avant l'accès au ciel – et accessoirement utiles à qui veut faire œuvre de charité pour sauver la sienne –, les lépreux subissent progressivement le changement des regards : on les perçoit comme physiquement repoussants et moralement vulnérables. Marginalisés, ils deviennent les hôtes de l'Église au cours du XIIIe siècle.

La petite Maladrerie de Poissy – aujourd'hui en ruine – existe depuis le milieu du XIIe siècle (vers 1120). Comme toutes les léproseries, elle est édifiée hors de la ville, sur une voie très fréquentée (la « route de quarante sous », reliant Mantes-la-Jolie à Paris, empruntée pour le commerce de bestiaux vers le grand marché de Poissy). On y accueille quelques lépreux, pauvres et voyageurs. Elle est acquise par l'Hôtel-Dieu de Poissy en 1695. Aujourd'hui, la municipalité espère maintenir le bâtiment, sous la protection d'un classement patrimonial et d'une toiture métallique rouge. Malgré l'échec de sa candidature au Loto du patrimoine, la mairie lutte pour rassembler de quoi la muséifier. Une solution est avancée : le Paris Saint-Germain FC, fort de ses investisseurs qataris, vient d'acquérir un vaste terrain pour la construction de son nouveau centre d'entraînement à Poissy. Il se trouve que cette parcelle est grevée d'une petite épine : le hameau de la Maladrerie. Concave sur l'un de ses côtés, ce terrain en épouse les contours. C'est la rencontre de deux conceptions de la santé éloignées tant dans le temps que dans l'idéologie : soigner l'âme malade au Moyen Âge et entretenir un corps performant au XXIe siècle…

La chapelle de la Maladrerie, 1894.

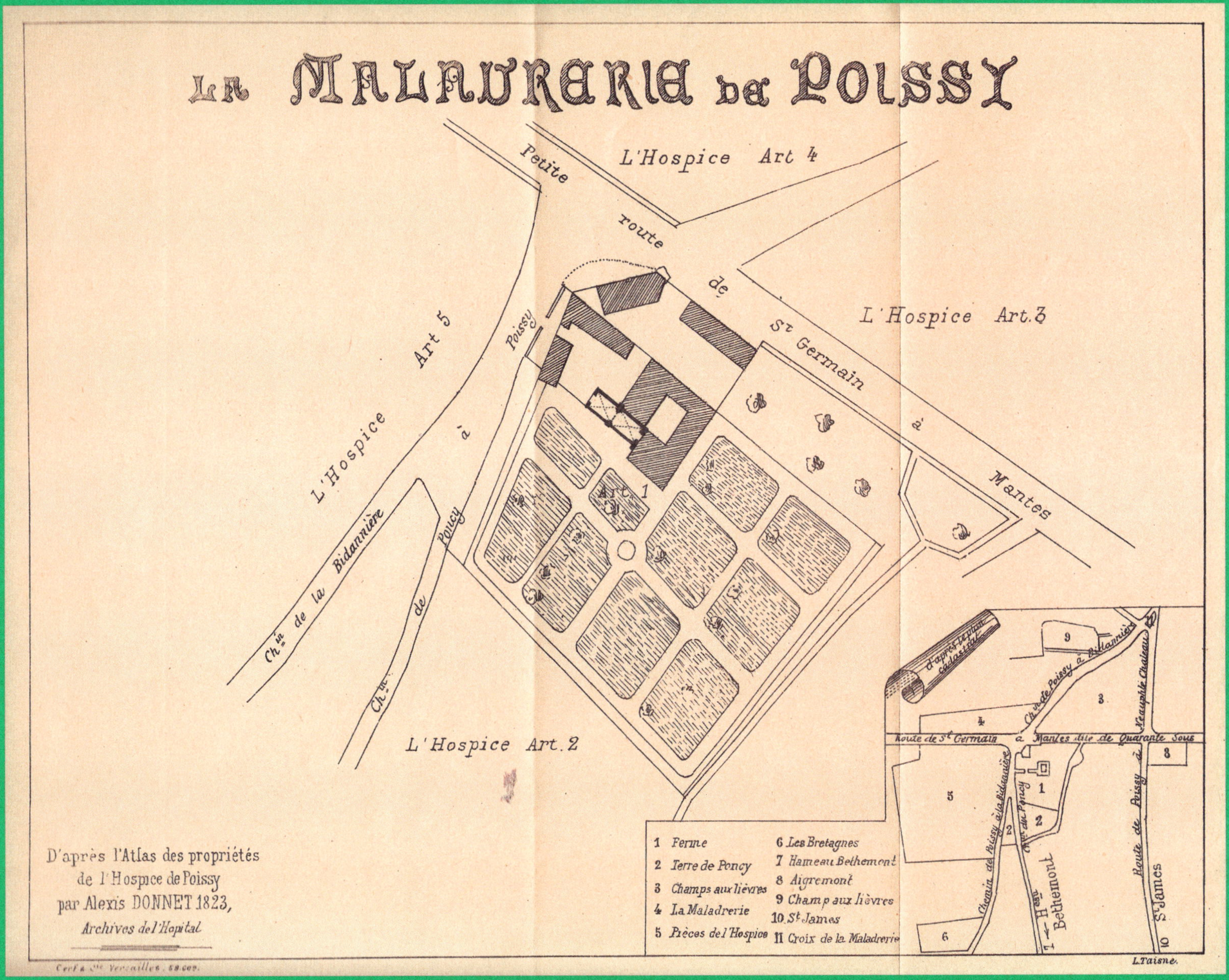

Plan de la Maladrerie de Poissy, dessin d'Edmond Bories in *Histoire de la ville de Poissy*, 1901.

Le pavillon de l'Orbe de l'hôpital Charles-Foix

Convaincu par la fonction soignante de l'architecture, André Bruyère a recours à son aspect sensoriel dans le service de soin qu'il conçoit – dont il fait aussi un lieu de vie – pour accompagner la fin de vie des personnes âgées dépendantes. Ses murs, qu'il veut « tendres », sont encore utilisés comme établissement pilote liant art et soin au sein de l'AP-HP.

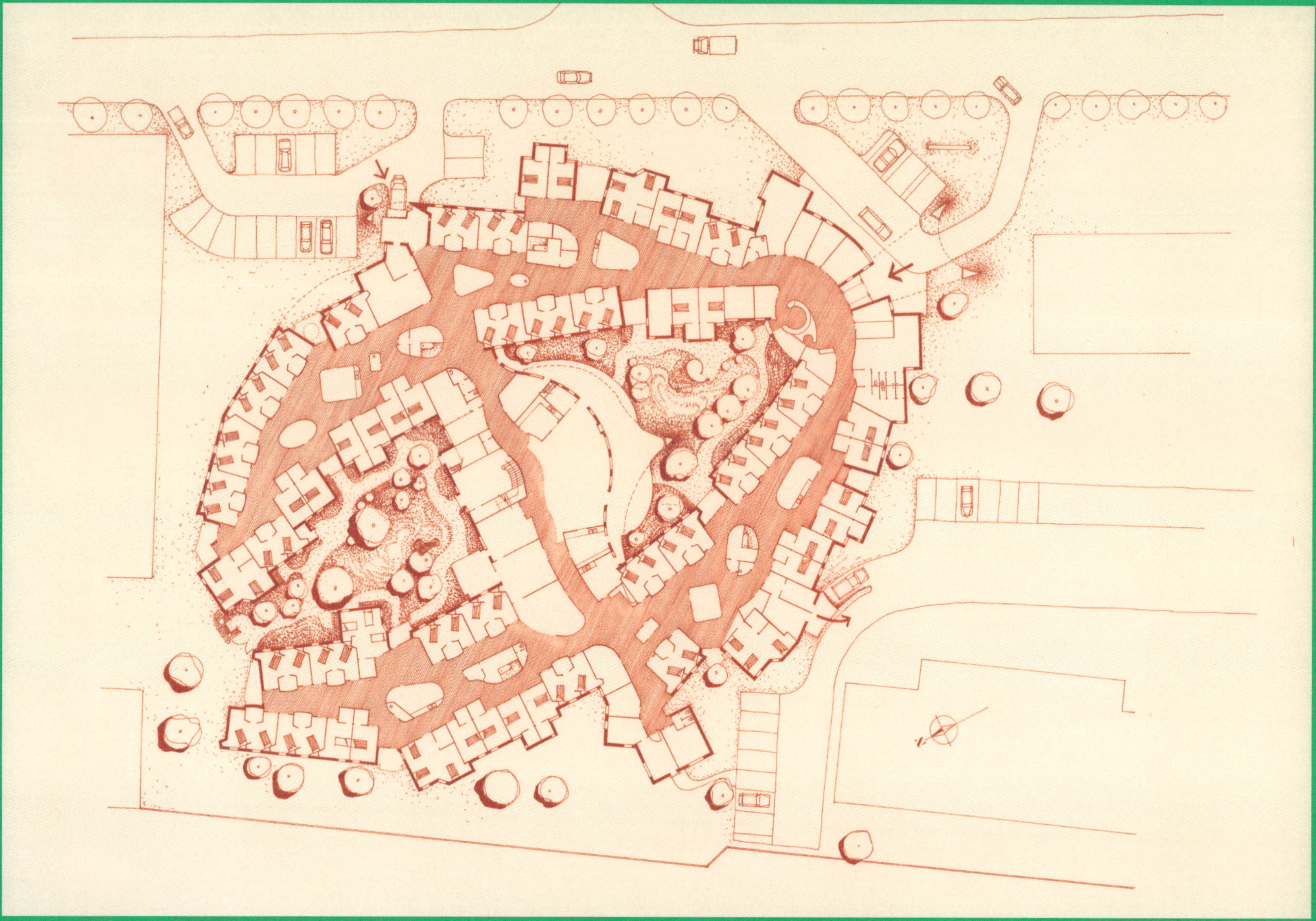

Plan d'ensemble du pavillon de l'Orbe, André Bruyère architecte, 1988-1991.

Le porche d'entrée, 1991.

« L'Homme debout », fenêtre sculptée de la salle de vie, 1991.

En 1988, l'Assistance publique-Hôpitaux de Paris (AP-HP) lance un appel à idées sur la fin de vie, invitant des architectes à réfléchir sans programme sur quatre sites, à quatre échelles différentes. André Bruyère – alors âgé de 75 ans – est lauréat. Il monte une équipe éclectique et originale, avec laquelle il soumet pour l'hôpital Charles-Foix, à Ivry-sur-Seine, deux projets : le pavillon de l'Orbe et celui de l'Orée[1].

Il demande, avant de formuler sa réponse architecturale, à séjourner un jour et une nuit au sein de l'établissement napoléonien de Charles-Foix. Ses notes relatent l'angoisse de la nuit, les odeurs, et l'impossible appropriation du couloir. De là se déploie son idée d'espaces communs dilatés, de clairières entre

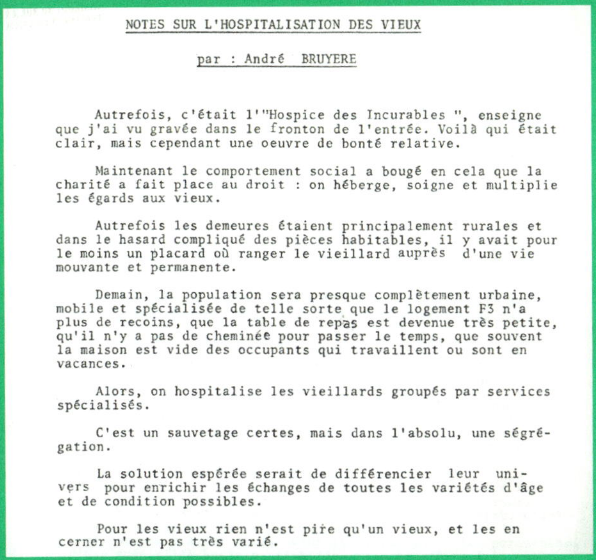

NOTES SUR L'HOSPITALISATION DES VIEUX

par : André BRUYERE

Autrefois, c'était l'"Hospice des Incurables ", enseigne que j'ai vu gravée dans le fronton de l'entrée. Voilà qui était clair, mais cependant une oeuvre de bonté relative.

Maintenant le comportement social a bougé en cela que la charité a fait place au droit : on héberge, soigne et multiplie les égards aux vieux.

Autrefois les demeures étaient principalement rurales et dans le hasard compliqué des pièces habitables, il y avait pour le moins un placard où ranger le vieillard auprès d'une vie mouvante et permanente.

Demain, la population sera presque complètement urbaine, mobile et spécialisée de telle sorte que le logement F3 n'a plus de recoins, que la table de repas est devenue très petite, qu'il n'y a pas de cheminée pour passer le temps, que souvent la maison est vide des occupants qui travaillent ou sont en vacances.

Alors, on hospitalise les vieillards groupés par services spécialisés.

C'est un sauvetage certes, mais dans l'absolu, une ségrégation.

La solution espérée serait de différencier leur univers pour enrichir les échanges de toutes les variétés d'âge et de condition possibles.

Pour les vieux rien n'est pire qu'un vieux, et les en cerner n'est pas très varié.

André Bruyère, « Notes sur l'hospitalisation des vieux », 1986.

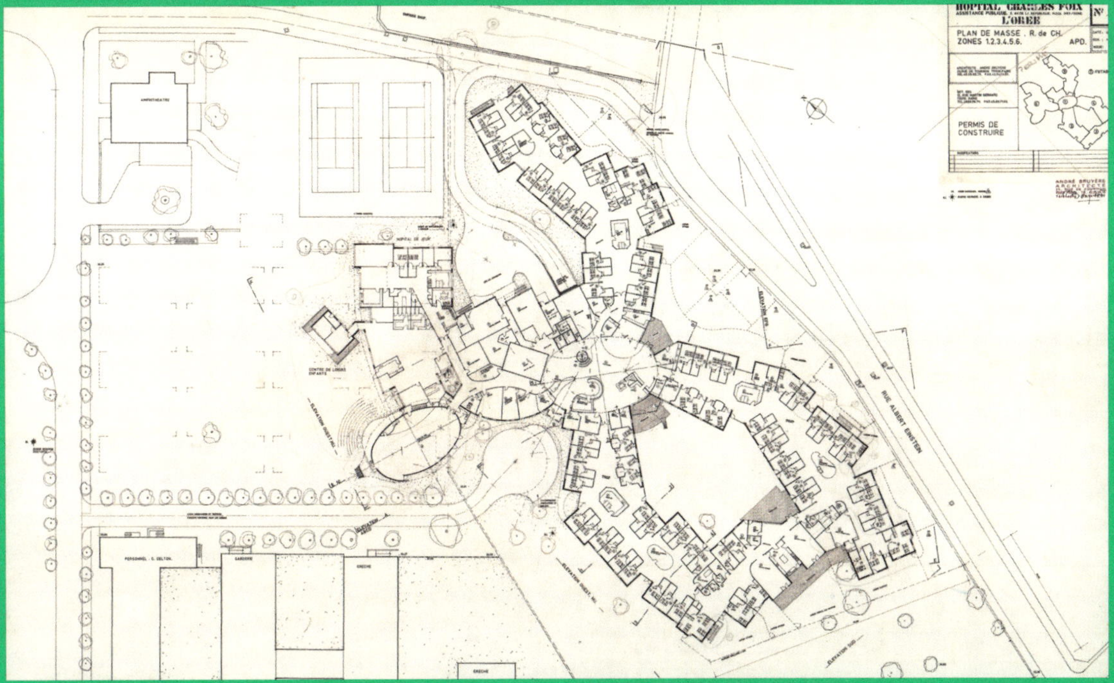

Plan du rez-de-chaussée du pavillon de l'Orée, non réalisé, André Bruyère architecte, septembre 1991.

les chambres, généreuses sous plafond, riches en cheminements et ouvertes sur la végétation. Il recherche la tendresse dans son architecture, l'exprime dans des matières douces – une moquette sombre au sol –, des couleurs intenses, des points de rassemblement aux prétextes variés – la cheminée, la télévision, le repas, le jeu, l'accueil avec sa fontaine et son canapé circulaire – et un déploiement de stimuli sensoriels – odeurs, musique, présence de l'eau à l'accueil pour permettre les ablutions.

À vrai dire, André Bruyère n'est pas pleinement satisfait du projet de l'Orbe, livré en 1991[2]. Pour lui, l'aboutissement réside dans celui de l'Orée, qui devait suivre, à l'autre extrémité du site hospitalier. Sa proposition de poursuivre la vie dans la dépendance liée à l'âge avancé y prend toute l'ampleur escomptée : on y mêle les espaces de résidence médicalisée avec des logements étudiants, une salle de spectacle, des terrains de sport. L'hôpital vit, n'isole pas ses pensionnaires. Un permis de construire est déposé, ce projet est mené jusqu'au Dossier de consultation des entreprises (DCE), mais ne verra jamais le jour.

Reste l'Orbe, support de nombreuses initiatives de l'AP-HP en termes de grand âge, et source de motivation pour les équipes soignantes, qui s'appuient sur l'espace afin de faire vivre l'hôpital en et hors ses murs. L'établissement est pilote pour la mise en place de partenariats, comme ceux avec le musée du Louvre et le Théâtre de la Ville (Paris), ou l'accueil d'artistes en résidence, et certains partenariats avec des associations et collectifs d'artistes, dédiés à la pratique artistique des patients et leur lien à la nature.

André Bruyère dans l'une des chambres, 1990.

Photogramme du film *Une jeune fille de 90 ans* de Valeria Bruni Tedeschi et Yann Coridian avec Thierry Thieû Niang, 2016.

1 Dans le même cadre, Bruyère a commencé mais abandonné deux autres projets : une extension sur deux façades de l'hôpital existant de Charles-Foix, et un projet pour l'hôpital Hérold, à Paris (fermé aujourd'hui), incluant une proposition pour personnes âgées dépendantes similaire au Pavillon de l'Orbe, liée à un hôtel, des termes, un parc, des bureaux, etc.

2 Il conçoit d'ailleurs une extension qui ne verra jamais le jour.

Cour intérieure, 1991.

« Coin feu », 1991.

Hall, 1991.

L'Hôpital Maritime de Berck

L'air iodé étant propice à la guérison de certaines pathologies, notamment les différentes formes de tuberculose, l'AP-HP fonde un établissement destiné aux enfants scrofuleux dont elle a la charge, pour les soigner dans les meilleures conditions, en front de mer, à Berck. Situé dans le Pas-de-Calais mais toujours parisien, l'établissement se consacre désormais à la rééducation.

Vue aérienne de l'hôpital Maritime, carte postale, vers 1962.

« Pas-de-Calais. L'hôpital Napoléon, à Berck, contenant 700 enfants – Inauguré par l'Impératrice et le Prince impérial, le 8 juillet », gravure d'après le croquis de M.C. Gravis, *Le Monde illustré*, n° 641, 24 juillet 1869.

« Berck-Plage. Les enfants devant l'hôpital Maritime », carte postale, vers 1907.

Patient sur la digue devant l'hôpital, 1950.

« Hôpital Maritime. Berck-Plage. Lazaret », carte postale, s.d.

Eugène Thirion, *Origine de l'Institution des établissements hospitaliers à Berck-sur-Mer,* 1888, huile sur toile.

En regardant la carte des établissements de l'Assistance publique-Hôpitaux de Paris, on peut être surpris de trouver certaines unités loin de Paris, hors de l'Île-de-France. C'est le cas de l'Hôpital Maritime de Berck, perché sur la dune, sous le ciel lumineux de la Côte d'Opale, bénéficiant d'un climat tempéré, balayé par les vents chargés d'embruns. Rien de fortuit dans la présence hospitalière parisienne sur ce littoral, mais plutôt une série de démonstrations empiriques de la capacité soignante du lieu.

Au XVIIIe siècle, l'AP-HP recueille encore les enfants abandonnés et les confie à des nourrices, souvent en province, sous la surveillance régulière de médecins. Le docteur Paul Perrochaud est responsable à Montreuil-sur-Mer, dans le Pas-de-Calais, des pupilles du département de la Seine. En 1857, inspiré par de récents exemples de cures salvatrices, il confie certains enfants à une nourrice résidant à Groffliers, non loin de la plage : Marianne Duhamel. Les petits ont en commun de souffrir de scrofule (tumeurs ganglionnaires) ; la nourrice les soigne quotidiennement après avoir lavé leurs plaies dans l'eau de mer. Les résultats de ces traitements marins sont si convaincants qu'elle déménage et s'installe sur la plage de Berck.

Le nombre impressionnant de guérisons est communiqué à la direction parisienne dès 1859. Entre-temps, Marianne Brillard, voisine de Marianne Duhamel, a pris le relais en tant que nourrice. L'AP-HP fait agrandir sa maison et y installe cinq religieuses pour l'aider. Les guérisons se succèdent et conduisent à la construction en 1861 d'un petit hôpital expérimental en bois, par l'architecte Émile Lavezzari. Prévu pour une centaine d'enfants, il est dirigé par le docteur Perrochaud, entouré de douze religieuses et suivi par certains médecins de l'Assistance publique parisienne. Les résultats sont concluants, si bien que d'autres suivent cet exemple, comme le baron de Rothschild qui installe une maison de cure à Berck en 1867. La ville se structure alors autour de la fonction soignante, accueillant d'autres maisons de cure et des chalets pour les malades issus de familles riches. En 1869, Émile Lavezzari reconstruit l'hôpital en l'agrandissant selon la même logique de plan. L'établissement en brique, qui peut accueillir sept cents enfants, est nommé hôpital Napoléon (rebaptisé « Hôpital Maritime » l'année suivante). Grâce à une piscine chauffée, les soins de balnéothérapie sont poursuivis pendant l'hiver. Douze dortoirs sont installés au rez-de-chaussée pour les patients mobiles, et des chambres ouvertes sur des galeries occupent les deux étages, permettant de déplacer les lits à l'extérieur.

Un lazaret est créé en 1894, afin d'isoler pendant un mois les nouveaux arrivants et d'améliorer encore les conditions d'hospitalisation – déjà excellentes – de « Maritime ». Les enfants arrivent en wagon sanitaire depuis Paris jusqu'en gare de Rang-du-Fliers. Après ce séjour, leur capacité à se mouvoir (allongé, demi-marchant ou marchant) oriente leur prise en charge. Le lazaret sera détruit pendant la Seconde Guerre mondiale. La réputation grandissante de Berck attire des médecins étrangers en observation auprès du docteur Victor Ménard. L'un de ses concurrents à la direction de l'hôpital fonde son propre établissement à l'autre extrémité de la plage : l'hôpital Calot (désormais Institut Calot). Le bâtiment est d'une architecture plus expressive que celle de l'austère Hôpital Maritime – la compétition est palpable jusque dans le bâti.

Pendant la Seconde Guerre mondiale, l'hôpital est évacué, occupé par les Allemands et partiellement détruit pour récupérer les matériaux utiles en temps de guerre. Aujourd'hui réparé, l'établissement appartient toujours à l'AP-HP mais, la tuberculose ayant largement reculé, il est dédié à la rééducation.

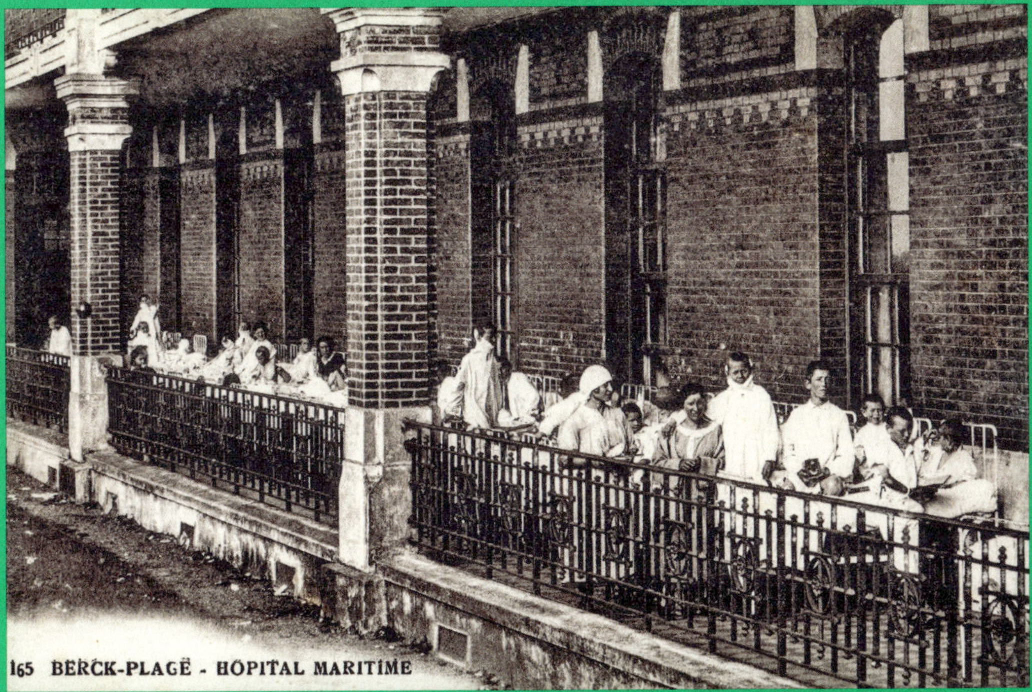

Les terrasses de l'hôpital, carte postale, s.d.

Piscine d'eau de mer chaude, s.d.

Le Louise-Catherine

Le recyclage du chaland rouennais à des fins sociales et sanitaires est une œuvre corbuséenne qui voit le jour grâce à trois artistes, trois femmes qui s'investissent dans ce projet hospitalier au sens premier du terme. Sur la Seine et dans Paris, au plus près des personnes dans le besoin, le Louise-Catherine offre à chacun l'accès aux soins minimaux : un abri, de la chaleur, le partage d'un repas et l'hygiène.

« Armée du Salut. Le *Louise-Catherine,* notre asile flottant amarré en aval du pont des Arts », carte postale, s.d.

« Armée du Salut. Le *Louise-Catherine,* notre asile flottant amarré au quai du Louvre », carte postale, s.d.

Louise-Catherine Breslau, *L'Artiste et son modèle,* 1921, huile sur toile.

Louise-Catherine Breslau était une artiste issue de l'Académie Julian, sensible au sort des « sans-taudis » qui sommeillent sous les ponts de la Seine. À sa mort, en 1927, Madeleine Zillhardt – sa muse qui est aussi sa compagne et son héritière – fait un don à l'Armée du Salut, évoquant l'idée d'un asile de nuit flottant pour les sans-abri et exigeant qu'il porte le prénom de Louise-Catherine.

Lesbienne et féministe, Winnaretta Singer-Polignac (princesse et héritière de l'entreprise de machines à coudre) est impliquée dans la scène artistique avant-gardiste, en littérature, musique, peinture. Elle est très proche du couple Louise-Catherine Breslau et Madeleine Zillhardt. Une fois le bateau trouvé – le *Liège*, un chaland cédé par l'Office national de la navigation –, la princesse finance elle-même sa transformation et demande que le projet soit confié à Le Corbusier.

L'établissement ouvre en 1930. Abritant un réfectoire et deux dortoirs, il peut accueillir cent vingt-huit personnes[1] – les sans-logis qui errent autour des Halles ou sur les berges de la Seine pendant les nuits d'hiver. En entrant, il faut s'inscrire sur le registre, présenter sa carte d'identité et payer 1,50 franc pour un lit superposé dans le réfectoire chauffé (ou 2 francs avec les draps). Chacun dispose aussi d'une armoire et d'une chaise. Tous ont accès aux lavabos à eau courante, au milieu du dortoir. Les hommes les moins propres sont installés dans le second dortoir[2], où matelas et couvertures sont doublés

Le chaland est transformé en refuge flottant par Le Corbusier, 1929.

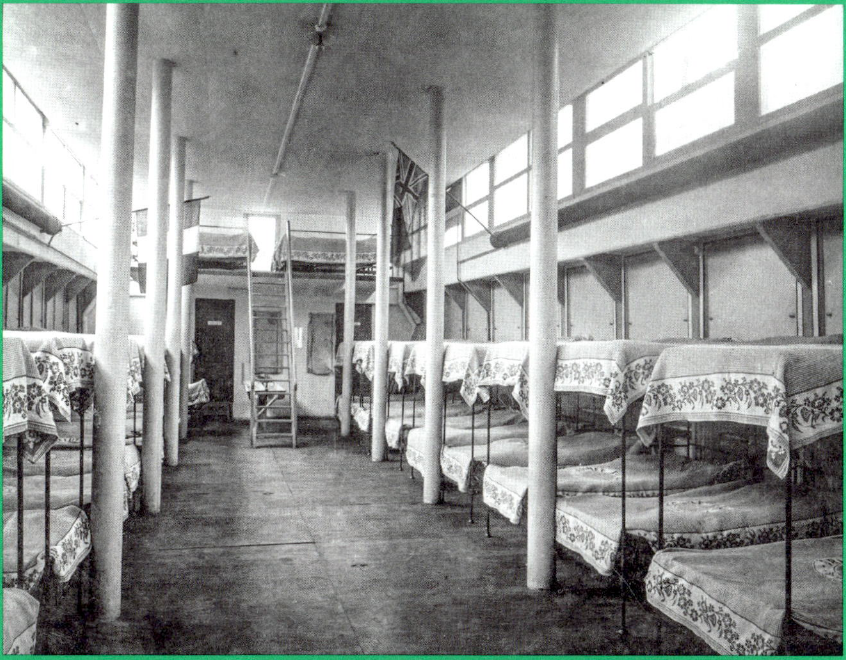

Le dortoir, vers 1929.

de toile cirée (le service d'hygiène peut délivrer des « bons de propreté »). Le bateau est lui-même sain : « éclairage à l'électricité, chauffage central, larges baies vitrées que l'on peut abaisser et par où pénètre l'air salubre du fleuve ». Le réfectoire et ses quatre grandes tables sont en contrebas : 0,30 franc la soupe, 1,50 franc le ragoût. Les deux terrasses du toit sont accessibles, agrémentées de plantes vertes et de bancs, peu utilisés : les bénéficiaires leur préfèrent le quai.

Le chaland est réquisitionné par les Allemands en 1940 et fait office d'infirmerie. Il ne retrouve sa vocation sociale qu'en 1950, avec un service gratuit d'octobre à juin. Ce sont deux mille cinq cents personnes par an qui bénéficient de cet accueil. Les travaux d'entretien sont réalisés chaque été.

En 1994, des défauts de la coque conduisent à la fermeture du chaland hospitalier. L'association Louise-Catherine rachète le bateau en 2006 et l'agence ACYC Architectes étudie un projet de transformation en centre culturel dédié à l'architecture, avec une restauration de la coque et l'aménagement d'un accès PMR. Des travaux de réparation sont entamés, mais non achevés. Le *Louise-Catherine* est classé Monument historique en 2008. Une campagne de financement participatif lancée en 2016 se focalise en particulier sur les toits-jardins du bâtiment flottant.

Lors de la crue de la Seine en 2018, la coque en béton du chaland se pose partiellement sur le quai, plongeant l'autre partie sous l'eau pendant la décrue, jusqu'à submerger l'ensemble. Après une immersion de deux ans et demi, l'idée de transformer le bateau en centre culturel reparaît, accompagnée d'une levée de fonds pour une remise à l'état

« Le Refuge flottant », *L'Illustration*, 4 janvier 1930.

d'origine. L'Architectural Design Association of Nippon (ADAN), devenue propriétaire du *Louise-Catherine* en août 2020, renfloue le chaland deux mois plus tard. Près du viaduc d'Austerlitz, le long du quai côté Rive gauche, l'épave flotte derrière des barrières de chantier et des sacs de matériaux. La réhabilitation – fidèle aux plans de 1929 – est engagée sous la direction des architectes Shuhei Endo et Frank Salama.

1 Voir « Bulletin mensuel à l'usage des services sociaux de l'Union des caisses d'allocation familiales », avril 1957 (Paris, BnF).

2 La revue *Études* parle en 1934 de trois dortoirs et indique la présence d'une salle de douches.

Le réfectoire du *Louise-Catherine*, s.d.

Le *Louise-Catherine*, amarré quai d'Austerlitz, après son renflouement, 2021.

Légendes et crédits

Distances

Centralité p. 18

1 L'hôpital Franco-musulman, commune de Bobigny, Roger Henrard, 1952 © Roger Henrard - Collection Roger Henrard - Archives départementales de la Seine-Saint-Denis

2 Plan de Paris, Olivier Truschet, dessinateur, et Germain Hoyau, graveur, vers 1552 © Universitätsbibliothek Basel, UBH Kartenslg AA 124/ Public Domain Mark

3 L'Île de la Cité, Paris, 2017 © Robbert Frank Hagens / Alamy Banque D'Images

4 «Plan de l'Hôtel-Dieu et des environs», levé et dessiné par Charles Tournant le fils, dit Saint-Germain, 1697 © Archives AP-HP, cote FRAPHP075_CND_0036_00

5 Hôtel Dieu, hospice des enfants trouvés, photographie Charles Marville, vers 1865 © Ville de Paris/ BHVP

6 Plan de la ville et fauxbourgs de Paris, Debarme, topographe, et Perrin, graveur, 1763 © Château de Skokloster Castle / Domaine Public

7 Panorama de Paris pris de la Tour Saint-Jacques, photographie Charles Soulier, vers 1865 © Library of Congress Prints and Photographs Division

8 Panorama pris de la tour Saint-Jacques montrant l'île de la Cité en travaux, entre 1862 et 1872 © Paris Musées / Musée Carnavalet

9 Vue générale de l'ancien hôtel-Dieu, dessin de Charles Pensée, lithographie de Lemercier, extrait de *Histoire architecturale d'Orléans*, Orléans: Gatineau et Darnault-Morand, 1849 © Région Centre-Val de Loire, Inventaire général, Robert Malnoury (photographe)

10 Manutention sur la chaîne de conditionnement des casiers à bouteilles, entre 1920 et 1930 Approvisionnement Agents du personnel au déchargement des emballages, mai 1952 Boulangerie Sortie du pain des fours et mise en panière, s.d © Archives AP-HP, cotes FRAPHP075_108FI_030, 3Fi3_43_approvisionnement_des_halles_031, FRAPHP075_97FI_118

Mises à distances p. 24

1 *L'île aux lépreux*, Nouvelle-Calédonie, carte postale, s.d. © Coll.Musée de la Ville de Nouméa

2 Île Lazzaretto Vecchio, Venise (Italie) © Carlo Morucchio / agefotostock / Alamy Banque D'Images

3 Mole Vanvitelliana, lazaret, Ancone (Italie) © Claudio.stanco, via Wikimedia Commons

4 Lazaret de Spinalonga (Grèce) © seligmanwaite, via Wikimedia Commons

5 Affiche du film *Shutter Island*, Martin Scorsese, 2010 © Allstar Picture Library Ltd./ Alamy Banque D'Images

6 Le lazaret de *L'Île aux chiens*, Wes Anderson, 2018 © AF Archives / Alamy Banque D'Images

7 *Vieux Paris: L'église et les bâtiments Saint-Lazare en 1632*, carte postale © Coll.Pavillon de l'Arsenal

8 La léproserie de Saint-Lazare, extrait de *Paris en 1672*, plan d'Albert Jouvin de Rochefort, cartographe, fac-similé, 1870 © BnF

9 *Maison d'arrêt pour femmes de Saint-Lazare, deuxième cour*, photographie Agence Meurisse, carte postale, 1912 © Coll.Pavillon de l'Arsenal

10 *Sous les tilleuls, La Maladrerie*, petit journal édité par l'École du hameau de la Maladrerie, 1949 © Cercle d'études historiques et archéologiques de la ville de Poissy

11 *Le remarquable et magnifique bastimant de l'hospital Saint Louis*, Claude Chastillon, graveur, 1608 © Paris Musées / Musée Carnavalet – Histoire de Paris

12 L'hôpital Saint-Louis aujourd'hui © AFP

13 «L'Hôpital psychiatrique de Blida-Joinville» in *L'Echo d'Alger*, 2 décembre 1933 © BnF

14 Hôpital franco-musulman de Bobigny, Maurice Mantout et Léon Azéma, architectes, 1935, carte postale © Archives de Bobigny

15 *Mazagan, hôpital régional*, carte postale, s.d. © Collection particulière Bénédicte Penn

16 *Bab el Mansour, la porte du rénégat victorieux, Meknès*, carte postale, 1921-1922 © Collection particulière Bénédicte Penn

17 Photogramme de *La Permanence*, Alice Diop, 2016 © Athénaïse – ARTE France - 2016

Des aires et déserts du soin p. 30

1 « Distribution des malades du sud-ouest de la Seine entre les hôpitaux de l'Assistance publique et celui de Créteil, pour la chirurgie » in R.F Bridgman, *L'hôpital et la cité*, 1966 © D.R.

2 Schéma publié dans « Un plan français de réorganisation hospitalière », Dr R.F.Bridgman in *Techniques Hospitalières*, nº 10-11, 1946 © D.R.

3 Plan de Paris: les établissements hospitaliers en 1900 in Administration générale de l'assistance publique, *L'Assistance publique en 1900*, Paris, 1900 © Archives AP-HP, cote FRAPHP075_2012_C660-1-Page-001-001

Contention p. 36

1 *Projet du nouvel Hôtel Dieu proposé par Poyet* et plan de *l'Hôtel Dieu actuel et des environs*, vers 1785 © Paris Musées / Musée Carnavalet

2 *Le Panoptique*, Jeremy Bentham, 1791 © Domaine public via Wikimedia

3 Plan détaillé du premier étage du nouvel Hôtel Dieu, Bernard Poyet, architecte, in *Renouvellement du projet de transférer l'Hôtel-Dieu de Paris à l'Île des Cygnes*, 1824 © BnF

Distances normatives p. 38

1 «La liberta è terapeutica», ancien hôpital psychiatrique de San-Giovanni, Trieste © D.R.

2 Défilé du cheval bleu dénommé Marco Cavallo, Trieste, le 25 février 1973 © D.R.

3 « Les fous s'arrêtent encore aux portes de Paris », *Libération*, 23 septembre 1993 © D.R.

4 Mur entre Pantin et Paris, 2021 © AFP

5 Salle de shoot « Quai 9 », architecte non connu, à Genève, 2001 © Maxppp

6 Vita : L'accampamento, in *Atti Fondamentali Vita, educazione, cerimonia, amore, morte*, 21 mars 1971-20 mars 1973, Superstudio © Superstudio/ Centre Pompidou – MNAP-CCI, Dist RMN-Grand Palais/ Image Centre Pompidou, MNAM-CCI

7 *Le Monument Continu, Superstudio 1971*, série *After...* ,Berdaguer & Péjus, 2001. Coll. FRAC Centre © Berdaguer & Péjus, Adagp, Paris, 2022

8 « Der Mensch, Das Mass aller Dinge », planches extraite de *Bauentwurfslehre*, Ernst Neufert, architecte, 1936 © Bibliothèque Kandinsky, MNAM/CCI, Centre Pompidou

9 Dessin extrait de *L'orthopédie ou l'art de prévenir ou corriger chez les enfants les difformités du corps*, Nicolas Andry de Boisregard, médecin, 1743 © BnF

10 Rééducation à l'hôpital maritime de Berck, 1953 © Archives AP-HP, cote FRAPHP075_16FI_364

11 « Menschen, Abmessungen und Platzbedarf », planches extraite de *Bauentwurfslehre*, Ernst Neufert, architecte, 1936 © Bibliothèque Kandinsky, MNAM/CCI, Centre Pompidou

12, 14 Planches extraites de Henry Dreyfuss Associates et Niels Diffrient, Alvin R Tilley et Joan C. Bardagjy, *Humanscale 1/2/3 : A Portfolio of Information*, The MIT Press, 1974 © Collection Centre Canadien d'Architecture, nº TA166.D5 1974

13 Le Modulor, Le Corbusier, architecte, 1945 © FLC/ Adagp

15, 16, 17 Measure(s) of Man : Architect's Data Add-on, Thomas Carpentier, architecte, 2011 © Thomas Carpentier

18 Visites de jeunes enfants handicapés au The Metropolitan Museum of Art,à New York, le 23 novembre 1922 © The Metropolitan Museum of Art of New York / distribution RMN-GP

19 Captures d'écran de recherches sur le site seloger.com, avec et sans le critère « accès handicapé », le 4 mars 2022 © D.R.

20,21 Philippe Blanc-Beauregard et Stéphane Chenevoy, *Vraoum*, vers 1990, in *Paris d'hospitalité*, Paris, Pavillon de l'Arsenal et Picard éditeur, 1990

Éléments

« Des airs, des eaux, des lieux » p. 50

1 Course de natation dans la Seine, départ du 400 mètres intermagasins, 15 août 1922, agence Rol © BnF

2 Fresque de « La Tombe du plongeur », Paestum (Italie), Vᵉ siècle av J.-C., musée archéologique de Paestum © Simone Crespiatico / Alamy Banque D'Images

3 Plongeon de S [Suzanne] Wurtz dans la Seine depuis l'île aux Cygnes, agence Rol, 15 août 1922 © BnF

4 Benjamin Ward Richardson, *Hygeia A City of Health*, Londres, MacMillan and Co., 1876 © BnF

5 Claude Lachaise, *Topographie médicale de Paris*, Paris, J.-B. Baillière, libraire, 1822, page de titre et p. 105-106 © BnF

6 *La Grande Misère de Paris*, photomontage présenté par Charlotte Perriand en 1936 au Salon des arts ménagers © Archives Charlotte Perriand/ Adagp, 2022

7 *Misère de Paris*, présenté par Le Corbusier en 1937 à l'Exposition internationale des arts et techniques, à Paris, et publié dans l'ouvrage *Des canons, des munitions ? Merci ! Des logis... SVP*, Boulogne, Éditions de L'Architecture d'Aujourd'hui, 1938 © FLC/Adagp, 2022

8 *Vue perspective des Illuminations du pont Notre-Dame en réjouissance du rétablissement de la santé de Louis XIV, le 30 de janvier 1687* © BnF

9 Hubert Robert, *La Démolition des maisons du pont Notre-Dame, en 1786*, 1786, huile sur toile © RMN-Grand Palais (musée du Louvre)/Hervé Lewandowski

10 *Plan et élévation de l'Hôtel-Dieu de Lyon*, Jacques-Germain Soufflot, architecte, 1761 © Archives municipales de Lyon

11 « Projet d'hôpital, coupe verticale », Antoine Petit, architecte, in *Mémoire sur la meilleure manière de construire un hôpital de malades*, Paris, Louis Cellot, 1774 © BIU Santé médecine – Université de Paris

12 « La ventilation rationnelle des chambres à coucher », in Augustin Rey, *La Chambre habitée et les poussières*, Paris, J. Meynial, 1921 © D.R.

13 « L'aération des logements par le système de cour ouverte », in Augustin Rey, *La Chambre habitée et les poussières*, Paris, J. Meynial, 1921 © D.R.

14 « Maison de santé type minimum : perspective », Paul Nelson architecte, projet non réalisé, façade sur jardin, janvier 1932 © Centre Pompidou/ MNAM CCI, dist. RMN-Grand Palais/Philippe Migeat

15 Projets de sanatorium à étages disposés en gradins, in David Sarason, « Ein neues Bausystem für Krankenanstalten und Wohnhäuser », *Bericht über den XIV. internationalen Kongress für Hygiene und Demographie*, Berlin, 23-29 septembre 1907, t. IV, p. 569 © Source : Harvard Library

16 « Maison de santé type minimum pour climat tempéré », Paul Nelson architecte, 1932, in Paul Nelson, *Architecture hospitalière Deux études : maison de santé et pavillon de chirurgie*, Paris, Éditions Albert Morancé, 1938 © Bibliothèque Kandinsky, MNAM/CCI, Centre Pompidou

17 Le Solarium d'Aix-les-Bains, carte postale, vers 1930 © Archives municipales d'Aix-les-Bains et Grand Lac

18 Le docteur Jean Saidman, directeur du laboratoire d'actinologie d'Aix-les-Bains, photographie André Kertész, 1930-1936 © Donation André Kertész, ministère de la Culture (France), Médiathèque de l'architecture et du patrimoine, diffusion RMN-GP, réf. 72L001727

19 Cabine de soin de la plateforme mobile du solarium tournant, Aix-les-Bains, vers 1930 © Archives municipales d'Aix-les-Bains et Grand Lac

20 Cabines pour bains de soleil, photographie André Kertész, 1931 © Donation André Kertész, ministère de la Culture (France), Médiathèque de l'architecture et du patrimoine, diffusion RMN-GP, réf. 72L001726

21 La plage artificielle à l'Institut d'actinologie passage Dombasle ; professeur Saidman, photographie Agence Meurisse, 1927 © BnF

22 « Femme en traitement au solarium d'Aix-les-Bains », photographie André Kertész, 1931 © Donation André Kertész, ministère de la Culture (France), Médiathèque de l'architecture et du patrimoine, diffusion RMN-GP, réf. AP72L001723

Corps urbains p. 62

1 Présentation des veines de l'avant-bras, in Wiliam Harvey, *Exercitatio anatomica de motu cordis et sanguinis in animalibus*, 1628 © BnF

2 Plan de la source qui alimentait l'hôpital Saint-Louis, 1660, in *Paris d'hospitalité*, Paris, Pavillon de l'Arsenal et Picard éditeur, 1990

3 Plan des égouts de Paris « se jetant par des canaux souterrains dans les rivières de Seine ou de Bièvre », in *Atlas administratif de la ville de Paris*, dédié à M. le comte Anglès, ministre d'État, préfet de police, par N. M. Maire, géographe, 1821 © David Rumsey Historical Map Collection, via Wikimedia Commons

4 *Les Cagnards de l'Hôtel-Dieu*, carte postale vers 1830 © Coll. part.

5 *Les Égouts, service de l'assainissement ; collecteur du boulevard [de] Sébastopol*, carte postale, ND phot., début du XXe siècle © Coll. part.

6 Carte des foyers atteints par le choléra dans le quartier de Soho, à Londres, in John Snow, *On the Mode of Communication of Choléra*, Londres, John Churchill, 1854 © BnF

7 *Allégorie du choléra*, projet de statue en faveur du tout-à-l'égout par Gilbert-Martin, *Le Don Quichotte*, 2 octobre 1892 © Institut Pasteur/Musée Pasteur

8 Dessin satirique illustrant la diffusion du choléra par l'eau de fontaine et par la poignée de la pompe à eau, 1886 © Institut Pasteur/Musée Pasteur

Hygiénismes p. 70

1 Franz von Stuck, affiche pour le Salon international d'hygiène de Dresde, mai-octobre 1911 © Deutsches Historisches Museum, Berlin, P 56/420, dist. RMN-Grand Palais/Indra Desnica

2 La femme vitrifiée du Deutsches Hygiene Museum à Dresde, photographie, 1969 © Deutsches Hygiene Museum Dresden, no DHMD 2020/528.7

3 Le Deutsches Hygiene Museum à Dresde, Wilhelm Kreis, architecte, carte postale, 1930 © Coll.Pavillon de l'Arsenal

4 Deux salles du nouveau musée d'Hygiène, in *La Nature*, 1912, t. I, p. 233 © Cnum – Conservatoire numérique des Arts et Métiers

5 « Ancien musée de l'Assainissement du dépotoir de La Villette (rue d'Allemagne) », in « Au nom de la 6e commission sur la réinstallation du musée de l'Hygiène et de l'Assainissement dans l'ancien presbytère de Saint-Leu » par M. G. Lemarchand, rapport n° 69, conseil municipal de Paris, 1908 © BnF

6 Maquette du Glass Skyscraper, Berlin, Ludwig Mies van der Rohe architecte, 1921-1922 © Courtesy The Mies van der Rohe Archive The Museum of Modern Art, New York/Scala, Florence

7 Richard Neutra, *Survival Through Design*, New York, Oxford University Press, 1954, quatrième de couverture © D.R.

8 Oswald Mathias Ungers, *Morphologie City Metaphors*, tiré de Hans Hollein, *MANtransFORM*, New York, Cooper-Hewitt Museum, 1976, p.110-113 © Collection Centre Canadien d'Architecture, n° 85-B6415

9 « Entablement toscan de Vignole », Jacques-François Blondel architecte, 1771, in *Cours d'architecture, ou Traité de la décoration, distribution et construction des bâtiments ; contenant les leçons données en 1750 et les années suivantes*, Paris, Desaint, 1771-1777, t. I © BnF

10 Étude de proportions d'une basilique par rapport au corps humain, Francesco di Giorgio Martini architecte, 1490 © Biblioteca Nazionale Centrale di Firenze

Décharges – l'envers du « soin » p. 74

1 Technique d'irrigation du maïs par « boudin » sur le domaine de la Ville de Paris, 2001 © Conseil départemental du Val d'Oise. Photo J.-Y. Lacôte

2 Domaine de la Haute-Borne, Pierrelaye (Seine-et-Oise), carte postale, début du XXe siècle © Coll. part.

3 Cultivateurs de Pierrelaye aux halles de Paris, début du XXe siècle © Conseil départemental du Val d'Oise/ARPE/Coll. part.

4 La forêt du Grand Paris, 2021 © Marie Tesson

5 Mierle Laderman Ukeles, *Fresh Kills Landfill*, 2001 © Mierle Laderman Ukeles, courtesy of the artist and Ronald Feldman Gallery, New York

6 Mierle Laderman Ukeles, *Touch Sanitation Performance*, 1979-1980, Sweep 10, Queens District 14, photographie Vincent Russo, 15 mai 1980 © Mierle Laderman Ukeles, courtesy of the artist and Ronald Feldman Gallery, New York

7 Mierle Laderman Ukeles, *Touch Sanitation Performance*, 1979-1980, Landfill, s.d., photographie Deborah Freedman © Mierle Laderman Ukeles, courtesy of the artist and Ronald Feldman Gallery, New York

8 Photogramme extrait de *Wall-E* d'Andrew Stanton, 2008 © Allstar Picture Library Ltd./Alamy Banque d'images

9 Photogramme extrait de *Nausicaä de la Vallée du vent* de Hayao Miyazaki, 1984 © Moviestore Collection Ltd/ Alamy Banque d'images

10 Photogramme extrait de *Dodes'kaden* d'Akira Kurosawa, 1970 © 1971, Yonki no Kai, All rights reserved © Toho © Wild Bunch.

11 Naturaliter Snc, *Presenze*, Peccioli, 2011 © Archivio fotografico Fondazione Peccioliper.

12 Décharge sauvage, plaine de Pierrelaye, 2021 © Marie Tesson

Formes

Le dortoir p. 82

1 Northwestern Memorial Hospital, Prentice Women's Hospital, Chicago, maquette, Bertrand Goldberg architecte, 1975 © Chicago History Museum, Hedrich-Blessing Collection, n° HB-34206-A et n° HB-34206-F

2 « Les salles de l'Hôtel-Dieu de Paris au début du XVIe siècle, fac-similé de l'entête d'une lettre de pardon, délivrée, pour l'Hôtel-Dieu de Paris, par François de Bueil, archevêque de Bourges (1521-1525) », in Alexis Chevalier, *L'Hôtel-Dieu de Paris et les sœurs Augustines (1650 à 1810)*, Paris, chez H. Champion, 1901 © BnF

3 Stèle votive représentant une scène d'incubation, IVe siècle av. J.-C., Musée archéologique du Pirée, Athènes © D.R.

4 « Ameublement des salles des malades », in Armand Husson, *Étude sur les hôpitaux considérés sous le rapport de leur construction, de la distribution de leurs bâtiments, de l'ameublement, de l'hygiène & du service des salles de malades*, Paris, Paul Dupont, 1862 © BnF

5 « Intérieur de l'Hôtel-Dieu de Tonnerre », in Eugène Viollet-le-Duc, *Dictionnaire raisonné de l'architecture française du XIe au XVIe siècle*, Paris, Bance et Morel, t. VI, 1863 © Bibliothèque de l'Institut national d'histoire de l'art, collections Jacques Doucet

6 Northwestern Memorial Hospital, Prentice Women's Hospital and Maternity Center, Chicago, Bertrand Goldberg, architecte, maquette, 1970. © Chicago History Museum, Hedrich-Blessing Collection, n° HB-34206-A, n° HB-34206-F

7 Plan d'un étage du Northwestern Memorial Hospital, Prentice Women's Hospital and Maternity Center, Chicago, Bertrand Goldberg architecte, 1975 © Ryerson and Burnham Archives, The Art Institute of Chicago, Digital File #200203.081129-

8 Affiliated Hospitals Center, Boston, plan d'une unité de soin, Bertrand Goldberg architecte, 1964-1966 © The Art Institute of Chicago / dist RMN-Grand Palais

9 Northwestern Memorial Hospital, Prentice Women's Hospital and Maternity Center, Chicago, Bertrand Goldberg architecte, 1975 © Chicago History Museum, Hedrich-Blessing Collection, HB-39160-I2, Hedrich-Blessing (photographe)

10 Évolution historique des espaces du sommeil à l'hôpital, dessin SCAU, 2021 © SCAU

Les machines à guérir p. 88

1 Projet de Jacques Tenon, médecin, 1788 © BnF

2 Projet de Pierre Chirol, in *Idées neuves sur la construction des hôpitaux, appliquées à celle des Hôpitaux de Paris*, Paris, 1787 © BnF

3 Projet d'Antoine Petit, médecin, in *Mémoire sur la meilleure manière de construire un hôpital de malades*, Paris, 1774 © BIU Santé Médecine

4 Projet de Bernard Poyet, architecte, in Claude Philibert Coquéau, médecin, *Mémoire sur la nécessité de transférer et reconstruire l'Hôtel-Dieu de Paris, suivi d'un projet de translation de cet hôpital, proposé par le sieur Poyet, architecte & contrôleur des bâtimens de la ville*, 1785 © BnF

5 Projet de Pierre Panseron, architecte, in *Mémoire relatif à un plan d'Hôtel-Dieu pour Paris*, 1773 © BnF

6 Projet de Corneille Mandé, dit Lamandé, 1777 © BnF

7 Projet de Le Roy, de l'Académie royale des sciences, et Charles François Viel, architecte, 1773, in *Mémoire de l'Académie royale des sciences*, 1787 © BnF

8 Charles-Louis Lucien Müller (1815-1892), *Pinel libérant les aliénés de leur fer en 1792*, dessin préparatoire, 1852 © Musée de l'AP-HP, inv AP 2626

9 « Dortoirs du Quartier des enfants idiots et épileptiques, Hospice de Bicêtre », élévation et plan, signés « Lanon », 1886 © Archives AP-HP, cote 793_FOSS_08-10

10 Maison royale de Charenton, Émile Jacques Gilbert architecte, 1844-1855 © Archives nationales

11 *Plan de Paris avec la désignation des hôpitaux et hospices civils*, J. R. Thierry dessinateur et graveur, 1818 © BIU-Santé Paris

Les machines contemporaines p. 96

1 Intérieur de l'hôpital Beaujon, s.d © Archives AP-HP, cote FRAPHP075_BJN_3FI3_2_09

2 Salle Malgaigne, hôpital Beaujon, carte postale, s.d © Archives AP-HP, cote FRAPHP075_BJA_3FI5_02

3 Plan du 5e étage de l'hôpital Beaujon, Jean Walter, Louis Plousey, Urbain Cassan architectes, 1935 © Archives AP-HP, cote FRAPHP075_9FI_147

4 Coupe du Northwestern Memorial Hospital, Prentice Women's Hospital and Maternity Center, Chicago, Bertrand Goldberg architecte, 1975 © Ryerson and Burnham Archives, The Art Institute of Chicago, Digital File #200203_210720-

5 « Schéma organique du centre de santé d'Arles », Paul Nelson architecte, 1971. In Paul Nelson, « Un centre pour la santé de la communauté », *La Vie collective*, vol. 37, no 435, octobre 1971 © D.R.

6 Façade sud, hôpital Beaujon, carte postale, 1935 © Opendatas Hauts-de-Seine

7 Les positions du corps du patient selon les cas d'interventions chirurgicales, in Jean Dourgnon, « L'éclairage des salles d'opérations chirurgicales », *Cahiers du Centre scientifique et technique du bâtiment*, extrait du no 36, fascicule 296, février 1959 © D.R.

8 Plans, coupes et détails de lasalle ovoïde, Hôpital franco-américain de Saint-Lô, in *Progressive Architecture*, New York, octobre 1957 © D.R.

9 Système de commande de l'éclairage de la salle chirurgicale ovoïde © Donato Severo

10 La salle ovoïde, avec l'éclairage en planétarium, photographies Henri Baranger, 23 juillet 1959 © Archives départementales de la Manche / Studio Henri Baranger, D.R.

11 Hôpital universitaire d'Aix-la-Chapelle, Weber & Brand architectes, 1971-1985, in *Architectural Design*, vol. 58, nº 11-12, 1988 © D.R.

12 Hôpital universitaire d'Aix-la-Chapelle, Weber & Brandt, architectes, 1971-1985, axonométrie, in *L'Architecture d'Aujourd'hui*, nº237, février 1985 © D.R.

13 Hôpital Huoshenshan, Wuhan, 2020 © STR/AFP

14 Planche du certificat d'addition du 12 décembre 1888 au brevet d'invention no 161761 déposé le 26 avril 1884 par la Société nouvelle de constructions, Système Tollet, pour un genre de construction mobile pour ambulances et autres destinations, Casimir Tollet architecte © Archives de l'Institut national de la propriété industrielle

15, 16, 17 *Pandemic Response Unit*, Hôpital Joseph Brant, Burlington, Ontario, Cumulus architects, avril 2020 © SCAU © The Canadian Press / Alamy Banque D'Images © Sprung Structures

18, 19 « L'épidémie d'influenza Les installations supplémentaires dans le jardin de l'hôpital Beaujon », 1889 © Ville de Paris/BHVP

20, 21, 22 « Cura », élément hospitalier modulaire, Carlo Ratti architecte, 2020 © Carlo Ratti

L'architecture placebo p. 106

2 Maggie's Center Manchester, Norman Foster and Partners architecte, 2016 © Maggie's Centers

1, 3 Maggie's Center Édimbourg, Richard Murphy architecte, 1996 © Maggie's Centers

4 Maggie's Center Dundee, Frank Gehry architecte, 2003 © Maggie's Centers

5 Pavillon de l'Orbe, hôpital Charles-Foix, Ivry-sur-Seine, André Bruyère architecte, 1988-1991 © Fonds Bruyère SIAF/Cité de l'architecture et du patrimoine/Archives d'architecture contemporaine

6 Maquette du pavillon de l'Orbe © Fonds Bruyère SIAF/Cité de l'architecture et du patrimoine/Archives d'architecture contemporaine

7 Plan d'une chambre à deux lits, pavillon de l'Orée, André Bruyère architecte © Fonds Bruyère SIAF/Cité de l'architecture et du patrimoine/Archives d'architecture contemporaine

8 Plan du bimaristan de Damas, in Ernst Herzfeld, *Damascus, Studies in Architecture III, Ars Islamica*, vol. 11-12, 1946 © Freer Gallery of Art and Arthur M Sackler G Archives, Gift of Ernst Herzfeld, 1946, Smithsonian Library

9 Bimaristan de Damas, 2011 © PRISMA ARCHIVO / Alamy Banque D'Images

10, 11, 12, 13 Clinique chirurgicale de Léo, Francis Kéré architecte, photographies Iwan Baan, 2014 © Iwan Baan

L'ambiance p. 110

1 Groupe de patients de l'hôpital de Saint Alban, années 1950 © Archives privées d'Yves Baldran

2 Hôpital psychiatrique de Saint-Alban-sur-Limagnole, carte postale, s.d © Coll. Pavillon de l'Arsenal

3 *Cour-Cheverny Le château de la Borde*, carte postale, s.d © Coll. Pavillon de l'Arsenal

4 Photogrammes extraits du film *La Moindre des choses* de Nicolas Philibert, 1996 © Nicolas Philibert/Les Films d'ici/Sept cinémas

5, 6, 7 Espaces intérieurs de «L'Adamant», Gérard Ronzatti -agence Seine Design architecte, 2010, photographies Nicolas Philibert, 2020 © Nicolas Philibert

8, 9,10 PC Caritas, Melle, architecten De Vylder Vinck Taillieu, 2016 © Filip Dujardin

Frontières

Soins à/du domicile p. 118

1 Résidence pour personnes âgées De Overloop, Almere Haven, Pays-Bas, Herman Hertzberger, architecte, 1980-1982 © Herman Hertzberger

2 « SOS Médecins inactif pendant 24 heures pour dénoncer "la disparition programmée de la visite à domicile" », *20 minutes*, 27 septembre 2021 © D.R.

3 Pablo Picasso, *Science et charité*, 1897, huile sur toile, Museu Picasso, Barcelone © agefotostock/Alamy Banque d'images

4 Patientes de la colonie familiale de Dun-sur-Auron, photographie Sabine Weiss, 1951-1952 © Sabine Weiss

5 Patients de la colonie familiale de Dun-sur-Auron, photographie Jean-Philippe Charbonnier, années 1950 © Jean-Philippe Charbonnier/Gamma Rapho

6 *En Berry Dun-sur-Auron La Colonie familiale*, carte postale, s.d © Coll. Pavillon de l'Arsenal

7 « Bäder », planche extraite d'Ernst Neufert, *Bauentwurfslehre*, Berlin, 1936 © SpringerNature/Bibliothèque Kandinsky, MNAM-CCI, Centre Pompidou

8 Entrée de la Villa Savoye, Le Corbusier, architecte, 1928-1931 © FLC/Adagp, Paris, 2022/ photographie Paul Kozlowski

9 Lovell Health House, Richard Neutra, architecte, 1929, photographie Julius Schulman, années 1950-1960 © J. Paul Getty Trust Getty Research Institute, Los Angeles

10 Philip M Lovell, « Care of the Body », *Los Angeles Times Sunday Magazine*, 29 décembre 1929 © Los Angeles Times/Newspapers

11 « La visiteuse d'hygiène chasse la maladie et apporte la santé », affiche de la Commission américaine de préservation contre la tuberculose en France, dessin Anna Milo Upjohn, 1916 © Bibliothèque municipale de Rouen, Est g 093, via Gallica

12 Visite à domicile d'une infirmière du service d'hygiène de la Croix-Rouge suisse, Genève, 1961 © Archives Croix-Rouge genevoise

13 « Les Murlais : Plan d'un appartement pour 5 personnes », in *Les Murlais, Centre médico-familial pour handicapés moteurs*, Charleroi, Delacre, 1971 © GAR-Archives d'architecture (ULiège)

14 Patient dans le dispositif dit « poumon d'acier », s.d. © GAR-Archives d'architecture (ULiège)

15 Portrait de Marie-Charlotte-Amélie, mère de l'architecte, Le Corbusier, 1951. Croquis reproduit dans *Une petite maison*, 1954. © FLC/Adagp, Paris, 2022

Domesticité et communauté p. 126

1 Maquette de l'hôpital de Venise, Le Corbusier, architecte, 1964 © FLC/Adagp, Paris, 2022

2 Plan de l'hôpital de Venise, Le Corbusier, architecte, 1964 © FLC/Adagp, Paris, 2022

3 Plan de l'orphelinat d'Amsterdam, avant-projet final, Aldo van Eyck, architecte, 1959-1960 © Centre Pompidou – MNAM-CCI, dist. RMN-Grand Palais/Image Centre Pompidou, MNAM-CCI

4 Plan de la résidence pour personnes âgées De Drie Hoven, Amsterdam, Herman Hertzberger, architecte, 1971-1974 © Herman Hertzberger

5, 8 Résidence pour personnes âgées De Drie Hoven, Herman Hertzberger, architecte, 1971-1974, photographies s.d. © Herman Hertzberger. Photos Willem Diepraam

6,7 Centre d'accueil Emmaüs Solidarité, Atelier Rita, architecte, 2017 © David Boureau

9 De Drie Hoven, Herman Hertzberger, architecte, s.d © Herman Hertzberger

10 Visite dans un Ehpad, Saint-Maur-des-Fossés, avril 2020 © Thomas Coex/AFP

11 Visite à l'Ehpad Fondation Schadet Vercoustre, Bourbourg, 27 mai 2020 © Julie Sebadelha/ Hans Lucas/Hans Lucas via AFP

Vieillesse, mémoire p. 130

1, 2, 3, 4 Photogrammes extraits du film *Logan's Run* [*L'Âge de cristal*] de Michael Anderson, 1976 © RGR Collection/Alamy Banque d'images © Entertainment Pictures/Alamy Banque d'images © Moviestore Collection Ltd/Alamy Banque d'images © Entertainment Pictures/Alamy Banque d'images

5 Vue aérienne de Sun City, Arizona, 1970 © Sun Cities Historical Society

6 Gymnastique, Sun City, Arizona, photographie David Hurn, 1980 © David Hurn/Magnum Photos Image Centre Pompidou, MNAM-CCI, dist. RMN-Grand Palais/Bertrand Prévost

7, 8, 9 Sun City, Arizona, photographies Stephen Smith, 1982 © Centre canadien d'architecture © Stephen Smith, n° PH1983:0006, PH1983:0004, PH1983:0008

10, 11 Village Alzheimer de Dax, Nord Architects et Champagnat & Grégoire architectes, 2016-2020 © 11h45 Photographie d'architecture

12, 13 Maquette du projet Home for the Elderly, Junya Ishigami, architecte, 2012 © courtesy of junya.ishigami+associates

14 Plan du projet Home for the Elderly, Junya Ishigami, architecte, 2012 © courtesy of junya.ishigami+associates

15 Maisons choisies pour le projet Home for the Elderly © courtesy of junya.ishigami+associates

16 Home for the Elderly, Junya Ishigami, architecte, 2012 © Courtesy of Junya Ishigami+associates

Mise en commun du soin p. 140

1 « Salle des lavabos, Hôtel populaire des hommes, 94, rue de Charonne, Paris, 11e arrondissement », carte postale, début du XXe siècle © Coll. Pavillon de l'Arsenal

2 « Salle des bains de pieds, Hôtel populaire pour hommes, 94, rue de Charonne, Paris, 11e arrondissement », N.D. photo, carte postale, début du XXe siècle © Coll. Pavillon de l'Arsenal

3 *Paris la nuit*, 1907 © Collection Marc Martin

4 Homme devant une vespasienne, s.d © Collection Marc Martin

5 Vespasienne à six stalles surmontée d'un réverbère, boulevard des Batignolles, photographie Charles Marville et Pierre Emonts, vers 1870-1890 © Charles Marville/BHVP/Roger-Viollet

6 *Paris Les Bains de la Samaritaine*, carte postale, début du XXe siècle © Coll.Pavillon de l'Arsenal

7 *Les Bains de la Samaritaine et le Pont-Neuf, Paris*, L.L., carte postale, début du XXe siècle © Coll.Pavillon de l'Arsenal

8 *Le Grand Gymnase Dirigé par Eugène Paz 40, rue des Martyrs*, Victor Rose dessinateur-lithographe, vers 1866 © Musée Carnavalet/Roger-Viollet

9 Joutes lyonnaises sur la Seine, le 15 août 1922, photographie Agence Rol © BnF

10 Miss Higgins, le 5 septembre 1920, photographie Agence Rol © BnF

11 Simonet, gagnant de la course des débutants, photographie Agence Rol, 1911 © BnF

12 Cours de sport au bord de la Seine, rive gauche, 2013 © Mairie de Paris / Sophie Robichon

13 Thomas Grimm, « La gymnastique médicale », *Le Petit Journal*, no 4410, 22 janvier 1875 © BnF

Espace public et proxémie p. 144

1 « Contre la grippe », *Paris-Soir*, no 3297, 15 octobre 1932 © BnF

2 « Habit d'un médecin du lazaret de Marseille en 1720 », in Louis-Joseph-Marie Robert, *Guide sanitaire des gourvernemens européens*, Paris, chez Crevot, 1826 © BnF

3 « Les Londoniens portent des masques pour se préserver de la grippe espagnole », *L'Excelsior*, no 3021, 26 février 1919 © BnF

4 Tente de dépistage de la Covid-19 Dessin : SCAU, 2021 © SCAU

5 « Olivier Véran : "On peut imposer aux gens de prendre soin des autres malgré eux" », *Le Monde*, 25 septembre 2020 © D.R.

6, 7, 8, 13 Extraits de l'œuvre *Virus* (2020) d'Antoine d'Agata © Antoine d'Agata/Magnum Photo/ Galerie Les Filles du Calvaire

9 « Bubble Concert » des Flaming Lips à Oklahoma City, aux États-Unis, le 23 janvier 2021 © D.R.

10 « Restless Sphere », une performance des architectes de COOP Himmelb(l)au, à Bâle en 1971, photographiée par Peter Schnetz © Peter Schnetz

11 Edward T Hall, *La Dimension cachée*, Paris, Éditions du Seuil, 1963, 1re de couverture © D.R.

12, 14, 15 Dessins agence SCAU © SCAU

Nécropoles

Les morts dans la ville p. 164

1 Plan général de la nécropole laténienne de Bobigny, plus de 500 sépultures réparties sur 1 250 m² seulement, IIIe siècle av. J.-C Institut national de recherches archéologiques préventives (Inrap), fouilles en 2002-2003 et 2013-2018 © Le Forestier (Inrap), M. Kérien

2 *Vue intérieure de la morgue*, Louis Courtin, dessinateur-lithographe, première moitié du XIXe siècle © Paris Musées/Musée Carnavalet-Histoire de Paris

3 Le cimetière des Innocents, dans l'actuel 1er arrondissement, plan de Turgot, 1739 © David Rumsey Historical Maps Collection, via Wikimedia Commons

4 *Cimetière et charniers des Saints-Innocents, du côté de la rue aux Fers*, 1780 © Wellcome Library

5 Le cimetière de Clamart, dans l'actuel 5e arrondissement, plan de Turgot, 1739 © David Rumsey Historical Maps Collection, via Wikimedia Commons

6 Cimetière de Clamart, plan de Deharme, 1763 © David Rumsey Historical Maps Collection, via Wikimedia Commons

7, 8, 9 *Plan du champ de repos*, *Coupe* et *Élévation géométrale de la pyramide et du mur d'enceinte*, Jacques Molinos architecte, 1799, in Jacques Cambry, *Rapport sur les sépultures, présenté à l'administration centrale du département de la Seine Par le c[itoy]en Cambry*, Paris, Pierre Didot l'aîné, 1799 © BnF

10 *The Pyramid to Contain Five Millions of Individuals Designed for the Centre of The General Cemetry* [sic] *of the Metropolis*, élévation du projet, Thomas Willson architecte, 1829 © London Metropolitan Archives (City of London)

11 *High Rise Cemetery, Hong-Kong*, série *Dead Space*, photographie Finbarr Fallon, 2019 © Finbarr Fallon

12 Cimetière de Diamond Hill, Hong Kong, photographie Jérôme Favre, 2017 © Jérôme Favre/ European Pressphoto Agency

La ville des morts p. 168

1 Jean Philibert Maret, *Mémoire sur l'usage où l'on est d'enterrer les morts dans les églises et dans l'enceinte des villes*, Dijon, chez Causse, 1773 © BnF

2, 3, 4, 5 « Cimetière de Méry-sur-Oise. ; « Modes d'inhumation proposés : concessions temporaires gratuites, concessions temporaires payantes, concessions perpétuelles » ; « Plan du cimetière et des environs » ; « Fourgon mortuaire à casiers mobiles : élévation, profil, wagonnet mortuaire » ; « Monument funéraire destiné à l'inhumation des hommes illustres, Panthéon : élévation », in Alfred Feydeau, *Ville de Paris Cimetière de Méry-sur-Oise Projet dressé par l'inspecteur général du service des cimetières*, 1872 © Ville de Paris/BHdV

6 « Détail du projet du faux Paris, sur la boucle de la Seine entre Maisons-Laffitte et Conflans-Sainte-Honorine », *L'Illustration*, no 4048, 2 octobre 1920 © D.R.

7 Gaspard Vivien, simulation du faux Paris illuminé, 2017 © Gaspard Vivien

8 « Un faux Paris », article de presse, s.d © Archives de la famille Jacopozzi, D.R.

9 Le cimetière San Michele, à Venise, 2020 © Kasa Fue/ Wikimedia Commons

10, 11 Le pont flottant reliant le cimetière San Michele à la ville de Venise, 2019 © Matthias Scholz/ Alamy Banque d'images © Marco Serena Photographer / Alamy Banque D'Images

12 Hart Island, New York, 1946 © New York Daily News Archive via Getty Images

13 Fosse commune The Potter's Field, Hart Island, photographie Jacob A Riis, 1890 © Jacob A (August) Riis /Museum of the City of New York

14 Hart Island, photographie John Michillo, 2020 © Photo John Michillo, Associated Press
15 AIDS Memorial Quilt, Washington, photographie Carol M Highsmith, 1987 © Carol M Highsmith Archive, Library of Congress, via Wikimedia Commons

16 Manifestation d'Act'Up, avenue des Champs-Élysées, Paris, 1994 © Alexis Duclos / Gamma Rapho

17 Sépulture, Samos, photographie Bruno Fert, 2017 © Bruno Fert

La mort à l'hôpital p. 176

1 *Plan de l'hospice de Bicêtre*, E. Poulet Gallimard dessinateur, 1813 © BnF

2 *L'Hôtel-Dieu – La façade, la salle d'ensevelissement et la porte d'eau*, René Fath dessinateur, Smeeton et Tilly graveurs, fin du XIXe siècle © Ville de Paris/BHVP

3 « Service des morts et de la Faculté à l'Hôtel-Dieu », in Julien Guadet, *Éléments et théorie de l'architecture Cours professé à l'École nationale et spéciale des beaux-arts*, t. 2, Paris, Librairie de la Construction moderne, 1901 © BnF

4 Lenox Hill, New York, avril 2020 © G Ronald Lopez / Alamy Banque D'Images

5 Morgue temporaire à l'extérieur de l'hôpital de Brooklyn, New York, mars 2020 © SOPA Images Limited / Alamy Banque D'Images

6 Salle d'autopsie, casiers réfrigérés et chariots de transports des cadavres de l'hôpital Beaujon, Clichy, 1939 © Archives AP-HP, cotes FRAPHP075_BJN_3FI4_0703, FRAPHP075_BJN_3FI4_070 et FRAPHP075_BJN_3FI4_0708

7 « Circulations des décédés à l'hôpital Beaujon », in *L'Architecture d'Aujourd'hui*, no 40, 1938 © Source Bibliothèque d'architecture contemporaine – Cité de l'architecture et du patrimoine

8 Salle des départs de l'hôpital Raymond-Poincaré, Garches, Ettore Spalletti et Guido Fanti, 1996 © Photo Attilio Maranzano/ Les Nouveaux Commanditaires

9, 10 Unité de soins palliatifs, hôpital Paul-Brousse, Villejuif, Avant-Travaux architectes, 1990 © Stéphane Couturier

Métamorphoses p. 184

1 Photogramme extrait de *Visages, Villages*, un film co-réalisé par Agnès Varda et JR, 2017 © ciné-tamaris - social animals

2 « Plan d'ensemble du cimetière de Clamart projeté et en partie réalisé », Robert Auzelle, architecte, in Robert Auzelle, *Dernières demeures*, Paris, 1965 © Inventaire général du patrimoine culturel – Région Île-de-France

3 « Modèle d'alvéoles mortuaires hexagonales préfabriquées pour les enfeus », Robert Auzelle, architecte, vers 1966 © SIAF/ CAPA Fonds Robert Auzelle, 242 IFA, carton 61, affaire RA96 Repro Isabelle Duhau/Inventaire général du patrimoine culturel – Région Île-de-France.

4 Différents modèles de sépultures pour le cimetière de Valenton, Robert Auzelle, architecte, in R Motinot, « Trois cimetières de l'Île-de-France Montfort-l'Amaury, Clamart-intercommunal, Fontaine-Saint-Martin », *Le Mausolée*, no 438, février 1973 © Inventaire général du patrimoine culturel – Région Île-de-France, 2014

5 « Enfeus métalliques dans le cimetière de Valenton », Robert Auzelle, architecte, vers 1966, photographie, 2014. © Stéphane Asseline, photographe/Inventaire général du patrimoine culturel – Région Île-de-France, 2014

6 Le monastère de Curtea Arges, Dieudonné Auguste Lancelot, graveur, in *Le Tour du monde : nouveau journal des voyages / publié sous la direction de M. Édouard Charton et illustré par nos plus célèbres artistes*, Paris, Hachette, 1866 © SOTK2011 / Alamy Banque D'Images

7, 8 « Les Arbres de Mémoire » du parc de l'Anjou, Pruille, 2012 © Les Arbres de Mémoire

9, 10 « Plan et coupe [et Élévation perspective] d'un Monument sépulcral pour le Département de la Seine, avec tous les accessoires propres à la dissolution des chairs et à la vitrification des ossemens humains », Pierre Giraud, architecte, in *Les Tombeaux, ou Essai sur les sépultures [...]*, Paris, 1801 © BnF

11, 12 « Plan du premier étage des Écoles de chirurgie » et « Le théâtre anatomique », Jacques Gondouin de Folleville, architecte, 1774, in *Description des écoles de chirurgie*, Paris, chez Cellot et les frères Jombert, 1780 © BnF

13, 14 « Projet d'une salle pour l'Assemblée nationale dans les nouvelles constructions destinées à la Madeleine de la Ville l'Évêque » et « Coupe sur la longueur du Palais national », Jacques Molinos et Jacques-Guillaume Le Grand architectes, 1791, in Armand-Guy-Simon de Coetnempren, comte de Kersaint, *Illustrations du Discours sur les monuments publics*, J. Molinos, J.-G. Legrand, dessinateur, Poulleau graveur, 1792 © BnF

15 Le théatre anatomique, transformé en amphithéâtre, photographie Jean-Christophe Doërr, s.d © Jean-Christophe Doërr / Christian Hottin

16 « Vue perspective de la salle des séances », Jules de Joly architecte, in *Plans, coupes, élévation et détails de la restauration de la Chambre des députés, de sa nouvelle salle des séances, de sa bibliothèque et de toutes ses dépendances, suivis de la salle provisoire*, Paris, 1840 © BnF

Vulnérabilités p. 192

1, 2, 4 Shusaku Arakawa et Madeline Gins, *Architecture : Sites of Reversible Destiny*, vers 1994 © Courtesy of Reversible Destiny Foundation Estate of Madeline Gins.

3 Shusaku Arakawa et Madeline Gins, *Study for Reversible Destiny House I*, vers 1994 © Courtesy of Reversible Destiny Foundation Estate of Madeline Gins

5 Shusaku Arakawa et Madeline Gins, *Indeterminacy House*, vers 1997 © Courtesy of Reversible Destiny Foundation Estate of Madeline Gins

6 Shusaku Arakawa et Madeline Gins, *Site of Reversible Destiny – Yoro Park*, Yoro, préfecture de Gifu, Japon, 1993-1995 © Leopold Lambert

7 *Reversible Destiny Lofts – Mitaka (In Memory of Helen Keller)*, vue intérieure, Arakawa+Gins architectes, 2001 © Courtesy of Reversible Destiny Foundation Estate of Madeline Gins.

8, 9 *Reversible Destiny Lofts – Mitaka (In Memory of Helen Keller)*, plan et axonométries, Arakawa+Gins architectes, 2001 © Courtesy of Reversible Destiny Foundation Estate of Madeline Gins.

10 Berdaguer & Péjus, *Les Maisons qui meurent*, 1996-1997 © Coll. Frac Paca et Rudy Ricciotti/ Adagp, Paris, 2022

Hétérotopies

La nef des fous p. 198

1 Le centre de Paris, affiche réalisée par Romain, dans le cadre d'un atelier avec l'association La Parole Errante, 2006 © La Parole Errante

2 Jérôme Bosch, *La Nef des fous*, vers 1500, huile sur bois © RMN-Grand Palais (musée du Louvre)/ Franck Raux

3 Migrants mis en quarantaine sur le ferry GNV Azzurra, Lampedusa, 4 août 2020 © Dario Pignatelli/ AFP

4 Plan général d'un « Projet d'hôpital sur la Marne » ; plans, coupes et élévation d'un « Projet de baraque hospitalière en fer et brique », in Félix Rochard, *Projet de création d'un hôpital sur l'eau*, Paris, 1872 © Wellcome Library

5 Plan, coupe et élévation de l'*Asile flottant*, Le Corbusier, architecte, 1929 © FLC/Adagp, Paris, 2022

6 Armée du Salut, *Asile flottant*, Le Corbusier, architecte, 1929 © FLC/Adagp, Paris, 2022

7, 8 « L'Adamant », Gérard Ronzatti – agence Seine Design, architecte, 2010 © Sergio Grazia

9 Plan de « L'Adamant », Gérard Ronzatti – agence Seine Design, architecte, 2010 © Seine Design

10 Péniche du *Fleuron Saint-Jean*, centre d'hébergement de l'ordre de Malte, s.d. © D.R.

Interstices p. 202

1 Carte de répartition des marabouts entre 1984 et 1993, in Liliane Kuczynski, *Les Marabouts africains à Paris*, Paris, CNRS Éditions, 2002 © Liliane Kuczynski

2 Cour des miracles, carte du 3e arrondissement de Paris, quartier Bonne-Nouvelle, 1834-1836, in A.-M. [Aristide-Michel] Perrot, *Petit atlas pittoresque des 48 quartiers de la ville de Paris*; *Banlieue, supplément au « Petit atlas pittoresque des 48 quartiers de la ville de Paris » Arrondissement de Saint-Denis et arrondissement de Sceaux*, par Monin, gravé par Laguillermie, Paris, E. Garnot, 1834-1836 © Ville de Paris/BHVP

3 Le quartier de la gare de l'Est, affiche réalisée par Marcelle, dans le cadre d'un atelier avec l'association La Parole Errante, 2006. © La Parole Errante

4 « Le Serret, la magnanerie des Guignard », carte tracée par Jacques Lin, 1971 © Archives Gisèle Durand-Ruiz, réseau Fernand Deligny

5 Monoblet, « L'Île d'en bas » (devant l'abri, « Cornemuse »), photographie Henri Cassanas, 1969 © Archives Gisèle Durand-Ruiz, réseau Fernand Deligny

6 « Le Serret, deux calques superposés », tracés par Jacques Lin (lignes d'erre et gestes d'un enfant surnommé « Cornemuse » sur fond des trajets des adultes), août 1973 © Archives Gisèle Durand-Ruiz, réseau Fernand Deligny

7 Monoblet, « L'île d'en bas », carte et calque superposés, tracés par Jacques Lin, en rouge les lignes d'erre de Janmari et Gaspard, juin 1969. © Archives Gisèle Durand-Ruiz, réseau Fernand Deligny

8 « Dessin d'un charpentier schizophrène », collection Hans Prinzhorn © Hans Prinzhorn, *Expression de la folie Dessin, peintures, sculptures d'asile* [*Bildnerei der Geisteskranken : ein Beitrag zur Psychologie und Psychopathologie der Gestaltung*], Berlin, 1922 Prinzhorn Sammlung

9 « Paysage avec maisons », dessin d'un garçon de 6 ans et 9 mois, in Walter Krötzsch, *Rhythmus und Form in der freien Kinderzeichnung Beobachtungen und Gedanken über die Bedeutung von Rhythmus und Form als Ausdruck kindlicher Entwicklung*, t. 1, Leipzig, Karl Rötzger, 1917 © D.R.

10, 11 « Démonstrations d'architecture », collection Hans Prinzhorn © Hans Prinzhorn, *Expression de la folie Dessin, peintures, sculptures d'asile* [*Bildnerei der Geisteskranken : ein Beitrag zur Psychologie und Psychopathologie der Gestaltung*], Berlin, 1922, Prinzhorn Sammlung

12 Berdaguer & Péjus, *Psychoarchitecture*, 2008, résine (stéréolithographie) © Coll. part./ Adagp, Paris 2022

Soins virtuels p. 210

1 Harun Farocki, *Immersion*, série *Serious Games*, 2009 © Harun Farocki

2 Étude sur l'utilisation de la réalité virtuelle comme outil de thérapie d'exposition pour le traitement de l'anxiété sociale, 2006 © D.R.

3 Photogramme extrait du programme de réalité virtuelle Arachnophobia, 2016 © D.R.

4 La chaire innovation « Bloc OPératoire Augmenté » (BOPA), hôpital Paul-Brousse, 2021 © Service presse de l'AP-HP

Jardins p. 218

1 « L'hôpital Saint-Anne », Jules Gaildrau graveur, 1868, in *L'Illustration, Journal universel*, Paris, 1868. © Oldtime/Alamy Banque d'images

2 « The Retreat » à York, in D Hack Tuke, *Reform in the Treatment of the Insane Early History of The Retreat, York; its Objects and Influence With a Report of the Celebrations of its Centenary*, Londres, J. & A. Churchill, 1892 © Wellcome Library

3 « Ferme de Sainte-Anne, annexe de la vieillesse (hommes), cultivée par les fous », Champin dessinateur, in Edmond Texier, *Tableau de Paris Ouvrage illustré de quinze cents gravures d'après les dessins de Blanchard, Cham, Champin [...]*, t. I, Paris, Paulin et Le Chevalier, 1852-1853 © BnF

4 « Entrée de la ferme Sainte-Anne, succursale de l'hôpital Bicêtre, démolie en 1865 », Léon Leymonnerye dessinateur, 1862 © Paris Musées/Musée Carnavalet-Histoire de Paris

5 L'hôpital psychiatrique Frantz-Fanon à Blida (Algérie), 1999 © Pascal Parrot/Sygma/Sygma via Getty Images

6 Photogrammes extraits de *The Whispering of Ghosts*, réalisé par Mohamed Bourouissa, 2018 © Mohamed Bourouissa/Adagp, Paris, 2022 Courtesy de l'artiste et kamel mennour, Paris/ Londres Le film a été commandé par FACT et Liverpool Biennial.

7 *Resilience Garden*, installation de Mohammed Bourouissa pour la 10e Biennale de Liverpool, 2018 © Mohamed Bourouissa/Adagp, Paris, 2022 Courtesy de l'artiste et kamel mennour, Paris/Londres

8 Le jardin de l'hôpital Cognacq-Jay, Toyo Ito, architecte, Extra Muros, architecte associé, 2006 © Philippe Ruault

9 Jardin de l'hôpital Cognacq-Jay, dessin du concours, Toyo Ito, architecte, 1999 © Toyo Ito

10 Jardin thérapeutique du centre hospitalier Théophile-Roussel, 2018 © Centre hospitalier Théophile-Roussel

11 Vue aérienne du centre hospitalier Théophile-Roussel, Montesson, 2011 © Centre hospitalier Théophile-Roussel

12 Jardin thérapeutique du centre hospitalier Théophile-Roussel, photographie Mathieu Génon, avril 2021 © Mathieu Génon/ Reporterre.net

13 « Jardin japonais du docteur Hamon, centre médical d'Aincourt », carte postale, s.d. © Coll.part.

14 « Centre médical d'Aincourt Un coin du parc », photographie Studio Jack, 1979 © archives du Val-d'Oise

15 Jardin potager de l'asile national des convalescents à Saint-Maurice, carte postale, s.d. © Coll. part.

16 Derek Jarman dans son jardin, Prospect Cottage, Dungeness, photographie John Cole, 1988 © John Cole / Alamy Stock Photo

17 Derek Jarman dans son jardin, Prospect Cottage, Dungeness, photographie Geraint Lewis, s.d. © The Geraint Lewis Photography Archive/ArenaPAL

18 Détail du jardin de Prospect Cottage, Dungeness, s.d. © Michael Juno / Alamy Stock Photo

Inhabitables

Exils thérapeutiques p. 230

1 Tremblement de terre et tsunami à Iwaki, région de Tōhoku, préfecture de Fukushima, Japon, 25 juin 2011 © Cp9asngf via Wikimedia Commons

2 « Le Bureau des nourrices, rue du Cherche-Midi, Paris », carte postale, vers 1910 © IM/Kharbine-Tapabor

3 Publicité pour le bureau des nourrices de la rue du Cherche-Midi, Paris, s.d. © D.R.

4 « Hospice des enfants trouvés, rue Denfert-Rochereau L'enfant dans la tour ; Réception de l'enfant », Henri Pottin graveur, milieu du XIXe siècle © Paris-Musées/Musée Carnavalet-Histoire de Paris

5 Le tour d'abandon de l'hospice de la Charité, Macon, photographie 2012 © Jilpigache/Wikimedia Commons

6 L'hôpital Maritime de Berck, années 1950 © Archives AP-HP, cote FRAPHP075_16FI_001

7 Carte des établissements de l'Assistance publique en France en 1900, in Administration générale de l'assistance publique, *L'Assistance publique en 1900*, Paris, 1900 © BnF

8 Élévation principale et coupes du projet de la Maison de santé de Charenton, Émile Jacques Gilbert architecte, in *La Revue générale de l'architecture*, no 7, 1852 © Source Bibliothèque d'architecture contemporaine – Cité de l'architecture et du patrimoine

9 Détail de la coupe sur le saut-de-loup remplaçant la grille des préaux pour le projet de la Maison de santé de Charenton, Émile Jacques Gilbert, architecte, après avril 1834, in Pierre Pinon, *L'Hospice de Charenton*, Liège, Pierre Mardaga, 1989

10 « Asile national des convalescents à Saint-Maurice (Seine) – Chambre de convalescents à trois lits » ; « L'infirmerie » ; « Salle de Mécanothérapie » ; « Vue principale », cartes postales, s.d. © Coll. part.

11 « Maison impériale de santé de Charenton, vue prise d'une île de la Marne », *La Ruche parisienne*, 1859 © BnF

12 Photographie aérienne de l'hospice de Charenton, 1956 © Institut National Géographique, service photographique

Nature : remède et poison p. 234

1 Extrait de la brochure publicitaire pour les établissements Gallois, vers 1930 © Coll. part.

2 Étude d'ensoleillement des chambres du sanatorium de Paimio (coupe), Alvar Aalto, architecte, 1932 © Alvar Aalto Foundation

3, 4 Le sanatorium de Paimio, Alvar Aalto, architecte, 1929-1933, photographie Gustaf Welin © Alvar Aalto Foundation

5 Timbres du Comité national de défense contre la tuberculose, années 1920-1970 © Coll. Pavillon de l'Arsenal

6 Publicité pour les établissements Gallois, constructeurs de lampes à ultraviolets, années 1930 © Coll. part.

7 *La Vie saine*, no 92, mars 1931 © Institut Pasteur/Service des archives

8 « Sanatorium départemental de la Bucaille-Aincourt (S.-et-O.) », carte postale,vers 1958 © Coll. part.

9 Cité sanitaire de Clairvivre lors de l'inauguration, Salagnac, 1933 © Drac Nouvelle-Aquitaine

10 Cité Sanitaire de Clairvivre, Salagnac, carte postale, s.d. © Coll. part.

11 Diagramme d'une cité-jardin, Ebenezer Howard urbaniste, 1898, in *To-morrow A Peaceful Path to Real Reform*, Londres, Swan Sonnenschein & Co., Ltd., 1898 © Wikimedia Commons

12 Dessin extrait de Frank Lloyd Wright, *The Living City*, New York, Horizon Press, 1958 © The Frank Lloyd Wright Foudation, AZ/Art Resource, NY/Scala, Florence

13 Proposition de « réaménagement héliothermique », plan extrait d'Augustin Rey, Justin Pidoux et Charles Barde, *La Science des plans de villes […]*, Lausanne, Payot, et Paris, Dunod, 1928 © Bibliothèque Kandinsky, MNAM/CCI, Centre Pompidou

14, 15, 16 Étude d'orientation : le troisième schéma tient compte de l'axe héliothermique, dessin extrait d'Augustin Rey, Justin Pidoux et Charles Barde, *La Science des plans de villes […]*, Lausanne, Payot, et Paris, Dunod, 1928 © Bibliothèque Kandinsky, MNAM/CCI, Centre Pompidou

17 « De jeunes "Clairvivants" excursionnent en Suisse », s.d. © Archives de l'Établissement public départemental Cité Clairvivre

Curer, ré-curer la ville p.242

1 Plans d'aménagement de l'îlot insalubre no 16, Albert Laprade, Michel Roux-Spitz et Robert Danis architectes, in *L'Architecture française*, no 41, mars 1944 © Source Bibliothèque d'architecture contemporaine – Cité de l'architecture et du patrimoine

2, 3 La cour de l'ancien charnier de l'église Saint-Gervais, en 1942 (avant rénovation) et en 1957 (après rénovation) © Coll.Pavillon de l'Arsenal/Ville de Paris

4 « Aménagement de l'îlot XVI, fraction église Saint-Gervais », plans, Albert Laprade architecte, vers 1942 © Fonds Laprade Académie d'architecture/Cité de l'architecture et du patrimoine/ Archives d'architecture contemporaine/Adagp

5 « Le Plan de sauvegarde du Marais », 1969, in *Paris Projet,* no 2, avril 1970 © Ville de Paris

6 Quartier de Lochères à Sarcelles, Jacques Henri-Labourdette et Roger Boileau architectes, carte postale, vers 1961 © Coll.part.

7 Thierry Bréhier, « La maladie de la ville », *Le Monde*, 4 octobre 1983 © D.R.

8, 9, 10 Quartier insalubre autour de Pruitt-Igoe, 1954 © Witman, Arthur, 120mm Photograph Collection, 1932-1984 (S0732) 732.551 The State Historical Society of Missouri, Photograph Collection.

11 Ensemble de logements de Pruitt-Igoe, Saint-Louis, Missouri, Minoru Yamasaki architecte, 5 juin 1971 © Bettmann/ gettyimages

12 Destruction d'un immeuble de l'ensemble de Pruitt-Igoe, 22 avril 1972 © U.S Department of Housing and Urban Development

13 Projet de campus médical, rattaché à la Ponce Health Sciences University, 2020 © D.R

Réparations p.246

1 Parcelle démolie (1954) et transformée en aire de jeux, Aldo van Eyck architecte, 1956, quartier Zeedijk, Amsterdam © Stadarchief Amsterdam

2 Kader Attia, *Open Your Eyes,* 2010, double projection de 180 diapositives © Courtesy de l'artiste et collection MoMA/ Collection Frac Pays de la Loire/ Collection Moderna Museet

3 Kader Attia, *Traditional Repair, Immaterial Injury*, 2014-2018, installation *in situ* (agrafes métalliques, câbles, béton), exposition « The Field of Emotion », The Power Plant, Toronto, 2018 © Courtesy de l'artiste/Photo Toni Hafkenscheid

4, 5 Imaizumi, Kesencho, Rikuzentakata au Japon, avant (24 juillet 2004) et après (4 avril 2011) le tsunami, photographies Naoya Hatakeyama © Naoya Hatakeyama

Territoires malades p 250

1, 2 Playground-for-All, Minamisoma, Fukushima, Toyo Ito & Associates, Architects + Contemporaries, 2016 ©Photo516 Koichi Sato © fog

3, 4 Carlos Ayesta et Guillaume Bression, *Revenir sur nos pas*, 2014, photographies couleurs © Carlos Ayesta – Guillaume Bression

5, 6 L'explosion du port de Beyrouth, 4 août 2020, source du troisième panache de fumée au nord-ouest de l'entrepôt et modélisation 3D par Forensic Architecture © Forensic Architecture, 2022

7 *Fukushima*, Antoine d'Agata, 2014 © Antoine d'Agata/Magnum Photo/ Galerie Les Filles du Calvaire

Tenir, entretenir, maintenir p 256

1 Manifestation en soutien des grévistes de l'hôtel Ibis Batignolles avant leur audience devant le Conseil de prud'hommes, 7 avril 2021 © Martin Noda/Hans Lucas/ Hans Lucas via AFP

2 Photogramme extrait du film *Koolhaas Houselife* de Bêka & Lemoine, 2008 © Bêka & Lemoine

3 *Morning Cleaning,* Mies van der Rohe Foundation, Barcelona, photographie de Jeff Wall, 1999 © Courtesy of the artist/Gagosian Gallery

Soutenir : le rêve d'*I care* p.260

1 Photogramme extrait du film *Routine Maintenance* de Nadia Hironaka et Matthew Suib, 2014 © Nadia Hironaka & Matthew Suib

2 Immeuble Rentenanstalt, Zurich (Suisse), élévation, Le Corbusier architecte, 1933 © FLC/Adagp, Paris 2022

3, 4 Mierle Laderman Ukeles, *Vuilniswagendans (City Machine Dance)*, International Art Festival, Rotterdam, 15 mai 1985, performance pour six camions de collecte des ordures et quatre balayeuses mécaniques, co-créée avec les travailleurs de Roteb, photographie Jannes Linders © Mierle Laderman Ukeles. Courtesy de l'artiste et Ronald Feldman Gallery, New York

5 Mierle Laderman Ukeles, *RE-SPECT*, Givors, 1993, performance sur les quais et le fleuve © Mierle Laderman Ukeles. Courtesy de l'artiste et Ronald Feldman Gallery, New York

6 Mierle Laderman Ukeles, *Touch Sanitation Performance*, 1979-1980, Sweep 3, Manhattan 3, photographie Robin Holland © Mierle Laderman Ukeles. Courtesy de l'artiste et Ronald Feldman Gallery, New York

7 Mierle Laderman Ukeles, *Touch Sanitation Performance*, 1979-1980, Sweep 10, Manhattan 11, photographie Deborah Freedman, 14 mai 1980 © Mierle Laderman Ukeles. Courtesy de l'artiste et Ronald Feldman Gallery, New York

8 Mierle Laderman Ukeles, *Washing*, performance (17 photographies noir et blanc, 2 feuilles de texte) devant la A.I.R Gallery, Wooster Street, Soho, New York, 13 juin 1974 © Mierle Laderman Ukeles. Courtesy de l'artiste et Ronald Feldman Gallery, New York

9 Mierle Laderman Ukeles, *Washing/ Tracks/ Maintenance: Outside*, performance au Wadsworth Atheneum Museum of Art, Hartford, Connecticut (États-Unis), série *Maintenance Art Performance*, 1973-1974 © Mierle Laderman Ukeles. Courtesy de l'artiste et Ronald Feldman Gallery, New York

10 Mierle Laderman Ukeles, *Manifesto for Maintenance Art, 1969! Proposal for an Exhibition : « CARE », 1969*, écrit à Philadelphie (Pennsylvanie), octobre 1969 © Mierle Laderman Ukeles. Courtesy de l'artiste et Ronald Feldman Gallery, New York

9 topographies médicales

L'île aux cygnes p. 268

Plan de l'Exposition internationale des arts et des techniques, Paris, 1937, in *L'Illustration*, hors-série, mai 1937 © Wikimedia Commons

Allée des Cygnes, 2016 © Guilhem Vellut via Wikimedia Commons

Appareils de musculation à disposition du public, 2013 © Gérard Sanz/Mairie de Paris

Les pavillons des colonies françaises, album officiel de l'Exposition internationale des arts et des techniques, Paris, 1937 © Wikimedia Commons

Extrait du Plan de Turgot, 1739 © David Rumsey Historical Maps Collection, via Wikimedia Commons

Extrait du *Plan général du projet des embellissements de Paris*, Charles de Wailly, 1785 © BnF

Extrait du *Plan de la Ville de Paris avec sa nouvelle enceinte levé géométriquement sur la Méridienne de l'Observatoire*, Edme Verniquet, 1791 © BnF

Exposition universelle de Paris en 1889, photographie prise du 3e étage de la tour Eiffel, Neurdein frères, 1889 © BnF

Les hôpitaux de Saint-Maurice p. 270

Vue aérienne du site des Hôpitaux de Saint-Maurice, 2011 © 4vents

Plan de 1935 : le bois de Vincennes, l'Asile national des convalescents, l'asile Vacassy, l'hôpital Esquirol, la rigole, le canal Saint-Maurice et la Marne © Hôpitaux de Saint-Maurice

« Plan général de la Maison royale de Charenton », dessin de Leroux, gravé par Le Blanc, in *Annales d'hygiène publique et de médecine légale*, Paris, E. Crochard, t. XIII, 1835, pl.1 © BIU Santé médecine

L'hôpital Esquirol, 2014 © 4vents

« Institut national professionnel des invalides de la guerre à Saint-Maurice (Seine). Asile national Vacassy. Atelier des mécaniciens », carte postale, s.d. © Coll. part.

« Saint-Maurice (Seine). Asile national des convalescents – Le théâtre », carte postale, s.d. © Coll. part.

« Saint-Maurice. Le Canal », carte postale, s.d. © Coll. part.

L'autoroute A4 recouvre aujourd'hui le canal, 2021 © Marie Tesson

La plaine de Pierrelaye-Bessancourt p. 272

« Pierrelaye. L'usine de Paris », carte postale, s.d. © Coll. part.

Vue aérienne du village de Pierrelaye, carte postale, s.d. © Coll. part.

« Prolongement de l'émissaire général des eaux d'égout vers Triel, siphon de Chennevières. Confection d'armatures métalliques », in *Travaux d'assainissement de la Seine : extensions des irrigations à l'eau d'égout vers Méry et Triel, vues prises sur les différents chantiers, années 1897-1898* © BHdV

« Labonneville. Ferme modèle de la Haute-Borne. Domaine de la Ville de Paris », carte postale, 1911 © Coll. part.

Extrait de la « Carte générale de la France établie sous la direction de César-François Cassini de Thury », 1756© BnF

Colonne d'équilibre (ou colonne de niveau d'eau), 2021© Marie Tesson

La butte de Montarcy envahie par les déchets, 2021 © Marie Tesson

« Plomb, les enfants empoisonnés du bidonville de Montarcy », *Libération*, 15 septembre 2021 © Libération

Le sanatorium d'Aincourt p. 274

Vue aérienne du bois de la Bucaille et des trois bâtiments principaux du sanatorium, carte postale, s.d. © Coll. part.

Les pavillons du sanatorium à l'abandon, 2021 © Marie Tesson

Pavillon «Les Cèdres», la cafétéria, carte postale, s.d. © Coll. part.

Salle commune du sanatorium de la Bucaille, carte postale, s.d. © Coll. part.

Pavillon « Les cèdres », équipements hydrothérapiques, carte postale, s.d. © Coll. part.

Une chambre et sa terrasse, carte postale, s.d. © Coll. part.

Pavillon du sanatorium d'Aincourt, carte postale, s.d. © Coll. part.

Centre de séjour surveillé d'Aincourt, 1940 © Coll. Fondation de la Résistance/Département AERI

L'hôpital Avicenne p. 276

L'hôpital en construction, in *Le Bâtiment illustré*, novembre 1935 © Archives de Seine-Saint-Denis

Hôpital franco-musulman, perspective, Léon Azéma et Maurice Mantout, architectes, 1930 © Archives municipales de Bobigny

SAMU de l'hôpital Avicenne, Michel Bourdeau, architecte, 1996 © MBA

Un bâtiment préfabriqué héberge la direction de l'hôpital, 2021 © Marie Tesson

« L'Islam a retrouvé son hôpital modèle de Bobigny », *Le Matin*, 16 mars 1941 © BnF

Façade sur la cour d'honneur ; l'entrée et le bâtiment d'hospitalisation, in *La Construction moderne*, no 25, 22 mars 1936 © Source Bibliothèque d'architecture contemporaine – Cité de l'architecture et du patrimoine

Les travaux réalisés dans les années 2000 permettent l'accès au niveau inférieur, photographie 2021 © Marie Tesson

La maladrerie à Poissy p. 278

La chapelle à l'abandon, 2021 © Marie Tesson

Hameau de la Maladrerie, 2021 © Marie Tesson

La chapelle de la Maladrerie, 1894 © Cercle d'études historiques et archéologiques de Poissy/Photo Édouard Mareuse

Plan de la Maladrerie de Poissy, dessin d'Edmond Bories in *Histoire de la ville de Poissy*, 1901 © Cercle d'études historiques et archéologiques de Poissy

Le pavillon de l'Orbe de l'hôpital Charles-Foix p. 280

Plan d'ensemble du pavillon de l'Orbe, André Bruyère, architecte, 1988-1991 © Fonds Bruyère. SIAF/Cité de l'architecture et du patrimoine/Archives d'architecture contemporaine

Le porche d'entrée, 1991 © Fonds Bruyère. SIAF/Cité de l'architecture et du patrimoine/Archives d'architecture contemporaine

« L'Homme debout », fenêtre sculptée de la salle de vie, 1991 © Fonds Bruyère. SIAF/Cité de l'architecture et du patrimoine/Archives d'architecture contemporaine

André Bruyère, « Notes sur l'hospitalisation des vieux », 1986 © Fonds Bruyère. SIAF/Cité de l'architecture et du patrimoine/Archives d'architecture contemporaine

Plan du rez-de-chaussée du pavillon de l'Orée, non réalisé, André Bruyère, architecte, septembre 1991 © Fonds Bruyère. SIAF/Cité de l'architecture et du patrimoine/Archives d'architecture contemporaine

André Bruyère dans l'une des chambres, 1990 © Fonds Bruyère. SIAF/Cité de l'architecture et du patrimoine/Archives d'architecture contemporaine

Photogramme du film *Une jeune fille de 90 ans* de Valeria Bruni Tedeschi et Yann Coridian, avec Thierry Thieû Niang, Produit par Marie Balducchi, 2016 © AGAT Films & Cie / Arte France – 2016

Cour intérieure, 1990 © Fonds Bruyère. SIAF/Cité de l'architecture et du patrimoine/Archives d'architecture contemporaine

« Coin feu », 1991 © Fonds Bruyère. SIAF/Cité de l'architecture et du patrimoine/Archives d'architecture contemporaine

Hall, 1991 © Fonds Bruyère. SIAF/Cité de l'architecture et du patrimoine/Archives d'architecture contemporaine. Photo Sylvie Bersout

L'hôpital maritime de Berck p. 282

Vue aérienne de l'hôpital Maritime, carte postale, vers 1962 © Coll. part.

« Pas-de-Calais. L'hôpital Napoléon, à Berck, contenant 700 enfants – Inauguré par l'Impératrice et le Prince impérial, le 8 juillet », gravure d'après le croquis de M.C. Gravis, *Le Monde illustré,* no 641, 24 juillet 1869 © Coll. part.

« Berck-Plage. Les enfants devant l'hôpital Maritime », carte postale, vers 1907 © Coll. part.

Patient sur la digue devant l'hôpital, 1950. © Archives AP-HP, cote FRAPHP075_16FI_351

« Hôpital Maritime. Berck-Plage. Lazaret », carte postale, s.d. © Archives AP-HP, cote FRAPHP075_BRK_3FI5_024

Eugène Thirion, *Origine de l'Institution des établissements hospitaliers à Berck-sur-Mer,* 1888, huile sur toile © AP-HP, dépôt au musée Opale Sud, Berck-sur-Mer

Les terrasses de l'hôpital, carte postale, s.d. © Coll. part.

Piscine d'eau de mer chaude, s.d. © Archives AP-HP, cote FRAPHP075_BRK_3FI3_3_069

Le Louise-Catherine p. 284

« Armée du Salut. Le *Louise-Catherine,* notre asile flottant amarré en aval du pont des Arts », carte postale, s.d. © Coll. part.

« Armée du Salut. Le *Louise-Catherine,* notre asile flottant amarré au quai du Louvre », carte postale, s.d. © Coll. part.

Louise-Catherine Breslau, *L'Artiste et son modèle*, 1921, huile sur toile © Musée d'Art et d'Histoire, Ville de Genève, legs de Mlle Madeleine Zillhardt, 1952. Photo Bettina Jacot-Descombes

Le chaland est transformé en refuge flottant par Le Corbusier, 1929 © FLC/Adagp, Paris 2022

Le dortoir, vers 1929 © FLC/Adagp, 2022

« Le Refuge flottant », *L'Illustration*, 4 janvier 1930 © Coll. part.

Le réfectoire du *Louise-Catherine*, s.d. © Archives de l'Association Louise Catherine

Le *Louise-Catherine*, amarré quai d'Austerlitz, après son renflouement, 2021 © Marie Tesson

Soutenir
Ville, architecture et soin
Avril 2022

Ouvrage et exposition créés
par le Pavillon de l'Arsenal,
Centre d'information,
de documentation et d'exposition
d'urbanisme et d'architecture
de Paris et de la Métropole
parisienne

Association Loi de 1901

Éditions du Pavillon de l'Arsenal

Alexandre Labasse, architecte,
Directeur général,
Directeur de la publication
Marianne Carrega, architecte,
Adjointe au Directeur général,
Responsable des éditions

Expositions
Jean-Sébastien Lebreton,
architecte, Responsable des
expositions
Inès Journoud, Adèle Busschaert,
architectes et Sophie Civita,
designer, chargées de production

Documentation
Léa Baudat, Responsable
de la documentation
Valentine Schmitt,
chargée de documentation

Communication et publics
Julien Pansu, architecte,
directeur de la communication,
du multimédia et des publics
Éline Latchoumy, designer,
Cécile Meteier, architecte,
et Camille Surribas, chargées
de communication

Librairie – Boutique
Carles Hillairet, Responsable
Aurore Blin, Quentin Enguehard

Comptabilité
Frédérique Thémia

Commissariat scientifique

Cynthia Fleury, philosophe,
psychanalyste
&
SCAU
Architectes associés :
Guillaume Baraïbar, Maxime
Barbier, Bernard Cabannes,
Mathieu Cabannes, Luc Delamain,
François Gillard

Responsable du projet
de publication et d'exposition :
Éric de Thoisy, architecte
et directeur de la recherche
de l'agence SCAU
avec Valentina Sciacca, architecte
9 topographies médicales :
Marie Tesson, architecte,
doctorante en architecture

Conception graphique
deValence,
avec François Dézafit

Préparation de copie
Julie Houis

Remerciements

Le Pavillon de l'Arsenal et les commissaires scientifiques remercient tout particulièrement les autrices et auteurs qui ont accepté d'apporter leur contribution à cet ouvrage :

Judith Butler, Meriem Chabani et John Edom, Beatriz Colomina, Marie Fruiquière, Ségolène Guinard, Michel Lussault, Long Pham Quang, Frédéric Pierru, Ludger Schwarte, Lucie Taïeb, Serge Tisseron, Joan Tronto, Arnaud Vallet, Georges Vigarello.

ainsi que l'Assistance publique – Hôpitaux de Paris (AP-HP) Martin Hirsch, Nicolas Castoldi, Arnaud Lunel, Hélène Servant, Marie Barthélémy et Agnès Virole.

les institutions et sociétés qui ont contribué à son illustration : l'AFP, l'Alvar Aalto Foundation, l'Agence photographique de la Réunion des Musées nationaux et du Grand Palais, l'Agence photo SCALA, Arbres de Mémoire, les Archives de l'AP-HP, les Archives départementales de la Manche, les Archives départementales de la Seine-Saint-Denis, les Archives municipales d'Aix-les-Bains et Grand Lac, les Archives municipales de Bobigny, les Archives nationales, l'Art Institute of Chicago, l'Atelier parisien d'urbanisme, Athénaïse, la Bibliothèque historique de la Ville de Paris, la bibliothèque de l'Hôtel de Ville, la bibliothèque interuniversitaire de santé pôle Médecine, la bibliothèque de l'Institut national d'histoire de l'art, la Bibliothèque nationale de France, la Biblioteca Nazionale Centrale di Firenze, la bibliothèque Kandinsky – MNAM/CCI – Centre Pompidou, le Centre canadien d'Architecture, le centre hospitalier Théophile Roussel, le Cercle d'études historiques et archéologiques de la Ville de Poissy, le Chicago History Museum, Ciné-Tamaris, la Cité de l'architecture et du patrimoine – Archives d'architecture contemporaine et Bibliothèque d'architecture contemporaine, le Conseil général du Val d'Oise, le Conservatoire numérique des Arts et Métiers, la Croix-Rouge Suisse, la Croix-Rouge genevoise, la DRAC Nouvelle-Aquitaine, Duke University Press, l'Établissement public départemental de Clairvivre, l'European Photopress Agency, la Fondation de France, la Fondation Le Corbusier, la Fondation de la Résistance, la Fondazione Peccioliper, Freer Gallery of Art et Arthur M. Sackler Gallery, la Galerie Les Filles du Calvaire, la Gallery of Art et Arthur M. Sackler Gallery, la galerie Gagosian, la galerie Perrotin, Gamma Rapho, le GAR - Archives d'architecture (ULiège), le Getty Research Institute, la Harvard Library, les Hôpitaux de Saint-Maurice, l'Institut national de la Propriété intellectuelle, l'Institut national deRecherches archéologiques préventives, l'Institut Pasteur- Musée Pasteur, l'Inventaire général de la région Île-de-France, l'Inventaire général de la région Centre-Val de Loire, Les films-cabanes, la librairie La Galcante, The Library of Congress, The London Metropolitan Archives, Maggie's Centers, l'agence MaxPPP, la Médiathèque de l'architecture et du patrimoine, The Metropolitan Museum of Art of New York, le musée de l'AP-HP, le musée d'Art et d'Histoire de Genève, le musée Carnavalet - Histoire de Paris, le musée de la Ville de Nouméa, The Museum of the City of New York, le musée Opale Sud – Berck-sur-Mer, Paris-Musées, la Réunion des Musées nationaux, la Reversible Destiny Foundation, la Ronald Feldman Gallery, les Stadarchief Amsterdam, la State Historical Society of Missouri, Springer Nature, le Stiftung Deutsches Hygiene Museum Dresden, Topophile, Universitätsklinikum Heidelberg, la Wellcome Library, The Wylie Agency

et plus particulièrement : Sandra Alvarez de Toledo, Nena Aru, Stéphane Asseline, Yves Baldran, Jacques Barsac, Ariane Bénard, Jennifer E. Berry, Nolwenn Bogaert, Tania Bohórquez, Xavier Boissel, Pascal Bordillon, Charlotte Boudon, Cécilia Bourdet Aranda, Fabrice Bourrée, Elizabeth Breiner, Paquita Brissac, Émilie Buehlmann, Claudio Cambon, Maud Charasson, Mathilde Charon-Burnel, Marie-Pascale Chassot, Nicolas Combet, Maxime Courban, Yannick Courbes, Sophie Crouzillac, Fiona Cuypers-Stanienda, Gabrielle Dabo, Caroline Dagbert, Alain Dailly, Michaël Davy, Véronique Defrance, Laure Delloye-Augustins, Arnaud Dercelles, Gilles Désiré dit Gosset, Florence Desnoyers-Robison, Claire Devine, Martine Deyres, Bernadette Dieudonné, Sergio Dos Santos, Isabelle Duhau, Marine Dury, Gilbert Duval, Éléonore Duveau, Diana Edkins, Antje Ehmann, Pia Elia, Shérine El Sayed Taih, Laura Fernier, Steeve Gallizia, Mireille Gauzy, Justine Gloesener, Frédéric Goldbronn, Vincent Grandgagnage, Valentine Guichardaz-Versini, Federica Guyot-Sionnest, Cora Hall, Nathalie Hallouche-Gillart, Claire Hébert, Jean-Baptiste Henimann, Eugénie Hingot, Christian Hottin, Valérie Hugot Huchette, Eva Jussel, Ellen Keith, Ariel Kliegerman, Liliane Kuczynski, Joël Lagrange, Amina Lahlou, Estelle Lambert, Florence Lamblin, Thierry Leclercq, Thierry Lefebvre, Cyrille Le Forestier, Nathalie Lemaire, Patrizia Leonelli Spalletti, Marc Leroy, Katia Liashevska, Charles Liger, Patricia de Lisi, Ingrid Litzinger, Fatima Louli, ST Luk, Mike Markiewicz, Florence Marquis, Marc Martin, Mhairi Martino, Joanne Massoubre, François Méril, Constantin Muth, Yuma Ota, Daniel Palmieri, Martin Paquot, Alexane Pasquier, Laure Pasquier, Béatrice de Pastre, Bénédicte Penn, Miriam Perez, Alessandra Perna, Pernette Perriand, Jean-Jacques Petit, Alessandra Pinzani, Alexandre Poirier, Alexandre Ragois, Adeline Raibon, Shivangi Mariam Raj, Catia Riccaboni, Timo Riekko, Anne Ronfa, Isabelle Sadys, Sophie Salbot, Larissa Scheidt, Marion Schneider, Tatyana N. Shinn, Miriam Simon, David Speranzi, Maclean Sprung, Marie-Claire Stefano, Bernard Tailly, Christian Tamet, JT de la Torre, Suzanne Tóth-Pál, Simon Vaillant, Timothée Viale, Gaspard Vivien, Sophie Vivier, Kaat Volckaert, Nathan Yau, Cat Zhou.

Le Pavillon de l'Arsenal et les commissaires scientifiques remercient chaleureusement : Antoine d'Agata, Atelier Rita, architecten jan de vylder inge vinck, Kader Attia, Avant Travaux, Carlos Ayesta et Guillaume Bression, Iwan Baan, Ila Beka & Louise Lemoine, Berdaguer & Péjus, Michel Bourdeau, Mohamed Bourouissa, Michel Cantal-Dupart, Thomas Carpentier, Champagnat & Grégoire architectes, Herman Hertzberger, Coop Himmelb(l)au, Alice Diop, Finbarr Fallon, Harun Farocki, Bruno Fert, Forensic Architecture, Mathieu Génon, Sergio Grazia, Naoya Hatakeyama, Nadia Hironaka & Matthew Suib, David Hurn, Junya Ishigami, Toyo Ito, Francis Kéré, Donato Severo, Mierle Laderman Ukeles, Nord Architects, Nicolas Philibert, Rudy Ricciotti, Jeff Wall.

PAVILLON DE L'ARSENAL

Centre d'information,
de documentation et d'exposition
d'urbanisme et d'architecture de
Paris et de la métropole parisienne

Association Loi de 1901

Président
Patrick Bloche
Adjoint à la Maire de Paris,
en charge de l'éducation,
de la petite enfance, des familles
et des nouveaux apprentissages
et du Conseil de Paris

CONSEIL D'ADMINISTRATION

Patrick Bloche
Adjoint à la Maire de Paris,
en charge de l'éducation,
de la petite enfance, des familles
et des nouveaux apprentissages
et du Conseil de Paris

Emmanuel Grégoire
Premier Adjoint à la Maire
de Paris, en charge de
l'urbanisme, de l'architecture,
du Grand Paris, des relations
avec les arrondissements
et de la transformation
des politiques publiques.

Dominique Alba
Directrice générale de
l'Atelier parisien d'urbanisme

François Brouat
Président du Collège
des directeurs des écoles
nationales supérieures
d'architecture

Jean-Louis Houpert
Directeur Valorisations
immobilières, achats et logistique
de la RATP

Laurent Le Bon
Président du Centre national d'Art
et de Culture Georges Pompidou

Jacqueline Osty
Urbaniste-paysagiste, Grand Prix
national de l'Urbanisme

Francis Rambert
Directeur de l'Institut français
d'Architecture

Philippe Servalli
Président de la Fédération
française du Bâtiment Grand Paris
Île-de-France

Jean-Marie Tritant
Président du Directoire
de Unibail-Rodamco Westfield

Marc Villand
Président de la Fédération
des Promoteurs immobiliers
d'Île-de-France

Myrto Vitart
Architecte, Grand Prix national
de l'Architecture

MEMBRE D'HONNEUR

Ann-José Arlot
Cheffe de l'Inspection générale
des Affaires culturelles,
Ministère de la Culture

MEMBRES BIENFAITEURS

David Belliard
Président de la Rivp

Nicolas Bonnet-Oulaldj
Président de PariSeine

Sylvie Borst
Directrice Générale
de Paris & Métropole
Aménagement

Jérôme Coumet
Président de la Semapa

Nathalie Maquoi
Présidente de la Sorêqa

Laurence Patrice
Présidente de Élogie-Siemp

MEMBRE ACTIF

Cécile Belard du Plantys
Directrice générale de Paris
Habitat-Oph

Le Pavillon de l'Arsenal exprime sa reconnaissance
aux partenaires et mécènes qui lui apportent leur soutien.

LA VILLE DE PARIS

AG REAL ESTATE FRANCE
APSYS
BNP PARIBAS IMMOBILIER
BOUYGUES IMMOBILIER
COFFIM
COGEDIM PARIS MÉTROPOLE
COVEA IMMOBILIER
COVIVIO
CRÉDIT AGRICOLE IMMOBILIER
EIFFAGE IMMOBILIER
ELOGIE-SIEMP
EMERIGE
CITYZERS
GALIA
GECINA
GENERALI REAL ESTATE
GIBOIRE
HERTEL
HINES FRANCE
ICADE
IMMOBEL
IMMOBILIÈRE 3F
LEFT BANK
LINKCITY ÎLE-DE-FRANCE
NACARAT
NEXITY
NHOOD
LES NOUVEAUX CONSTRUCTEURS
NOVAXIA
OGIC
PARIS & MÉTROPOLE AMÉNAGEMENT
PARIS HABITAT-OPH
PARISEINE
PICHET
POSTE IMMO
PRD OFFICE
QUADRAL PROMOTION
QUARTUS
RATP REAL ESTATE
REALITÉS
REDMAN ASSET DEVELOPMENT
REI HABITAT
RIVP
S2T
SEFRI-CIME
SEMAPA
SEGRO
SNCF GARES ET CONNEXIONS
SOCIÉTÉ D'ESPACES FERROVIAIRES
SOCIÉTÉ FONCIÈRE LYONNAISE
SOGELYM DIXENCE
SOGEPROM
SORÊQA
TERROT
UNIBAIL-RODAMCO WESTFIELD
VERRECCHIA
VINCI IMMOBILIER PROMOTION
WOODEUM

Cynthia Fleury est philosophe et psychanalyste, professeure titulaire de la chaire « Humanités et Santé » au Conservatoire national des arts et métiers (rattachée au GHU Paris psychiatrie & neurosciences). Depuis plusieurs années, elle a fait du soin l'un de ses principaux sujets de recherche et de réflexion. Son approche est celle d'une philosophe, également praticienne en psychanalyse, qui porte un regard sur la société en s'appuyant sur les maux rencontrés en clinique.

L'agence SCAU, organisée en collectif autour de six architectes associés, travaille dans l'ensemble des champs de l'architecture et de l'urbanisme. L'agence développe par ailleurs une démarche de recherche, participant pleinement à la méthodologie du projet, et structurée autour des notions de soin et de *care*.
Architectes associés :
Guillaume Baraïbar, Maxime Barbier, Bernard Cabannes, Mathieu Cabannes, Luc Delamain, François Gillard

Première édition : avril 2022
Deuxième édition : décembre 2023
Imprimerie SNEL, Vottem (Belgique)
Photogravure : Fotimprim
Dépôt légal : avril 2022
ISBN : 978-2-35487-066-9

www.pavillon-arsenal.com